# Institutions judiciaires

I.S.B.N. : 2-7076-0555-7

DOMAT DROIT PRIVÉ

**Roger Perrot**

Professeur émérite
de l'Université Panthéon-Assas (Paris II)

# Institutions judiciaires

**5e édition**

MONTCHRESTIEN

26, rue Vercingétorix
75014 PARIS

# PRÉCIS DOMAT



*Ouvrages parus :*

**DROIT DE L'URBANISME ET DE LA CONSTRUCTION**
(3e éd.). — J.-B. AUBY et H. PERRINET-MARQUET.

**DROIT PARLEMENTAIRE.**
Pierre AVRIL et Jean GICQUEL.

**MÉDIAS ET SOCIÉTÉS**
(6e éd.). — Francis BALLE.

**DROIT INSTITUTIONNEL DES COMMUNAUTÉS EUROPÉENNES**
(4e éd.). — Jean BOULOUIS.

**ÉLÉMENTS DE MATHÉMATIQUES**
(2e éd.). — Jean-Louis BOURSIN.

**HISTOIRE DES IDÉES POLITIQUES DEPUIS LA RÉVOLUTION**
Philippe BRAUD et François BURDEAU.

**HISTOIRE DE L'ADMINISTRATION FRANÇAISE — 18e-20[e] SIÈCLES**
François BURDEAU.

**DROIT ADMINISTRATIF GÉNÉRAL**
René CHAPUS.
T. I (6e éd.). Service public — Police — Responsabilité — Actes — Organisation et Justice administratives — Séparation des autorités administratives et judiciaires — Conflits d'attribution.
T. II (5e éd.). Fonction publique — Domaine public — Travaux publics — Expropriation.

**DROIT DU CONTENTIEUX ADMINISTRATIF**
(3e éd.). — René CHAPUS.

**DROIT CIVIL**
(3e éd.) (Les obligations) Alain BENABENT.

**DROIT CIVIL**
Les contrats spéciaux. — Alain BENABENT.

**DROIT CIVIL**
Introduction — Personnes — Biens (6e éd.) — Gérard CORNU.
**ÉLÉMENTS DE MATHÉMATIQUES**
Tome 1 (2e éd.). — Jean-Louis BOURSIN.
**ÉLÉMENTS DE MATHÉMATIQUES**
T. II (Exercices et corrigés). — Jean-Louis BOURSIN.
**HISTOIRE DES IDÉES POLITIQUES DEPUIS LA RÉVOLUTION**
(2e éd.). Philippe BRAUD et François BURDEAU.
**HISTOIRE DE L'ADMINISTRATION FRANÇAISE — 18e-20e SIÈCLES**
François BURDEAU.
**DROIT ADMINISTRATIF GÉNÉRAL**
René CHAPUS.
T. I. (6e éd.). Service public — Police — Responsabilit — Actes — Organisation et Justice administratives — Séparation des autorités administratives et judiciaires — Conflits d'attribution.
T. II (6e éd.). Fonction publique — Domaine public — Travaux publics — Expropriation.
**DROIT DU CONTENTIEUX ADMINISTRATIF**
(3e éd.). — René CHAPUS.
**DROIT CIVIL**
(3e éd.). — (La Famille). — Gérard CORNU.
**LINGUISTIQUE JURIDIQUE**
Gérard CORNU.
**INITIATION À LA GESTION**
(2e éd.). — Alain COURET et Gérard HIRIGOYEN.
**DROIT COMMERCIAL**
(2e éd.) (Actes de commerce — Commerçants — Fonds de commerce — Consommation — Concurrence). — Françoise DEKEUWER-DEFOSSEZ.
**DROIT COMMERCIAL**
(Instruments de paiement et de crédit). — Jean DEVEZE et Philippe PETEL.
**DYNAMIQUE ÉCONOMIQUE DE L'HISTOIRE**
(2e éd.). — Maurice FLAMANT.
**HISTOIRE DU DROIT ET DES INSTITUTIONS**
T. II (La société des Temps féodaux à la Révolution). — Francis GARRISSON.
**LES INSTITUTIONS DE L'ANTIQUITÉ**
(3e éd.). — Jean GAUDEMET.
**FINANCES PUBLIQUES**
T. I (6e éd.) (Politique financière — Budget et Trésor). — Paul Marie GAUDEMET et Joël MOLINIER.

**FINANCES PUBLIQUES**
T. II (5e éd.) (Emprunt et Impôt). — Paul Marie GAUDEMET et Joël MOLINIER.

**DROIT CONSTITUTIONNEL ET INSTITUTIONS POLITIQUES**
(11e éd.). — Jean GICQUEL et Patrice GÉLARD.

**INTRODUCTION AU DROIT PUBLIC**
(2e éd.). — Max GOJUNELLE.

**COMMERCE INTERNATIONAL**
(2e éd.) H.-F. HENNER.

**DROIT JUDICIAIRE PRIVÉ**
Jacques HÉRON.

**DROIT PÉNAL GÉNÉRAL**
(2e éd.). — Wilfrid JEANDIDIER.

**DROIT DES SOCIÉTÉS**
(2e éd.) Michel JEANTIN.

**ÉLÉMENTS D'ANALYSE MACROÉCONOMIQUE**
(2e éd.). — Cl. JESSUA.

**LE TRESOR ET LA POLITIQUE FINANCIERE**
Ph. JURGENSEN et D. LEBÈGUE.

**STRATÉGIES D'ENTREPRISE : UNE ANALYSE MICROÉCONOMIQUE**
A. LABOURDETTE.

**ÉLÉMENTS D'ÉCONOMIE INDUSTRIELLE**
Jacques LECAILLON.

**ÉCONOMIE MANAGÉRIALE**
Jacques LECAILLON, B. GOSSE, L. de MESNARD, J.-M. MONNIER.

**DROIT INTERNATIONAL PRIVÉ**
(4e éd.). — Pierre MAYER.

**POLITIQUE COMPARÉE**
(4e éd.). — Yves MÉNY.

**HISTOIRE POLITIQUE ET CONSTITUTIONNELLE DE LA FRANCE - 1789/1958**
(2e éd.) Marcel MORABITO et Daniel BOURMAUD.

**INSTITUTIONS JUDICIAIRES**
(4e éd.). — Roger PERROT.

**ÉLÉMENTS DE MICROÉCONOMIE 1 - THÉORIE ET APPLICATIONS**
(3e éd.). — Pierre PICARD.

**ÉLÉMENTS DE MICROÉCONOMIE 2 - EXERCICES ET CORRIGÉS**
Bruno JULLIEN et Pierre PICARD.

**LIBERTÉS PUBLIQUES**
(5e éd.). — Jacques ROBERT et Jean DUFFAR.

**DROIT DU CONTENTIEUX CONSTITUTIONNEL**
(2e éd.). — Dominique ROUSSEAU.

**SOCIOLOGIE POLITIQUE**
(4e éd.). — Roger-Gérard SCHWARTZENBERG.

**DROIT FISCAL DE L'ENTREPRISE**
(2e éd.). — Patrick SERLOOTEN.

**LA VIE POLITIQUE EN FRANCE SOUS LA Ve RÉPUBLIQUE**
(2e éd.). — Serge SUR.

**HISTOIRE DU DROIT DES AFFAIRES**
Romuald SZRAMKIEWICZ.

**DROIT INTERNATIONAL PUBLIC**
(2e éd.). — Jean COMBACAU, Serge SUR.

**HISTOIRE DE LA PENSÉE ÉCONOMIQUE - DES ORIGINES À NOS JOURS**
Jacques WOLFF.

**LES PARTIS POLITIQUES SOUS LA Ve RÉPUBLIQUE**
Colette YSMAL.

**ADMINISTRATIONS COMPARÉES**
Jacques ZILLER.

---

# AVANT-PROPOS

*Lorsque, dans l'effervescence qui suivit la réforme universitaire de 1968, l'Université de droit, d'économie et de sciences sociales de Paris entreprit de réaménager ses programmes, l'opportunité est apparue de créer un enseignement spécifique ayant pour objet propre de présenter aux étudiants de première année une fresque globale des* Institutions judiciaires. *Une double préoccupation inspira cette création.*

*D'abord, le souci d'initier nos jeunes étudiants à certaines notions institutionnelles. La science du droit ne se nourrit pas d'académisme : elle se développe au sein d'un tissu serré d'institutions qui lui donnent vie et en parachèvent la réalisation. Les cours et les tribunaux sont les compagnons obligés du juriste. Sans eux, la science du droit ne serait qu'un jeu d'esthète. Il est indispensable que, dès leurs premiers pas, les juristes prennent conscience des réalités du monde judiciaire moderne qui formeront la trame sur laquelle viendront s'inscrire d'autres enseignements.*

*Une seconde préoccupation, non moins importante, a dicté la création de cet enseignement. Pendant longtemps, le hasard des spécialisations universitaires a voulu que les* Institutions judiciaires *fussent présentées en ordre dispersé, trop souvent dans une perspective exclusivement procédurale, comme autant d'annexes à des enseignements de fond. La science judiciaire a beaucoup pâti de ce découpage trinitaire entre le contentieux privé, le contentieux pénal et le contentieux administratif qui faisait de la justice un monstre à trois têtes. En réalité, l'œuvre de justice forme un tout indivisible. Et s'il est vrai que chacun des contentieux répond à des finalités propres qui imposent leur marque, l'acte de juger reste unique dans son essence. C'est donc autour de lui que doit être reconstitué ce vaste ensemble que forment les* Institutions judiciaires, *en s'efforçant de dégager, à travers les spécificités propres à chaque contentieux, une vision globale de la justice et des principes qui la régissent. Au reste, le législateur moderne s'en est bien rendu compte qui, en 1960, créa les Instituts d'études judiciaires dont l'une des fonctions est précisément de regrouper, au sein d'une même unité, l'étude des principes qui gouvernent l'organisation et le fonctionnement de la justice, en se jouant des cloisonnements hérités de la tradition.*

*Ce double souci a dicté la conception de ce livre élaboré en pensant d'abord aux étudiants de première année qui ont besoin d'enrichir leurs connaissances d'un vocabulaire de base. Il eût été périlleux de les aventurer dans des controverses techniques de nature procédurale qui, pour être comprises, supposent déjà un certain degré de formation. En revanche, une large place a été faite aux questions de terminologie et à tout ce que l'on pourrait appeler l'environnement des* Institutions judiciaires, *pour mieux les insérer dans leur contexte historique, sociologique et parfois même politique. Les* Institutions judiciaires *ne se réduisent pas à de simples cadres techniques désincarnés : façonnées par l'histoire et les nécessités du temps, elles ne se comprennent souvent qu'à travers les enseignements du passé et les besoins du moment présent. Que le lecteur ne soit donc pas surpris s'il ne trouve aucun écho des savantes controverses jurisprudentielles qui font la joie des érudits : dans un premier temps, il nous a paru pédagogiquement plus fructueux de limiter cet ouvrage à la description des Institutions et des grands principes qui régissent le procès.*

*Si néanmoins le lecteur initié veut bien jeter quelque regard sur ce livre, il découvrira peut-être à travers les lignes l'amorce d'une étude comparative entre les différents contentieux. Un champ d'exploration immense s'ouvre aux chercheurs avides de comprendre pourquoi ce qui est vrai devant une juridiction ne l'est pas devant une autre. La diversité des solutions ne doit pas déconcerter le juriste ; elle doit au contraire l'inciter à en chercher la cause sans jamais se laisser gagner par les fatalités de l'histoire qui, avec le temps, deviennent traditions.*

*Puissent ces pages rendre service aux étudiants et susciter la curiosité du chercheur. L'auteur n'en souhaite pas plus.*

*R. P.*

# INTRODUCTION

**1.** Dans toute société, il y a des juges chargés de rendre des jugements : l'existence de la fonction de juger est inhérente à toute société, si rudimentaire soit-elle. Il en fut toujours ainsi. L'histoire nous révèle que, dans les temps les plus anciens, au cœur même du Royaume d'Egypte, trente juges étaient choisis au sein des principales villes pour composer la compagnie chargée de juger dans tout le Royaume. Dès qu'une société se forme, la fonction de juger apparaît de façon à peu près spontanée, comme une nécessité.

L'explication est simple : toute vie en société entraîne inévitablement des *contestations*. Et cela, pour plusieurs raisons. Ce peut être d'abord parce que les intéressés ne sont pas d'accord sur l'existence de certains faits : un acheteur prétend, par exemple, qu'il ne doit plus rien parce qu'il a déjà payé. Mais ce peut être aussi parce que l'application de la règle de droit est sujette à controverse : quel sens faut-il lui donner ? quelle en est la portée ? s'applique-t-elle au cas litigieux ? Bref, pour différents motifs, des prétentions s'affrontent. Il est alors indispensable qu'une personne impartiale, respectée pour son autorité personnelle ou en raison des pouvoirs qu'elle tient de la loi, se prononce sur les prétentions en conflit et déclare publiquement laquelle des deux est justifiée. Il faut, en d'autres termes, qu'un juge intervienne pour « dire le droit ».

On se gardera d'en déduire que l'application de la règle de droit suscite toujours des contestations. Dans bien des cas, chacun fait ce qu'il doit en respectant scrupuleusement les prérogatives d'autrui et nulle contestation ne surgit. Il est bon d'ailleurs qu'il en soit ainsi : la vie serait désespérante si la moindre application de la règle de droit devait engendrer un litige. Le procès n'est qu'un « accident » de la vie juridique. Mais comme cette éventualité ne doit pas être exclue, il est indispensable de mettre à la disposition des citoyens un juge dont la fonction est de trancher les litiges.

Cette fonction est d'autant plus nécessaire que toute société civilisée repose sur un postulat fondamental qui veut que *nul ne se fasse justice à soi-même*, sinon c'est le désordre et l'anarchie. Il est impossible d'admettre que chacun se serve selon son bon plaisir. Une société qui ne réagirait pas contre les voies de fait porterait en elle tous les ferments de sa propre destruction. Voilà pourquoi dans nos sociétés modernes, où l'Etat a la responsabilité de l'ordre public, la justice n'est pas seulement, comme le pensait Lamoignon, « une bienfaisance du Roi » : elle est en réalité un devoir de l'Etat.

Pour faire face aux responsabilités qui sont les siennes, l'Etat a donc organisé un véritable service public composé de multiples organes auxquels participent de nombreuses personnes dont l'ensemble forme ce que l'on a coutume d'appeler, d'un terme générique, les « *Institutions judiciaires* ».

**2. Que désigne exactement cette expression ?**

a) On pense tout de suite aux *juridictions* (aux cours et aux tribunaux, notamment) qui doivent leur nom au fait qu'elles sont chargées de « dire le droit » (du latin : *jurisdictio*). Mais, pour répondre à la diversité des attributions de la justice moderne, les juridictions sont elles-mêmes très diversifiées.

Il y a, en effet, plusieurs types de justice. On trouve d'abord la justice entre les particuliers : entre un créancier et un débiteur qui prétend ne rien devoir, entre deux époux qui divorcent, entre deux commerçants, etc... C'est ce que l'on appelle parfois la « *justice civile* », étant précisé que cette expression n'exclut pas les litiges en matière commerciale et sociale. Mais il y a également la « *justice pénale* » exercée par les tribunaux de police, les tribunaux correctionnels et les cours d'assises, dont l'objectif est de réprimer les infractions qui ont été commises. Enfin, il y a une « *justice administrative* » qui, comme son nom l'indique, a pour trait caractéristique de juger les litiges concernant l'administration.

A chacun de ces types de justice correspondent des juridictions très différentes par leur esprit et leurs structures. Mais, quelles que soient les particularités de chacune d'elles, toutes les juridictions ont pour trait commun d'être appelées à trancher des contestations au moyen d'un acte solennel que l'on appelle un jugement. L'identité de la démarche intellectuelle les rassemble toutes dans un même ensemble qui restitue à la justice son unité fondamentale.

b) Ces juridictions ne serviraient à rien s'il n'y avait pas un important personnel pour en assurer le fonctionnement : les *juges*, bien entendu, mais aussi une quantité d'autres personnes comme les avocats, les avoués, les huissiers de justice, les greffiers dont l'ensemble forme ce que l'on a coutume d'appeler les « *auxiliaires de justice* ».

c) Enfin, on ne saurait négliger le fait même du *procès*. Le juge statue toujours à la suite d'une procédure plus ou moins longue, plus ou moins complexe, destinée à permettre une meilleure recherche de la vérité, dans des conditions sereines et loyales. Or, le procès obéit à certains principes qui animent le fonctionnement des juridictions. Sans doute leur mise en œuvre peut-elle varier plus ou moins sensiblement selon la juridiction saisie. Mais précisément pour cette raison, il est indispensable de les connaître et, au besoin, de comparer leur application.

Quand, dans un sens très large, on parle des « Institutions judiciaires », on désigne donc par là cet ensemble très disparate que constituent les juridictions, le personnel judiciaire et aussi les principes fondamentaux qui régissent le procès. Et cela, sans tenir compte du cloisonnement plus ou moins artificiel qui résulte souvent du hasard des programmes universitaires, entre la justice civile (commerciale et sociale), la justice pénale et la justice administrative. A travers ses multiples facettes, la justice forme un tout.

Dans l'expression « Institutions judiciaires », le mot « judiciaire » est utilisé dans son sens étymologique pour désigner « ce qui est relatif à l'administration de la justice » (Littré, v° *Judiciaire*, 1°, t. IV, p. 1315). Il est bon de le souligner, car avec l'apparition des juridictions administratives, on a pris l'habitude d'opposer l'ordre judiciaire à l'ordre administratif, donnant ainsi au mot « judiciaire » un sens plus restreint que ne le voudrait l'étymologie (1). Il est superflu d'engager une controverse sur les habitudes de langage dès lors qu'elles ne tirent pas à conséquence. Disons simplement, pour qu'il n'y ait pas d'ambiguïté, que le mot « judiciaire » est pris ici dans son sens le plus large et s'applique à toutes les institutions qui contribuent à l'administration de la justice en général.

**3.** Est-il besoin de souligner l'**importance** d'une étude sur les institutions qui concourent au fonctionnement de la Justice ?

a) *Importance pratique* d'abord. Le total des décisions de justice rendues chaque année par les différentes juridictions ne manque pas d'être impressionnant : rien que pour l'année 1990, si l'on met à part les contraventions jugées par les tribunaux de police qui gonflent artificiellement les statistiques (2), ce nombre dépasse 2 millions. Qui peut dire que jamais un procès ne troublera son existence et qu'il ne devra pas apprendre un jour ce qu'est un tribunal de grande instance, un conseiller à la cour, un avocat ou un huissier de justice ? En tout cas le juriste, quelle que soit sa fonction, ne peut pas se désintéresser de l'aspect judiciaire de la science du droit dans la mesure où, même s'il n'en fait pas son activité principale, il est appelé journellement à côtoyer le « judiciaire ».

b) *Importance politique*, ensuite. Tout ce qui concerne la justice touche de très près à la vie de la cité. Il est donc naturel que la solution donnée à certains problèmes soit largement tributaire de certaines options de nature politique. L'histoire en apporte la preuve. Selon la conception libérale, démocratique ou autoritaire d'un régime, le recrutement des juges change (*infra*, n$^{os}$ 338 s.), leur statut n'est pas le même (*infra*, n$^{os}$ 370 s.), les pouvoirs dont ils disposent sont différents (*infra*, n$^{os}$ 545 s.) et l'organisation des professions judiciaires n'est pas identique. Souvent d'ailleurs la manière dont un régime politique considère sa justice est le signe le plus révélateur de ses véritables orientations.

---

(1) En ce sens, on dira par exemple que le « juge administratif » n'appartient pas au « corps judiciaire ».

(2) En 1990, le total des condamnations prononcées par les tribunaux de police, au titre des contraventions, a atteint le chiffre de 11 millions.

c) *Importance scientifique*, enfin. Le juriste a le devoir de prendre un peu de recul pour juger sereinement les problèmes qui se posent, pour en découvrir les remèdes et pour éventuellement suggérer les solutions appropriées. Or, quand on étend son horizon au plan international, on constate qu'à des degrés divers les mêmes difficultés surgissent et que les mêmes questions se posent. Dans tous les pays, on s'interroge sur le meilleur mode de recrutement du personnel judiciaire, sur le statut qui doit être le sien, sur les mérites de la collégialité ou sur les pouvoirs du juge dans le procès. Sans doute, les solutions finalement adoptées peuvent-elles être très différentes selon les conceptions politiques ou les traditions propres à chaque pays. Nul ne sera surpris que l'administration de la justice dans les pays de l'Europe occidentale ne soit pas soumise aux mêmes principes que la justice de l'Europe de l'Est. Et de même, il est clair que la justice anglaise n'est pas identique à la justice française. Mais le juriste ne doit pas être déconcerté par la mouvance des solutions. L'essentiel est de prendre conscience des raisons qui expliquent ces divergences, d'en mesurer les conséquences et, le cas échéant, d'en tirer une leçon pour soi-même.

A ce titre, une étude sur les Institutions judiciaires présente un caractère scientifique qui ne se limite pas à l'horizon français à un moment donné. De là, la nécessité de jeter un regard comparatif sur ce qui se passe dans les pays étrangers et aussi sur notre propre histoire judiciaire.

**4.** Pour toutes ces raisons, avant d'étudier les Institutions judiciaires du moment présent, il est indispensable d'interroger le passé à travers un rapide *aperçu historique* (I). Ensuite, afin de mieux connaître les textes qui régissent actuellement les Institutions judiciaires, il conviendra de présenter les *sources législatives et réglementaires* en cette matière (II). Enfin, pour achever cette introduction, il sera donné quelques brèves *indications bibliographiques* (III).

## I

## APERÇU HISTORIQUE

**5.** Les grandes lignes de notre organisation judiciaire moderne datent de la Révolution française qui réalisa sur ce point une œuvre considérable, ultérieurement complétée par le Consulat et l'Empire. Il est cependant utile de rappeler brièvement ce qu'était l'organisation judiciaire sous l'ancien régime, avant d'étudier les trois grandes périodes de la justice française : la mise en place des institutions entre 1790 et 1810 (A), suivie d'une longue période de stabilité entre 1810 et 1958 (B), date à partir de laquelle fut entreprise une rénovation des Institutions judiciaires qui se poursuit encore actuellement (C).

**6. Ancien régime.** — La justice de l'ancien régime se caractérisait par la *diversité* et la *multiplicité des juridictions.*

A côté des juridictions royales (baillages, sénéchaussées, présidiaux), il existait des juridictions seigneuriales et des juridictions canoniques dont, à la fin de l'ancien régime, la compétence se limitait aux questions de mariage et d'état civil. On trouvait en outre des juridictions spécialisées en certaines matières (prévôtés, tribunaux consulaires en matière commerciale, tribunaux d'amirauté en matière maritime) et même certaines juridictions de nature administrative (la Cour des Aides en matière fiscale et la Chambre des comptes du Parlement de Paris). A cela s'ajoutaient, au sommet de la hiérarchie : les Parlements (qui dans chaque province jouaient le rôle de juridictions d'appel) et, enfin, le Conseil des parties qui siégeait aux côtés du Roi.

Cet enchevêtrement engendrait de nombreux conflits de compétence qui rendaient souvent malaisé le choix de la juridiction appelée à connaître du litige.

Le fonctionnement de la justice présentait lui-même de très graves inconvénients : la *lenteur des procès* en raison de la multiplicité abusive des recours (par le jeu de 5 ou 6 appels successifs : *infra*, n° 54), les *privilèges de juridiction* dont bénéficiaient certaines catégories de justiciables (la noblesse et le clergé notamment : *infra*, n° 61), la *vénalité des charges de judicature* qui obligeait les plaideurs à payer leurs juges (*infra*, n° 63), etc...

A la fin de l'ancien régime, la réforme de la justice était un souhait à peu près unanime qui trouva de nombreux échos dans les cahiers de doléance présentés aux Etats généraux en 1789. Répondant à ce vœu, la Révolution française commença par faire table rase du passé. Dans la nuit du 4 août 1789, les juridictions seigneuriales furent abolies, en même temps que les privilèges de juridiction et la vénalité des charges. Les tribunaux étaient maintenus, mais à titre provisoire ; et quelques mois plus tard un décret du 3 novembre 1789 décidait que les Parlements ne reprendraient plus leurs fonctions. Le champ était libre pour l'édification d'une nouvelle organisation judiciaire.

### A. — Première période (1790-1810) : mise en place des institutions

**7. Loi des 16 et 24 août 1790.** — Cette loi, votée par l'Assemblée constituante après des débats très approfondis, fut de l'avis unanime une des plus grandes lois de notre histoire politique.

a) Le législateur commença très sagement par poser certains principes fondamentaux dont certains régissent encore nos institutions modernes : le principe de la *séparation des pouvoirs* qui, malgré des gauchissements très sensibles, demeure toujours un postulat auquel on aime se référer (*infra*, n^os 23 s.), le principe de l'*égalité* devant la justice (*infra*, n^os 61 s.), le principe de sa *gratuité* (*infra*, n^os 63 s.), la règle fondamentale du *double degré de juridiction* (*infra*, n° 75), etc.

b) Après avoir posé ces principes, l'Assemblée constituante s'attacha à instituer de nouvelles juridictions dont certaines subsistent encore sous des noms différents. On citera notamment : les *tribunaux de district* qui sont les ancêtres de nos actuels tribunaux de grande instance (*infra*, n^os 93 s.) et les *justices de paix* qui sont devenues, en 1958, les tribunaux d'instance (*infra*, n^os 102 s.). Fait curieux, une juridiction de l'ancien régime survécut (la seule) : il s'agit des anciennes juridictions consulaires chargées de statuer sur les litiges commerciaux qui, parce qu'elles étaient composées de juges élus, trouvèrent grâce aux yeux du législateur de 1790 ; elles furent donc maintenues sous le nom de *tribunaux de commerce* (*infra*, n^os 112 s.). Enfin, il faut souligner la place importante réservée à l'*arbitrage*, ce mode de juridiction très spécial par lequel les parties en conflit choisissent un simple particulier qui aura mission de juger le litige (*infra*, n^os 56 s.).

c) En revanche, la loi de 1790 contenait peu de dispositions sur le personnel judiciaire, sinon la règle essentielle de l'*élection des juges* qui se situait dans la logique du principe de la séparation des pouvoirs. Rien n'était dit au sujet des auxiliaires de la justice (avocats, procureurs, etc...) qui attendront un an... pour être supprimés.

**8. Examen critique.** — L'œuvre réalisée par l'Assemblée constituante présentait d'incontestables mérites. Non seulement elle mit fin à certains des abus de l'ancien régime, mais dans sa partie constructive, ce fut une œuvre très sage et très élaborée ; la preuve en est que, dans ses grandes lignes, elle subsiste depuis maintenant deux siècles. Il ne faut pas se dissimuler toutefois que cette loi présentait aussi de graves défauts.

a) On a pu lui reprocher d'abord une *inspiration idéologique excessive.* C'est d'ailleurs le propre des lois réalisées dans des périodes révolutionnaires.

Ainsi, l'idéologie de la fraternité qui se traduisit par l'importance démesurée donnée à l'arbitrage et aussi par un enthousiasme un peu naïf pour le juge de paix considéré moins comme un juge que comme « un père parmi ses enfants » : puisque les hommes sont frères, ils doivent pouvoir s'entendre facilement pour peu qu'un homme sage, ayant leur confiance, les y aide !

Dans le même ordre d'idées, la hantise de voir renaître la caste judiciaire des anciens Parlements (qui, il faut bien le dire, mena la vie dure au pouvoir royal et que le législateur révolutionnaire craignait de voir réapparaître ; *infra*, n° 23), explique certaines dispositions sur lesquelles il fallut revenir quelques années plus tard : par exemple, l'élection des juges et surtout la suppression de toute juridiction hiérarchiquement supérieure.

Ce dernier point mérite une explication rapide. Il est indispensable d'offrir au plaideur qui a perdu son procès devant un premier juge, la possibilité de le faire juger une seconde fois par un juge présumé plus expérimenté : c'est le rôle de nos cours d'appel actuellement, comme c'était également la fonction des anciens Parlements. Le législateur de 1790 n'a pas nié l'opportunité d'un double degré de juridiction. Mais, pour ne pas créer une juridiction hiérarchiquement supérieure qui aurait pu faire penser aux anciens Parlements, il imagina un système très curieux, que l'on appela « l'*appel circulaire* », qui consistait à faire juger l'affaire une seconde fois par une juridiction du même type, mais d'une autre ville (3).

b) On a reproché également à cette loi d'avoir réalisé une *œuvre incomplète*. Il est exact qu'un bon nombre de juridictions, et non des moindres, ne figuraient pas dans la loi de 1790 : par exemple, il manquait une juridiction de cassation, et bien d'autres encore (comme les conseils de prud'hommes). Il n'est pas exclu de penser que beaucoup de ces lacunes furent voulues : le législateur de 1790 était préoccupé par le souci de ne pas briser l'unité de la justice en créant des juridictions spécialisées qui auraient pu donner naissance à de nouveaux privilèges de juridiction. Il reste que certaines de ces lacunes durent être comblées un peu plus tard.

**9. Réformes complémentaires.** — Parmi les dispositions législatives du droit intermédiaire qui vinrent compléter l'œuvre inachevée de la loi des 16 et 24 août 1790, on retiendra notamment, dans l'ordre chronologique.

I. — La création du *Tribunal de cassation* par la loi des 27 novembre et 1er décembre 1790. L'institution d'une juridiction suprême s'imposait pour sanctionner les violations de la règle de droit et en uniformiser l'interprétation (*infra*, nos 207 s.). D'ailleurs, la Constituante en comprit vite la nécessité et n'attendit pas longtemps pour créer cette juridiction qui deviendra plus tard la Cour de cassation lorsque le mot « cour » (symbole de la royauté) ne heurtera plus les susceptibilités du législateur.

II. — C'est au **Consulat** que l'on doit les créations les plus importantes du droit intermédiaire.

La Constitution du 22 frimaire an VIII institua (dans son article 52) cette assemblée prestigieuse, que l'on appelle le *Conseil d'Etat*, qui sera la clé de voûte de toute notre justice administrative (*infra*, nos 244 s.). A la même époque, de façon

---

(3) Par exemple : si l'appel circulaire était encore en vigueur de nos jours, le plaideur qui aurait perdu son procès devant le tribunal de grande instance de Paris formerait appel devant le tribunal de grande instance de Versailles. Autrement dit, pour éviter toute hiérarchie, les juges de même degré se contrôlaient mutuellement.

plus modeste, la loi du 28 pluviôse an VIII créa les *conseils de préfecture* qui seront la timide amorce du contentieux administratif à l'échelon départemental et qui deviendront, beaucoup plus tard (en 1953), les tribunaux administratifs (*infra*, n$^{os}$ 260 s.).

Deux autres réformes doivent également être soulignées qui atténuèrent certains des excès de la Constituante.

a) N'ayant plus la hantise des anciens Parlements et la crainte de les voir renaître, le Consulat abandonna le système de l'appel circulaire et institua des juridictions hiérarchiquement supérieures qui prirent le nom de « *tribunaux d'appel* » (loi du 27 ventôse, an VIII).

b) Enfin, avec le Consulat, le système de l'élection des juges commença à amorcer une régression : notamment, il fut décidé que les juges des tribunaux d'arrondissement (nouveau nom donné aux anciens tribunaux de district de la Constituante) seraient désormais nommés par le Premier consul.

III. — **L'Empire** devait tout naturellement accentuer les réformes amorcées sous le Consulat. L'élection des juges est progressivement supprimée. Et comme le mot « cour », loin de faire peur est au contraire recherché, les tribunaux d'appel deviennent des « cours d'appel », tandis que le Tribunal de cassation devient la « Cour de cassation » (Sen. cons., 28 floréal an XII).

On doit également au Premier Empire d'autres réformes importantes :

a) D'abord, l'institution des *conseils de prud'hommes* qui existent toujours à notre époque et dont le rôle consiste à statuer sur les litiges en matière de contrat de travail : ils furent créés par une loi du 18 mars 1806 dans les conditions qui seront indiquées ultérieurement (*infra*, n° 131).

b) Enfin, c'est à l'Empire que l'on doit le rétablissement de la profession d'avocat (loi du 22 ventôse an XII) qui avait été supprimée en 1791.

Ainsi progressivement et non sans tâtonnements au gré des régimes successifs, furent mises en place les principales juridictions des temps modernes. Il appartenait à l'Empire de marquer le terme de cette évolution dans un texte fondamental qui ouvre la seconde période : la loi du 20 avril 1810.

### B. — Seconde période (1810 à 1958) : stabilité des institutions

**10. Loi du 20 avril 1810.** — Ce texte, intitulé « loi sur l'organisation de l'ordre judiciaire et l'administration de la justice », devait constituer, durant tout le XIX$^{e}$ siècle et la première moitié du XX$^{e}$, la véritable charte de l'organisation judiciaire. Cette loi synthétisait toutes les réformes accomplies au cours des années précédentes. Le pivot de cette organisation était constitué par un tribunal civil dans chaque arrondissement, composé de trois juges nommés par le gouvernement ; avec, au second degré, une cour d'appel regroupant plusieurs départements et, au sommet, la Cour de cassation.

A partir de ce texte, commence une période de remarquable stabilité qui devait durer jusqu'au milieu du XX$^{e}$ siècle. La stabilité des textes n'exclut pas toutefois certaines évolutions importantes auxquelles il est bon de prêter attention.

**11. Evolution postérieure.** — Deux tendances devaient marquer cette période.

a) D'abord, une dispersion de la justice par la *création de nombreuses juridictions spécialisées* que l'on a coutume d'appeler des « juridictions d'exception ». A l'origine, le législateur révolutionnaire, et quelques années plus tard celui de 1810, soucieux d'éviter la renaissance des privilèges de juridiction avaient limité les structures judiciaires aux quelques juridictions, dites de droit commun, que constituaient les tribunaux civils, les cours d'appel et la Cour de cassation ; tout au plus avait-on admis pour des raisons particulières, les justices de paix (par souci de conciliation), les tribunaux de commerce (par tradition historique) et, plus tard, les conseils de prud'hommes. Depuis lors, les choses ont bien changé. Sous la pression des nécessités pratiques, mais aussi parfois pour des raisons purement démagogiques, sont apparues des juridictions spécialisées dans certains domaines particuliers, composées souvent de juges représentant les intérêts d'une catégorie sociale déterminée : par exemple, les tribunaux paritaires des baux ruraux (dans le domaine agricole ; *infra*, n$^{os}$ 146 s.), les commissions de sécurité sociale, appelées désormais les tribunaux des affaires de sécurité sociale (*infra*, n$^{os}$ 150 s.), les juridictions pour mineurs en matière pénale (*infra*, n$^{os}$ 199 s.) et les juridictions militaires (*infra*, n$^{o}$ 197). Ainsi, sur une moindre échelle, a recommencé une évolution qui sous l'ancien régime avait abouti à l'enchevêtrement des juridictions. Il faut prendre garde à ce phénomène qui, en dispersant la justice, multiplie les conflits de compétence.

b) Une autre évolution très remarquable a été l'apparition d'une véritable *justice administrative*. Pour des raisons qui seront exposées ultérieurement (*infra*, n$^{os}$ 33 s.), il n'existait pas à l'origine de juridictions pour juger l'administration : l'administré en conflit avec une autorité administrative ne pouvait pas s'adresser aux tribunaux ; il devait saisir le ministre qui statuait sur sa réclamation. Peu à peu, le Conseil d'Etat, à force de patience, de sagesse et de ténacité, est devenu une véritable juridiction appelée à rendre de véritables jugements et à condamner au besoin l'administration. Cette évolution, dont on ne saurait trop souligner l'importance, a trouvé son point d'aboutissement avec une loi capitale du *24 mai 1872* qui a reconnu au Conseil d'Etat le pouvoir de rendre des décisions souveraines.

Depuis lors, les juridictions administratives se sont multipliées (à l'excès parfois ; *infra*, n$^{os}$ 244 et 281 s.). Mais, à travers cette prolifération, une autre date importante a été celle où les conseils de préfecture, institués en l'an VIII pour régler le contentieux avec l'administration à l'échelon départemental, sont devenus les *tribunaux administratifs* à la suite du décret n° 53-934 du 30 septembre 1953 (*infra*, n° 264).

Désormais, à côté des juridictions traditionnelles, dites de l'ordre judiciaire, il existe de véritables juridictions administratives chargées de juger les procès qui mettent en cause l'administration. Ce fut là un indéniable progrès.

**12. Vieillissement des structures judiciaires.** — La stabilité des textes ne doit pas faire illusion : elle a longtemps masqué un certain vieillissement des structures judiciaires qui est apparu dès la fin de la première guerre mondiale. La justice administrative, qui n'était pas liée par les textes de 1810, y a plus facilement échappé. Mais, devant les juridictions de l'ordre judiciaire, l'administration de la justice, telle qu'elle avait été conçue en 1810, ne convenait plus aux besoins d'un monde moderne où la justice est fréquemment sollicitée pour trancher des litiges qui exigent des solutions rapides : un recrutement des magistrats mal organisé, une pénurie de moyens, une carte judiciaire dépassée par le développement des communications, une procédure lente et onéreuse devaient accuser l'inadaptation des structures judiciaires léguées par la loi de 1810.

A défaut d'une politique clairement définie, le législateur a préféré parer au plus pressé par la voie de réformes fragmentaires et souvent inefficaces. L'exemple des tribunaux civils en est le meilleur exemple qui, pendant près de quarante ans (entre 1919 et 1958), firent l'objet de réformes et de contre-réformes incessantes dans la plus parfaite incohérence (*infra*, n° 95). La résistance des milieux parlementaires à toute réforme d'envergure et aussi, il faut bien le dire, celle des milieux judiciaires eux-mêmes, ont finalement maintenu en vie de façon très artificielle des structures dont l'anachronisme devenait évident. On ne pouvait plus se contenter de réformes ponctuelles sur des questions limitées. Une réforme d'ensemble s'imposait : elle fut réalisée en 1958.

### C. — Troisième période (après 1958) : rénovation des institutions

**13. Constitution, ordonnances et décrets de 1958.** — L'une des premières préoccupations du nouveau régime institué en 1958 fut de procéder à une réorganisation de la justice. La Constitution du 4 octobre 1958 contient plusieurs dispositions à ce sujet (art. 64 et 65). Peu de temps après (avant même l'installation définitive des nouvelles institutions politiques), l'organisation judiciaire fut profondément modifiée par plusieurs ordonnances, accompagnées de nombreux décrets, promulguées le même jour : le *22 décembre 1958*.

Ces textes ne concernent que les juridictions de l'ordre judiciaire. A vrai dire, les juridictions administratives, plus proches de l'administration et moins tributaires des traditions, avaient déjà fait leur réforme quelques années auparavant, en 1953 (*infra*, n° 264).

Depuis lors, d'autres réformes de moindre envergure sont intervenues et interviendront encore. Elles seront présentées à l'occasion de chacun des problèmes examinés. Mais d'ores et déjà, on constatera que les principales réformes réalisées depuis 1958 portent tout à la fois sur les juridictions, sur le personnel judiciaire et sur le procès lui-même.

**14. 1°) Réforme des juridictions.** — Le législateur de 1958 n'a pas bouleversé les structures d'ensemble que nous avait léguées la Révolution française : on peut même déceler une certaine continuité.

La terminologie a changé : les tribunaux civils sont devenus les tribunaux de grande instance et les anciennes justices de paix s'appellent désormais les tribunaux d'instance. Mais, par-delà ces nuances de vocabulaire (qui ne sont peut-être pas ce qu'il y a de meilleur), des réformes beaucoup plus substantielles ont été réalisées. La carte judiciaire a été complètement remaniée de façon à faire disparaître les tribunaux squelettiques ayant peu d'affaires à juger et à reconstituer de grandes unités judiciaires dans le cadre d'un ressort territorial élargi (*infra*, n^os^ 96 et 107).

En outre, le législateur de 1958 a sensiblement renforcé le rôle des cours d'appel qui sont désormais l'unique juridiction du second degré, y compris à l'égard des juridictions spécialisées (*infra*, n° 157).

Les juridictions administratives elles-mêmes n'ont pas échappé aux réformes destinées à en améliorer le fonctionnement. La plus importante d'entre elles fut réalisée par la loi n° 87-1127 du 31 décembre 1987 qui institua les *cours administratives d'appel* (*infra*, n^os^ 270 s.).

**15. 2°) Réforme du personnel judiciaire.** — En 1958, l'effort essentiel du législateur a porté sur le *recrutement* et le *statut des magistrats de carrière*. Le législateur de 1810 ne s'était guère préoccupé de ce problème. Afin de combler cette lacune, quelques textes épars avaient été promulgués depuis le début du siècle. Mais ils étaient notoirement insuffisants. Désormais, plusieurs textes importants règlent ce problème. D'abord, la Constitution elle-même qui, dans ses articles 64 et 65 (ce dernier texte ayant été modifié par la loi constitutionnelle n° 93-952 du 27 juill. 1993), pose certains principes fondamentaux, dont en particulier le statut d'un organe important que l'on appelle le Conseil supérieur de la magistrature (*infra*, n^os^ 41 et s.). Ensuite, l'ordonnance n° 58-1270 du 22 décembre 1958 (modifiée à plusieurs reprises et récemment par la loi n° 92-189 du 25 févr. 1992), portant statut de la magistrature de l'ordre judiciaire. Enfin, pour parfaire la formation des magistrats de l'ordre judiciaire, qui jusque là était inorganisée, les textes de 1958 ont créé le Centre National d'Etudes Judiciaires (C.N.E.J.) qui deviendra, en 1970, l'Ecole Nationale de la Magistrature (E.N.M.) (*infra*, n° 350). Tous ces textes sont essentiels ; et si l'on peut en discuter le contenu, on ne peut en nier la cohérence.

En revanche, le législateur de 1958 s'était abstenu de remettre en cause le statut des auxiliaires de justice. Mais depuis lors d'importantes réformes sont intervenues. La première, réalisée par la loi du 30 novembre 1965 a *fonctionnarisé les greffes* (*infra*, n° 482). La seconde, résultant des lois du 31 décembre 1971 et du 31 décembre 1990, a supprimé les avoués de première instance et profondément réorganisé la *profession d'avocat* en réalisant sa fusion avec les conseils juridiques (*infra*, nos 429 s.).

**16. 3°) Réformes concernant le procès.** — L'une des préoccupations dominantes actuellement est celle de l'accès à la justice, afin de permettre à tous, même à ceux dont les moyens sont modestes, de pouvoir défendre leurs droits devant les tribunaux. A cette fin, une loi du 10 juillet 1991 a rénové et modernisé une vieille institution que l'on appelait jadis l'assistance judiciaire qui, en 1972, était devenue l'aide judiciaire, et que l'on appelle aujourd'hui l'*aide juridique* (*infra*, n° 66).

Enfin, on ne saurait passer sous silence les réformes importantes qui ont été réalisées pour tenter de moderniser les procédures devant les tribunaux. A cet effort, se rattache la promulgation des nouveaux codes de procédure entre 1958 et 1976 (*infra*, n° 19).

**17. Conclusion.** — Il est probable que toutes ces réformes ne seront pas les dernières : d'autres interviendront et il n'y a pas lieu d'en être surpris.

Le problème le plus préoccupant à l'heure actuelle est celui de l'encombrement des tribunaux. Le volume des affaires a plus que doublé en l'espace de quinze ans, sans que les effectifs judiciaires aient augmenté dans les mêmes proportions. C'est là un phénomène général devant toutes les juridictions. Il en résulte un engorgement des tribunaux qui ne laisse pas d'être inquiétant et, trop souvent, un retard considérable dans le jugement des affaires. Tout le monde le constate ; tout le monde le déplore ..., reste à trouver les moyens pour y remédier.

## II. — SOURCES LÉGISLATIVES ET RÉGLEMENTAIRES

**18. Code de l'organisation judiciaire.** — Le nombre et la dispersion des textes sur l'organisation et le fonctionnement des juridictions qui, au fil des ans, s'étaient accumulés avaient fini par créer un état de désordre législatif et réglementaire qui rendait extrêmement malaisée et souvent aléatoire la recherche des textes applicables. Pour remédier à cette situation, une loi n° 72-626 du 5 juillet 1972 décida qu'il

« sera procédé, sous le nom de code de l'organisation judiciaire, à la codification des textes de nature législative et réglementaire concernant cette matière, par des décrets en Conseil d'Etat ... » (art. 15). Ce travail demanda près de six ans. Lorsqu'il fut achevé, le *décret nº 78-329 du 16 mars 1978* promulgua ce document. Depuis cette date, il existe donc un code où se trouvent rassemblés les textes concernant l'organisation et le fonctionnement des juridictions.

Ce texte fondamental exige un rapide commentaire, en ce qui concerne sa présentation et surtout son contenu.

*a) Présentation matérielle.*

Comme beaucoup de textes modernes aujourd'hui, le code de l'organisation judiciaire comprend deux parties : une *partie législative* (dont les articles sont précédés de la lettre « L ») reproduisant les textes qui relèvent de la compétence exclusive du Parlement, et une *partie réglementaire* (dont les articles sont précédés de la lettre « R ») qui rassemble les dispositions édictées par le gouvernement au moyen d'un décret et qui peuvent être modifiées de la même manière.

La numérotation des articles peut paraître plus surprenante dans la mesure où elle n'est pas continue (4) : elle a le mérite de pouvoir insérer de nouveaux articles à l'avenir sans être obligé de décaler toute la numérotation.

On remarquera à ce sujet que :

1º La lecture du *numéro de l'article permet de situer dans quelle partie du code il figure.*

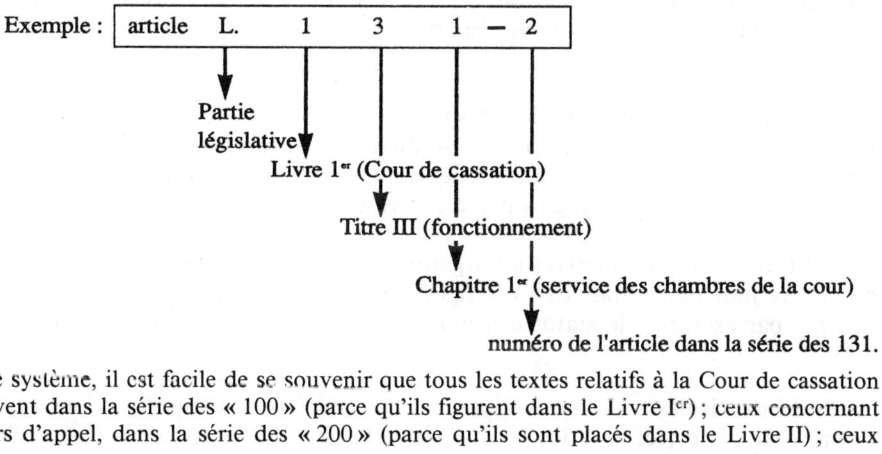


Avec ce système, il est facile de se souvenir que tous les textes relatifs à la Cour de cassation se trouvent dans la série des « 100 » (parce qu'ils figurent dans le Livre Ier) ; ceux concernant les cours d'appel, dans la série des « 200 » (parce qu'ils sont placés dans le Livre II) ; ceux

---

(4) On retrouve le même système de numérotation dans le code du travail et dans le code des assurances.

relatifs aux tribunaux de grande instance, dans la série des « 300 » (parce qu'ils ont été insérés dans le Livre III), etc ...

2° Mais il en résulte que *la numérotation ne forme pas nécessairement une série continue.* Le premier article du code est obligatoirement le « 111-1 ». Autre exemple : on passe directement de l'article L. 151-3 à l'article L. 211-1, tout simplement que la matière du Livre Ier étant épuisée, on arrive immédiatement au Livre II.

*b) Contenu.*

Ce code a un immense mérite qui est celui d'exister : grâce à lui, les praticiens peuvent retrouver aisément les textes applicables. Mais, cela dit, on se gardera de nourrir trop d'illusions sur la valeur scientifique de ce code qui n'a pas été réellement novateur et qui, de surcroît, ne concerne pas toutes les juridictions.

Il n'a pas été réellement novateur : son seul objet a été en effet de « compiler », dans un document unique, des textes déjà existants qui auparavant étaient dispersés.

Il ne faudrait pas en déduire qu'à l'occasion de cette codification, aucune modification ne fut apportée aux textes antérieurs. Mais ces modifications furent limitées, ainsi d'ailleurs que l'annonçait l'article 15 de la loi n° 72-626 du 5 juillet 1972 qui, dans son second alinéa, avait pris soin de décider que « ces décrets apporteront aux textes de nature législative les adaptations de forme rendues nécessaires par le travail de codification, à l'exclusion de toute modification de fond ». Par conséquent, si le gouvernement avait tout loisir de modifier les textes contenus dans la partie réglementaire, il lui était en revanche formellement interdit de modifier sur le fond la teneur des dispositions de nature législative.

Depuis 1978, les textes initiaux ont été modifiés et complétés à plusieurs reprises, dans sa partie législative par des lois nouvelles, et dans sa partie réglementaire par de nouveaux décrets.

On soulignera enfin que les dispositions de ce code se limitent aux *seules juridictions de l'ordre judiciaire,* c'est-à-dire, aux juridictions civiles, commerciales, sociales et pénales exclusivement. Ce code ne concerne donc pas les juridictions administratives qui sont régies par d'autres textes.

Même dans cette limite, le code de l'organisation judiciaire est loin d'être complet. On y trouve les règles relatives à l'organisation et au fonctionnement des juridictions de l'ordre judiciaire. Mais rien n'y figure en ce qui concerne le personnel judiciaire, comme par exemple, le statut des magistrats ou celui des auxiliaires de justice.

**19. Textes isolés.** — Les explications qui précèdent laissent deviner qu'un bon nombre de règles, et non les moins importantes, doivent encore être recherchées dans des textes isolés qui n'ont fait l'objet d'aucune codification. A cette place, il serait hors de propos de les inventorier : ils seront cités chemin faisant à propos de chacune des questions étudiées. On se bornera simplement à citer les textes essentiels.

a) On retiendra en particulier : l'ordonnance n° 45-1708 du 31 juillet 1945 sur le Conseil d'Etat et, dans l'ordre judiciaire, les articles 64 et 65 de la Constitution, ainsi que l'ordonnance n° 58-1270 du 22 décembre 1958 sur le statut de la magistrature. A cela, il y a lieu d'ajouter la loi n° 71-1130 du 31 décembre 1971 (modifiée par la loi n° 90-1259 du 31 déc. 1990) sur la profession d'avocat et la loi n° 91-647 du 10 juillet 1991 sur l'aide juridique.

b) Plus spécialement en ce qui concerne la procédure, une place à part doit être réservée à différents codes qui seront fréquemment cités :

— Le *nouveau code de procédure civile* (nouv. c. pr. civ.) qui, à travers 1 507 articles, édicte les règles de procédure applicables devant les juridictions civiles, commerciales et sociales. Ce texte important, qui a remplacé un ancien code datant de 1806, est entré en vigueur dans sa forme actuelle le 1er janvier 1976.

— Le *code de procédure pénale* (c. pr. pén.), qui est applicable depuis 1959, — mais qui depuis lors a été substantiellement modifié par la loi n° 93-2 du 4 janvier 1993 —, contient de très nombreuses dispositions sur la manière dont la procédure est conduite devant les juridictions répressives (juge d'instruction, tribunal de police, tribunal correctionnel, cour d'assises).

— Enfin, le *code des tribunaux administratifs et des cours administratives d'appel* (c. trib. adm.). Cet important document, qui a pris la place d'une ancienne loi du 22 juillet 1889 consacrée à la procédure devant les conseils de préfecture, a été promulgué par un décret du 13 juillet 1973. Comme son nom l'indique, ce code contient les dispositions procédurales applicables devant les tribunaux administratifs et, depuis la loi n° 87-1127 du 31 décembre 1987, devant les cours administratives d'appel.

## III. — DOCTRINE ET BIBLIOGRAPHIE

**20.** Il était normal que la doctrine se préoccupe des problèmes concernant l'administration de la justice. Et de fait, nombreuses sont les études qui furent publiées, sous la forme de thèses ou d'articles, à propos de certaines questions particulières : les plus importantes d'entre elles seront citées au fur et à mesure des développements.

Si l'on s'en tient aux traités et aux manuels, ils peuvent se répartir en deux catégories (5) :

---

(5) Dans la suite des développements, ces ouvrages seront cités uniquement par le nom de leur auteur.

I. — On trouve d'abord des manuels ayant pour objet propre l'étude des Institutions judiciaires en général, sous la forme d'une synthèse des différents types de justice : justice civile (commerciale et sociale), justice répressive et justice administrative :

- H. Roland et L. Boyer, *Institutions judiciaires* (éd. L'Hermès, 480 p.), 2e éd., 1983.
- J. Vincent, G. Montagnier et A. Varinard, *La Justice et ses institutions* (Précis Dalloz, 934 p.), 1982.
- M. L. Rassat, *Institutions judiciaires*, 1993.

II. — Mais il faut mentionner également les ouvrages, souvent fort approfondis, consacrés à la procédure devant les différentes juridictions civiles (commerciales et sociales), pénales et administratives.

*a) En matière civile (commerciale et sociale) :*

- H. Solus et R. Perrot, *Droit judiciaire privé*, t. I, Notions fondamentales et organisation judiciaire (1961), t. II, Compétence (1973) et t. III, Procédure de première instance (1991).
- J. Vincent et S. Guinchard, *Procédure civile*, 22e éd., 1991 (Précis Dalloz).
- P. Catala et F. Terré, *Procédure civile et voies d'exécution*, 2e éd., 1986 (Thémis).
- G. Couchez, *Procédure civile*, 7e éd., 1992 (Sirey).
- Cornu et Foyer, *Procédure civile*, 1958 (Thémis).
- H. Croze et Ch. Morel, *Procédure civile*, 1988 (P.U.F.).

*b) En matière pénale :*

- Merle et Vitu, *Traité de droit criminel*, t. II, Procédure pénale, 4e éd., 1989.
- G. Stéfani, G. Levasseur et B. Bouloc, *Procédure pénale*, 14e éd., 1990.
- J. C. Soyer, *Droit pénal et procédure pénale.*
- Pradel, *Procédure pénale*, 6e éd., 1992.

*c) En matière administrative :*

- Auby et Drago, *Traité de contentieux administratif*, 2 vol., 3e éd., 1984.
- R. Chapus, *Droit du contentieux administratif*, 3e éd., 1991 (Montchrestien).
- Ch. Debbasch, *Contentieux administratif*, 5e éd., 1990 (Précis Dalloz).
- G. Vedel et P. Delvolvé, *Droit administratif*, 12e éd., 1992 (Thémis).
- Ch. Gabolde, *Traité pratique de la procédure des tribunaux administratifs*, 1981 (Dalloz).

## PLAN

**21.** Dans le cadre d'un manuel destiné aux étudiants et dont le seul dessein est de présenter les Institutions qui concourent à l'administration de la Justice, il ne saurait être question d'étudier les dispositions procédurales qui régissent les différents contentieux. D'autres ouvrages (cités dans la bibliographie) s'y consacrent avec bonheur : le moment n'est pas encore venu d'étudier la procédure.

Ainsi conçu, cet ouvrage sera divisé en quatre parties.

Une Première partie portera sur la *Justice*, afin d'examiner sa place au sein des structures de l'Etat et les problèmes généraux que soulève son administration.
Ensuite, on étudiera successivement :

Deuxième Partie : *Les juridictions*

Troisième Partie : *Le personnel judiciaire.*

Quatrième Partie : *Le procès.*

*PREMIÈRE PARTIE*

# LA JUSTICE

**22. La notion de justice.** — La justice est une notion qui peut avoir des sens très différents selon la manière dont on l'envisage.

a) Dans un sens très large, la justice est une vertu, un sentiment d'équité que l'on porte au fond de soi-même. Ainsi entendue, elle est une notion empreinte de subjectivisme dont le contenu varie selon notre éthique personnelle : rares sont les plaideurs qui n'ont pas le sentiment d'avoir la justice pour eux.

b) Dans un sens plus technique, la justice est une fonction : la fonction de juger, celle de « dire le droit » à l'occasion d'une contestation. En ce sens, on dira du juge qu'il rend la justice. Ainsi comprise, la justice est une prérogative souveraine qui, dans nos sociétés modernes, appartient à l'Etat.

c) Enfin, dans un dernier sens plus restreint, la justice désigne l'ensemble des Institutions au moyen desquelles la fonction de juger est exercée : les cours, les tribunaux, les magistrats, les auxiliaires de justice, etc... Définie de cette manière, la justice s'identifie à cet immense appareil administratif au sommet duquel se trouve placé le Ministère de la justice. Dans cette perspective, la justice est alors un service public.

Laissons à d'autres le soin de disserter sur la justice en tant que vertu. Mais constatons que la justice se présente au juriste sous deux aspects qui seront étudiés dans deux chapitres différents :

Chapitre I : *La fonction de juger.*

Chapitre II : *Le service public de la justice.*

*CHAPITRE I*

# LA FONCTION DE JUGER

**23. Sa place au sein des structures de l'Etat.** — La fonction de juger est une des prérogatives de la Souveraineté, à côté de la fonction législative qui édicte la norme et de la fonction exécutive qui en assure l'application.

I. — Dans l'ancien droit, ces trois fonctions étaient confondues en la personne du Roi : c'était là le propre de l'absolutisme royal. La justice était rendue au nom du Souverain, par l'intermédiaire de magistrats qui étaient ses « conseillers » et qui exerçaient leurs fonctions en siégeant dans les « cours » (de là, d'ailleurs, ces expressions qui subsistent toujours à notre époque).

Dès le XVIe siècle, mais surtout après la mort de Louis XIV, les magistrats manifestèrent des velléités d'indépendance ou, plus exactement, ils conçurent leur rôle à la manière d'un pouvoir politique destiné à limiter l'absolutisme royal. Ce n'est pas pour rien que les cours de l'ancienne France prirent le nom de « Parlements » (Parlement de Bourgogne, Parlement de Bretagne, etc...). Le mot est évocateur : il révèle la volonté des magistrats de ne pas limiter leurs prérogatives à la seule fonction de juger et de se trouver associés tant à la fonction législative qu'à la fonction exécutive :

*a)* Associés à la fonction législative : les Parlements s'arrogèrent alors le droit de formuler des « remontrances » au Roi et de subordonner l'exécution des ordonnances et édits royaux à leur enregistrement par chaque Parlement, allant jusqu'à refuser d'enregistrer certaines ordonnances que le Roi devait leur imposer en tenant un « Lit de justice ». Dans cet ordre d'idées, on peut même se demander si les anciens Parlements n'ont pas précipité la Révolution française en s'opposant aux réformes de Turgot et de Necker.

*b)* Associés à la fonction exécutive : à cette époque, les Parlements n'hésitaient pas à s'immiscer, de façon constante et souvent abusive, dans l'administration des Intendants, en contrôlant leurs actes et en les invitant à s'expliquer. La « fronde parlementaire » en 1648 fut l'un des exemples les plus marquants de cette ingérence des Parlements dans l'action gouvernementale (1). Un siècle plus tard, un édit de Saint-Germain de 1741 dut mettre un terme à de telles pratiques. Et quand on parle aujourd'hui, de façon quelque peu péjorative, du « Gouvernement des juges », c'est par évocation du temps où les magistrats eurent l'ambition de jouer le rôle d'un contre-pouvoir politique destiné à limiter l'absolutisme royal.

II. — Au XVIIIe siècle, un autre courant de pensée se dégagea qui, pour lutter contre l'absolutisme, posa comme postulat le principe de la *séparation des pouvoirs* : les fonctions législative, exécutive et judiciaire ne doivent pas être concentrées entre les mains d'un monarque ; elles doivent être attribuées à des organes distincts. Cette idée, qui trouva son premier écho sous la plume de John Locke, en 1690, dans son *Essai sur le gouvernement civil,* fut systématisée par Montesquieu, en 1748, dans l'*Esprit des lois.* On connaît certaines de ses formules : « tout homme qui a du pouvoir est tenté d'en abuser ; il va jusqu'à ce qu'il trouve des limites », et dès lors, ajoutait Montesquieu, « pour qu'on ne puisse abuser du pouvoir, il faut que le pouvoir arrête le pouvoir ». Toutes ces idées furent recueillies par la Révolution française et consacrées dans l'article 16 de la Déclaration des droits de l'homme et du citoyen qui, non sans un certain dogmatisme, posa en principe que « toute société dans laquelle la séparation des pouvoirs n'est pas déterminée n'a pas de constitution ».

Ainsi devait apparaître un véritable « pouvoir judiciaire », officiellement reconnu par la loi des 16 et 24 août 1790, à côté du pouvoir législatif et du pouvoir exécutif : pour cette raison d'ailleurs les juges étaient élus, au même titre que les représentants des assemblées politiques (*infra*, n° 344). On a facilement tendance à penser que ce texte consacra la fonction éminente du juge. Ce n'est pas entièrement inexact. Dans le contexte du temps et par rapport aux desseins politiques des magistrats de l'ancienne France, ce principe avait aussi, et peut-être surtout, des vertus négatives dans la mesure où il limitait les magistrats à leur seule fonction judiciaire : que le juge soit juge, mais qu'il le reste ! On ne dira jamais assez à quel point, la Révolution française a eu pour souci d'en finir avec les ingérences du juge dans l'administration du pays et sa méfiance à l'égard d'un corps qui avait nourri des ambitions politiques. Cette méfiance a considérablement marqué la magistrature tout au long du XIXe siècle.

III. — De nos jours, la séparation des pouvoirs n'est plus ce qu'elle était jadis : elle est devenue essentiellement un symbole de nos libertés qui fait partie de la mythologie politique. En réalité, les fonctions se sont disséminées à travers les différents pouvoirs, en ce sens que chacune d'elles n'appartient plus nécessairement en exclusivité à un organe déterminé : la fonction législative est exercée tout à la

---

(1) Son échec valut d'ailleurs au Parlement de Paris d'être exilé à Pontoise. Depuis cette date, les présidents de tribunaux du ressort de la cour de Paris portent à la taille, non point une ceinture bleue qui est habituelle, mais une ceinture de couleur noire, en signe de deuil.

fois par le Parlement (sous la forme de lois) et par le Gouvernement (sous la forme d'ordonnances ou de décrets) ; quant à la fonction de juger, elle a cessé d'être l'apanage exclusif du corps judiciaire de la magistrature. De telle sorte que le véritable problème consiste moins à faire respecter une séparation des pouvoirs devenue impossible, qu'à sauvegarder un difficile équilibre entre les différentes fonctions de l'Etat.

Dans ces conditions, qu'en est-il de la fonction de juger ? Quelle est exactement sa place, tant à l'égard du législatif (Section I) que de l'exécutif (Section II) ? Telles sont les questions auxquelles il faut maintenant répondre.

## *SECTION I*

## LA JUSTICE DANS SES RAPPORTS AVEC LE LÉGISLATIF

**24. Vue d'ensemble.** — La fonction de juger est très différente de la fonction législative : le législateur édicte la norme qui, par définition, est une règle générale et abstraite qui ne vise aucun cas particulier, tandis que le juge est chargé de faire application de la règle pour donner une solution à des litiges concrets. Dans la logique de la séparation des pouvoirs, ces deux fonctions, à raison même de leur spécificité, devraient être confiées à des organes distincts ayant chacun sa propre autonomie.

En fait, la situation est plus nuancée. L'autonomie du législateur est effectivement sauvegardée par l'interdiction qui est faite au juge de s'immiscer dans la fonction législative (§ 1). On devrait normalement en déduire que le détenteur de la fonction législative ne doit pas davantage s'immiscer dans la fonction de juger. Mais sur ce point, à défaut d'un texte précis dans la Constitution, le principe est loin d'avoir la même rigueur (§ 2).

### § 1. — INTERDICTION FAITE AU JUGE DE S'IMMISCER DANS LA FONCTION LÉGISLATIVE

**25. Soumission à la loi.** — Ce principe fondamental résulte de plusieurs textes. Il avait été formellement inscrit dans la loi des 16 et 24 août 1790 : « Les tribunaux, était-il dit, ne peuvent prendre, directement ou indirectement, aucune part à l'exercice du pouvoir législatif, ni empêcher ou suspendre l'exécution des décrets du corps législatif à peine de forfaiture». De son côté, et jusqu'à une époque récente, l'article 127 de l'ancien code pénal ajoutait que «seront coupables de forfaiture et punis de dégradation civique les juges qui se seront immiscés dans l'exercice du pouvoir législatif». On peut s'étonner de la rigueur répétitive de ces textes. A la vérité, ils se comprennent mieux si l'on considère qu'ils ont été écrits à une époque où l'objectif majeur était d'empêcher que ne se perpétuent les usages des anciens Parlements qui subordonnaient l'application de la loi à un enregistrement préalable de leur part (*supra*, n° 23).

Du principe posé, découle cette conséquence importante que *les juges ne peuvent pas s'opposer à l'application des lois* (au sens large : lois, décrets, ordonnances, arrêtés) : même si un texte leur paraît inopportun, néfaste ou mal fait, les tribunaux doivent l'appliquer. Sans doute, comme tous les citoyens, les juges peuvent-ils œuvrer pour en obtenir la modification. Mais, en leur qualité de juge et dans l'exercice de leurs fonctions, il ne leur appartient pas d'en écarter l'application.

Un exemple particulièrement caractéristique de ce principe nous est offert par un arrêt de la Cour de cassation du 30 mai 1967 (D. 1967.566) qui, à propos d'un texte concernant les baux commerciaux, a annulé la décision d'un juge qui avait refusé d'appliquer ce texte après l'avoir vigoureusement critiqué : « Attendu, dit la Cour de cassation, que de telles énonciations comportent une critique de ce texte que le juge avait seulement la charge d'appliquer ; que la décision paraît donc encourir la censure de la Cour de cassation dans la mesure où elle porte atteinte à la séparation des pouvoirs ».

Et cependant, de nos jours, ce principe est parfois remis en cause par certains magistrats qui estimeraient de leur devoir de ne pas appliquer la loi lorsqu'elle paraît ne pas correspondre à une certaine éthique. Cette orientation nous ramène trois siècles en arrière. Le juge tire sa propre légitimité de la loi et non pas de lui-même. Dans une démocratie, il ne lui appartient pas d'imposer ses propres conceptions personnelles contre un texte régulièrement promulgué.

En revanche, l'application de ce principe peut soulever des difficultés lorsque, de toute évidence, le texte dont il s'agit est manifestement illégal. Mais, à cet égard, plusieurs situations peuvent se présenter.

*a)* S'il est prétendu qu'une loi proprement dite (votée par l'Assemblée nationale et le Sénat) est contraire à la Constitution, le juge ne peut rien : il doit obligatoirement l'appliquer. Il existe en effet un organe juridictionnel spécialement institué pour contrôler la constitutionnalité des lois : il s'agit du *Conseil constitutionnel* (2). Lui

---

(2) En ce qui concerne l'organisation et le fonctionnement du *Conseil constitutionnel*, on renverra aux ouvrages spécialisés de droit public. On soulignera simplement qu'il est composé de neuf membres, nommés à raison de trois chacun par le Président de la République, par le Président de l'Assemblée nationale et par le Président du Sénat. Il peut être saisi par l'une de ces trois autorités, auxquelles il faut ajouter : le Premier Ministre et un groupe de soixante députés ou sénateurs.

seul est compétent en ce domaine et nul autre organe ne peut se prononcer sur ce point (3).

*b)* La situation est différente lorsque la loi paraît contraire aux dispositions d'un *traité international* (ce qui arrive parfois). L'article 55 de la Constitution pose en principe que les traités internationaux sont supérieurs à la loi et, dès lors, toute loi contraire à un traité est illégale. Le juge peut-il alors refuser de l'appliquer ? Sur ce point, on notait autrefois une divergence fondamentale entre la Cour de cassation qui lui reconnaissait ce pouvoir (4) et le Conseil d'Etat qui persistait à le lui dénier (5). Mais depuis lors, le Conseil d'Etat a abandonné cette solution qui n'était guère conforme aux impératifs internationaux et plus spécialement aux obligations dérivant de la Communauté européenne (6). Désormais par conséquent, les deux plus hautes juridictions adoptent la même solution : il entre dans le pouvoir d'un juge de refuser d'appliquer une loi qui serait contraire à un traité international.

*c)* Reste enfin la dernière hypothèse où un texte émanant du *pouvoir réglementaire* (décret ou arrêté) paraîtrait contraire à la loi. Dans ce cas il existe un recours particulier que l'on appelle le *recours pour excès de pouvoir.* Mais ce recours ne pouvant être porté que devant une juridiction administrative, si le problème de la légalité d'un décret devait être soulevé devant une juridiction de l'ordre judiciaire, il appartiendrait à celle-ci de surseoir à statuer en attendant que la juridiction administrative se soit prononcée (*infra*, n$^{os}$ 33 s.).

**26. Prohibition des « arrêts de règlement ».** — On appelle ainsi des décisions de justice par lesquelles le juge, à l'occasion d'un cas litigieux qui lui est soumis, pose une règle générale qu'il appliquera à l'avenir. Autrement dit, il édicte une sorte de « règlement » qui, dépassant le cas d'espèce qu'il doit trancher, prend une portée générale (7).

Deux exemples illustreront cette définition. Premier exemple : une victime d'accident demande des dommages-intérêts à une juridiction ; celle-ci lui accorde une somme moindre

---

(3) En ce sens, le Conseil d'Etat et la Cour de cassation se sont toujours refusés à vérifier la validité des lois votées par le Parlement : Cons. Etat, 6 nov. 1936, *Arrighi*, D. 1938.3.1, concl. Latournerie, note Eisenmann ; Cass. civ. 26 févr. 1974, D. 1974.273, concl. proc. gén. Touffait, note Vouin.

(4) Cass. ch. mixte, 24 mai 1975, D. 1975.297, concl. proc. gén. Touffait ; Cass. civ. 15 févr. 1977, D. 1977, I.R. 350.

(5) Cons. Etat, 22 oct. 1979, *Act. jur. dr. adm.* 1980.40 ; *adde*, les conclusions de Mme N. Questiaux, sous Cons. Etat, 1$^{er}$ mars 1968, *Act. jur. dr. adm.* 1968.235.

(6) Arrêt *Nicolo* : Cons. Etat, 20 oct. 1989, J.C.P. 1989.II.21371, concl. com. gouv. Frydman.

(7) Sauvel, *Essai sur la notion de précédent*, D. 1955, chron. 93 ; A. Audinet, *Faut-il ressusciter les arrêts de règlement ?* Mélanges Brèthe de la Gressaye, p. 99.

que le montant réclamé au motif que « la cour ne croit pas pouvoir aller au-delà de son appréciation maxima habituelle en cette matière » (Cass. crim. 3 nov. 1955, D. 1956.557). Second exemple : un tribunal décide comment à l'avenir une certaine procédure devra être conduite (Cass. civ. 22 oct. 1957, D. 1957.732).

La pratique des arrêts de règlement était très répandue dans l'ancien droit, à une époque où les Parlements se croyaient associés au pouvoir législatif (*supra*, n° 23). De nos jours, de tels arrêts sont formellement prohibés par l'article 5 du code civil : « Il est défendu aux juges, dit ce texte, de se prononcer par voie de disposition générale et réglementaire sur les causes qui leur sont soumises ». On comprend pourquoi : en procédant de la sorte, le juge déborderait le cas d'espèce et, dans la mesure où il poserait une règle générale, il se ferait législateur ; ce que lui interdit le principe de la séparation des pouvoirs.

Cette règle a pour corollaire que *le juge n'est jamais lié par les « précédents »*. Le fait pour un juge d'avoir déjà statué dans un sens déterminé à l'occasion de litiges antérieurs ne l'empêche absolument pas d'adopter, sur la même question, une solution différente à l'occasion d'un autre litige similaire. C'est pourquoi d'ailleurs ce que l'on appelle couramment « l'autorité de la jurisprudence » repose techniquement sur un paradoxe pour la raison très simple que le juge n'est jamais tenu de suivre les précédents. Plus encore : le juge qui aurait l'imprudence de dire qu'il statue dans un sens déterminé parce qu'il a déjà statué dans le même sens auparavant méconnaîtrait le principe posé par l'article 5 c. civ. et sa décision serait irrémédiablement annulée (8).

Il y a lieu d'ajouter que dans certains systèmes judiciaires étrangers où le principe de la séparation des pouvoirs n'a pas la même résonance politique, la règle du précédent est admise : tel est le cas en Grande-Bretagne, par exemple (9). Tout l'art de l'avocat anglais auquel un « précédent » est opposé, consiste à démontrer que l'affaire qu'il plaide n'entre pas exactement dans la perspective de la décision antérieure.

**27. Interprétation de la loi.** — Tout ce qui vient d'être dit ne fait pas obstacle à ce que le juge interprète la loi : si un texte est obscur ou si l'on hésite sur son application au cas d'espèce, il entre au contraire dans la fonction du juge d'en révéler le sens et la portée.

Il est curieux de constater qu'il n'en fut pas toujours ainsi. A l'époque de la Révolution française, le souvenir des Parlements de l'ancienne France inspirait une telle crainte au législateur qu'il était allé jusqu'à interdire au juge d'interpréter la loi d'une manière souveraine : « dans un Etat qui a une constitution et une

---

(8) Cass. crim. 3 nov. 1955, D. 1956.557.

(9) J. A. Jolowicz, *Droit anglais*, 2e éd., n.os 53 s. ; Fragistas, *Les précédents judiciaires en Europe occidentale*, Mélanges Maury, t. II, p. 139 et s.

législation, disait Robespierre, la jurisprudence n'est pas autre chose que la loi». De là une procédure très curieuse qui, lorsque le Tribunal de cassation était saisi d'une question d'interprétation délicate, consistait à en référer au législateur pour qu'il interprète lui-même son propre texte. On appelait alors cette procédure singulière le «*référé législatif*». Cette perversion à rebours du principe de la séparation des pouvoirs qui tendait à assurer la suprématie absolue du pouvoir législatif à l'occasion des affaires à juger, ne fut qu'une courte éclipse qui disparut assez rapidement.

De nos jours, l'interprétation constitue le domaine de prédilection du juge. Grâce à ce pouvoir qui permet au juge de combler les lacunes de la loi et parfois même de la rajeunir pour l'adapter aux besoins du temps, les tribunaux sont appelés à jouer un rôle capital. D'un certain point de vue, surtout lorsque le texte est vague ou contient des notions très malléables, le juge peut conduire une certaine « politique jurisprudentielle » en orientant l'interprétation dans un sens déterminé.

La matière de la responsabilité civile offre un exemple remarquable : sur le fondement de cinq articles du code civil (art. 1382 à 1386) qui n'ont pour ainsi dire pas changé depuis 1804, les tribunaux sont parvenus à résoudre les litiges relatifs aux accidents d'automobile avant que ne soit promulguée la loi du 5 juillet 1985 sur les accidents causés par des véhicules terrestres à moteur. Autre exemple emprunté à la matière du divorce : entre 1884 et 1975, la jurisprudence a interprété la notion d'injure grave de façon si large qu'elle a contribué à élargir très sensiblement le domaine du divorce ; si au contraire les tribunaux s'étaient montrés plus stricts sur cette notion, le divorce aurait évolué très différemment.

L'interprétation a évidemment ses limites : si le juge peut interpréter les textes, il ne peut pas les dénaturer ou les ignorer, quoiqu'il lui en coûte parfois. Mais on relèvera à cet égard la très heureuse initiative de la Cour de cassation qui, chaque année, publie un Rapport dans lequel il est fait état des imperfections législatives constatées à travers les affaires qui ont été jugées (*infra*, n° 241).

Par cet aspect, la fonction de juger se rapproche de la fonction législative ; ce qui permet d'établir une collaboration très fructueuse pour la science du droit.

## § 2. — LE LÉGISLATEUR INTERVIENT-IL DANS LA FONCTION DE JUGER ?

**28. Principe.** — A cette question, le principe de la séparation des pouvoirs impose une réponse négative : il n'appartient pas au législateur (qu'il s'agisse du Parlement au moyen d'une loi de circonstance ou du Gouvernement sous la forme d'un décret) de s'immiscer dans le jugement des affaires portées devant les tribunaux. Il ne serait pas sain qu'il en fût autrement. L'action législative est souvent inspirée par des considérations d'opportunité qui ne sont pas celles du juge, lequel doit avoir pour seul souci de « dire le droit » dans un cas particulier : les perspectives sont nécessairement différentes. Qui ne voit d'ailleurs à quels abus aboutirait l'ingérence du législateur qui dicterait au juge la décision qu'il doit rendre au moyen d'un texte inspiré par l'opportunité du moment où les intérêts en cause ?

Ce principe est en général correctement observé, moins par l'effet de dispositions constitutionnelles, que par une tradition coutumière dont la violation prendrait un parfum de scandale. On peut cependant relever certaines pratiques qui, fort heureusement sont exceptionnelles, mais qui néanmoins doivent retenir l'attention (*infra*, n[os] suivants).

**29. Lois rétroactives et lois interprétatives.** — La loi rétroactive est celle dont les effets remontent dans le passé. Or, dans la mesure où elle a pour conséquence de faire renaître des droits qui n'existaient pas à l'origine, elle risque en certaines circonstances de constituer une immixtion intempestive du législateur dans le jugement de certaines affaires qui eussent été jugées différemment si la loi n'était pas intervenue, surtout lorsque cette loi crée un droit nouveau qui remet en cause ce qui a déjà été jugé. En fait, les lois rétroactives sont très rares, car elles ont en général mauvaise presse. Mais on peut en trouver des exemples (10).

Un moyen plus discret, mais plus insidieux, consiste à voter une *loi interprétative.* On appelle ainsi une loi destinée à interpréter une loi antérieure pour en préciser le sens et la portée. Par sa fonction, elle produit un effet rétroactif du fait même qu'elle s'intègre à la loi interprétée et prend donc effet à la date de cette dernière. En soi, ce moyen législatif n'est pas illégitime : on comprend très bien le souci d'un législateur qui, constatant que les tribunaux interprètent la loi dans un sens très différent de ce qui avait été voulu, condamne cette interprétation et précise mieux sa pensée. Mais le moyen devient très condamnable lorsque la loi interprétative intervient à l'occasion d'un procès en cours pour « forcer la main » du juge et l'obliger à statuer dans un sens déterminé.

On en trouve un exemple avec une loi du 30 juin 1977 concernant la situation des collaborateurs d'avocats, laquelle n'avait pas été clairement réglée par les textes de 1971 sur le statut de la profession : plus exactement, il s'agissait de savoir si un collaborateur pouvait prétendre à la condition de salarié, avec toutes les prérogatives qui s'attachent à cette qualité (préavis, congés payés, etc...). Un procès était en cours à ce sujet et avait déjà donné lieu à un jugement qui avait décidé que le collaborateur d'un avocat devait être considéré comme un salarié (Trib. inst. Paris, 8e arr., 8 avril 1977, D. 1977.193, note Jestaz). L'affaire était pendante devant la cour d'appel de Paris lorsqu'une loi est intervenue pour décider que le collaborateur d'un avocat « n'a pas la qualité de salarié » ; et cette même loi précisait que

---

(10) Notamment à propos des prorogations de baux commerciaux (Soc. 5 déc. 1947, *Bull. civ.* III, n° 222) et, plus récemment en matière de filiation, mais pour des raisons il est vrai très particulières (Loi n° 76-1036 du 15 nov. 1976 ; sur la critique de cette loi, cf. H. Mazeaud, *L'enfant adultérin et la « super-rétroactivité » des lois*, D. 1977, chron. 1).

« la présente disposition est interprétative » ; ce qui, en langage clair, voulait dire qu'elle devait s'appliquer au procès en cours. Pour la petite histoire, on ajoutera que la cour d'appel de Paris n'a pas appliqué cette loi, mais pour une autre raison. Il reste que pareille méthode est déplorable. Et l'on regrettera que ce soit des juristes qui, en suggérant cette loi, aient donné un si mauvais exemple.

**30. Lois de validation.** — Comme son nom l'indique, la loi de validation est une loi qui tend à valider, c'est-à-dire à rendre valable un acte qui ne l'était pas initialement. Cette méthode est parfois utilisée dans des hypothèses où un acte illégal accompli par l'administration est déféré à une juridiction administrative pour en obtenir l'annulation et, parfois même, lorsque déjà le juge administratif a décidé que l'acte litigieux était nul. Le législateur intervient alors pour valider rétroactivement l'acte contesté qui, de la sorte, deviendra conforme à la loi (11).

Cette pratique, dont on ne trouve d'exemples que dans le contentieux administratif, a pour effet direct : ou bien, de supprimer tout objet à la demande dont le juge a été saisi, si la loi intervient en cours d'instance ; ou bien, si elle est promulguée après le jugement ayant déclaré l'acte nul, de dispenser l'administration d'exécuter le jugement.

Les lois de validation ne sont pas toujours répréhensibles : elles s'expliquent souvent par la nécessité d'éviter des situations inextricables (12). Mais cette pratique peut donner lieu à bien des abus dans la mesure où l'administration, par le vote d'une loi de circonstance, obtient du législateur ce qu'un juge lui a refusé.

**31. Pratique des « réponses ministérielles ».** — Un usage parlementaire relativement ancien, mais qui a pris une grande ampleur depuis un certain nombre d'années, consiste pour un parlementaire (député ou sénateur) à poser une question écrite à un Ministre déterminé pour obtenir de lui une réponse que l'on appelle une « réponse ministérielle », laquelle est publiée au Journal officiel. Très souvent ces questions portent sur l'interprétation de certains décrets et le Ministre est appelé ainsi à donner son avis sur la manière dont, selon lui, le texte devrait être interprété.

Sans doute, la réponse ministérielle n'est-elle toujours donnée que « sous réserve de l'appréciation souveraine des tribunaux ». Mais cet hommage rituel au principe de la séparation des pouvoirs ne trompe personne et l'on sait bien que, dans les

---

(11) R. Chapus, n° 788, p. 573.

(12) Par exemple, si un concours administratif est annulé pour cause d'illégalité, il serait parfois injuste d'obliger tous les candidats à subir un nouveau concours, simplement parce qu'un jury a commis une erreur (Cons. Etat, 28 mars 1949, *Chalvon-Demersay*, Rec. Lebon, p. 134 : dans un cas où 225 élèves d'une école aurait dû se présenter à nouveau au concours et recommencer leur scolarité si une loi de validation du 2 août 1949 n'était pas intervenue) ; *adde*, Cons. Constit. 24 juill. 1985, J.C.P. 1986.II.20614, note Nguyen Quoc Vinh.

faits, le juge n'y restera pas insensible. Comment, en effet, ne pas attacher une importance particulière à l'interprétation suggérée lorsque l'on sait que la réponse ministérielle est rédigée en fait par le même service que celui qui a élaboré le décret, sinon parfois par le même fonctionnaire. Le développement de la législation par voie de décret joint à la pratique de la réponse ministérielle entraîne, de ce point de vue, une incontestable confusion.

Cette pratique est inoffensive lorsqu'elle ne se rapporte pas à une affaire déterminée. Mais elle devient très grave et répréhensible lorsque (comme cela s'est vu) la question est posée à l'occasion d'une affaire en cours devant les tribunaux, car alors la réponse ministérielle devient un argument de plaidoirie pour faire impression sur le juge, en faveur de l'une des parties.

## *SECTION II*

## LA JUSTICE DANS SES RAPPORTS AVEC L'EXÉCUTIF

**32. Vue d'ensemble.** — Les rapports entre la justice et le pouvoir exécutif, — et il faut entendre par là, le gouvernement et les autorités administratives qui en dépendent (préfet, maire, établissements publics, etc.) — soulèvent des problèmes à la fois complexes et importants. Le principe de la séparation des pouvoirs conduit à poser deux règles qui se répondent mutuellement.

D'une part, le juge ne peut pas s'immiscer dans le pouvoir exécutif. Mais cette règle essentielle a entraîné, peut être exagérément d'ailleurs, une conséquence importante qui est celle de sa *séparation des fonctions administratives et judiciaires* (§ 1).

D'autre part et en sens inverse, le pouvoir exécutif ne peut pas s'immiscer dans la fonction judiciaire ; ce qui pose inévitablement le grave problème de l'*indépendance du juge à l'égard du gouvernement* (§ 2).

### § 1. — SÉPARATION DES FONCTIONS ADMINISTRATIVES ET JUDICIAIRES

**33. Principe et conséquences.** — Aux termes de l'article 13 du Titre II de la loi des 16 et 24 août 1790, « les fonctions judiciaires sont distinctes et demeureront toujours séparées des fonctions administratives ; les juges ne pourront, à peine de forfaiture, troubler en quelque manière que ce soit les opérations des corps administratifs, ni citer devant eux les administrateurs pour raison de leurs fonctions ». En un mot, il est fait interdiction aux juges d'intervenir dans l'administration.

Cette règle a souvent été présentée comme une conséquence du principe de la séparation des pouvoirs. Techniquement, ce n'est peut-être pas entièrement exact : il a été démontré notamment que la séparation des pouvoirs aurait pu s'accommoder d'un système qui aurait laissé au juge la possibilité de juger l'administration (13). Mais cette séparation était dans la ligne de la conception quelque peu dogmatique que l'on se faisait à l'époque du principe de la séparation des pouvoirs et surtout elle répondait au souci de condamner la tradition antérieure des Parlements qui, dans les derniers siècles de l'ancien régime, s'étaient arrogés le droit d'intervenir dans l'administration du pays (*supra*, n° 23). C'est essentiellement cela que le législateur révolutionnaire a voulu éviter.

Les conséquences pratiques d'un tel principe sont considérables : la première, qui est de loin la plus importante, pose le sérieux problème du *contrôle juridictionnel des actes de l'administration* (A) ; la seconde se traduit par l'interdiction faite au juge de délivrer une quelconque *injonction* à une autorité administrative (B).

### A. — Contrôle juridictionnel des actes de l'administration

**34. Conséquence immédiate : incompétence du juge.** — La loi de 1790 a eu pour conséquence immédiate de faire échapper l'administration à tout contrôle juridictionnel de la part du juge : elle bénéficie en quelque sorte d'une immunité qui la protège contre toute action en justice. Il est à peine besoin de souligner la gravité d'une telle situation ; cela veut dire que l'administration peut enfreindre la loi impunément et que l'administré est dépourvu de tout moyen judiciaire pour faire respecter ses droits à l'égard d'une administration toute puissante, ou même simplement pour faire respecter la loi.

Mais supprimer le juge ne supprime pas les litiges et il fallait bien prévoir la possibilité de trouver une solution aux différends susceptibles d'opposer l'administration à ses administrés. Le seul moyen concevable ne pouvait être que le recours au supérieur hiérarchique de celui qui avait pris la décision, en remontant éventuellement jusqu'au chef du pouvoir exécutif, c'est-à-dire, selon les régimes qui se succédèrent à l'époque, au Roi ou au conseil des ministres. Ce fut la théorie dite du « *ministre-juge* » : le ministre était investi du pouvoir de juger les litiges concernant son administration. Les insuffisances d'une telle théorie étaient trop évidentes. Avec un tel système, le ministre était tout à la fois juge et partie :

---

(13) G. Vedel et P. Delvolvé, 12e éd., t. 1, pp. 98-99.

comment attendre d'un ministre (même statuant collégialement en conseil) qu'il tranche avec toute l'impartialité inhérente à la qualité de juge, un litige entre une administration dont il a la responsabilité et un administré lésé par les agissements de celle-ci ?

Telle fut cependant la théorie admise pendant une bonne partie du XIX^e^ siècle. Mais si elle put survivre si longtemps, ce fut en raison d'une évolution très remarquable qui en tempéra les excès et dont il importe de retracer les grandes lignes.

**35. Evolution : les premiers éléments d'une justice administrative.** — Pour aider les ministres à prendre leurs décisions, fut institué un organe qui prit le nom de *Conseil d'Etat*. Son rôle était de « conseiller » les autorités gouvernementales sur le plan juridique, non seulement pour les aider à prendre les décisions que requiert l'administration active, mais aussi pour proposer une solution aux litiges dont les différents ministres pouvaient être saisis. Et dans le même esprit, fut créé au niveau départemental, pour assister le préfet, un organe infiniment plus modeste que l'on appela le *conseil de préfecture.*

Si l'on met à part les conseils de préfecture, — qui dès leur origine, en l'an VIII, furent considérés comme de véritables juridictions, mais dont les attributions étaient si modestes que cela ne présentait guère d'importance (*infra*, n^os^ 262 s.), — la véritable évolution se réalisa autour du Conseil d'Etat. A l'origine, celui-ci n'était qu'un simple « donneur d'avis » : il se bornait simplement à proposer au ministre la décision qui juridiquement paraissait devoir être prise (de là, d'ailleurs, le nom de « Conseil »). Mais la décision elle-même appartenait au ministre, seul investi du pouvoir de juger. C'était le système dit de la « *Justice retenue* » (retenue entre les mains du Souverain).

Toutefois, pour étudier les demandes dont il était saisi, le Conseil d'Etat conçut son rôle à la façon d'un juge et s'organisa très vite comme une véritable juridiction (*infra*, n^o^ 248). Sans doute, la décision appartenait-elle toujours au ministre, mais en fait bien rares étaient les cas où le ministre n'entérinait pas la décision proposée par le Conseil d'Etat.

Cette évolution devait trouver sa consécration avec la *loi du 24 mai 1872*, votée sous l'impulsion de Gambetta, qui décida que les décisions rendues par le Conseil d'Etat auraient désormais une « autorité souveraine ». Le pas était franchi. Grâce à cette réforme capitale, le pouvoir de juger n'appartenait plus au ministre ; il appartenait au Conseil d'Etat lui-même, promu au rang d'une véritable juridiction. La justice n'était plus une « Justice retenue » (entre les mains du Souverain), mais une « *Justice déléguée* » (déléguée par le Souverain au Conseil d'Etat).

Ainsi sont apparues les premières juridictions administratives chargées de statuer sur les litiges opposant l'administration aux administrés. L'administration avait retrouvé un juge ; mais un juge qui lui était propre.

**36. Conséquence : dualité des ordres de juridiction.** — Il ressort des explications qui précèdent qu'il existe désormais en France, deux ordres de juridiction :

— d'une part, les juridictions dites de l'*ordre judiciaire*. On désigne par là, les juridictions traditionnelles (tribunaux de grande instance, tribunaux d'instance, tribunaux de commerce, cours d'appel, etc.), avec au sommet de la hiérarchie, la Cour de cassation.

— d'autre part, les juridictions dites de l'*ordre administratif* qui ont spécialement pour fonction de juger les litiges qui mettent en cause l'administration et qui ont pour organe suprême le Conseil d'Etat.

Il est classique de se demander s'il est opportun que la fonction de juger soit ainsi partagée entre deux ordres de juridiction distincts. Disons tout de suite que, dans le contexte historique qui vient d'être retracé, l'existence de juridictions administratives constitue un incontestable progrès par rapport à la théorie du « ministre-juge ». Mais, cela dit, on peut évidemment s'interroger sur les mérites d'une telle scission qui dans bien des pays n'existe pas (en Belgique et en Italie, par exemple).

I. — Cette dualité présente d'indéniables avantages qu'il serait injuste de ne pas souligner.

D'abord, il est unanimement reconnu aujourd'hui que l'existence des juridictions administratives a été un facteur déterminant de l'immense *essor du droit administratif français*. Façonné par des juges spécialisés, connaissant bien les rouages de l'administration, ce droit prétorien n'aurait certainement pas connu le même développement s'il avait été dégagé par des juges moins proches de l'administration.

Ensuite et surtout, l'existence d'une justice administrative est un *gage d'efficacité*. Ce propos, qui ne diminue en rien les juridictions de l'ordre judiciaire, repose simplement sur cette constatation que pour juger sainement et efficacement l'administration, il est indispensable d'en bien connaître le fonctionnement : on peut donc penser qu'une justice émanant de juges qui sont eux-mêmes issus de l'administration sera mieux reçue et que, de ce fait, les décisions seront mieux exécutées. L'observation est d'ailleurs d'autant plus importante que l'exécution des décisions qui condamnent l'administration ne va pas toujours sans problème (*infra*, nos 620 s.) ; de là, l'utilité d'une justice rendue par un juge qui se fera peut-être mieux entendre parce qu'il est plus proche de l'administration elle-même.

II. — En revanche, il ne faut pas sous-estimer les inconvénients d'une telle dualité.

D'abord, il faut tenir compte d'une *réticence d'ordre psychologique* : le justiciable a parfois le sentiment que les juridictions administratives ne présentent pas les mêmes garanties ; pourquoi autrement, se disent-ils, l'administration aurait-elle voulu avoir son propre juge ? En fait, cette crainte n'est guère fondée : les juridictions administratives ont souvent fait la preuve de leur parfaite indépendance en rendant des décisions qui ne sont pas toujours du gré de l'administration ou du gouvernement (*infra*, n° 257). Mais il est certain que cette réticence serait mieux désarmée si le statut des juges de l'ordre administratif était comparable à celui des juges de l'ordre judiciaire. On ajoutera simplement qu'il tend à le devenir (*infra*, n° 47).

En réalité, l'inconvénient majeur réside dans les *difficultés de compétence* que cette dualité risque de provoquer. Il arrive souvent que les plaideurs hésitent pour savoir s'ils doivent saisir une juridiction de l'ordre administratif ou une juridiction de l'ordre judiciaire : à la limite, dans certains cas marginaux, la différence est ténue (14). Parfois même le problème se complique et dégénère en un véritable conflit de compétences, positif ou négatif, entre les deux ordres de juridiction. On dit que le conflit est positif lorsque deux juridictions, l'une de l'ordre judiciaire et l'autre de l'ordre administratif, retiennent toutes deux leur compétence ; ce qui risque d'engendrer des contrariétés de décisions. On dit, au contraire, que le conflit est négatif lorsque l'une et l'autre s'estiment incompétentes ; ce qui aboutit pratiquement à un déni de justice. Il est alors indispensable de faire trancher cette difficulté préalable par une juridiction spécialement créée à cet effet, et que l'on appelle d'un nom très évocateur : le Tribunal des conflits.

**37. Tribunal des conflits.** — Instituée pour la première fois en 1849, cette juridiction fut supprimée au lendemain du coup d'état du 2 décembre 1851, pour être rétablie définitivement par la loi du 24 mai 1872. Cette juridiction est unique en France : elle siège au Palais Royal dans les locaux du Conseil d'Etat (15).

L'idée directrice a été de créer une juridiction n'appartenant à aucun des deux ordres, pour ne pas privilégier l'un au détriment de l'autre, mais au sein de laquelle ils sont représentés paritairement l'un et l'autre. Ainsi s'explique la composition du Tribunal des conflits qui comprend *neuf membres* dont le Ministre de la justice qui en est le président. Les huit autres membres se répartissent de la manière suivante :

— trois conseillers à la Cour de cassation (qui représentent l'ordre judiciaire) désignés par la Cour de cassation elle-même ;

— trois conseillers d'Etat en service ordinaire (qui représentent l'ordre administratif) désignés par le Conseil d'Etat ;

(14) Pour mesurer l'ampleur de la difficulté, il suffit de lire les commentaires consacrés à la question par MM. Auby et Drago, 3e éd., t. I, p. 373 et s.

(15) L'activité du Tribunal des conflits est relativement restreinte, encore qu'elle ait quelque peu augmentée depuis 1975 : actuellement, le nombre des affaires jugées oscille aux alentours de 50 chaque année (très exactement : 58 en 1988, 40 en 1989 et 44 en 1990).

— enfin, deux autres membres désignés par les six précédents : ce sont pratiquement, un conseiller d'Etat et un conseiller à la Cour de cassation.

Le fait que le Tribunal des conflits soit présidé par le ministre de la justice constitue une particularité très remarquable. On verra, en effet, que le ministre de la justice n'est investi en principe d'aucune fonction juridictionnelle (*infra*, n° 51). Mais, au sein de cette juridiction paritaire, on ne voit pas qui, en cas de partage des voix (quatre contre quatre), pourrait jouer le rôle de départiteur si ce n'est le ministre de la justice. Tel est d'ailleurs son seul rôle ; et, en fait, il n'intervient que dans ce cas.

### B. — Prohibition de toute injonction à l'administration

**38. Principe.** — Selon une formule maintes fois répétée, « il n'entre pas dans les pouvoirs du juge d'adresser des injonctions à une autorité administrative » (16).

Cette prohibition de principe a une portée générale : elle ne concerne pas seulement les juges de l'ordre judiciaire ; elle concerne également les juridictions administratives qui elles-mêmes ne peuvent pas enjoindre à une administration d'accomplir un acte déterminé. Par exemple : prescrire la modification d'une réglementation (17), inviter un ministre à réexaminer une décision (18), ordonner à l'administration des P. et T. le rétablissement d'une ligne téléphonique (19), etc... S'il procédait de la sorte, le juge s'immiscerait dans l'administration active. Et cela, aucun juge n'en a le pouvoir, pas même le juge administratif.

Il reste que ce principe soulève de graves difficultés au sujet de l'exécution effective des décisions de justice et de ce que l'on appelle l'*imperium* du juge.

**39. « Imperium » du juge.** — La fonction de juger implique non seulement le pouvoir de « dire le droit » (*jurisdictio*), mais aussi celui de prescrire toutes les mesures nécessaires pour que le droit qui a été dit soit effectivement respecté dans les faits : il ne servirait à rien de décider qu'un débiteur est redevable d'une certaine somme d'argent à l'égard de son adversaire, si l'on ne donnait pas à ce dernier la possibilité d'obtenir effectivement ce qui lui est dû, au besoin par la force. De là, comme un complément nécessaire, un pouvoir de commandement, que l'on appelle

---

(16) Cons. Etat, 4 févr. 1976, *Elissonde*, Rec. Lebon, p. 1069.

(17) Cons. Etat, 23 avr. 1980, *Camlong*, Rec. Lebon, p. 194.

(18) Cons. Etat, 22 avr. 1955, *Commune de Saint-Martin-de-Vercors*, Rec. Lebon, p. 203, Rev. adm. 1955.401, concl. Heumann.

(19) A l'époque, avant que ne soit créée l'entreprise des « Télécom » : Cons. Etat, 29 juin 1979, *Vve Bourgeois*, D. 1979, I.R. 557, obs. P. Delvolvé.

l'*imperium*, et qui se manifeste concrètement par l'apposition sur chaque jugement d'une formule, dite « formule exécutoire » (20).

Les problèmes relatifs à la force exécutoire des décisions de justice seront examinés ultérieurement (*infra*, nos 616 et 619 et s.). Mais on soulignera pour l'instant que, par la formule exécutoire apposée sur les jugements rendus par les juridictions civiles, commerciales et sociales, le juge de l'ordre judiciaire donne injonction à l'autorité publique de « prêter main forte » au requérant ; ce qui veut dire pratiquement que si l'huissier de justice chargé de faire exécuter un jugement se heurte à une résistance, il peut, sur l'ordre du juge, faire appel à « tous commandants et officiers de la force publique ».

Apparemment, c'est là une importante dérogation à la règle qui veut qu'aucun juge ne puisse donner une injonction à une autorité administrative, et encore moins un juge de l'ordre judiciaire. Mais, précisément, on constatera que l'autorité publique s'abstient parfois de déférer à la réquisition qui lui est adressée. Cette carence, qui ne va pas sans problème (*infra*, no 616), est peut être la meilleure illustration des inconvénients sérieux que comporte ce cloisonnement historique entre le monde judiciaire et le monde administratif.

## § 2. — INDÉPENDANCE DU JUGE À L'ÉGARD DU GOUVERNEMENT

**40. Principe et difficulté de mise en œuvre.** — L'indépendance de la fonction judiciaire se manifeste par un principe essentiel qui veut que le gouvernement ne puisse donner aucun ordre, ni exercer aucune pression directe ou indirecte sur le juge pour l'inciter à statuer dans un sens déterminé : le juge statue en conscience et dans le respect de la règle de droit.

Mais à vrai dire, l'essentiel n'est pas tant de poser un principe que de le faire respecter en veillant à ce que le juge soit effectivement à l'abri des sollicitations ou des menaces du pouvoir exécutif. La difficulté vient de ce que les juges, hormis ceux qui sont élus, sont des *fonctionnaires* qui sont appelés à faire carrière. Certes, ils bénéficient, nous le verrons, d'un statut très particulier destiné à sauvegarder leur indépendance (*infra*, nos 370 et s.). Mais le cheminement de la carrière d'un

(20) La formule exécutoire qui figure sur les jugements rendus par les juridictions civiles, commerciales et sociales est la suivante :

« La République française mande et ordonne à tous huissiers de justice sur ce requis de mettre ledit jugement à exécution, aux procureurs généraux et aux procureurs de la République près les tribunaux de première instance d'y tenir la main, *à tous commandants et officiers de la force publique de prêter main forte lorsqu'ils en seront légalement requis* ».

juge est parsemé de décisions individuelles le concernant : c'est le gouvernement qui le nomme, qui pourvoit à son avancement, qui l'affecte à une fonction prestigieuse ou qui, éventuellement, sanctionne une faute de sa part. Comment parvenir à sauvegarder cette indépendance du juge qui doit rester imperméable aux promesses alléchantes comme aux menaces arbitraires du pouvoir exécutif? Comment, en un mot, le soustraire à l'emprise du gouvernement qui décide formellement de sa carrière ?

La réponse à cette grave question varie selon qu'il s'agit des magistrats de l'ordre judiciaire (A) ou des juges de l'ordre administratif (B).

### A. — Magistrats de l'ordre judiciaire

**41. Conseil supérieur de la magistrature : généralités.** — Pour assurer l'indépendance du juge, l'idée première qui vient à l'esprit consiste à mettre en place un organe indépendant destiné à s'interposer entre lui et le gouvernement pour les décisions les plus importantes de sa carrière, celles concernant son avancement et, le cas échéant, la discipline. Telle est la fonction dévolue à un organe que l'on appelle le « *Conseil supérieur de la magistrature* ».

Son rôle est considérable. De l'indépendance de cet organe, de sa composition, de ses attributions, de son prestige moral dépend finalement l'indépendance des juges. S'il est composé de personnes qui ne doivent rien et n'attendent rien du gouvernement, et s'il est investi de prérogatives suffisamment étendues pour s'imposer à lui, son efficacité est réelle ; alors que, dans le cas contraire, on peut redouter que la protection du juge ne soit que pure façade. Or, force est de constater que si cet organe existe depuis longtemps, — et toujours sous le même nom —, il a fait l'objet de nombreuses réformes, au gré des orientations politiques du moment.

*a*) Sous la *III$^e$ République*, le Conseil supérieur de la magistrature désignait la formation particulière que prenait la Cour de cassation quand elle siégeait en assemblée générale comme juridiction disciplinaire de la magistrature. A cette époque, il n'y avait donc pas d'organe distinct : c'était la Cour de cassation elle-même qui, dans le domaine limité de la discipline, remplissait cette fonction. Et elle était d'autant mieux placée pour l'assumer que, par définition, elle est composée de juges qui ont atteint le sommet de leur carrière.

*b*) La Constitution de 1946 (*IV$^e$ République*), rompit avec cette tradition et, tout en maintenant le Conseil supérieur de la magistrature, elle institua sous le même nom un organe spécifique, très différent par sa composition et ses pouvoirs.

Le Conseil supérieur de la magistrature institué par la Constitution de 1946 (art. 83) comprenait quatorze membres : le Président de la République (président), le Ministre de la justice (vice-président), six personnalités élues par l'Assemblée nationale pour une durée de six ans et choisies en dehors de ses membres, quatre magistrats élus parmi les magistrats du siège pour une durée de six ans et appartenant chacun à une juridiction différente (Cour de cassation, cours d'appel, tribunaux civils et justices de paix), enfin deux membres désignés par le Président de la République en dehors du Parlement et de la magistrature, mais au sein des professions judiciaires (avocats ou avoués, par exemple).

On remarquera que, au sein du Conseil supérieur de la magistrature, modèle 1946, la représentation politique était prépondérante. En revanche, le Conseil supérieur de la magistrature disposait de pouvoirs plus étendus puisque c'est lui qui non seulement statuait sur les poursuites disciplinaires, mais qui en outre proposait les magistrats à la nomination du Président de la République.

*c*) En 1958, lorsque la *V[e] République* fut instituée par la loi constitutionnelle du 4 octobre 1958, un nouveau changement est intervenu, sur lequel il convient d'insister davantage.

**42. Conseil supérieur de la magistrature, version 1958 ; examen critique.** — Sous la Ve République, l'autorité judiciaire fait l'objet, dans la Constitution elle-même, de dispositions importantes, dont en particulier un article 65 qui est relatif au Conseil supérieur de la magistrature.

Dans sa version de 1958, le Conseil supérieur de la magistrature était composé de onze membres : le Président de la République, le Ministre de la justice (vice-président), et neuf membres, tous désignés par le Président de la République, répartis de la manière suivante : six magistrats de l'ordre judiciaire (dont un avocat général et trois magistrats appartenant aux cours d'appel et aux tribunaux), un conseiller d'Etat et deux personnalités extérieures. Ce Conseil siégeait comme conseil de discipline, et décidait souverainement des suites qu'il y avait lieu de donner aux poursuites disciplinaires. En revanche, s'agissant des nominations, il n'était consulté que pour « avis » ; il n'en était autrement que pour la nomination des conseillers à la Cour de cassation et des premiers présidents de cours d'appel qui ne pouvaient être nommés que sur « proposition » du Conseil supérieur de la magistrature ; ce qui impliquait une initiative positive de sa part.

Le Conseil supérieur de la magistrature ainsi présenté, avait le mérite d'assurer une relative prépondérance à la représentation des magistrats (six sur onze de ses membres). Mais il suscita un bon de critiques qui, avec les années, allèrent en s'amplifiant.

*a*) La critique essentielle portait sur la *désignation de ses membres par le Président de la République* (21). Et de fait, il était paradoxal qu'un organe dont le rôle est de protéger les magistrats contre un éventuel arbitraire du pouvoir exécutif soit composé de personnes qui toutes étaient choisies par le chef de ce même pouvoir exécutif. De nombreux projets avaient été élaborés, notamment par les associations profes-

(21) Pour être complet, il est juste d'ajouter que le choix du Président de la République n'était pas entièrement discrétionnaire (sauf en ce qui concerne les deux personnalités extérieures). En effet, s'agissant des magistrats, il ne pouvait exercer ses préférences que sur une liste de noms triple du nombre des postes à pourvoir ; ainsi, en ce qui concerne les magistrats, la Cour de cassation devait lui présenter une liste de 18 noms, et le Président de la République ne pouvait désigner les six membres que parmi les noms portés sur la liste.

sionnelles de magistrats et même par le gouvernement en 1983 (cf. *Le Monde*, 19 avr. 1983), pour tenter de démocratiser l'institution en donnant au Conseil supérieur de la magistrature une base au moins partiellement élective. Mais leur réalisation a toujours achoppé sur le fait que la composition du Conseil supérieur de la magistrature était fixée par la Constitution elle-même et que, par conséquent, toute réforme en ce sens passait nécessairement par une révision de la Constitution que, pendant longtemps, aucun gouvernement ne voulut ou n'osa entreprendre.

*b*) Une autre critique concernait l'*étendue restreinte des attributions* du Conseil supérieur de la magistrature, notamment au sujet des nominations de magistrats qui se limitaient à un simple « avis » que le gouvernement n'était pas obligé de suivre, sauf (on l'a dit) lorsqu'il s'agissait de nominations relatives aux conseillers à la Cour de cassation et aux premiers présidents de cours d'appel. Beaucoup de magistrats s'en plaignaient ; à tort ou à raison ; mais c'est un fait que certaines nominations inattendues provoquèrent parfois un malaise.

*c*) On observera enfin que le Conseil supérieur de la magistrature n'avait d'autorité que sur les *magistrats du siège*.

A ce point des explications, il faut savoir en effet (ce que nous verrons ultérieurement, *infra*, nos 301 et s.) que, dans l'ordre judiciaire, il existe deux catégories de magistrats. D'une part, ceux qui sont appelés à juger les affaires, et que l'on appelle traditionnellement les « *magistrats du siège* », parce qu'ils exercent leurs fonctions en étant assis, « sur le siège ». Et d'autre part, des magistrats qui ne rendent aucun jugement, dont la fonction consiste uniquement à requérir l'application de la loi, et que l'on appelle par opposition les « *magistrats du ministère public* » ou encore les « *magistrats du parquet* », dont l'exemple type est le procureur de la République (sur le sens de ces expressions, *infra*, no 304). Or, le statut des magistrats du parquet n'est pas du tout le même du fait que, à la différence des magistrats du siège dont l'indépendance est une règle fondamentale puisque ce sont eux qui jugent, les magistrats du parquet sont dans la dépendance hiérarchique du ministre de la justice qui peut leur donner des instructions (ord. no 58-1270 du 22 déc. 1958, art. 5 ; *infra*, no 307). De cette situation, on a longtemps déduit qu'il n'y avait pas lieu de faire bénéficier les magistrats du parquet d'une protection identique à celle des magistrats du siège. Et c'est pourquoi le Conseil supérieur de la magistrature ne les concernait pas.

Cette exclusion, techniquement logique, avait néanmoins paru regrettable. S'il est vrai, en effet, que les magistrats du parquet ne jugent pas, ils sont tout de même appelés dans bien des cas à prendre des décisions graves (notamment en matière pénale) qui peuvent ne pas plaire au pouvoir politique. Il est donc indispensable de les soustraire à tout arbitraire et de leur ménager une certaine indépendance qui est une condition de la sérénité nécessaire à l'exercice de fonctions souvent difficiles.

A défaut de toute protection assurée par le Conseil supérieur de la magistrature, le législateur s'était efforcé de créer des commissions qui, en ce qui concerne les magistrats du parquet, remplissaient un rôle quelque peu similaire à celui du Conseil supérieur de la magistrature pour les magistrats du siège. Ainsi, dès 1958, avait été instituée une *commission de discipline du parquet*, présidée par le Procureur général de la Cour de cassation, dont le rôle était d'émettre un avis sur les poursuites disciplinaires dont un membre du parquet pouvait être l'objet ; et cette commission avait été modifiée à plusieurs reprises pour lui donner une base élective, afin qu'elle soit véritablement représentative (ord. n° 58-1270, art. 60 modifié par les lois n° 70-642 du 17 juill. 1970 et n° 92-189 du 25 févr. 1992). Dans le même ordre d'idées, le législateur de 1992 avait institué une *commission consultative du parquet* chargée de donner un avis sur les propositions de nomination à l'ensemble des emplois du parquet (ord. n° 58-1270 du 22 déc. 1958, art. 36-1 à 36-5 ajoutés par la loi n° 92-189 du 25 févr. 1992). Mais enfin, ces différentes commissions, qui avaient au moins le mérite d'être composées pour partie de membres élus, étaient loin d'avoir les mêmes attributions et surtout le même prestige que le Conseil supérieur de la magistrature.

C'est finalement à la lumière de ces trois considérations que l'on comprend mieux la portée de la réforme constitutionnelle intervenue en 1993.

**43. Conseil supérieur de la magistrature : version 1993.** — Un malaise latent ressenti tant par le corps judiciaire que par l'opinion publique elle-même, lié pour une large part à la médiatisation de certaines affaires judiciaires à consonance politique, incita le gouvernement à se préoccuper sérieusement du problème. A cette fin, dès l'automne 1992, un comité, — présidé par le doyen G. Vedel —, fut chargé d'étudier les réformes constitutionnelles qu'il y avait lieu d'entreprendre, et parmi les sujets envisagés figurait en bonne place une réforme du Conseil supérieur de la magistrature. A la suite du rapport présenté par ce comité et après des débats laborieux devant les deux assemblées parlementaires (Assemblée nationale et Sénat) qui modifièrent assez sensiblement les propositions initiales, un accord a finalement été réalisé sur un texte qui, voté en Congrès à Versailles, est devenu la *loi constitutionnelle n° 93-952 du 27 juillet 1993.*

Ce texte modifie très profondément l'article 65 de la Constitution, en intégrant les principales critiques dont le Conseil supérieur de la magistrature, dans sa version de 1958, avait été l'objet. Comme il se doit, le nouvel article 65 se borne simplement à fixer un cadre constitutionnel qui devra être complété par une loi organique, laquelle, ainsi que le précise le texte, déterminera « les conditions d'application du présent article ». Et ce n'est qu'à partir du jour où cette loi organique aura été publiée que l'ensemble des nouvelles dispositions entreront en vigueur (art. 93 de la Constitution, ajouté au titre des dispositions transitoires).

Mais d'ores et déjà, on peut dégager les grandes lignes de ce que sera le Conseil supérieur de la magistrature dans un proche avenir, tant en ce qui concerne sa composition (I) que ses attributions (II et III).

**44. I. Sa composition : double formation.** — L'originalité majeure du Conseil supérieur de la magistrature est d'être un organe dont l'autorité s'étend désormais à tous les magistrats de l'ordre judiciaire, non seulement aux magistrats du siège (comme auparavant), mais également aux magistrats du parquet (ce qui est nouveau). Toutefois, pour tenir compte de la spécificité de leurs statuts respectifs qui restent très dissemblables, le nouvel article 65 de la Constitution décide que le *Conseil supérieur de la magistrature comprend deux formations, l'une compétente à l'égard des magistrats du siège, et l'autre à l'égard des magistrats du parquet* (art. 65, al. 2, de la Constitution). Cette configuration à « géométrie variable » ne doit pas cependant faire oublier que le Conseil supérieur de la magistrature présente une relative unité, tant par la similitude des fonctions de l'une et l'autre de deux formations, que par sa composition, certains de ses membres étant appelés à siéger dans les deux formations à la fois.

A) Le Conseil supérieur de la magistrature est en effet composé de *douze membres* d'origines différentes, répartis de la manière suivante (art. 65, al. 3 et 4, de la Constitution).

1° En premier lieu, les plus hautes *autorités politiques*, à savoir : le Président de la République, à qui tout naturellement revient en principe la présidence de ce Conseil, et le Ministre de la justice qui en est le vice-président et qui, de droit, peut suppléer le président.

2° Viennent ensuite, les représentants des *magistrats*, au nombre de six. C'est sur ce point qu'apparaît la dualité des formations. Lorsque le Conseil supérieur de la magistrature se réunit dans sa formation compétente à l'égard des magistrats du siège, il comprend cinq magistrats du siège et un magistrat du parquet. Et lorsque, au contraire, il se réunit dans sa formation compétente à l'égard des magistrats du parquet, les proportions sont inversées : il comprend cinq magistrats du parquet et un magistrat du siège. Comme on peut le constater, la loi constitutionnelle de 1993 a maintenu un certain brassage entre le « siège » et le « parquet », afin de bien souligner que les uns et les autres appartiennent au même corps judiciaire, sauf à intervertir le nombre de leurs représentants respectifs.

Le texte constitutionnel ne dit pas comment ces magistrats seront désignés : il appartiendra à la loi organique de le préciser. Il y a tout lieu de penser qu'ils seront désignés en tout ou en partie par la voie d'une élection au sein du corps judiciaire. Mais reste à savoir quelles en seront les modalités ; et là, de nombreuses questions se posent : seront-ils tous élus de la même manière ? au scrutin majoritaire ou au scrutin proportionnel ? directement ou à deux degrés ? L'éventualité d'un tirage au sort parmi certains élus a également été évoquée. Pour l'instant, on ne peut que se livrer à des supputations. Le souci clairement affirmé est de trouver un mode de désignation qui évite le « clientélisme » ; ce qui est une préoccupation fort sage. Mais tout porte à croire que cette question fera l'objet de très âpres discussions, avec sans doute pas mal d'arrières-pensées, chacun redoutant, cela va de soi, le « clientélisme » de l'autre.

C'est peut-être la raison pour laquelle le texte constitutionnel n'a pas tranché le problème : afin de ne pas faire échouer une révision qu'une très large majorité estimait souhaitable, il a paru préférable de renvoyer cette question épineuse à plus tard, dans une loi qui pourra toujours être modifiée au gré des majorités politiques. C'est bien là le risque : il est à craindre que, dans les années à venir, les modalités de désignation des magistrats ne varient en fonction des circonstances ou tout simplement des espérances du moment.

3° Un siège est réservé à un *conseiller d'Etat*, désigné directement par le Conseil d'Etat en assemblée générale. La présence d'un membre de cette prestigieuse institution administrative peut surprendre, au sein d'un organe spécifique à l'ordre judiciaire. Mais cette disposition traditionnelle figurait déjà dans les textes de 1958.

4° Enfin, au sein du Conseil supérieur de la magistrature, dans sa version de 1993, siègent également des *personnalités extérieures*, au nombre de trois, qui ne doivent appartenir ni au Parlement, ni à l'ordre judiciaire. Elles sont désignées respectivement par le Président de la République, le Président de l'Assemblée nationale et le Président du Sénat.

B) Cette composition du Conseil supérieur de la magistrature, issu de la révision constitutionnelle de 1993, suggère pour conclure une double remarque.

On relèvera d'abord la *parité* entre le nombre des magistrats et celui des personnalités qui n'appartiennent pas au corps judiciaire : six de chaque côté. On notera toutefois que les magistrats sont les seuls éléments du Conseil dont les personnalités changeront selon la formation compétente. Cette situation risque en fait d'amoindrir leur autorité à l'égard des membres permanents admis à siéger dans les deux formations et qui, eux, précisément, n'appartiennent pas au corps judiciaire.

On observera ensuite qu'*aucune formation plénière* n'a été prévue. Le Conseil supérieur de la magistrature peut se réunir dans l'une ou l'autre des deux formations, mais il n'y a aucune structure permettant une réunion collégiale de nature à offrir au Conseil la possibilité de s'exprimer au nom du corps judiciaire dans sa globalité. On peut dès lors s'interroger sur l'apparente unicité de cet organe, surtout si l'on considère que désormais les attributions de chacune des deux formations sont nettement délimitées, sans laisser place à des attributions communes, ainsi qu'il va être dit (*infra*, n^os^ suivants).

**45. II. Ses attributions à l'égard des magistrats du siège.** — Dans sa formation compétente à l'égard des magistrats du siège, le Conseil supérieur de la magistrature est investi de deux attributions essentielles : les nominations et la discipline.

*a*) Il intervient d'abord dans les nominations concernant les magistrats du siège. Mais sur ce point, ses pouvoirs ont été très sensiblement élargis par rapport à ceux de son modèle 1958. Le nouvel article 65, alinéa 5, de la Constitution pose en principe que les magistrats du siège sont nommés « *sur son avis conforme* » ; ce qui concrètement revient à dire que le gouvernement ne peut pas nommer un magistrat du siège à un grade supérieur ou à une fonction déterminée contre l'avis du Conseil. En outre, pour certaines fonctions importantes (conseiller à la Cour de cassation, premier président de cour d'appel et, ce qui est nouveau, président d'un tribunal de grande instance), la nomination ne peut avoir lieu que sur « *proposition* » du Conseil supérieur de la magistrature : autrement dit, le gouvernement ne peut pas nommer une personne qui ne lui aurait pas été présentée par le Conseil lui-même.

*b*) Il a en outre les attributions d'un *conseil de discipline* (art. 65, al. 6, de la Constitution) : lorsqu'une faute est reprochée à un magistrat du siège, les poursuites sont engagées devant le Conseil supérieur de la magistrature. Mais il est important de souligner que, dans ce cas, il n'est pas un simple donneur d'avis : il statue comme une véritable juridiction dont les décisions ont une autorité souveraine qui s'impose à tous, y compris au ministre de la justice lui-même qui devra exécuter la décision (*infra*, n° 394). Pour cette raison, lorsque le Conseil supérieur de la magistrature siège comme conseil de discipline, il est présidé par le Premier président de la Cour de cassation, et non plus par le Président de la République qui, en raison de son appartenance au pouvoir exécutif, n'y a plus sa place.

Bien que le texte constitutionnel ne le dise pas, la logique veut que le Ministre de la justice n'y siège pas davantage : les poursuites disciplinaires étant exercées à son initiative, il serait irrationnel qu'il pût siéger au sein d'une juridiction en une double qualité de juge et de partie.

**46. III. Ses attributions à l'égard des magistrats du parquet.** — Dans sa formation compétente à l'égard des magistrats du parquet, le Conseil supérieur de la magistrature est appelé à intervenir également dans les nominations et en matière disciplinaire. Mais ses pouvoirs sont alors très différents et beaucoup plus restreints que ceux du Conseil supérieur de la magistrature dans sa formation relative aux magistrats du siège. La raison tient au fait que les magistrats du parquet sont dans la dépendance hiérarchique du garde des sceaux et que, par conséquent, l'emprise du gouvernement est, sur eux, plus accusée.

*a*) En ce qui concerne les nominations, le Conseil supérieur de la magistrature n'est appelé à donner qu'un simple « *avis* », qui n'a pas besoin d'être conforme et que, par conséquent, le gouvernement n'est jamais tenu de suivre (art. 65, al. 7, de la Constitution). Et même s'agissant de la nomination à des emplois auxquels il est pourvu en Conseil des ministres (tel par exemple, l'emploi de Procureur général), aucun avis n'est sollicité.

*b*) Le Conseil supérieur de la magistrature peut également être saisi en matière disciplinaire lorsqu'une poursuite est engagée contre un magistrat du parquet (art. 65, al. 8, de la Constitution). Et dans ce cas, s'agissant d'un problème disciplinaire, le Conseil est présidé par le Procureur général près la Cour de cassation, et non point par le Président de la République qui n'y siège pas. Mais il est essentiel de souligner que, dans cette formation, le Conseil supérieur de la magistrature n'a pas la nature d'une véritable juridiction appelée à rendre une décision souveraine : il se borne simplement à émettre un « *avis* », qui a certes un grand poids moral, mais qui juridiquement ne s'impose pas au Ministre, ainsi que cela sera précisé ultérieurement (*infra*, n° 396).

Finalement, le Conseil supérieur de la magistrature dans sa formation compétente à l'égard des magistrats du parquet a repris les attributions qui étaient dévolues antérieurement à la Commission consultative du parquet (pour les nominations) et à la Commission de discipline du parquet (*supra*, n° 42-c), lesquelles devraient normalement être supprimées par la loi organique en préparation. Le progrès n'en est pas moins considérable. Désormais, les magistrats du parquet seront sous la tutelle d'un organisme dont le prestige sera infiniment plus grand et dont, pour cette raison, les « avis » auront une autorité morale plus forte.

### B. — Juges de l'ordre administratif

**47. Garanties précaires : critique et évolution.** — Pendant longtemps, l'indépendance des juges de l'ordre administratif n'a été protégée par aucune des garanties dont les juges du siège de l'ordre judiciaire ont toujours bénéficié. Recrutés au titre de la fonction publique, ils n'ont jamais bénéficié de la garantie d'inamovibilité que l'on s'est toujours abstenu de faire figurer dans les textes (sauf en ce qui concerne les magistrats de la Cour des comptes, *infra*, n° 282) et, jusqu'à une époque récente, il n'existait aucun organe comparable au Conseil supérieur de la magistrature.

On a pu s'en étonner à juste raison. Les juges administratifs, plus encore que les magistrats de l'ordre judiciaire, sont exposés à rendre des décisions qui peuvent déplaire aux autorités publiques et au gouvernement : il suffit d'imaginer le cas où une juridiction administrative annule l'acte d'un ministre pour excès de pouvoir ! La vérité est que les juges administratifs ont longtemps été considérés, moins comme des juges à proprement parler, que comme des « fonctionnaires » qui, au sein de l'administration, sont exceptionnellement investis de la fonction de juger. L'origine des juridictions administratives qui sont issues de l'administration (*supra*, n° 35) explique sans doute cet état d'esprit. Mais ce legs de l'histoire, qui pouvait à la rigueur se concevoir au XIX^e^ siècle en un temps où le contentieux administratif était relativement peu abondant et les juridictions administratives encore peu nombreuses, devenait difficilement compréhensible à notre époque où, du fait de l'emprise grandissante de l'administration, les litiges de nature administrative vont en se multipliant.

De là, une évolution.

*a*) Chose curieuse : en ce qui concerne les *membres du Conseil d'Etat*, la situation n'a guère changé. Mais à vrai dire, l'absence de toute garantie dans les textes ne présente pas d'inconvénients majeurs. Le prestige considérable dont bénéficie le Conseil d'Etat suffit à conférer à ses membres une sorte d'inamovibilité de fait à laquelle peu de régimes politiques ont osé porter atteinte (*infra*, n° 375). Au reste, le Conseil d'Etat a maintes fois donné la preuve de sa parfaite indépendance à l'égard des pouvoirs publics. Tout au plus a-t-on pris des dispositions pour mieux organiser le régime disciplinaire de ses membres, afin d'éviter qu'ils ne soient l'objet d'une sanction arbitraire (*infra*, n° 398).

*b*) Mais toutes les juridictions administratives n'ont pas le prestige du Conseil d'Etat : on pense notamment à des juridictions comme les *tribunaux administratifs* (*infra*, nos 260 s.) et les *cours administratives d'appel* (*infra*, nos 270 s.) qui, de nos jours, sont appelées à jouer un rôle considérable. L'indépendance des membres de ces juridictions —, dont certains sont de jeunes fonctionnaires au seuil de leur carrière —, a besoin d'être efficacement protégée contre les petites « rancœurs locales » qui souvent fermentent vite. L'absence de toutes garanties particulières avait souvent été déplorée. Cette lacune est aujourd'hui comblée par un texte important, — la *loi n° 86-14 du 6 janvier 1986*, — qui a donné à ces juges un statut protecteur (dont il sera question ultérieurement, *infra*, nos 387 et 399) et qui, en outre, a créé un organe destiné à sauvegarder leur indépendance que l'on appelle aujourd'hui le « *Conseil supérieur des tribunaux administratifs et cours administratives d'appel* » sur lequel il convient d'insister.

**48. Conseil supérieur des tribunaux administratifs et cours administratives d'appel.** — Ainsi qu'il vient d'être dit, cet organe a été créé par la loi n° 86-14 du 6 janvier 1986, sous le nom (à l'époque) de « Conseil supérieur des tribunaux administratifs ». Lorsque l'année suivante furent instituées les cours administratives d'appel par la loi n° 87-1127 du 31 décembre 1987, le domaine d'application de cet organe fut étendu aux juges appelés à siéger dans ces juridictions nouvellement créées ; et c'est ainsi qu'il prit le nom qui est aujourd'hui le sien : « Conseil supérieur des tribunaux administratifs et cours administratives d'appel ».

Par sa fonction, il est comparable au Conseil supérieur de la magistrature (*supra*, nos 42 s.) : comme lui, il est destiné à protéger les juges contre toute mesure arbitraire de la part du pouvoir exécutif. Il en diffère en revanche par sa compétence (I), sa composition (II) et ses attributions (III).

I. — *Sa compétence.*

Tous les juges de l'ordre administratif ne relèvent pas du Conseil supérieur créé en 1986 : il ne concerne en effet que les juges appartenant au corps des tribunaux administratifs et des cours administratives d'appel. Mais en réalité, cette limitation n'est guère préoccupante si l'on considère que, mis à part le Conseil d'Etat qui tire sa protection de lui-même (*supra*, n° précédent), les tribunaux administratifs et les cours administratives d'appel sont les deux seules juridictions de droit commun.

II. — *Sa composition.*

Le Conseil supérieur des tribunaux administratifs et cours administratives d'appel est placé sous la présidence du vice-président du Conseil d'Etat. Outre son président, il est composé de 12 membres (art. 14 de la loi n° 86-14 du 6 janv. 1986, modifié par la loi n° 87-1127 du 31 déc. 1987).

Les 12 membres sont répartis en trois catégories :

— d'abord, 4 personnalités qui en sont membres de droit à raison de leur fonction : le conseiller d'Etat, chef de la mission permanente d'inspection des juridictions administratives ; le directeur de la fonction publique ; le secrétaire général du Conseil d'Etat et le directeur chargé au ministère de la justice des services judiciaires.

— viennent ensuite 5 juges appartenant au corps des tribunaux administratifs et cours administratives d'appel, élus par leurs collègues au scrutin de liste, pour un mandat de trois ans renouvelable une fois.

— enfin, 3 personnalités qui n'exercent aucun mandat électif, désignées respectivement, pour une durée de trois ans non renouvelable, par le Président de la République, le Président de l'Assemblée nationale et le Président du Sénat.

Cette composition suggère plusieurs observations :

On remarquera d'abord que le Conseil supérieur des tribunaux administratifs et cours administratives d'appel a une *base partiellement élective* puisque 5 membres sur 13 sont élus parmi les juges et que, par ailleurs, les autorités politiques ne peuvent exercer leur choix qu'à concurrence de 3 membres.

Ensuite et surtout, il y a lieu de souligner *la place importante réservée au Conseil d'Etat* par l'intermédiaire de trois de ses plus hauts représentants (le vice-président du Conseil d'Etat, le conseiller d'Etat chef de la mission d'inspection et le secrétaire général du Conseil d'Etat). Le fait est révélateur d'un changement d'orientation bénéfique. Pendant longtemps, les tribunaux administratifs ont été placés sous la tutelle du ministère de l'Intérieur qui en assurait la gestion ; et d'ailleurs, la loi du 6 janvier 1986 avait encore réservé un siège au « directeur chargé au ministère de l'Intérieur de la gestion du corps des membres des tribunaux administratifs ». La loi n° 87-1127 du 31 décembre 1987 a supprimé cette anomalie en évinçant le représentant du ministère de l'Intérieur pour le remplacer par le secrétaire général du Conseil d'Etat. Il est donc clair que, dans l'esprit du législateur moderne, le Conseil d'Etat apparaît comme une sorte de « gardien tutélaire » de l'indépendance des juges appelés à exercer leurs fonctions au sein des tribunaux administratifs et cours administratives d'appel.

III. — *Ses attributions.*

Le Conseil supérieur ainsi composé est appelé à jouer un rôle important dans la carrière des juges appartenant au corps des tribunaux administratifs et cours administratives d'appel. D'abord, en ce qui concerne les nominations, détachements et intégrations (art. 13 de la loi de 1986), ainsi que l'élaboration du tableau d'avancement (art. 16 de la loi de 1986 ; *infra*, n° 387). Ensuite et surtout, il joue le rôle d'organe disciplinaire : si un juge administratif commet une faute de nature à justifier une sanction, il est déféré devant le Conseil supérieur (art. 17 de la loi de 1986).

Mais il est essentiel d'observer que celui-ci n'a qu'un simple pouvoir de « *proposition* », et non point un pouvoir de « décision » comme le Conseil supérieur de la magistrature en matière disciplinaire (*infra*, n° 399). Par conséquent, en toute hypothèse, la décision est prise par le ministre. Il reste que, même sous cette réserve, l'autorité morale que représente le Conseil supérieur des tribunaux administratifs et cours administratives d'appel constitue un bouclier protecteur contre toute mesure arbitraire de la part des pouvoirs politiques.

## CONCLUSION :

## « POUVOIR » OU « AUTORITÉ » JUDICIAIRE ?

**49.** Les développements qui précèdent conduisent à se demander si la fonction de juger appartient à un corps qui, au sein de l'Etat, exerce un véritable « pouvoir », comparable au pouvoir législatif et au pouvoir exécutif, ou si au contraire elle n'est plus qu'un aspect de la fonction publique, remise à des « autorités » qui jouissent simplement d'un statut particulier. On comprend mieux la portée pratique de la question posée quand on a présent à l'esprit la situation du juge anglais dont la position sociale est comparable à celle d'un membre de la Chambre des communes qui, une fois nommé, s'estime détenteur d'un pouvoir autonome et à qui l'idée de présenter une revendication professionnelle par la voie syndicale semblerait être une incongruité.

La question ne se pose évidemment pas pour les juges de l'ordre administratif dont on a dit précédemment qu'ils ont toujours été considérés comme des « fonctionnaires » investis simplement de la fonction de juger : ils ne forment pas un corps autonome et, en ce qui les concerne, il ne fait aucun doute qu'ils apparaissent comme une « autorité judiciaire » au sein du pouvoir exécutif. Mais s'agissant des juges de l'ordre judiciaire, on parle souvent en France du « pouvoir judiciaire », sur la lancée de la Constitution de 1791 qui utilisait effectivement cette expression. La Constitution de 1946 elle-même faisait encore référence au « pouvoir judiciaire ». Mais est-ce toujours exact ?

La Constitution de 1958 donne à penser que cette expression est désormais périmée. On doit en effet constater que, dans les dispositions constitutionnelles actuelles, les textes relatifs à la justice sont placés sous un titre intitulé « De l'autorité judiciaire » et que l'article 64 de la Constitution (qui n'a pas été modifié par la loi constitutionnelle de 1993) fait du Président de la République, c'est-à-dire du chef de l'exécutif, le « garant de l'indépendance de la magistrature ». Ces formules ne sont pas le fait du hasard : elles se rattachent à cette idée que la fonction de juger procède de l'autorité indivisible de l'Etat dont le Président de la République a la responsabilité (22). Elles sont la négation du principe qui tendrait à considérer la justice comme un troisième pouvoir et rejoignent ainsi les théories développées jadis par Duguit (23), Hauriou (24) et Berthélemy (25) selon lesquelles « faire les lois (pouvoir législatif) et les faire exécuter (pouvoir exécutif) sont les deux termes entre lesquels il n'y a pas de place à prendre ». Dans cette conception, le juge a pour fonction de faire exécuter la loi, au même titre que l'autorité administrative, à cette nuance près que l'autorité judiciaire la fait exécuter à l'occasion d'une contestation qu'il doit trancher.

Certes, le juge a la conviction profonde qu'il exerce une fonction indépendante, exclusive de toute subordination au moment de la prise de décision (*infra*, n° 76) ; et, sur ce point, les juges français ont une très haute idée de leur indépendance. Mais, par ailleurs, dans le cadre de leur propre situation administrative, tout leur rappelle qu'ils sont des fonctionnaires de l'Etat et eux-mêmes en adoptent parfois les comportements. Contrairement aux apparences, le « pouvoir judiciaire » a été brisé par la Révolution française et plus encore par les structures napoléoniennes. Et si néanmoins l'illusion a survécu tout au long du XIXe siècle, c'est en grande partie parce que la justice a été une justice de notables. Aujourd'hui, l'illusion a disparu. Et quelque regret que l'on en puisse avoir, il est difficile de nier que la fonction de juger est confiée de nos jours à une « autorité judiciaire ».

Périodiquement, il est question de réformes qui tendraient à restituer au juge une relative indépendance dans sa carrière administrative afin de le libérer de certaines sujétions concernant l'avancement. Et dans cet ordre d'idées, la loi constitutionnelle de 1993 a réalisé un sérieux progrès (*supra*, nos 43 et s.). Mais l'expérience prouve qu'il est extrêmement difficile de modifier les habitudes enracinées dans l'histoire. Tout porte à croire qu'il faut se résigner à ne plus parler d'un « pouvoir judiciaire ».

(22) Sur ce point, le Général de Gaulle, à l'occasion d'une conférence de presse, le 31 janv. 1964, avait très nettement souligné cette idée (cf. P. Viansson-Ponté, *Histoire de la République gaullienne*, t. II, p. 1140).

(23) Duguit, *Traité de droit constitutionnel*.

(24) Hauriou, *Précis de droit constitutionnel*.

(25) Berthélemy, *Traité de droit administratif*.

## *CHAPITRE II*

# SERVICE PUBLIC DE LA JUSTICE

**50.** La justice est aussi un service public, au même titre que l'Education nationale, ou les Finances : un service public important, sinon par son personnel (de l'ordre de 6 000) (1), sinon par son budget (qui en 1993 ne représente que 1,49 % du budget de l'Etat), du moins par sa place dans la Nation. Il n'est pas excessif de dire que la justice est un des grands services publics de l'Etat.

Après avoir fourni quelques indications sur le Ministère de la Justice qui est chargé d'en assurer la gestion, on insistera sur le monopole de l'Etat (Section 1), sur les caractères spécifiques du service public de la justice (Section II), et enfin, sur les règles particulières concernant la responsabilité de ce service public (Section III).

**51. Ministère de la Justice.** — Comme tout service public, celui de la justice est géré par un Ministère, — le Ministère de la Justice qui a son siège à Paris, place Vendôme —, chargé de régler et de coordonner les multiples problèmes qui se posent à l'échelon national (recrutement des magistrats, situation de carrière, gestion des juridictions, contrôle des auxiliaires de justice, élaboration des textes, administration pénitentiaire, etc.). Ce Ministère, que l'on appelle aussi la « Chancellerie », est placé sous la responsabilité d'un ministre qui porte le titre de « Ministre de la Justice, Garde des sceaux ».

Ces expressions particulières méritent une explication.

a) Le mot *« Chancellerie »*, utilisé souvent pour désigner ce ministère, évoque le temps où, dans l'ancienne France, le chef de la justice portait le titre de « Chancelier de France ». A une époque où la justice était rendue au nom du Roi, il était le représentant du Monarque auprès de toutes les juridictions : il était, disait-on, la « bouche du Roi ». A ce titre, il lui

(1) En 1990, les chiffres exacts étaient les suivants : dans l'ordre judiciaire, 6245 magistrats ; les membres du Conseil d'Etat étaient au nombre de 213, ceux de la Cour des comptes et des chambres régionales des comptes, 568, et enfin, l'effectif des juges des tribunaux administratifs s'élevait à 395.

appartenait d'en assurer la présidence et de rendre compte au Roi du fonctionnement de la justice. Quelques grands noms illustrèrent cette fonction prestigieuse : notamment Lamoignon (au XVIIe siècle) et d'Aguesseau (au XVIIIe siècle). Avec le temps, le titre de Chancelier devint purement honorifique. Supprimé à la Révolution française, il fut rétabli au moment de la Restauration, mais pour très peu de temps (le dernier fut le Chancelier Pasquier) : la fonction et le titre disparurent définitivement en 1848. Mais l'expression est restée dans les usages. Et c'est ainsi que, de nos jours encore, on parle de la « Chancellerie » pour désigner le Ministère de la Justice.

b) Le titre de *« Garde des sceaux »* est également une survivance historique. Dans l'ancienne France, il existait un officier de la Couronne dont la charge consistait à « garder les sceaux du Roi », c'est-à-dire, les cachets destinés à authentifier les documents officiels. Souvent, cette charge était confiée au Chancelier lui-même qui ainsi cumulait les deux titres. Lorsque la fonction de Chancelier disparut, le titre de « Garde des sceaux » subsista et fut attribué au Ministre de la Justice (2).

Il ne faut pas se méprendre sur le rôle exact du Ministre de la Justice, Garde des sceaux : il n'exerce *aucune fonction juridictionnelle*. Il est d'autant plus nécessaire de le souligner que, pendant une courte période (au temps du premier Empire), on l'appelait parfois le « Grand-Juge ». Cette expression symbolique, aujourd'hui disparue, était techniquement inexacte. Le ministre de la justice n'est pas un juge : il ne préside aucune juridiction (sauf, exceptionnellement le Tribunal des conflits, *supra*, n° 37, et plus exceptionnellement encore, le Conseil d'Etat, *infra*, n° 250), et ne peut prendre aucune initiative de nature juridictionnelle (3). La règle contraire constituerait d'ailleurs une violation flagrante du principe de la séparation des pouvoirs. En réalité, le Garde des sceaux n'est qu'un administrateur, investi sans doute d'importantes prérogatives, mais qui ressortissent uniquement à l'administration : c'est lui qui propose la nomination des magistrats, qui pourvoit à leur avancement, qui nomme les officiers ministériels et qui, sous certaines conditions, exerce des fonctions disciplinaires sur l'ensemble du corps de la magistrature et de certains auxiliaires de justice. Mais il ne le fait qu'en sa qualité d'administrateur et, pour cette raison, les décisions prises par lui peuvent être déférées au Conseil d'Etat par le moyen d'un recours pour excès de pouvoir. Enfin, parmi ses attributions, on se gardera d'oublier qu'il lui appartient de préparer les projets de lois qui intéressent de multiples domaines juridiques.

Dans l'exercice de ses fonctions, le ministre de la Justice est assisté par de nombreux services dont l'ensemble forme ce que l'on appelle communément l'administration centrale, laquelle présente cette particularité d'être composée à peu près exclusivement de magistrats (appartenant en grande majorité à l'ordre judiciaire).

---

(2) C'est au Ministère de la Justice que sont toujours conservés les sceaux officiels de la République française.

(3) On verra notamment que s'il peut donner des instructions aux procureurs généraux, il ne peut en aucun cas se substituer à eux pour déclencher des poursuites (*infra*, n° 307).

Comme dans tous les ministères, les différents services sont regroupés autour de directions spécialisées.

Actuellement (depuis un arrêté du 18 juillet 1983), le Ministère de la Justice comporte six directions : la direction des affaires civiles et du sceau, la direction des affaires criminelles et des grâces, la direction des services judiciaires, la direction de l'administration pénitentiaire, la direction de l'éducation surveillée et enfin la direction de l'administration générale et de l'équipement.

A ces directions, il faut ajouter un important service qui fonctionne directement sous l'autorité du Garde des sceaux : il s'agit de l'inspection générale des services judiciaires dont la mission, comme son nom l'indique, est de procéder à des inspections et à des enquêtes auprès des juridictions de l'ordre judiciaire et d'en rendre compte au ministre.

## *SECTION I*

## LA JUSTICE, MONOPOLE DE L'ÉTAT

**52.** Pour nos esprits du XX^e^ siècle, le monopole de l'Etat paraît une évidence. Ce principe exige néanmoins quelques commentaires (§ 1), d'autant plus importants que, de nos jours encore, il comporte une remarquable dérogation, connue sous le nom d'arbitrage (§ 2).

### § 1. — LE PRINCIPE

**53. Sa justification.** — De tout temps, la justice a été considérée comme un attribut essentiel de la Souveraineté. Dans l'ancienne France, on exprimait cette idée en disant que « toute justice émane du Roi ». De nos jours, les jugements sont rendus « au nom du Peuple français ». Mais l'idée reste la même : seul le Souverain est habilité à rendre la justicc et, dès lors, on concevrait mal que l'Etat ne s'en réserve pas le monopole exclusif.

Ce principe est d'autant plus justifié que le pouvoir de rendre la justice n'implique pas seulement celui de dire le droit : la *« jurisdictio »*. Il implique également, comme une conséquence nécessaire, un pouvoir de commandement que l'on appelle l'*imperium* (*supra*, n° 39). Le juge, en conséquence de la décision rendue, ordonne que tout soit mis en œuvre pour que son jugement soit exécuté, au besoin avec le concours de la force publique. Or comme l'Etat est seul détenteur de la force publique, il est clair qu'un tel pouvoir de commandement ne peut appartenir qu'à une personne investie par l'Etat lui-même du pouvoir de juger.

**54. Son évolution historique.** — L'histoire révèle que ce monopole de l'Etat ne fut pas acquis d'emblée. Pour être reconnu, il suppose en effet un Etat fort dont l'autorité n'est ni discutée, ni partagée.

Tel n'était pas le cas au moyen âge. A côté des juridictions royales qui rendaient la justice au nom du Roi, il existait des juridictions seigneuriales qui statuaient au nom du Seigneur du lieu, et même, en certaines matières et pour certaines personnes (les clercs notamment), des juridictions ecclésiastiques qui rendaient la justice au nom de l'évêque. En un mot, la justice était partagée entre divers ordres juridictionnels. Toute l'histoire judiciaire entre le XIIe et le XVIe siècles a été celle d'une longue lutte entre le pouvoir royal et les seigneurs, non point pour faire disparaître les juridictions seigneuriales, mais pour affirmer l'autorité souveraine de la justice du Roi ; pour marquer, en d'autres termes, que le dernier mot doit appartenir au Roi, seul souverain en matière de justice, et non pas au Seigneur. A cette fin, de multiples recours furent organisés pour permettre à tout intéressé d'en appeler en dernier ressort à la justice du Roi. Ainsi d'ailleurs furent instituées des cours royales, — composées de juges chargés de « conseiller » le Roi (de là, le nom de « conseiller » encore utilisé de nos jours) —, et que l'on prit l'habitude d'appeler des « cours souveraines » pour bien souligner qu'elles avaient pour mission de connaître, en dernier ressort au nom du Roi, des recours formés contre les décisions rendues par les juridictions seigneuriales.

L'évolution commença à l'époque de Philippe-Auguste et se poursuivit sous le règne de Louis XI. Cette emprise progressive de la justice du Roi n'alla pas toujours sans difficulté ; parfois même, elle suscita de violentes résistances. Ne dit-on pas que le Comte d'Anjou (frère de saint-Louis) fit emprisonner l'un de ses vassaux pour avoir osé appeler de sa sentence à la Cour du Roi ? L'histoire nous révèle également qu'un abbé de Tulle fit couper la main droite de son vassal parce que celui-ci avait eu la témérité de faire appel contre une sentence qui le condamnait à perdre la main gauche. Mais dans les derniers siècles de l'ancien régime, le principe était solidement acquis que la seule justice souveraine était celle du Roi.

Tout naturellement, la Révolution française devait faire disparaître les derniers vestiges de cette querelle historique dans la nuit du 4 août 1789, lorsque furent abolies les juridictions seigneuriales. La justice devenait, en droit comme en fait, un véritable monopole de l'Etat.

**55. Ses conséquences.** — Le monopole ainsi reconnu à l'Etat entraîne deux conséquences importantes.

1°) D'abord, *aucune autre autorité que les cours et tribunaux légalement institués ne peut rendre la justice*, au moyen de jugements ayant autorité de chose jugée et force exécutoire. Sans doute, rien n'interdit-il à de simples particuliers de constituer entre eux un « jury d'honneur » ou un « comité de conscience » pour juger leur différend. Mais (sous réserve de ce qui sera dit à propos de l'arbitrage, *infra*, n° suivant), ces organismes de pur fait n'ont aucune existence légale et les « décisions » qu'ils peuvent prononcer n'ont aucune force contraignante. On pourrait croire qu'il est inutile de rappeler une telle évidence ; et pourtant certains exemples ont montré qu'il n'est peut être pas superflu de le répéter (4).

2°) En revanche, *l'Etat doit obligatoirement rendre la justice lorsqu'elle lui est demandée.* Le juge qui refuserait de juger se rendrait coupable d'un *déni de justice* susceptible d'entraîner contre lui des sanctions disciplinaires et, éventuellement, une condamnation à des dommages-intérêts. Le code civil, dans son article 4, décide en effet que les juges ont l'obligation de statuer même lorsque la loi est muette ou obscure : « Le juge qui refusera de juger, dit ce texte, sous prétexte du silence, de l'obscurité ou de l'insuffisance de la loi, pourra être poursuivi comme coupable de déni de justice ». Si le juge ne peut découvrir dans la loi aucune solution au litige qui lui est soumis, il lui appartient de statuer selon la solution qui lui paraît la plus équitable, mais il doit nécessairement se prononcer. Tout monopole implique des obligations : on ne saurait concevoir que l'Etat se réserve le pouvoir de rendre la justice et qu'il ne la rende pas quand on la lui demande.

## § 2. — DÉROGATION PARTIELLE : L'ARBITRAGE

**56. Définition.** — On peut définir l'arbitrage comme un mode de juridiction à base conventionnelle, par lequel les parties choisissent une ou plusieurs personnes privées, au moyen d'un acte appelé un « compromis », pour leur demander de juger, au besoin en équité, le différend qui les oppose.

Voici, par exemple, deux industriels en désaccord sur la portée de certaines obligations nées de leurs rapports d'affaires ; au lieu de saisir un tribunal, ils peuvent, s'ils en sont d'accord, demander à un ami qui a leur confiance, de les départager et de rendre une véritable décision que l'on appelle une « sentence arbitrale ».

Cette forme de justice assez surprenante connaît actuellement un certain succès, notamment dans les rapports internationaux. Il convient donc d'y insister pour en dégager les caractères spécifiques, en retracer l'histoire et en souligner l'importance.

---

(4) A propos d'un « comité de libération » qui, en 1945, avait infligé une amende à l'auteur d'une infraction à la législation du travail, cf. Cass. civ. 13 nov. 1951, *Gaz. Pal.* 1952.1.61, *Rev. trim. dr. civ.* 1952.103, obs. P. Hébraud.

**57. Caractères spécifiques.** — Il ressort de la définition qui en a été donnée, que l'arbitrage se caractérise par quatre traits particuliers qui en font toute l'originalité.

I. — D'abord, la qualité de juge est conférée à de simples *personnes privées*, que l'on appelle des arbitres, qui n'ont pas été directement investies par l'Etat du pouvoir de juger.

Il peut n'y avoir qu'un seul arbitre (ce qui est assez rare). Dans la plupart des hypothèses, chacun des plaideurs désigne son propre arbitre et ensuite les deux arbitres se réunissent pour en désigner un troisième. Mais de toute manière, les personnes choisies le sont librement sans autre considération que la confiance que les parties leur portent. On peut désigner, par exemple, un expert comptable, un ingénieur, un ami ; et s'il est vrai qu'un juge peut être désigné comme arbitre, ce n'est pas en tant que juge, mais en sa qualité de simple personne privée.

En cela, l'arbitrage constitue une dérogation très remarquable au monopole de la justice puisque le pouvoir de juger est ainsi conféré à des personnes privées.

II. — Mais (et c'est le second trait caractéristique), dans la mesure où l'arbitrage entraîne une renonciation à la justice de l'Etat, il faut que les parties soient d'accord pour faire juger leur litige par des arbitres. En d'autre termes, c'est la volonté des parties qui investit le ou les arbitres du pouvoir de juger : l'arbitrage est une *justice à fondement conventionnel*. Pour cette raison, il ne peut être fait appel à des arbitres que dans les matières qui ne concernent pas l'ordre public (on ne pourrait pas, par exemple, demander à des arbitres de prononcer un divorce entre deux époux).

L'acte par lequel les parties expriment leur accord (un acte qui doit toujours être écrit) porte le nom de « *compromis* » (on dit un « compromis d'arbitrage »). Dans cet acte, les intéressés précisent l'objet de leur litige et désignent le ou les arbitres choisis.

Il arrive parfois, tout au moins en matière commerciale, que cet accord soit antérieur à tout litige. Par exemple, au moment où un contrat est signé et en prévision du cas (qui n'est pas encore réalisé) où ce contrat donnerait lieu à des difficultés, il est d'ores et déjà convenu que le litige sera jugé par voie d'arbitrage. Cette clause, qui figure assez fréquemment dans les contrats commerciaux, porte le nom de « *clause compromissoire* ». Elle a pour effet d'ôter par avance toute compétence aux juridictions de l'Etat et d'obliger les intéressés à recourir à l'arbitrage.

III. — Dans l'exercice de leur mission, les arbitres se comportent en principe comme des juges et doivent par conséquent faire application de la règle de droit. Toutefois, les parties peuvent les en dispenser et leur conférer le pouvoir de statuer en équité : on dit alors qu'ils sont investis de la qualité d'*amiable compositeur*.

Cette prérogative n'est pas toujours sans risque. Elle est néanmoins assez fréquente. Il faut dire qu'elle peut présenter un intérêt considérable dans la vie des affaires où les parties recherchent moins une décision strictement juridique qu'une solution transactionnelle qui ménagera leurs rapports d'affaires ultérieurs.

IV. — Enfin, les arbitres sont de véritables juges appelés à rendre une décision que l'on appelle une « *sentence arbitrale* ».

Par certains aspects, cette sentence est un jugement. Il ne faudrait pas croire en effet que les arbitres émettent un simple avis ou une banale consultation. Ils se comportent en réalité comme de véritables juges et leur décision a autorité de chose jugée, au même titre qu'un jugement ordinaire. En d'autres termes, les parties sont liées par la décision des arbitres.

Toutefois, une différence fondamentale distingue la sentence arbitrale d'un jugement ordinaire : elle n'a *pas force exécutoire* ; ce qui revient à dire qu'aucun moyen de contrainte ne peut être utilisé pour obliger la partie condamnée à exécuter ce qu'elle doit. Cette infirmité de la sentence arbitrale se comprend aisément. L'arbitre n'est pas un fonctionnaire ; il n'a reçu de l'Etat aucune délégation lui permettant de disposer de la force publique. En un mot, s'il a reçu des parties le pouvoir de juger (*jurisdictio*), il n'a pas reçu et ne pouvait pas recevoir celui de contraindre (*imperium*).

Cette situation risquerait de nuire gravement à l'arbitrage s'il n'existait pas un remède. Dans le cas où l'exécution de la sentence arbitrale se heurterait au mauvais vouloir de la partie condamnée, il est possible de lui conférer la force exécutoire qui lui fait défaut en s'adressant au président du tribunal de grande instance (art. L. 311-11 c. org. jud.), lequel délivrera la formule exécutoire qui fera de la sentence arbitrale un véritable jugement, au sens plein du terme. Cette formalité s'appelle l'*exequatur*.

On ne se méprendra pas toutefois sur le rôle du juge de l'exequatur. Il n'est pas chargé de juger à nouveau (autrement l'arbitrage ne servirait à rien). Il a simplement pour mission de vérifier si la sentence arbitrale a été rendue dans des conditions correctes au point de vue de l'ordre public ; si, en un mot, la sentence a été régulièrement rendue et si, en conséquence, elle mérite de devenir un titre exécutoire.

Les observations qui viennent d'être présentées font alors apparaître la portée exacte de la dérogation au monopole de l'Etat. Celui-ci consent à abdiquer son pouvoir de *jurisdictio* entre les mains de simples particuliers qui sont investis de la confiance des parties ; mais il *ne renonce pas à l'imperium* dont il est le seul détenteur et sur lequel il entend conserver un monopole exclusif. Et voilà pourquoi l'arbitrage ne constitue qu'une dérogation partielle au monopole de l'Etat.

**58. Historique.** — L'arbitrage a une très longue histoire. On peut même penser que ce fut là la forme primitive de la justice. A une époque où les Etats n'étaient pas encore constitués, comme il fallait bien que la justice soit rendue, il était tout naturellement fait appel à des arbitres.

Ensuite cette institution traversa les siècles. A Rome, par exemple, les parties pouvaient convenir de faire trancher leurs différends par des arbitres ayant le pouvoir de juger sans se conformer aux règles du droit. Plus près de nous, l'ordonnance de 1673 en matière commerciale fit une large place à l'arbitrage.

Mais l'arbitrage atteignit son apogée au moment de la Révolution française. La loi des 16 et 24 août 1790 avait fondé de grands espoirs sur la justice privée. Elle correspondait à l'idéologie de l'époque, à ce besoin de fraternité entre les hommes qui devait leur faire préférer une justice contractuellement acceptée à une justice autoritairement imposée par l'Etat. Pour cette raison, le législateur révolutionnaire avait vu dans l'arbitrage, « le moyen le plus raisonnable de terminer les contestations entre les citoyens ». Cette institution suscita même un tel enthousiasme que la loi de 1790 crut opportun de rendre l'arbitrage obligatoire pour trancher les contestations entre les membres d'une même famille. C'était se faire beaucoup d'illusions sur les vertus de cette justice privée.

Le code de procédure civile de 1806 revint à une conception plus raisonnable : il supprima l'arbitrage forcé, mais conserva l'arbitrage facultatif en le réglementant de façon très minutieuse. Le législateur moderne a suivi les mêmes traces. L'arbitrage est aujourd'hui réglementé par le nouveau code de procédure civile dans les articles 1442 à 1491 (arbitrage interne) et 1492 à 1507 (arbitrage international).

**59. Importance de l'arbitrage : ses vertus et ses risques.** — L'arbitrage est une institution qui connaît un indéniable succès, pour des raisons très diverses. Laissons de côté l'avantage économique qui consisterait à penser que l'arbitrage est une justice moins onéreuse. En revanche, de très sérieux mérites s'inscrivent à son actif.

*a*) D'abord, sa *rapidité* : avec l'arbitrage, on échappe à l'encombrement des tribunaux d'Etat.

*b*) Ensuite, sa *discrétion* : les séances d'arbitrage se déroulent dans le cabinet de l'un des arbitres, à l'abri des chroniqueurs indiscrets. C'est là un avantage auquel les milieux d'affaires tiennent beaucoup.

*c*) A cela s'ajoute un mérite de nature psychologique qui est loin d'être négligeable : *l'arbitrage est une justice « entre soi ».* Souvent il est fait appel à des arbitres qui appartiennent au même milieu industriel ou commercial, qui connaissent bien les usages dans tel secteur d'activité économique ; de ce fait, on peut penser que la décision rendue sera mieux acceptée. Cette considération prend toute son importance lorsque les arbitres ont la qualité d'amiable compositeur : la décision rendue en équité pourra plus facilement éviter les amertumes et susciter un éventuel rapprochement entre les parties.

*d*) Autre mérite : l'arbitrage s'adapte mieux à la *technicité de certains litiges.* Au lieu de saisir un tribunal qui, pour être éclairé sur certains aspects techniques du litige, devrait désigner un ou plusieurs experts, il est parfois plus expédient de s'adresser directement à des experts en les désignant comme arbitres.

*e*) Enfin (et ceci est déterminant à l'heure actuelle), en *matière internationale, l'arbitrage est souvent une nécessité* si l'on veut échapper aux multiples incertitudes concernant la détermination de la loi applicable et surtout le choix de la juridiction compétente. On comprend fort bien le souci de certains hommes d'affaires qui, traitant avec des pays lointains, ont le souci, en cas de difficulté contentieuse, de ne pas être jugés par n'importe quelle juridiction étrangère dont l'objectivité est parfois aléatoire. Seul l'arbitrage permet d'échapper à ce risque et c'est pourquoi bien rares sont les contrats internationaux qui ne contiennent pas une clause compromissoire. Au reste, l'arbitrage international a pris une telle extension que des organismes purement privés se sont créés, — en se donnant le nom de « chambre » ou de « cour » d'arbitrage —, qui font profession d'organiser administrativement les arbitrages internationaux. Et finalement, si l'on considère l'état d'inorganisation de la société internationale, l'arbitrage retrouve là sa vocation première qui est de suppléer l'absence de juridictions institutionnalisées.

Cela dit, il ne faudrait pas en déduire que l'arbitrage est exempt de tout *inconvénient*. C'est un fait que les arbitres ont une moindre autorité que les juges. Trop souvent, ils se considèrent comme les mandataires des parties qui les ont désignés et, de ce fait, ils se comportent plus comme des avocats que comme des juges. De surcroît, surtout lorsque les arbitres choisis ne sont pas des juristes, il leur arrive de prendre quelques libertés avec certaines règles fondamentales de la procédure. Si de tels incidents doivent surgir, il est alors indispensable de les faire trancher par une juridiction d'Etat et l'arbitrage devient à son tour une source de contentieux. En réalité, pour réussir, l'arbitrage suppose une certaine « acceptation psychologique » entre les parties, et notamment la volonté d'en terminer au plus vite avec un litige qui perturbe leurs relations d'affaires. C'est pourquoi l'arbitrage porte tous ses fruits au sein des collectivités professionnelles où, comme l'a très justement écrit René David, le sens de l'appartenance à cette communauté est plus fort que le sens de leur appartenance à l'Etat et où surtout le souci de ménager les rapports d'affaires ultérieurs incite les partenaires à un minimum de bonne foi, sinon par vertu du moins par raison (5).

## *SECTION II*

## CARACTÈRES SPÉCIFIQUES DU SERVICE PUBLIC DE LA JUSTICE

**60. Vue d'ensemble.** — L'organisation et le fonctionnement du service public de la justice sont commandés par un certain nombre de principes (égalité, gratuité,

(5) Sur tous ces points, on pourra consulter le très remarquable ouvrage de René David, *L'arbitrage dans le commerce international.*

continuité, hiérarchie) qui, sans être tous inhérents à la notion de service public, prennent en cette matière une importance particulière en raison de la mission propre de ce service public qui a en charge la fonction de juger.

On étudiera successivement : l'*égalité* devant la justice (§ 1), la *gratuité* de la justice (§ 2), la *permanence* de la justice (§ 3) et, enfin, la notion de *hiérarchie* en matière judiciaire (§ 4).

## § 1. — ÉGALITÉ DEVANT LA JUSTICE

**61. Principe.** — L'égalité devant la justice signifie que toute personne a une égale vocation à être jugée par les mêmes juridictions et selon les mêmes règles de procédure sans la moindre discrimination.

Ce principe, qui paraît naturel, se comprend mieux par référence à la situation qui existait dans l'ancien droit. Sous l'ancien régime, il existait en effet des *privilèges de juridiction* : selon la classe sociale à laquelle le plaideur appartenait (clergé, noblesse), il était jugé par des juridictions différentes. C'est cette discrimination que le législateur révolutionnaire a entendu abolir en décidant, dans l'article 16 du titre II de la loi des 16 et 24 août 1790, que « tout privilège en matière de juridiction est aboli ; tous les citoyens sans distinction plaideront en la même forme et devant les mêmes juges, dans les mêmes cas ».

L'égalité devant la justice est un principe d'application générale : il concerne non seulement les citoyens français, mais également les *étrangers* et les *apatrides* qui peuvent accéder librement à la justice française, sans que leur nationalité constitue un obstacle.

Il faut bien comprendre ce que signifie cette dernière règle. Il est évident qu'une demande ne peut être portée devant une juridiction française par un étranger ou un apatride que dans la mesure où, relativement aux principes qui gouvernent la compétence judiciaire internationale, une juridiction française est effectivement compétente pour en connaître. On ne saurait admettre, par exemple, qu'un citoyen espagnol en litige avec un citoyen anglais au sujet d'une propriété située en Italie porte ce différend devant un tribunal français, parce que tel est son bon plaisir. Mais, dès lors qu'une juridiction française est compétente, on veut dire par là que la condition d'étranger ou d'apatride n'est pas, en soi, un obstacle à la recevabilité d'une demande formée devant un tribunal français.

Pendant longtemps, cette solution n'a pas paru tellement évidente. Partant de l'idée couramment répandue au XIXe siècle et au début du XXe, que la justice est un service public français financé par le contribuable français, on en tirait la conséquence que l'Etat ne devait la justice qu'à ses seuls nationaux. Cette solution restrictive a été définitivement abandonnée en 1948 pour ce qui est des étrangers (6), et une Convention signée à New-York en 1960 a

(6) Cass. civ. 21 juin 1948, arrêt *Patino*, J.C.P. 1958. II. 4422, note P. L.-P.

étendu cette règle aux apatrides. Désormais, par conséquent, il n'y a plus aucune discrimination fondée sur la nationalité (7).

**62. Portée de ce principe.** — Le principe de l'égalité devant la justice est-il strictement respecté en droit et en fait ? Ne comporterait-il pas certaines limites ?

*a) En droit*

On a parfois présenté la prolifération des *juridictions d'exception spécialisées* (conseils de prud'hommes, tribunaux des affaires de sécurité sociale, tribunaux paritaires des baux ruraux, etc.) comme des atteintes au principe de l'égalité devant la justice. Ce n'est pas exact. Un tel principe n'implique pas nécessairement l'existence d'une seule et unique juridiction : il condamne simplement les discriminations judiciaires fondées sur une qualité inhérente à la personne. Or, de nos jours, la répartition des affaires entre les différentes juridictions spécialisées a pour critère, non point tant la qualité des parties, que la nature de l'affaire et des questions à résoudre. Si, par exemple, un commerçant est justiciable du tribunal de commerce, ce n'est pas en raison de son appartenance à la « classe des commerçants », mais parce que le litige met en cause un acte de commerce ; et c'est d'ailleurs tellement vrai que si ce même commerçant devait avoir une difficulté contentieuse au sujet d'un règlement de succession ou d'une filiation, l'affaire serait portée devant le tribunal de grande instance, sans égard à sa qualité de commerçant. Ce qui est vrai, c'est que la dissémination des juridictions spécialisées risque de créer un terrain propice à la renaissance d'une « justice de classe », surtout si l'on doit en faire des bastions destinés à assurer la défense systématique de certains intérêts sociaux tenant à la qualité des plaideurs.

On a pu déceler, il est vrai, certaines inégalités ponctuelles entre les parties, spécialement dans le contentieux administratif, l'administration étant parfois mieux traitée que l'administré (8). Mais ces discriminations, limitées d'ailleurs, s'expliquent dans une large mesure par les nécessités de l'action administrative. En réalité, le véritable « privilège de juridiction » réside dans le fait que les litiges concernant l'administration ne peuvent être portés que devant les juridictions administratives. Mais on a dit précédemment (*supra*, nos 34 et s.) quelles sont les raisons de nature constitutionnelle qui ont imposé une telle solution.

---

(7) On rappellera toutefois que, jusqu'en 1973, on exigeait encore de l'étranger demandeur qu'il verse une caution que l'on appelait la *« caution judicatum solvi »*, laquelle était destinée à garantir le paiement éventuel d'une condamnation aux frais. Cette ultime discrimination a été abolie par la loi du 9 janvier 1973 sur la nationalité française.

(8) On le constatera à propos de la force exécutoire des jugements (*infra*, nos 619 et s.).

*b) En fait*

De nos jours, le problème de l'égalité devant la justice a pris des dimensions très différentes : juridiquement, tous les citoyens sont égaux devant les tribunaux, mais en fait, y ont-ils également accès ? Plusieurs considérations risquent de peser d'un poids très lourd.

D'abord, des considérations de nature économique. Tout procès entraîne des frais, parfois importants, dont il est difficile de mesurer l'ampleur au moment où l'instance est engagée. Il serait fondamentalement injuste que, pour cette seule raison, les moins fortunés soient dissuadés de défendre leurs droits devant les tribunaux. On verra comment le législateur s'est efforcé de porter remède à ce problème en instituant l'aide juridique (*infra*, n[os] 66 s.).

Ensuite, des considérations de nature sociale qui ne sont pas moins sérieuses. La justice est souvent mal connue dans les milieux modestes et, parfois même, elle impressionne par ses fastes et ses mystères. Pour une entreprise dotée d'un service juridique bien outillé, le procès est une routine courante (dont les frais s'intègrent parfois dans le prix de revient). Pour un particulier, le procès peut devenir un drame auquel il préfère renoncer, pour le plus grand profit d'un adversaire mieux armé socialement. Mais peut-on remédier à ce genre d'inégalité ? La méthode qui consiste à ouvrir l'accès au prétoire à des associations dont l'objectif est de prendre le relais du particulier qui, livré à lui-même, hésiterait à saisir les tribunaux (on pense notamment aux associations de consommateurs) n'est pas sans mérite ; mais elle n'est pas non plus sans risque dans la mesure où elle peut donner carrière à des groupes de pression qui parfois ne représentent qu'eux-mêmes ou à des organismes entreprenants soucieux d'exploiter un créneau commercial. A tout le moins, une réglementation s'impose. Et en tout cas, elle ne dispense pas d'une meilleure information du public qui s'avère indispensable.

A notre époque, quand on parle de l'égalité devant la justice, il est trop évident que le problème n'est plus de pourchasser des « privilèges de juridiction » que l'histoire a relégués dans le passé. La véritable question, et de loin la plus délicate, est celle de l'accès à la justice et indirectement celle de sa gratuité.

## § 2. — GRATUITÉ DE LA JUSTICE

**63. Signification et portée.** — Le principe de la gratuité de la justice signifie que *les plaideurs ne paient pas leurs juges : les juges sont des fonctionnaires payés par l'Etat*. Un tel principe, on le remarquera, n'est pas inhérent à la notion de service public. On pourrait concevoir un service public dont les frais de fonctionnement seraient partiellement assumés par les utilisateurs (tels, les P. et T. par exemple).

En matière judiciaire, il n'en est pas ainsi : tous les citoyens participent fiscalement aux frais de leur justice.

Ce principe fut posé pour la première fois par l'article 11 du titre II de la loi des 16 et 24 août 1790. Il se comprend mieux par comparaison avec l'ancien droit. Autrefois, les juges étaient rémunérés non pas par l'Etat, mais par les plaideurs eux-mêmes : celui qui avait gagné son procès faisait présent à son juge d'une somme d'argent plus ou moins importante que l'on appelait des « *épices* » (9). A une époque où les juges achetaient leur charge au Roi, les épices constituaient en quelque sorte la rentabilité de leur office. Le législateur de 1790 a formellement condamné un tel système qui introduisait dans l'administration de la justice un esprit de lucre assez peu compatible avec la dignité et l'indépendance du juge.

Depuis lors, ce principe a toujours subsisté. Il apparaît comme le corollaire de l'égalité de tous les citoyens devant la justice. Il ne serait pas admissible que les déshérités de la fortune renoncent à défendre leurs droits par l'impossibilité où ils se trouveraient de devoir payer leur juge.

Cela dit, tout procès entraîne des frais dont les plaideurs ont la charge, car s'ils ne paient pas leurs juges, ils doivent payer les *honoraires et émoluments des auxiliaires de justice* qui ont apporté leur concours : avocat, avoué, huissier de justice, expert, etc. La légitimité de tels frais n'est guère discutable : il est normal que les auxiliaires de justice qui offrent leur temps et leur talent aux plaideurs qui se confient à eux soient rémunérés. Mais il est certain aussi que toutes ces dépenses, additionnées les unes aux autres, représentent parfois des sommes importantes, surtout si le procès est complexe. L'accès à la justice risque d'être entravé par la perspective des frais qu'il faudra débourser. Le principe de la gratuité de la justice resterait un vain mot s'il n'était pas porté remède à cette situation par une institution que l'on appelle aujourd'hui l'aide juridique.

Pour avoir une vision complète de ce qu'est la gratuité de la justice et prendre l'exacte mesure de sa portée, il faut donc s'interroger d'abord sur les *frais et dépens* (A) et analyser ensuite les règles concernant l'*aide juridique* (B).

---

(9) Le mot « épices » semble provenir de ce que très anciennement le présent remis au juge consistait en des dragées ou des confitures appelées, à l'époque, des « épices ». Plus tard, ce présent fut converti en une somme d'argent qui, d'abord volontaire, fut ensuite taxée. La littérature a conservé le souvenir de cette pratique et de l'ambiguïté du terme, tel Racine dans « Les Plaideurs » :

« Il me redemandait sans cesse des épices,
Et j'ai tout bonnement couru dans les offices
Chercher la boîte au poivre ».

(Acte II, scène 7)

## A. — Frais et dépens

**64. Quels sont les frais ?** — Dans la liste des sommes dont l'ensemble forme les frais du procès, plusieurs postes doivent être soigneusement distingués.

*a*) On trouve, en premier lieu, les *honoraires de chaque avocat* : le montant des honoraires est librement fixé par accord entre l'avocat et son client.

*b*) Ensuite, figurent les *émoluments* dus à raison des actes de procédure accomplis (par les avocats, les avoués et les huissiers) : si, par exemple, des actes ont été notifiés par un huissier ou si des conclusions ont été rédigées par un avoué d'appel, chacune de ces diligences fait l'objet d'une rémunération selon un barême impérativement fixé par voie réglementaire. C'est pourquoi d'ailleurs il ne faut pas confondre les honoraires, qui sont librement fixés, avec les émoluments qui, eux, sont tarifés.

*c*) Enfin il faut éventuellement tenir compte des *frais divers*, qui peuvent être importants : les frais de déplacement de l'avocat (que l'on appelle parfois les « débours »), les honoraires de l'expert si une expertise a été ordonnée, les indemnités dues aux témoins qui ont été entendus, etc.

*d*) On ajoutera pour la petite histoire que pendant longtemps l'Etat, qui voyait dans tout justiciable un contribuable en puissance, percevait en outre des *droits* et des *taxes fiscales* : droits d'enregistrement sur le montant de la condamnation, droits de timbre, droits de greffe, etc. En d'autres termes, l'Etat obligeait le plaideur lui-même à participer aux frais du service public de la justice. Ce fut l'honneur d'un garde des sceaux d'avoir compris le caractère parfaitement illogique d'une telle perception fiscale, directement contraire au principe de la gratuité de la justice, et c'est pourquoi, une loi *n° 77-1468 du 30 décembre 1977*, votée à l'initiative de la Chancellerie, avait supprimé toute perception fiscale, en matière civile et administrative tout au moins. Il est déplorable que le gouvernement, en 1991, ait cru devoir revenir sur cette règle d'une élémentaire sagesse, en réintroduisant, dans la loi de finances de 1992, une perception fiscale de 50 francs sur tout acte d'huissier de justice, qui s'ajoute à la T.V.A. d'un montant de 18,60 % déjà instituée quelques années auparavant !

**65. Qui supporte les frais ? (la notion de « dépens »).** — Parmi tous les frais qui viennent d'être énoncés, certains restent à la charge de chacun des plaideurs individuellement, qu'il ait ou non gagné son procès. Ainsi en est-il des honoraires d'avocat : en principe, chaque plaideur paie son propre avocat (10). Les autres frais, au contraire, forment une masse que l'on appelle les « *dépens* ».

---

(10) Il faut dire « en principe », car un art. 700 nouv. c. pr. civ. permet au juge de faire supporter à la partie perdante une partie du montant des honoraires que son adversaire a dû payer à son avocat, « lorsqu'il parait inéquitable de lui en laisser la charge ».

En règle générale, tout au moins dans le contentieux privé et dans le contentieux administratif, les dépens sont supportés par la partie perdante qui, ainsi, devra prendre en charge non seulement ses propres frais mais également ceux de son adversaire (art. 696 nouv. c. pr. civ.). La solution est normale : il n'y a pas de raison que celui qui a gagné son procès en supporte les frais. Toutefois, le juge dispose sur ce point d'un très large pouvoir d'appréciation et, notamment, il pourrait décider de mettre « la totalité ou une partie des dépens à la charge de l'autre partie ». Mais cette dérogation ne peut se justifier que par des circonstances exceptionnelles ; et, pour cette raison, le juge doit motiver sa décision.

En matière pénale, les solutions sont différentes. L'article 800-1 du code de procédure pénale (ajouté par la loi n° 93-2 du 4 janv. 1993) pose en principe que « nonobstant toutes dispositions contraires, les frais de justice criminelle, correctionnelle et de police sont à la charge de l'Etat et sans recours envers les condamnés ». Autrement dit, la charge des dépens incombe exclusivement à l'Etat. Tout au plus, la partie condamnée est-elle tenue de payer des frais de procédure relativement peu élevés qui varient selon les juridictions (art. 1018 c. gén. imp.) (11). On soulignera toutefois que cette règle ne vaut que pour les affaires spécifiquement pénales, à l'exclusion du cas où la victime a porté son action civile en réparation devant une juridiction répressive : dans ce cas, les frais de l'action civile sont à la charge de la partie perdante, mais dans les conditions prévues aux articles 216 et 375 du code de procédure pénale (modifiés par la loi du 4 janv. 1993), c'est-à-dire en tenant compte de l'équité et de la situation économique de la partie condamnée ; ce qui revient à dire que, en fonction de ces critères, le juge dispose d'une liberté d'appréciation assez étendue pour éviter d'écraser la partie perdante.

## B. — L'aide juridique

**66. Généralités : évolution législative.** — L'aide juridique est une institution qui permet à des personnes démunies de ressources suffisantes d'être dispensées d'avoir à payer les frais et honoraires des auxiliaires de justice dont le concours est nécessaire pour obtenir certains conseils en marge de tout procès ou, le cas échéant, pour plaider devant les tribunaux : l'avocat choisi par celui qui bénéficie de l'aide juridique ne lui demandera aucun honoraire ; l'avoué à la cour et l'huissier de justice ne recevront de lui aucun émolument. En un mot, pour le bénéficiaire de l'aide juridique, la justice sera pleinement gratuite.

A vrai dire, l'idée n'est pas nouvelle. Elle trouva sa réalisation pour la première fois en 1851. Mais depuis lors l'institution a été considérablement rénovée par l'effet de différentes lois qui en ont profondément modifié l'esprit et le fonctionnement.

---

(11) Par exemple, les frais de procédure qui restent à la charge de la partie condamnée s'élèvent à : 150 F devant un tribunal de police, 600 F devant un tribunal correctionnel, 800 F devant une cour d'appel, 2 500 F devant une cour d'assises, etc.

*a*) Le premier texte en ce sens fut la loi du 22 janvier 1851 qui institua ce que l'on appela à l'époque l'*assistance judiciaire*, laquelle avait été conçue comme une œuvre de charité publique, un peu comparable à l'assistance publique dans le domaine de la santé. Son domaine était extrêmement restreint : seuls pouvaient en bénéficier les « indigents », c'est-à-dire, les personnes totalement démunies de ressources. En revanche, les auxiliaires de justice désignés pour apporter leur concours ne percevaient aucune rémunération de qui que ce soit : de leur part, c'était un geste purement bénévole inspiré par un esprit de solidarité spontanée que l'on oublie trop souvent de souligner. En d'autres termes, l'assistance judiciaire était destinée à aider les « pauvres ».

Au prix de maints aménagements, cette institution survécut pendant plus d'un siècle. Mais, avec le temps, l'assistance judiciaire, telle qu'elle avait été conçue à l'origine, ne pouvait plus convenir. D'abord, la notion même d'assistance, avec son relent de « charité », heurtait la sensibilité de nos oreilles modernes. Ensuite et surtout, elle ne convenait plus à la nature du contentieux. Au siècle dernier, à une époque où l'on plaidait essentiellement sur la fortune acquise (droit de propriété, liquidation de succession, etc.), il était rare que soient impliquées des personnes n'ayant pas de ressources suffisantes pour faire face aux frais d'un procès. De nos jours, la situation est différente. Par l'effet des lois sociales nombreuses et variées, le procès atteint fréquemment des couches de la population qui, sans être vraiment démunies de ressources, ne sont pas fortunées pour autant (litiges en matière de baux d'habitation, divorce, pension alimentaire, accidents de la circulation, etc.). De toute évidence, une réforme s'imposait.

*b*) C'est dans cette perspective que fut entreprise une refonte globale de l'assistance judiciaire qui, avec la loi n° 72-11 du 3 janvier 1972, est devenue l'*aide judiciaire*.

Ce texte constitua, en son temps, un progrès considérable. D'abord, la loi de 1972 étendit sensiblement le domaine de cette institution qui n'était plus limitée aux seuls « indigents », et dont pouvaient désormais bénéficier toutes les personnes dont les ressources étaient inférieures à un certain seuil de revenus mensuels. De plus, une loi ultérieure du 31 décembre 1982 fit entrer dans cette réglementation les « commissions d'office » destinées à assister les personnes poursuivies devant les juridictions répressives.

Mais à partir du moment où le parti était pris d'élargir le domaine de l'aide judiciaire, on ne pouvait plus demander aux auxiliaires de justice d'assumer bénévolement une telle charge qui, supportable lorsque le domaine de l'assistance judiciaire était encore restreint, serait devenue impossible à supporter avec son extension. Et c'est ainsi que, pour la première fois, il fut décidé que la rémunération des auxiliaires de justice serait assumée par l'Etat.

*c*) Avec le temps, la loi de 1972 suscita à son tour de très vives critiques. D'une part, son domaine était encore trop restreint et beaucoup de personnes ne pouvaient pas en bénéficier, malgré la précarité de leurs ressources. D'autre part, l'idée est apparue qu'une aide judiciaire était indispensable, non seulement pour faire face aux frais d'un procès, mais aussi pour obtenir, avant tout litige, les conseils nécessaires (rédaction d'un acte, différends de la petite consommation, conseils sur un éventuel procès, etc.). Enfin, les auxiliaires de justice (et notamment les avocats) élevèrent de véhémentes protestations, justifiées d'ailleurs, au sujet du montant dérisoire des rémunérations versées par l'Etat qui, le plus souvent, suffisaient à peine à couvrir les frais de gestion d'un dossier. Cette situation provoqua d'ailleurs, vers 1989, plusieurs grèves d'avocats qui incitèrent le gouvernement à entreprendre sans tarder une nouvelle refonte de cette institution.

Ce fut l'œuvre de la *loi nº 91-647 du 10 juillet 1991* qui institua ce que l'on appelle aujourd'hui l'*aide juridique* (et non plus l'aide judiciaire). L'application de cette loi a fait l'objet d'un *décret nº 91-1266 du 19 décembre 1991.*

Le changement d'appellation est significatif. Désormais, cette aide s'étend non seulement (comme par le passé) à la prise en charge des frais du procès au cours d'une instance juridictionnelle, — à laquelle on réserve pour cette raison, le nom d'*aide juridictionnelle* —, mais aussi et d'une manière plus générale, à tous les frais inhérents à la défense d'un droit indépendamment de tout procès, et qui prend alors le nom d'*aide à l'accès au droit.* L'appellation « aide juridique » recouvre donc ces deux aspects, lesquels sont soumis à des régimes différents qu'il conviendra d'étudier distinctement.

Parallèlement, la loi de 1991 s'est efforcée d'étendre davantage encore le cercle des personnes qui peuvent en bénéficier, et surtout elle a organisé de façon, à la fois plus rationnelle et plus souple, un système de financement destiné à assurer la rémunération des auxiliaires de justice (art. 67 à 69 ; *infra*, nº 69-b). Enfin, il a été créé un *Conseil national de l'aide juridique* chargé de « recueillir toutes les informations sur le fonctionnement de l'aide juridictionnelle et de l'aide à l'accès au droit et de proposer aux pouvoirs publics toutes mesures destinées à l'améliorer » : chaque année, il présente un rapport qui est publié (art. 65). En créant ce Conseil, le but du législateur a été de mettre en place un organe chargé de surveiller l'application de l'aide juridique, afin d'être en mesure de prévenir les difficultés qui viendraient à surgir.

### 1º Aide juridictionnelle

**67. I. Conditions requises pour bénéficier de l'aide juridictionnelle.** — L'aide juridictionnelle a aujourd'hui un domaine d'application extrêmement étendu. Elle peut en effet être accordée pour faire face aux frais d'un procès devant toutes les juridictions de l'ordre judiciaire, aussi bien en matière civile, commerciale et sociale, qu'en matière pénale, et même devant les juridictions de l'ordre administratif. Peu importe la nature de la procédure engagée : l'aide juridictionnelle peut être accordée en matière contentieuse ou en matière gracieuse, et aussi à l'occasion des procédures relatives à l'exécution des décisions de justice ou de tout autre titre exécutoire (art. 10).

Encore faut-il que certaines conditions soient réunies.

*a*) Quant aux **personnes**.

Peuvent bénéficier de l'aide juridictionnelle, les personnes physiques de nationalité française, les ressortissants des Etats membres de la Communauté européenne, ainsi que les personnes de nationalité étrangère résidant habituellement et régulièrement en France (art. 3). A titre exceptionnel, peuvent également en bénéficier les personnes morales à but non lucratif ayant leur siège social en France (on vise ici les associations), dès lors du moins qu'elles ne disposent pas de ressources suffisantes (art. 2). La qualité de demandeur ou de défendeur à l'instance importe peu : dans les deux cas, l'aide juridictionnelle peut être accordée.

*b*) Quant aux **ressources.**

C'est évidemment là, la condition essentielle : il ne saurait être question d'accorder une aide à des personnes ayant des ressources suffisantes. Reste à déterminer le seuil en deçà duquel l'aide juridictionnelle peut être obtenue. Sous l'empire de la loi de 1851, cette condition était abandonnée à l'appréciation des bureaux d'assistance judiciaire ; ce qui aboutissait souvent à des différences d'appréciation peu justifiables. La loi de 1972 avait substitué un autre critère plus objectif, en prenant pour référence les ressources mensuelles du candidat à l'aide judiciaire ; et aussi plus souple en introduisant une distinction entre l'*aide judiciaire totale*, avec prise en charge intégrale jusqu'à un certain plafond de ressources, et *l'aide judiciaire simplement partielle*, avec une prise en charge limitée à un certain pourcentage, jusqu'à un second plafond.

La loi du 10 juillet 1991 a repris les mêmes principes, mais en y ajoutant un *système de révision annuelle* de chacun des deux seuils, afin qu'ils épousent aussi exactement que possible l'évolution du coût de la vie. Désormais, aux termes de l'article 4 de la loi de 1991 (modifié par l'art. 128 de la loi de finances du 31 déc. 1992), l'augmentation se fait automatiquement chaque année par rapport à la revalorisation de la tranche la plus basse du barême de l'impôt sur le revenu. Pratiquement, cela veut dire que, pour connaître les plafonds applicables à une année déterminée, il faut prendre les plafonds de l'année précédente et leur appliquer le pourcentage de revalorisation de cette dernière tranche de l'impôt, tel qu'il résulte de la loi de finances (celle qui à la fin de chaque année fixe le budget de l'Etat pour l'année suivante).

Prenons l'exemple de 1993. Compte tenu du fait que, pour 1992, les plafonds étaient respectivement de 4 400 F (pour l'aide juridictionnelle totale) et de 6 600 F (pour l'aide juridictionnelle partielle), la dernière tranche du barême de l'impôt sur le revenu ayant été majorée d'un taux de 2,80 % par rapport à celle de l'année précédente, si l'on applique ce taux aux plafonds de 1992, on en déduira que, pour l'année 1993, ils sont passés respectivement à *4 523 F et 6 785 F* (12).

Pratiquement, il en résulte que, pour l'année 1993, seront admises au bénéfice de l'aide juridictionnelle totale, les personnes dont les ressources mensuelles sont inférieures à 4 523 F ; et au bénéfice de l'aide juridictionnelle partielle, celles dont les ressources mensuelles sont comprises entre 4 523 F et 6 785 F.

---

(12) Pour le premier plafond : (4 400 × 2,80) : 100 = 123,20 (arrondi à 123) ; il devient donc 4 400 + 123 = 4 523 F. — Pour le second plafond : (6 600 × 2,80) : 100 = 184,80 (arrondi à 185) ; il devient donc : 6 600 + 185 = 6 785 F.

Mais pour 1994, il faudra, à partir de ces chiffres, recommencer le même calcul au vu du pourcentage de revalorisation retenu par la loi de finances qui sera votée à la fin de l'année 1993 ... et ainsi de suite. On ne peut pas dire que ce soit d'une simplicité exemplaire. Un bel exercice pour le certificat d'études primaires !

Cela dit, pour la mise en œuvre de ces principes, trois observations complémentaires doivent être faites.

D'abord, les plafonds sont affectés d'un supplément pour *charges de famille* (art. 4, loi du 10 juill. 1991), lequel est actuellement fixé à 514 F par personne à charge : conjoint, concubin, ascendant ou descendant (art. 2, décr. n° 91-1266 du 19 déc. 1991) (13).

Ensuite, la nouvelle loi de 1991 (ce que ne faisait pas le texte antérieur de 1972) a pris la précaution de préciser les ressources qui doivent être prises en compte pour apprécier si les seuils sont ou non dépassés : les éléments extérieurs du train de vie, les ressources du conjoint, l'existence de biens meubles ou immeubles même non productifs de revenus (celui qui a chez lui 3 toiles de Gauguin ne bénéficiera sans doute pas de l'aide juridictionnelle, même si ses ressources sont dérisoires), etc. (art. 5, loi du 10 juill. 1991).

En revanche, à titre exceptionnel, l'aide juridictionnelle peut néanmoins être accordée à des personnes dont le montant des ressources excède les limites fixées lorsque « leur situation apparaît particulièrement digne d'intérêt au regard de l'objet du litige ou des charges prévisibles du procès » (art. 6). Comme on peut le constater, le souci du législateur a été d'éviter que les seuils légaux ne jouent comme des couperets irrémédiables : on peut en effet imaginer le cas où des personnes dont les ressources mensuelles sont supérieures au plafond fixé, auraient à faire face à un procès dont il y a tout lieu de penser que les frais seraient de loin supérieurs à ce qu'elles peuvent supporter et auxquelles, pour cette raison, il serait injuste de refuser une aide juridictionnelle.

*c*) Quant au **fondement** de la demande en justice.

Aux termes de l'article 7 de la loi de 1991, l'aide juridictionnelle n'est accordée qu'aux demandeurs « dont l'action n'apparaît pas manifestement irrecevable ou dénuée de fondement ». Autrement dit, l'aide juridictionnelle doit être refusée si, de toute évidence, la prétention du demandeur paraît vouée à un échec certain. On comprend l'idée : les deniers publics ne doivent pas être dilapidés pour offrir à un plaideur la satisfaction de présenter devant les tribunaux une demande rigoureusement insoutenable.

Cette solution, qui ne concerne que le demandeur à l'action en justice, à l'exclusion du défendeur, pose néanmoins un problème : la réussite ou l'échec d'un procès est

---

(13) Par exemple, pour celui qui a à sa charge une femme et deux enfants, le plafond pour l'aide juridictionnelle totale (en 1993) sera de : 4 523 F + (514 × 3) = 6 065 F.

souvent une prévision fort aléatoire. Or, le bureau d'aide juridictionnelle qui aura à prendre la décision (dans les conditions qui seront indiquées *infra*, n° suivant) n'est pas infaillible ; et d'autant moins d'ailleurs que ce n'est pas lui qui jugera l'affaire. Aussi bien, le rejet de la demande d'aide juridictionnelle ne doit-il être prononcée que si l'irrecevabilité ou le mal-fondé de la prétention est « manifeste ». En outre, s'il apparaissait que le demandeur, auquel l'aide juridictionnelle a été refusée, triomphe finalement devant la juridiction compétente, il pourrait obtenir le remboursement des frais, dépens et honoraires par lui exposés, à concurrence de l'aide juridictionnelle dont il aurait pu bénéficier (art. 7, al. 4).

**68. II. La décision : les « bureaux d'aide juridictionnelle ».** — La charge de vérifier si les conditions précédemment exposées se trouvent effectivement réunies est confiée, non pas au tribunal chargé de statuer sur le fond de la demande (comme on le pense parfois), mais à des organismes spéciaux que l'on appelle les « bureaux d'aide juridictionnelle » (art. 12 s.). Le législateur n'a pas voulu que puisse s'établir une confusion entre la décision sur l'aide juridictionnelle et le jugement sur le fond de l'affaire : ce sont là, en effet, deux problèmes différents qui ne doivent pas se confondre dans une appréciation globale.

Il existe un bureau d'aide juridictionnelle au siège de chaque tribunal de grande instance. Celui-ci a pour mission de statuer sur les demandes d'aide relatives aux affaires portées devant une juridiction du premier ou du second degré (avec des sections spécialisées pour les affaires relevant de la compétence d'une juridiction administrative ou d'une cour d'appel) (art. 13). Il existe également un bureau d'aide juridictionnelle auprès de la Cour de cassation, auprès du Conseil d'État et auprès de la Commission des recours des réfugiés, qui est chargé de se prononcer sur les demandes d'aide relatives aux affaires portées devant chacune de ces différentes juridictions (art. 14).

La composition de ces bureaux est fixée par l'article 16 de la loi de 1991. Sans entrer dans des détails superflus, on notera que ces bureaux sont présidés par un magistrat de carrière (en activité ou honoraire) de la juridiction auprès de laquelle ils sont institués, lequel est assisté de deux fonctionnaires (vraisemblablement des fonctionnaires des administrations financières et de l'aide sociale), de deux auxiliaires de justice dont un avocat au moins, et d'une autre personne désignée au titre des « usagers » par le conseil départemental de l'aide juridique (*infra*, n° 71).

La demande d'aide juridictionnelle peut être présentée avant ou durant l'instance (art. 18). Elle doit être accompagnée de toutes les justifications requises. De son côté, le bureau saisi peut recueillir tous renseignements sur la situation financière de l'intéressé (art. 21).

En cas d'urgence, le bureau peut rendre une décision d'admission provisoire (art. 20).

La décision prise est susceptible de recours, lequel est déféré selon le cas (c'est-à-dire, selon la juridiction compétente pour connaître du fond), au président du tribunal de grande instance, au premier président de la cour d'appel ou de la Cour de cassation, au président du tribunal administratif ou de la cour administrative d'appel ou au président de la section du contentieux du Conseil d'Etat (art. 23). Un recours ne peut toutefois être exercé que dans des conditions limitées : l'art. 23 énumère les autorités qui peuvent former un recours (garde des sceaux, procureur de la République, etc.) ; l'intéressé lui-même ne peut exercer un recours que dans le cas où sa demande d'aide a été rejetée au motif que sa prétention au fond a été considérée comme manifestement irrecevable ou mal fondée.

**69. III. Effets de l'aide juridictionnelle.** — Les effets attachés à l'aide juridictionnelle doivent être considérés au double point de vue du bénéficiaire de l'aide et des auxiliaires de justice appelés à exercer leur ministère.

*a) En ce qui concerne le bénéficiaire de l'aide juridictionnelle.*

Celui-ci a droit à l'assistance d'un avocat et de tous les officiers publics ou ministériels dont l'instance ou son exécution requiert le concours (avoué d'appel, huissier de justice, notaire le cas échéant). Ceux-ci sont *librement choisis* par le bénéficiaire de l'aide juridictionnelle lui-même qui pourra ainsi, comme n'importe quel plaideur, faire choix de l'auxiliaire de justice qui a sa confiance ; à défaut de choix ou de refus de l'auxiliaire de justice pressenti, celui-ci est désigné d'office par le bâtonnier ou le président de l'organisme professionnel dont il dépend (art. 25) (14).

En principe, le bénéficiaire de l'aide juridictionnelle n'a rien à payer : le ministère des auxiliaires de justice est gratuit et la faute la plus grave que pourrait commettre l'un de ceux-ci serait de demander des honoraires ou des émoluments. Toutefois, ce principe appelle une double réserve :

1) D'abord, la gratuité n'est complète que si l'aide juridictionnelle est *totale.* Il a été dit précédemment, (*supra*, n° 67) qu'au dessus d'un certain plafond de ressources mensuelles, l'aide juridictionnelle n'est que partielle (actuellement pour 1993 : entre 4 523 F et 6 785 F). Dans ce cas, la part contributive de l'Etat est déterminée au moyen d'un barême fixé par décret ; et le bénéficiaire de l'aide doit donc verser aux auxiliaires de justice qui ont offert leur concours, des honoraires ou des émoluments complémentaires, librement négociés s'il s'agit des honoraires d'avocats, et fixés par un tarif en ce qui concerne les officiers publics ou ministériels (art. 35).

2) Ensuite et surtout, il faut tenir compte de l'*issue du procès* et de la *répartition des dépens.* Si le bénéficiaire de l'aide juridictionnelle a gagné son procès et si, de ce fait, la charge des dépens incombe à son adversaire, il n'a effectivement rien à

(14) Autrefois, les auxiliaires de justice étaient toujours désignés par le bâtonnier (s'agissant de l'avocat) ou par le président de l'organisme professionnel (s'il s'agissait d'un officier public ou ministériel). Cette façon de procéder avait suscité de vives protestations, dans la mesure où le plaideur ne disposait pas d'un libre choix. Cette règle discriminatoire a été abandonnée par la loi du 31 décembre 1982. La nouvelle loi de 1991 se devait de confirmer le principe du libre choix.

payer : dans ce cas, c'est l'adversaire qui supportera ses propres frais et qui devra rembourser au Trésor public les sommes exposées par l'Etat pour le bénéficiaire de l'aide juridictionnelle (art. 43). Mais dans l'hypothèse inverse, si les dépens sont mis à la charge du bénéficiaire de l'aide juridictionnelle parce qu'il a perdu son procès, il n'est couvert que de ses propres frais et il reste tenu de payer les dépens effectivement exposés par son adversaire (art. 42).

Cette dernière solution peut se révéler très gênante. Compte tenu des aléas toujours possibles d'un procès, le bénéficiaire de l'aide juridictionnelle, qui n'est jamais sûr de gagner, peut légitimement redouter d'avoir à payer des sommes importantes contre lesquelles l'aide juridictionnelle ne l'immunise pas. Il est certain que cette perspective pourrait faire hésiter à engager un procès si un salutaire aménagement n'avait été apporté à cette solution de principe. Afin d'atténuer ce risque, l'art. 42 de la loi de 1991 (reprenant une règle qui avait été introduite par une loi antérieure de 31 déc. 1982) a fort heureusement admis que le tribunal peut toujours alléger la charge qui pèse sur le bénéficiaire de l'aide juridictionnelle en décidant, même d'office, « de laisser une partie des dépens à la charge de l'Etat ».

*b) En ce qui concerne les auxiliaires de justice.*

S'il est vrai que les auxiliaires de justice ne peuvent recevoir aucune rémunération directe de la part de leur client (sauf dans le cas où il s'agit d'une aide juridictionnelle partielle), ils perçoivent en revanche une rémunération prise en charge par l'Etat, à raison du service rendu. Ce fut là une des innovations capitales de la loi du 3 janvier 1972. A partir du moment où le législateur prenait le parti d'élargir sensiblement le domaine d'application de cette aide, il n'était plus possible d'attendre des auxiliaires de justice qu'ils apportent leur concours à titre bénévole : il était donc normal que l'Etat subvienne à cette charge.

La loi de 1991 a repris le même principe, mais il en a considérablement amélioré le fonctionnement afin de répondre aux vives critiques auxquelles les modalités de paiement avaient donné lieu sous le régime de la loi de 1972 (notamment, le paiement d'une somme dérisoire avec beaucoup de retard). Certes, comme par le passé, les officiers publics ou ministériels sont rétribués par l'Etat selon des barêmes fixés par décret (art. 31). Mais en ce qui concerne les avocats, l'Etat affecte annuellement à chaque barreau une dotation représentant sa part contributive, laquelle est calculée, en fonction du nombre des missions d'aide juridictionnelle accomplies par les avocats du barreau (art. 27). Ensuite, le montant de ce qui revient à chacun des avocats est déterminé par le règlement intérieur de chaque barreau, et payé directement par lui (art. 29) (15). Ainsi, les modalités de règlement gagneront en souplesse et en rapidité.

---

(15) Plus exactement, la dotation est versée sur un compte spécial de la Caisse des règlements pécuniaires de chaque bureau (dite : C.A.R.P.A.) qui ensuite paie directement les avocats concernés.

Toutefois, par dérogation à ce qui vient d'être exposé, il est un cas où l'avocat peut être directement rémunéré par son client, bénéficiaire de l'aide juridictionnelle : c'est celui où le gain du procès aurait procuré à ce dernier des ressources telles que, si elles avaient existé au jour de la demande, aucune aide ne lui aurait été accordée même partiellement. Dans ce cas, l'avocat désigné peut demander des honoraires à son client, après avoir obtenu l'autorisation du bâtonnier (art. 36). Il serait en effet injuste que l'avocat soit réduit à une modeste rémunération, alors que, grâce à ses efforts et à son talent, son client dispose désormais de ressources substantielles.

L'aide juridictionnelle représente pour l'Etat une très lourde charge qui va chaque année en augmentant : aussi, tandis que pour l'année 1992, les sommes affectées étaient de l'ordre de 580 millions (soit 3,05 % du budget de la Justice), pour l'année 1993, elles dépassent le milliard (très exactement : 1 022 650 000 F, soit 5,01 % du budget de la Justice).

### 2° AIDE À L'ACCÈS AU DROIT

**70. Innovation de la loi de 1991.** — Dans bien des cas, des personnes démunies de ressources ont besoin d'obtenir les conseils d'un juriste *en marge de tout procès*. Il suffit par exemple d'imaginer le cas de celui qui souhaite obtenir une consultation afin de mieux connaître l'étendue de ses droits et les moyens de les faire valoir ; ou encore, le cas d'une personne qui est embarrassée pour rédiger un acte juridique ou en comprendre la portée et où les lumières d'un juriste spécialisé lui est indispensable.

Jusqu'à une époque récente, l'aide judiciaire (comme on l'appelait à l'époque) se limitait à la prise en charge des frais du procès et ne s'étendait pas à cette forme d'assistance. Cette lacune avait pour conséquence de priver de toute aide les personnes qui, sans être engagées dans les liens d'une procédure judiciaire, souhaitaient obtenir des conseils et qui n'avaient pas de ressources suffisantes pour faire face au paiement des honoraires. En fait, ce vide était souvent comblé bénévolement par certains barreaux ou autres organisations locales (municipalités ou paroisses) qui mettaient un point d'honneur à organiser des séances de consultations gratuites. Mais ce n'était là qu'un palliatif. La loi de 1991 a donc fort heureusement pris l'initiative de réglementer cette forme d'aide, sous le nom d'*aide à l'accès au droit* (art. 53 à 64).

Cette aide se présente sous deux formes :

*a*) D'abord, l'*aide à la consultation* « sur les droits et obligations relatifs aux droits fondamentaux et aux conditions essentielles de la vie du bénéficiaire » (art. 59). Cette formule extrêmement vague permet, dans les limites ainsi tracées, d'offrir aux personnes démunies de ressources suffisantes, la possibilité d'obtenir gratuitement des informations sur leurs droits.

*b*) Ensuite, l'*assistance au cours de procédures non juridictionnelles.* On vise par là le cas où il serait nécessaire d'entreprendre certaines démarches auprès d'organismes administratifs et où un intéressé démuni de ressources aurait besoin d'une aide pour accomplir ces démarches (art. 63 et 64).

**71. Fonctionnement : comparaison avec l'aide juridictionnelle.** — On se gardera de confondre l'aide à l'accès au droit avec l'aide juridictionnelle dont il a été question précédemment (*supra*, n$^{os}$ 67 à 69). Les régimes sont en effet très différents à plusieurs points de vue.

*a*) D'abord, l'aide à l'accès au droit est organisée dans le cadre départemental sous l'égide d'un organisme qui porte le nom de *conseil départemental de l'aide juridique* (art. 54 et 55). Ce conseil est un groupement d'intérêt public constitué par des représentants de l'Etat, du département et des différentes catégories d'auxiliaires de justice exerçant leurs fonctions dans le département (avocats, avoués, notaires, commissaires priseurs, etc.). Il est habilité à conclure des conventions avec certains centres communaux d'action sociale ou tout autre organisme public ou privé : notamment avec les membres des professions judiciaires ou juridiques réglementées (art. 56 et 61). On pourrait imaginer le cas où, par exemple, le conseil départemental s'entendrait avec les avocats, les notaires ou les huissiers du département pour organiser des séances de consultations gratuites dans des locaux mis à disposition par le maire de telle ou telle commune.

*b*) On observera ensuite que la loi ne fixe *aucune condition* pour bénéficier de cette aide. Il est dit simplement, dans les art. 61 et 64, que le conseil détermine les conditions dans lesquelles s'exercera l'aide à la consultation ou à l'assistance devant les organismes administratifs.

*c*) Enfin, le *financement* du conseil départemental, pour les besoins de son organisation et de la rémunération des auxiliaires de justice appelés à offrir leur concours, obéit à des règles très particulières. La participation de l'Etat n'est que partielle : elle interviendra principalement « pour compenser les disparités entre les départements » riches ou pauvres, et soutenir des initiatives d'intérêt général (art. 69). En réalité, l'essentiel du financement sera assuré par des participations du département, des organismes professionnels des professions judiciaires et juridiques, des subventions accordées par les collectivités territoriales et des contributions de la caisse des règlements pécuniaires des avocats.

En résumé, l'aide à l'accès au droit est appelé à se développer au sein de chaque département de façon autonome et par le jeu de conventions s'inscrivant dans le cadre d'une action sociale.

## § 3. — PERMANENCE DE LA JUSTICE

**72. Principe et dérogations.** — En règle générale, la justice est rendue en France sans interruption, d'une manière continue, sans intervalle entre des sessions qui se tiendraient périodiquement. On pourrait concevoir un autre système : celui qui, par exemple, existe dans des pays comme la Grande-Bretagne et le Canada où les juridictions siègent à certaines périodes de l'année, par sessions. En France, il n'en est pas de même : les tribunaux siègent en permanence, sans aucune discontinuité, d'un bout de l'année à l'autre.

Ce principe comporte toutefois certaines dérogations :

a) Ainsi, dans l'ordre judiciaire, les *tribunaux paritaires des baux ruraux* se réunissent par sessions dont la fréquence et la durée est fonction du nombre des affaires inscrites à leur rôle. Il en est de même pour les *cours d'assises* qui, elles aussi, siègent par sessions intermittentes : en principe, à raison d'une session tous les trois mois, à moins que le nombre des affaires n'exige des sessions plus fréquentes (*infra*, n° 189). On ajoutera également les *tribunaux des affaires de sécurité sociale.* S'il en est ainsi, c'est parce que ces juridictions sont composées de juges extérieurs (les jurés de la cour d'assises, les assesseurs des tribunaux paritaires des baux ruraux) qui sont de simples particuliers que l'on ne pourrait pas distraire en permanence de leurs activités professionnelles habituelles.

b) Dans l'ordre administratif, s'il est vrai que des juridictions comme le Conseil d'Etat, la Cour des comptes et les tribunaux administratifs siègent en permanence, en revanche, les juridictions administratives à compétence spéciale (par exemple : les sections disciplinaires des conseils d'université ; *infra*, n° 281) se réunissent uniquement lorsque des affaires sont inscrites à leur rôle.

**73. Problème des vacances et des jours fériés.** — Il ne faudrait pas déduire du principe qui vient d'être exposé que les dimanches et les jours fériés ainsi que les vacances sont ignorés des milieux judiciaires. Toutefois, des aménagements sont prévus pour assurer la continuité du service public de la justice.

a) Le service des tribunaux est suspendu les *dimanches* et les *jours fériés* (et même le *samedi* dans la plupart des tribunaux). Toutefois, en cas d'urgence, il est toujours possible de saisir le juge des référés, même le dimanche, au besoin à son domicile personnel. Et de même, les juges d'instruction assurent une permanence les dimanches et jours fériés.

b) Reste le problème de ce que l'on appelait autrefois les « *vacances judiciaires* » : entre le 15 juillet et le 15 septembre, seules étaient jugées les affaires urgentes au cours d'audiences particulières que l'on appelait des « audiences de vacation ». Un décret nº 74-163 du 27 février 1974 a supprimé les vacances judiciaires : « la permanence et la continuité des services, décide l'art. R. 711-1 c. org. jud., demeurent toujours assurées ». Le but essentiel de cette disposition a été de ne pas laisser s'accréditer dans l'opinion le sentiment qu'il est impossible de faire trancher un litige durant les vacances d'été. Mais les milieux judiciaires ne sont pas privés de vacances pour autant et, en fait, cette réforme n'a guère changé les habitudes.

La première différence est que l'année judiciaire, au lieu de commencer au mois de septembre pour finir au mois de juillet suivant (comme l'année universitaire) se calque désormais sur l'année civile et commence par conséquent le 1er janvier pour se terminer le 31 décembre (art. R. 711-1 c. org. jud.).

La seconde différence est de pure forme. Comme par le passé, les magistrats et les auxiliaires de justice prennent des vacances. Mais une permanence est assurée (par roulement) et les tribunaux, au lieu de tenir des « audiences de vacation », tiennent désormais des « audiences de service allégé » ! Voilà décidément beaucoup de bruit pour pas grand-chose.

## § 4. — JUSTICE ET HIÉRARCHIE

**74. Notion de hiérarchie.** — Il peut sembler curieux d'évoquer cette notion dans la mesure où elle implique une subordination que l'on conçoit mal dans un domaine comme celui de la justice. Et cependant, le service public de la justice n'échappe pas à toute hiérarchie. C'est un fait que certaines juridictions sont hiérarchiquement supérieures à d'autres et que, parmi les juges, certains occupent une position hiérarchique qui les place à un rang plus élevé que d'autres ; au point d'ailleurs que l'on n'hésite pas à parler d'un « chef de cour » pour désigner le premier président d'une cour d'appel. Ce phénomène hiérarchique est particulièrement marqué dans l'ordre judiciaire ; mais il se retrouve aussi dans l'ordre administratif.

Il reste que la notion de hiérarchie prend un sens très particulier lorsqu'il s'agit d'un service public comme celui de la justice, du fait même que la prise de décision est rebelle à toute idée de subordination. Un fonctionnaire ordinaire, quel que soit son rang, n'est pas maître de sa décision ; il doit en rendre compte à son supérieur. Le juge, lui, est maître de la sienne et nul ne peut lui faire reproche d'avoir statué en faveur de tel plaideur plutôt que de tel autre. *La fonction de juger implique une part irréductible d'autonomie qui relève de la conscience de chaque juge.* Toute la difficulté réside dans cette contradiction apparente qui se manifeste au double point de vue de la hiérarchie des juridictions et de la hiérarchie des personnes.

**75. Hiérarchie des juridictions : le principe du double degré.** — Toutes les juridictions ne sont pas placées au même niveau hiérarchique. Certaines sont appelées «*juridictions du premier degré*», parce qu'elles connaissent des affaires pour la première fois : en première instance, dit-on. Ainsi en est-il des juridictions comme par exemple, le tribunal de grande instance, le tribunal d'instance, le tribunal correctionnel, le tribunal administratif, etc... D'autres, au contraire, sont placées à un rang supérieur : c'est le cas des cours d'appel (dans l'ordre judiciaire) et, par certains aspects, des cours administratives d'appel et du Conseil d'Etat (dans l'ordre administratif). On les appelle alors des «*juridictions du second degré*» parce que leur rôle est, précisément, de juger la même affaire une seconde fois et au besoin de réformer, au second degré, ce qui a été jugé au premier.

Tel est le principe dit du «*double degré de juridiction*» qui se manifeste concrètement par la faculté d'interjeter appel contre le jugement rendu par une juridiction du premier degré, en portant l'affaire devant la juridiction supérieure du second degré. Par exemple, le plaideur condamné par un tribunal de grande instance peut former appel en saisissant la cour d'appel ; et de même, le plaideur qui n'a pas obtenu gain de cause devant un tribunal administratif peut interjeter appel contre le jugement en déférant l'affaire à une cour administrative d'appel. Ce principe est une garantie fondamentale de bonne justice.

L'idée d'un recours devant une juridiction hiérarchiquement supérieure a toujours existé, même dans l'ancien droit. Mais, à cette époque, le but était différent. Il s'agissait essentiellement pour le Roi d'affirmer, à l'encontre des juridictions seigneuriales, son droit souverain de rendre la justice, en offrant aux justiciables la faculté de remonter jusqu'à la justice du Roi par un jeu de recours successifs qui pouvaient aller jusqu'à cinq ou six. En un mot, le recours à une juridiction hiérarchiquement supérieure était avant tout un instrument politique destiné à assurer la suprématie souveraine des juridictions royales (*supra*, n° 54).

De nos jours, le principe d'un recours à une juridiction hiérarchiquement supérieure a pour fondement le souci de rendre une meilleure justice. Les juges sont faillibles ; compte tenu de la gravité des décisions qui peuvent être prononcées, il est bon qu'un second juge, d'un rang plus élevé, puisse éventuellement rectifier les erreurs du premier.

Sans doute, a-t-on pu faire remarquer, en invoquant l'autorité d'Ulpien, que l'appel peut fort bien aboutir à la substitution d'une décision excellente par une décision de moindre qualité. L'observation n'est pas inexacte en soi. Mais à vrai dire, l'objection n'est pas décisive. C'est oublier en effet que l'appel est porté devant une juridiction hiérarchiquement supérieure, composée de ce fait de juges présumés plus compétents, mieux instruits et dotés d'une plus grande expérience. Mais alors, dira-t-on, s'il en est ainsi, pourquoi ne pas permettre aux plaideurs de saisir directement la juridiction d'appel au lieu de les obliger à perdre du temps et de l'argent devant une juridiction du premier degré ? Une telle question méconnaît en réalité un autre avantage du double degré de juridiction : lorsque l'affaire est portée en appel, après avoir subi l'épreuve d'un premier degré, très souvent le dossier est expurgé des détails inutiles, le litige est mieux centré et, pour tout dire, les points de fait et de droit mieux éclairés. En d'autres termes, la juridiction du second degré bénéficie du travail de recherche et de clarification réalisé par les premiers juges.

Mais, cela dit, il importe de souligner maintenant que *cette hiérarchie institutionnelle ne supprime en aucune manière l'autonomie de décision des juridictions inférieures*. Une cour d'appel, par exemple, ne peut pas donner d'injonction à une juridiction du premier degré sur la manière d'interpréter la loi. Chaque juridiction est libre de statuer comme elle l'entend quel que soit son degré dans la hiérarchie. Sans doute, en cas d'appel, sa décision risque-t-elle d'être infirmée. Mais à la limite, un modeste juge d'instance peut très bien, sans commettre la moindre faute, adopter sur un point de droit déterminé une doctrine différente de celle qui a été consacrée par une cour d'appel, voire même par la Cour de cassation. On exprime ce principe en disant qu'il n'y a *pas de hiérarchie dans l'interprétation des lois* (cf. à propos de la Cour de cassation, *infra*, n^os^ 214 et 216).

**76. Hiérarchie des personnes.** — Comme tout fonctionnaire, chaque juge occupe au sein du corps dont il fait partie, une position hiérarchique qui s'exprime par un grade duquel dépend parfois la fonction qu'il est appelé à exercer (*infra*, n° 377) : un conseiller de cour d'appel a un rang plus élevé qu'un juge d'instruction, un conseiller d'Etat occupe dans la hiérarchie une position supérieure à celle d'un maître des requêtes ou d'un conseiller de tribunal administratif, etc... De ce point de vue, — si l'on met à part les juges qui ne relèvent pas de la fonction publique (juges des tribunaux de commerce, conseillers prud'homaux, etc...) —, la justice n'ignore pas la hiérarchie.

Mais, comment la subordination hiérarchique se manifeste-t-elle, outre la déférence qui va de soi ?

*a*) Elle transparaît essentiellement à travers les *pouvoirs de nature administrative* exercés par les « chefs » de juridictions ou de formations juridictionnelles (président de tribunal, premier président de cour d'appel, président de chambre, président de section au Conseil d'Etat, etc...). Il leur appartient, par exemple, de pourvoir aux affectations, de réglementer l'organisation des audiences, et de procéder tous les deux ans à une « évaluation de l'activité professionnelle » des juges placés dans leur dépendance hiérarchique, évaluation qui ensuite sera prise en compte pour un éventuel avancement (*infra*, n° 381).

*b*) En revanche, *le pouvoir hiérarchique ne s'étend en aucun cas à la prise de décision* qui relève de la seule conscience de chaque juge. Un président de tribunal, par exemple, ne peut pas dire à l'un des juges de ce tribunal dans quel sens il y a lieu de statuer ; et de même, un conseiller de cour d'appel ne peut pas enjoindre à un juge du premier degré de se prononcer dans un sens déterminé. La prise de décision échappe à toute subordination hiérarchique et un juge n'a, sur ce point, aucun compte à rendre à qui que ce soit, pas même à son « chef de juridiction ».

Seuls échappent à cette règle fondamentale, les magistrats du parquet dont on verra qu'ils sont soumis à une sujétion hiérarchique jusque dans la prise de décision, avec il est vrai des aménagements pour apaiser leur conscience. C'est toujours là un sujet d'étonnement sur lequel il conviendra d'insister (*infra*, n° 307).

En fait, au sein des juridictions où règne un climat de sérénité (et elles sont heureusement fort nombreuses), la courtoisie gomme très facilement les pesanteurs inhérentes à la hiérarchie dans les rapports personnels. Mais on doit constater que, depuis quelques années, un courant se dessine qui tendrait à exiger des chefs de juridiction qu'ils ne prennent certaines décisions de nature administrative qu'après une concertation entre tous les membres de la juridiction, au sein des assemblées générales (*infra*, nº 101) (16).

En réalité, la question la plus délicate, il faut bien le dire, est celle que l'on appelait autrefois la « notation », et aujourd'hui (peut-être pour en atténuer la rugosité), « l'évaluation de l'activité professionnelle » de chaque magistrat. Quels que soient les termes utilisés, on se trouve ici en présence d'un problème assez irritant, dont on comprend certes la nécessité, mais qui introduit un ferment de sujétion que l'on n'évoque jamais sans une certaine gêne quand on pense à la dignité du juge et à son indépendance. Sans doute, des précautions ont-elles été prises pour assurer à cette « évaluation » un caractère contradictoire (*infra*, nº 381). Il reste que ce problème surprend toujours les juges anglo-saxons pour qui la notion même de hiérarchie se traduisant par « l'évaluation » d'un subordonné semble une hérésie. La vérité est que cette « évaluation » est la rançon obligée du fait que la magistrature est une « carrière » parsemée d'avancements successifs pour lesquels la notation du supérieur constitue l'un des repères objectifs dont on ne peut guère se passer.

## *SECTION III*

## RESPONSABILITÉ DU SERVICE PUBLIC DE LA JUSTICE

**77. Importance et complexité du problème.** — Le fonctionnement du service public de la justice peut dans certains cas, heureusement exceptionnels, entraîner de graves préjudices pour les plaideurs. Il suffit de prendre l'exemple d'un accusé condamné par erreur à une longue peine de prison. Sans aller si loin, on peut aussi imaginer l'éventualité où un juge aurait perdu les pièces d'un dossier. Comme tout service public, son fonctionnement défectueux peut être la source de sérieux dommages. La question se pose alors de savoir dans quelle mesure le plaideur, victime d'un tel préjudice, peut mettre en cause la responsabilité du service public de la justice afin d'obtenir une indemnisation.

Le problème est complexe.

---

(16) L'idée avait même été avancée en 1981, de faire élire les présidents de chambre par les assemblées générales. Cette suggestion a été rapidement abandonnée.

D'un côté, le principe d'un droit à indemnisation ne saurait être sérieusement contesté sous prétexte, comme diraient les juristes anglo-saxons, que « la Couronne ne se trompe jamais ». Ce n'est faire injure à personne que de constater qu'elle se trompe parfois. Il serait injuste pour la victime de n'en pas tenir compte.

D'un autre côté, de sérieuses objections apparaissent qu'il serait téméraire de négliger. Tout jugement entraîne des conséquences préjudiciables pour le plaideur qui succombe. Mais, dès lors que toutes les voies de recours sont épuisées, le jugement a force de vérité légale (on dit qu'il a autorité de chose jugée ; *infra*, n[os] 605 et s.) et l'on ne saurait admettre qu'une partie cherche à neutraliser indirectement ce qui a été jugé en s'efforçant d'obtenir des dommages-intérêts compensatoires. Il est en outre indispensable de tenir le juge à l'abri des poursuites inconsidérées exercées par un plaideur déçu qui chercherait à assouvir une vengeance personnelle en mettant en cause la responsabilité de son juge. S'il devait en être autrement, la justice y perdrait son prestige et, le juge, sa sérénité.

Pour toutes ces raisons qui tiennent au particularisme du service public de la justice, il est indispensable de soumettre la responsabilité du juge à un régime spécial, très différent du droit commun. Mais, sur ce point, les textes obligent à établir une distinction selon que la responsabilité est le fait des juridictions de l'ordre judiciaire (§ 1) ou celui des juridictions de l'ordre administratif (§ 2).

## § 1. — RESPONSABILITÉ DU FAIT DES JURIDICTIONS DE L'ORDRE JUDICIAIRE

**78. Diversité des régimes de responsabilité.** — Si l'on s'en tient à la responsabilité résultant de l'activité des juridictions de l'ordre judiciaire, — à l'exclusion de la responsabilité des services de police judiciaire (17) —, on constate qu'il y a plusieurs types de responsabilité. Pour la clarté des explications, il faut mettre à part les cas particuliers où la loi a édicté un régime spécial de responsabilité (A). Mais, dépassant ces cas, la loi a posé en outre un principe général de responsabilité de l'Etat pour fonctionnement défectueux du service public de la justice qui soulève plus de problème qu'il n'en résout (B).

---

(17) Sur cette question particulière, on consultera les excellents développements de MM. G. Vedel et P. Delvolvé, 12e éd., t. 1, p. 576 s. et 653 s.

### A. — Régimes spéciaux

**79.** Les cas spéciaux sont au nombre de trois : l'erreur judiciaire, la détention provisoire anormale et la faute personnelle du juge.

**80. 1°) Responsabilité de l'Etat en cas d'erreur judiciaire.** — Le premier cas auquel on songe d'emblée est celui où une personne aurait été condamnée pénalement et où une circonstance nouvelle ferait apparaître qu'une erreur judiciaire a été commise. On verra qu'il est possible d'obtenir en pareil cas la révision de la condamnation pénale qui a été prononcée (*infra*, n° 637). Mais il est à peine besoin de souligner le préjudice grave qui a pu être causé à la victime d'une telle erreur injustement condamnée. Il ne suffit pas de dire qu'il y a eu une erreur, encore faut-il en réparer les conséquences autant que faire se peut.

L'art. 626 c. pr. pén. prévoit d'abord une réparation de nature morale sous la forme d'une publication au Journal officiel de la décision portant révision et éventuellement son insertion dans les journaux. En outre, des dommages-intérêts doivent être versés par l'Etat à raison du préjudice subi par la victime de l'erreur judiciaire : ils sont évalués par la Cour de cassation qui statue sur le pourvoi en révision (18).

**81. 2°) Responsabilité de l'Etat en cas de détention provisoire.** — On vise ici le cas où une personne, soupçonnée d'avoir commis des faits délictueux, aurait été l'objet d'une mesure de détention provisoire et où, après plusieurs semaines ou plusieurs mois, elle viendrait à bénéficier d'une ordonnance de non-lieu ou d'une décision d'acquittement (ou de relaxe) (19). En un mot, cette personne a été injustement détenue. Pendant longtemps, cette situation ne pût donner lieu à aucune indemnisation. Le législateur moderne, soucieux de mieux sauvegarder la liberté individuelle, est intervenu pour remédier à cette lacune : la *loi n° 70-643 du 17 juillet 1970* a organisé un système d'indemnisation aujourd'hui réglementé par les articles 149 et 150 du code de procédure pénale.

a) *Conditions.* — L'indemnisation est subordonnée à des conditions sévères qui dérogent très sensiblement au droit commun de la responsabilité civile.

---

(18) A titre d'exemple : Cass. crim. 13 nov. 1968, D. 1969.219 (condamnation injustifiée pour fraude fiscale à la suite d'un taux témoignage : 2 000 francs de dommages-intérêts).

(19) Il faut y assimiler le cas où la personne poursuivie serait condamnée, mais à une peine d'amende ou d'emprisonnement inférieure à la durée de la détention provisoire.

## Quand la justice répare ses erreurs

*Réunie dans les locaux de la Cour de cassation, la commission d'indemnisation a décidé d'allouer des dommages-intérêts à trois requérants.*

*M. Roger Vernier, cinquante-cinq ans, chauffeur-livreur, a obtenu 40 000 F pour avoir été incarcéré pendant dix-huit mois et vingt-six jours sous l'inculpation d'homicide volontaire, du 2 décembre 1977 au 29 juin 1979, avant de bénéficier d'un non-lieu, le 14 novembre 1979, rendu en sa faveur par un juge d'instruction de Pontoise. Membre des Témoins de Jéhovah, il avait accompli des travaux de bricolage, le 1er novembre 1977, au domicile de Mme Paulette Manuy, dont le cadavre fut découvert le surlendemain dans son pavillon de Cormeilles-en-Parisis. Son incarcération avait eu, en partie du moins, pour origine le témoignage d'une femme membre de la secte et de sa fille, âgée de douze ans. Malgré les protestations de l'inculpé, le magistrat instructeur attendit dix-huit mois pour confronter M. Vernier et ses témoins, dont les déclarations firent apparaître des contradictions.*

*Une somme de 10 000 F a été accordée à un turc de trente-deux ans, M. Mehmet Yasak, ouvrier couvreur de Marseille, qui a été détenu vingt-sept jours, du 24 janvier 1980 au 21 février 1980, pour infraction à arrêté d'expulsion, avant d'être relâché le 21 février 1980 par le tribunal de Marseille. L'arrêté d'expulsion datant du 24 juillet 1978, qui lui avait été notifié par erreur le 12 octobre 1979, concernait son homonyme (nom et prénoms identiques) né le même jour que lui, mais de parents différents et dans une autre localité de Turquie.*

*Enfin, M. Mohamed Rhiba, Marocain, âgé de cinquante-deux ans, mineur aux Houillères du bassin de Lorraine, marié et père de quatre enfants, a obtenu 15 000 F pour avoir été détenu six mois et six jours, du 14 septembre 1978 au 19 mars 1979, avant d'être relaxé le 31 octobre 1979 par la cour d'appel de Metz. Il avait été accusé à tort d'avoir, le 9 septembre 1978, en compagnie de deux autres marocains, entraîné de force un jeune garçon dans un endroit désert pour se livrer sur lui à des outrages à la pudeur.*

Extrait du journal
« *Le Monde* »
(4-5 avril 1982).

D'une part, il faut que cette détention ait causé « *un préjudice manifestement anormal et d'une particulière gravité* » (art. 149 c. pr. pén.) : un simple préjudice est donc insuffisant.

D'autre part, la requête doit être présentée dans les *six mois* qui suivent le jour où la décision de non-lieu ou d'acquittement est devenue définitive (art. 149-2, c. pr. pén.).

Ces conditions sont appréciées et le montant du préjudice évalué par une *commission d'indemnisation* composée de magistrats d'un rang particulièrement élevé puisqu'il s'agit du premier-président de la Cour de cassation (ou de son représentant), assisté de deux autres magistrats du siège appartenant à cette même Cour ayant le rang de président de chambre ou de conseiller (art. 149-1, c. pr. pén., mod. par loi n° 93-2 du 4 janv. 1993). Les débats ont lieu sans publicité (20).

La décision rendue n'est pas motivée. Et de plus, elle est souveraine ; ce qui veut dire, pratiquement, qu'elle n'est susceptible d'aucun recours.

b) *Effets.* — L'indemnité est versée par l'Etat. Il est normal qu'il en soit ainsi puisque le préjudice résulte d'un mauvais fonctionnement du service public de la justice. En revanche, s'il était établi que la détention injustifiée a eu pour cause directe une dénonciation calomnieuse ou un faux témoignage, l'Etat pourrait exercer un recours contre le responsable pour obtenir le remboursement de l'indemnité versée.

**82. 3°) Responsabilité du juge pour faute personnelle.** — Le problème est ici différent : un plaideur se prétend victime d'une faute précise commise par un juge déterminé. C'est le cas, par exemple, où serait démontrée l'existence d'une connivence frauduleuse entre le juge et l'une des parties ou encore (ce qui est moins invraisemblable), le cas où un juge aurait égaré une pièce importante du dossier.

Autrefois, il existait une procédure curieuse que l'on appelait la « *prise à partie* » : la loi énumérait limitativement les cas où la responsabilité d'un magistrat pouvait être mise en cause au moyen de cette procédure extrêmement complexe (art. 505 s. ancien c. pr. civ.) (21). Cette procédure est aujourd'hui remplacée, — tout au moins

---

(20) J.G. Diemer, « La commission nationale d'indemnisation en matière de détention provisoire », *Gaz. Pal.* 1990.1 doctr. 279.

(21) Cette institution avait pris naissance dans l'ancien droit vers le XVI^e siècle. Ce nom curieux évoquait, semble-t-il, le temps où, en droit germanique, le plaideur pouvait provoquer son juge en duel.

en ce qui concerne les magistrats de carrière appartenant au corps judiciaire (22) —, par un régime de responsabilité beaucoup plus simple qui avait été annoncé dans son principe par l'article 11 de la loi n° 72-620 du 5 juillet 1972 (devenu aujourd'hui l'article L. 781-1 du code de l'organisation judiciaire) et qui a été effectivement réglementé par l'article 1er de la loi n° 79-43 du 18 janvier 1979 (inséré à l'*article 11-1 de l'ordonnance n° 58-1270 du 22 déc. 1958* portant statut de la magistrature).

Il ressort de ce texte que les « magistrats de l'ordre judiciaire ne sont responsables que de leurs fautes personnelles ». La loi ne définit pas ce qu'il faut entendre par « faute personnelle ». Elle doit se rattacher au fonctionnement du service public de la justice. En revanche, pour les raisons précédemment indiquées (*supra*, n° 77), il est certain qu'un mal jugé ou une erreur d'interprétation ne peut en aucun cas constituer une faute.

En pareil cas, le juge est personnellement responsable. Mais (ceci est capital), *la victime ne peut pas agir directement contre le magistrat lui-même*. Au regard de la victime, c'est l'Etat qui est garant du dommage causé à celle-ci. Ensuite, il appartient à l'Etat d'exercer une action, dite « récursoire », contre le magistrat fautif pour se faire rembourser (art. 781-1 c. org. jud.) (23) : cette action est portée devant la chambre civile de la Cour de cassation (art. 11-1, al. 3, ord. n° 58-1270 du 22 déc. 1958). On comprend le souci du législateur, qui se retrouve d'ailleurs dans d'autres domaines du droit (par exemple : au sujet de la responsabilité des instituteurs), de ne pas exposer son juge à un procès avec la victime qui pourrait nuire à son autorité morale de magistrat.

### B. — Régime général

**83. Principe : responsabilité de l'Etat pour fonctionnement défectueux du service public de la justice.** — En dehors des cas spéciaux qui viennent d'être analysés, il est possible de mettre en cause la responsabilité de l'Etat en raison du fonctionnement défectueux du service public de la justice. Tel est le principe posé par l'article

(22) Les articles 505 et s. ancien c. pr. civ. continuent à recevoir application « jusqu'à l'entrée en vigueur des dispositions législatives concernant la responsabilité des magistrats à raison de leur faute personnelle » (art. L. 781-1, *in fine*, c. org. jud.). Or, le nouvel art. 11-1 de l'ord. n° 58-1270 du 22 déc. 1958 dont il va être question ne concerne que les magistrats de carrière appartenant au corps judiciaire, à l'exclusion des juges des tribunaux de commerce et des conseillers prud'hommes par exemple, auxquels s'applique toujours l'ancienne procédure de prise à partie (rapp. Civ. 5 mai 1981, D. 1981, I.R. 422 ; Civ. 19 nov. 1985, D. 1986, I.R. 228, obs. Julien).

(23) Civ. 4 janv. 1983, *Bull. civ.* I, n° 4, p. 3.

L. 781-1 c. org. jud. qui décide que, dans ce cas, « l'Etat est tenu de réparer le dommage ... ».

Ce principe est une innovation de la loi n° 72-620 du 5 juillet 1972. Le « fonctionnement défectueux » est une notion très large qui correspond à l'hypothèse où un dommage aurait été causé par la seule défaillance du service en général. Dans ce cas, il peut alors paraître normal que l'Etat, en tant que responsable du service public de la justice, assume lui-même la charge d'un tel dommage.

On remarquera que s'agissant de la responsabilité d'un service judiciaire, la responsabilité de l'Etat doit être mise en cause devant une juridiction de l'ordre judiciaire.

**84. Condition : « faute lourde » ou « déni de justice ».** — Après avoir posé le principe de la responsabilité de l'Etat pour fonctionnement défectueux du service public de la justice, l'article L. 781-1, al. 1, c. org. jud. ajoute : « Cette responsabilité n'est engagée que par une *faute lourde* ou un *déni de justice* ». A défaut de l'un de ces deux cas, la responsabilité de l'Etat ne peut donc pas être mise en cause au titre du fonctionnement défectueux.

Si l'on s'en tient à la jurisprudence antérieure, la faute lourde professionnelle est « celle qui a été commise sous l'influence d'une erreur tellement grossière qu'un magistrat normalement soucieux de ses devoirs n'y eût pas été entraîné » (24), ou encore « la négligence particulièrement grave » (25). Quant au déni de justice, c'est le fait pour les juges, ainsi que le précise l'art. 506 ancien c. pr. civ., de « refuser de répondre les requêtes » ou de « négliger de juger les affaires en état ».

Le caractère restrictif de ces conditions a été très sévèrement critiqué, mais en pensant plus spécialement à la responsabilité des services judiciaires qui n'ont pas d'activité juridictionnelle (par exemple : la responsabilité découlant des opérations matérielles de police judiciaire) que l'on a longtemps assimilée, peut être abusivement, à la responsabilité des magistrats du corps judiciaire (26). De ce point de vue, il est exact que le nouveau texte risque de constituer un recul par rapport aux solutions de la jurisprudence antérieure qui tendait à admettre une responsabilité sans faute sur le seul fondement de l'égalité devant les charges publiques (27).

Mais si l'on met à part ce problème particulier (qui à lui seul justifierait sans doute une réglementation spéciale), pour s'en tenir exclusivement à la responsabilité découlant des seules activités juridictionnelles, on pouvait difficilement admettre

(24) Cass. civ. 16 oct. 1968, D. 1969, somm. 44.

(25) Riom, 23 mars 1938, D. 1938.2.93, S. 1938.2.225.

(26) G. Vedel et P. Delvolvé, *Droit administratif*, 12e éd., t. 1, p. 653 s. ; Auby, *La responsabilité de l'Etat en matière de justice judiciaire*, Act. jur. 1973.4.

(27) Cass. civ. 23 nov. 1956, *Arrêt Giry*, D. 1957.34, concl. av. gén. Lemoine.

que le fonctionnement défectueux du service public de la justice pût, en soi et sans autre condition, entraîner la responsabilité de l'Etat. A ce compte là, toute erreur de jugement aurait pu devenir une source de responsabilité ; ce qui eût été impensable. Pour éviter ce risque, il fallait nécessairement exiger la preuve d'une faute détachable du seul exercice de la fonction juridictionnelle (28).

Finalement, dans cette perspective, ce que l'on peut reprocher au nouveau texte, c'est d'avoir posé un principe qui, pratiquement, n'a aucune portée spécifique. Il est en effet facile de constater que les deux cas retenus (faute lourde et déni de justice) correspondent à des hypothèses où le magistrat a commis une faute personnelle et où, par conséquent, à ce seul titre, l'Etat est garant des dommages causés en application de l'article 11-1 de l'ordonnance n° 58-1270 du 22 décembre 1958 (*supra*, n° précédent). Autrement dit, le principe posé par l'article L. 781-1 c. org. jud. n'apporte aucune protection supplémentaire à la victime sinon que, dans le cas d'une faute lourde ou d'un déni de justice de la part du juge, l'Etat est directement responsable, au lieu de n'être qu'un simple garant de son juge.

En dernière analyse, l'utilité pratique de cette disposition concerne essentiellement l'hypothèse où le dommage résulterait d'une faute grave commise, non pas par un juge, mais par les services du greffe (la perte d'un dossier, par exemple).

## § 2. — RESPONSABILITÉ DU FAIT DES JURIDICTIONS ADMINISTRATIVES

**05. Responsabilité personnelle d'un juge.** — Aucun des textes précédemment analysés n'est applicable en matière administrative : ni l'article 505 de l'ancien code de procédure civile sur la prise à partie, ni les dispositions de la loi du 5 juillet 1972 qui sont spécifiques à la responsabilité du fait des juridictions de l'ordre judiciaire (29).

En l'absence de texte, on a pu se demander s'il y avait place pour une responsabilité personnelle du juge administratif. On tend à l'admettre, mais à la condition de relever à la charge du juge une *faute personnelle caractérisée*. L'exemple généralement cité est celui où, au sein d'une juridiction disciplinaire à caractère professionnel, l'un des juges aurait manifesté son hostilité à l'égard de la personne poursuivie (30).

---

(28) Comme l'exige d'ailleurs la jurisprudence du Conseil d'Etat lorsqu'il s'agit de la responsabilité du fait des juridictions administratives (Cons. Etat, 28 nov. 1958, *Blondet*, Rec. Lebon, p. 600, Rev. dr. publ. 1959.982, note Waline).

(29) Cons. Etat, 29 déc. 1978, *Darmont*, D. 1979.278.

(30) Auby et Drago, 3e éd., t. II, n° 1341 ; G. Vedel et P. Delvolvé, 12e éd., p. 651 s.

**86. L'Etat est-il responsable ?** — La question doit être clairement posée. En cas de faute personnelle d'un juge dans les conditions qui viennent d'être indiquées (*supra*, n° précédent), il semblerait normal que l'Etat soit garant de la condamnation, c'est-à-dire, qu'il en fasse l'avance, sauf ensuite à exercer un recours contre le juge responsable (31). Mais cela dit, le véritable problème est celui de savoir si l'on peut mettre en cause la responsabilité directe de l'Etat à raison des conséquences qu'aurait pu entraîner une décision manifestement illégale.

En principe, la jurisprudence du Conseil d'Etat s'y oppose (32) ; et cela pour une raison identique à celle qui a été précédemment relevée au sujet du fonctionnement défectueux des juridictions de l'ordre judiciaire (*supra*, n° 84). Ce qui a été jugé, bien ou mal, a force de vérité légale, dès lors que tous les recours que la loi met à la disposition de l'intéressé ont été exercés (ou auraient pu l'être) : admettre le contraire aboutirait à neutraliser indirectement l'autorité de la chose jugée sans laquelle il n'y aurait plus de justice du tout.

Toutefois, la jurisprudence tempère cette position de principe en réservant le cas où, indépendamment du contenu de la décision, serait établie l'existence d'une « faute lourde commise dans l'exercice de la fonction juridictionnelle » (33), c'est-à-dire finalement une faute indépendante de la prise de décision elle-même.

Parvenu à ce point des explications, on constate alors que les solutions admises par la jurisprudence administrative ne sont guère éloignées de celles qui sont imposées par les textes devant les juridictions de l'ordre judiciaire.

---

(31) En ce sens : G. Vedel et P. Delvolvé, 12e éd., t. 1, p. 653.

(32) Cons. Etat, 4 janv. 1952, *Pourcelet*, D. 1952.304, concl. Delvolvé.

(33) Cons. Etat, 29 déc. 1978, *Darmont*, motifs, D. 1979.278, note Vasseur.

*DEUXIÈME PARTIE*

# LES JURIDICTIONS

**87. Définition et terminologie.** — On appelle « juridictions », les organes chargés de trancher les litiges au moyen d'une décision à laquelle, dans un sens très large, on donne le nom de jugement (sur la notion de jugement, *infra*, n° 596). En d'autres termes, ces organes sont chargés de « dire le droit » (en latin, *jurisdictio* ; de là l'expression).

Le mot « juridiction » est un terme générique. En réalité, chaque type de juridiction porte un nom particulier selon une terminologie façonnée par les usages :

a) L'expression « *tribunal* » est fréquemment utilisée (tribunal de grande instance, tribunal de commerce, tribunal correctionnel, tribunal administratif, etc...) (1). Mais ce mot, très répandu dans l'ordre judiciaire principalement, est réservé, en règle générale, aux juridictions du premier degré.

b) Certaines juridictions s'appellent des « *cours* » (cours d'appel, cours d'assises, Cour de cassation, Cour des comptes, etc...). Ce mot noble, utilisé surtout dans l'ordre judiciaire, désigne les juridictions d'un rang élevé dans la hiérarchie.

c) Le mot « *conseil* » revient assez souvent (Conseil d'Etat, conseils de prud'hommes, etc...). L'expression peut avoir plusieurs significations. Dans l'ordre administratif où elle est assez répandue, elle évoque le temps où la justice était retenue par le Souverain et où, de ce fait, la juridiction saisie se bornait à donner des « conseils » (*supra*, n° 35). Mais de nos jours, cette expression désigne souvent des juridictions à composition paritaire où siègent des juges, représentants d'intérêts opposés, qui « tiennent conseil » entre eux.

d) Enfin, le mot « *commission* » est fréquemment utilisé pour désigner des juridictions de nature administrative à compétence spéciale (commission de contrôle des banques, commission centrale d'aide sociale, etc...).

**88. Diversité des juridictions.** — Les juridictions sont à la fois nombreuses et diversifiées. Mais à travers cet ensemble disparate, si l'on met à part le Tribunal des conflits dont il a été question précédemment (*supra*, n° 37), un premier élément

---

(1) Le mot « tribunal » est un mot dérivé du latin « tribunus » qui désignait le tribun, c'est-à-dire, un magistrat chargé de défendre les intérêts de la plèbe. A partir de là, l'expression s'est généralisée pour désigner l'organe devant lequel on débat d'intérêts contradictoires.

de classification s'impose naturellement à l'esprit : il s'agit de la distinction entre les juridictions de l'ordre judiciaire et les juridictions de l'ordre administratif.

Ce n'est pas tout : l'organisation et le fonctionnement des juridictions, quel que soit l'ordre auquel elles appartiennent, mettent en cause certains principes fondamentaux, sur lesquels il conviendra d'insister pour terminer.

Le plan sera donc le suivant :

Chapitre I : *Juridictions de l'ordre judiciaire*

Chapitre II : *Juridictions de l'ordre administratif*

Chapitre III : *Principes fondamentaux.*

*CHAPITRE I*

# JURIDICTIONS DE L'ORDRE JUDICIAIRE

**89. Vue d'ensemble et plan.** — L'ensemble des juridictions de l'ordre judiciaire se présente à la manière d'une pyramide qui aurait à son sommet la Cour de cassation, laquelle est la juridiction suprême dont la mission fondamentale est d'uniformiser l'interprétation de la règle de droit.

Parmi les juridictions ainsi soumises au contrôle de la Cour de cassation, on peut établir une nouvelle distinction entre :

— d'une part, les juridictions civiles, commerciales et sociales, dont la mission est de statuer sur des litiges d'intérêt privé (1) ;

— d'autre part, les juridictions répressives, encore appelées juridictions pénales, qui ont pour rôle de réprimer les infractions au moyen d'une peine (amende, prison, réclusion).

Sous le bénéfice de ces observations, on étudiera successivement :

Section I : *Les juridictions civiles, commerciales et sociales*

Section II : *Les juridictions pénales*

Section III : *La Cour de cassation.*

---

(1) On soulignera que les expressions « civiles, commerciales et sociales » sont utilisées dans un sens extrêmement large pour désigner les juridictions chargées de statuer sur les intérêts privés.

## *SECTION I*

## JURIDICTIONS CIVILES, COMMERCIALES ET SOCIALES

**90. Double degré de juridiction.** — Conformément au principe du double degré de juridiction (*supra*, n° 75), les organes juridictionnels chargés de statuer sur le contentieux privé en matière civile, commerciale et sociale s'étagent sur deux degrés différents.

On présentera d'abord les juridictions dites du « *premier degré* » (ou encore, de « *première instance* »), parce que ce sont elles qui sont saisies du litige pour la première fois (Sous-section I).

Ensuite, on examinera l'unique juridiction du « *second degré* » qui a pour nom, la cour d'appel (Sous-section II).

### SOUS-SECTION I

### JURIDICTIONS DU PREMIER DEGRÉ

**91. Énumération.** — Pour tenir compte de la diversitié de la matière litigieuse, la loi offre un éventail de juridictions ayant chacune sa compétence propre. L'étude portera sur les principales juridictions qui sont les suivantes : les *tribunaux de grande instance* (§ 1), les *tribunaux d'instance* (§ 2), les *tribunaux de commerce* (§ 3), les *conseils de prud'hommes* (§ 4), les *tribunaux paritaires des baux ruraux* (§ 5) et les *juridictions en matière de sécurité sociale* (§ 6).

#### § 1. — TRIBUNAUX DE GRANDE INSTANCE

**92. Importance : juridiction de droit commun.** — Les tribunaux de grande instance, — qui sont au nombre de 175 en métropole et de 6 dans les départements d'outre-mer, soit au total : *181* —, occupent dans notre organisation judiciaire une place de premier plan.

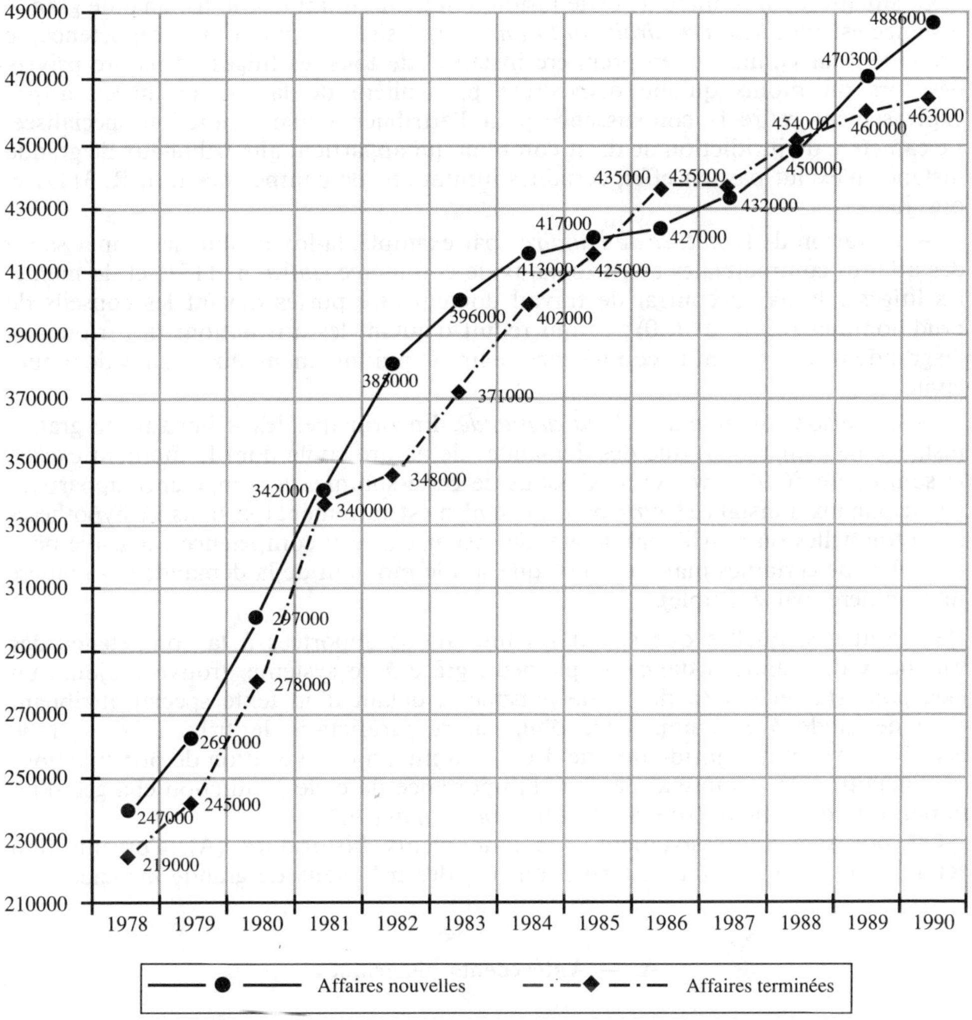


## ÉVOLUTION DE L'ACTIVITÉ DES TRIBUNAUX DE GRANDE INSTANCE

On observera, entre 1978 et 1984, la montée inquiétante des affaires nouvelles (environ 3% par an) ; ce qui, avec un personnel dont le nombre n'a guère augmenté, représente pour les magistrats un travail considérable. Toutefois, en 1986, et pour la première fois depuis longtemps, le nombre des affaires terminées (435.000) a été supérieur à celui des affaires nouvelles (427.000) ; ce qui, par voie de conséquence, a entraîné une légère diminution des affaires anciennes restant à juger. On peut faire la même constatation en 1987 et 1988. Le symptôme était encourageant. Mais cette embellie n'aura été que de courte durée, car depuis 1989 le nombre des affaires nouvelles dépasse à nouveau celui des affaires terminées *(Extrait de l'Annuaire statistique de la justice, édition 1992, p. 54-55).*

La situation particulière de cette juridiction tient au fait que le tribunal de grande instance est *juridiction de droit commun* ; ce qui signifie qu'il a une compétence de principe pour connaître, en première instance, de tous les litiges de nature privée, dès lors du moins qu'une disposition particulière de la loi ne lui en a pas expressément retiré la connaissance pour l'attribuer à une juridiction spécialisée. Le caractère de juridiction de droit commun qui appartient aux tribunaux de grande instance n'exclut pas, en effet, certaines limitations de compétence (art. R. 311-1 c. org. jud.) :

— en raison de la *nature de l'affaire* : par exemple, la loi attribue la connaissance des affaires commerciales aux tribunaux de commerce (*infra*, n° 112) ; et de même, les litiges relatifs au contrat de travail doivent être portés devant les conseils de prud'hommes (*infra*, n° 130) ; ce qui réduit d'autant les attributions des tribunaux de grande instance dont la compétence se limite pratiquement aux affaires de nature civile ;

— en raison du *montant de la demande.* En principe, les tribunaux de grande instance ne connaissent que des demandes de nature civile dont le montant excède la somme de *30 000 francs* ; au-dessous de cette somme, la compétence appartient aux tribunaux d'instance (*infra*, n° 102) ; il n'en est autrement que dans les hypothèses exceptionnelles où le tribunal de grande instance a reçu compétence exclusive pour connaître de certaines matières, quel que soit le montant de la demande (en matière immobilière, par exemple).

En tout cas, quelles que soient les limitations apportées à la compétence des tribunaux de grande instance, le plaideur, grâce à ce système, trouve toujours un juge pour statuer sur sa demande puisque, à défaut d'un texte spécial attribuant cette demande à la compétence d'une autre juridiction, le tribunal de grande instance, en tant que juridiction de droit commun, a une vocation de principe pour en connaître. On comprend dès lors l'importance de cette juridiction chargée d'un important contentieux (*voir le tableau évolutif, page 97*).

On précisera successivement : les antécédents historiques (A), l'organisation actuelle (B) et les différentes formations (C) des tribunaux de grande instance.

### A. — **Antécédents historiques**

**93. Les hésitations de la période révolutionnaire.** — Les actuels tribunaux de grande instance ont pour ancêtres lointains des *tribunaux de district* qui avaient été institués par la loi des 16 et 24 août 1790 : dans chaque district, il y avait un tribunal composé de juges élus dont la durée du mandat était de six ans. Le district était alors une circonscription administrative plus restreinte que nos actuels arrondissements. A cette époque, il existait 545 districts et, dans chacun d'eux, siégeait un tribunal. De cette manière, chaque citoyen trouvait un tribunal à proximité de son domicile. Mais l'exiguïté du ressort territorial entraînait un éparpillement de ces tribunaux qui nuisait à leur autorité.

Le Directoire porta remède à cet inconvénient en substituant, aux tribunaux de district, les *tribunaux départementaux* (Constitution du 5 fructidor An III). Mais si cette solution avait le mérite de constituer de grandes unités judiciaires, elle avait en revanche le redoutable inconvénient d'éloigner la justice des justiciables. Et l'on doit reconnaître qu'à cette époque où les moyens de communication étaient précaires, un tel inconvénient était sérieux.

A la lumière de ces différentes expériences, le Consulat réalisa deux importantes réformes, d'autant plus intéressantes à souligner que, à travers elles, on voit se dessiner les orientations modernes. D'une part, la loi du 27 ventôse an VIII remplaça les tribunaux départementaux par des *tribunaux d'arrondissement*, adoptant ainsi une solution intermédiaire entre les tribunaux de district (dont le ressort était trop petit) et les tribunaux départementaux (dont le ressort était trop grand). D'autre part, le Consulat mit fin à l'élection des juges : désormais, les juges seront directement nommés par le Premier Consul.

**94. Loi du 20 avril 1810.** — Cette loi fondamentale, consacrant les réformes réalisées sous le Consulat, institua *un tribunal civil par arrondissement*. On prit ainsi l'habitude de l'appeler indifféremment soit le tribunal civil (parce qu'il statuait en matière civile), soit le tribunal de première instance (parce qu'il était juge de droit commun au premier degré), soit le tribunal d'arrondissement (parce qu'il avait pour ressort l'arrondissement).

Chaque tribunal était composé d'un nombre de juges plus ou moins important ; mais il comprenait toujours un effectif complet, à savoir : au moins, un président, deux juges, un procureur de la République et un greffier. Ce système fonctionna de façon satisfaisante jusqu'à la première guerre mondiale.

**95. Les vicissitudes législatives entre 1919 et 1958.** — Les réformes commencèrent au lendemain de la première guerre mondiale pour des raisons strictement budgétaires. Compte tenu du nombre restreint d'affaires jugées par certains petits tribunaux, un effectif complet entraînait de trop lourdes charges financières. Pour remédier à cette situation, deux solutions étaient concevables. Ou bien, réduire l'effectif de certains tribunaux squelettiques, abandonner la collégialité et admettre le jugement des affaires par un juge unique, contrairement aux traditions françaises (*infra*, n^os^ 292 et s.). Ou bien, élargir le ressort de chaque tribunal et supprimer, par voie de conséquence, les plus petits tribunaux ; mais cette solution se heurtait alors aux susceptibilités locales et aux situations acquises. Finalement, le législateur se trouva enfermé dans un dilemme qu'il ne parvint jamais à trancher. Ainsi s'expliquent les réformes et contre-réformes qui se succédèrent à partir de 1919.

I) Sans entrer dans des détails aujourd'hui dépassés, constatons que la première orientation fut de *réduire l'effectif de certains tribunaux*, en ne laissant sur place qu'un président et un juge sauf, pour compléter le tribunal le jour de l'audience, à déléguer un juge appartenant à un autre tribunal (loi du 28 avril 1919). A l'expérience, ce système donna des résultats très décevants (ralentissement du cours de la justice, économies illusoires absorbées par les frais de déplacement).

II) Pour cette raison, en 1926, le gouvernement Poincaré, usant des pleins pouvoirs qui lui avaient été conférés, s'orienta dans une direction diamétralement opposée en élargissant le ressort des tribunaux de première instance : désormais, tous les tribunaux civils avaient un effectif complet, mais leur ressort était le département et non plus l'arrondissement. Cette réforme, qui réintroduisait le *tribunal départemental*, comme au temps du Directoire, entraîna la suppression de 227 tribunaux sur 359. Il n'en fallait pas plus pour soulever de vigoureuses protestations dans les milieux parlementaires. Aussi bien, cette réforme fut-elle éphémère : la loi du 16 juillet 1930 devait rétablir les anciens tribunaux d'arrondissement, tous à effectifs complets. On revenait, en 1930, à la situation antérieure à 1919.

III) Mais, en France, les crises budgétaires sont un mal endémique et, en 1934, le même problème se posa à nouveau. On reprit alors la politique inaugurée en 1919, mais de façon plus complexe. Les tribunaux civils furent divisés en trois catégories : d'une part, les tribunaux dont le nombre des affaires à juger justifiait un effectif complet ; d'autre part, les tribunaux dont l'effectif se limitait à un président et un juge, le troisième juge étant délégué par un tribunal voisin ; et enfin, les tribunaux dont le seul membre permanent était le président qui, les jours d'audience, se faisait assister par deux juges, délégués par un autre tribunal. Le système des délégations, qui avait donné de si mauvais résultats, se trouvait en quelque sorte généralisé et élargi.

IV) Ces réformes successives, inspirées par le souci de ne mécontenter personne, se soldèrent par un échec évident. En réalité, le véritable problème était celui de savoir si, au xxe siècle, il n'était pas excessif de maintenir certains petits tribunaux dans le cadre territorial exigu de l'arrondissement, sous prétexte de ne pas éloigner la justice du justiciable. Cette préoccupation, tout à fait légitime au xixe siècle, n'a plus la même portée de nos jours si l'on tient compte de la diversité et de la rapidité des moyens de communication modernes.

Sous l'empire de la Ve République, le gouvernement, moins préoccupé que ses prédécesseurs des états d'âme parlementaires, n'hésita pas à trancher le problème en abandonnant définitivement l'arrondissement comme ressort territorial. Ce fut l'œuvre de l'ordonnance no 58-1273 du 22 décembre 1958 dont les dispositions ont été reprises dans les art. L. 311-1 et suivants du code de l'organisation judiciaire.

### B. — Organisation des tribunaux de grande instance

**96. La réforme de 1958 : terminologie, siège et ressort.** — L'ordonnance du 22 décembre 1958 commença par modifier la terminologie : désormais les tribunaux civils s'appellent « *tribunaux de grande instance* ». Mais, allant au-delà de cette question de vocabulaire, l'idée générale de la réforme réalisée en 1958 fut d'abandonner le système déplorable des délégations, et de ne laisser subsister que des tribunaux à effectif complet, en supprimant les petits tribunaux et en élargissant le ressort territorial de chacun d'eux. En d'autres termes, le législateur de 1958 reprit la politique qui avait été inaugurée en 1926.

Mais il le fit de façon plus rationnelle. Désormais, *le ressort du tribunal de grande instance ne correspond plus nécessairement à une circonscription administrative.* En principe, il y a un tribunal de grande instance par département, lequel d'ailleurs a généralement pour siège le chef-lieu de ce département (2). Mais ce n'est pas là une règle générale et absolue. Compte tenu de l'activité judiciaire, de l'importance de la population et aussi de l'état des communications, il peut y avoir plusieurs tribunaux de grande instance dans un même département. Ainsi en est-il dans le Nord (où il y a sept tribunaux de grande instance) et aussi dans le Pas-de-Calais (où l'on compte quatre tribunaux de grande instance). (*Voir les cartes des pages suivantes*).

Sans doute cette réforme suscita-t-elle des protestations, notamment de la part des magistrats qui appartenaient aux 179 tribunaux supprimés et qui furent affectés « à la suite » dans les tribunaux maintenus; protestations aussi de la part des auxiliaires de justice qui étaient installés au siège des tribunaux supprimés. Mais dans l'ensemble, cette réforme a donné de bons résultats et elle semble devoir être maintenue.

**97. Président du tribunal.** — A la tête de chaque tribunal de grande instance, il y a un président qui participe aux débats, comme les autres juges, et qui préside généralement la première chambre. Mais, en tant que président, il est investi de fonctions particulières sur lesquelles il convient d'insister :

a) *Fonctions à caractère administratif*: en sa qualité de chef du tribunal, il veille à son administration intérieure, il répartit les affaires entre les chambres, il surveille son bon fonctionnement, etc...

b) *Fonctions extra-judiciaires* : on citera notamment son pouvoir de surveillance en ce qui concerne les actes de l'état-civil et l'établissement des listes des jurés criminels.

c) Enfin et surtout, le président du tribunal de grande instance est investi de certaines *fonctions juridictionnelles* qui lui sont propres.

---

(2) Sauf dans la Manche, où les trois tribunaux de grande instance ont pour siège Cherbourg, Coutances et Avranches ; il n'y a donc pas de tribunal à Saint-Lô qui est cependant le chef-lieu du département.

Limite de ressort de cour d'appel

Limite de département

● Cour d'appel et tribunal de grande instance. Les noms de ville en majuscules soulignés, correspondent aux tribunaux de grande instance qui ont leur siège dans la même ville qu'une cour d'appel.

• Tribunal de grande instance (seul).

## CARTE DES TRIBUNAUX DE GRANDE INSTANCE

On remarquera que dans certains départements, il n'y a qu'un seul tribunal de grande instance, alors que dans d'autres départements, il y en a plusieurs.

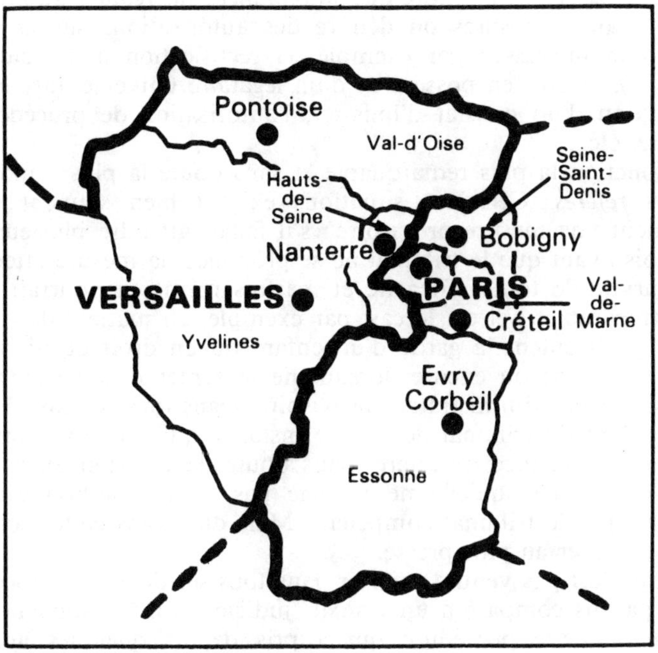


Région parisienne

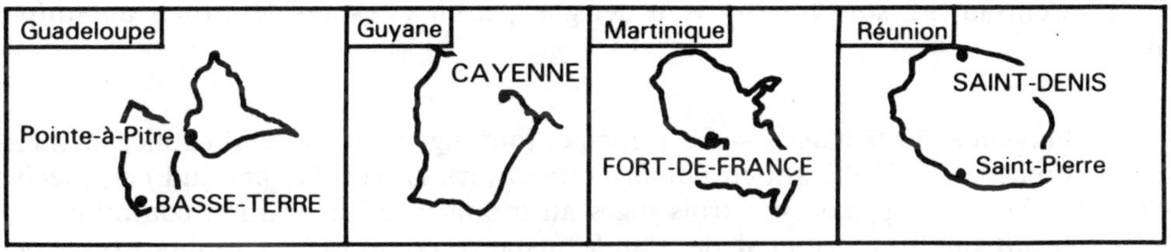


Départements d'Outre-Mer

CARTE DES TRIBUNAUX DE GRANDE INSTANCE

Région parisienne et Départements d'Outre-Mer

A ce titre, il est appelé à rendre des *ordonnances sur requête* au moyen desquelles il prescrit certaines mesures ou délivre des autorisations sur la simple requête unilatérale d'un intéressé : par exemple, la rectification d'un acte de l'état-civil (art. 99 c. civ.), l'envoi en possession d'un légataire universel (art. 1007 et 1008 c. civ.), l'exécution d'un constat d'huissier, l'autorisation de procéder à une saisie conservatoire, etc...

Mais sa fonction la plus remarquable et sans doute la plus importante est celle de *juge des référés*. Certaines situations exigent bien souvent que soit prise immédiatement une mesure provisoire : s'il fallait attendre plusieurs semaines ou plusieurs mois avant que le tribunal ne se prononce, la mesure attendue risquerait d'être dépourvue de toute efficacité et, parfois même, il pourrait en résulter un dommage irréparable. Tel est le cas, par exemple, en matière de divorce, lorsque des parents se disputent la garde d'un enfant ou un droit de visite pour de très prochaines vacances ; ou encore, lorsqu'une mésentente grave entre des héritiers oblige à désigner un administrateur provisoire. Dans tous ces cas, il est possible de saisir le président du tribunal de grande instance qui statuera immédiatement au moyen d'une ordonnance de référé. Sans doute, la décision ainsi rendue est-elle provisoire, en ce sens qu'elle ne préjuge pas de la solution qui sera donnée ultérieurement par le tribunal compétent. Mais du moins cette façon de procéder permet-elle de parer au plus pressé.

Le moment n'est pas venu d'exposer dans tous ses détails la procédure de référé (que l'on a parfois comparé à un « SAMU judiciaire »). On soulignera simplement l'importance de cette procédure qui a pris depuis quelques années un essor considérable.

Comme on peut le constater, le président du tribunal de grande instance exerce des attributions variées qui, dans les grands tribunaux et en raison de la charge qu'elles entraînent, sont très souvent déléguées à un vice-président ou à un simple juge.

**98. Personnel du tribunal.** — En principe, tout jugement est rendu collégialement par des magistrats délibérant en *nombre impair* (art. L. 311-7 c. org. jud.) et, précise l'art. L. 311-8 c. org. jud., par trois juges au moins, sauf disposition contraire.

Il s'ensuit que tout tribunal de grande instance comporte au moins trois juges dont un président ; à quoi il faut ajouter un procureur de la République (dont il sera question ultérieurement ; *infra*, n° 305) et un greffier qui tient la plume.

Cela dit, l'effectif de chaque tribunal varie selon son importance et le volume des affaires dont il est habituellement saisi : certains tribunaux de grande instance (comme Paris, Lyon, Toulouse ou Bordeaux par exemple) comprennent un nombre de juges fort important (3).

**99. Division en chambres.** — S'il y a plus de cinq juges, le tribunal est divisé en chambres spécialisées, présidées chacune par un magistrat qui porte le titre de *vice-président* (art. R. 311-16 code org. jud.). Parfois, les chambres sont elles-mêmes divisées en deux sections qui siègent alternativement en début et en fin de semaine.

La division en chambres appelle deux observations importantes :

*a*) D'une part, *chaque chambre est l'organe du tribunal tout entier.* Sans doute, existe-t-il entre elles une certaine spécialisation. Mais lorsque le jugement est rendu, il est considéré comme étant l'œuvre du tribunal et non pas seulement de la chambre qui a statué. Pour la même raison, chacune des chambres peut connaître de toutes les affaires qui sont de la compétence du tribunal, même si l'affaire qui lui est distribuée ne correspond pas à sa spécialisation habituelle (art. R. 311-27 c. org. jud.).

*b*) D'autre part, les magistrats du tribunal sont répartis entre les chambres par décision du président, après avis de l'assemblée générale des magistrats du siège (art. R. 311-23 c. org. jud.).

En principe, les magistrats doivent changer de chambre chaque année : c'est ce que l'on appelle la *règle du roulement.* Cette règle répond à un triple souci : parfaire la formation des magistrats, échapper à la routine et surtout éviter qu'un magistrat, par son ascendant et sa personnalité, ne prenne trop d'autorité sur ses autres collègues, ce qui aurait pour résultat de fausser le principe de la collégialité. Mais, en fait, la règle du roulement est actuellement très décriée et parfois peu suivie : à une époqueoù le droit se complique, où la législation est abondante et très mouvante, pour qu'une matière soit bien connue, il faut souvent une longue pratique ; ce qui

---

(3) Au 1er janvier 1993, l'effectif en fonction du Tribunal de grande instance de *Paris* était le suivant : 1 président, 3 premiers vice-présidents, 58 vice-présidents, 15 premiers juges, 94 juges, 3 premiers juges des enfants, 8 juges des enfants, 24 premiers juges d'instruction, 43 juges d'instruction, 61 juges d'instance (affectés aux tribunaux d'instance) ; — A *Marseille* (en 1988), outre le président : 2 premiers vice-présidents, 17 vice-présidents, 11 premiers juges, 28 juges, 6 juges des enfants et 16 juges d'instruction ; — A *Lille* (en 1993), outre le président : 2 premiers vice-présidents, 9 vice-présidents, 6 premiers juges, 6 juges, 6 juges des enfants, 8 juges d'instruction, 14 juges affectés aux tribunaux d'instance et 3 juges de l'application des peines. — A *Lyon* (en 1988), outre le président, 2 premiers vice-présidents, 16 vice-présidents (dont 3 chargés des tribunaux d'instance), 11 juges, 1 premier juge des enfants, 5 juges des enfants, 4 premiers juges d'instruction, 10 juges d'instruction et 17 juges affectés aux tribunaux d'instance du ressort.

implique une certaine spécialisation incompatible avec un roulement annuel. De là, parfois, une application très souple de cette règle.

### C. — Formations des tribunaux de grande instance

**100. Formations juridictionnelles : audience publique et chambre du conseil. —** Pour exercer sa fonction juridictionnelle et statuer sur les demandes dont le tribunal a été saisi, les juges de la chambre se réunissent en « formation de jugement ». En principe, hormis les cas exceptionnels où la loi prévoit que l'affaire sera jugée à juge unique (*infra*, n° 298), la formation de jugement est composée de trois juges (*supra*, n° 98).

En règle générale, la formation de jugement siège en *audience publique* : toute personne peut y assister. Nous verrons, en effet, que la publicité des audiences est un principe fondamental qui intéresse au premier chef la bonne administration de la justice (*infra*, n° 586) : pour cette raison non seulement les débats, mais aussi le prononcé du jugement, doivent avoir lieu en audience publique.

Telle est du moins la règle de principe. Il est en effet des cas où la publicité de l'audience pourrait se révéler inopportune, voire même néfaste. On pense tout de suite aux affaires qui touchent à l'intimité de la vie privée (divorce, recherche de paternité, etc.) ou qui feraient apparaître des questions de nature à provoquer le scandale : pour la sérénité de la justice, il ne serait pas bon que de telles affaires puissent être débattues en présence d'un public avide de curiosités malsaines ou d'une certaine presse qui remplirait ses colonnes du dimanche en épiloguant sur la vie privée des plaideurs. Dans ce cas, les débats doivent se dérouler *« en chambre du conseil »*, c'est-à-dire dans le local attenant à la salle d'audience où les juges se retirent habituellement pour délibérer (pour « tenir conseil » ; de là, le nom donné à cette formation). Ainsi, les débats auront lieu en dehors de toute publicité, uniquement en présence des parties et de leurs avocats (*infra*, n° 588).

On soulignera enfin pour terminer que la « chambre du conseil » n'est pas une chambre spéciale du tribunal : c'est uniquement la formation que peut adopter toute chambre saisie d'une affaire lorsque la loi décide de la soustraire à la publicité de l'audience.

**101. Formations administratives : les assemblées générales. —** On appelle assemblée générale, la réunion de tous les membres du tribunal (art. R. 311-30, c. org.

jud.). A vrai dire, d'ailleurs, depuis le décret n° 83-1162 du 23 décembre 1983 qui a réglementé la matière dans les art. R. 761-1 à 761-50 c. org. jud., il y a plusieurs types d'assemblées générales dont la composition varie : l'assemblée générale des magistrats du siège et du parquet (qui se réunissent ensemble), l'assemblée générale des seuls magistrats du siège, l'assemblée générale des seuls magistrats du parquet et l'assemblée plénière des magistrats et des fonctionnaires du tribunal.

Les nouveaux textes ont déterminé avec un luxe de détails les attributions de chacune de ces formations. Il est superflu d'y insister. Mais on soulignera que *les assemblées générales ne sont investies d'aucun pouvoir juridictionnel : elles ne rendent pas de jugement.* Leur seule fonction consiste à délibérer sur tout ce qui concerne l'administration générale du tribunal : élaboration du règlement intérieur, jours et heures d'audience, répartition du personnel entre les chambres, désignation de certains juges spécialisés, etc ... En d'autres termes, l'assemblée générale est le lieu de rencontre de tous les membres du tribunal pour discuter en commun des problèmes d'administration intérieure.

Traditionnellement, l'assemblée générale avait toujours été conçue comme un organe de conseil pour le président. Mais, depuis quelques années, un mouvement se dessinait qui tendait à conférer de plus larges pouvoirs aux assemblées générales, d'aucuns revendiquant même des pouvoirs de décision (4). Le décret n° 83-1162 du 23 décembre 1983 a consacré partiellement cette évolution. Les assemblées générales n'ont certes pas le pouvoir de désigner le président du tribunal (comme certains l'avaient réclamé) ; mais elles peuvent procéder à certaines désignations pour l'exercice de fonctions spécialisées (par exemple, les fonctions de juge de l'application des peines).

A travers ces nouveaux textes, on discerne le souci du législateur d'associer plus directement les magistrats du tribunal à la prise des décisions de nature administrative, sans pour autant briser toute hiérarchie.

## § 2. — TRIBUNAUX D'INSTANCE

**102. Le tribunal d'instance, juge des « petites affaires civiles ».** — A la différence du tribunal de grande instance qui est appelé à statuer sur des affaires civiles d'un montant souvent considérable, la compétence d'attribution du tribunal d'instance

(4) Dès le mois de septembre 1981, des expériences en ce sens avaient été tentées, en marge des textes, dans certaines « juridictions pilotes ».

se limite, en principe tout au moins, aux *affaires civiles dont le montant de la demande est inférieur à 30 000 francs* (art. R. 321-1 c. org. jud., mod. par le décret n° 85-422 du 10 avr. 1985).

Le tribunal d'instance a pour trait original d'être une juridiction à *juge unique*; ce qui constitue une dérogation notable au principe traditionnel de la collégialité (*infra*, n° 298). L'idée directrice est claire : pour les affaires de cette nature dont l'enjeu est souvent modique, il est indispensable d'offrir aux plaideurs une juridiction d'accès facile, devant laquelle la procédure est simple, rapide et peu onéreuse.

A vrai dire, cette juridiction a une longue histoire. S'inspirant d'une institution qui existait déjà au XVIII^e^ siècle en Angleterre et aux Pays-Bas, la loi des 16 et 24 août 1790 avait institué dans chaque canton une juridiction particulière que l'on appelait alors la *justice de paix*. Cette création correspondait à l'idéologie du temps : favoriser la fraternité et les bons rapports entre les citoyens, en leur offrant un juge facilement accessible qui, à l'époque, était élu. Cette juridiction traversa le XIX^e^ siècle et la première moitié du XX^e^ siècle sans changement notable, sinon que le juge de paix cessa d'être un juge élu, pour devenir un juge nommé, selon la règle à partir du Consulat.

L'ordonnance n° 58-1273 du 22 décembre 1958, qui modifia profondément notre organisation judiciaire, a fait disparaître les justices de paix pour les remplacer par les *tribunaux d'instance*. La nouvelle expression, il faut bien le reconnaître, n'est pas très heureuse : non seulement elle n'est guère significative, mais de plus elle est révélatrice d'une évolution qui risque de trahir ce qui a toujours fait l'originalité de cette juridiction au double point de vue de son esprit (A) et de son organisation (B) ; ce qui, d'ailleurs, conduit à se demander quel est l'avenir des tribunaux d'instance (C)

### A. — Juridiction originale par son esprit

**103. Conception initiale.** — Pendant longtemps, l'idée fondamentale a été de mettre à la disposition des plaideurs un juge dont la fonction était essentiellement de pacifier les esprits et d'apaiser les ressentiments. Comme le définissait Treilhard, « le juge de paix est un arbitre, un père plutôt qu'un juge ; il doit placer sa véritable gloire moins à prononcer entre ses enfants qu'à les concilier » (5). Sans doute peut-on sourire de l'enthousiasme un peu naïf du législateur de la Révolution et de son optimisme foncier dans la bonne volonté des hommes. Mais, si l'on fait la part du romantisme révolutionnaire, il y a là une idée juste. Il est bon d'offrir aux justiciables

---

(5) Treilhard fut l'un des rédacteurs du Code de procédure civile de 1806.

un juge facilement accessible qui s'efforcera de les concilier et qui, s'il n'y parvient pas, trouvera la solution de bon sens qui apaisera les passions. Tel était, à l'origine, l'esprit de cette juridiction qui d'ailleurs se retrouve dans de nombreux systèmes judiciaires étrangers (en Belgique, en Angleterre et en Italie où existe un juge que l'on appelle le « pretore »).

**104. Conséquences pratiques et évolution.** — A cette idée se rattachent des conséquences pratiques qui, de nos jours, tendent sinon à disparaître totalement, du moins à s'estomper.

*a*) Ainsi, pendant longtemps les juges de paix constituèrent, au sein de la magistrature, un *corps spécial* recruté souvent parmi les notables. La licence en droit n'était même pas exigée ; il faudra attendre 1926 pour que ce diplôme devienne une condition d'accès aux fonctions de juge de paix. Aujourd'hui, il n'en est plus ainsi. Depuis 1958, les juges des tribunaux d'instance sont recrutés comme les juges des tribunaux de grande instance, en principe parmi les auditeurs de justice issus de l'Ecole nationale de la magistrature.

*b*) Cette même idée explique l'*importance de la conciliation* devant les tribunaux d'instance. Jusqu'à une époque récente, toutes les affaires portées devant cette juridiction devaient être obligatoirement précédées d'un préliminaire de conciliation. Désormais cette formalité préalable n'est plus obligatoire : elle est simplement facultative (art. 830 et s. nouv. c. pr. civ.). Mais, de toute manière, il est clair que le juge du tribunal d'instance doit d'abord s'efforcer de concilier les parties avant de rendre son jugement (art. 840 et 847 nouv. c. pr. civ.).

*c*) Enfin, on retiendra comme dernière conséquence de cet état d'esprit, le fait que *les parties peuvent se présenter en personne* devant les tribunaux d'instance, sans être nécessairement représentées par un avocat : que les parties s'efforcent de trouver entre elles une solution d'apaisement, avant de parler en termes de droit.

**105. Rôle social du juge d'instance.** — A la lumière de ce qui vient d'être dit, on comprend mieux le rôle social important de cette juridiction, spécialement dans les milieux ruraux.

Souvent, le moindre litige sur la possession d'une terre ou l'existence d'une servitude, par exemple, risque de dégénérer en une querelle de village. Le juge d'instance, s'il a la confiance de ses concitoyens, s'il est connu pour son bon sens et son équité, parviendra mieux qu'un autre à éviter que le litige ne se complique inutilement. De là, l'importance d'une juridiction facilement accessible, humaine, qui rendra une justice économique et rapide, à la suite d'une procédure simple. Telle était la vocation des anciens juges de paix. On voudrait espérer qu'elle ne disparaîtra pas avec le juge d'instance. Mais rien n'est moins sûr.

### B. — Juridiction originale par son organisation

**106. La justice de paix au XIXᵉ siècle : évolution et réforme de 1958.** — Dans la conception initiale du XIXᵉ siècle, il y avait une justice de paix par canton ; de là, d'ailleurs, l'expression *« juridiction cantonale »* utilisée parfois pour désigner les anciennes justices de paix. A chacun de ces tribunaux était affecté un juge, généralement choisi parmi les personnalités du canton, et que l'on appelait précisément le « juge de paix », tant il s'identifiait à son propre tribunal.

Au XXᵉ siècle, cette solution à la fois simple et homogène se révéla inadaptée. Le dépeuplement de certaines campagnes et aussi la moindre attirance des jeunes pour la vie rurale eurent pour conséquence de réduire l'activité de certaines justices de paix qui, chaque année, n'avaient que quelques affaires à juger. Par souci d'économie, le législateur prit l'habitude de regrouper plusieurs justices de paix contiguës sous la juridiction d'un même juge qui, de la sorte, exerçait ses fonctions dans plusieurs cantons : deux cantons, trois cantons, parfois quatre. Cet expédient avait le mérite de permettre une meilleure utilisation du personnel judiciaire. Mais avec un tel système, le juge de paix s'éloignait du justiciable, laissant ainsi pressentir une évolution qui devait préfigurer la réforme de 1958.

Le législateur de 1958 a en effet systématisé cette tendance en supprimant un bon nombre de justices de paix dont beaucoup n'avaient plus de juge titulaire : sur les 2 092 justices de paix qui existaient avant la réforme de 1958, il ne subsiste plus aujourd'hui que 473 tribunaux d'instance. En revanche, les nouveaux tribunaux d'instance forment de *grandes unités judiciaires*, fortement structurées, qui ont pour cadre un ressort territorial élargi (1°) et sont pourvus d'un personnel judiciaire plus abondant (2°), sans cesser toutefois de constituer des juridictions à juge unique (3°).

**107. 1°) Ressort territorial élargi.** — Conformément à l'idée générale qui inspira la réforme de 1958, le ressort territorial du tribunal d'instance ne correspond plus nécessairement à une circonscription administrative déterminée : le ressort de chaque tribunal est fixé par décret (art. L. 321-3 c. org. jud.).

En règle générale, le ressort de chaque tribunal d'instance s'étend sur plusieurs cantons dont le nombre varie selon le volume des affaires et aussi la configuration géographique de chaque région afin de tenir compte des difficultés de déplacement. Ainsi, à titre d'exemples : le tribunal d'instance de Riom regroupe treize cantons, tandis que le ressort du tribunal d'instance de Bastia s'étend sur dix-sept cantons. En revanche, à Paris, il y a un tribunal d'instance par arrondissement ; et, dans la périphérie parisienne, on en trouve généralement un dans chaque commune.

Le siège de chacun des tribunaux d'instance est également fixé par décret. Mais en règle générale, il y a toujours un tribunal d'instance au chef-lieu du département et parfois au chef-lieu de l'arrondissement.

L'élargissement du ressort du tribunal d'instance, qui est le trait caractéristique de la réforme réalisée en 1958, présente l'inconvénient d'éloigner la justice du justiciable ; s'agissant d'une juridiction comme le tribunal d'instance, c'est là une considération qui ne doit pas être négligée. Pour cette raison, l'art. R. 321-32 c. org. jud. décide que, dans les communes de leur ressort, les tribunaux d'instance pourront tenir des audiences supplémentaires, dites *« audiences foraines »*, en dehors de leur siège habituel (par exemple, dans certaines villes, les jours de foire ; d'où le nom donné à ces audiences). Il est important de le souligner car, en France, la justice est traditionnellement sédentaire. Avec les audiences foraines, on voit apparaître l'amorce d'une justice ambulante comme cela existe en Angleterre ou au Canada, par exemple.

**108. 2°) Composition : pluralité de juges.** — A la différence des anciennes justices de paix qui ne comprenaient qu'un seul juge, les tribunaux d'instance ont un effectif composé de plusieurs juges dont le nombre varie selon l'étendue du ressort territorial et le volume des affaires à juger. Ainsi, à Paris, le tribunal d'instance de chaque arrondissement parisien est composé de deux juges ; le tribunal d'instance de Bordeaux a un effectif de treize juges.

Enfin, chaque tribunal d'instance comporte un greffe doté d'un personnel plus ou moins abondant selon l'importance du tribunal.

**109. 3°) Fonctionnement : le tribunal d'instance demeure néanmoins une juridiction à juge unique.** — La pluralité des juges affectés à chacun des tribunaux d'instance ne doit pas faire illusion : au même titre que les anciennes justices de paix, les tribunaux d'instance constituent comme par le passé des juridictions à juge unique. L'art. L. 321-4 c. org. jud. est formel sur ce point : « Le tribunal d'instance, décide ce texte, statue à juge unique ». Au sein d'un même tribunal, *chaque juge tient donc sa propre audience et rend ses propres jugements.*

Pour cette raison, le tribunal d'instance ignore la division en chambres. Mais généralement, dans les grands tribunaux d'instance, les affaires sont réparties entre les juges selon des critères variables : soit en fonction d'une certaine spécialisation, soit, encore que plus rarement, en fonction de la localisation territoriale des parties ; et cela, afin d'éviter à celles-ci la tentation de « choisir » leur juge de façon discrétionnaire.

Le fait que les tribunaux d'instance soient des juridictions à juge unique n'exclut pas toutefois une certaine organisation, ne serait-ce que pour régler les problèmes administratifs inhérents à la gestion du tribunal. Les art. R. 321-33 à R. 321-38 c. org. jud. édictent sur ce point des règles très minutieuses. On retiendra simplement que la responsabilité de la gestion et de l'organisation de chaque tribunal d'instance est confiée à l'un des juges (choisi selon des règles assez complexes) lequel est chargé, décide l'art. R. 321-37 c. org. jud., d'assumer « les fonctions de direction et d'administration de ce tribunal » ; c'est lui, par exemple, qui répartit les affaires entre les différents juges. Mais on remarquera surtout la prudence du texte qui s'abstient de conférer à ce magistrat le titre de « président », afin de ne pas introduire une expression qui pourrait évoquer la notion de collégialité : s'agissant d'une juridiction à juge unique, il n'y a pas de président à la tête du tribunal (6).

### C. — **Conclusion : l'avenir des tribunaux d'instance ?**

**110. Le tribunal d'instance, « succursale locale » du tribunal de grande instance.** — Il n'est certes pas question de faire disparaître les tribunaux d'instance, en tant que juridictions autonomes, mais il n'est pas douteux que la conception idyllique du législateur révolutionnaire, pour qui le juge de paix devait être un « père au milieu de ses enfants », est très largement dépassée. Les réformes successives ont fait disparaître l'originalité de cette juridiction qui peut aujourd'hui être considérée comme une *succursale locale du tribunal de grande instance pour les petites affaires civiles.*

Plusieurs faits sont révélateurs de cette évolution :

a) D'abord, le *changement d'appellation* réalisé en 1958 ; même s'il n'est que symbolique, il trahit un changement d'orientation dans le sens d'un parallélisme plus marqué avec les tribunaux de grande instance.

b) Ensuite, l'*extension croissante des attributions juridictionnelles des tribunaux d'instance* qui, de plus en plus, sont appelés à exercer des fonctions quelque peu comparables à celles des tribunaux de grande instance. Ainsi, les tribunaux d'instance sont aujourd'hui compétents pour connaître de tous les litiges en matière de baux d'habitation, quel que soit le montant du loyer ; de même, ils connaissent des demandes relatives aux pensions alimentaires ; enfin, pour ne prendre que ces quelques exemples, on se gardera d'oublier que le juge d'instance est également juge des tutelles et juge de la saisie des rémunérations du travail, etc. Il en résulte, pour les tribunaux d'instance, une charge considérable, d'autant plus lourde que le

---

(6) En fait, dans les grands tribunaux d'instance, la charge d'organiser le tribunal est confiée à un vice-président du tribunal de grande instance délégué dans les fonctions de juge d'instance. De toute manière, il est dans les usages d'appeler « Monsieur (ou Madame) le président » chacun des juges qui préside son audience.

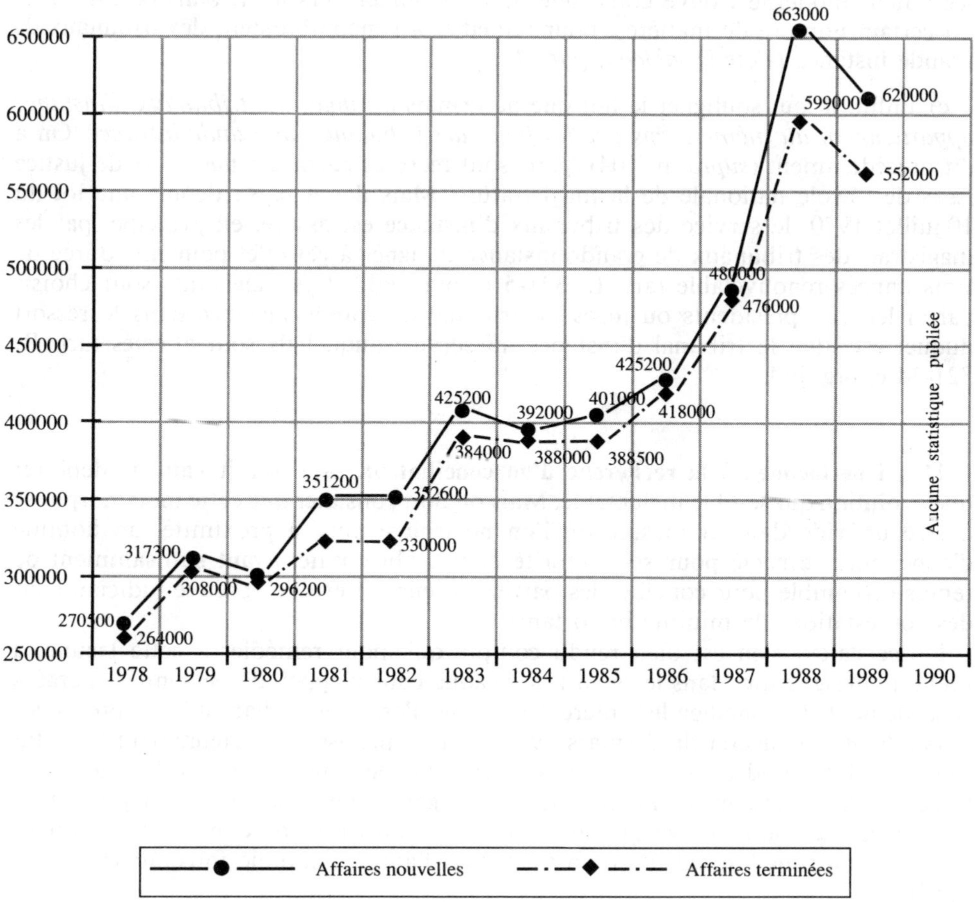


ÉVOLUTION DE L'ACTIVITÉ DES TRIBUNAUX D' INSTANCE

Ce tableau fait apparaître une augmentation constante du nombre des affaires soumises aux tribunaux d'instance, particulièrement considérable en 1987-1988 ; avec pour conséquence une augmentation inquiétante de l'arriéré des affaires anciennes. *(Extrait de l'Annuaire statistique de la Justice, édition 1992, p. 55.).* Toutefois en 1989, et pour la première fois depuis de nombreuses années, on constate un certain recul.

législateur moderne trouve commode de faire refluer vers les tribunaux d'instance un certain nombre de matières, pour remédier à l'encombrement des tribunaux de grande instance *(Voir le tableau, page 113).*

c) Enfin, il faut souligner le fait que désormais *les juges des tribunaux d'instance appartiennent au même corps que les juges des tribunaux de grande instance.* On a dit précédemment (*supra*, n° 104) qu'ils sont recrutés parmi les auditeurs de justice issus de l'Ecole nationale de la magistrature. Mais il y a plus : depuis une loi du 10 juillet 1970, le service des tribunaux d'instance est assuré, en principe, par les magistrats des tribunaux de grande instance désignés à cet effet pour une durée de trois années renouvelable (art. L. 321-5 c. org. jud.). Ces magistrats sont choisis parmi les vice-présidents ou juges du tribunal de grande instance dans le ressort duquel est situé le tribunal d'instance au service duquel ils sont affectés (art. R. 321-34 c. org. jud.).

**111. Une lacune : à la recherche d'un conciliateur.** — Il serait vain de déplorer une évolution qui semble inéluctable. Mais on doit constater que cette métamorphose a créé un vide dans la mesure où l'on ne trouve plus, à proximité, un homme d'expérience respecté pour son autorité et son objectivité, ayant suffisamment de temps disponible pour concilier les parties et leur éviter une épreuve judiciaire sur des contestations de minime importance.

Le législateur s'en est bien rendu compte qui, pour remédier à cette lacune, a prévu la désignation, dans le ressort de chaque cour d'appel, de personnes chargées spécialement de concilier les intéressés et que l'on a pris l'habitude d'appeler les *« conciliateurs »* (décret du 20 mars 1978) : on en précisera ultérieurement le statut (*infra*, n° 496). L'idée est bonne. On peut facilement imaginer nombre de petits litiges (notamment dans les rapports de voisinage) qui ne soulèvent pas de problèmes juridiques très complexes et qui, avec un peu de bonne volonté, pourraient trouver leur solution sous l'impulsion d'un tiers dont l'autorité morale forcerait le respect des intéressés.

On observera, en tout cas, que l'apparition des « conciliateurs » est directement liée à l'évolution moderne des tribunaux d'instance. On a beaucoup brocardé, peut-être un peu vite, l'ancien juge de paix représenté comme un « père au milieu de ses enfants ». Il reste que sa mission pacificatrice n'était pas négligeable. L'idée première qui avait inspiré la création des justices de paix était qu'il fallait mettre à la disposition des particuliers un « homme sage » ayant la confiance de tous, plus porté à pacifier les esprits qu'à rendre des jugements. Cet homme a disparu en même temps que la justice des notables ; et l'on s'aperçoit aujourd'hui qu'il manque. L'existence des conciliateurs est peut-être le plus bel hommage que l'on puisse rendre aux anciennes justices de paix qui, de ce point de vue, n'ont pas été remplacées par les tribunaux d'instance.

## § 3. — TRIBUNAUX DE COMMERCE

**112. Généralités.** — Les tribunaux de commerce sont des juridictions d'exception compétentes pour juger, en première instance, les *affaires commerciales.*

Il faut entendre par là, le jugement des affaires relatives aux actes de commerce (achat de marchandises pour les revendre, lettres de change, opérations de banque, engagements nés à l'occasion du commerce). Il faut y ajouter également les litiges concernant les sociétés commerciales et surtout les incidents relatifs à la cessation des paiements, c'est-à-dire, le redressement et la liquidation judiciaires des entreprises. C'est assez dire l'importance de cette juridiction dans la vie des affaires *(Voir le tableau, page 116).*

Son originalité essentielle est d'être composée de juges qui sont, non point des magistrats de carrière, mais des commerçants élus par les commerçants eux-mêmes. Par certains aspects, le tribunal de commerce a un caractère corporatiste.

**113. Origine historique.** — Le tribunal de commerce est la plus ancienne de toutes nos juridictions (7).

Ce tribunal a pour origine lointaine une juridiction qui avait été créée dans les Républiques marchandes de Gênes et de Venise, pour trancher les litiges qui opposaient les marchands faisant commerce deproduits et denrées en provenance de l'Orient : pour vider rapidement ces litiges, on avait institué la juridiction des « juges consuls », qui avait cette particularité d'être composée de juges élus par les commerçants de la place. De là, d'ailleurs, l'expression « *juridictions consulaires* », utilisée encore de nos jours pour désigner les tribunaux de commerce.

Cette juridiction fut transplantée en France, au XVe siècle, au moment des grandes foires, pour juger sur-le-champ les litiges auxquels pouvaient donner lieu les opérations commerciales qui s'y traitaient. Mais ce n'était alors qu'une juridiction temporaire instituée uniquement pour la durée des foires. L'expérience révéla l'utilité d'une telle juridiction, et lorsque le commerce prit son essor, à la fin du moyen âge, un édit de Charles IX, en 1563, décida, sous l'impulsion du Chancelier Michel de l'Hospital, la création de plusieurs tribunaux de commerce, institués cette fois de façon permanente, dans certaines grandes villes commerçantes :

---

(7) R. Ithurbide, *Histoire critique des tribunaux de commerce.*

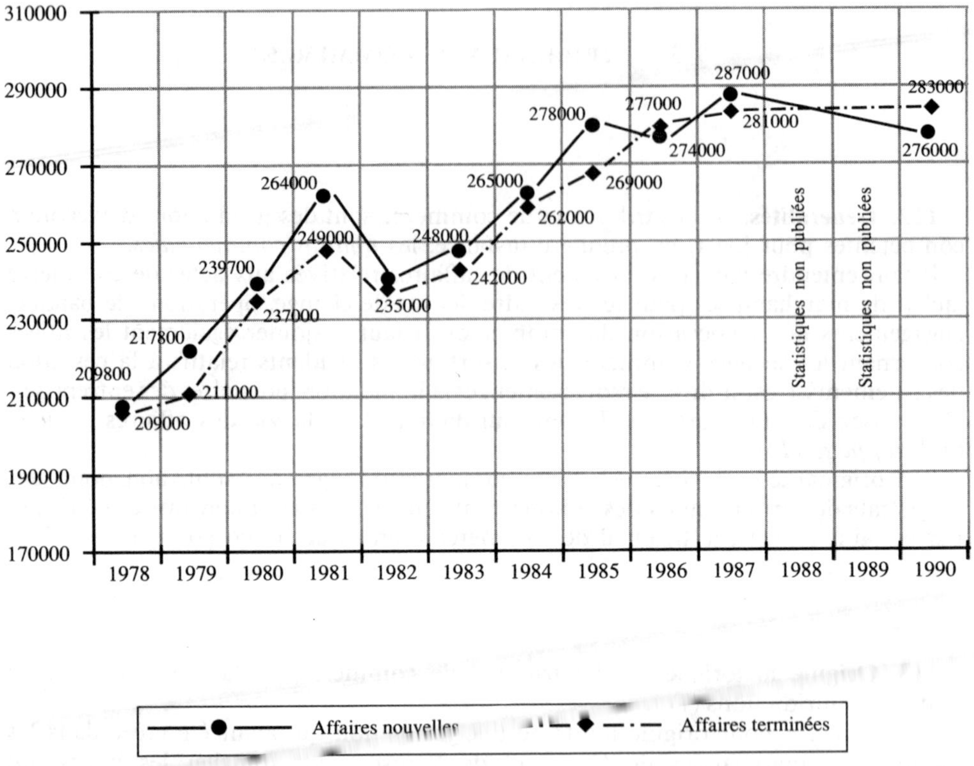


ÉVOLUTION DE L'ACTIVITÉ DES TRIBUNAUX DE COMMERCE

L'activité des tribunaux de commerce est en très légère augmentation, sauf depuis 1990. Toutefois, le nombre des affaires jugées suit de peu le nombre des affaires nouvelles, et même parfois il le dépasse légèrement. Pour cette raison, l'arriéré des affaires anciennes reste dans des proportions très raisonnables. *(Extrait de l'Annuaire statistique de la Justice, édition 1992, p. 57.)*

à Lyon, Toulouse et Rouen notamment (8). Ensuite, ils se généralisèrent en même temps que l'activité commerciale se développait.

Chose curieuse, au moment de la Révolution française, alors que toutes les structures judiciaires de l'ancien régime s'effondraient, les tribunaux de commerce furent les seules juridictions qui survécurent à la tourmente révolutionnaire. La loi des 16 et 24 août 1790 recueillit cet héritage et consacra l'existence des tribunaux de commerce. Cette exceptionnelle survie d'une juridiction de l'ancien régime est facile à comprendre : l'élection des juges, conforme à l'idéologie de l'époque (*supra*, n° 7), leur valut grâce aux yeux du législateur de 1790.

Depuis lors, les tribunaux de commerce n'ont cessé de se développer en nombre et en importance : on compte aujourd'hui 229 tribunaux de commerce répartis à travers la France métropolitaine (plus : 7 « chambres commerciales » dans les départements alsaciens-mosellans, et 4 « tribunaux mixtes de commerce » dans les départements d'outre-mer, *infra*, n° 117).

**114. Textes et plan.** — Pendant longtemps, les tribunaux de commerce ont fait l'objet d'une réglementation dispersée. Désormais, depuis la loi n° 87-550 du 16 juillet 1987, et son décret d'application n° 88-38 du 13 janvier 1988, qui ont modifié assez substantiellement les dispositions antérieures, toute la réglementation concernant les tribunaux de commerce est regroupée de façon cohérente dans le code de l'organisation judiciaire : aux articles L. 411-1 à L. 414-7 (pour la partie législative) et R. 411-1 à R. 414-21 (pour la partie réglementaire).

A la lumière de ces textes, on étudiera successivement : l'implantation territoriale des tribunaux de commerce (A), leur composition (B), leur organisation et leur fonctionnement (C) et enfin, pour terminer, on présentera les controverses relatives à cette juridiction (D).

### A. — Implantation territoriale

**115. Décret d'institution.** — A la différence des tribunaux de grande instance et des tribunaux d'instance qui sont institués de façon générale sur l'ensemble du territoire français, les tribunaux de commerce n'existent que dans les lieux où l'activité commerciale en impose la nécessité. Chaque tribunal de commerce est donc institué par un décret, — que l'on appelle un « décret d'institution », — qui fixe le siège et le ressort du tribunal ainsi créé (art. L. 411-2 c. org. jud.).

---

(8) C'est pourquoi le Chancelier Michel de l'Hospital est généralement présenté comme le « père fondateur » des tribunaux de commerce. Il est d'ailleurs bien rare que, dans les locaux des tribunaux de commerce, il n'y ait pas un buste du Chancelier.

L'ensemble de ces décrets d'institution fait l'objet d'un Tableau VII annexé au décret nº 88-38 du 13 janvier 1988. Un extrait de ce tableau illustrera ce qui vient d'être dit :

| Départements | Tribunal de grande instance | Siège et ressort des tribunaux de commerce | |
|---|---|---|---|
| | | Siège du tribunal de commerce | Ressort du tribunal de commerce |
| Alpes-Maritimes | Nice | Nice | Ressort du tribunal d'instance de Nice et cantons de Breil-sur-Roya et Villefranche-sur-Mer. |
| | | Menton | Ressort du tribunal d'instance de Menton, à l'exception des cantons de Breil-sur-Roya et Villefranche-sur-Mer. |
| | Grasse | Grasse | Ressort du tribunal d'instance de Grasse. |
| | | Antibes | Ressort du tribunal d'instance d'Antibes. |
| | | Cannes | Ressort du tribunal d'instance de Cannes. |
| Bouches-du-Rhône | Aix | Aix | Ressort des tribunaux d'instance d'Aix et de Martigues, à l'exception des cantons de Berre-l'Etang et Istres. |
| | | Salon-de-Provence | Ressort du tribunal d'instance de Salon-de-Provence et cantons de Berre-l'Etang et Istres. |
| | Marseille | Marseille | Ressort du tribunal d'instance de Marseille. |
| | Tarascon | Tarascon | Ressort du tribunal d'instance de Tarascon. |
| | | Arles | Ressort du tribunal d'instance d'Arles. |

**116. Conséquences pratiques.** — Plusieurs conséquences découlent du principe qui vient d'être posé :

*a*) D'abord, le ressort territorial de chaque tribunal de commerce ne correspond pas nécessairement à une circonscription administrative déterminée, ni même au ressort d'un tribunal d'instance ou de grande instance (cf. *le tableau ci-dessus*).

*b*) Ensuite, la création ou la suppression d'un tribunal de commerce est fonction de l'activité commerciale de chaque région, laquelle peut varier selon les époques. Lorsqu'une activité commerciale importante apparaît dans une région, il est créé par voie de décret un nouveau tribunal de commerce dont on fixe le siège et le ressort. Et inversement si, pour une raison quelconque, un tribunal de commerce précédemment institué n'a plus une activité suffisante ou n'est plus en mesure de fonctionner, il peut être supprimé par voie de décret.

*c*) Enfin, avec ce système, il peut arriver que, dans certaines régions, il n'y ait aucun tribunal de commerce (par exemple, en Lozère et en Haute-Savoie). Dans ce cas, les affaires commerciales sont exceptionnellement jugées par le tribunal de grande instance « statuant commercialement », quel que soit le montant de la demande, même s'il est inférieur au taux de sa compétence (actuellement 30 000 francs ; *supra*, n° 92) (art. L. 311-3 et L. 411-3 c. org. jud.).

### B. — Composition

**117. Juges exclusivement élus.** — Chaque tribunal de commerce est composé de juges dont le nombre plus ou moins important varie avec l'activité du tribunal. Dans les grandes métropoles industrielles ou commerciales, le nombre des juges est fort élevé ; ainsi, le Tribunal de commerce de Paris compte 158 juges, et celui de Lille, 37.

Mais quel que soit le nombre des juges, les tribunaux de commerce présentent cette originalité majeure d'être composés exclusivement de juges élus pour une durée déterminée. Ce sont en d'autres termes, des commerçants (ou des industriels) qui, par voie d'élection, sont investis temporairement de la fonction de juger les litiges commerciaux, par la confiance des commerçants (et des industriels) de la circonscription. Aucun magistrat de carrière ne siège dans les tribunaux de commerce.

Il faut réserver toutefois le cas des départements alsaciens-mosellans et des départements d'outre-mer où, pour des raisons très différentes, les juridictions commerciales sont composées de commerçants élus, siégeant sous la présidence d'un magistrat de carrière (on dit qu'elles ont une « composition échevinale »).

Ainsi, dans les *3 départements alsaciens-mosellans* (à Saverne, Strasbourg, Colmar, Mulhouse, Metz, Sarreguemines et Thionville), la juridiction commerciale est une chambre spécialisée du tribunal de grande instance (appelée « chambre commerciale »), présidée par un magistrat de carrière (qui est un juge du tribunal de grande instance) assisté de deux assesseurs qui, eux, sont des commerçants élus. Cette composition échevinale est la survivance du système allemand qui a subsisté en Alsace-Lorraine au titre du droit local.

Dans les *départements d'outre-mer* (Guyanne, Martinique, Guadeloupe et la Réunion), la juridiction commerciale prend le nom de « tribunal mixte de commerce » (art. L. 921-4 c. org. jud.), parce qu'il est composé du président du tribunal de grande instance, assisté de trois juges élus parmi les commerçants ; en cas de partage égal des voix, celle du président est prépondérante (art. L. 921-8 c. org. jud.).

De toute manière, l'élection n'est pas exclue puisque ces juridictions ont une composition partiellement élective.

Sous les réserves qui viennent d'être indiquées, le principe de l'élection des juges choisis parmi les commerçants (ou les industriels) se justifie pour des raisons propres à la nature de cette juridiction. Il est en effet important que, pour statuer sur des affaires commerciales, les juges soient des personnes qui connaissent bien les usages du commerce. En outre, il est non moins important que devant une juridiction où la recherche d'une solution de conciliation est une préoccupation primordiale, les juges soient choisis parmi des personnes qui ont la confiance des parties. Aussi bien, le recrutement des juges par voie d'élection n'a-t-il jamais été contesté.

**118. I. Modalités de l'élection.** — Si le principe de l'élection n'a jamais été discuté, ses modalités ont été en revanche souvent modifiées, selon des constantes qui ne sont pas sans lien avec les régimes politiques. Les gouvernements d'autorité restreignent généralement le corps électoral : ainsi il fut un temps où seuls étaient électeurs les commerçants « notables » (code de commerce de 1807) ou « recommandables par leur probité, leur esprit d'ordre et d'économie » (Loi du 21 déc. 1871). Au contraire, les régimes qui se veulent démocratiques sont favorables à une extension du corps électoral à tous les commerçants remplissant certaines conditions. Telle est l'orientation actuelle, consacrée pour la première fois par la loi du 8 décembre 1883 qui institua le suffrage universel ; et même (chose remarquable à l'époque), le droit de vote fut reconnu aux femmes commerçantes par une loi du 23 janvier 1898, bien avant que ce droit ne leur soit reconnu aux élections politiques.

Cela dit, il faut se demander qui, actuellement, est électeur (a) et qui est éligible aux fonctions de juge consulaire (b).

**119. a) Qui est électeur ? (élection à deux degrés).** — Les juges consulaires ne sont pas élus directement par les commerçants : depuis un décret n° 61-823 du 3 août 1961, l'élection se fait à deux degrés, en ce sens que les juges sont élus par un collège électoral composé de personnes qui ont déjà été précédemment désignées par les commerçants eux-mêmes. On a voulu par là remédier à l'absentéisme des électeurs. Il avait souvent été constaté autrefois que le taux d'abstention atteignait des proportions inquiétantes et que certains juges étaient parfois élus par des « minorités de faveur » dynamiques et agissantes ; ce qui nuisait gravement à leur autorité. Le législateur de 1961 a donc pensé, non sans raison, qu'en réduisant le collège électoral à des personnes spécialement désignées pour élire les juges consulaires, ces personnes auraient à cœur de participer effectivement au scrutin. Ce système a été maintenu (sous réserve de certaines modifications) dans les art. L. 413-1 et L. 413-2 c. org. jud.

Dans chaque circonscription de tribunal de commerce, le collège électoral est composé de trois catégories de personnes (art. L. 413-1 c. org. jud.) :

1) Les *délégués consulaires* (dont le nombre varie selon l'importance de la circonscription entre 60 et 600). On désigne par là des personnes qui ont été élues au premier degré, pour une durée de trois ans, avec pour mission de faire partie du collège électoral qui élira à son tour (au second degré) les juges consulaires (art. 7 de la loi n° 87-550 du 16 juill. 1987).

Par qui sont désignés les « délégués consulaires » ? Ils sont choisis, dans chacune des circonscriptions, par les commerçants et les industriels qui remplissent les conditions prescrites par l'art. 6 de la loi n° 87-550 du 16 juill. 1987 pour être électeurs. A savoir : les commerçants immatriculés au registre du commerce et des sociétés ; les chefs d'entreprise inscrits au registre des métiers et immatriculés au registre du commerce et des sociétés ; les conjoints de ces personnes qui collaborent à l'activité de leur époux sans être rémunérés. Les sociétés et les établissements publics à caractère industriel et commercial dont le siège social est situé dans la circonscription sont également électeurs par l'intermédiaire d'un représentant qui est l'organe de la société ou qui exerce dans l'entreprise une fonction de responsabilité (cf. art. 6-2° de la loi n° 87-550 du 16 juill. 1987). Enfin, parmi les électeurs, il faut ajouter les cadres de l'entreprise qui exercent des fonctions impliquant des responsabilités de direction commerciale, technique ou administrative (art. 7 de la loi n° 87-550 du 16 juill. 1987). Cette dernière disposition, réclamée depuis longtemps, est importante : les « cadres » de l'entreprise ne sont pas des commerçants, mais en raison des responsabilités qu'ils exercent, il a paru judicieux de les faire participer à l'élection des délégués consulaires.

Tous ceux qui sont électeurs, sont éligibles aux fonctions de délégués consulaires (art. 12 de la loi n° 87-550 du 16 juill. 1987).

2) Les *membres en exercice des tribunaux de commerce et des chambres de commerce et d'industrie*. Le législateur a voulu les associer à cette élection en pensant qu'ils sont bien placés, en raison des fonctions qu'ils exercent, pour choisir parmi les candidats ceux qui leur paraissent aptes à exercer les fonctions de juge consulaire.

3) Enfin, compte tenu de leur expérience passée, font également partie du collège électoral, les *anciens membres des tribunaux de commerce* et des *chambres de commerce et d'industrie* ayant demandé à être inscrits sur la liste électorale. On vise ici les anciens élus qui veulent bien encore s'intéresser au fonctionnement de la juridiction commerciale.

Comme on peut l'observer le souci du législateur moderne a été de constituer un collège électoral très large, composé de personnes qui se sentent responsables du bon fonctionnement de la justice commerciale.

**120. b) Qui est éligible ?** — La réponse est très simple : toute personne inscrite sur la liste électorale pour désigner les délégués consulaires (cf. numéro précédent) peuvent être élues aux fonctions de juge, à condition toutefois de remplir deux conditions supplémentaires : d'une part, avoir *au moins 30 ans* et, d'autre part, justifier d'une *activité commerciale depuis au moins 5 années* (art. L. 413-3 c. org. jud.).

Il est en effet normal d'exiger des personnes qui posent leur candidature à de telles fonctions qu'elles aient déjà une certaine maturité et une expérience de la vie des affaires.

Sont inéligibles ceux qui ont fait l'objet d'une procédure de redressement ou de liquidation judiciaires (traduisons, en langage courant, les commerçants qui ont fait « faillite »).

**121. II. Durée du mandat.** — Les juges sont élus pour une durée de *2 ans* à la première élection, et de *4 ans* lors des élections suivantes (art. L. 412-7 c. org. jud.). La durée réduite du premier mandat (2 ans au lieu de 4) est une solution judicieuse : le premier mandat est une sorte de période de stage qui permet aux électeurs d'apprécier rapidement si leur choix a été bon et, peut être aussi, à l'intéressé lui-même de se rendre compte s'il a les aptitudes et la disponibilité requises pour exercer ces lourdes fonctions.

Les juges sont rééligibles (art. L. 412-7 c. org. jud.). Mais après 14 années (soit 4 mandats : 2 ans plus 3 fois 4 ans), ils ne sont plus éligibles pendant un an (art. L. 413-4 c. org. jud.). Cette disposition a pour but d'éviter que certains juges ne s'incrustent sans laisser à de plus jeunes la possibilité de se faire élire.

**122. III. Statut des juges consulaires.** — Les juges des tribunaux de commerce sont soumis à un statut très particulier qui n'a rien de commun avec celui des magistrats de carrière qui sera étudié ultérieurement (*infra*, nos 334 s.).

D'abord (il est important de le souligner), les fonctions sont exercées gratuitement : les juges consulaires ne perçoivent *aucune rémunération* (art. L. 412-15 c. org. jud.).

Ensuite, on constatera que les problèmes concernant les garanties d'indépendance et l'avancement, — qui présentent une grande importance pour les magistrats de carrière (*infra*, nos 370 s.) —, ne se posent absolument pas lorsqu'il s'agit des juges consulaires pour la raison très simple qu'ils tiennent leur pouvoir de l'élection et qu'ils ne font l'objet d'aucun avancement.

En revanche, il a paru nécessaire d'édicter certaines règles particulières concernant la *discipline.* Jusqu'à une époque récente, cette question avait été négligée : on pensait alors que s'agissant de juges élus, les fautes éventuelles commises par eux trouveraient tout naturellement leur sanction dans leur non-réélection. L'expérience a prouvé que cette lacune était regrettable et que, dans certains cas (heureusement exceptionnels) il fallait pouvoir infliger une sanction immédiate au juge qui s'était rendu coupable d'une faute grave. A cette fin, la loi no 87-550 du 16 juillet 1987 a institué une *Commission nationale de discipline des membres des tribunaux de commerce* qui peut prononcer contre le juge poursuivi, un blâme ou même, dans les cas les plus graves, sa déchéance avant l'expiration de son mandat (sur cette question, cf. art. L. 414-1 à L. 414-7, et art. R. 414-1 à R. 414-21).

La Commission nationale de discipline est présidée par un président de chambre de la Cour de cassation désigné par le premier président de cette Cour. Elle comprend en outre : un conseiller d'Etat désigné par le vice-président du Conseil d'Etat ; deux magistrats du siège des cours d'appel désignés par le premier-président de la Cour de cassation sur une liste établie par les premiers-présidents de cours d'appel ; et enfin, quatre juges consulaires élus par l'ensemble des présidents de tribunaux de commerce.

Cette Commission siège à huis-clos (9). Mais ses décisions, qui doivent être motivées, peuvent faire l'objet d'un recours en cassation.

## C. — Organisation et fonctionnement

**123. Président du tribunal de commerce.** — A la tête du tribunal se trouve placé un président, élu pour *quatre ans*, au scrutin secret, par les juges du tribunal réunis en assemblée générale ; à la majorité absolue aux deux premiers tours de scrutin et à la majorité relative au troisième tour. Pour être éligible à cette fonction, il faut avoir exercé les fonctions de juge du tribunal pendant 6 ans au moins, (art. L. 412-11 c. org. jud.).

Le président du tribunal de commerce est investi de nombreuses attributions, quelque peu comparables à celles du président du tribunal de grande instance (*supra*, n° 97). Non seulement, il participe au jugement des affaires en tant que juge, mais il exerce en outre, à titre de président :

— des *fonctions administratives* importantes : direction et organisation des services du tribunal, discipline générale, présidence des assemblées générales. A ce titre, il lui appartient de désigner le vice-président du tribunal (*infra*, n° suivant) et les présidents de chambre (*infra*, n° 125) ; on remarquera que c'est là un pouvoir que n'a pas le président du tribunal de grande instance.

— des *fonctions juridictionnelles* qui lui sont propres. Notamment, il rend des ordonnances sur requête (assignation à bref délai et autorisation en matière de mesure conservatoire commerciale). Enfin et surtout, on se gardera d'oublier que le président du tribunal de commerce est juge des référés en matière commerciale (art. 872 et 873 nouv. c. pr. civ. ; sur la procédure de référé, cf. *supra*, n° 97).

**124. Vice-président du tribunal de commerce.** — Le président du tribunal de commerce est assisté d'un vice-président appelé à le suppléer en cas d'empêchement (art. L. 412-12, al. 2, c. org. jud. et art. R. 412-6 c. org. jud.). Il est désigné, non pas par l'assemblée générale du tribunal, mais par le président lui-même, parmi les juges du tribunal ayant déjà exercé des fonctions judiciaires depuis 3 ans au moins.

---

(9) Cass. ass. plén., 8 févr. 1993, J.C.P. 1993.IV, n° 923, p. 105.

Cette désignation est faite chaque année dans la première quinzaine de janvier ; mais elle peut être modifiée en cours d'année.

A la différence de ce que nous avons pu observer devant les tribunaux de grande instance, le titre de « vice-président » n'est pas attribué aux présidents de chambre (*supra*, n° 99). Devant les tribunaux de commerce, ce titre est attribué à un juge qui a la confiance du président du tribunal et dont il est pour cette raison le collaborateur direct et immédiat. C'est d'ailleurs pourquoi il est choisi exclusivement par lui ; et c'est aussi la raison pour laquelle cette désignation peut être modifiée en cours d'année.

**125. Chambres du tribunal.** — Lorsque le tribunal comporte un nombre de juges suffisant, il est, comme toute juridiction, divisé en chambres spécialisées dont le nombre varie selon l'importance du tribunal.

Chacune des chambres est placée sous la responsabilité d'un *président de chambre* : celui-ci est désigné chaque année par le président du tribunal de commerce, après avis de l'assemblée générale, parmi les juges ayant exercé des fonctions dans un tribunal de commerce pendant 3 ans au moins (art. R. 412-8 c. org. jud.).

**126. Formations juridictionnelles du tribunal.** — Pour connaître des affaires qui lui sont soumises et prononcer une décision, le tribunal se réunit « en formation de jugement » : celle-ci est impérativement composée de juges en *nombre impair* (art. L. 412-1 c. org. jud.) (10). En règle générale, ils sont au nombre de trois. Mais dans certains cas prévus par la loi, il pourrait arriver que le tribunal statue à juge unique. Et inversement, l'art. L. 412-1 c. org. jud., qui exige simplement que le jugement soit rendu « par trois juges au moins », ne s'opposerait pas à ce que la formation de jugement soit composée d'un nombre de juges supérieur, l'essentiel étant qu'ils soient en nombre impair pour que puisse se dégager une majorité (5 par exemple).

Les affaires sont débattues et les jugements rendus en *audience publique* : le principe de la publicité des débats est en effet une règle fondamentale applicable

---

(10) Devant les tribunaux de commerce, la règle de l'imparité est une innovation introduite par la loi n° 87-550 du 16 juillet 1987. Auparavant, il était admis que, pour les affaires susceptibles de se prolonger durant plusieurs jours, le tribunal avait la possibilité de s'adjoindre un quatrième juge ; et en cas de partage égal des voix, celle du président était prépondérante. On expliquait cette dérogation à la règle traditionnelle de l'imparité en soulignant que les juges ayant leurs propres activités professionnelles pouvaient être empêchés de siéger certains jours ; de là, pour éviter que de tels empêchements ne paralysent le cours de la justice, la faculté de s'adjoindre un quatrième juge afin que, en toutes circonstances, il y ait toujours au moins trois juges. Cette règle est aujourd'hui abandonnée : les tribunaux de commerce ne dérogent plus désormais à la règle de principe de l'imparité.

devant toutes les juridictions (*infra*, nos 586 s.). Toutefois, dans les cas exceptionnels où la loi écarte formellement la publicité des débats, le tribunal de commerce doit alors tenir audience en « chambre du conseil » (comme le tribunal de grande instance, *supra*, no 100) : ainsi en est-il par exemple pour certaines questions en matière de redressement et de liquidation judiciaires des entreprises.

**127. Formation administrative du tribunal : assemblée générale.** — Comme toute juridiction, le tribunal peut se réunir en assemblée générale : on appelle ainsi la formation qui consiste à réunir tous les juges du tribunal.

Cette formation n'a aucune fonction juridictionnelle : son seul rôle est de nature administrative. L'assemblée générale délibère sur toutes les questions qui peuvent concerner l'administration du tribunal. Toutefois si l'on compare l'assemblée générale du tribunal de commerce à celle du tribunal de grande instance (*supra*, no 101), on constatera que ses attributions sont plus étendues : en particulier, il lui appartient d'élire le président du tribunal et de donner son avis sur la désignation des présidents de chambre.

Pour chaque assemblée générale, un *bureau* est constitué dont la composition est fixée par l'art. R. 412-13 c. org. jud. Il est chargé de veiller au bon fonctionnement de l'assemblée.

### D. — Controverses relatives aux tribunaux de commerce

**128. Les éléments de la controverse.** — Il est classique de se demander s'il est opportun de maintenir des juridictions spécialisées pour juger les affaires commerciales : ne pourrait-on pas confier le jugement de telles affaires aux tribunaux de grande instance ? (11).

I. Les partisans des tribunaux de commerce invoquent plusieurs arguments :

*a*) La justice rendue par les tribunaux de commerce est *plus rapide* que la justice civile ; et de surcroît, elle est *moins coûteuse.*

*b*) En outre, ajoute-t-on, la justice commerciale présente des qualités de *technicité* pour la simple raison que les juges sont des commerçants rompus à la

(11) Sur cette controverse, cf. H. Solus et R. Perrot, *Droit judiciaire privé*, tome I, no 620 ; Hamel, Lagarde et Jauffret, *Droit commercial*, 2e éd., t. I, no 65 ; *adde*, le discours de M. le Président Cesselin à la *Conférence des tribunaux de commerce* en 1975, in Les Petites Affiches, no 131 du 19 nov. 1975 ; H. Jannic, *A quoi servent les Tribunaux de commerce ?* in *Expansion*, avril 1975.

vie des affaires et qui connaissent mieux les usages du commerce que les magistrats de carrière ;

*c*) Enfin, dit-on la justice commerciale est essentiellement *conciliatrice*, car l'esprit et le sens pratique des juges des tribunaux de commerce les inciteront souvent à conseiller aux parties une conciliation ou une transaction ; parfois même, ils la susciteront.

II. Mais les adversaires des tribunaux de commerce soulignent, en premier lieu, que la juridiction commerciale n'offre *pas toujours des garanties suffisantes* ni du point de vue juridique (car ce ne sont pas forcément des juristes), ni parfois du point de vue de la stricte objectivité, car fait-on observer, les jugements sont rendus par des commerçants de la même profession et donc, éventuellement, par des concurrents ou des amis.

Partant de cette idée, on ajoute qu'il ne faut pas nourrir trop d'illusions sur les mérites propres de la juridiction consulaire. Se référant aux enseignements du droit comparé, on fait remarquer que dans beaucoup de pays où les activités commerciales sont importantes, les tribunaux de commerce n'existent pas (par exemple : aux Etats-Unis, aux Pays-Bas et en Italie où les tribunaux de commerce ont été supprimés).

III. En l'état actuel de la controverse, *il n'est pas question de supprimer les tribunaux de commerce en France.* Non seulement les commerçants y sont très attachés, mais il faut rendre hommage à l'activité de certains tribunaux de commerce (notamment à ceux des grandes métropoles, comme Paris) dont le travail est absolument remarquable. De plus, leur suppression entraînerait un reflux considérable d'affaires vers les tribunaux de grande instance et, du même coup, un encombrement de ces derniers.

En revanche, un vent de réformes souffle parfois.

**129. Projets de réforme.** — On ne cesse périodiquement d'évoquer une réforme possible des tribunaux de commerce. A vrai dire, plusieurs projets reviennent assez volontiers.

*a*) Pendant un temps, il fut question de *supprimer les petits tribunaux de commerce* et de ne laisser subsister que les plus importants d'entre eux, dans les grandes métropoles commerciales. Cette voie était la bonne. On doit en effet constater, en toute objectivité, que certains petits tribunaux de commerce n'offrent pas toujours les garanties nécessaires. Mais cette solution radicale se heurte à des susceptibilités locales faciles à deviner et que le pouvoir politique n'ose pas froisser, pour des raisons tout aussi facile à comprendre !

En 1979, une solution de compromis avait été élaborée qui tendait à rattacher les petits tribunaux de commerce à quelques grandes juridictions commerciales. Mais ce projet, au demeurant assez complexe, n'a pas eu de suite.

*b*) En revanche, au lendemain des élections législatives de 1981, il a été sérieusement question d'introduire l'*échevinage*. Ce système aurait consisté à confier la présidence de certaines chambres (notamment celles appelées à statuer sur les redressements judiciaires d'entreprises et liquidation des biens), à un magistrat de carrière, avec pour assesseurs des commerçants élus. Cette formule originale, qui existe en Belgique, en Allemagne, en Norvège et dans les départements alsaciens-mosellans, équilibrerait, a-t-on dit, les avantages et les inconvénients actuels des tribunaux de commerce : la rectitude juridique serait assurée par la présence d'un magistrat de carrière et la technicité par la présence des assesseurs commerçants. A vrai dire, l'idée n'est pas nouvelle (12). Mais elle a été reprise avec une certaine insistance vers 1982. Les milieux d'affaires s'y sont montrés fondamentalement hostiles : ils ont redouté que cette formule ne dénature les tribunaux de commerce en conférant une prépondérance de fait au magistrat de carrière. Finalement, après avoir provoqué beaucoup de remous, le projet a été abandonné, pour des raisons budgétaires a-t-on dit (13) ; mais les vigoureuses protestations auxquelles il s'est heurté n'ont certainement pas été étrangères à cette décision (14).

Pour l'instant, le vent des réformes s'est apaisé. Le fait que la loi n° 87-550 du 16 juillet 1987 ait doté les tribunaux de commerce d'une réglementation nouvelle donne à penser qu'il n'y aura plus de modifications substantielles avant un certain nombre d'années (15).

## § 4. — CONSEILS DE PRUD'HOMMES

**130. Définition.** — Le conseil de prud'hommes est une juridiction composée de juges élus dont le rôle est de concilier et de juger les litiges individuels nés d'un contrat de travail ou d'apprentissage. Si, par exemple, un employé a été licencié abusivement, il peut demander réparation du dommage qui lui a été causé en saisissant le conseil de prud'hommes.

---

(12) Cf. la réponse ministérielle à la question écrite n° 34 154, *Journ. off. Déb. Ass. Nat.* 12 février 1977, p. 673.

(13) Réponse ministérielle à la question n° 43 900, *Journ. off. Déb. parl. Ass. Nat.* 16 juill. 1984, p. 3359, J.C.P. 1984.IV.300, v° *Trib. de commerce.*

(14) A titre d'exemple, on pourra consulter les travaux de la *Conférence générale des tribunaux de commerce* qui s'est tenue à Nantes, le 18 nov. 1983 (*Gaz. Pal.* 18 déc. 1983). On ajoutera que le Président du tribunal de commerce de Paris (en exercice à cette époque) a démissionné avec fracas pour protester contre les projets en cours.

(15) On relèvera toutefois une récente proposition de loi (n° 694) de MM. Delattre et Mazeaud tendant à modifier l'organisation des tribunaux de commerce par l'établissement de l'échevinage.

Cette appellation curieuse, et quelque peut archaïque, vient de ce qu'il est fait appel à des juges qui doivent être des hommes sages, des « hommes prudents » (au sens latin du terme). On suggère parfois de remplacer cette appellation par l'expression plus évocatrice de « tribunal du travail ».

**131. Origine et évolution.** — L'origine des conseils de prud'hommes se situe à Lyon dans le milieu des « soyeux ». Sous l'Ancien Régime, il existait dans cette ville une juridiction paritaire chargée de concilier et de juger les différends entre les fabricants de soiries et leurs ouvriers. Cette institution avait été supprimée au moment de la Révolution française, au motif qu'elle était d'inspiration corporative. Mais, en 1805, lors d'un passage de Napoléon à Lyon, une requête fut adressée à l'Empereur tendant au rétablissement de cette juridiction. Celui-ci fut séduit par l'idée et, dès son retour à Paris, il fit promulguer la *loi du 18 mars 1806*, laquelle décida de créer un conseil de prud'hommes à Lyon. Mais cette même loi décidait, en outre, que pareil tribunal pourrait être institué partout où, en raison de l'activité du commerce et de l'industrie, le gouvernement jugerait convenable d'en installer.

Depuis lors, les conseils de prud'hommes ont connu une grande extension : actuellement, il existe en France, 271 conseils de prud'hommes.

**132. Textes et plan.** — Le statut juridique des conseils de prud'hommes est régi par des textes qui figurent dans le code du travail, tant pour sa partie législative que pour sa partie réglementaire (art. L. 511-1 et s. et R. 511-1 et s.). Mais, par souci de commodité, certains d'entre eux ont été reproduits dans le code de l'organisation judiciaire aux art. L. 421-1 à 424-1 et R. 421 à 424-1.

Ces textes ont fait l'objet de très importantes réformes tendant à supprimer tout ce qui pouvait entraver l'essor de cette juridiction : la loi n° 79-44 du 18 janvier 1979 et surtout, plus récemment, la loi n° 82-372 du 6 mai 1982, complétée par le décret n° 82-1073 du 15 décembre 1982.

On étudiera les conseils de prud'hommes en insistant sur les traits caractéristiques de cette juridiction ; à savoir : sa compétence (A), son rôle (B), sa composition (C) et, enfin, son organisation et son fonctionnement (D).

### A. — Compétence

**133. Litiges nés d'un contrat de travail ou d'apprentissage.** — La compétence des conseils de prud'hommes se limite aux litiges qui sont nés à l'occasion d'un contrat de travail, auquel on assimile tout naturellement le contrat d'apprentissage.

Cette condition se révèle souvent d'une application malaisée. On peut en effet hésiter pour savoir si le contrat invoqué est bien un contrat de travail et, dans

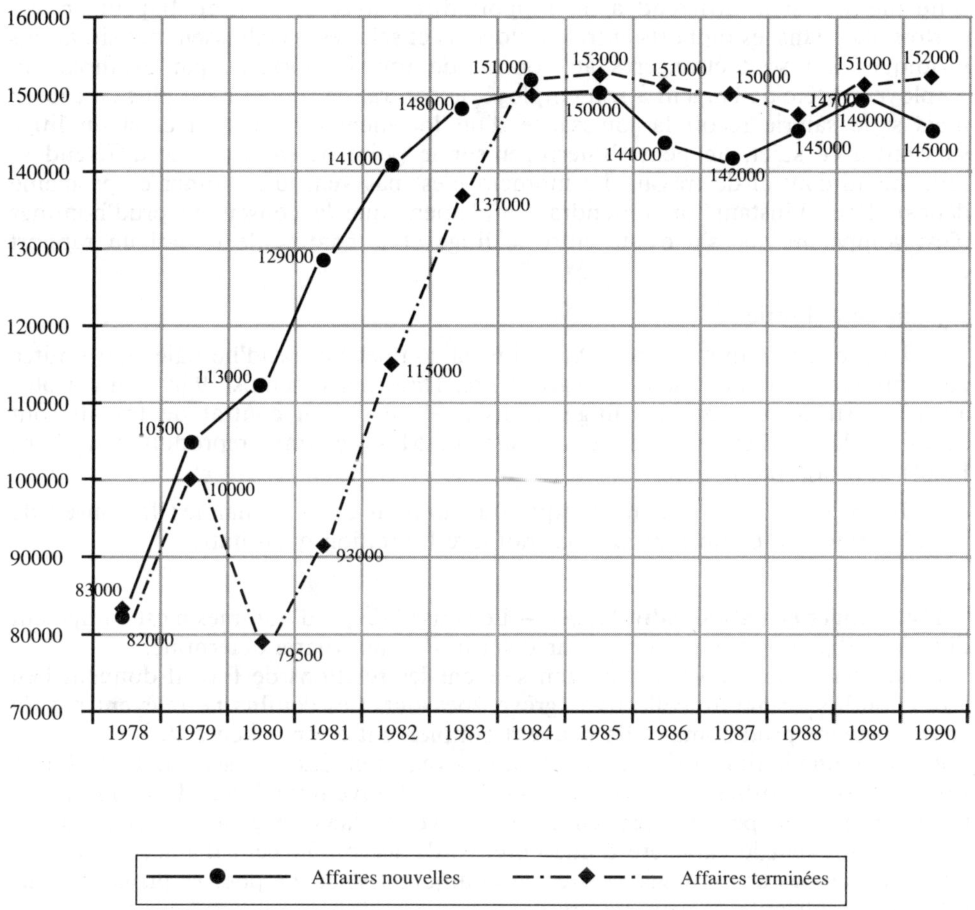


ÉVOLUTION DE L'ACTIVITÉ DES CONSEILS DE PRUD'HOMMES

On observera la véritable « explosion » du contentieux prud'homal à partir de 1978. L'inflation de la législation sociale qui a suscité un abondant contentieux explique en partie cette situation. Elle a été aggravée par le fait que les réformes intervenues en 1979 ont eu pour conséquence de paralyser l'activité des conseils de prud'hommes pendant près de deux ans ; ce qui explique, en 1980, la chute du nombre des affaires jugées. Mais à partir de cette date, les conseils de prud'hommes ont fait preuve d'une intense activité qui tend actuellement à se stabiliser. *(Extrait de l'Annuaire statistique de la justice, édition 1992, p. 57.)*

cette mesure, si le différend a un rapport direct avec ce contrat. Il peut arriver parfois que, dans les rapports entre employeurs et salariés, s'établissent des situations juridiques qui sont étrangères au contrat de travail : lorsque, par exemple, un employeur prête de l'argent à son employé, le contrat de travail n'est plus en cause ; mais si le salarié reçoit la jouissance d'un logement de fonction et si un litige survient à ce sujet, on peut s'interroger sur le point de savoir si ce différend se rattache au contrat de travail. Le moment n'est pas venu d'examiner ce problème délicat. Pour l'instant, on retiendra simplement que le conseil de prud'hommes n'est compétent que s'il existe entre le litige et le contrat de travail un rapport direct.

Dans cette limite :

a) La profession importe peu. Autrefois, la compétence prud'homale était limitée au commerce, à l'industrie et à l'agriculture. Désormais, depuis 1958, il n'y a plus aucune distinction : tous les litiges individuels nés d'un contrat de travail sont soumis à la juridiction prud'homale (art. L. 511-1 c. trav. reproduit dans l'art. L. 421-1 c. org. jud.).

b) Il n'y a pas lieu de tenir compte du montant de la demande : le conseil de prud'hommes est compétent sans la moindre limitation quantitative.

**134. Litiges de nature individuelle.** — Le conseil de prud'hommes n'est compétent que si le litige oppose un employeur déterminé à un salarié déterminé.

Il est bon de le souligner, car bien souvent les relations de travail donnent lieu à des conflits de nature collective : grève, lock-out. Ces conflits ne relèvent pas de la compétence prud'homale. Ils peuvent simplement donner lieu à des procédures spéciales (conciliation, médiation, arbitrage) réglementées par les art. L. 522-1 et suiv. c. trav (modifiés par la loi n° 82-957 du 13 novembre 1982). Les conseils de prud'hommes ne peuvent pas en effet intervenir dans ce genre de conflits qui prennent souvent le caractère d'une épreuve de force. On peut d'ailleurs regretter qu'il n'existe pas une « magistrature économique et sociale » pour se prononcer sur les conflits collectifs de cette nature.

## B. — **Rôle**

**135. Importance de la conciliation.** — Les conseils de prud'hommes ont sans doute pour fonction de juger les litiges dont ils sont saisis : ils rendent en effet des jugements ayant autorité de chose jugée. Mais ils ont aussi et surtout pour rôle de *concilier* les parties. On peut même dire que c'est là leur rôle primordial : la conciliation est de l'essence même de la juridiction prud'homale, le jugement n'intervenant qu'à défaut de conciliation.

On le comprend aisément : le jugement est une solution d'autorité qui laisse bien des ressentiments et qui malheureusement n'intervient parfois qu'après de longs délais. Or, en cette matière, où très souvent les plaideurs sont des gens de condition modeste et où ce genre d'incident peut dégénérer en un conflit collectif, il est de l'intérêt de tous d'essayer d'obtenir rapidement un arrangement amiable qui permettra de faire l'économie d'un contentieux irritant.

Il semble toutefois que le nombre des litiges qui se terminent par une conciliation va en diminuant pour se stabiliser actuellement entre 9 et 10 % (16).

**136. Conséquences procédurales.** — L'importance attachée à la conciliation explique une particularité tout à fait remarquable de la procédure devant les conseils de prud'hommes : à savoir, la division de l'instance en deux phases très nettement distinctes :

*a*) Toute demande portée devant un conseil de prud'hommes doit d'abord être soumise à une formation spéciale de ce conseil que l'on appelle le *bureau de conciliation*, lequel, comme son nom l'indique, a pour mission de rechercher un arrangement amiable. Cette formation particulière est composée de deux membres : un conseiller prud'homme salarié et un conseiller prud'homme employeur. Les parties doivent s'y présenter en personne.

---

(16) Les statistiques sur ce point sont révélatrices :

| Années | Nombre d'affaires soumises au bureau de conciliation | Nombre d'affaires conciliées | Pourcentage de conciliations |
|---|---|---|---|
| 1973 .................. | 72 292 | 14 817 | 20 % |
| 1974 .................. | 73 382 | 13 078 | 17 % |
| 1975 .................. | 78 946 | 13 309 | 16 % |
| 1976 .................. | 75 988 | 12 503 | 16 % |
| 1977 .................. | 77 407 | 12 186 | 15 % |
| 1978 .................. | 82 228 | 11 073 | 13 % |
| 1979 .................. | 97 016 | 13 092 | 13 % |
| .................. | | | |
| 1982 .................. | 141 143 | 14 281 | 10,1 % |
| 1984 .................. | 150 613 | 14 988 | 9,9 % |
| 1986 .................. | 144 033 | 13 816 | 9,6 % |
| 1988 .................. | 145 522 | 13 094 | 9 % |
| 1989 .................. | 151 161 | 13 804 | 9,13 % |
| 1990 .................. | 152 955 | 14 306 | 9,35 % |

Aucune affaire ne peut être jugée sans une tentative préalable de conciliation : cette règle est d'ordre public (17).

*b*) En cas d'échec, l'affaire est alors portée devant une autre formation que l'on appelle le *bureau de jugement* dont le rôle est de juger l'affaire. Cette formation comprend quatre membres : deux conseillers prud'hommes salariés et deux conseillers prud'hommes employeurs.

### C. — **Composition**

**137. Vue d'ensemble.** — L'effectif de chaque conseil de prud'hommes est fixé par décret : le nombre des juges — que l'on appelle des « conseillers prud'hommes » —, varie selon l'importance du conseil et le volume des affaires à juger.

Mais il convient de retenir surtout que le conseil de prud'hommes est une juridiction paritaire composée de juges élus comprenant à égalité des conseillers prud'hommes employeurs et des conseillers prud'hommes salariés.

**138. I. Juges exclusivement élus.** — Cette originalité s'explique tout à la fois par la technicité des litiges et par l'importance que la loi attache à la conciliation. Dans un domaine où les usages, les conventions collectives et les coutumes professionnelles jouent un rôle essentiel, il est bon que les litiges du travail soient jugés par des professionnels ayant une parfaite connaissance de ces règles particulières et qui, de surcroît, seront d'autant mieux à même de suggérer une conciliation qu'ils auront été investis par la confiance des plaideurs. Pour cette raison, *aucun magistrat de carrière ne siège dans les conseils de prud'hommes*, sauf dans le cas particulier où une « départition » serait nécessaire (*infra*, n° suivant).

Les conseillers prud'homaux sont élus directement pour un mandat de cinq ans renouvelable (art. L. 512-5 c. trav. mod. par loi n° 82-352 du 6 mai 1982) (18). Les élections ont lieu à la représentation proportionnelle au sein de deux collèges distincts : le collège des employeurs et le collège des salariés, eux-mêmes subdivisés en autant de sous-collèges qu'il y a de sections distinctes (sur les sections, *infra*, n° 142).

---

(17) Cass. soc. 23 janv. 1959, J.C.P. 1959.II.11505, *Rev. trim. dr. civ.* 1959.584, obs. P. Hébraud.

(18) Avant la loi du 6 mai 1982, la durée du mandat était de six ans. Mais chaque conseil de prud'hommes se renouvelait par moitié tous les trois ans. Désormais, il n'en est plus ainsi : le renouvellement de chaque conseil de prud'hommes est intégral tous les cinq ans. Les dernières élections générales ont eu lieu au mois de décembre 1992.

Pour être électeur, il faut exercer une activité professionnelle et être âgé de 16 ans accomplis.

Pour être éligible, plusieurs conditions sont requises : il faut être inscrit sur la liste électorale, avoir 21 ans, posséder la nationalité française et ne pas avoir encouru certaines condamnations (art. L. 513-2 c. trav.). Sont également éligibles les personnes ayant été inscrites sur les listes électorales pendant au moins trois ans et ayant cessé leur activité depuis moins de dix ans : on a voulu ainsi permettre à des personnes retraitées qui peuvent avoir une solide expérience d'exercer les fonctions de conseillers prud'hommes.

**139. II. Juridiction paritaire.** — La parité entre, d'une part, les conseillers prud'hommes salariés et, d'autre part, les conseillers prud'hommes employeurs est une règle essentielle. La loi ne veut pas qu'un élément puisse l'emporter sur l'autre.

Cette préoccupation tout à fait légitime entraîne deux règles particulières, spécifiques à la juridiction prud'homale, qui attestent la nécessité d'une parité absolue :

a) L'*alternance de la présidence.* A la tête du conseil de prud'hommes se trouve placé un président, assisté d'un vice-président, élus l'un et l'autre pour un an par l'assemblée générale. Mais si le président est un conseiller prud'homme employeur, le vice-président doit être un conseiller prud'homme salarié, et inversement. En outre, l'alternance doit être observée d'année en année, de telle sorte que si une année le président est un conseiller prud'homme employeur, l'année suivante le président sera un conseiller prud'homme salarié (art. L. 512-8 c. trav.).

b) Afin de maintenir la parité, tout jugement doit être rendu par quatre conseillers prud'homaux : *deux conseillers prud'hommes employeurs et deux conseillers prud'hommes salariés.*

Mais alors se pose la question de savoir comment peut se dégager une majorité s'il y a partage égal des voix. Il serait inconcevable que le président, qui est soit un conseiller prud'homme salarié, soit un conseiller prud'homme employeur, puisse avoir voix prépondérante. En pareil cas, l'affaire devra donc être renvoyée dans le plus bref délai devant le même bureau de jugement, présidé cette fois par un juge du tribunal d'instance dans le ressort duquel est situé le conseil de prud'hommes. Ce juge, — que l'on appelle le «*juge départiteur*» —, a en principe pour mission de se rallier à l'une des deux solutions en présence pour dégager une majorité dans un sens ou dans l'autre. Mais en fait, rien ne lui interdit d'essayer de suggérer une tierce solution qui aurait l'agrément d'une majorité. Et c'est d'ailleurs souvent ainsi qu'il conçoit sa mission.

**140. III. Statut des conseillers prud'hommes.** — Les conseillers prud'homaux sont de véritables juges qui participent à l'administration de la justice. A ce titre, ils sont soumis en règle générale à toutes les obligations et charges professionnelles qui pèsent sur les magistrats de carrière : non ingérence dans les pouvoirs législatif et exécutif (*supra*, n^os^ 23 et s.), obligation de juger sous peine de déni de justice (*supra*, n° 55), récusation éventuelle en cas d'intérêt dans la contestation ou de parenté avec l'une des parties (*infra*, n° 414), etc ...

Mais, cela dit, on ne saurait oublier que :

D'une part, les conseillers prud'homaux sont des juges élus, parfois dans un contexte d'affrontement syndical : de là, la prohibition de tout mandat impératif qui impliquerait l'engagement de juger dans un sens déterminé et risquerait de « politiser » la juridiction prud'homale.

D'autre part, les conseillers prud'homaux (comme les juges consulaires) exercent parallèlement une activité professionnelle. Cette situation particulière ne va pas sans problèmes.

En ce qui concerne *conseillers prud'hommes salariés*. Ils sont réputés « salariés protégés » et, de ce fait, ils ne peuvent pas être licenciés sans l'accord du comité d'entreprise ou de l'inspecteur du travail. En outre, ils peuvent s'absenter de leur travail pour le temps nécessaire à l'exercice de leur fonction de conseillers prud'hommes. Dans ce cas, l'entreprise doit continuer à les rémunérer intégralement, étant précisé que l'Etat rembourse mensuellement à l'entreprise le montant des heures pendant lesquelles le salarié s'est absenté (art. R. 51-10-4 c. trav., mod. par décr. n° 82-1076 du 15 déc. 1982). Enfin, le temps consacré à l'exercice de la fonction prud'homale en dehors des heures de travail est rémunéré par une indemnité de vacation payée directement par l'Etat (19).

En ce qui concerne les *conseillers prud'hommes employeurs*. Le temps consacré à l'exercice de ces fonctions leur est également payé, mais d'une autre manière : après 18 heures, au même taux que les indemnités de vacation allouées aux conseillers prud'hommes salariés et, entre 8 et 18 heures, à ce même taux multiplié par deux (car il s'agit là d'un temps distrait à leur propre entreprise ; art. D. 51-10-1 et 2 c. trav.) (20).

### D. — Organisation et fonctionnement

**141. Implantation territoriale.** — Jusqu'à une époque récente, il n'était institué de conseil de prud'hommes que dans les régions où la nécessité l'imposait : dans chaque cas, un décret fixait le siège et le ressort territorial du conseil de prud'hommes institué. Il en résultait que, dans certaines régions, il n'y avait aucun conseil de prud'hommes ; dans ce cas, les litiges relevant de la compétence de cette juridiction étaient portés devant le tribunal d'instance, statuant « en matière prud'homale ».

---

(19) Actuellement, le taux des vacations est de 37,70 francs l'heure (décret n° 91-404 du 26 avr. 1991).

(20) Sur l'application de cette disposition, cf. la Circulaire du 28 janvier 1983 (*Journ. off.* 24 févr. 1983) et la Réponse ministérielle à la question écrite n° 28672 (*Journ. off. Déb. Ass. Nat.* 16 mai 1983, p. 2233).

Désormais, il n'en est plus ainsi. Depuis la loi n° 79-44 du 18 janvier 1979, il existe *« au moins un conseil de prud'hommes dans le ressort de chaque tribunal de grande instance »* (art. L. 511-3, al. 1, c. trav.) : ce qui revient à dire qu'aucune enclave du territoire français n'échappe à cette juridiction. En revanche, rien ne s'opposerait à ce que, dans le ressort d'un même tribunal de grande instance, fussent institués plusieurs conseils de prud'hommes « pour des raisons d'ordre géographique, économique et social » (art. L. 511-3, al. 2, c. trav.) : tel est le cas dans les régions à forte concentration industrielle où les litiges entre employeurs et salariés sont nombreux.

De toute manière, par décret pris en Conseil d'Etat et après consultation de divers organismes, il est possible de créer ou de supprimer certains conseils de prud'hommes, en fonction des besoins ; et, de même, le ressort territorial d'un conseil de prud'hommes ainsi que son siège peuvent être modifiés par voie de décret. Cette formule donne une très grande souplesse à l'implantation territoriale de la juridiction prud'homale.

**142. Division en « sections ».** — Les conseils de prud'hommes ont pour originalité d'être divisés en « sections » qui correspondent, chacune, à des activités professionnelles de nature différente. Depuis la loi du 18 janvier 1979, tout conseil de prud'hommes comporte cinq sections : la section de l'encadrement, la section de l'industrie, la section du commerce et des services commerciaux, la section de l'agriculture (21) et la section des activités diverses (art. L. 512-2 c. trav.). Chaque section comprend au moins quatre conseillers prud'hommes employeurs et quatre conseillers prud'hommes salariés.

Cette division s'explique par le fait que, dans le domaine du droit du travail, les règles applicables (usages, conventions collectives) varient très sensiblement selon les professions ; pour cette raison, un conseiller prud'hommes agriculteur, par exemple, serait mal placé pour juger un différend concernant un cadre salarié d'une entreprise industrielle ; et inversement. De là, une spécialisation nécessaire à l'intérieur de chaque conseil.

En matière prud'homale, cette spécilisation est poussée très loin. En effet, à la différence des chambres d'un tribunal dont on a dit précédemment que chacune d'elles était l'organe du tribunal tout entier (*supra*, n° 99), *chaque « section », à l'intérieur d'un même conseil de prud'hommes, constitue une véritable juridiction autonome* ayant son président et son vice-président (art. L. 512-2, al. 1, c. trav.).

---

(21) La section agricole présente toutefois une particularité : lorsque dans le ressort d'un tribunal de grande instance, il y a plusieurs conseils de prud'hommes, il est constitué une *section agricole unique* pour l'ensemble du ressort de ce tribunal ; elle est rattachée au conseil de prud'hommes dont le siège est celui dudit tribunal (art. L. 512-2, c. trav., mod. par la loi n° 86-1319 du 30 déc. 1986 ; et art. R. 512-1-1 c. trav. ajouté par le décret n° 87-321 du 11 mai 1987).

Il en résulte que, la section du commerce par exemple, serait incompétente pour statuer sur un litige opposant un employé agricole à son employeur.

En revanche, à l'intérieur d'une même section, importante par le nombre des affaires à juger, rien ne s'oppose à une *subdivision en chambres* (art. L. 512-3 c. trav.), chacune d'elles étant cette fois l'organe de la section toute entière. Dans ce cas, si une même section est subdivisée en plusieurs chambres, l'une d'elles doit être constituée spécialement pour connaître des litiges relatifs aux licenciements pour motif économique (art. L. 512-3 c. trav., mod. par la loi n° 86-1319 du 30 déc. 1986).

**143. Président et vice-président.** — A la tête de chaque conseil de prud'hommes se trouve placé un président, que l'on appelle parfois le « président général » pour bien marquer la différence avec le président de chaque section. Le président est assisté d'un vice-président.

L'un et l'autre sont élus pour un an par l'assemblée générale (*infra*, n° 144). Mais on rappellera la règle fondamentale de l'alternance annuelle qui, pour respecter le principe de la parité, veut que l'année où le président est un conseiller prud'homme employeur, le vice-président soit un conseiller prud'homme salarié ; et inversement (*supra*, n° 139).

A la différence des présidents des autres juridictions, le président du conseil de prud'hommes n'exerce aucune fonction juridictionnelle propre : notamment, il n'est pas juge des référés. Le caractère paritaire de la juridiction prud'homale interdit en effet que le président qui appartient soit à la catégorie des employeurs, soit à la catégorie des salariés, puisse rendre seul une décision juridictionnelle. Dans ces conditions, le président du conseil de prud'hommes n'a que des attributions purement administratives : organisation intérieure du conseil, discipline, répartition des affaires entre les différentes sections, etc...

**144. Les différentes formations.** — Le conseil de prud'hommes peut se réunir en différentes formations.

I. La seule formation administrative est l'*assemblée générale*, c'est-à-dire, la réunion de tous les conseillers prud'hommes. Son rôle est important. On sait qu'elle désigne le président et le vice-président. En outre, il lui appartient d'élaborer le règlement intérieur du conseil et de proposer éventuellement la constitution de nouvelles chambres (art. L. 512-3 c. trav.).

II. Les formations juridictionnelles sont les suivantes :

*a*) Les *« bureaux »*. Aux termes de l'art. L. 515-1 c. trav., chaque section du conseil de prud'hommes ou, lorsque celle-ci est subdivisée en chambres, chacune des chambres comprend au moins un bureau de conciliation et un bureau de jugement.

Le *bureau de conciliation*, composé d'un conseiller prud'homme employeur et d'un conseiller prud'homme salarié, a pour mission de tenter une conciliation préalable entre les parties. Mais il peut également prendre certaines décisions provisoires importantes ; par exemple, ordonner le versement d'une provision ou la remise sous astreinte d'un certificat de travail ou d'un bulletin de paye (art. R. 516-18 nouv. c. pr. civ.).

Le *bureau de jugement*, composé de deux conseillers prud'hommes employeurs et de deux conseillers prud'hommes salariés est la formation qui statue définitivement sur le fond du litige lorsque la tentative de conciliation a échoué.

*b*) La *formation des référés*. Au sein de chaque conseil de prud'hommes existe une formation de référé commune à l'ensemble des sections (art. L. 515-1 et R. 515-4 c. trav.). Cette formation, composée d'un conseiller prud'homme salarié et d'un conseiller prud'homme employeur désignés chaque année par l'assemblée générale, est chargée de pourvoir aux mesures qu'impose l'urgence.

On constatera par conséquent que la procédure des référés existe en matière prud'homale. Mais comme il était impossible d'attribuer cette fonction au président (*supra*, n° 143), il a fallu créer une formation spéciale afin de respecter le principe de la parité.

## Conclusion

**145.** Les conseils de prud'hommes rendent de réels services, grâce à la connaissance que possèdent les conseillers prud'homaux des différends à juger et aussi à leur souci de les concilier. On doit constater néanmoins qu'ils font l'objet d'un certain nombre de critiques dont certaines sont malheureusement justifiées.

D'abord, certains conseils de prud'hommes n'échappent pas à une relative « politisation », surtout dans les régions où le climat social est perturbé. Les élections prud'homales de 1987 et de 1992 ont d'ailleurs montré qu'à l'occasion du scrutin, les grandes centrales syndicales « testent » leur représentativité.

Ensuite et surtout, on leur reproche une excessive lenteur : certains conseils méditent parfois leur décision pendant des mois ! A vrai dire, il est difficile d'en faire reproche aux conseillers prud'hommes qui, — il ne faut pas l'oublier —, exercent parallèlement une activité professionnelle souvent très prenante. Cette situation n'en est pas moins fort regrettable si l'on considère que, dans la plupart des cas, les différends soumis aux conseils de prud'hommes exigeraient une solution rapide.

Enfin, on doit reconnaître que parfois la rédaction des jugements est défectueuse et que certains secrétariats prud'homaux aggravent encore cette situation en notifiant les décisions rendues avec beaucoup de retard (22).

---

(22) P. Estoup, « La question prud'homale », *Gaz. Pal.* 11-13 août 1991.

## § 5. — TRIBUNAUX PARITAIRES DES BAUX RURAUX

**146. Généralités.** — Depuis près d'un demi-siècle, la matière des baux (baux d'habitation, baux commerciaux, baux ruraux) donne lieu à une abondante législation qui suscite de nombreux litiges. Le bail rural, — par lequel le propriétaire d'une terre (que l'on appelle le « bailleur ») loue celle-ci à un fermier ou à un métayer (que l'on appelle le « preneur ») qui l'exploitera à son profit moyennant une redevance versée au bailleur —, crée une situation juridique assez particulière qui se situe aux confins du contrat de bail et du contrat de travail. Les rapports entre bailleurs et preneurs provoquent un irritant contentieux (litiges sur le montant du fermage, sur le renouvellement du bail, etc.) pour la solution duquel le législateur a cru devoir instituer une juridiction spéciale que l'on appelle le tribunal paritaire des baux ruraux.

Cette juridiction a une courte histoire. Son origine remonte à une loi du gouvernement de Vichy en date du 4 septembre 1943, qui, dans le cadre de sa politique corporative, avait créé des commissions paritaires de conciliation et de jugement composées de bailleurs et de fermiers élus par les sections cantonales des syndicats agricoles.

A la Libération, une ordonnance du 4 décembre 1944 réorganisa l'institution en y apportant des modifications sensibles : d'une part, la présidence fut attribuée à un magistrat de carrière et, d'autre part, l'ordonnance institua deux degrés de juridiction : une commission de première instance présidée par un juge de paix et une commission paritaire d'arrondissement présidée à l'époque par le président du tribunal civil.

Le décret n° 58-1293 du 22 décembre 1958 devait donner à cette juridiction la structure que nous lui connaissons aujourd'hui, au prix d'une importante réforme : le décret de 1958 supprima les tribunaux paritaires d'arrondissement qui, autrefois, jouaient le rôle de juridiction d'appel ; désormais par conséquent, les tribunaux paritaires des baux ruraux n'existent qu'au premier degré, l'appel de ses décisions étant porté devant la chambre sociale de la cour d'appel (ainsi qu'il sera dit ultérieurement, *infra*, n° 162).

**147. Organisation.** — Il existe un tribunal paritaire des baux ruraux au siège de chaque tribunal d'instance : le ressort territorial de ce tribunal est donc identique à celui du tribunal d'instance.

On remarquera le parallélisme entre les deux juridictions. Le rapprochement est d'autant plus justifié que le tribunal paritaire des baux ruraux est présidé par un juge du tribunal d'instance, assisté de quatre assesseurs titulaires : deux représentants des bailleurs et deux représentants des preneurs. En d'autres termes, *le tribunal paritaire des baux ruraux est organisé dans le sillage du tribunal d'instance*, la seule différence consistant à lui adjoindre des assesseurs élus.

Ce parallélisme conduit à trois observations qui soulignent la spécificité du tribunal paritaire des baux ruraux :

*a*) D'une part, cette juridiction est composée de *juges élus* : les bailleurs et les preneurs qui siègent en tant qu'assesseurs du juge d'instance. La durée du mandat est de cinq ans.

Pour être électeur, il faut avoir la nationalité française (ou être ressortissant d'un Etat membre de la Communauté européenne), être âgé de 21 ans, avoir son domicile ou sa résidence dans le ressort du tribunal et, enfin, avoir la jouissance de ses droits civils, civiques et professionnels. Pour être éligible, il faut, en outre, être âgé de 26 ans et posséder depuis cinq ans au moins la qualité de bailleur ou de preneur.

*b*) D'autre part, cette juridiction a une *composition paritaire* : les bailleurs et les preneurs figurent à égalité, leurs représentants étant élus au sein de collèges distincts.

*c*) Enfin et surtout, le tribunal paritaire des baux ruraux a une *structure échevinale.* A la différence des tribunaux de commerce et des conseils de prud'hommes où ne siège aucun magistrat de carrière (23), le tribunal paritaire des baux ruraux est présidé par un juge du tribunal d'instance.

Au sein de ce tribunal, le juge d'instance occupe une place importante. Non seulement, il lui appartient de statuer au provisoire, en tant que juge des référés si des mesures d'urgence paraissent devoir s'imposer, mais en outre, il peut être appelé à statuer sur le fond du litige si le tribunal paritaire des baux ruraux ne peut pas se réunir au complet ou, encore, s'il se trouve dans l'impossibilité de fonctionner par suite de la carence des assesseurs. Et cela, parce que le mauvais fonctionnement du tribunal dans sa formation normale ne doit pas paralyser le cours de la justice. Mais autant dire alors que, dans ce cas, le tribunal paritaire des baux ruraux se confond pratiquement avec le tribunal d'instance.

**148. Fonctionnement.** — Le tribunal paritaire des baux ruraux peut se subdiviser en deux sections : l'une pour juger les baux à ferme et l'autre pour statuer sur les baux à métayage. Dans ce cas, les assesseurs (bailleurs et preneurs) siègent dans la

---

(23) Sauf le cas d'une « départition » en ce qui concerne les conseils de prud'hommes, cf. *supra*, n° 139.

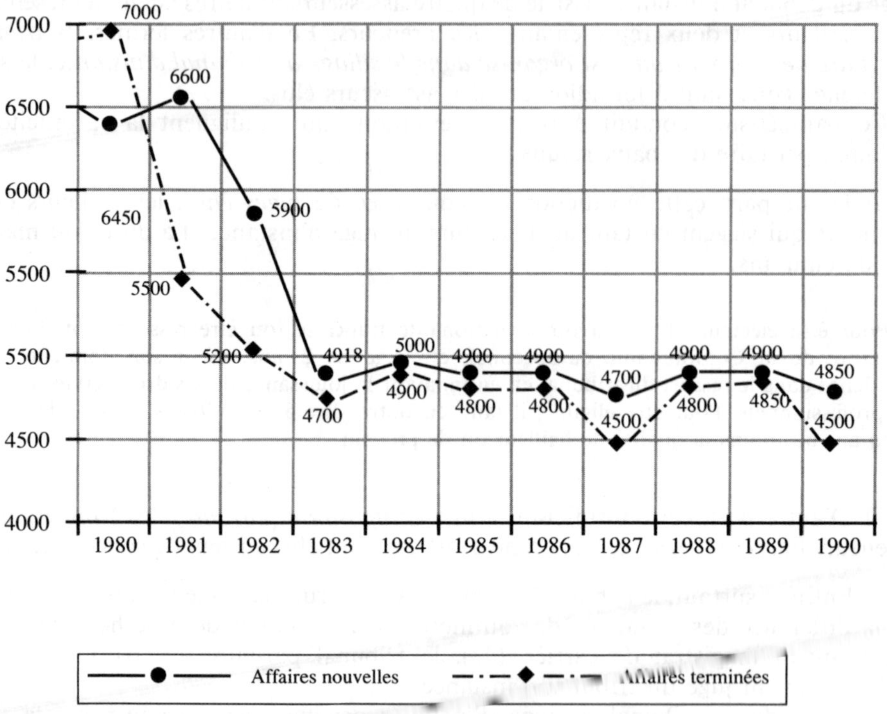


**ÉVOLUTION DE L'ACTIVITÉ DES TRIBUNAUX PARITAIRES DES BAUX RURAUX**

On constate une très nette diminution de l'activité des tribunaux paritaires des baux ruraux depuis 1981. C'est la seule juridiction à nous offrir l'exemple d'un tel phénomène *(Extrait de l'Annuaire statistique de la Justice, édition 1992, p. 55.)*

section qui correspond à la qualité pour laquelle ils ont été élus. Mais, à la différence de ce qui a été souligné en matière prud'homale (*supra*, n° 142), rien ne s'opposerait à ce que la section du fermage statue sur un litige concernant un bail à métayage, ou inversement.

Cela dit, deux particularités importantes doivent être retenues :

D'abord, le *défaut de permanence* du tribunal paritaire des baux ruraux. Alors que les autres juridictions civiles, commerciales ou sociales siègent de façon continue (*supra*, n° 72), les tribunaux paritaires des baux ruraux se réunissent par sessions dont la fréquence et la durée dépendent du nombre des affaires à juger. Il serait en effet inopportun d'appeler à siéger en permanence des assesseurs qui ont leurs propres activités professionnelles : on ne les convoque que dans la mesure où le besoin s'en fait sentir.

Ensuite, s'il est vrai que la formation normale de ce tribunal se réunit en *audience publique*, elle peut également se réunir en *chambre du conseil*.

**149. Conclusion.** — Les tribunaux paritaires des baux ruraux ont été très sévèrement critiqués. Non seulement on a pu souligner le caractère hérétique de leur statut (24), mais surtout, il faut bien reconnaître que, dans les faits, leur fonctionnement n'est pas toujours satisfaisant (25). De toutes les juridictions civiles, commerciales et sociales, elle est très certainement celle qui appelle les plus sérieuses réserves. Au reste, la désaffection des assesseurs dans certaines régions est un signe qui ne trompe pas.

## § 6. — JURIDICTIONS EN MATIÈRE DE SÉCURITÉ SOCIALE

**150. Généralités : la diversité des contentieux.** — La sécurité sociale suscite un abondant contentieux. C'est la raison pour laquelle, au lendemain de la Libération, le législateur estima opportun de créer des juridictions spécialisées pour statuer sur les différends auxquels peut donner lieu l'application des textes sur la sécurité sociale (loi du 24 octobre 1946).

Les juridictions relatives à la sécurité sociale sont réglementées aujourd'hui par les articles L. 142-1 et suiv. du code de la sécurité sociale. Le code de l'organisation judiciaire y fait également référence dans les articles L. 451-1 à 452-2 et R. 451-1 à 452-2.

---

(24) H. Solus, D. 1950, chron. 153.

(25) Sur ces critiques, cf. H.Solus et R. Perrot, *Droit judiciaire privé*, tome I, n° 660.

En cette matière, la difficulté vient de ce que le contentieux n'est pas seulement abondant, il est aussi *extrêmement varié.* A côté des questions proprement juridiques, il en est d'autres beaucoup plus techniques qui concernent des questions purement médicales (soins, cures, incapacité, invalidité). Ainsi apparaissent deux sortes de contentieux : un contentieux dit général et un contentieux technique. A chacun de ces deux contentieux correspondent des juridictions différentes.

**151. 1°) Contentieux général : les réformes de 1958 et de 1985.** — Le contentieux général est le contentieux des questions spécifiquement juridiques qui opposent les organismes de sécurité sociale à leurs usagers (cotisations, prestations, assujettissement, etc...).

Avant 1958, il existait deux sortes de commissions : au premier degré, la commission de première instance et, en appel, au second degré, la commission régionale d'appel. La sécurité sociale avait donc sa propre hiérarchie judiciaire, avec seulement au sommet le contrôle de la Cour de cassation. La réforme judiciaire de 1958 a supprimé la commission régionale d'appel. Désormais, l'appel des décisions rendues par les juridictions de première instance est porté devant une chambre sociale de la cour d'appel. De telle sorte que, depuis 1958, il n'existe plus que des juridictions du premier degré que l'on appelait autrefois les « commissions de première instance de la sécurité sociale » et que l'on appelle désormais, depuis la loi n° 85-10 du 3 janvier 1985, les *« tribunaux des affaires de sécurité sociale ».*

Ce changement d'appellation réalisée par la loi du 3 janvier 1985 peut surprendre. En réalité, cette modification est riche d'une certaine symbolique. Le mot « commission » est une expression assez répandue dans le contentieux administratif, mais rarement utilisée dans le contentieux privé. Tout porte à croire que ce changement a été inspiré par le souci de bien marquer l'appartenance de cette juridiction à l'ordre judiciaire et de souligner clairement que l'on se trouve en présence, non point d'une simple commission administrative, mais d'une véritable juridiction qui rend des jugements au même titre que les autres tribunaux de l'ordre judiciaire.

**152. Tribunaux des affaires de sécurité sociale.** — Chaque tribunal a pour ressort territorial tout ou partie de la circonscription d'un organisme de sécurité sociale. Il est présidé par un magistrat de l'ordre judiciaire (en activité ou honoraire), assisté, en principe, de deux assesseurs : l'un représentant les salariés et l'autre les employeurs (art. L. 142-4 c. séc. soc.). Il s'agit donc d'une juridiction tout à la fois *paritaire* et *échevinale.*

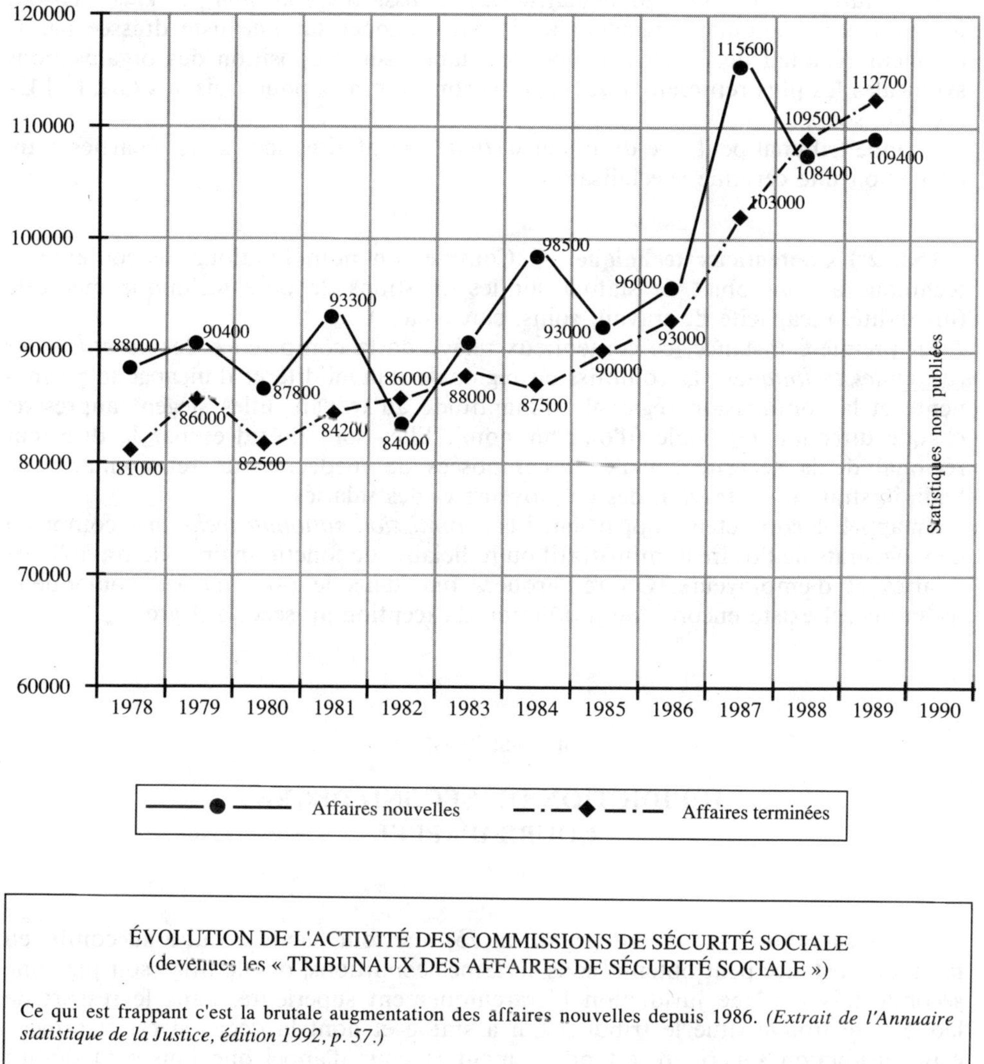


ÉVOLUTION DE L'ACTIVITÉ DES COMMISSIONS DE SÉCURITÉ SOCIALE
(devenues les « TRIBUNAUX DES AFFAIRES DE SÉCURITÉ SOCIALE »)

Ce qui est frappant c'est la brutale augmentation des affaires nouvelles depuis 1986. *(Extrait de l'Annuaire statistique de la Justice, édition 1992, p. 57.)*

Cette juridiction a pour particularité que *les assesseurs ne sont pas élus :* ils sont désignés par le premier président de la cour d'appel sur une liste dressée par le directeur régional de la Sécurité sociale, établie sur proposition des organisations syndicales les plus représentatives (26). Ils sont nommés pour trois ans (art. L. 142-5 c. séc. soc.).

Chaque tribunal peut être divisé en *sections* : les affaires sont alors réparties entre elles selon une certaine spécialisation.

**153. 2°) Contentieux technique.** — Comme son nom l'indique, le contentieux technique a pour objet de statuer sur les questions de pure technique médicale (invalidité, incapacité de travail, soins, cures, etc...).

En première instance, ce contentieux relève de la compétence des *commissions régionales techniques* : la commission régionale d'invalidité et d'incapacité permanente et la commission régionale d'inaptitude au travail. Elles siègent auprès de chaque direction régionale (d'où leur nom). Elles sont présidées par le directeur régional de la sécurité sociale et composées de médecins, de représentants de l'administration du travail, des employeurs et des salariés.

En appel, la compétence appartient à la *commission nationale technique*, composée de magistrats de l'ordre administratif ou judiciaire, de fonctionnaires, de travailleurs salariés et d'employeurs. On remarquera que dans le domaine du contentieux technique, il existe encore une juridiction d'exception au second degré.

### SOUS-SECTION II

## JURIDICTION DU SECOND DEGRÉ : COURS D'APPEL

**154. Généralités.** — On sait (*supra*, n° 75) que tout plaideur qui a succombé en première instance peut obtenir, sous certaines conditions, que le litige soit jugé une seconde fois par une juridiction hiérarchiquement supérieure, dans le ressort de laquelle se trouve situé le tribunal qui a statué et dont la décision est critiquée : cette juridiction supérieure est précisément la cour d'appel que l'on peut définir comme étant la juridiction de droit commun du second degré appelée à statuer sur les affaires déjà jugées en premier ressort par les tribunaux de première instance.

---

(26) Lorsqu'il s'agit des professions agricoles, la liste est dressée par l'inspecteur divisionnaire des lois sociales en agriculture.

On remarquera tout de suite l'expression « *Cour* », utilisée généralement dans la terminologie judiciaire pour désigner les juridictions hiérarchiquement supérieures.

Il existe trente cours d'appel en France métropolitaine, plus trois cours d'appel dans les départements d'outre-mer (Basse-Terre, Fort-de-France et Saint-Denis de la Réunion) et une cour d'appel à Nouméa (27).

*a*) Le ressort territorial de chaque cour d'appel s'étend généralement sur plusieurs départements : de deux à quatre en principe. Toutefois certaines cours d'appel ont un ressort qui se limite à un seul département : celle de Metz (Moselle), de Basse-Terre (Guadeloupe), de Fort-de-France (Martinique) et de Saint-Denis-de-la-Réunion ; tandis que d'autres, au contraire, ont un ressort territorial qui englobe cinq ou six départements : par exemple, la cour d'appel de Rennes (28) et celle de Paris (29).

*b*) Chaque cour d'appel a son siège dans une grande métropole régionale qui d'ailleurs n'est pas nécessairement la plus grande ville de la région. Il faut en effet tenir compte de la tradition historique qui veut que les cours d'appel soient installées généralement dans les locaux (parfois somptueux, sinon commodes) où, sous l'ancien régime, siégeait un Parlement. Ainsi, dans le nord de la France, la cour d'appel a son siège à Douai (et non point à Lille), tandis qu'en Alsace, la cour d'appel siège à Colmar (et non pas à Strasbourg).

Les cours d'appel portent le nom de la ville où elles siègent.

**155. Textes et plan.** — L'organisation et le fonctionnement des cours d'appel sont réglementés par les articles L. 211-1 et s. et R. 211-1 et s. du code de l'organisation judiciaire, auxquels il faut ajouter toutefois, en ce qui concerne le taux du ressort, certains des textes qui, dans le même code, sont relatifs aux tribunaux d'instance et de grande instance.

A la lumière de ces textes, on étudiera d'abord la *mise en œuvre du double degré de juridiction* en matière civile, commerciale et sociale (§ 1). Ensuite, on examinera plus spécialement l'*organisation* et le *fonctionnement* des cours d'appel (§ 2).

---

(27) Il faut également ajouter Saint-Pierre (dans les îles de Saint-Pierre et Miquelon) où siège un Tribunal supérieur d'appel.

(28) Les départements de *Ille-et-Vilaine*, du *Finistère*, du *Morbihan*, des *Côtes du Nord* et de la *Loire-Atlantique*.

(29) Les départements de *Paris*, de l'*Essonne*, du *Val-de-Marne*, de la *Seine-Saint-Denis*, de la *Seine-et-Marne* et de l'*Yonne*. On remarquera que, dans la région parisienne, les départements des Hauts-de-Seine et du Val d'Oise relèvent de la cour d'appel de Versailles (*Voir la carte page 146*).

Limite de ressort de cour d'appel

Limite de département

• Siège de la cour d'appel

CARTE DES COURS D'APPEL

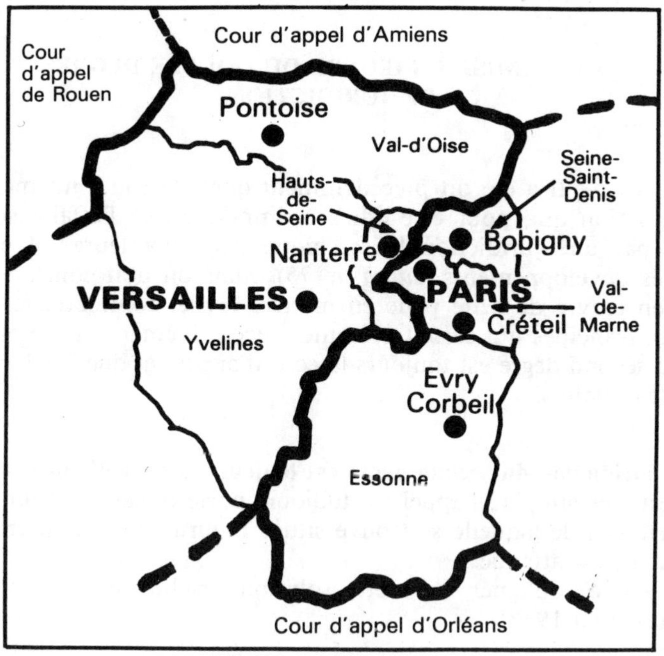


Région parisienne

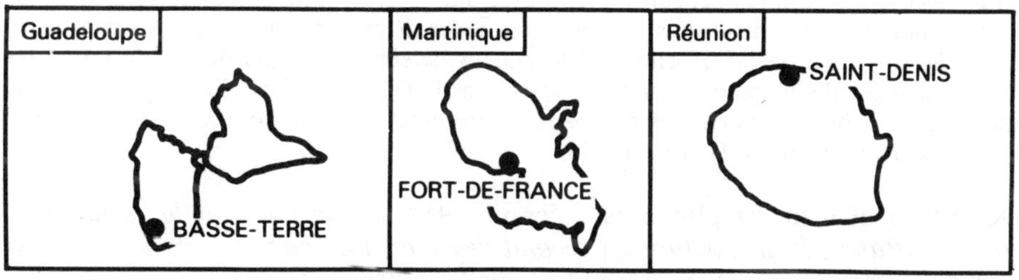


Départements d'Outre-Mer

CARTE DES COURS D'APPEL
(Région parisienne et départements d'outre-mer)

## § 1. — MISE EN ŒUVRE DU DOUBLE DEGRÉ DE JURIDICTION

**156. Principes.** — Il a été dit précédemment quel était le fondement du double degré de juridiction qui, pour être efficace, implique que l'affaire soit jugée une seconde fois par une juridiction hiérarchiquement supérieure : il est inutile de revenir sur ces développements (*supra*, n° 75). Mais on doit constater maintenant que la mise en œuvre de cette règle en matière civile, commerciale et sociale est régie par deux principes qui seront présentés successivement : à savoir que : 1°) la juridiction du second degré est toujours la cour d'appel ; et que 2°) l'appel est exclu pour les petites affaires.

**157. I. La juridiction du second degré est toujours la cour d'appel.** — La solution de principe est très simple : l'appel est toujours porté devant la cour d'appel dans le ressort territorial de laquelle se trouve située la juridiction de première instance dont le jugement est attaqué.

Il est bon de le souligner, car cette solution résulte de l'importante réforme judiciaire réalisée en 1958.

Auparavant, le mécanisme de l'appel était plus complexe. L'appel dirigé contre les jugements rendus par les tribunaux civils et les tribunaux de commerce était porté devant la cour d'appel. En revanche, les décisions émanant des justices de paix et des conseils de prud'hommes étaient déférées en appel devant les tribunaux civils. Et même, s'agissant de certaines juridictions d'exception, l'appel était porté au second degré devant une juridiction d'exception de même nature : c'est ainsi, nous l'avons vu, que les décisions rendues par les commissions de première instance de la sécurité sociale étaient déférées en appel devant la commission régionale d'appel de la sécurité sociale (*supra*, n° 151) ; tandis que l'appel des jugements rendus par les tribunaux paritaires des baux ruraux relevait de la compétence des tribunaux paritaires d'arrondissement (*supra*, n° 146).

Désormais, il n'en est plus ainsi : depuis 1958, *quelle que soit la juridiction de première instance, la juridiction du second degré est toujours et dans tous les cas la cour d'appel* (art. R. 211-1 c. org. jud.) (*voir le tableau page 149*).

Cette réforme, qui a pour elle le mérite de la simplicité, a augmenté dans une très large mesure les garanties de bonne justice puisque l'appel est porté désormais devant une juridiction qui dans la hiérarchie judiciaire occupe un rang très élevé. Mais on doit observer néanmoins que cette réforme a posé certains problèmes :

D'abord, elle a entraîné un reflux des affaires vers les cours d'appel ; ce qui, du même coup, a provoqué un encombrement de ces juridictions qui, de nos jours, ne laisse pas d'être assez préoccupant (*V. le graphique, page 157*).

## AVANT LA RÉFORME DE 1958

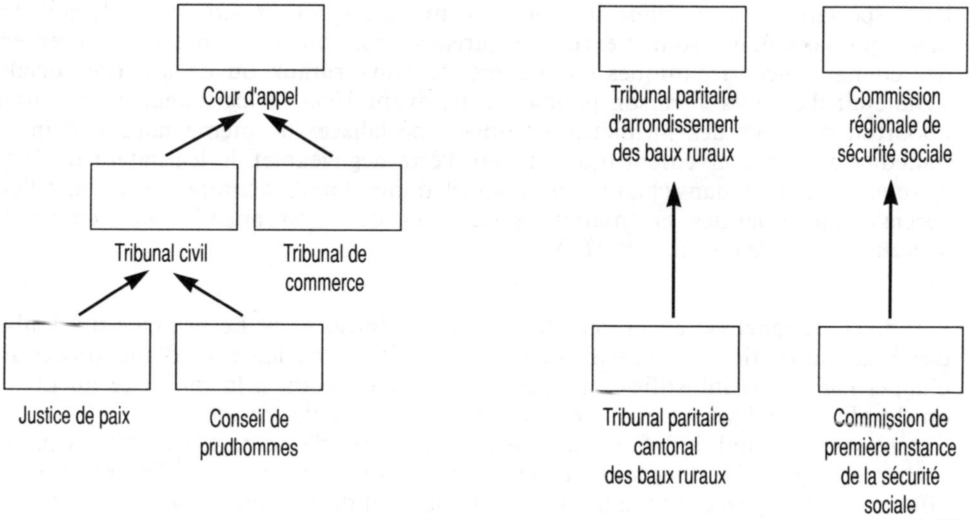


## DEPUIS LA RÉFORME DE 1958

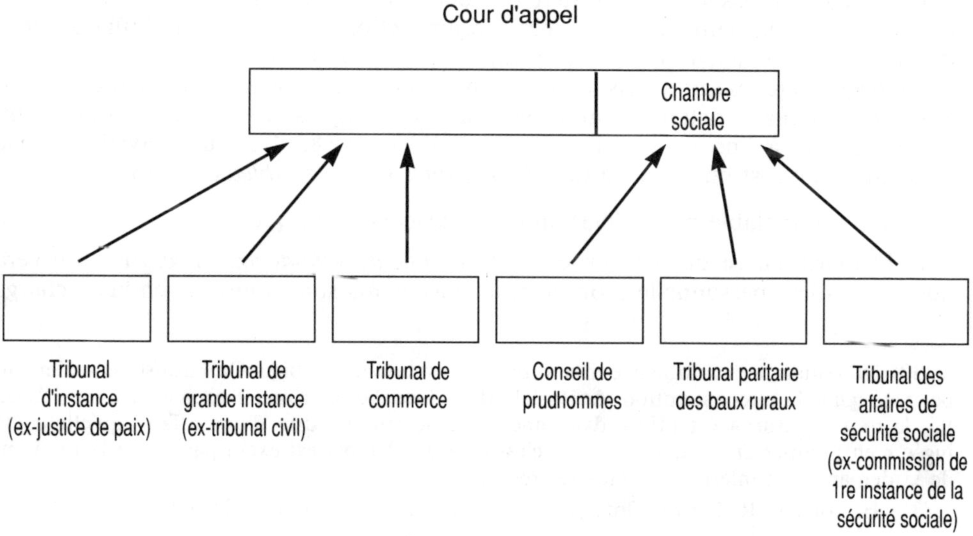

Ensuite et surtout, les cours d'appel se trouvent désormais saisies d'affaires qui exigent des connaissances spécialisées (par exemple : en matière de baux ruraux et de sécurité sociale). Et il peut alors paraître surprenant que des litiges soumis à des juges spécialisés en première instance, soient portés, au second degré, devant des juges qui sans doute sont d'excellents juristes, mais qui n'ont pas nécessairement des connaissances techniques en matière de baux ruraux ou de sécurité sociale. Telle était d'ailleurs la raison pour laquelle, avant 1958, le législateur avait estimé opportun de créer des juridictions d'appel spécialisées de même nature. Afin de remédier à cet inconvénient (qui est loin d'être négligeable), le législateur de 1958 a prévu la création, dans chaque cour d'appel, d'une chambre composée de conseillers spécialement qualifiés en matière sociale, et que l'on appelle précisément la « *chambre sociale* » (*infra*, n° 162).

**158. II. L'appel est exclu pour les « petites affaires ».** — Le principe du double degré de juridiction est écarté lorsque les frais et les lenteurs d'une procédure d'appel paraissent injustifiés, eu égard à la simplicité ou à la modicité du litige ; on dit alors que l'affaire est jugée « *en premier et dernier ressort* ».

Ainsi est-on conduit à faire une distinction entre, d'une part, les affaires jugées à charge d'appel (et donc uniquement « en premier ressort ») et, d'autre part, les affaires qui sont jugées tout à la fois « en premier et dernier ressort », pour lesquelles l'appel est exclu ; étant précisé toutefois que, dans ce cas, le jugement peut être directement déféré à la Cour de cassation.

**159. Taux du ressort.** — Le critère est fonction de la *valeur du litige*, c'est-à-dire, du montant de la demande : pour chaque juridiction, la loi fixe un chiffre en deçà duquel l'appel est exclu. Ce chiffre s'appelle le « taux du ressort » (30).

Ce taux a été maintes fois modifié en fonction des dépréciations monétaires. Sans entrer dans le détail des multiples variations législatives sur ce point (31), on retiendra que, à l'heure actuelle, depuis le décret n° 85-422 du 10 avril 1985, le taux du ressort est en principe de *13 000 francs* (*Voir le tableau page 150*).

Ce tableau (valable pour 1993) appelle plusieurs remarques :

1) D'abord, en ce qui concerne les *tribunaux de grande instance*, on observera que, en matière personnelle mobilière, les jugements sont toujours rendus à charge

(30) On remarquera combien le mot « *ressort* » est un mot ambigu. On l'utilise généralement pour désigner la circonscription territoriale dans laquelle le tribunal exerce sa compétence. Ici, le mot « ressort » est utilisé dans une autre acception : dire d'une affaire qu'elle a été jugée « en premier et dernier ressort », c'est dire que l'appel est exclu parce que le montant de la demande est inférieur au taux du ressort.

(31) H. Solus et R. Perrot, *Droit judiciaire privé*, t. I, page 498, tableau 1.

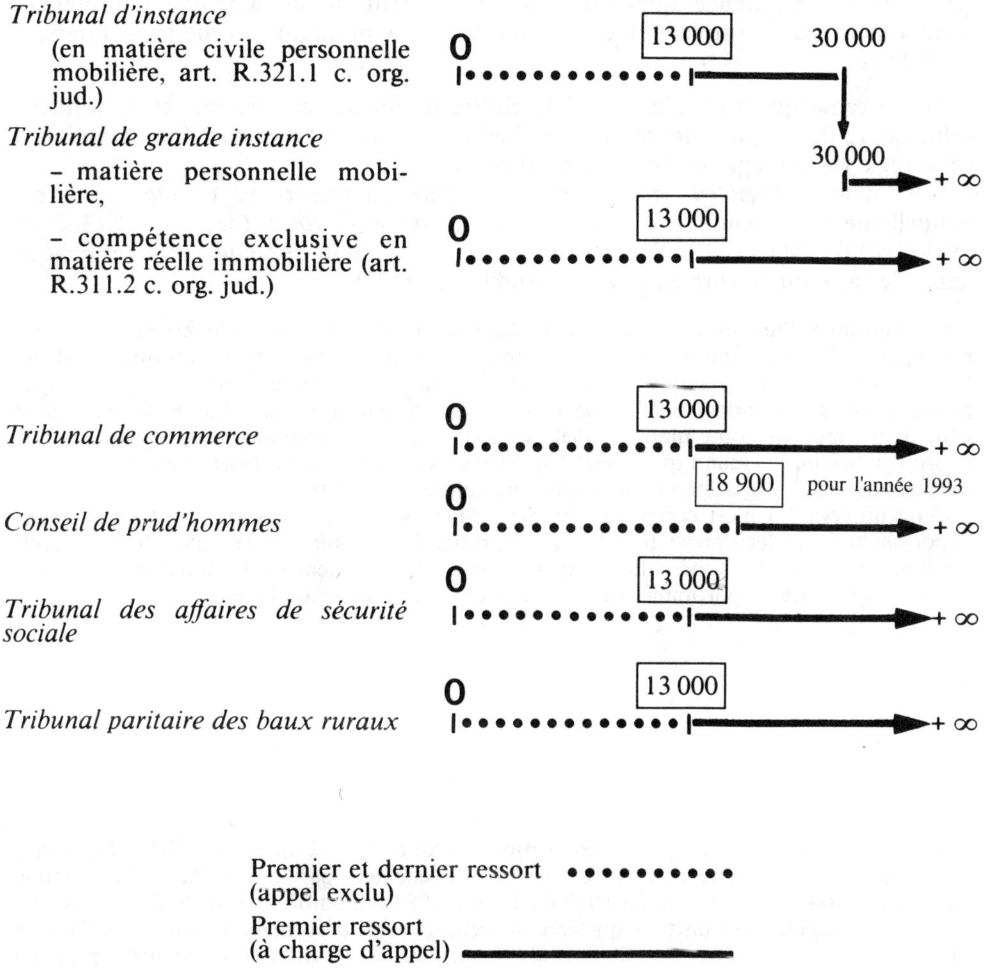
*Tribunal d'instance*
(en matière civile personnelle mobilière, art. R.321.1 c. org. jud.)
*Tribunal de grande instance*
– matière personnelle mobilière,
– compétence exclusive en matière réelle immobilière (art. R.311.2 c. org. jud.)
*Tribunal de commerce*
*Conseil de prud'hommes*
*Tribunal des affaires de sécurité sociale*
*Tribunal paritaire des baux ruraux*
0
13 000
30 000
+ ∞
18 900
pour l'année 1993
Premier et dernier ressort
(appel exclu)
Premier ressort
(à charge d'appel)

d'appel, puisque la compétence du tribunal de grande instance ne commence qu'à partir de 30 000 francs. Le tribunal de grande instance ne statue en premier et dernier ressort que dans les hypothèses exceptionnelles où il s'agit d'un litige pour lequel il a compétence quel que soit le montant de la demande (en matière immobilière, par exemple) ; et, dans la mesure où le montant de celle-ci est inférieur à 13 000 F.

2) On remarquera ensuite que si le chiffre uniformément retenu est en principe celui de 13 000 F pour toutes les juridictions, il est en revanche fait exception à cette règle de principe en matière prud'homale.

Devant les *conseils de prud'hommes*, le taux du ressort est en effet révisable annuellement ; et pour l'année 1993, il a été fixé à *18 900 F* (décr. n° 92-1360 du 29 déc. 1992). Mais ce chiffre est temporaire : il convient donc de surveiller chaque année le taux du ressort en matière prud'homale (32).

L'opportunité d'une exclusion de l'appel, lorsque l'intérêt litigieux est inférieur au taux du ressort, a parfois été contestée. On a pu faire observer que l'importance d'un litige n'est pas fonction de son enjeu matériel : un petit procès, par les intérêts en cause, pose parfois de graves questions de principe. C'est la raison pour laquelle certaines législations étrangères admettent l'appel en toute matière, quel que soit le montant nominal de la demande (rapp. le droit judiciaire allemand qui admet l'appel toutes les fois que la différence entre ce qui a été demandé et ce qui a été obtenu excède un certain montant).

Cette observation n'est certes pas inexacte. Mais des raisons pratiques ont conduit fort opportunément le législateur français à supprimer l'appel lorsque la valeur du litige est modique, afin d'éviter l'encombrement des cours, l'allongement de la durée des procès et surtout les frais disproportionnés que pourrait entraîner une seconde instance.

---

(32) Cette particularité exige une explication. La loi n° 82-372 du 6 mai 1982 a décidé que le taux du ressort en cette matière sera révisé annuellement par simple décret. En fonction de cette possibilité, le décret n° 82-1073 du 15 déc. 1982 a modifié l'art. R. 517-3 c. trav. qui s'abstient de mentionner un taux quelconque, celui-ci étant désormais indiqué dans l'art. D. 517-1 c. trav. qui peut être modifié plus aisément. Pourquoi cette révision annuelle propre à la matière prud'homale ? Il faut en chercher la raison dans le fait que le taux du ressort risque d'être facilement dépassé à mesure que le coût de la vie augmente ; ce qui diminue d'autant la possibilité pour les conseils de prud'hommes de statuer en dernier ressort, c'est-à-dire, sans appel possible et donc sans le contrôle d'une juridiction composée de magistrats de carrière. De là une certaine pression des syndicats pour que cette « part d'autonomie » ne soit pas grignotée par l'augmentation du coût de la vie. La solution est discutable dans la mesure où elle apparaît comme un privilège au bénéfice de la juridiction prud'homale.

## § 2. — ORGANISATION ET FONCTIONNEMENT

**160. Composition.** — Les cours d'appel sont composées de magistrats que l'on appelle des « *conseillers* », en souvenir des anciens Parlements, c'est-à-dire d'une époque où la justice était rendue au nom du Roi, lequel prenait préalablement le conseil de ses jurisconsultes (que l'on appelait les « conseillers de robe longue »). Ce sont des magistrats de carrière d'un rang élevé qui ont déjà franchi plusieurs échelons dans la hiérarchie judiciaire et qui, de ce fait, possèdent une solide expérience.

Dans chaque cour d'appel, le nombre des conseillers est plus ou moins important selon les dimensions de la cour et le volume des affaires dont elle est saisie. Ainsi, à Paris, le nombre des conseillers est actuellement de 127 (33).

**161. I. Premier-président.** — Chaque cour d'appel est dirigée par un premier-président (que l'on appelle encore le « *chef de cour* »). On remarquera l'expression « premier-président », et non pas seulement « président » comme devant les juridictions de première instance. En réalité, le titre de « président » est réservé aux conseillers qui président chacune des chambres de la cour ; de telle sorte que le « chef de cour » est le premier d'entre eux ; de là, l'expression « premier-président ».

Le premier-président est une personnalité importante. Comme ses collègues, il participe à l'activité judiciaire de la cour en jugeant au sein d'une chambre (généralement la première) les affaires qui lui sont soumises, mais en outre, en sa qualité de premier-président, il exerce des fonctions représentatives et, de plus, il est investi de fonctions administratives et juridictionnelles qui lui sont propres.

I. *Fonctions administratives.* — Comme tout président de juridiction, le premier-président de la cour d'appel est responsable de la bonne administration de celle-ci : il distribue les affaires entre les chambres, il veille à la discipline générale, il s'assure de l'expédition normale des affaires, etc...

Mais son rôle ne s'arrête pas là. En tant que « chef de cour », il est chargé de l'*inspection des juridictions de première instance de son ressort* : il doit donc visiter périodiquement les tribunaux de grande instance et d'instance du ressort territorial de sa cour, afin de surveiller le bon fonctionnement des services judiciaires et l'expédition normale des affaires dans chacune de ces juridictions (art. R. 213-29 c. org. jud.). Chaque année, il doit rendre compte au garde des sceaux des constatations qu'il a faites.

---

(33) En réalité, 12 postes ne sont pas pourvus ; de telle sorte que l'effectif réel est en fait de 115.

II. *Fonctions juridictionnelles.* — Pendant longtemps, le premier-président n'a été investi, en cette qualité, d'aucune attribution juridictionnelle propre : c'était là une différence majeure par rapport au président du tribunal de grande instance. Désormais, depuis 1972, il n'en est plus ainsi. En qualité de premier-président, il peut prescrire, dans les affaires dont la cour est saisie, toutes les mesures urgentes qui s'imposent, soit par ordonnance de référé (art. 956 nouv. c. pr. civ.), soit au moyen d'une ordonnance sur requête si les circonstances exigent que la mesure ne soit pas prise contradictoirement (art. 958 nouv. c. pr. civ.). En outre, il peut ordonner ou suspendre l'exécution provisoire des jugements rendus en première instance par une juridiction de son ressort (art. 524 à 526 nouv. c. pr. civ.).

Toutefois, il ne faut pas se méprendre sur la portée de ses attributions juridictionnelles. Il n'intervient pas comme juge du second degré des ordonnances de référé rendues par le président d'une juridiction de première instance : les « appels de référé » sont en effet portés devant la cour elle-même. En réalité, il n'exerce les attributions juridictionnelles dont il vient d'être question que dans la stricte mesure où, la cour ayant été saisie d'un appel sur le fond d'une affaire, certaines mesures urgentes s'imposeraient au cours de l'instance d'appel.

**162. II. Chambres de la cour.** — Dans les mêmes conditions que les tribunaux de grande instance, les cours d'appel sont divisées en chambres spécialisées placées chacune sous la responsabilité d'un « *président* ». Le nombre des chambres varie selon l'importance de la cour (34).

Ainsi qu'il a été dit précédemment pour le tribunal de grande instance (*supra*, n° 99), chaque chambre de la cour est l'organe de la cour toute entière : rien ne s'opposerait par conséquent à ce qu'une affaire civile ou commerciale soit jugée par une chambre de la cour qui n'est pas habituellement qualifiée pour statuer sur l'affaire dont elle est saisie. Et pour la même raison, la règle du roulement annuel entre les magistrats des différentes chambres s'applique devant la cour, comme elle s'applique devant les tribunaux de grande instance (sur cette règle, cf. *supra*, n° 99).

Toutefois, devant la cour, cette règle de principe est loin d'être générale :

Nous verrons ultérieurement que certaines chambres de la cour ont une compétence spécifiquement pénale (exemples : la chambre d'accusation, *infra*, nos 177 s. ; la chambre des appels correctionnels, *infra*, n° 185) et constituent de ce fait de véritables juridictions autonomes.

En outre, s'agissant du contentieux privé (le seul qui nous retient pour l'instant), on se souviendra que, depuis la réforme judiciaire de 1958, il doit y avoir dans chaque cour d'appel au moins une « *chambre sociale* » spécialement constituée pour

---

(34) Ainsi, à Paris, le nombre des chambres est de 26 (elles-mêmes, divisées en deux sections).

juger les affaires relatives à la sécurité sociale, au contrat de travail et à l'application des lois sociales (art. R. 221-1 code org. jud.) (*supra*, n° 157). Ce texte précise que la chambre sociale doit être composée de conseillers désignés en fonction de leurs aptitudes et connaissances particulières en matière sociale. En raison de la spécialisation voulue par la loi, la règle du roulement annuel est peu suivie : en fait, les conseillers affectés à ces chambres y restent souvent plusieurs années.

Néanmoins, la chambre sociale est une simple formation de la cour : elle ne constitue pas une juridiction autonome.

**163. III. Les différentes formations.** — A côté des audiences qui constituent la formation de jugement habituelle (1°), il existe deux autres formations : l'assemblée des chambres (2°) et les assemblées générales (3°).

**164. 1°) Audiences.** — Comme toutes les juridictions, la cour d'appel tient des audiences au cours desquelles les affaires sont débattues et les arrêts prononcés. En règle générale, les audiences sont publiques, sauf lorsque la loi exclut formellement la publicité et décide que l'affaire sera jugée en « chambre du conseil ». Il est inutile de revenir sur cette question : les règles applicables devant la cour sont identiques à celles qui ont été exposées à propos des tribunaux de grande instance (*supra*, n° 100).

En revanche, il y a lieu d'insister sur la distinction entre l'audience ordinaire et l'audience solennelle qui est spécifique à la cour d'appel.

a) *Audience ordinaire.* — Sauf texte contraire, l'audience ordinaire est la formation de jugement habituelle de la cour d'appel. Elle comprend au moins trois conseillers, président compris.

b) *Audience solennelle.* — Dans les cas spécifiés par la loi et, en général, lorsqu'il s'agit d'affaires importantes (par exemple, en cas de renvoi après cassation), la cour doit se réunir en audience solennelle. La solennité se manifeste par plusieurs aspects. D'abord, par sa composition : les audiences solennelles se tiennent devant deux chambres de la cour, sous la présidence du premier président (art. R. 212-5 c.org. jud.). Ensuite, par la tenue vestimentaire des conseillers : ceux-ci sont revêtus de leur toge rouge. Enfin, au point de vue du lieu où se tient l'audience : généralement dans le local de la première chambre.

**165. 2°) Assemblée des chambres.** — Dans certains cas exceptionnels prévus par la loi, les arrêts doivent être rendus par une formation spéciale que l'art. R. 212-4 c. org. jud. appelle « l'assemblée des chambres », laquelle est constituée par les deux premières chambres de la cour (sauf à Paris, où elle comprend les trois premières chambres).

L'assemblée des chambres a des attributions très particulières qui concernent essentiellement les professions judiciaires (réception du serment des magistrats ; installation des nouveaux conseillers ; annulation des élections du barreau ; recours contre les décisions des conseils de l'ordre des avocats, affaires disciplinaires concernant les avoués et les huissiers, etc...).

**166. 3°) Assemblées générales.** — La cour d'appel peut se réunir en assemblée générale, sous la présidence de son premier président, pour traiter de certaines questions administratives qui intéressent le fonctionnement de la Cour (art. R. 213-13 c. org. jud.).

Il a déjà été question de cette formation à propos du tribunal de grande instance (*supra*, n° 101). On rappellera que depuis le décret n° 83-1162 du 23 déc. 1983, il existe en réalité plusieurs types d'assemblées générales : l'assemblée générale des magistrats du siège et du parquet, l'assemblée générale des seuls magistrats du siège, l'assemblée générale des seuls magistrats du parquet et, enfin, l'assemblée plénière de tous les magistrats et des fonctionnaires de la juridiction. Ce qui a été dit précédemment s'applique devant les cours d'appel puisque les assemblées générales de toutes les juridictions sont désormais réglementées par des dispositions communes qui figurent dans les art. R. 761-1 à R. 761-50 c. org. jud.

On précisera toutefois que l'art. R. 761-23 c. org. jud. détermine les attributions qui appartiennent spécialement à l'assemblée générale des magistrats du siège de la cour d'appel. On retiendra notamment que cette assemblée désigne les conseillers qui doivent composer la chambre d'accusation (*infra*, nos 177 s.), ainsi que les juges du tribunal d'instance chargés des fonctions de juge-départiteur du conseil de prud'hommes (*supra*, n° 139). Par conséquent, l'assemblée générale des magistrats du siège de la cour n'a pas seulement des pouvoirs consultatifs : dans une certaine mesure, elle a un pouvoir de décision qui est loin d'être négligeable.

## Conclusion

**167.** Comme on peut le constater, les cours d'appel occupent une place importante dans la hiérarchie judiciaire. Cette importance tient au fait que toute décision rendue par une cour d'appel épuise le second degré de juridiction : sauf un éventuel pourvoi en cassation qui, nous le verrons (*infra*, nos 210 et s.), ne constitue pas un troisième degré de juridiction, la contestation est définitivement tranchée ; on dit qu'elle est jugée « *en dernier ressort* ».

On doit constater malheureusement que le nombre des affaires portées devant les cours d'appel en matière civile, commerciale et sociale a presque doublé en l'espace de douze ans, avec un nombre de conseillers approximativement identique.

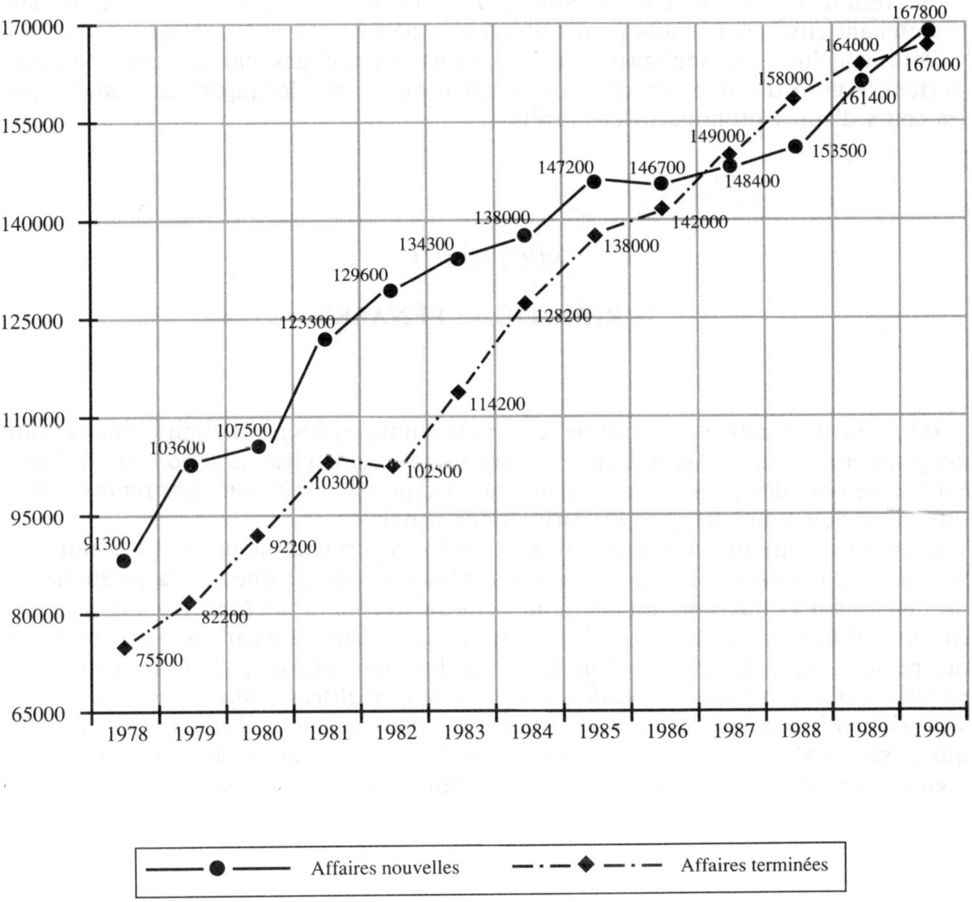


## ÉVOLUTION DE L'ACTIVITÉ DES COURS D'APPEL EN MATIÈRE CIVILE, COMMERCIALE ET SOCIALE

Ce qui frappe, dans cette évolution, c'est le nombre croissant des affaires nouvelles. Depuis 1980, leur nombre a dépassé largement celui des affaires jugées chaque année. Mais depuis quelques années, les tendances s'inversent et le nombre des affaires terminées tend à dépasser celui des affaires nouvelles. Il reste que l'arriéré des affaires restant à juger (ce que l'on appelle parfois le « stock ») est considérable et se situe aux alentours de 240.000. La durée moyenne des affaires qui était en 1988 de 16,9 mois, a été réduite en 1990 à 14,7 mois. *(Extrait de l'Annuaire statistique de la Justice, édition 1992, p. 53.)*

Il en résulte un arriéré considérable qui ne laisse pas d'être inquiétant. Il faut maintenant environ 15 mois pour obtenir une décision (*voir le tableau page 157*).

Pour conclure, on soulignera que les décisions rendues par les cours d'appel portent le nom d'*arrêts* : on dit d'un tribunal qu'il rend des jugements, tandis que les cours d'appel prononcent des arrêts.

## *SECTION II*

## JURIDICTIONS PÉNALES

**168. Vue d'ensemble.** — Comme leur nom l'indique, les juridictions pénales sont des juridictions qui sont spécialement chargées de réprimer les infractions et d'infliger éventuellement des peines ; de là, d'ailleurs, l'expression « juridictions répressives » utilisée parfois pour désigner les juridictions pénales.

Elles sont relativement nombreuses. A côté des juridictions pénales qui ont une vocation de principe pour juger toutes les infractions quelle que soit la personnalité du délinquant et que l'on appelle pour cette raison les *juridictions pénales de droit commun* (Sous-section 1), il y a d'autres juridictions pénales à caractère exceptionnel qui ne sont compétentes que dans les cas strictement prévus par la loi et que l'on appelle, par opposition, les *juridictions pénales spécialisées* (Sous-section 2).

Après avoir présenté les unes et les autres, il conviendra de souligner les rapports qui existent entre, d'une part, les juridictions pénales et, d'autre part, les juridictions civiles, commerciales et sociales précédemment étudiées (Sous-section 3).

### SOUS-SECTION I

### JURIDICTIONS PÉNALES DE DROIT COMMUN

**169. Distinction entre les juridictions d'instruction et les juridictions de jugement.** — Avant d'être jugée, une affaire doit être instruite : il est en effet nécessaire de rassembler les preuves, d'entendre les témoins, de procéder le cas échéant à des perquisitions et d'apprécier finalement s'il y a lieu de déférer le délinquant à la juridiction de jugement compétente. La nécessité d'une instruction préparatoire n'est pas spécifique à la matière pénale : les affaires civiles, elles aussi, ont besoin d'être instruites. Mais ce qui est particulier en matière pénale, c'est l'existence de juridictions organiquement distinctes des juridictions de jugement, dont le rôle est, non pas de se prononcer sur la culpabilité ou l'innocence de la personne poursuivie, mais de rassembler les preuves et d'apprécier si les charges sont suffisantes pour justifier sa comparution devant la juridiction de jugement.

Un tel particularisme ne doit pas surprendre. Le fait d'être déféré devant une juridiction de jugement (devant un tribunal correctionnel ou une cour d'assises, par exemple) est un acte grave qui peut entraîner des conséquences fâcheuses pour le prévenu (ou l'accusé), surtout s'il doit être reconnu innocent. A cela s'ajoute deux autres considérations importantes : d'une part, il ne faut pas trop compter sur l'inculpé pour rechercher la vérité et, d'autre part, s'il est détenu il est souvent indispensable de prendre des décisions graves le concernant. Toutes ces raisons expliquent pourquoi il est nécessaire de confier l'instruction à une juridiction particulière, distincte de la formation de jugement.

Sous le bénéfice de ces remarques, on étudiera successivement : les *juridictions d'instruction* (§ 1) et les *juridictions de jugement* (§ 2).

## § 1. — JURIDICTIONS D'INSTRUCTION

**170. Double degré de juridiction.** — Les juridictions d'instruction existent à deux degrés : au premier degré, le *juge d'instruction* (A) et, au second degré, la *chambre d'accusation* (B).

### A. — Premier degré : le juge d'instruction

**171. Généralités : désignation et saisine.** — Le juge d'instruction est un *juge du tribunal de grande instance* investi de ces fonctions par décret du Président de la République (35). Il constitue à lui seul une juridition à juge unique dont le ressort territorial est identique à celui du tribunal de grande instance auquel il appartient.

(35) L'art. 50 c. pr. pén. prévoit d'autres modes de désignation à titre exceptionnel et temporaire. Ainsi, le premier président de la cour d'appel peut déléguer temporairement un juge du tribunal pour le charger de l'instruction. Et de même, en cas d'absence ou de maladie du juge d'instruction investi de ces fonctions, le tribunal de grande instance, en assemblée générale, peut commettre un juge du tribunal pour le remplacer temporairement.

Dans les grands tribunaux, il y a souvent plusieurs juges d'instruction qui se consacrent en permanence à l'instruction des affaires pénales (36). Mais, dans les petits tribunaux, il arrive parfois que le juge d'instruction combine ses fonctions avec celles de membre du tribunal appelé, le cas échéant, à siéger aux audiences civiles et même aux audiences correctionnelles, sous cette réserve toutefois qu'il ne peut pas siéger pour juger les affaires qu'il a instruites (art. 49 c. pr. pén.).

Le juge d'instruction est saisi soit par le procureur de la République, au moyen d'un réquisitoire introductif d'instance, soit par la victime elle-même sur plainte avec constitution de partie civile, dans les conditions qui seront indiquées ultérieurement (*infra*, n^os^ 526 et 527).

**172. Quand un juge d'instruction doit-il être saisi ?** — D'ores et déjà il y a lieu de souligner que toute infraction pénale n'entraîne pas nécessairement la saisine d'un juge d'instruction : tout dépend, en effet, de la gravité de l'infraction.

On retiendra à ce sujet que la loi répartit les infractions pénales en trois classes, selon la gravité des peines encourues (art. 111-1 nouv. c. pén.). Par ordre de gravité croissante, les trois classes sont les suivantes : les *contraventions* (lorsque le fait est punissable d'une amende n'excédant pas 10 000 F en principe ; art. 131-12 nouv. c. pén.), les *délits correctionnels* (lorsque la peine encourue est une peine d'emprisonnement ou une amende supérieure en principe à 10 000 F ; art. 131-3 nouv. c. pén.), et enfin les *crimes* qui sont les infractions les plus graves punissables d'une peine de réclusion à temps ou à perpétuité (art. 131-1 nouv. c. pén.).

Cela dit, lorsqu'il s'agit d'un crime, une instruction préparatoire est obligatoire : compte tenu de la gravité des faits et de la peine encourue, un juge d'instruction doit nécessairement être saisi.

En revanche, s'il s'agit d'un délit correctionnel, l'instruction préparatoire est simplement facultative : tout dépend de la complexité des faits. Dans bien des cas, les charges sont tellement évidentes qu'il est inutile de saisir un juge d'instruction : l'affaire sera directement portée devant la juridiction de jugement qui l'instruira à l'audience.

Enfin, s'agissant des simples contraventions, il n'y a en principe aucune instruction préparatoire, sauf cas rarissimes (37) : la juridiction de jugement est donc saisie directement, sans qu'il soit nécessaire de saisir préalablement un juge d'instruction.

---

(36) A *Paris* (en 1993), le nombre de postes de juges d'instruction est de 79 ; mais du fait de la pénurie de personnel, le nombre de postes effectivement pourvus n'est que de 67. — A *Lille* (en 1993), il y a 8 juges d'instruction, sur 11 postes budgétaires prévus.

(37) Le procureur de la République pourrait requérir une instruction (art. 79 c. pr. pén.). Mais cela est extrêmement rare.

**173. Fonctions et pouvoirs du juge d'instruction : vue d'ensemble.** — La mission essentielle du juge d'instruction est, comme son nom l'indique, d'instruire l'affaire, c'est-à-dire de rassembler les informations nécessaires sur les faits dont il a été saisi ; et s'il apparaît que des indices graves et concordants laissent présumer qu'une personne dénommée y a participé, celle-ci est alors « *mise en examen* », afin de rechercher s'il y a ou non des charges suffisantes pour la renvoyer devant la juridiction de jugement (art. 80 et s. c. pr. pén.).

Autrefois, on disait de celui contre lequel une information avait été ouverte qu'il était « *inculpé* ». L'expression était malencontreuse dans la mesure où la notion d'inculpation (du latin : *culpa = faute*) pouvait laisser entendre que d'ores et déjà sa faute était établie, alors que, à ce stade initial des poursuites, elle n'était tout au plus que présumée, sous réserve d'une instruction plus approfondie qui pouvait fort bien révéler sa parfaite innocence reconnue par une ordonnance dite de « non-lieu » (*infra*, n° 175). Mais l'opinion publique faisait mal la différence ; elle retenait volontiers l'inculpation et oubliait ensuite un éventuel non-lieu qui passait souvent inaperçu ; de telle sorte qu'une opprobre morale pesait déjà sur la personne inculpée, parfois de façon injuste et au mépris de la présomption d'innocence, avant même que l'instruction ait révélé s'il y avait ou non des charges à son encontre. Pour cette raison, le mot « inculpation » a été banni : désormais, depuis la loi n° 93-2 du 4 janvier 1993, qui a réformé le code de procédure pénale, on ne dit plus de celui contre lequel une information a été ouverte devant le juge d'instruction, qu'il est « inculpé » : on dit qu'il est « mis en examen ».

Cela dit, la fonction du juge d'instruction ne se limite pas à rassembler les éléments d'information. Au cours de l'instruction des incidents peuvent surgir qu'il lui faudra trancher ; et à l'issue de celle-ci, il devra décider s'il y a lieu ou non de renvoyer l'affaire devant une juridiction de jugement. En bref, son pouvoir d'information se double d'un pouvoir de juridiction pour les besoins de l'instruction.

Ces deux aspects de sa fonction doivent être analysés successivement.

**174. I. Pouvoirs d'information.** — Contrairement à une opinion largement répandue dans l'opinion publique, le juge d'instruction n'a pas pour mission de rechercher systématiquement tout ce qui pourrait confondre la personne mise en examen, et d'oublier le reste : il doit instruire l'affaire objectivement, en recherchant au besoin tous les faits de nature à établir l'absence d'infraction. On dit qu'il instruit « *à charge et à décharge* ».

A cette fin, il peut procéder à de multiples opérations que l'on appelle, d'un terme générique, des *actes d'instruction* : interrogatoire de la personne mise en examen, audition de témoins, transport sur les lieux, perquisition, saisie de documents, etc. Souvent, il y procède en personne. Mais il peut également charger un technicien de procéder à une expertise ou même confier la mission d'accomplir certaines opérations à un officier de police judiciaire pour qu'il y procède lui-même et lui fasse rapport : on dit alors qu'il lui donne « commission rogatoire » (38).

Sa mission d'information risquerait d'être inefficace si le juge d'instruction n'avait pas le pouvoir d'obliger certaines personnes, au besoin par la contrainte, à se mettre à la disposition de la justice. Un tel pouvoir, dont on mesurera aisément le caractère redoutable, s'exerce au moyen de décisions que l'on appelle des *mandats*. Le juge d'instruction peut délivrer quatre type de mandants (art. 122 c. pr. pén.) que l'on se bornera simplement à définir.

1) Le *mandat de comparution* qui a simplement pour objet de convoquer les intéressés à un jour déterminé.

2) Le *mandat d'amener* qui est une convocation plus énergique, en ce sens que l'on peut au besoin recourir à la force publique pour conduire l'intéressé devant le juge d'instruction.

3) Le *mandat de dépôt* qui consiste à placer en détention provisoire la personne mise en examen, c'est-à-dire à l'incarcérer pendant tout le temps nécessaire à la bonne instruction de l'affaire.

La gravité d'une telle mesure, qui aboutit à priver de liberté une personne qui n'a pas encore été jugée, autorise à se demander s'il est bien raisonnable qu'une décision de cette nature puisse être prise par un juge unique : c'est d'ailleurs ce qui a pu faire dire que le juge d'instruction est, dans son ressort, l'homme le plus puissant de France. Depuis quelques années, on commence à s'en inquiéter. Cette question, qui a fait l'objet d'une succession de réformes et de contre-réformes au gré des changements d'orientation politique, sera examinée spécialement, *infra*, n° 176.

4) Le *mandat d'arrêt* est utilisé dans le cas particulier où la personne poursuivie est en fuite ou hors du territoire de la République (39). Il s'analyse en un ordre donné à la force publique de rechercher la personne mise en examen et de la conduire à la maison d'arrêt, pour être ensuite interrogée par le juge d'instruction dans les 24 heures, afin qu'il soit statué sur sa mise en détention provisoire.

**175. II. Pouvoirs de juridiction.** — Durant tout le temps où le juge d'instruction est chargé du dossier, il peut être appelé à se prononcer sur de véritables contestations qu'il tranchera, en sa qualité de juge, au moyen d'un acte juridictionnel que l'on

---

(38) Du latin « *rogare* » = demander.

(39) Lorsque la personne poursuivie est à l'étranger, on délivre ce que l'on appelle un « mandat d'arrêt international » qui est exécuté par les autorités étrangères dans la mesure, cela va de soi, où des conventions internationales le permettent. Ces mandats d'arrêt sont centralisés en vue de leur exécution à un organisme central que l'on appelle l'*Interpol*.

appelle une *ordonnance* ; et que l'on ne confondra pas avec les mandats précédemment exposés (*supra*, n° 174) qui, eux, n'ont aucun caractère juridictionnel.

Ainsi, pour ne prendre que ces quelques exemples, choisis parmi les plus importants, le juge d'instruction peut être appelé à statuer sur la recevabilité de la plainte, sur sa propre compétence, sur des actes d'instruction qui lui sont demandés, sans oublier les demandes de mise en liberté si l'intéressé est en détention provisoire.

Enfin et surtout, lorsque l'instruction est achevée, il lui appartient de décider s'il y a lieu ou non de renvoyer la personne mise en examen devant la juridiction de jugement.

— Si les charges ne lui paraissent pas suffisantes, il rendra une *ordonnance de non-lieu* (sous-entendu : « non-lieu de poursuivre »). On précisera toutefois qu'une telle ordonnance a une nature strictement provisoire ; ce qui revient à dire que si de nouvelles charges se révélaient ultérieurement, cette ordonnance n'interdirait pas de nouvelles poursuites (40).

— Si au contraire les charges paraissent justifiées, le juge d'instruction rendra une *ordonnance de présomption de charges* qui emportera renvoi de la personne poursuivie devant la juridiction de jugement. Encore ne faut-il pas se méprendre sur la portée de cette ordonnance : en statuant de la sorte, le juge d'instruction ne se prononce pas sur la culpabilité ; il estime simplement que, en l'état du dossier, il lui apparaît qu'il y a des charges suffisantes pour justifier un renvoi devant la juridiction de jugement compétente qui, seule, aura le pouvoir d'apprécier si la personne poursuivie est coupable ou innocente.

**176. Problème particulier de la mise en détention provisoire : juge unique ou collégialité ?** — Au cours de l'instruction, il est parfois nécessaire de placer en détention provisoire la personne mise en examen, peut-être pour sa protection, mais le plus souvent pour éviter sa fuite ou pour ne pas qu'elle égare les poursuites en communiquant certaines informations à des tiers. Il est à peine besoin de souligner la gravité d'une telle mesure à un moment où aucune condamnation n'ayant encore été prononcée, la personne mise en examen bénéficie d'une présomption d'innocence. Le problème est d'autant plus grave que parfois, souvent en raison de la pénurie des effectifs judiciaires, la mise en détention provisoire peut se prolonger durant plusieurs mois. Peut-on abandonner à un juge d'instruction, — c'est-à-dire, à un juge unique statuant seul —, le pouvoir de se prononcer sur une question aussi redoutable que la mise en détention provisoire, ou sur sa prolongation, ou encore sur une demande de remise en liberté présentée par une personne précédemment détenue ?

---

(40) Toutefois, afin d'éviter tout risque de harcèlement de la part d'une partie civile vindicative, de nouvelles poursuites ne peuvent être engagées qu'à l'initiative du parquet (art. 190 c. pr. pén.).

Pendant longtemps, ce problème n'avait guère soulevé de difficulté. L'opinion publique a fini par s'en émouvoir, à l'occasion d'affaires retentissantes (41) ou en apprenant que la détention provisoire (on disait parfois, « la préventive ») avait duré un temps anormalement long (à titre d'exemple, cf. *supra*, p. 82). A une époque où l'on attache, plus peut-être qu'autrefois, une grande importance au respect de la liberté individuelle, et à juste raison d'ailleurs, on ne pouvait pas ne pas s'interroger sur la détention provisoire. Déjà en 1970, elle avait fait l'objet d'une réglementation précise, quant à ses conditions notamment (loi n° 70-643 du 17 juill. 1970 ; *supra*, n° 81). Mais depuis quelques années, c'est le pouvoir du juge d'instruction de prendre seul une telle décision qui est remis en cause. Dans cette perspective, il a été suggéré de confier ce pouvoir, non plus au juge d'instruction, mais à un collège de trois juges appartenant au tribunal de grande instance, à l'image de ce qui existe dans certains pays étrangers, en Angleterre par exemple (procédure dite de l'*habeas corpus*). Malheureusement, comme cela arrive trop souvent en matière pénale depuis quelques années, le problème a pris les dimensions passionnelles, et au gré des alternances électorales, des réformes et des contre-réformes se sont succédées à un rythme accéléré ... pour ne déboucher finalement sur aucune réalisation concrète.

I. — L'histoire vaut d'être retracée.

*a*) Une première *loi n° 85-1303 du 10 décembre 1985* avait décidé d'instituer auprès de chaque tribunal de grande instance « une ou plusieurs chambres d'instruction composées de trois magistrats du siège » dont le rôle était, parmi d'autres attributions plus ambitieuses, de se prononcer sur les mesures privatives de liberté (art. 49 et 50 c. pr. pén.). Mais cette loi, dont l'application avait été différée au 1er mars 1988, n'est jamais entrée en vigueur ... parce que, dans l'intervalle, une autre loi du 30 décembre 1987 avait abrogé celle de 1985.

*b*) La *loi n° 87-1062 du 30 décembre 1987* ne renonça pas pour autant à subordonner les mesures privatives de liberté à une décision collégiale : selon la loi de 1987, les décisions de cette nature devaient être prises par une chambre du tribunal de grande instance, appelée « chambre des demandes de mise en détention provisoire », laquelle devait être composée de trois magistrats du siège (art. 137 c. pr. pén.). Finalement, sous des aspects techniques très différents, il y avait une certaine continuité entre les lois de 1985 et de 1987 (42). Mais cette dernière loi, dont la mise en vigueur avait été repoussée au 1er mars 1989, n'a pas eu plus de chance que la précédente : faute de personnel en nombre suffisant ... elle n'a jamais été appliquée !

---

(41) On citera notamment une affaire qui se déroula à Poitiers, où deux médecins anasthésistes avaient été accusés de la mort d'une patiente décédée au cours d'une intervention chirurgicale ; et à Epinal, l'affaire *Vuillemin*, où à la suite de la dramatique découverte d'un enfant retrouvé noyé, plusieurs « inculpations » et mises en détention successives ont été ordonnées dans des conditions quelque peu anarchiques.

(42) Sur cette loi, cf. P. Chambon, J.C.P. 1988.I.3335.

*c*) La réforme du code de procédure pénale, réalisée par la *loi n° 93-2 du 4 janvier 1993*, devait être l'occasion d'un nouveau texte sur ce point. Selon le régime édicté par l'article 137-1 c. pr. pén. (dans sa rédaction de 1993), la mise en détention provisoire ne pouvait plus être décidée par le juge d'instruction : si ce dernier envisageait un placement, il devait saisir la « chambre d'examen des mises en détention provisoire », c'est-à-dire, une chambre du tribunal de grande instance composée « d'un magistrat du siège » qui en assumait la présidence, et de deux assesseurs (appelés « échevins ») désignés par le président du tribunal de grande instance sur une liste établie annuellement par l'assemblée générale du tribunal. Dans le régime institué en 1993, c'était donc à cette formation que revenait le pouvoir de se prononcer ; et si, faisant droit à la demande du juge d'instruction, elle décidait de placer l'intéressé en détention provisoire, il appartenait alors au juge d'instruction d'exécuter la décision en signant un mandat de dépôt.

Cela dit, cette disposition, dont la mise en application avait été différée au 1er janvier 1994, ira rejoindre ses devancières au cimetière des bonnes intentions. Il faut dire que dès sa promulgation, elle suscita une très violente polémique, agrémentée de pétitions et de la menace exprimée par certains juges d'instruction de demander à être relevés de leurs fonctions (ce qui ne s'était jamais vu). Mais il faut dire aussi qu'il était difficile de trouver une formule plus compliquée. Qui étaient ces « échevins » ? Tout porte à croire que le législateur de 1993 avait eu pour dessein de mettre en place un système comparable à celui de l'*habeas corpus* des pays anglo-saxons. Mais finalement, la loi de 1993 n'a pas résisté à l'échéance électorale de mars 1993 : peu de jours après son installation, le nouveau garde des sceaux fit savoir que cette disposition serait abrogée ; ce qui fut fait.

II. Il reste que les soubresauts cahotiques du législateur n'évincent pas les problèmes : ils invitent au contraire à se demander ce qui, par delà les éclats médiatiques, se cache derrière une controverse qui suscite une valse-hésitation peu commune. Comment expliquer que sur un sujet aussi grave qui met en cause la liberté individuelle, la collégialité soit constamment tenue en échec ?

Il ne fait aucun doute que certains juges d'instruction (notamment ceux de Paris) ont toujours considéré les différents projets de collégialité, comme une sorte de suspicion à leur égard. Et notamment, il a été fait observer que cette renaissance de la collégialité risquait de les transformer en de simples enquêteurs n'ayant guère plus de pouvoirs, et même moins, que ceux d'un inspecteur de police. Mais en réalité, par delà ces réactions d'humeur aux inspirations assez diverses, des critiques plus sérieuses ont été exprimées qui portent essentiellement sur deux points.

*a*) D'abord, un *doute sur l'efficacité de la collégialité en cette matière.* Ne risque-t-on pas d'émousser l'autorité du juge d'instruction qui, dans certains cas, doit être en mesure de prescrire une mise en détention immédiate ? Il n'est pas sûr du tout que l'on puisse réunir à tout instant une formation collégiale suffisamment disponible pour répondre à la demande. Et de toute manière, a-t-il été dit, quelle sera l'autorité du juge d'instruction si sa demande de mise en détention est rejetée par la chambre qu'il a saisie ? En réalité, à travers toutes ces questions qui touchent au prestige du juge d'instruction, on devine aisément la crainte d'une « répression relâchée » ; et dans cette perspective, on retrouve malencontreusement toutes les divergences de nature politique sur les problèmes de sécurité et leur compatibilité avec le respect des droits de l'homme. La nature passionnelle du problème vient de là.

*b*) A quoi s'ajoute, la *crainte d'un alourdissement de la charge des tribunaux.* Il est bien certain que la mise en place d'une collégialité suffisamment disponible exige des moyens en personnel dont les tribunaux sont hélas loin d'être dotés. Cette préoccupation n'avait pas échappé aux législateurs successifs de 1985 et 1987 qui avaient toujours différé la date de mise en vigueur des lois votées, précisément pour se ménager le temps d'accroître les effectifs. C'est cette considération purement matérielle qui a fait abandonner les réformes précédentes. Celle de 1993 était exposé au même risque ; et même de façon plus importante encore si l'on considère que certaines interdictions dont elle était assortie rendait son application malaisée dans les petits tribunaux aux effectifs réduits (43). Finalement, on a là l'exemple des limites auxquelles se heurte le législateur lorsque l'on passe du domaine des idées à celui des réalisations pratiques.

III. Est-ce à dire que toutes ces vicissitudes auront été inutiles ? Nullement. Peu à peu l'idée fait son chemin que l'on ne peut pas abandonner une décision aussi grave que la mise en détention provisoire à la seule discrétion d'un juge unique. Et s'il est vrai que, dans les circonstances présentes, la garantie d'une collégialité préalable semble difficile à réaliser, le législateur moderne a pris conscience de la nécessité de soumettre la décision prise par le juge d'instruction à un système de recours immédiat à la fois énergique et efficace, avec possibilité de demander au président de la chambre d'accusation d'ordonner le cas échéant qu'il soit sursis à l'exécution de la mesure. Telle est la solution que l'on appelle aujourd'hui, le « référé-liberté ».

### B. — Second degré : la chambre d'accusation

**177. Généralités.** — La chambre d'accusation est une chambre spéciale de la cour d'appel, composée de trois conseillers et présidée par l'un d'eux ayant rang de président de chambre (44). Elle constitue à elle seule une juridiction à part, à cette nuance près toutefois que les assesseurs peuvent également assurer le service d'autres audiences et au besoin d'audiences civiles.

---

(43) Ainsi dans la réforme de 1993, le juge d'instruction ne pouvait pas présider la chambre d'examen, et le président de cette chambre ne pouvait pas davantage participer au jugement des affaires dont il aurait eu à connaître en qualité de membre de cette chambre (art. 137-1 *in fine* c. pr. pén., rédaction de 1993). Théoriquement, cette cascade d'interdictions pouvait se comprendre. Mais comment faire dans les petits tribunaux dont les effectifs se réduisent à quelques magistrats ?

(44) Pendant longtemps, cette juridiction a été appelée la « *chambre des mises en accusation* ». L'expression était tout à la fois défectueuse (cette chambre ne met pas nécessairement en accusation : elle rend parfois des arrêts de non-lieu) et surtout inutilement compliquée : dans la pratique, on parlait couramment de la « chambre des mises » ; ce qui n'était pas meilleur. Cette terminologie défectueuse a été très heureusement supprimée en 1959.

Le président de la chambre d'accusation est désigné par décret après avis du Conseil supérieur de la magistrature (art. 191, al. 3, c. pr. pén., modifié par la loi n° 87-1062 du 30 déc. 1987). Il exerce, en cette qualité, des fonctions qui, pour être de nature administrative, n'en sont pas moins extrêmement importantes. Il lui appartient, en effet, de surveiller le bon fonctionnement des cabinets d'instruction du ressort de la cour ; à cette fin, les juges d'instruction du ressort doivent lui adresser périodiquement un état des affaires en cours. En outre, le président de la chambre d'accusation exerce une mission de surveillance sur les détentions provisoires, afin de déceler éventuellement celles qui pourraient être abusives : pour exercer cette mission, il procède périodiquement à des visites dans les maisons d'arrêt du ressort et si un délai de plus de quatre mois s'est écoulé depuis le dernier acte d'instruction, il peut saisir la chambre d'accusation (art. 221-1 c. pr. pén., modifié par la loi n° 87-1062 du 30 déc. 1987).

**178. Fonctions et pouvoirs de la chambre d'accusation.** — Cette juridiction se voit attribuer par la loi des prérogatives très particulières qu'il suffira de mentionner sans y insister : examen des demandes d'extradition, décision sur les demandes de réhabilitation judiciaire (art. 783 c. pr. pén.), incidents d'exécution auxquels peuvent donner lieu les arrêts de cour d'assises (art. 710 c. pr. pén.), contentieux de l'amnistie (art. 778 c. pr. pén.), action disciplinaire contre les officiers de police judiciaire (art. 224 c. pr. pén.), etc...

On retiendra, en revanche, que la chambre d'accusation exerce un *contrôle juridictionnel au second degré sur les actes de l'instruction et sur les actes de juridiction du juge d'instruction.* Celui-ci, on l'a dit précédemment (*supra*, n° 175), est souvent appelé à prendre des décisions graves qui peuvent avoir de lourdes conséquences : il est donc normal que les actes et décisions du juge d'instruction puissent faire l'objet d'un contrôle au second degré.

*a*) Ce contrôle porte sur les *ordonnances juridictionnelles* du juge d'instruction. L'appel est recevable sous certaines conditions assez complexes. Mais, sans entrer dans des détails qui n'auraient pas leur place dans le cadre de cet ouvrage, on soulignera, à titre d'exemples, que la personne mise en examen peut interjeter appel contre la décision qui statue sur sa détention provisoire ou qui rejette une demande de mise en liberté, ou encore contre une ordonnance par laquelle le juge d'instruction retient sa compétence ou déclare recevable une constitution de partie civile. Et s'il est vrai qu'une ordonnance de présomption de charges ne peut plus faire l'objet d'un appel de la part de la personne poursuivie, en revanche, le ministère public (c'est-à-dire, le procureur de la République qui a engagé les poursuites) peut former appel contre toutes les ordonnances du juge d'instruction, y compris bien entendu contre les ordonnances de présomption de charges ou de non-lieu.

*b*) Le contrôle de la chambre d'accusation s'étend également aux *actes de l'instruction* qui, sans être des décisions juridictionnelles, peuvent avoir de graves répercussions sur la découverte de la vérité. La chambre d'accusation peut contrôler la régularité en droit des actes accomplis et aussi leur opportunité en fait ; ainsi, par exemple, elle peut décider que l'interrogatoire de la personne mise en examen n'a pas été effectué conformément aux règles légales (régularité en droit) ou que telle perquisition aurait dû avoir lieu (opportunité en fait). De cette manière, la chambre d'accusation exerce un contrôle qui sous certaines conditions peut conduire cette juridiction du second degré à refaire ou à compléter l'instruction.

**179. Cas particulier en matière criminelle : transmission obligatoire.** — En principe et conformément à la règle du double degré de juridiction (*supra*, n° 75), la chambre d'accusation n'est appelée à intervenir que si elle a été saisie de l'affaire soit par le ministère public, soit (dans certains cas et selon des règles assez complexes) par la personne mise en examen ou par la partie civile. En un mot, sa saisine est purement facultative.

Cette faculté de principe est écartée toutefois en matière criminelle : s'agissant d'une infraction particulièrement grave, la loi veut que *l'instruction soit obligatoirement soumise aux deux degrés de juridiction.* Pratiquement, la procédure se déroule de la manière suivante : si le juge d'instruction estime que les faits reprochés sont constitutifs d'un crime, il ne peut pas renvoyer directement l'affaire devant la cour d'assises ; il doit rendre une ordonnance de *transmission de pièces au procureur général*, lequel saisira la chambre d'accusation pour qu'elle procède à une nouvelle instruction au second degré.

Plusieurs solutions s'offrent alors au choix de la chambre d'accusation :

— ou bien, elle estime qu'il y a des charges suffisantes pour justifier le renvoi devant la cour d'assises de la personne à l'encontre de laquelle une ordonnance de présomption de charges a été rendue par le juge d'instruction ; elle rendra alors un *arrêt de renvoi* qui fera de la personne poursuivie un « accusé » et qui saisira la cour d'assises ;

— ou bien, elle estime que les charges retenues contre cette personne sont insuffisantes : et la chambre d'accusation rendra un *arrêt de non-lieu.* L'affaire sera alors terminée, provisoirement tout au moins (car, les décisions de non-lieu sont toujours rendues à titre provisoire, sous réserve de charges nouvelles qui apparaîtraient dans l'avenir) ;

— mais (et c'est là une solution intermédiaire qui est toujours possible), la chambre d'accusation peut également estimer que les charges retenues, sans être constitutives d'un crime, sont néanmoins suffisantes pour constituer un délit correctionnel ou une contravention ; dans ce cas, elle « disqualifiera » les faits et rendra un *arrêt de présomption de charges* qui saisira la juridiction de jugement compétente.

## § 2. — JURIDICTIONS DE JUGEMENT

**180. Vue d'ensemble.** — Ainsi qu'il a déjà été dit, les juridictions de jugement sont des juridictions qui sont appelées à se prononcer sur la culpabilité ou l'innocence de la personne poursuivie : elles acquittent, elles relaxent ou elles infligent une peine.

Parvenu à ce point des explications, il faut se souvenir que la loi répartit les infractions pénales en trois classes selon leur gravité : les contraventions, les délits et les crimes (*supra*, n° 172). Il serait évidemment irrationnel de faire juger des infractions de gravité aussi différente par la même juridiction ; pour cette raison, à chacune de ces catégories d'infractions correspondent des juridictions de jugement différentes.

Pour la clarté des explications et compte tenu du particularisme très marqué en matière criminelle, on étudiera, d'une part, les juridictions de jugement en matière de contravention et de délit (A) et, d'autre part, la juridiction de jugement en matière de crime (B).

### A. — En matière de contravention et de délit

**181. Double degré de juridiction.** — En ces matières et sous les réserves qui seront indiquées (*infra*, n° 186), les affaires pénales sont soumises à un double degré de juridiction. Il est normal qu'il en soit ainsi : la décision qui est prise est parfois lourde de conséquences (surtout en matière de délit correctionnel) et comme les juges sont faillibles, il est tout à fait légitime que les jugements rendus au premier degré puissent être déférés à une juridiction du second degré.

#### 1° Juridictions du premier degré

**182. Enumération.** — Les juridictions de jugement du premier degré qui connaissent de l'affaire pour la première fois et qui, par conséquent, statuent en premier ressort, sont : en matière de contravention, le *tribunal de police* (a) et en matière de délit, le *tribunal correctionnel* (b).

**183. a) En matière de contravention : tribunal de police.** — Cette juridiction, compétente en matière de contravention, n'est autre que le *tribunal d'instance* qui, lorsqu'il statue en matière contraventionnelle, prend le nom de tribunal de police (art. L. 623-1 c. org. jud.) (45). Il s'agit donc là d'une juridiction à juge unique dont le siège et le ressort territorial correspondent, en principe tout au moins, à ceux du tribunal d'instance lui-même (46).

Dans les petits tribunaux, c'est parfois le même juge qui tient les audiences civiles (tribunal d'instance) et les audiences pénales (tribunal de police). Toutefois, depuis la réforme judiciaire de 1958, la plupart des tribunaux d'instance comportant plusieurs juges (*supra*, n° 108), une certaine spécialisation entre eux fait que très souvent un juge permanent assure le service des audiences pénales.

**184. b) En matière de délit : tribunal correctionnel.** — Ce tribunal n'est en réalité que le *tribunal de grande instance* qui, lorsqu'il statue en matière de délit, prend le nom de tribunal correctionnel.

Pour cette raison, le tribunal correctionnel, qui est présidé par le président du tribunal de grande instance lui-même, est une juridiction à formation collégiale qui comprend trois juges, sauf dans certains cas exceptionnels où le tribunal correctionnel statue à juge unique (*infra*, n° 299). Dans les petits tribunaux, ce sont parfois les mêmes juges qui assurent le service des audiences civiles (tribunal de grande instance) et des audiences pénales (tribunal correctionnel). Mais dans les tribunaux de quelque importance, il existe une ou plusieurs chambres spécialisées, que l'on appelle les « *chambres correctionnelles* » (47) : chacune d'elles est alors présidée par un magistrat qui a rang de vice-président.

En principe et toujours pour la même raison, le tribunal correctionnel a le même siège et le même ressort territorial que le tribunal de grande instance.

Toutefois, à ce sujet, une particularité doit être soulignée. Depuis une loi du 6 août 1975, il existe dans le ressort de chaque cour d'appel un tribunal correctionnel qui a spécialement compétence pour instruire et juger certaines infractions de nature économique ou financière (par exemple, les infractions en matière fiscale, ou encore en matière de douane, de banque ou de société) (art. 704 c. pr. pén.). Par hypothèse, il s'agit là d'affaires complexes, pour le jugement desquelles des connaissances spécialisées sont indispensables ; d'où l'idée de réserver la connaissance de ces délits à certains tribunaux correctionnels seulement, les mieux pourvus

---

(45) Sur le tribunal d'instance, *supra*, n$^{os}$ 102 et s.

(46) Dans les très grandes villes (Paris, Lyon et Marseille), par souci de centralisation, le tribunal de police constitue une juridiction à part dont le ressort territorial s'étend à toute la ville. Ainsi, à Paris, tandis qu'il y a un tribunal d'instance par arrondissement, il existe un tribunal de police dont la compétence territoriale s'étend à l'ensemble des vingt arrondissements parisiens.

(47) Le tribunal de grande instance de *Paris* comprend 15 chambres correctionnelles, dont certaines sont divisées en deux sections qui siègent alternativement. Le tribunal de grande instance de *Lyon* comprend 6 chambres correctionnelles ; celui de *Marseille*, 5 chambres correctionnelles.

en effectif. Mais dans ce cas et relativement à ces infractions, le ressort territorial du tribunal correctionnel s'étend à celui de la cour d'appel toute entière (voir aussi *infra*, n° 198).

### 2° Juridiction du second degré

**185. Chambre des appels correctionnels.** — Tout appel formé contre un jugement rendu soit par un tribunal de police, soit par un tribunal correctionnel est porté devant une juridiction que l'on a coutume d'appeler, non sans ambiguïté d'ailleurs, la « chambre des appels correctionnels ». On remarquera en effet, à quel point cette appellation est trompeuse si l'on considère que la chambre des appels correctionnels est l'unique juridiction de droit commun du second degré, aussi bien en matière de délits correctionnels que de contraventions.

La chambre des appels correctionnels n'est autre qu'une *chambre spécialisée de la cour d'appel* qui a une compétence spéciale en matière pénale. Pour cette raison : elle est composée de trois conseillers, dont un président qui a rang de président de chambre ; et elle a le même siège et le même ressort territorial que la cour d'appel à laquelle elle appartient : elle est donc compétente pour statuer sur tous les appels formés contre les jugements rendus par les tribunaux de police et par les tribunaux correctionnels qui se trouvent situés dans le ressort de la cour.

**186. Quand un appel peut-il être formé ?** — En matière de délit correctionnel, l'appel est toujours recevable aussi bien de la part de celui qui a été condamné que du ministère public qui estimerait que le jugement a été trop bienveillant. Il s'agit, en effet, d'infractions d'une certaine gravité et c'est pourquoi la règle du double degré de juridiction ne connaît en cette matière aucune restriction.

Il n'en est pas de même en matière de contravention : par hypothèse, il s'agit d'infractions relativement mineures pour lesquelles l'appel serait un luxe inutile. On retrouve ici la même idée qu'en matière civile (*supra*, n° 158). Notamment la faculté d'interjeter appel n'est ouverte en principe que dans le cas où « l'amende encourue excède le montant de l'amende prévu pour les contraventions de 4e classe » (art. 546 c. pr. pén. mod. par loi n° 92-1336 du 16 déc. 1992), soit actuellement plus de 5 000 F (art. 131-13 c. pén.).

## B. — En matière criminelle

**187. Cour d'assises.** — En matière de crime, l'unique juridiction de droit commun est la cour d'assises. De toutes les juridictions françaises elle est incontestablement la plus originale.

*a*) Originale par son *importance*: la gravité des infractions soumises à cette juridiction et des peines qui peuvent être prononcées font que l'opinion publique reste rarement insensible à un « procès d'assises », lequel d'ailleurs tourne parfois (et malheureusement) au grand spectacle où l'émotion tient souvent plus de place que le raisonnement juridique.

*b*) Originale par son *caractère mythique*: la cour d'assises, avec son jury (dont il sera question ultérieurement, *infra*, n^os^ 190 et 343) est une institution d'origine anglaise qui a été transplantée en France, sous l'influence de Voltaire, et qui, depuis lors, est devenue le refuge de toute une série de symboles : symbole de la souveraineté nationale, symbole d'une justice qui exprime le sentiment d'un peuple, symbole de la lutte contre l'arbitraire (48), symbole de l'indépendance d'esprit, etc... Il y aurait peut-être beaucoup à dire sur l'accumulation de tous ces symboles qui tournent parfois à la fiction. Mais la justice ne peut pas négliger les symboles !

*c*) Originale enfin par sa *structure juridique*: à ce sujet, le seul qui fera l'objet des développements à venir, la cour d'assises présente de singulières particularités, au quadruple point de vue : de son *ressort* (I), de son *fonctionnement intermittent* (II), de sa *composition* (III) et de ses *arrêts qui ne sont pas susceptibles d'appel* (IV).

**188. I. Ressort et siège.** — La cour d'assises est une *juridiction départementale*: chaque cour d'assises porte le nom du département qui est celui de son ressort (cour d'assises de Paris, cour d'assises du Calvados, cour d'assises du Finistère, etc.).

En principe, elle siège au chef-lieu du département (sauf cas exceptionnels, comme par exemple dans le Pas-de-Calais où elle siège à St Omer, et aussi dans le Vaucluse où elle siège à Carpentras). Lorsque ce chef-lieu est le siège d'une cour d'appel, la cour d'assises s'installe dans les locaux de la cour d'appel ; si, au contraire, il n'y a pas de cour d'appel au chef-lieu du département, la cour d'assises siège dans les locaux du tribunal de grande instance du chef-lieu de ce département : ainsi, la cour d'assises des Alpes-Maritimes siège dans les locaux du tribunal de grande instance de Nice.

**189. II. Fonctionnement intermittent : les sessions.** — A la différence des autres juridictions de droit commun qui siègent de façon continue, conformément à la règle de principe (*supra*, n° 72), les cours d'assises siègent de façon intermittente, par sessions (49).

---

(48) Rappelons-nous l'affaire *Calas* qui, sous l'ancien régime, avait beaucoup ému : Voltaire en particulier.

(49) De là, d'ailleurs, vient l'expression « cour d'assises » ; la cour tient ses « assises » à certaines périodes.

En principe, il y a une session tous les trois mois, à moins que le volume des affaires à juger n'exige des sessions plus fréquentes, auquel cas le premier président de la cour d'appel pourrait ordonner une session supplémentaire au cours du même trimestre (art. 236 c. pr. pén.). Chaque session dure le temps nécessaire pour épuiser la liste des affaires qui sont inscrites au rôle, sans que cette durée puisse excéder quinze jours (50).

Ce particularisme tient au fait que la cour d'assises est composée pour partie par des jurés, c'est-à-dire, par de simples particuliers que l'on ne peut pas décemment distraire de leurs occupations professionnelles pour une trop longue durée.

**190. III. Composition.** — L'originalité majeure de la cour d'assises est d'être une juridiction à composition hétérogène, comprenant des éléments nettement distincts :

D'une part, la *cour proprement dite*, composée de trois magistrats professionnels : le président des assises qui dirige les débats et qui est soit un président de chambre, soit un conseiller de la cour d'appel désigné par le premier président ; à ses côtés siègent deux assesseurs, également désignés par le premier président de la cour d'appel et choisis soit parmi les conseillers de la cour, soit parmi les juges du tribunal de grande instance où se tiennent les assises.

D'autre part, *neuf jurés* qui sont de simples particuliers désignés par voie de tirage au sort et qui sont considérés comme étant l'expression de la souveraineté populaire ; d'où le nom parfois donné à cette juridiction communément appelée la « juridiction populaire ».

On ajoutera, pour être complet, que siègent également, mais sans participer à la décision finale : un *représentant du ministère public* qui est généralement un avocat général de la cour d'appel, lequel a pour mission de « soutenir l'accusation » (un peu comme un demandeur, en matière civile ; sur le rôle exact du ministère public en matière pénale, cf. *infra*, n^os^ 308 et s.), et, enfin, un *greffier* qui tient la plume.

Cette composition originale soulève deux problèmes : d'une part, la désignation des jurés (*a*) et, d'autre part, les rapports entre la cour proprement dite et les jurés au moment de la délibération (*b*).

**191. a) Désignation des jurés.** — Tout repose sur le tirage au sort : c'est le propre du jury (*infra*, n° 343). Mais, pour parvenir à dégager neuf noms, plusieurs opérations successives sont indispensables qui font l'objet d'une réglementation minutieuse,

---

(50) Pour cette raison, à Paris, où malheureusement la cour d'assises siège de façon à peu près constante, la périodicité des sessions est de quinze jours : très souvent lorsque l'une se termine l'autre commence.

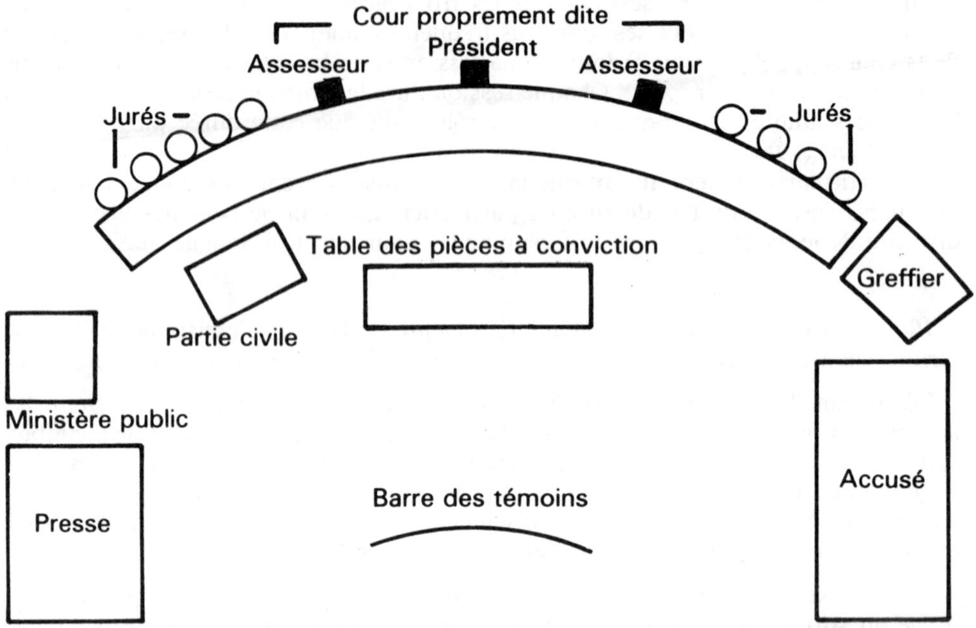


Disposition de la Cour d'assises
(à Paris).

récemment modifiée par une loi du 28 juillet 1978, dont on se bornera simplement à dégager les grandes lignes.

L'idée directrice consiste, à partir des listes électorales, à dresser des listes successives qui vont en se rétrécissant :

1) Une *liste annuelle* (et donc, renouvelable d'année en année) est dressée dans chaque département. Le maire de chacune des communes tire au sort un certain nombre de noms ; le tout est centralisé au secrétariat-greffe de la juridiction où siège la cour d'assises. Une commission composée de magistrats procède à l'examen de cette liste — dite préparatoire — pour exclure les personnes qui tomberaient sous le coup d'une incapacité ou d'une incompatibilité (art. 256 c. pr. pén. mod. par loi nº 93-2 du 4 janv. 1993 ; et art. 257 c. pr. pén.). Ensuite, il est procédé à un nouveau tirage au sort parmi les noms qui n'ont pas été exclus pour obtenir ce que l'on appelle la liste annuelle définitive.

2) A partir de là, il faut établir la *liste de session*, c'est-à-dire, la liste des personnes qui seraient susceptibles d'être jurés au cours de la session d'assises. Pour y parvenir, on tire au sort 35 noms dans la liste annuelle définitive.

3) Reste enfin, la *liste de jugement* : pour chacune des affaires inscrites à la session, le président de la cour d'assises procède à un tirage au sort parmi les 35 noms de la liste de

session, et les 9 noms qui sortent de l'urne sont désignés comme jurés, sous réserve de la possibilité offerte tant au ministère public qu'à l'accusé d'exercer un droit de récusation en écartant certains noms de façon purement discrétionnaire.

**192. b) Les rapports entre la cour proprement dite et les jurés.** — Dans la conception initiale du Code d'instruction criminelle de 1810, la cour et les jurés (qui, à l'époque, étaient au nombre de douze) avaient des rôles bien distincts. Le jury se prononçait sur les faits (c'est-à-dire, sur leur matérialité et sur la culpabilité de l'accusé) ; la décision rendue s'appelait le « *verdict* ». En fonction des réponses fournies par le jury, la cour se chargeait alors d'appliquer le droit, en qualifiant les faits et en appliquant la peine prévue par la loi.

Cette dissociation entre le fait et le droit se révéla très décevante. Les jurés ont besoin de savoir quelles seront les conséquences légales que la cour tirera des réponses aux questions qui leur sont posées ; et faute de le savoir, l'expérience avait prouvé que très souvent les jurés, craignant la rigueur d'un verdict, préféraient nier l'évidence des faits.

De là, l'idée d'organiser une collaboration entre les deux éléments hétérogènes qui forment la cour d'assises. Désormais, depuis une loi du 25 novembre 1941 (dont les dispositions ont été reprises dans les art. 356 à 362 c. pr. pén.), la cour proprement dite et les jurés délibèrent et votent ensemble, tout à la fois sur les faits et sur l'application du droit. Cette délibération commune sur la matérialité des faits, sur la culpabilité et sur la peine applicable, élimine l'inconvénient précédent. Mais on peut craindre que les magistrats professionnels n'exercent, très involontairement, un certain ascendant sur des jurés qui ignorent tout de la chose judiciaire. Pour conjurer ce risque, la loi décide que toute décision défavorable à l'accusé ne pourra être acquise que par huit voix contre quatre (art. 359 c. pr. pén.) ; ce qui implique nécessairement que cinq jurés au moins (et donc la majorité des jurés) s'y soient ralliés.

**193. IV. L'arrêt d'assises : exclusion de l'appel.** — Les arrêts rendus par les cours d'assises ne sont susceptibles d'aucun appel : le principe du double degré de juridiction est écarté en matière criminelle. Tout au plus peuvent-ils faire l'objet d'un recours en cassation. Mais la différence est considérable, dans la mesure où la Cour de cassation se borne simplement à vérifier la correcte application de la loi sans procéder à un nouvel examen des faits (*infra*, n^os^ 211 et s.). Disons donc que les faits sont souverainement établis par la cour d'assises, en premier et dernier ressort.

Une telle rigueur ne manque pas de surprendre, surtout si l'on considère que les jugements rendus par les tribunaux de police et les tribunaux correctionnels sont susceptibles d'appel (*supra*, n° 186) : pourquoi les arrêts d'assises qui sont autrement plus graves échappent-ils à la garantie d'un double degré de juridiction ?

On l'explique généralement en soulignant que le jury est l'expression de la souveraineté nationale et que l'on concevrait mal qu'une autre juridiction pût infirmer ce qui a été décidé par une cour d'assises qui est dépositaire de cette souveraineté. A quoi l'on ajoute que la garantie d'un double degré de juridiction existe déjà au stade de l'instruction puisque la chambre d'accusation est obligatoirement saisie du dossier (*supra*, nº 179).

Il n'en reste pas moins vrai que l'exclusion d'un double degré de juridiction est grave, surtout dans une matière où les peines susceptibles d'être prononcées sont redoutables. Les cours d'assises n'échappent pas au risque d'erreur et encore moins aux excès de sévérité ou de libéralisme, souvent plus importants que devant les autres juridictions. Quant à l'argument tiré de la souveraineté populaire, il est juste de reconnaître que, sans être négligeable, il a perdu quelque peu de sa valeur par le fait que désormais les trois conseillers délibèrent et votent avec le jury (*supra*, nº précédent) : à tout le moins, l'arrêt de la cour d'assises a cessé d'être l'expression pure de la souveraineté populaire. Enfin, on peut ajouter, à la lumière du droit comparé, que l'existence d'une juridiction criminelle du second degré ne serait pas rationnellement inconcevable, puisque ce système existe dans certains pays étrangers (en Italie, notamment).

Cette controverse, qui pendant longtemps fut purement académique, a connu vers 1982 un regain d'actualité. A la faveur d'une refonte de la procédure pénale, il était dans les projets du gouvernement d'instituer un double degré de juridiction en matière criminelle : un premier degré au niveau du département et, un second degré, avec un jury plus nombreux, organisé sur un plan régional au niveau de la cour d'appel. Mais ce projet n'a eu aucune suite.

### SOUS-SECTION II

## JURIDICTIONS PÉNALES SPÉCIALISÉES

**194. Définition.** — Les juridictions pénales spécialisées se caractérisent par le fait qu'elles ne sont compétentes que dans les cas strictement prévus par la loi, pour juger certaines infractions ou certains délinquants que la loi détermine limitativement.

En principe, les juridictions pénales spécialisées ont un statut plus ou moins dérogatoire au droit commun, par leur composition ou par la procédure qui doit être suivie devant elles. Au reste, il ne servirait à rien d'instituer des juridictions spéciales si ce n'était pas pour échapper au droit commun. Mais c'est précisément là que commencent les difficultés de nature à expliquer le déclin actuel des juridictions pénales spécialisées (§ 1), déclin auquel seules échappent les juridictions pénales pour mineurs (§ 2).

Ces juridictions hors du commun sont appelés parfois des « *juridictions pénales d'exception* ». Techniquement, l'expression est parfaitement exacte si l'on veut dire par là qu'elles ne sont compétentes que dans certains cas exceptionnellement prévus par la loi. Mais cette terminologie a fini par prendre un sens péjoratif très marqué qui tient au fait que ces juridictions ont souvent servi de prétexte à une « répression exceptionnelle » dans des « conditions exceptionnelles ». C'est pourquoi de nos jours, par une curieuse perversion des mots, ne sont guère considérées comme des « juridictions pénales d'exception » que les « mauvaises » juridictions pénales qui sont exceptionnelles à raison de leur composition. Mais si l'on n'a pas peur des mots, il faut dire clairement que toute juridiction pénale à compétence spécialisée est une juridiction d'exception. Et, en réalité, elle ne devient odieuse que si, par le choix des juges et la procédure utilisée devant elle, elle sert de prétexte, à une répression arbitraire. Le véritable problème est là, beaucoup plus que dans la terminologie.

## § 1. — LE DÉCLIN ACTUEL

**195. Généralités.** — Les juridictions pénales spécialisées n'ont jamais eu bonne presse. Il faut dire qu'elles prolifèrent habituellement dans les périodes de crise ou sous le signe d'un contexte autoritaire qui donne à penser que, à travers elles, le pouvoir politique recherche un surcroît de répression et d'exemplarité, par le biais d'un amenuisement souvent grave des droits de la défense.

L'histoire en apporte malheureusement la démonstration. Sous l'ancien régime, les juridictions pénales d'exception étaient nombreuses ; certaines d'entre elles firent de la torture une véritable institution. La Révolution française consacra leur abolition ; mais ce fut pour en rétablir d'autres qui laissèrent dans l'histoire un souvenir à la fois dramatique et misérable. Après un siècle et demi d'accalmie, qui doit être mis à l'actif de la IIIe République, les juridictions pénales d'exception connurent de nouveaux développements avec la seconde guerre mondiale, le régime de l'occupation (cours martiales) et ensuite les événements d'Algérie (Haut tribunal militaire, cour de justice militaire). C'est un fait que, trop souvent, les juridictions de ce genre sont utilisées par certains régimes pour renforcer leur emprise politique par la menace de sanctions expéditives.

Il n'est donc pas surprenant que le sort de ces juridictions soit lié aux flux politiques qui traversent l'histoire, en en suivant des méandres plus ou moins tourmentés. Dans le moment présent (depuis 1982), la courbe est descendante : la Cour de sûreté de l'Etat et les Tribunaux permanents des forces armées ont disparu. Il convient cependant d'en rappeler l'existence, car le véritable problème consiste moins à faire disparaître certaines juridictions pénales spécialisées qu'à savoir dans quelles conditions les juridictions pénales de droit commun qui en recueillent l'héritage seront en mesure de juger certaines infractions qui étaient dévolues aux juridictions supprimées.

**196. Cour de sûreté de l'Etat : sa suppression en 1981.** — Instituée par une loi du 15 janvier 1963, cette juridiction avait été créée pour juger, en temps de paix, les crimes et délits contre la sûreté de l'Etat (espionnage, mouvement insurrectionnel, complot contre la sûreté de l'Etat et l'intégrité du territoire national, trahison, rébellion avec armes, détention de matériel de guerre, etc...).

En soi, l'idée pouvait se comprendre. Souvent, les juridictions de droit commun sont dépassées par l'ampleur politique des problèmes évoqués et, plutôt que de créer des juridictions de circonstance sous la pression de l'événement, mieux vaut disposer d'une juridiction spéciale instituée de façon permanente. On pourrait certes envisager de confier le jugement de ces infractions aux cours d'assises qui sont censées traduire le sentiment populaire. Mais l'expérience a prouvé que, dans ce genre d'affaires, il est parfois difficile de réunir des jurés exposés à de graves menaces. C'est dans ces conditions que, au lendemain des événements d'Algérie qui avaient vu l'éclosion de toute une série de juridictions d'exception instituées de façon souvent précipitée, l'idée est apparue de créer une juridiction permanente que l'on a appelé la Cour de sûreté de l'Etat.

Elle n'a pas cependant échappé à la suspicion. Il faut dire d'ailleurs que son statut largement dérogatoire ne pouvait qu'entretenir le doute.

*a*) D'abord en raison de sa *composition* : la Cour de sûreté de l'Etat comprenait, en effet, sous l'autorité d'un premier président, deux magistrats civils et deux militaires (officiers généraux ou supérieurs).

*b*) Par ailleurs, la *procédure* présentait des particularités très curieuses : le juge d'instruction pouvait procéder en tout lieu et en tout temps, même de nuit, à des perquisitions et à des saisies ; il pouvait maintenir l'inculpé en détention provisoire pendant plus de quatre mois sans nouvelle ordonnance, la mise en accusation était décidée par décret du gouvernement, les arrêts de la cour étaient rendus en premier et dernier ressort, etc...

La Cour de sûreté de l'Etat a aujourd'hui disparu. A la faveur du renversement de majorité intervenu en 1981, la loi n° 81-737 du 4 août 1981 a abrogé la loi du 15 janvier 1963 qui avait institué cette juridiction et décidé que, « en temps de paix, les crimes et délits contre la sûreté de l'Etat sont instruits et jugés par les juridictions de droit commun ... » (art. 702 c. pr. pén.).

**197. Juridictions militaires : la réforme de 1982.** — Pendant longtemps, il avait paru nécessaire de confier à des juridictions spécialisées le soin de juger certaines infractions commises, en temps de paix, par les membres des forces armées et même, en temps de guerre, par de simples civils. Sans doute, fallait-il attribuer l'existence de ces juridictions au caractère particulièrement contraignant de la discipline militaire et peut être aussi à la nécessité de réprimer plus énergiquement des comportements délictueux qui, au sein d'une communauté comme l'armée, pourraient devenir rapidement contagieux.

A cette fin, deux juridictions avaient été instituées : les Tribunaux permanents des forces armées (T.P.F.A.) et les Tribunaux militaires aux armées.

Les *Tribunaux permanents des forces armées* étaient compétents pour connaître des infractions au code de justice militaire (insoumission, désertion, pillage, destruction, trahison, insubordination, abandon de poste, etc...), et aussi des infractions de droit commun commises dans le service (vol ou crime dans une caserne, par exemple). Cette juridiction avait pour particularité d'avoir une composition mixte ; deux magistrats civils (un conseiller de cour d'appel qui présidait le tribunal et un juge du tribunal de grande instance) et trois militaires, désignés pour six mois par le général commandant la région (ou le préfet maritime) qui devaient être d'un grade égal ou supérieur à celui du militaire poursuivi. L'instruction était confiée à un magistrat militaire désigné par l'autorité militaire elle-même.

Les *Tribunaux militaires aux armées*, de composition exclusivement militaire, avaient pour trait caractéristique d'exister auprès des armées en temps de guerre et, en temps de paix, uniquement lorsque les armées stationnaient ou opéraient en dehors du territoire de la République.

Ces juridictions avaient été souvent critiquées. On leur avait reproché d'être composées de juges militaires dont l'état de subordination semblait difficilement compatible avec la qualité de juge, et de se montrer parfois d'une rigueur excessive. La procédure elle-même n'échappait pas à la critique ; notamment le rôle important joué par la sécurité militaire ainsi que le fait pour ces juridictions de statuer sans motiver leurs décisions et sans appel, avaient souvent été dénoncés. Peut-être aurait-on pu remédier à ces défectuosités. Mais toutes ces critiques ont été dépassées par le courant d'hostilité au principe même des juridictions pénales d'exception qui animait la majorité parlementaire issue des élections législatives de 1981. Et c'est ainsi que la *loi n° 82-621 du 21 juillet 1982* décida de supprimer les Tribunaux permanents des forces armées en temps de paix.

Il ne faudrait pas en déduire pour autant que toutes les juridictions militaires ont disparu.

*a*) D'abord, en temps de paix, subsiste toujours une juridiction militaire qui, sous le nom de « *Tribunaux aux armées* », a la charge d'assurer la justice militaire auprès des armées qui stationnent en dehors du territoire de la République. Pour les militaires qui servent à l'étranger, ces tribunaux constituent un véritable privilège de juridiction qu'il eût été inopportun de supprimer. Mais désormais ces tribunaux sont composés exclusivement de magistrats civils (art. 6 à 10 c. just. mil.).

*b)* C'est évidemment en temps de guerre que les juridictions militaires auraient vocation à réapparaître. Deux juridictions ont été prévues : d'une part, les anciens Tribunaux permanents des forces armées seraient remplacés par les « *Tribunaux territoriaux des forces armées* », pour exercer la justice militaire sur les territoires de la République (51) ; et d'autre part, des « *Tribunaux militaires aux armées* » pourraient être établis auprès des armées qui opèrent hors du territoire de la République. Il en serait de même en cas d'état de siège ou d'état d'urgence. On ajoutera que les juridictions des forces armées seraient alors appelées à connaître non seulement des infractions militaires ou commises par des militaires, mais aussi des crimes et délits contre la sûreté de l'Etat (art. 701 c. pr. pén.).

*c*) Enfin, le code de justice militaire a prévu l'établissement de « *Tribunaux prévôtaux* » (art. 477 s. c. just. mil.). Il s'agit là de juridictions très particulières organisées par la gendarmerie qui, dans les territoires où sont établis des tribunaux militaires aux armées, sont compétentes pour connaître des infractions de police, autres que les contraventions de 5e classe, commises par toute personne justiciable des tribunaux aux armées ou des tribunaux territoriaux des forces armées (art. 480 c. just. mil. mod. par loi n° 92-1336 du 16 déc. 1992).

**198. Une survivance : les juridictions de droit commun à « composition spéciale ».** — La suppression de la Cour de sûreté de l'Etat et des Tribunaux permanents des forces armées, n'a pas fait disparaître le fait que les infractions qui relevaient de leur compétence présentent une spécificité propre. En confier le jugement à des juridictions de droit commun, sans autre nuance, risquerait de créer de sérieux problèmes. D'abord, on s'est rapidement aperçu que s'agissant d'infractions qui risquent de porter atteinte à un secret de la défense nationale, il n'était peut-être pas opportun d'en confier la connaissance à des juridictions non spécialisées et, à plus forte raison, à des juridictions comme la cour d'assises composée de jurés. Ensuite, on pouvait redouter que les jurés ne refusent de siéger si le caractère politique de l'infraction devait les exposer à des menaces de représailles.

Pour toutes ces raisons, il a donc fallu se résigner à aménager « spécialement » la composition des juridictions de droit commun chargées de statuer sur les infractions de cette nature. Désormais, dans le ressort de chaque cour d'appel, il existe un tribunal correctionnel (pour les délits) et une cour d'assises (pour les crimes) composés selon des règles particulières.

*a*) Le *tribunal correctionnel* est composé de magistrats civils spécialisés dans les questions militaires. Institué dans le ressort de chaque cour d'appel, il est compétent pour connaître de tous les délits militaires commis dans le ressort de la cour, ainsi que de certains délits contre la sûreté de l'Etat qui sont de nature à porter atteinte à un secret de la défense nationale (art. 697 c. pr. pén.). L'intention du législateur a été de centraliser le contentieux en matière militaire afin que les juges aient une pratique suffisante de cette branche particulière du droit pénal.

---

(51) Leur composition, leur siège et leur ressort seraient alors déterminés par un décret en Conseil d'Etat pris sur le rapport du ministre chargé de la défense (art. 25 du code de justice militaire, mod. par décr. n° 82-984 du 19 nov. 1982).

*b*) En matière criminelle, la *cour d'assises* présente cette originalité de ne comprendre aucun jury : elle est exclusivement composée d'un président et de *six magistrats de carrière* désignés par le premier président de la cour d'appel (art. 698-6 c. pr. pén.). Dans cette composition, la cour d'assises est appelée à juger les crimes commis en matière militaire et les crimes commis par des militaires dans la mesure où un secret de la défense nationale risque d'être divulgué. Enfin, elle peut être appelée à statuer sur les crimes contre la sûreté de l'Etat prévus aux art. 70 à 85 c. pén. (dans les affaires de terrorisme par exemple).

## § 2. — JURIDICTIONS PÉNALES POUR LES MINEURS

**199. Le problème judiciaire de la délinquance juvénile.** — Les mineurs de 18 ans au moment des faits sont soustraits aux juridictions pénales de droit commun. On le comprend aisément. Certes, le jeune âge n'immunise pas contre toute sanction. Mais il serait à la fois malséant et largement inopportun de faire comparaître un délinquant mineur devant des juridictions qui ont à juger des comportements d'adulte, sans tenir compte du particularisme très marqué de la délinquance juvénile.

D'abord, il est clair que ce type de délinquance est souvent le fruit d'une éducation défectueuse. Punir, au sens strict du terme, ne servirait à rien sinon à ancrer le jeune délinquant dans ses mauvais penchants. Il importe avant tout de sauvegarder l'avenir en combinant la peine avec une mesure d'assistance éducative.

Par ailleurs, s'agissant de mineurs, les variations d'âge comptent pour beaucoup : on ne peut pas traiter pénalement de la même manière un enfant de 12 ans et un jeune homme de 17 ans.

Toutes ces raisons justifient l'existence de juridictions spécialisées, composées de juges qui ont une vocation d'éducateurs et qui statueront selon des formes simplifiées, exemptes de tout cérémonial traumatisant.

Pour la clarté des explications, il convient ici d'inverser la chronologie normale, en présentant d'abord les juridictions de jugement (I) et, ensuite, la juridiction d'instruction (II).

**200. I. Juridictions de jugement.** — En ce domaine, la juridiction principale est le *tribunal pour enfants* (1°). Mais elle n'est pas la seule : il faut y ajouter, le *juge des enfants* (2°) et la *cour d'assises des mineurs* (3°).

**201. 1°) Tribunal pour enfants** (52). — Cette juridiction est compétente pour juger les contraventions les plus graves (celles de cinquième classe) et les délits commis par les mineurs de 18 ans, ainsi que les crimes perpétrés par des mineurs, mais seulement jusqu'à l'âge de 16 ans au moment des faits.

Il existe actuellement 131 tribunaux pour enfants : le siège et le ressort territorial de chacun d'eux sont déterminés par décret (art. L. 522-1 c. org. jud.). En fait, tout en étant parfaitement autonomes, ces juridictions se rattachent aux tribunaux de grande instance par leur organisation administrative ; et cela, à un double titre :

*a*) D'abord, par leur *siège* et leur *ressort*. En règle générale, il y a un tribunal pour enfants par département : il a alors son siège au tribunal de grande instance et a le même ressort territorial que lui. Toutefois, dans certains départements et compte tenu de l'importance de la population, il peut y avoir plusieurs tribunaux pour enfants au sein d'un même département : dans ce cas, chacun d'eux a son siège à l'un des tribunaux de grande instance de ce département.

*b*) Ensuite par sa *composition*. Le tribunal pour enfants est composé d'un ou plusieurs juges (selon l'importance du tribunal), — que l'on appelle « *juges des enfants* » —, et qui sont des magistrats du tribunal de grande instance spécialement désignés pour exercer ces fonctions.

Mais, l'originalité du tribunal pour enfants tient au fait que le juge des enfants ne siège pas seul : il siège avec à ses côtés deux assesseurs titulaires qui sont de simples particuliers, âgés d'au moins 30 ans et connus pour leur compétence et l'intérêt qu'ils portent aux problèmes de l'enfance ; ils sont nommés pour quatre ans par le ministre de la justice sur proposition du premier président de la cour d'appel.

**202. 2°) Juge des enfants.** — Le juge des enfants, qui fait partie du tribunal pour enfants, peut statuer seul sans être assisté de ses deux assesseurs : dans ce cas, il constitue à lui seul une juridiction autonome que l'on appelle précisément la juridiction du juge des enfants.

Sa compétence est la même que celle du tribunal pour enfants : il est appelé à juger les contraventions (de cinquième classe) et les délits commis par un mineur de 18 ans, ainsi que les crimes perpétrés par un mineur de 16 ans au moment des faits.

En revanche, *l'étendue de ses pouvoirs est différente* : le juge des enfants, lorsqu'il statue seul ne peut pas infliger de peine : son pouvoir se limite simplement à des mesures de rééducation ne comportant aucun placement du mineur au sein d'un organisme.

---

(52) Cette juridiction est réglementée par les articles L. 521-1 à L. 522-6, et R. 522-1 à R. 522-10 du code de l'organisation judiciaire.

En résumé, à travers ces règles quelque peu complexes, la réalité pratique est très simple. Si le juge des enfants estime qu'une simple mesure de rééducation suffit, il statue seul. Mais s'il pense, au contraire, qu'une telle mesure ne suffit pas et qu'il serait opportun de prononcer une peine ou de placer le mineur dans une institution spécialisée, il doit alors réunir ses assesseurs et statuer collégialement, en tant que tribunal pour enfants.

**203. 3°) Cour d'assises des mineurs.** — On a pu observer que s'agissant des crimes, la compétence du tribunal pour enfants et celle du juge des enfants ne va pas au-delà de 16 ans. Le mineur qui commet un crime entre 16 et 18 ans est alors justiciable d'une juridiction spéciale que l'on appelle la cour d'assises des mineurs.

Au point de vue de son organisation, cette juridiction ne se distingue en rien de la cour d'assises ordinaire que l'on appelle par opposition la cour d'assises des majeurs : son siège, son ressort, son fonctionnement intermittent, sa composition et la portée de ses arrêts sont identiques (*supra*, n^os^ 187 et s.).

Où est alors la différence ? Elle se limite en réalité à de simples nuances mais qui ont toutefois leur importance :

*a*) Les deux assesseurs magistrats du président de la cour d'assises sont généralement choisis parmi des juges pour enfants.

*b*) Les débats ont lieu à huis-clos. Cela est évidemment essentiel : on comprend aisément le souci du législateur de soustraire le mineur à une publicité qui pourrait se révéler malsaine.

**204. II. Juridiction d'instruction.** — Les délits et les crimes commis par un mineur doivent toujours donner lieu à une instruction préparatoire, même s'il s'agit d'un simple délit. S'agissant d'un mineur, il est en effet indispensable de procéder d'abord à une enquête de personnalité, tant du point de vue social (situation de famille) que du point de vue médical. Mais, à cette première particularité, s'en ajoutent deux autres :

D'une part, l'instruction peut être confiée soit à un juge d'instruction, soit à un juge des enfants. Le choix appartient au ministère public, sauf toutefois lorsqu'il s'agit d'un crime, auquel cas seul le juge d'instruction est compétent (Ord. 2 févr. 1945).

D'autre part, si l'instruction est confiée à un juge des enfants, la procédure d'instruction obéit à des règles plus souples. Et surtout, contrairement à la règle habituelle qui interdit à un juge d'instruction de participer au jugement de l'affaire qu'il a lui-même instruite (art. 49 c. pr. pén. ; *supra*, n° 171), le juge des enfants qui a instruit le dossier peut participer lui-même à la juridiction de jugement : souvent, en effet, il est le mieux à même d'apprécier la mesure qu'il convient de prendre.

### Sous-section III

## RAPPORTS ENTRE LES JURIDICTIONS PÉNALES ET LES JURIDICTIONS CIVILES

**205. Principe de l'unité des juridictions civiles et pénales.** — On présente parfois les juridictions pénales comme étant des juridictions qui formeraient un ordre distinct. En d'autres termes, à côté des juridictions de l'ordre judiciaire et des juridictions de l'ordre administratif, il y aurait place pour des juridictions de l'ordre pénal.

Cette présentation est trompeuse. *Les juridictions pénales ne forment pas un ordre distinct* : elles apparaissent plus modestement comme une subdivision de l'ordre judiciaire auquel elles se rattachent par trois éléments qui attestent une unité fondamentale entre, d'une part, les juridictions civiles et, d'autre part, les juridictions pénales.

*a*) D'abord, les juridictions pénales, au même titre que les juridictions civiles, commerciales et sociales, relèvent du contrôle de la *Cour de cassation* qui constitue la juridiction suprême des unes et des autres. Sans doute la Cour de cassation comporte-t-elle une chambre criminelle spécialisée. Mais cette chambre est une simple formation de la Cour et, par conséquent, on trouve un premier élément d'unité dans le fait qu'il existe, au sommet de la hiérarchie judiciaire, une unique juridiction commune.

*b*) Un autre élément d'unité réside dans l'*identité des organes*. On a pu observer que le tribunal de police n'est autre que le tribunal d'instance (*supra*, n° 183) ; le tribunal correctionnel n'est qu'une formation particulière du tribunal de grande instance (*supra*, n° 184). Enfin, on se gardera d'oublier que le juge des enfants peut être appelé à intervenir, en dehors de toute infraction pénale, simplement au titre de l'assistance éducative (art. 375 s. c. civ.). En un mot, on constate un dédoublement fonctionnel qui fait que le même organe assume deux fonctions différentes, civiles et pénales tout à la fois.

Sans doute, peut-on relever en matière pénale des juridictions autonomes qui n'ont pas leur homologue en matière civile : tels, le juge d'instruction, la cour d'assises et les juridictions pénales spécialisées. Mais, même dans cette hypothèse, une certaine unité se retrouve encore à travers l'identité du personnel judiciaire.

*c*) L'*identité du personnel judiciaire* est, en effet, très caractéristique : ce sont les mêmes juges qui peuvent être alternativement tantôt juges en matière civile et tantôt juges en matière pénale. Cela est évident lorsque c'est le même organe qui est en même temps juridiction civile et juridiction répressive. Mais cela est également vrai lorsque l'organe répressif est doté d'une spécificité propre. Ainsi, le juge d'instruction est un juge du tribunal de grande instance (*supra*, nº 171) ; la chambre d'accusation est composée de conseillers à la cour d'appel qui, le président mis à part, pourraient siéger aux audiences civiles (*supra*, nº 177) ; la chambre des appels correctionnels est une chambre spécialisée de la cour d'appel où siègent des conseillers qui, à la faveur de la règle du roulement, pourraient fort bien, l'année suivante, être affectés à une chambre civile.

Il reste que cette identité n'est pas toujours complète. Par exemple, les cours d'assises et les juridictions pénales spécialisées (comme les tribunaux pour enfants) sont composées d'assesseurs qui ne sont pas toujours des magistrats professionnels. Il n'en demeure pas moins que, même dans cette hypothèse extrême, ces juridictions comprennent parmi leurs membres des magistrats de carrière qui appartiennent aux juridictions de l'ordre judiciaire (*supra*, nº 198).

Pour toutes ces raisons, il est donc évident qu'il existe une unité fondamentale entre les juridictions civiles et les juridictions pénales.

**206. Examen critique et justification.** — Le principe qui vient d'être exposé n'est guère contesté et, d'ailleurs, il est difficilement contestable. En revanche son opportunité législative est parfois controversée.

Certains auteurs de la science pénale moderne critiquent ce principe en soulignant qu'il est de nature à compromettre la spécialisation nécessaire du juge répressif qui, de plus en plus fréquemment, se trouve confronté à des problèmes spécifiques, souvent étrangers à la science du droit. Le phénomène criminel soulève des problèmes très différents de ceux que l'on rencontre en matière civile et commerciale : les considérations humaines, psychologiques, biologiques et criminologiques, l'emportent souvent sur les considérations spécifiquement juridiques. Dès lors, dit-on, est-il vraiment raisonnable de faire juger l'acte criminel par des magistrats qui sont peut-être d'excellents juristes, mais qui, du fait de leur polyvalence, n'ont reçu aucune formation particulière en matière de criminologie ? Si vraiment l'auteur d'une infraction est un malade qu'il faut soigner, comme certains le prétendent, un thérapeute ne serait-il pas mieux qualifié qu'un juge qui aujourd'hui jugera une affaire de succession et qui, demain, sera appelé à punir un voleur ! L'existence de juridictions pénales pour les mineurs, composées d'assesseurs qui ne sont pas des magistrats professionnels, répond d'ailleurs à ce courant de pensée.

Ces considérations ne sont certes pas négligeables. Mais elles ne doivent pas faire oublier les puissantes raisons qui ont toujours justifié l'unité de la justice civile et de la justice pénale.

*a*) D'abord, une raison d'*ordre psychologique*. Les juges civils, par attitude d'esprit, sont habitués à être les arbitres d'intérêts également respectables : pour eux, les deux adversaires en présence sont également dignes de considération. Le fait que les mêmes juges soient appelés à se prononcer en matière civile et en matière pénale, permet de transposer cette attitude d'esprit à la matière répressive et de conserver ainsi au procès pénal le caractère d'un débat où l'accusateur d'un côté et l'accusé de l'autre sont à égalité de chances aux yeux du juge. Pour cette raison, on peut penser que la liberté individuelle est mieux sauvegardée.

*b*) Ensuite, une raison de *nature juridique*. Le procès civil et le procès pénal reposent l'un et l'autre sur un certain nombre de principes communs : respect de la contradiction, audition du défendeur le dernier, libre appréciation des expertises, respect de la chose jugée, etc... Par ailleurs, il arrive souvent que le juge pénal soit appelé à statuer sur des questions de nature civile : tel est le cas, notamment, lorsque la victime d'une infraction joint son action civile à l'action pénale pour obtenir du juge répressif qu'il statue lui-même sur le montant de l'indemnisation (*infra*, n° 508). En un mot, il y a tout un fonds commun de notions juridiques qui justifie l'opportunité de confier aux mêmes juges, la justice civile et la justice pénale.

*c*) Enfin, il ne faut pas exagérer l'absence de spécialisation du juge pénal. Depuis un certain nombre d'années, de sérieux efforts sont faits pour élargir les connaissances du juge dans le domaine des sciences annexes au droit pénal. Et, par ailleurs, la règle du roulement sensiblement atténuée de nos jours, n'a jamais interdit à certains magistrats de poursuivre toute une partie de leur carrière dans des chambres pénales et d'acquérir ainsi une solide spécialisation en ce domaine. Aller au-delà ne serait pas sans risque : le pire des dangers serait d'instituer une « technocratie judiciaire du crime » !

## *SECTION III*

## COUR DE CASSATION

**207. Généralités.** — La Cour de cassation est la plus haute juridiction de l'ordre judiciaire : placée au sommet de la hiérarchie, on l'appelle volontiers pour cette raison, la « Cour suprême ». Elle est, bien entendu, unique en France. Elle siège à Paris, dans les locaux du Palais de Justice.

Cette juridiction a pour origine lointaine, une institution qui existait sous l'ancien régime et que l'on appelait le *Conseil des parties*, lequel était alors une section du Conseil du Roi, spécialement chargée d'examiner les recours formés contre les arrêts des Parlements. Le Conseil des parties fut supprimé, au moment de la Révolution française. Mais l'idée fut reprise par la loi des 27 novembre et 1er décembre 1790 qui institua ce que l'on appela, à l'époque, le Tribunal de cassation (53).

L'idée fondamentale qui inspira cette création fut le souci d'*unifier l'interprétation de la règle de droit*. On sait toute l'importance que le législateur révolutionnaire attachait alors au principe de l'unité juridique de la France : il voulait en finir avec la diversité des coutumes qui paraissait attentatoire à l'égalité de tous les citoyens devant la loi. Mais, dans cette perspective, il avait fort bien compris que, pour parvenir à cet objectif, il ne suffisait pas d'assurer l'unité des textes : il fallait aussi assurer l'unité de leur interprétation. Par suite de la multiplicité des juridictions de première instance et d'appel, on pouvait en effet redouter que les mêmes textes ne soient interprétés de façon différente selon les juridictions. De là, la création d'une juridiction suprême investie d'une mission régulatrice afin d'éviter que la même règle de droit ne soit interprétée de façon différente à Lyon, à Toulouse ou à Paris (54).

C'est assez dire l'importance primordiale de cette juridiction qui, lorsque la hantise des anciens Parlements disparut, reçut une appellation plus prestigieuse qui est la sienne aujourd'hui : la Cour de cassation (Sen. Cons. 28 floréal an XII).

**208. Textes et plan.** — La compétence, l'organisation et le fonctionnement de la Cour de cassation sont actuellement réglementés par les articles L. 111-1 à L. 151-3 et R. 121-1 à R. 132-4 du code de l'organisation judiciaire.

L'étude de la Cour de cassation portera sur trois points : d'abord, sur le *rôle* de cette juridiction (§ 1), ensuite, sur son *évolution moderne* (§ 2) et, enfin, à la lumière des textes actuels, sur son *organisation* et son *fonctionnement* (§ 3).

## § 1. — RÔLE DE LA COUR DE CASSATION

**209. La Cour de cassation, gardienne du droit.** — La Cour de cassation, en tant qu'elle est l'organe suprême de l'ordre judiciaire, a pour mission de veiller au respect de la règle de droit par les juridictions inférieures.

Traditionnellement, elle exerce cette fonction en se prononçant sur les pourvois dirigés contre les arrêts rendus par les cours d'appel, et plus exceptionnellement

(53) Sur la genèse de cette loi et les hésitations du législateur révolutionnaire, cf. Jean-Louis Halperin, *Le Tribunal de cassation (1790-1799)*, thèse Paris 1985. — On consultera également avec intérêt le livre jubilaire qui a été publié en 1990 à l'occasion du second centenaire de la Cour de cassation.

(54) C'est pourquoi on désigne parfois la Cour de cassation sous le nom de « *Cour régulatrice* ». Mais cette terminologie tend à disparaître.

contre les jugements des tribunaux rendus en dernier ressort (A). Mais, depuis une loi de 1991, la Cour de cassation est appelée à jouer un rôle nouveau, et en quelque sorte préventif; elle peut aussi être saisie « pour avis » indépendamment de tout pourvoi (B).

### A. — Son rôle habituel : la Cour de cassation, saisie sur pourvoi

**210. La Cour de cassation n'est pas un troisième degré de juridiction.** — Le plaideur qui a perdu son procès devant une cour d'appel, — ou même simplement devant une juridiction de première instance qui a statué en dernier ressort —, a la faculté de déférer cette décision à la Cour de cassation, au moyen d'un acte que l'on appelle un « pourvoi en cassation ».

Mais contrairement à ce que l'on pense parfois, et malgré sa place au sommet de la hiérarchie de l'ordre judiciaire, la Cour de cassation n'est pas un troisième degré de juridiction. Elle présente en effet deux caractères très particuliers qui font toute son originalité : d'une part, elle est juge du droit et non point juge du fait (1°), et d'autre part, elle est juridiction de cassation (2°).

#### 1° La cour de cassation, juge du droit et non juge du fait

**211. Principe.** — La Cour de cassation qui se trouve être la juridiction la plus élevée dans la hiérarchie judiciaire, se trouve être en même temps celle dont les pouvoirs juridictionnels sont les plus limités. Son rôle, en effet, n'est pas de procéder à un nouvel examen des faits ; sa fonction consiste uniquement à vérifier si, dans le cas d'espèce, la règle de droit a été correctement interprétée et appliquée par la juridiction dont émane la décision attaquée (et que l'on appelle souvent le « juge du fond », ou encore, le « juge du fait », par opposition à la Cour de cassation qui est uniquement « juge du droit »).

Pour comprendre le rôle très particulier de la Cour de cassation, il faut partir de cette idée que toute décision de justice est la conclusion d'un syllogisme que l'on appelle volontiers le « *syllogisme judiciaire* » : la majeure est la règle de droit, la mineure comprend l'ensemble des faits qui conditionnent l'application de cette règle ; la conclusion qui en découle est alors le jugement.

Prenons un exemple qui illustrera cette démarche intellectuelle. Il existe dans le code civil un article 1109 aux termes duquel « il n'y a pas de consentement valable s'il a été donné par erreur ... » ; ce qui revient à dire qu'un contrat peut être déclaré nul s'il est démontré que le consentement de l'une des parties a été entaché d'erreur. La majeure du syllogisme est l'art. 1109 c. civ. La mineure, c'est l'existence d'une erreur, laquelle conditionne l'application de l'art. 1109 c. civ. Et la conclusion sera le jugement qui déclarera le contrat nul s'il est établi que l'une des parties a été victime d'une erreur, mais qui le déclarera valable dans le cas contraire.

Cela dit, la *Cour de cassation n'a pas à examiner les faits*, c'est-à-dire, la mineure du syllogisme : l'appréciation des faits relève de la souveraineté des juridictions dites du fond, c'est-à-dire, en principe des cours d'appel qui statuent « en dernier ressort » (55). Dans l'exemple précédent, si le juge d'appel a décidé d'annuler un contrat de vente, au motif que l'acheteur a été victime d'une erreur, il n'appartient pas à la Cour de cassation de rechercher une nouvelle fois s'il y a eu erreur ou non : l'existence de ce fait doit être tenue pour définitivement et souverainement établie. Selon l'expression dont se sert fréquemment la Cour de cassation, les faits doivent être tenus « pour constants ».

En dernière analyse, *l'examen de la Cour de cassation se limite à la majeure du syllogisme et à l'exactitude de la conclusion que le juge du fond en a tirée.* Pour reprendre toujours le même exemple : la Cour de cassation vérifiera si le juge du fond a correctement interprété l'art. 1109 c. civ., s'il en a bien compris le sens, s'il lui a donné son exacte portée, s'il n'a pas été au-delà de la pensée du législateur exprimée dans ce texte ; et, en fonction des faits « tenus pour constants », la Cour de cassation contrôlera si la conclusion qu'en a tirée le juge du fond est exacte.

On comprend alors toute la différence qui existe entre un appel, qui ouvre la voie à un second degré de juridiction où tout le débat peut être repris en fait et en droit, et un pourvoi de cassation qui ne débouche pas sur un troisième degré pour la raison très simple que l'auteur d'un pourvoi ne peut pas demander à la Cour de cassation d'examiner les faits une troisième fois : il ne peut attaquer la décision qu'il critique que dans la stricte limite d'une éventuelle violation de la loi.

**212. Notion de violation de la loi.** — Pour la raison qui vient d'être indiquée, l'auteur d'un pourvoi doit nécessairement invoquer une ou plusieurs violations de la loi : chacune des violations alléguées constitue un « *moyen de cassation* ».

Encore faut-il bien comprendre ce que l'on appelle une violation de la loi. Très souvent, dans l'opinion publique, on entend dire que la Cour de cassation ne casse que s'il y a eu un « vice de forme ». Il faut se garder de colporter une telle erreur. Sans doute, les règles de forme étant édictées par des lois, il est bien évident que tout vice de forme constitue une violation de la loi qui, à ce titre, peut entraîner la censure de la Cour de cassation. Mais, fort heureusement pour elle, la Cour de cassation a une fonction qui va bien au-delà. Et quand on parle de la violation de la loi, *il faut entendre le mot « loi » dans son sens le plus large, comme étant*

---

(55) L'expression « dernier ressort » est ici très évocatrice : elle montre bien que les faits sont appréciés souverainement pour la dernière fois par la cour d'appel.

*synonyme de « règle de droit »* (cf. l'art. 604 nouv. c. pr. civ. qui définit le pourvoi en cassation comme étant le recours qui tend à faire censurer la non-conformité du jugement « aux règles de droit »). Par conséquent, un pourvoi en cassation peut être formé pour violation : d'une loi bien entendu, mais aussi d'un décret, d'un arrêté, d'une coutume, voire même d'un principe général du droit. En un mot, toute violation d'une règle de droit constitue une violation de la loi, au sens large du terme.

Et comme on peut alors le constater, la Cour de cassation est appelée à jouer un rôle fondamental dans l'interprétation de la règle de droit qui va bien au-delà de la seule surveillance des formes (56).

### 2° LA COUR, JURIDICTION DE CASSATION

**213. Notion de cassation.** — Si la Cour de cassation n'est pas un troisième degré de juridiction, ce n'est pas seulement parce qu'elle ne connaît que des moyens de droit : c'est aussi parce que son rôle n'est pas de rejuger l'affaire comme le ferait une cour d'appel, en substituant son propre arrêt à la décision qui lui est déférée. En réalité, lorsqu'elle est saisie d'un pourvoi, la Cour de cassation n'a le choix qu'entre deux solutions :

— ou bien, elle estime que le juge dont la décision est attaquée a correctement appliqué la règle de droit : dans ce cas, elle rejette le pourvoi et la décision attaquée devient irrévocable ;

— ou bien, elle estime au contraire que la décision attaquée est entachée d'une violation de la loi ; et dans ce cas, il lui appartient alors de « *casser* » la décision, c'est-à-dire, de l'anéantir totalement ou partiellement. C'est en cela que la Cour suprême est une juridiction de cassation ; et de là d'ailleurs vient son nom.

On exprime parfois cette idée en disant que la Cour de cassation « juge les jugements et non pas les affaires ». Sans prendre cette formule au pied de la lettre, elle est tout de même assez évocatrice, dans la mesure où elle tend à souligner que le rôle de la Cour de cassation n'est pas de statuer sur les prétentions des parties pour les départager : son seul rôle est de rechercher si le juge a correctement appliqué la règle de droit et d'*annuler son jugement (de le « casser ») s'il apparaît que la loi n'a pas été respectée.* C'est tout.

Mais cette situation pose alors un nouveau problème : s'il n'appartient pas à la Cour de cassation de substituer son propre arrêt à la décision attaquée et si cette

---

(56) Cette erreur, largement répandue dans l'opinion publique, est peut-être révélatrice d'une erreur plus grave qui consiste, pour le profane, à ne voir dans la science du droit qu'un aménagement de structures formelles et à considérer la règle de droit comme unc simple forme.

dernière est annulée, *le litige reste en suspens* : les parties ne savent toujours pas qui a tort et qui a raison. Il est donc nécessaire de faire juger l'affaire une nouvelle fois par une juridiction, — que l'on appelle la « *juridiction de renvoi* » —, laquelle, pour échapper à tout préjugé, sera différente de celle dont la décision a été cassée. Cette juridiction de renvoi sera désignée par la Cour de cassation elle-même qui, décide l'art. L. 131-4, al. 1, c. org. jud., devra fixer son choix sur « une autre juridiction de même nature que celle dont émane l'arrêt ou le jugement cassé ... », en principe tout au moins (57).

Prenons deux exemples : 1°) Si la décision cassée est un arrêt de la cour d'appel de Pau : la Cour de cassation devra désigner une autre cour d'appel (« juridiction de même nature »), celle de Bordeaux, par exemple. — 2°) Autre exemple : imaginons que la décision cassée soit un jugement du tribunal d'instance du quatrième arrondissement de Paris ; ce qui pourrait arriver (58) : la Cour de cassation devra désigner un autre tribunal d'instance (« juridiction de même nature »), par exemple, celui du cinquième arrondissement de Paris.

**214. Pouvoirs de la juridiction de renvoi.** — Cette juridiction a exactement les mêmes pouvoirs que ceux de la juridiction dont la décision a été cassée. Ce point est important : cela signifie en effet que la juridiction de renvoi (à la différence de la Cour de cassation) doit reprendre l'examen de l'affaire dans son ensemble, aussi bien en fait qu'en droit :

a) en *fait* : elle peut très bien relever l'existence de certains faits que la première juridiction dont la décision a été cassée n'avait pas cru devoir retenir, ou encore les apprécier différemment ;

b) en *droit* : la juridiction de renvoi n'est pas liée par l'interprétation de la Cour de cassation et rien ne lui interdit d'interpréter ou d'appliquer la règle de droit autrement que ne l'a fait la juridiction suprême.

Ainsi donc, en tant que « juge du fond », la *juridiction de renvoi a la plus entière liberté sur tous les plans*. Et il lui arrive parfois d'en user.

L'exemple le plus retentissant est celui d'une affaire célèbre en matière de responsabilité civile (l'affaire Franck), qui portait sur le point de savoir si, en cas d'accident causé par une

---

(57) La Cour de cassation pourrait désigner la même juridiction que celle dont émane la décision cassée, mais il faudrait alors qu'elle soit « *autrement composée* » (art. L. 131-4, al. 1, c. org. jud.). Cette solution est assez rarement utilisée ; mais elle peut présenter un intérêt lorsque l'arrêt cassé émane d'une cour d'appel qui est la seule en mesure d'appliquer un droit local (ex. : la cour d'appel de Colmar ou de Metz), ou encore d'une cour d'appel géographiquement excentrée (comme celle de Saint-Denis-de-la-Réunion, par exemple).

(58) On se souviendra que si le montant de la demande est inférieur au taux du ressort, le jugement rendu est prononcé « en premier et dernier ressort » ; et, dès lors, un pourvoi en cassation peut être directement formé contre un tel jugement (*supra*, n° 158).

voiture volée, la responsabilité de l'accident incombe au voleur (qui souvent a disparu) ou au propriétaire volé (qui lui est assuré). On mesure aisément l'enjeu pratique du problème pour la victime qui demande réparation. Tout se joue finalement sur la façon dont il faut concevoir la notion de « gardien responsable », au sens de l'article 1384 du code civil. La Cour d'appel de Nancy avait estimé que le gardien responsable était le voleur. La Cour de cassation décida au contraire que le gardien responsable était le propriétaire volé lui-même ; elle cassa donc l'arrêt de la Cour d'appel de Nancy et renvoya l'affaire devant la Cour d'appel de Besançon. Mais celle-ci, persistant dans l'opinion qui avait été celle de la Cour de Nancy, décida, à l'inverse de la Cour de cassation, que le gardien responsable était le voleur. En un mot, la juridiction de renvoi refusa de s'incliner devant l'interprétation de la Cour de cassation (cf. toutefois, lorsque l'arrêt de cassation a été prononcé par l'Assemblée plénière, (*infra*, n° 239).

**215. Second pourvoi.** — Si la juridiction de renvoi ne se conforme pas à l'interprétation consacrée par la Cour suprême, il est vraisemblable qu'un second pourvoi sera formé par le plaideur qui, après avoir obtenu gain de cause devant la Cour de cassation, a de nouveau perdu devant la juridiction de renvoi.

Mais le problème s'aggrave : cette résistance de la juridiction de renvoi fait apparaître l'existence d'une sérieuse difficulté d'interprétation et d'un *conflit latent entre la Cour de cassation et les juridictions du fond.* Pour cette raison, la Cour de cassation devra statuer dans des conditions plus solennelles : avant 1967, l'affaire était jugée par la Cour de cassation « *toutes chambres réunies* » ; désormais, depuis la loi du 3 juillet 1967, elle est débattue en « *Assemblée plénière* » (sur ces formations, cf. *infra*, n° 239).

La Cour de cassation, en Assemblée plénière, ne cesse pas d'être exclusivement juge du droit : en aucun cas, elle ne peut se prononcer sur les faits. Et, par ailleurs, dans les mêmes conditions que si l'affaire avait été portée devant une chambre, deux solutions s'offrent au choix de la Cour de cassation :

*a*) Ou bien, se déjugeant par rapport à sa première interprétation, *la Cour de cassation se range en définitive à celle des juridictions du fond* : dans ce cas, elle rejettera le second pourvoi et l'arrêt attaqué (rendu par la juridiction de renvoi) deviendra irrévocable. Cette situation est assez curieuse. Elle témoigne du fait qu'il n'y a aucune hiérarchie dans l'interprétation des textes puisque, finalement, la résistance d'une cour d'appel peut parvenir à faire fléchir la juridiction suprême.

Voilà un bel exemple d'humilité judiciaire dont la jurisprudence offre parfois des illustrations (59).

*b*) Ou bien, *la Cour de cassation maintient sa première interprétation* et condamne la résistance des juridictions du fond ; dans ce cas, elle casse l'arrêt déféré à sa censure (qui avait été rendu par la première juridiction de renvoi) et désigne une seconde juridiction de renvoi pour statuer sur cette affaire. Ainsi, pour reprendre l'un des exemples précédents où la Cour de cassation avait cassé un arrêt de la cour d'appel de Pau et renvoyé devant la cour d'appel de Bordeaux (première juridiction de renvoi), si elle casse l'arrêt de la cour d'appel de Bordeaux, elle renverra devant la cour d'appel d'Agen (qui sera la deuxième juridiction de renvoi). (*Voir le schéma, page 194*).

**216. Pouvoirs de la seconde juridiction de renvoi.** — Relativement aux *faits*, cette juridiction dispose des mêmes pouvoirs que les juridictions précédentes dont les décisions ont été successivement cassées ; ce qui revient à dire que la seconde juridiction de renvoi a toute liberté pour apprécier les faits comme elle l'entend.

En revanche, *la juridiction de renvoi doit se conformer à la décision de l'Assemblée plénière sur les points de droit jugés par celle-ci* (art. L. 131-4 c. org. jud.). La solution ne date pas d'aujourd'hui : introduite pour la première fois par une loi du 1er avril 1837, elle a été constamment reprise par les textes ultérieurs. Il est en effet indispensable de penser aux plaideurs et de mettre un point final à cette difficulté d'interprétation. Si donc, en Assemblée plénière, la Cour de cassation a décidé, par exemple, que tel texte était applicable au litige et qu'il devait produire tel ou tel effet, la seconde juridiction de renvoi ne peut plus prétendre le contraire et doit se borner à en tirer les conséquences.

Du moins en est-il ainsi *relativement à l'affaire qui a été portée devant l'Assemblée plénière.* La réserve est importante. Si, en effet, à l'occasion d'une autre affaire, la même question de droit devait se poser, la juridiction saisie ne serait aucunement tenue de se conformer à l'interprétation donnée par l'Assemblée plénière de la Cour

(59) Le cas s'est présenté à propos de l'affaire Franck (précédemment citée, *supra*, n° 214). Il a été dit que la cour d'appel de Nancy avait estimé que le gardien responsable de l'accident causé par une voiture volée était le voleur et non pas le propriétaire volé (Nancy, 10 juillet 1931). La Cour de cassation (ch. civile) cassa cet arrêt (Cass. civ. 3 mars 1936, D.P. 1936.1.81) et renvoya l'affaire devant la cour d'appel de Besançon qui persista à penser, comme la cour d'appel de Nancy, que le gardien responsable de l'automobile volée était le voleur lui-même (Besançon, 25 févr. 1937, S. 1937.2.97). L'affaire est donc revenue devant la Cour de cassation, « toutes chambres réunies » qui décida que le gardien responsable était celui qui avait « l'usage, le contrôle et la direction de la chose », et donc pratiquement, le voleur et non point le propriétaire volé. En conséquence, la Cour de cassation rejeta le pourvoi formé contre l'arrêt de la cour d'appel de Besançon (Cass. ch. réun. 2 déc. 1941, D.C. 1942.25, note G. Ripert, S. 1941.1.217, note H. Mazeaud).

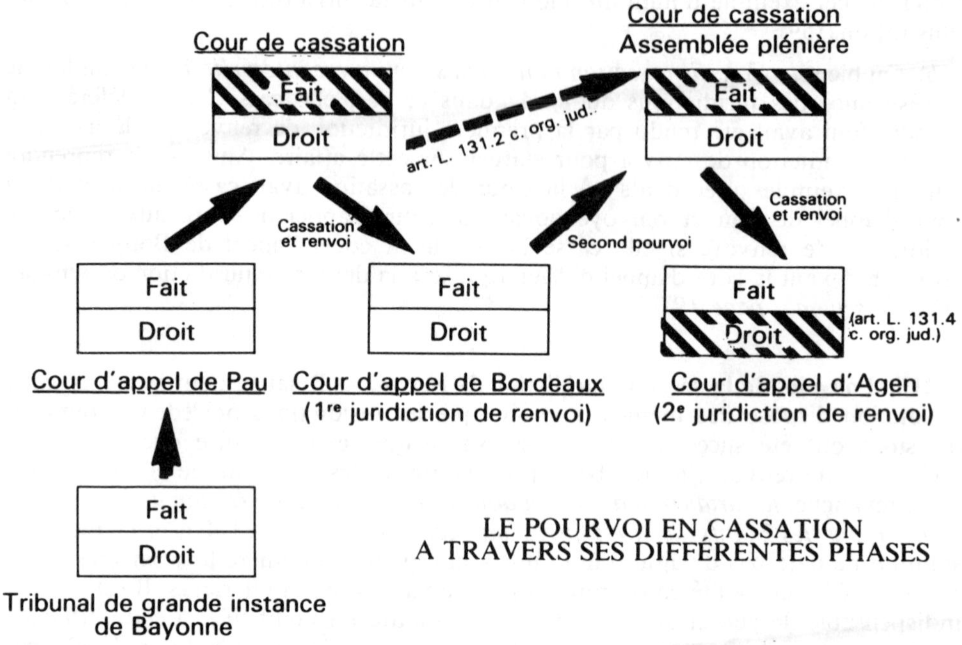


LE POURVOI EN CASSATION
A TRAVERS SES DIFFÉRENTES PHASES

de cassation : elle aurait donc toute liberté pour statuer à son gré, aussi bien en fait qu'en droit ; et cela, alors même que la juridiction saisie du nouveau litige serait celle qui fut autrefois la seconde juridiction de renvoi tenue de s'incliner devant l'interprétation de la Cour de cassation. Il n'y a pas lieu d'en être surpris : nous trouvons là une application de l'article 5 du code civil qui prohibe les arrêts de règlement (*supra*, n° 26).

**217. Conclusion.** — La dissociation du fait et du droit et la fonction de cassation qui sont les deux traits caractéristiques de la Cour de cassation française, ne sont pas le propre de toutes les juridictions suprêmes. Dans beaucoup de systèmes judiciaires étrangers, la Cour suprême est tout à la fois juge du droit et juge du fait et, très souvent, elle statue directement sur le litige lui-même (par exemple, la Cour suprême du Canada et les Cours suprêmes des Républiques africaines) (60).

(60) On pourra consulter sur ce point, les très intéressants rapports publiés dans un ouvrage intitulé « *La Cour judiciaire suprême* » (dans la collection « Recherches Panthéon-Sorbonne »).

Cette observation tirée du droit comparé mérite réflexion.

Le système français présente un avantage indéniable sur le plan doctrinal, dans la mesure où l'ignorance théorique des faits par la Cour de cassation permet de mieux déceler les interprétations jurisprudentielles. Lorsque, devant une juridiction suprême, le droit et le fait sont confondus, on se demande parfois ce qui a pu dicter la décision et si ce n'est pas l'existence d'une particularité de fait propre à la cause qui a pu l'entraîner à statuer dans un sens plutôt que dans un autre ; il en résulte une certaine incertitude sur la portée des arrêts. Grâce à la dissociation du fait et du droit, on évite (ou tout au moins, on devrait éviter) les interférences de cette nature. C'est d'ailleurs ce qui explique l'autorité considérable de certains arrêts brefs, clairs et incisifs qui fixent de façon précise la règle de droit jurisprudentielle et que l'on appelle parfois des « *arrêts de principe* ».

Mais il est juste de reconnaître que cet avantage académique est acquis au prix de complications, de frais et de lenteurs que les plaideurs comprennent mal (61). De là, une certaine évolution qui tend à en limiter les inconvénients les plus sérieux. Dans cet ordre d'idées :

*a*) Le législateur moderne s'efforce de favoriser les « *cassations sans renvoi* », toutes les fois que la cassation n'implique pas qu'il soit à nouveau statué sur les faits (art. L. 131-5 c. org. jud. et art. 627 nouv. c. pr. civ.). A cet égard, on comparera utilement les solutions admises dans le contentieux administratif lorsque le Conseil d'Etat est juge de cassation (art. 11, al. 2 et 3, de la loi n° 87-1127 du 31 déc. 1987, *infra*, n° 280).

*b*) On verra ultérieurement que, depuis 1979, l'*Assemblée plénière de la Cour de cassation* peut désormais être saisie directement, dès le premier pourvoi, s'il apparaît qu'il y a intérêt à fixer rapidement la jurisprudence sur une question de principe (*infra*, n° 239).

*c*) Enfin et surtout, depuis 1991, la Cour de cassation peut être saisie pour avis, aussi qu'il va être dit (*infra*, n° suivant).

### B. — Son rôle nouveau : la « saisine pour avis »

**218. Principe.** — On a vu précédemment que le rôle traditionnel de la Cour de cassation est de statuer sur les pourvois formés contre les décisions rendues en dernier ressort, pour dire si la décision attaquée a ou non correctement appliqué la règle de droit.

---

(61) Ainsi l'affaire *Franck*, commencée en 1929 n'a pris fin qu'en 1941 ; il aura fallu douze ans pour savoir qui était le gardien responsable d'une voiture volée. Sur le plan du droit pur, on peut le comprendre. Mais il est plus difficile de l'expliquer aux parties en cause.

Ce système, on l'a souligné (*supra*, n° 217), présente le grave inconvénient de différer, souvent pendant plusieurs années, la fixation de la jurisprudence par la Cour de cassation. Une telle situation peut se révéler très gênante pour les justiciables qui feront les frais des hésitations, des difficultés d'interprétation et fatalement des divergences que peut susciter un texte nouveau : avant que la Cour de cassation ne se prononce à l'occasion d'un pourvoi, quatre ou cinq ans plus tard, des procès auront peut être été injustement perdus. Et lorsque la Cour de cassation sera saisie, elle devra alors faire face à une succession de pourvois répétitifs dont on aurait pu faire l'économie si elle avait indiqué sans attendre quelle était la bonne interprétation.

De là est née l'idée de permettre aux juges du fond, lorsqu'ils éprouvent des hésitations sur l'interprétation d'un nouveau texte, de saisir directement la Cour de cassation pour qu'elle donne un avis tout de suite, avant même que l'affaire n'ait été jugée en dernier ressort. C'est ce que l'on appelle la « saisine pour avis », qui avait déjà été instituée devant le Conseil d'Etat par la loi du 31 décembre 1987 (*infra*, n° 272), et qui a été étendue à la Cour de cassation par la *loi n° 91-491 du 15 mai 1991* (laquelle a ajouté au code de l'organisation judiciaire, les art. L. 151-1 à 151-3). Ultérieurement ce texte a été complété par le *décret d'application n° 92-228 du 12 mars 1992* (dont les dispositions ont été insérées dans le nouveau code de procédure civile, aux articles 1031-1 à 1031-7) (62).

**219. Mise en œuvre et portée.** — La saisine pour avis est à la disposition exclusive de toutes les juridictions de l'ordre judiciaire, en matière civile, commerciale, sociale et prud'homale, à l'exclusion de la matière pénale. On observera donc que cette saisine échappe à l'initiative des parties.

Il ne faut pas toutefois que la Cour de cassation soit encombrée par des demandes d'avis, dès qu'un juge du fond éprouve des hésitations : la saisine pour avis n'est possible, décide l'art. L. 151-1 c. org. jud., que si le juge est saisi d'une « demande soulevant une question de droit nouvelle, présentant une difficulté sérieuse et se posant dans de nombreux litiges ». Et même dans ce cas, ce n'est toujours qu'une simple faculté pour le juge qui peut estimer devoir résoudre la question lui-même.

La demande d'avis est portée devant une formation spéciale de la Cour de cassation, ainsi qu'il sera dit ultérieurement (*infra*, n° 240) : cette formation dispose d'un délai de trois mois pour se prononcer et, en attendant, le juge du fond doit surseoir à statuer sur l'affaire à propos de laquelle l'avis a été demandé.

De toute manière, on ne se méprendra pas sur la portée de la décision rendue par la Cour de cassation : ce n'est toujours là qu'un simple *avis* donné de façon

---

(62) Sur le commentaire de ces textes, cf. Morgan de Rivery-Guillaud, *La saisine pour avis de la Cour de cassation*, J.C.P. 1992.I.3576 ; Zénati, *La saisine pour avis de la Cour de cassation*, D. 1992, chron. 247 s. ; Cadiet, *L'attribution à la Cour de cassation d'une fonction consultative*, J.C.P. 1992.I.3587, n° 2.

abstraite et, en quelque sorte, doctrinale. Pour cette raison, le juge du fond n'est jamais obligé de suivre cet avis. Et par ailleurs, cet avis ne lie pas davantage les plaideurs qui, une fois la décision rendue au fond, pourront toujours former un pourvoi en cassation dans les conditions habituelles, même si le juge du fond a statué en se conformant à l'avis qui a été demandé à la Cour de cassation.

Cette innovation de la loi de 1991 bouleverse considérablement les habitudes. Elle introduit incontestablement un ferment de hiérarchisation dans la mesure où la Cour de cassation, au lieu de dire le droit à l'occasion d'une affaire déterminée, intervient comme une autorité suprême pour dire aux juges du fond comment ils devraient interpréter la loi : derrière cette réforme, transparaît un relent de « directive » assez inhabituel dans l'ordre judiciaire français (63). Sans doute, n'est-ce là qu'un simple avis. Mais en fait, cet avis pèsera d'un poids très lourd ; et d'autant plus lourd d'ailleurs que l'on n'a pas lésiné sur la publicité qui peut lui être donnée (64). Quel est le juge du fond qui, après avoir demandé cet avis auquel il aura été répondu de façon aussi solennelle par une publication au *Journal officiel*, osera se prononcer en sens contraire et s'exposer ainsi à une cassation menaçante ? Par là, cette innovation risque d'appauvrir le débat doctrinal. Seul l'avenir dira ce que vaut une telle réforme dont il serait sage de ne pas abuser.

## § 2. — ÉVOLUTION MODERNE DE LA COUR DE CASSATION

**220. Organisation initiale.** — A l'origine, la Cour de cassation était composée de trois chambres (*Voir le schéma, page 198*) :

— en matière, pénale, la *chambre criminelle,*

— et, en matière civile, d'une part, la *chambre des requêtes* dont le rôle était de filtrer les pourvois en rejetant par un arrêt motivé ceux qui ne paraissaient pas sérieux, et, d'autre part, la *chambre civile* qui avait pour fonction d'examiner le pourvoi au fond.

---

(63) On peut faire un rapprochement avec le système adopté dans certains Etats anciennement socialistes (la Hongrie et la Pologne notamment) où les cours suprêmes ont le pouvoir d'émettre des « *directives* » pour fixer la jurisprudence dans un sens déterminé.

(64) L'avis n'est pas seulement adressé à la juridiction qui l'a demandé : il est également communiqué au ministère public de cette juridiction, au premier président de la cour d'appel et au procureur général de cette même cour. En outre, il peut être *publié au Journal officiel* (art. 1031-6 et 7 nouv. c. pr. civ.). Quand on en arrive à une telle publication, ce n'est plus pour entretenir la discussion doctrinale ! Le but évident est de « solenniser » l'avis pour lui donner valeur de « directive ».

Cette situation dura pendant près d'un siècle et demi, sans qu'il y fût apporté de retouches sérieuses. La première réforme est apparue en 1938. Depuis lors, et spécialement depuis la fin de la seconde guerre mondiale, un vent de réformes souffle de façon à peu près permanente à un rythme qui va s'accélérant, pour essayer de résoudre un problème qui fait penser à la quadrature du cercle : l'encombrement de la Cour de cassation.

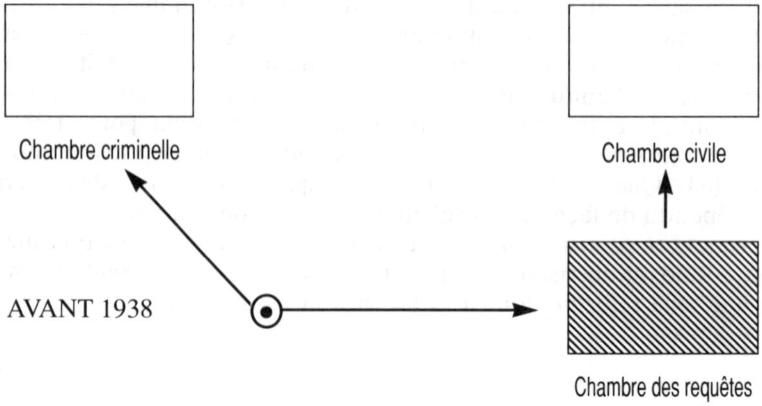


**221. Encombrement constant de la Cour de cassation.** — Depuis maintenant plus de quarante ans, la Cour de cassation se trouve en présence d'un problème extrêmement sérieux : le nombre des pourvois augmente, et la Cour, de ce fait, ne parvient plus à suivre le rythme des « entrées », avec cette conséquence que chaque année le volume des pourvois en suspens (ce que l'on a coutume d'appeler les « arriérés ») se gonfle dangereusement et qu'il faut attendre maintenant environ deux ans pour obtenir un arrêt (*voir les tableaux pages 199, 200 et 201*).

Les causes d'un tel engorgement sont multiples. Il ne suffit pas d'incriminer l'augmentation de la masse contentieuse qui a tout naturellement sa répercussion devant la Cour de cassation. D'autres raisons spécifiques expliquent cet état de chose : la prolifération des textes, souvent rédigés de façon hâtive et défectueuse, surtout depuis qu'ils émanent en grande partie du pouvoir réglementaire, et aussi les changements législatifs constants qui font qu'à chaque réforme de nouveaux problèmes d'interprétation surgissent. A cela s'ajoute la psychologie de l'époque qui pousse le plaideur à user systématiquement de tous les recours que la loi met à sa disposition. Mais il faut dire aussi que pendant longtemps, rien n'a été fait pour l'en dissuader : ni de la part du législateur qui admet qu'un bon nombre de pourvois peuvent être formés sans le ministère d'un avocat dont la fonction serait de filtrer les pourvois sérieux et d'écarter les autres ; ni de la part de la Cour de cassation elle-même qui, trop souvent, se décide en s'inspirant du fait tout autant que du

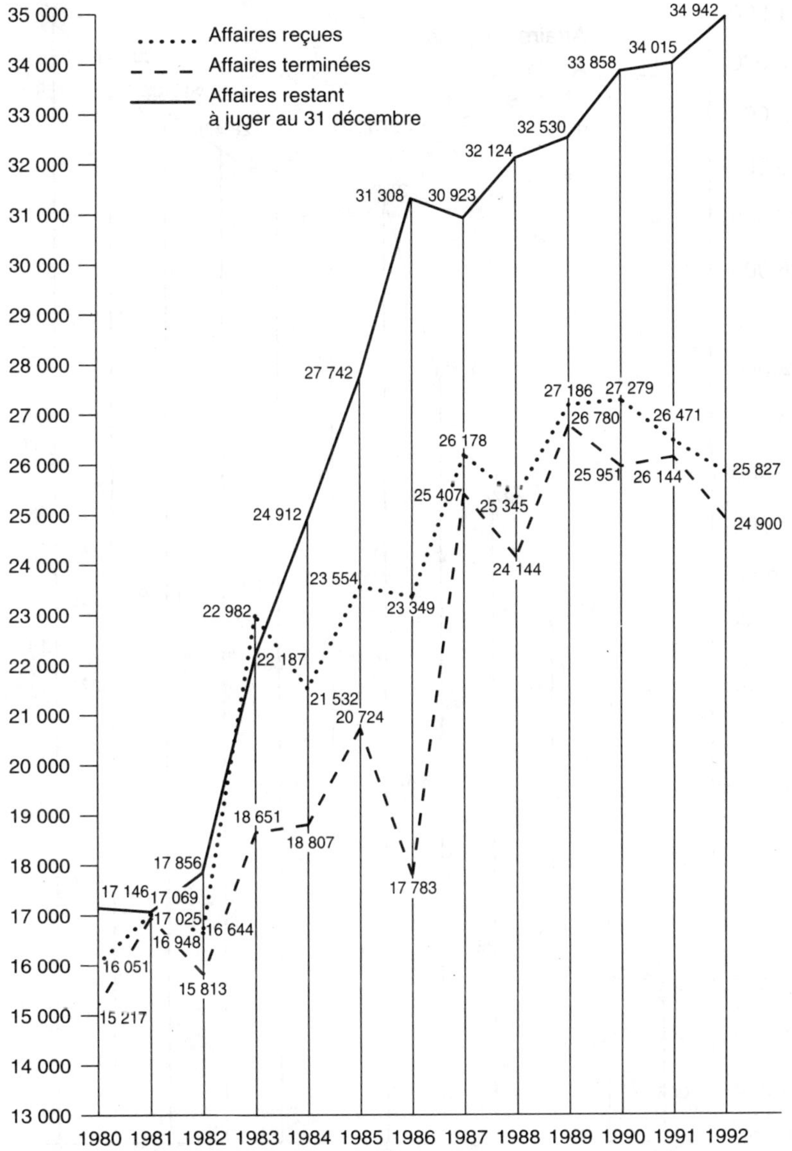


ÉVOLUTION DE L'ACTIVITÉ GLOBALE DE LA COUR DE CASSATION

On remarquera l'augmentation considérable des pourvois en cassation depuis 1982 et, par voie de conséquence, l'augmentation du nombre des affaires « restant à juger ». *(Extrait du Rapport de la Cour de cassation de 1993.)*

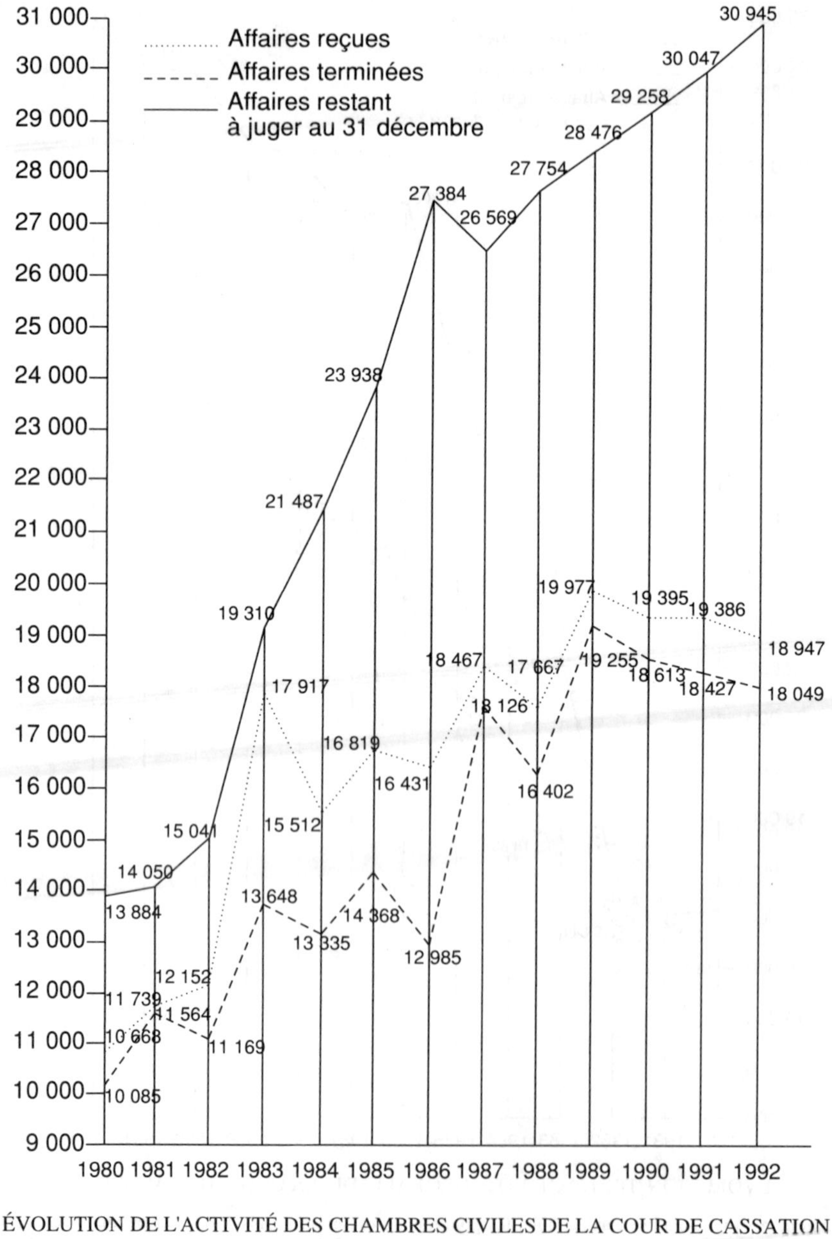


ÉVOLUTION DE L'ACTIVITÉ DES CHAMBRES CIVILES DE LA COUR DE CASSATION

Ce tableau représente l'activité des trois chambres civiles, de la chambre commerciale et de la chambre sociale. On observera la progression inquiétante du nombre des affaires restant à juger qui a fait un bond significatif à partir de 1982 et qui actuellement ne cesse d'augmenter. *(Extrait du Rapport de la Cour de cassation de 1993.)*

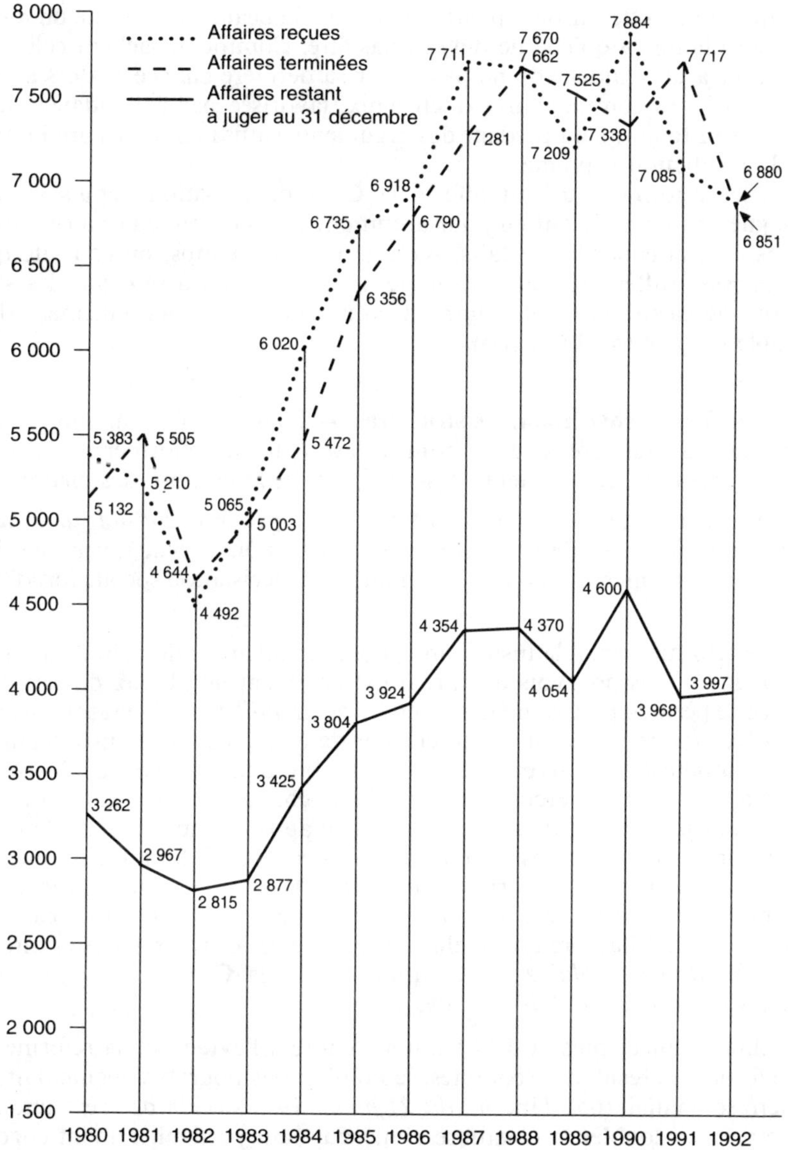


ÉVOLUTION DE L'ACTIVITÉ DE LA CHAMBRE CRIMINELLE DE LA COUR DE CASSATION

Le nombre des pourvois augmente constamment. Mais on mesurera l'effort déployé par la chambre criminelle pour que le nombre des affaires jugées soit aussi proche que possible du nombre des affaires reçues afin d'éviter que le nombre des affaires restant à juger n'augmente de façon trop considérable. *(Extrait du Rapport de la Cour de cassation de 1993.)*

droit et qui, pour cette raison, apparaît aux yeux de beaucoup comme un « troisième degré de juridiction » qu'elle ne devrait pas être. Comment, sachant cela, pourrait-on reprocher à un plaideur de ne pas tenter sa dernière chance ? Alors surtout que la multiplicité des commentaires doctrinaux, favorisée par l'abondance des publications, offrira toujours au perdant des arguments suffisants pour faire bonne figure devant la juridiction suprême.

Toutes les réformes qui ont affecté la Cour de cassation depuis la fin de la seconde guerre mondiale ont eu pour ambition, sinon de remédier à cette situation, du moins d'en atténuer les méfaits. Avec le recul du temps, on constate que deux politiques assez différentes ont été suivies : l'une tendant à réformer les structures de la Cour de cassation (I) et, l'autre, à en améliorer le fonctionnement (II). Mais le véritable remède est-il là ? (III).

**222. I. Réformes concernant les structures.** — Pour faire face au nombre croissant des pourvois, la première idée qui vint à l'esprit fut de réformer les structures de la Cour de cassation en augmentant ses effectifs et le nombre des chambres.

*a*) La première réforme en ce sens fut réalisée par le *décret-loi du 12 novembre 1938* qui créa une nouvelle chambre, appelée *Chambre sociale*, ayant spécialement pour vocation l'examen des pourvois en matière de législation sociale (prud'hommes, loyers, etc...).

*b*) Cette réforme se révéla insuffisante, notamment au lendemain de la Libération, à une époque où les pourvois devinrent extrêmement nombreux du fait des textes issus de cette période mouvementée. Une *loi du 23 juillet 1947* se résolut à *supprimer la Chambre des requêtes*. Il avait été constaté depuis longtemps qu'un certain blocage se produisait au niveau de cette chambre qui, peut-être par excès de zèle, se livrait à une véritable étude approfondie de chaque pourvoi au lieu d'examiner superficiellement si les moyens invoqués étaient apparemment sérieux. On supprima donc la Chambre des requêtes et l'effectif qui la composait fut affecté à une nouvelle Chambre qui devint la *Chambre commerciale*. De telle sorte que, au lendemain de la réforme de 1947, il y avait toujours quatre chambres à la Cour de cassation : en matière pénale, la Chambre criminelle ; et trois autres chambres saisies directement, *sans aucun filtrage préalable* : la Chambre civile, la Chambre commerciale et la Chambre sociale. (*Voir le tableau page 203*).

*c*) Quelques années plus tard, il fallut se rendre à l'évidence : la réforme de 1947 ne donnait pas les résultats escomptés, le nombre des pourvois augmentait toujours et l'arriéré se gonflait (65). Une *loi du 21 juillet 1952* décida de créer une nouvelle chambre pour dédoubler la Chambre civile qui était particulièrement engorgée.

---

(65) L'arriéré qui était de 5 646 pourvois en 1947, atteignit 9 576 en 1950, et 12 000 en 1952.

AVANT LA RÉFORME DE 1947.

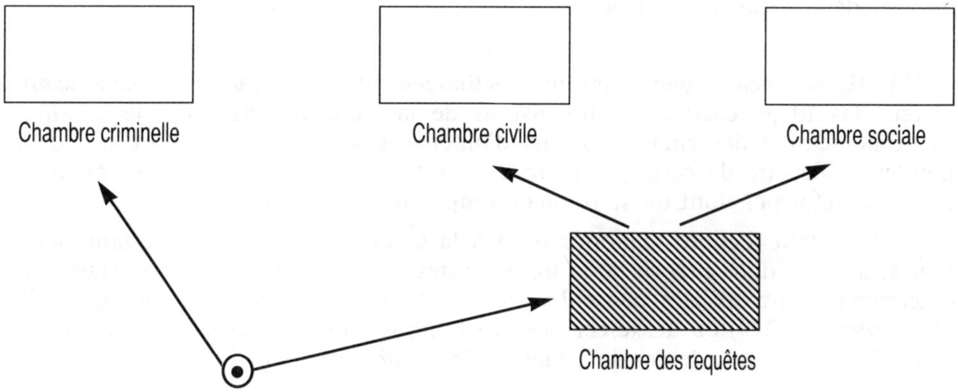


APRÈS LA RÉFORME DE 1947.

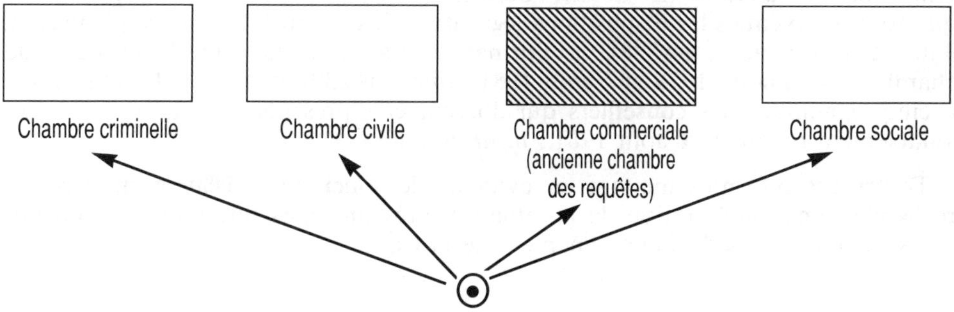


*d*) Cette loi apporta un certain répit. Mais ce n'était pas encore suffisant et une *loi du 3 juillet 1967* décida d'instituer une nouvelle chambre, pour « tripler » la Chambre civile.

Telle est la situation présente : la Cour de cassation comprend actuellement *six Chambres* qui seront présentées *infra*, nº 225. Pour l'instant, on se bornera à constater que pendant longtemps le législateur crut découvrir le meilleur remède à l'encombrement de la Cour dans l'accroissement de ses effectifs et la multiplication de ses chambres. L'expérience prouve que le procédé a ses limites : limites de nature budgétaire, bien entendu ; mais limites aussi et surtout qui tiennent au fait que la multiplication des chambres nuit à la cohésion de la Cour et risque d'entraîner des divergences de jurisprudence au sein même de cette juridiction ; ce qui est paradoxal si l'on considère qu'elle a été précisément instituée pour uniformiser l'interprétation (*supra*, n° 207). Une Cour suprême ne saurait excéder certaines dimensions sans nuire à son efficacité. De là, une autre orientation qui semble se dégager depuis quelques années.

**223. II. Réformes concernant le fonctionnement de la Cour.** — Renonçant à élargir davantage encore les dimensions de la Cour de cassation, le législateur moderne semble désormais soucieux d'améliorer son fonctionnement afin d'augmenter l'efficacité de cette juridiction. A cette nouvelle orientation se rattachent plusieurs réformes dont on se bornera simplement à faire mention :

*a*) On notera d'abord la nomination à la Cour de cassation de certains jeunes magistrats qui, dans l'esprit de la loi, sont destinés à jouer le rôle d'assistants, afin d'accélérer le travail des conseillers (« *conseillers-référendaires* » ; loi du 3 juillet 1967, *infra*, n° 229) ou à exercer des attributions administratives (« *auditeurs à la Cour de cassation* » ; décret du 20 févr. 1984, *infra*, n° 229).

*b*) Une seconde série de réformes consista à économiser le temps des conseillers par un *allègement des formations de la Cour*, afin de laisser à chacun d'eux le temps matériel d'étudier les dossiers dont il a la charge. C'est dans cette perspective que sont intervenues les dispositions législatives instituant l'Assemblée plénière (L. 3 juillet 1967 ; *infra*, n° 238), la Formation restreinte au sein de chacune des chambres (L. 3 janv. 1979 et 6 août 1981 ; *infra*, n° 239) et celles réduisant de sept à cinq le nombre des conseillers qui doivent être présents pour qu'un arrêt soit valablement rendu (L. 6 août 1981 ; *infra*, n° 236).

Toutes ces réformes mettent en évidence le souci du législateur moderne de rechercher une amélioration de la situation présente dans une réforme, non plus des structures, mais du fonctionnement de la Cour.

**224. III. Vers une limitation des pourvois.** — Au fond, le véritable problème réside dans le fait que la Cour de cassation est encombrée de pourvois qui normalement n'auraient jamais dû être formés et qui le sont néanmoins soit pour entretenir un état contentieux, soit pour tenter une dernière chance. Réformer la Cour de cassation et ses méthodes de travail est certes une bonne chose. Mais on se défend mal du sentiment que tout cela ne sert à rien si l'on ne s'attaque pas à la racine du mal et si l'on ne parvient pas à enrayer une hémorragie de pourvois qui risque de dénaturer la véritable fonction de la juridiction suprême.

Il est évidemment toujours délicat de barrer la route à une voie de droit. Tel était pourtant le rôle de l'ancienne Chambre des requêtes supprimée en 1947 (*supra*, n° 222) et que l'on a cherché à recréer, en 1979, en instituant la « Formation restreinte » (*infra*, n° 237).

La menace d'une amende contre l'auteur d'un pourvoi abusif est une solution qui tente parfois le législateur (actuellement, l'amende peut atteindre 20 000 francs ;

art. 628 nouv. c. pr. civ.) (66). Mais l'expérience prouve que l'effet dissuasif d'un tel moyen est loin d'être évident et qu'il risque, en tout cas, d'être fort inéquitable.

Aussi bien s'oriente-t-on, depuis quelques années, vers des solutions plus réalistes qui tendent à *décourager les pourvois dilatoires*, en leur ôtant tout intérêt. Par exemple, en retirant l'affaire du rôle de la Cour de cassation (ce qui équivaut à un refus de juger), si le demandeur au pourvoi n'a pas d'abord exécuté l'arrêt attaqué (art. 1009-1 nouv. c. pr. civ., ajouté par le décret n° 89-511 du 20 juill. 1989) : ainsi espère-t-on décourager ceux qui ne forment un pourvoi en cassation que pour lasser l'adversaire et perpétuer un état contentieux latent. Et dans un ordre d'idées différent, c'est à la même inspiration que se rattache la « saisine pour avis » instituée par la loi du 15 mai 1991 (*supra*, n^os^ 218 et s.) : le plaideur qui aura perdu son procès devant le juge d'appel dans un cas où l'avis de la Cour de cassation a été suivi, se persuadera vite que les chances de succès d'un pourvoi ultérieur sont fort réduites.

Ces différentes réformes peuvent paraître très localisées. En réalité, on veut espérer que, par un effet d'entraînement, elles décourageront certains pourvois en cassation.

## § 3. — ORGANISATION ET FONCTIONNEMENT

**225. Généralités : effectif et division en chambres.** — L'effectif de la Cour de cassation est fixé par voie de décret. Actuellement, depuis un décret n° 90-1086 du 5 décembre 1990, la Cour de cassation comprend : le premier président, 6 présidents de chambre, 84 conseillers et 37 conseillers référendaires. En outre, il faut ajouter les services du parquet (dont il sera question *infra*, n° 230) et les auditeurs à la Cour de cassation affectés en principe aux services administratifs (*supra*, n° 229).

La Cour de cassation est divisée en six chambres : cinq chambres civiles et une chambre criminelle (art. R. 121-3 c. org. jud.).

*a*) Chacune des chambres civiles est spécialisée. Les trois premières se voient attribuer les affaires concernant plus spécifiquement le droit civil au sens large du terme (*1^re^ chambre civile* : droit des personnes, contrats, assurance, droit international. — *2^e^ chambre civile* : divorce, procédure civile. — *3^e^ chambre civile* : droits réels, propriété, urbanisme). La 4^e^ chambre civile dite *Chambre commerciale et financière* est spécialisée dans le droit des affaires. Enfin, la 5^e^ chambre est appelée *Chambre sociale* en raison de sa vocation à connaître de tous les problèmes concernant la

(66) L'art. 628 nouv. c. pr. civ. fit l'objet d'un recours pour excès de pouvoir. Mais le Conseil d'Etat, par un arrêt du 5 juillet 1985, a (sur ce point tout au moins) rejeté le recours et reconnu la légalité de l'amende.

législation sociale (droit du travail, sécurité sociale, etc.). Mais cette répartition n'a rien de rigide : elle dépend d'une ordonnance du Premier président de la Cour qui peut la modifier en fonction des besoins (art. R. 121-5 c. org. jud.).

*b*) La Chambre criminelle, elle-même subdivisée en trois sections, connaît, comme son nom l'indique des pourvois intéressant le droit pénal ; sa compétence, est déterminée par l'art. 567 c. pr. pén.

On ajoutera que la règle du roulement annuel ne s'applique pas à la Cour de cassation : une solide spécialisation est au contraire souhaitable.

Cela dit, on étudiera successivement la composition (A) et les formations (B) de la Cour de cassation.

### A. — Composition de la Cour de cassation

**226. Premier président.** — La Cour de cassation est placée sous l'autorité d'un haut magistrat qui porte le titre de « Premier président ». Cette fonction prestigieuse fait de son titulaire le premier magistrat de l'ordre judiciaire : c'est lui, en effet, qui occupe le rang le plus élevé dans la hiérarchie.

Le Premier président de la Cour de cassation n'est investi en cette qualité d'aucun pouvoir juridictionnel propre, sinon en ce qui concerne la radiation du rôle (*supra*, nº 224). En revanche, il exerce des attributions fort importantes :

*a*) D'une part, il peut présider les débats de l'une des chambres de la Cour et, à ce titre, il participe à l'élaboration de certains arrêts. En principe, c'est lui qui préside la chambre mixte (*infra*, nº 238), l'Assemblée plénière (*infra*, nº 239) et la formation spéciale pour « avis » (*infra*, nº 240). (67).

*b*) D'autre part, il dispose de pouvoirs administratifs extrêmement étendus : c'est lui qui veille au bon fonctionnement de la Cour, qui répartit les conseillers entre les différentes chambres et qui fixe les attributions de chacune d'elles ; c'est lui aussi qui décide du renvoi de certaines affaires en Chambre mixte ou en Assemblée plénière, etc...

*c*) Enfin, on se souviendra que le Premier président de la Cour de cassation est appelé à présider le Conseil supérieur de la Magistrature lorsque celui-ci se prononce sur les poursuites disciplinaires engagées contre un magistrat du siège (*supra*, nº 45).

---

(67) Lorsqu'un arrêt a été rendu sous la présidence du premier président, on peut facilement en déduire qu'il s'agit d'une affaire complexe et que l'arrêt est une décision de principe qui sera sans doute appelée à « faire jurisprudence ».

**227. Présidents de chambres.** — Chacune des chambres de la Cour de cassation est placée sous la responsabilité d'un président de chambre. Ce magistrat occupe une fonction importante et d'ailleurs très recherchée. C'est lui qui, bien entendu, dirige les débats de sa chambre. Mais en outre, il a la charge de répartir les dossiers entre les conseillers et d'assurer une sorte de supervision générale sur les arrêts de sa chambre. Enfin, il fait partie du Bureau de la Cour de cassation (*infra*, n° 234) et siège de droit aux Assemblées plénières (*infra*, n° 239).

On ne confondra pas le « président de chambre » avec le « doyen » : au sein de chacune des chambres, ce titre est porté par le conseiller le plus ancien dans l'ordre des nominations (art. R. 131-11 c. org. jud.). Ce titre n'est pas seulement honorifique : il confère certaines prérogatives (présidence de la chambre en cas d'empêchement du président ; participation à l'Assemblée plénière, etc...), et aussi certaines charges assez lourdes (comme par exemple l'examen des projets d'arrêts). Le plus ancien des doyens de chambre porte le titre de « doyen de la Cour de cassation ».

**228. Conseillers.** — Les conseillers à la Cour de cassation sont des magistrats du siège qui participent au délibéré et au jugement des affaires : leur nombre est actuellement de 84 (décr. du 5 déc. 1990) (68). Ce sont des magistrats qui occupent un rang très élevé dans la hiérarchie judiciaire après en avoir gravi tous les échelons. La fonction de conseiller à la Cour de cassation est généralement un « couronnement de carrière » qui récompense les meilleurs (69).

Mais depuis la loi n° 92-189 du 25 février 1992, il existe deux sortes de conseillers : à côté de ceux qui ont fait toute leur carrière dans la magistrature selon la règle traditionnelle, il peut y avoir désormais des conseillers « *en service extraordinaire* », directement nommés à titre temporaire pour une durée de cinq ans non renouvelable (ord. n° 58-1270 du 22 déc. 1958, art. 40-1 à 40-7, ajoutés par la loi du 25 févr. 1992). Durant tout le temps où ils exercent ces fonctions, ils ont exactement le même statut et les mêmes attributions que les autres conseillers (que l'on sera sans doute tenté d'appeler, par opposition, les conseillers « en service ordinaire ») (70).

Cette innovation se rattache au souci d'associer au fonctionnement de la Cour de cassation, des personnes (dont le nombre ne peut excéder le 20e des effectifs des magistrats hors-hiérarchie de la Cour) qui peuvent lui apporter le fruit d'une expérience antérieure dans les domaines où elles ont exercé leurs activités. Cette ouverture sur l'extérieur procède de la même inspiration que le « détachement judiciaire » dont il sera question ultérieurement (*infra*, n° 361). A vrai dire, l'idée

---

(68) En 1993, il faut ajouter à ce chiffre, 18 conseillers qui ont été exceptionnellement maintenus en activité au-delà de la limite d'âge.

(69) On accède généralement à la Cour de cassation aux alentours de 50 à 55 ans.

(70) Cette assimilation est toutefois marquée par de légères nuances, cf. art. 40-4 de l'ord. n° 58-1270 du 22 déc. 1958 (ajouté par la loi n° 92-189 du 25 févr. 1992).

de faire appel à des personnalités extérieures, « en service extraordinaire », est connue depuis longtemps au Conseil d'Etat où elle donne d'excellents résultats (*infra*, n° 367). Mais tandis qu'au Conseil d'Etat les conseillers en service extraordinaire n'exercent leurs fonctions que devant les formations administratives, et jamais au sein des formations contentieuses, ici à la Cour de cassation, ils sont par la force des choses appelés à juger les affaires ; ce qui est évidemment beaucoup plus grave.

Les conditions prescrites pour être nommé directement conseiller à la Cour de cassation en service extraordinaire sont fixées par l'article 40-1 de l'ordonnance n° 58-1270 du 22 décembre 1958 (ajouté par la loi du 25 févr. 1992). La loi ne subordonne pas le recrutement à l'exercice d'une activité professionnelle antérieure déterminée. Elle utilise une périphrase extrêmement souple : peuvent être nommées, si par ailleurs elles remplissent les conditions requises pour être magistrat conformément aux dispositions de l'article 16 de l'ordonnance du 22 décembre 1958 (dont en particulier quatre années d'études après le baccalauréat ; *infra*, n° 351), les personnes qui « justifient de vingt-cinq années au moins d'activité professionnelle » et que « leur compétence et leur activité qualifient particulièrement pour l'exercice des fonctions judiciaires à la Cour de cassation ». C'est dire que cette désignation n'est pas exclusivement réservée à ceux qui ont déjà exercé une fonction publique (cpr. au sujet du « détachement judiciaire », *infra*, n° 361) : à l'extrême, on pourrait même imaginer que soit nommée à cette fonction une personne venant de l'industrie privée ou du monde scientifique. Les candidatures sont adressées au Conseil supérieur de la magistrature qui, cela va sans dire, est appelé à exercer un contrôle très rigoureux sur l'aptitude du candidat à exercer des fonctions judiciaires à la Cour de cassation (art. 31 du décr. n° 93-21 du 7 janv. 1993).

En raison du caractère temporaire de ces fonctions, des garanties ont été édictées pour que, à l'issue de leur mandat de cinq ans, les conseillers à la Cour de cassation en service extraordinaire puissent reprendre leurs activités antérieures, et s'il s'agissait d'une personne qui exerçait déjà une fonction publique, pour qu'elle soit réintégrée dans son corps d'origine (art. 40-5 à 40-7, ord. n° 58-1270 du 22 déc. 1958). Toutefois, durant l'année qui suit la cessation de leurs fonctions, les anciens conseillers en service extraordinaire doivent s'abstenir de toute prise de position publique en relation avec les fonctions qu'ils ont exercées à la Cour de cassation (art. 40-4 *in fine*).

Depuis quelques années, l'habitude se répand (mais ce n'est qu'un simple usage qui n'est consacré par aucun texte) de donner aux conseillers à la Cour de cassation, le titre de « hauts-conseillers », sans doute pour mieux les distinguer des conseillers référendaires (*infra*, n° suiv.).

**229. Conseillers référendaires et auditeurs.** — Pour faire face à la montée croissante du nombre des pourvois, le souci majeur est aujourd'hui d'améliorer le rendement de la Cour de cassation en organisant ce que l'on appelle, d'un terme ambigu, « *l'aide à la décision* ». L'idée est simple : pour permettre aux conseillers de se consacrer intégralement à leurs fonctions, il faut les décharger des tâches matérielles et administratives (recherches de jurisprudence, recherches doctrinales, etc...) ; en un mot, il faut leur offrir des assistants pour les libérer de certaines servitudes.

I. — La première réforme en ce sens fut réalisée par la loi du 3 juillet 1967 qui institua les *conseillers référendaires*. Pour accélérer le jugement des affaires, le législateur de 1967 a pensé qu'il convenait de faire appel à des magistrats relativement jeunes qui, sans avoir encore une expérience suffisante pour exercer les hautes fonctions de conseillers, pourraient jouer le rôle d'assistants en étudiant les dossiers, en présentant un rapport sur certaines affaires simples et en préparant, le cas échéant, une note ou un projet d'arrêt.

Cette innovation rend de grands services : actuellement, on compte 37 conseillers référendaires. Mais la fonction des conseillers référendaires a évolué. A l'origine, leur rôle était relativement modeste : notamment, s'il leur était permis d'assister au délibéré, ils n'y participaient en revanche qu'avec voix consultative. Sous la pression des nécessités, des tâches plus importantes leur furent confiées et cette évolution prévisible trouva son aboutissement dans la loi n° 78-735 du 12 juillet 1978 qui augmenta sensiblement leurs pouvoirs. Désormais, ils participent aux débats avec voix délibérative, tout au moins pour le jugement des affaires qu'ils sont chargés de rapporter ; et même, sous certaines conditions, ils peuvent être appelés à compléter l'effectif d'une chambre, pour siéger avec voix délibérative, lorsque le quorum requis n'est pas atteint (art. L. 131-7 c. org. jud.).

En son temps, la création des conseillers référendaires suscita quelques réticences. On a pu redouter la constitution d'une caste de jeunes magistrats privilégiés, choisis sur des critères discutables, et qui feraient finalement toute leur carrière à Paris. Le risque ne doit pas être minimisé (cf. l'art. 28-1 de l'ordonnance n° 58-1270 du 22 déc. 1958, modifié par la loi n° 91-71 du 18 janv. 1991). Mais sur le principe, l'expérience a prouvé qu'il est bon que de jeunes magistrats soient associés aux travaux de la plus haute juridiction française.

II. — Un nouveau pas a été franchi avec la création des *auditeurs à la Cour de cassation*, par le décret n° 84-134 du 20 février 1984. Ils sont actuellement au nombre de 18 (décret du 5 déc. 1990). Ce sont, ici encore, de jeunes magistrats au seuil de leur carrière, mais d'un rang moins élevé que les conseillers référendaires et dont le rôle essentiel est d'exercer des « attributions administratives auprès de la Cour de cassation » (art. R. 131-14 c. org. jud.), dans des services comme par exemple celui de la documentation et des études ou encore celui des recherches informatiques. L'évolution de la fonction des conseillers référendaires explique cette innovation : à mesure que le rôle de ces derniers a dérivé vers des tâches plus intellectuelles qu'administratives, la nécessité est apparue de les remplacer par une nouvelle catégorie de magistrats d'un rang plus modeste pour assumer précisément les tâches administratives laissées vacantes.

On observera toutefois que le nouveau texte est d'une extrême souplesse. Si, en effet, l'art. R. 131-14 c. org. jud. définit la fonction des auditeurs en visant les « attributions administratives», il est dit dans les alinéas suivants qu'ils « participent aux travaux d'aide à la décision tels que définis par le premier président » et qu'ils « peuvent assister aux audiences des chambres ». Si la nécessité s'en faisait sentir, rien ne s'opposerait par conséquent à ce que, dans les limites tracées par le premier président, il soit demandé aux auditeurs d'accomplir des tâches qui ne seraient pas spécifiquement administratives : la notion d'aide à la décision est en effet suffisamment fluide pour autoriser beaucoup de liberté en ce domaine.

**230. Parquet de la Cour de cassation : Procureur général et avocats généraux. —** On verra ultérieurement qu'il existe auprès de certaines juridictions de l'ordre judiciaire, un corps de magistrats qui ne jugent pas et dont la fonction essentielle est de « porter la parole au nom de la loi » : on les appelle les magistrats du ministère public (*infra*, n^os^ 301 et s.). Il en est ainsi devant la Cour de cassation.

A la tête du ministère public auprès de la Cour de cassation se trouve placé un très haut magistrat que l'on appelle le *Procureur général.* Il est le « chef du parquet » auprès de la Cour de cassation et, à ce titre, il est investi de pouvoirs administratifs importants. En outre, il peut prendre la parole devant l'une quelconque des chambres de la Cour. Il appartient au Bureau de la Cour de cassation et siège de droit aux Assemblées plénières (*infra*, n° 239).

Le Procureur général est assisté dans l'exercice de ses fonctions par des *avocats généraux* (qui sont actuellement au nombre de 19) (71) : ceux-ci sont répartis entre les différentes chambres de la Cour. En outre, le Procureur général a un collaborateur direct que l'on appelle le « *premier avocat général* ».

De même que pour les conseillers (*supra*, n° 228), il peut y avoir désormais, depuis la loi n° 92-189 du 25 février 1992, des *avocats généraux en service extraordinaire*, c'est-à-dire des personnalités extérieures désignées directement pour exercer ces fonctions durant cinq ans (ord. n° 58-1270 du 22 déc. 1958, art. 40-1 à 40-7, ajoutée par la loi de 1992). L'inspiration est la même et les conditions d'accès identiques à celles des conseillers en service extraordinaire. Il suffit donc de renvoyer aux explications antérieures (*supra*, n° 228), à cette nuance près que la candidature doit être présentée, non point au Conseil supérieur de la magistrature, mais directement au garde des sceaux (art. 31, décr. n° 93-21 du 7 janv. 1993).

On ajoutera enfin que, depuis la réforme constitutionnelle de 1993, le Procureur général auprès de la Cour de cassation est appelé à présider le Conseil supérieur de la magistrature dans sa formation relative aux magistrats du parquet, lorsque celui-ci doit formuler un avis sur les poursuites disciplinaires engagées contre un membre du ministère public (*supra*, n° 46).

---

(71) En 1993, il faut ajouter à ce chiffre, 8 avocats généraux maintenus en activité au-delà de la limite d'âge.

**231. Greffe.** — Comme toute juridiction, la Cour de cassation dispose d'un greffe qui est dirigé par un *greffier en chef.* Dans chaque chambre, sont affectés des « greffiers de chambres » (sur les services du greffe, *infra*, nos 481 s.).

Le greffe de la Cour de cassation est un service extrêmement important, non seulement par le rôle qu'il est appelé à jouer (enregistrement des pouvoirs, dépôt des mémoires, mise en forme et conservation des arrêts, etc.), mais aussi quantitativement par le personnel qui y est affecté (en 1993, on compte 233 personnes).

## B. — Les différentes formations de la Cour de cassation

**232. Vue d'ensemble.** — La Cour de cassation comporte plusieurs formations dont les unes sont de nature administrative (1°) et les autres de nature juridictionnelle (2°).

### 1° Formations administratives

**233. Assemblée générale.** — Les membres de la Cour de cassation peuvent se réunir en assemblée générale sous la présidence du premier président (art. R. 131-8 c. org. jud.).

Il fut un temps où cette formation exerçait une fonction juridictionnelle importante, en sa qualité de Conseil supérieur de la Magistrature : cette prérogative a disparu en 1946 (*supra*, n° 41). Désormais, les attributions de l'assemblée générale de la Cour de cassation sont de nature strictement administrative. L'art. R. 131-9 c. org. jud. se borne à décider qu'il est dressé procès-verbal des assemblées générales ; mais ce même code omet de préciser quelles sont exactement leurs attributions.

De toute manière, les dispositions des art. R. 761-1 à R. 761-50 c. org. jud. sur les assemblées générales (dont il a été question précédemment, *supra*, nos 101 et 166), ne sont pas applicables devant la Cour de cassation.

**234. Bureau.** — Le Bureau de la Cour de cassation est une formation administrative composée du Premier président, des présidents de chambres, du Procureur général et du premier avocat général, siégeant avec l'assistance du greffier en chef (art. R. 121-2 c. org. jud.). Son rôle est d'assister le premier président dans l'administration de la Cour et d'élaborer un règlement intérieur (art. R. 131-1 c. org. jud.) : le bureau « fixe notamment le nombre et la durée des audiences » (art. R. 131-1, al. 2, c. org. jud.). Disons, d'un mot, que le Bureau est essentiellement un organe de réflexion pour le premier président.

**235. Service de documentation et d'études.** — Ce n'est pas là, à proprement parler, une formation de la Cour de cassation, mais plus exactement un service administratif important, placé sous la direction du Premier président, qui a pour mission de rassembler « les éléments d'information utiles aux travaux de la Cour » et de procéder « aux recherches nécessaires » (art. R. 131-15 et suiv. c. org. jud.). Ce service assure notamment le classement méthodique de tous les pourvois et tient un fichier central où figurent les sommaires de toutes les décisions de la Cour de cassation ainsi que les sommaires des décisions les plus importantes rendues par les autres juridictions ; c'est pourquoi d'ailleurs ce service est communément appelé le « *fichier* ».

En outre, c'est ce même service qui a la responsabilité d'éditer les *Bulletins des arrêts de la Cour de cassation* (bulletin civil et bulletin criminel) où sont reproduits les arrêts les plus intéressants rendus par la Cour.

Le fonctionnement de ce service, placé sous la responsabilité d'un conseiller, est assuré par les auditeurs à la Cour de cassation et exceptionnellement par des conseillers référendaires. Il a été créé pour aider les conseillers dans leurs recherches et pour leur permettre ainsi d'économiser du temps. Mais il y a un autre rôle qui ne devrait pas être négligé et qui est de déceler les éventuelles divergences entre les différentes chambres de la Cour de cassation. D'ailleurs l'idée d'un « fichier central » est née de cette préoccupation lorsque, en 1947, les chambres civiles ont commencé à se diversifier (*supra*, n° 222).

## 2° Formations juridictionnelles

**236. Formation habituelle : l'audience de la chambre.** — En règle générale, chaque affaire est débattue et chaque arrêt rendu à l'audience de la chambre à laquelle l'affaire a été distribuée. L'audience est publique, à moins que la loi n'en décide autrement.

Chacune des chambres comprend un nombre de conseillers qui oscille autour de quinze. Tous n'assistent pas nécessairement à l'audience. Il n'y a pas lieu de leur en faire grief : chaque conseiller se voit attribuer un lot de dossiers qu'il est chargé d'étudier en vue de la présentation d'un rapport, et il faut bien lui laisser le temps matériel de les examiner. Mais, pour qu'un arrêt soit valablement rendu, un quorum est exigé : pendant longtemps, il était de sept ; désormais, depuis la loi du 6 août 1981, le quorum a été abaissé à *cinq* (art. L. 131-6 c. org. jud.).

**237. Formation restreinte.** — Pour essayer d'endiguer le flot des pourvois (*supra*, n° 221), l'idée d'un filtrage préalable fait son chemin depuis quelques années : il paraît en effet indispensable d'éliminer tout de suite les pourvois qui ne paraissent pas sérieux. C'était autrefois la fonction de la Chambre des requêtes supprimée en 1947 (*supra*, n° 222). Mais, tout en étant conscient de cette nécessité, le législateur moderne n'a pas voulu ressusciter l'ancienne Chambre des requêtes qui avait laissé le souvenir d'une formation très gênante dans la mesure où, soucieuse de se libérer d'une sorte de complexe d'infériorité, elle approfondissait chaque pourvoi avec un tel zèle qu'elle avait fini par créer un goulot d'étranglement à l'entrée même de la Cour de cassation. La « formation restreinte » instituée en 1979 est née d'un compromis entre ces deux préoccupations : filtrer les pourvois sans pour autant ressusciter l'ancienne Chambre des requêtes.

A cette fin, la loi n° 79-9 du 3 janvier 1979 (modifiant l'art. L. 131-6 c. org. jud.) institua au sein de chacune des chambres, une formation limitée à trois magistrats dont le rôle, précisait alors le texte, était de « rejeter les pourvois irrecevables ou manifestement infondés ». A travers cette disposition réapparaissait l'idée d'un filtrage exercé non pas par une chambre particulière, mais par une formation légère constituée à l'intérieur de chaque chambre.

L'idée était intéressante. Mais elle a été compromise, d'abord par l'accueil assez froid que lui réservèrent certaines chambres (72) et, surtout, par la loi du 6 août 1981 qui, modifiant une nouvelle fois l'art. L. 131-6 c. org. jud., a complètement dénaturé l'idée première. La « formation restreinte » demeure ; mais désormais elle est saisie par le premier président ou par le président de chambre qui « peut décider de faire juger l'affaire » par cette formation « lorsque la solution du pourvoi lui paraît s'imposer », à moins que l'une des parties ou que l'un des magistrats de la « formation restreinte » ne s'y oppose, auquel cas l'affaire est alors renvoyée à l'audience de la chambre. Voilà qui n'est plus du tout la même chose. A partir du moment où la « formation restreinte » est saisie pour juger l'affaire, aussi bien pour rejeter le pourvoi que pour casser l'arrêt, ce n'est plus du tout une formation de filtrage : c'est bel et bien une « formation de jugement au rabais », avec trois juges au lieu de cinq ! Et le renvoi à la « formation restreinte » n'a plus d'autre intérêt que d'abaisser davantage encore le quorum lorsque l'affaire paraît simple. Mais qu'on ne parle plus alors de filtrage : l'idée a été définitivement ensevelie par la loi du 6 août 1981. On en arrive d'ailleurs à se demander si l'idée même d'une sélection entre les pourvois sérieux et ceux qui ne le sont pas n'implique pas l'existence d'un organe distinct de la formation de jugement et si, finalement, la faillite de cette expérience n'est pas due au fait que l'on a confondu formation de filtrage et formation de jugement (cpr. devant le Conseil d'Etat. *infra*, n° 280).

**238. Chambre mixte.** — Il arrive parfois qu'un pourvoi soulève, soit une question de principe susceptible de se présenter dans plusieurs chambres (par exemple, un problème concernant les conflits de lois dans le temps), soit plusieurs questions dont certaines relèvent des attributions de chambres différentes. Si de tels pourvois

(72) Pendant longtemps, la Chambre sociale notamment a ostensiblement boudé la Formation restreinte en s'abstenant de la constituer !

devaient être jugés par différentes chambres, selon les hasards de la distribution des affaires entre elles, il serait à craindre que, sur les mêmes questions, ne se dégagent des jurisprudences contradictoires selon les chambres. Afin d'éviter un tel danger, il est alors souhaitable de faire juger l'affaire par une chambre mixte, *spécialement constituée à cet effet* et composée de délégués des différentes chambres intéressées.

Afin de conférer une certaine autorité aux arrêts de la chambre mixte et d'éviter surtout une opposition sans issue entre deux chambres, l'art. L. 121-5 c. org. jud. (mod. par la loi du 3 janvier 1979) exige que la Chambre mixte soit « composée de magistrats appartenant à trois chambres au moins de la Cour ». Cela dit, tous les magistrats de ces chambres ne participent pas aux débats de la Chambre mixte : seuls y participent le premier président (qui préside la chambre mixte) (73), le président et le doyen de chacune des chambres qui la composent, ainsi que deux conseillers de chacune de ces chambres (art. L. 121-6 c. org. jud.) : ces deux derniers conseillers sont désignés chaque année par ordonnance du premier président sur proposition de chacun des présidents de chambres (art. R. 131-4 c. org. jud.).

La Chambre mixte est saisie, soit par le premier président, soit sur arrêt motivé de la chambre saisie du pourvoi. Le renvoi à la Chambre mixte est de droit en cas de partage égal des voix au sein de la chambre à laquelle l'affaire avait été distribuée ou sur requête du procureur général (art. L. 131-3 c. org. jud.).

En fait, pour gagner du temps, on évite autant que faire se peut de réunir une chambre mixte. Très souvent lorsque la chambre saisie d'un pourvoi constate qu'il soulève certaines questions relevant des attributions d'une autre chambre, la coordination s'opère par une simple demande de consultation et un échange de notes entre les différentes chambres intéressées. Finalement, on ne réunit une chambre mixte que dans les hypothèses où des divergences pourraient se manifester.

**239. Assemblée plénière** (74). — De toutes les formations juridictionnelles de la Cour de cassation, celle-ci est la plus solennelle : elle se réunit toutes les fois qu'il est indispensable de fixer la jurisprudence sur une question qui divise ou risque de diviser les juridictions du fond et la Cour de cassation. Tel est le cas, notamment,

---

(73) En cas d'empêchement du premier président, elle est présidée par le plus ancien des présidents de chambres de la Cour (art. L. 121-5, al. 2, c. org. jud.).

(74) Une remarque importante de terminologie est nécessaire. Entre 1947 et 1967, il a existé ce que l'on appelait à l'époque, l'*Assemblée plénière civile*, qui n'avait rien de commun avec l'Assemblée plénière actuelle. Le seul rôle de l'Assemblée plénière civile était d'éviter les contrariétés possibles de jurisprudence entre les différentes chambres civiles : elle assumait donc le rôle qui est aujourd'hui dévolu à la Chambre mixte. Dès lors, si dans les Recueils de jurisprudence (entre 1947 et 1967) figure un arrêt rendu en « Assemblée plénière civile », il faut savoir que, traduit dans le langage actuel, il n'a d'autre portée que celle d'un arrêt rendu « en Chambre mixte ».

lorsque, après un premier arrêt de cassation, la Haute juridiction est saisie, dans la même affaire, d'un second pourvoi sur la même question, parce que la juridiction de renvoi a refusé de s'incliner devant le premier arrêt de cassation (*supra*, nos 214 et 215).

Autrefois, en pareil cas, la Cour de cassation devait statuer « *toutes Chambres réunies* ». Cette formation était particulièrement solennelle. Mais elle était aussi extrêmement lourde, car il fallait réunir tous les conseillers de la Cour et un arrêt ne pouvait être valablement rendu que si un quorum de 35 conseillers était réuni. C'était, en fait, pour beaucoup de conseillers une perte de temps, sans utilité réelle pour l'autorité de l'arrêt surtout lorsque la question débattue était éminemment spécialisée.

Par souci d'efficacité, la loi du 3 juillet 1967 a supprimé les Chambres réunies et leur a substitué l'*Assemblée plénière*. Sans perdre sa solennité, cette formation est plus légère. Elle comprend, en effet : le premier président, les 6 présidents de chambres, les doyens des chambres, ainsi que deux conseillers de chacune des six chambres, désignés annuellement par ordonnance du premier président (art. L. 121-6 c. org. jud.), soit un total de 25 membres. Avec en plus, le procureur général qui, bien entendu, ne participe pas à l'élaboration de l'arrêt, mais qui, dans la plupart des cas, prend très utilement la parole pour présenter objectivement l'avis du ministère public (75). Tous les membres de l'Assemblée plénière doivent être présents : le législateur de 1967 a pensé, non sans raison, qu'au lieu de réunir tous les conseillers de la Cour, comme auparavant, avec parfois de nombreuses défections, il était préférable d'organiser une formation plus légère dont tous les membres se sentent personnellement concernés puisqu'ils ont été spécialement désignés pour siéger au sein de cette formation solennelle.

Ainsi définie, l'Assemblée plénière se distingue de la Chambre mixte à un triple point de vue :

*a*) D'abord, par sa *composition* : l'Assemblée plénière comprend des délégués de toutes les chambres de la Cour de cassation, y compris de la chambre criminelle, alors que la composition de la Chambre mixte se limite aux délégués des chambres intéressées par une éventuelle contradiction sur un même point de droit.

*b*) Ensuite par son *rôle*. Jusqu'à une époque récente, le seul rôle de l'Assemblée plénière était de statuer sur les *seconds pourvois* ; ce qui, par conséquent, supposait une cassation antérieure dans la même affaire, c'est-à-dire le renvoi devant un juge du fond qui avait refusé de s'incliner devant l'opinion de la Cour de cassation, et, enfin, un nouveau pourvoi sur le même moyen de droit (*supra*, no 215).

---

(75) Très souvent les conclusions du ministère public présentées à l'Assemblée plénière sont publiées dans les Recueils de jurisprudence, en même temps que l'arrêt.

Ce rôle demeure. Mais, depuis la loi n° 79-9 du 3 janvier 1979, l'Assemblée plénière peut aussi être saisie directement dès le *premier pourvoi*, soit par décision du premier président, soit par arrêt de la chambre à laquelle l'affaire a été distribuée, soit même sur simple requête du procureur général (art. L. 131-2 et 131-3 code org. jud.). Le but de cette réforme a été le suivant : certaines affaires posent des questions de principe très sérieuses sur lesquelles il est indispensable que la jurisprudence soit rapidement fixée. S'il faut attendre un « second pourvoi », cela peut durer cinq ou dix ans ... et les plaideurs en font les frais. De là, pour gagner du temps, l'idée de permettre à la Cour de cassation de statuer immédiatement en Assemblée plénière, dès le premier pourvoi, avec toute l'autorité qui s'attache aux arrêts de cette Assemblée (76).

*c*) En effet (et c'est maintenant la dernière différence), *tout arrêt rendu par l'Assemblée plénière s'impose à la juridiction de renvoi sur les points de droit jugés par celle-ci* (art. L. 131-4, al. 2, c. org. jud.). Encore convient-il de ne pas se méprendre sur la portée exacte de cette règle : elle veut dire que, relativement à l'affaire considérée, la juridiction de renvoi ne peut pas interpréter la loi autrement que ne l'a décidé l'Assemblée plénière. Mais si la même question de droit devait surgir à l'occasion d'une autre affaire, le juge du fond conserverait ue totale liberté d'interprétation : la solution contraire aboutirait en effet à méconnaître la prohibition fondamentale des arrêts de règlement (*supra*, n° 26).

**240. Formation spéciale « pour avis ».** — Il a été dit précédemment que la Cour de cassation peut être saisie « pour avis » indépendamment de tout pourvoi, avant que le juge du fond ne statue (*supra*, nos 218 s.). Qui se prononcera sur cette demande d'avis ?

Il était nécessaire de confier cette mission à une formation solennelle dotée d'une solide autorité. Le risque serait en effet qu'après avoir émis un avis dans un sens déterminé avant que l'affaire ne soit jugée, la chambre de la Cour de cassation, ultérieurement saisie de l'arrêt rendu sur la foi de cet avis, ne se prononce dans un autre sens. Une telle contradiction serait une source de désordre qui nuirait gravement au crédit de la Cour de cassation (rapp. au sujet du Conseil d'Etat, *infra*, n° 280).

Pour cette raison, la formation spéciale est composée des plus hautes autorités de la Cour de cassation : le premier président, les 6 présidents de chambre et deux conseillers désignés par chacune des chambres intéressées par la question posée (art. L. 151-2 c. org. jud., ajouté par la loi n° 91-491 du 15 mai 1991). En outre, le procureur général peut y prendre la parole (art. L. 132-1 c. org. jud.).

---

(76) A titre d'exemple : Cass. Ass. plén. 2 nov. 1990, J.C.P. 1991.II.21631, concl. av. gén. Monnet.

On soulignera la différence avec la composition de l'Assemblée plénière où toutes les chambres délèguent leurs doyens et deux conseillers. Ici, seules les chambres intéressées par la nouvelle loi au sujet de laquelle un avis est demandé délégueront deux conseillers : si par exemple, la loi nouvelle est totalement étrangère au droit commercial, la chambre commerciale et financière ne déléguera personne.

En revanche, cette formation ne peut valablement se prononcer que si tous ses membres sont présents (art. L. 151-2 c. org. jud.) (77).

## CONCLUSION

**241.** L'importance majeure de la Cour de cassation, au sein des juridictions de l'ordre judiciaire, conduit à exprimer un regret pour conclure : c'est que *la Cour de cassation ne participe pas officiellement à l'élaboration des textes concernant le droit privé.*

En étudiant le Conseil d'Etat, on constatera que cette prestigieuse Assemblée n'est pas seulement un organe juridictionnel : c'est aussi un organe de conseil qui participe très activement à l'élaboration des textes, en donnant son avis sur les projets législatifs ou réglementaires dans tous les domaines (*infra*, n° 245). Or, sans contester le rôle éminent que joue le Conseil d'Etat à ce sujet, on doit tout de même convenir que certaines dispositions législatives ou réglementaires qui intéressent le droit privé (spécialement, lorsqu'elles présentent un cararctère technique) gagneraient à être étudiées par des spécialistes du droit privé, comme il s'en trouve précisément à la Cour de cassation.

Depuis quelques années, la Cour de cassation amorce un essai en ce sens, sous la forme d'un *Rapport* auquel il est donné une large publicité : dans ce Rapport se trouvent exposées, à la lumière des arrêts prononcés au cours de l'année précédente, les défectuosités législatives ou réglementaires qui ont été relevées et qui appelleraient des réformes. Il serait souhaitable que cette participation encore timide à l'œuvre législative aille plus loin. Il est vrai que le principe de la séparation des pouvoirs pèse ici avec toute la force de son dogmatisme (*supra*, n^os^ 33 s.). En réalité, les juridictions de l'ordre judiciaire, et la première d'entre elles, n'ont pas fini de pâtir de la chape que la Révolution française fit tomber sur elles.

---

(77) Sauf certains aménagements spéciaux au sujet des membres empéchés (art. L. 151-2 c. org. jud.).

*CHAPITRE II*

# JURIDICTIONS DE L'ORDRE ADMINISTRATIF

**242. Généralités et terminologie** (1). — On appelle « juridictions administratives », les organes juridictionnels qui, sous le contrôle éventuel du Conseil d'Etat, tranchent les difficultés contentieuses de droit public qui opposent un administré à une collectivité publique : par exemple, les litiges entre un contribuable et une administration fiscale, les litiges en matière de travaux publics, les recours en annulation contre un décret ou un arrêté estimé illégal ou encore les demandes en réparation formées contre une administration à raison des dommages causés par le fonctionnement défectueux du service public.

L'expression exige toutefois une explication. Très souvent, pour désigner les juridictions de l'ordre administratif par opposition aux juridictions de l'ordre judiciaire, on parle, dans un sens générique, du *« juge administratif »* : on dira par exemple, de telle affaire, qu'elle relève de la compétence du « juge administratif » et non point d'une juridiction de l'ordre judiciaire. Parfois également, et toujours par opposition aux tribunaux de l'ordre judiciaire, on parle des *« tribunaux administratifs »*. L'expression est commode, mais elle est devenue trompeuse depuis que, en 1953, une juridiction administrative particulière a été instituée qui s'appelle précisément le « tribunal administratif » (*infra*, n° 260). Avec cette terminologie, on risque toujours de confondre le genre et l'espèce. On peut se demander notamment, quand on parle des « tribunaux administratifs », si l'on désigne par là l'ensemble des juridictions administratives, par opposition à celles de l'ordre judiciaire, ou plus spécifiquement cette juridiction particulière que l'on appelle les tribunaux administratifs, par opposition au Conseil d'Etat et aux multiples juridictions administratives à compétence spéciale.

---

(1) Pour plus de détails sur les juridictions administratives, on consultera : G. Vedel et P. Delvolvé, 12e éd., t. 2, p. 73 s. ; Auby et Drago, 3e éd., t. I, p. 179 et s. ; R. Chapus, 3e éd., p. 39 s.

**243. Fondement constitutionnel.** — L'existence des juridictions administratives a un fondement constitutionnel qui se rattache au principe de la séparation des fonctions administratives et judiciaires posé par l'article 13 du titre II de la loi des 16 et 24 août 1790 : « Les fonctions judiciaires sont distinctes et demeureront toujours séparées des fonctions administratives ... ». Récusant ainsi l'autorité des juges, l'administration échappait à tout contrôle juridictionnel, sinon à celui du chef de l'exécutif, à la fois juge et partie.

Sans revenir sur les explications antérieures (*supra*, n$^{os}$ 35 et s.), on rappellera simplement que, pour aider les administrateurs dans leurs fonctions, furent institués des organes spécialisés que l'on appela des « conseils » : le Conseil d'Etat, à l'échelon national, et les conseils de préfecture, à l'échelon départemental. A l'origine, le Conseil d'Etat n'était qu'un organe de conseil chargé de proposer la décision au ministre. Mais peu à peu, il s'organisa à la manière d'une véritable juridiction jusqu'au jour où la loi du 24 mai 1872 reconnut au Conseil d'Etat un pouvoir souverain de décision en matière juridictionnelle. Ainsi sont nées les juridictions administratives.

Cette origine ne doit pas être oubliée : elle marque, en effet, toute la différence qui sépare les juridictions administratives des juridictions de l'ordre judiciaire. De tout temps ces dernières ont exercé la fonction de juger et s'il est vrai que leur organisation a changé au cours des années, jamais leur existence n'a été contestée dans son principe : seule a évolué la nature de ce pouvoir au point que l'on peut penser aujourd'hui qu'elles exercent plus une « autorité » qu'un véritable « pouvoir » (*supra, n*$^{o}$ 49). Pour les juridictions administratives, l'évolution a été très différente. Elles doivent leur existence à un *lent travail d'émancipation qui leur a permis de se dégager de l'administration active et de conquérir progressivement leur autonomie*. De cette origine, subsistent encore des traces : c'est ainsi que les juges administratifs ne bénéficient pas tous de l'inamovibilité (*infra*, n$^{o}$ 375) et que certaines de ces juridictions (notamment les juridictions administratives à compétence spéciale) sont composées de fonctionnaires issus de l'administration active (*infra*, n$^{o}$ 284) ; c'est ainsi également qu'il fallut attendre 1926 pour que les anciens conseils de préfecture cessent d'être présidés par le préfet. A vrai dire, toutes ces traces tendent à s'estomper progressivement et, grâce d'ailleurs au caractère des hommes pour une large part, on peut dire que la justice administrative a aujourd'hui acquis sa propre autonomie.

De nos jours, les juridictions administratives font partie de nos institutions au même titre que les juridictions de l'ordre judiciaire. Mais il fallait que cela soit clairement dit. Aussi bien doit-on attacher une importance particulière à un arrêt du Conseil constitutionnel du 22 juillet 1980 qui a souligné avec force que l'indépendance des juridictions administratives est aujourd'hui « *constitutionnelle-*

*ment garantie en vertu des principes généraux reconnus par les lois de la République* » (2).

**244. Le Conseil d'Etat, clé de voûte du contentieux administratif : évolution vers une « régionalisation » de la justice administrative.** — Le Conseil d'Etat a toujours été la clé de voûte du contentieux administratif. Durant tout le XIX^e^ siècle et la première moitié du XX^e^, mis à part les conseils de préfecture dont la compétence était dérisoire (*infra*, n° 263) et les quelques juridictions administratives à compétence spéciale qui ne connaissaient que d'un contentieux très limité (*infra*, n^os^ 281 et s.), le Conseil d'Etat était l'unique juridiction appelée à connaître des litiges concernant l'administration, aussi bien en fait qu'en droit. C'est vers lui que refluait pratiquement tout le contentieux administratif.

Cette situation exceptionnelle, — très différente de celle de la Cour de cassation (*supra*, n^os^ 210 et s.) —, avait l'immense avantage de permettre l'élaboration d'une jurisprudence à la fois ferme et homogène, plus nécessaire encore en matière administrative qu'elle ne l'est en matière judiciaire : on concevrait mal en effet qu'un même comportement administratif puisse être validé ici, et censuré ailleurs. De là, cette idée première consistant à centraliser tout le contentieux autour d'une seule et unique juridiction.

Une telle centralisation ne présentait guère d'inconvénient à une époque de libéralisme économique et politique où les interventions de l'Etat et de son administration se limitaient aux services publics essentiels et où, de ce fait, le contentieux était relativement peu abondant : le Conseil d'Etat pouvait facilement « absorber » tout le contentieux administratif. Cette situation privilégiée ne devait pas durer. L'emprise sans cesse grandissante de l'administration dans les domaines les plus divers devait entraîner une prolifération considérable des litiges auxquels, seul, le Conseil d'Etat ne pouvait plus faire face. Dans les années qui suivirent la seconde guerre mondiale, les statistiques firent apparaître un inquiétant engorgement du Conseil d'Etat, avec pour inévitable conséquence une lenteur accrue de la justice administrative (*infra*, n° 264). De toute évidence, des réformes s'imposaient pour alléger la tâche du Conseil d'Etat : deux évolutions parallèles, d'inégale importance, y ont contribué.

*a*) L'effort essentiel consista à opérer une *régionalisation de la justice administrative*. A trente années de distance, deux réformes importantes, - l'une en 1953 qui institua les *tribunaux administratifs* (*infra*, n° 264), et l'autre en 1987 qui créa les *cours administratives d'appel* (*infra*, n° 270) —, ont libéré le Conseil d'Etat d'un important contentieux qui est désormais traité, au premier et au second degré, par des juridictions administratives régionales.

---

(2) J.C.P. 1981.II.19603, note Nguyen Quoc Vinh, D.S. 1981, Inf. rap. 356, obs. Léo Hamon.

*b*) Une autre évolution, plus insidueuse, s'est produite : à mesure que se développait l'action administrative et donc les sources de contestation, on a vu se multiplier les *juridictions administratives à compétence spéciale* chargées de statuer dans des domaines très particuliers et sinon toujours, du moins assez souvent, en matière professionnelle (conseil de l'ordre des médecins, des vétérinaires, des architectes, commission bancaire, etc.) (*infra*, n^os^ 281 et s.).

Ces deux évolutions parallèles font que le Conseil d'Etat n'est plus aujourd'hui l'unique juridiction administrative. Cette dispersion, imposée par les nécessités, ne serait pas sans risque pour la cohésion de la jurisprudence administrative (et du droit administratif tout court) si le Conseil d'Etat ne restait, encore de nos jours, le « gardien tutélaire » de la justice administrative. Nous verrons en effet que, d'une part, certaines contestations importantes, pour lesquelles on ne saurait tolérer des décisions contradictoires, sont expressément réservées à la connaissance du Conseil d'Etat (*infra*, n^os^ 277 et s.) et que, d'autre part, il exerce de toute manière un contrôle latent, par le jeu des voies de recours, sur l'ensemble des décisions rendues par les juridictions administratives. A tous ces points de vue, le Conseil d'Etat reste encore de nos jours la clé de voûte du contentieux administratif.

Dans ces conditions, pour avoir une vue d'ensemble sur la justice administrative, il convient d'abord et en tout premier lieu de présenter des *généralités sur le Conseil d'Etat* (Section I), avant d'étudier les *juridictions administratives de droit commun* (Section II) et les *juridictions administratives à compétence spéciale* (Section III).

## *SECTION I*

## GÉNÉRALITÉS SUR LE CONSEIL D'ÉTAT

**245. Comparaison avec la Cour de cassation.** — Au même titre que la Cour de cassation, le Conseil d'Etat est une institution prestigieuse par son histoire et par son importance dans la vie nationale. Il diffère toutefois, — et fondamentalement —, de la Cour de cassation par son rôle et par sa composition.

a) Par son **rôle**. — On a vu précédemment que la Cour de cassation est dotée d'attributions exclusivement juridictionnelles : elle est une juridiction et rien de plus (*supra*, n° 241) ; et encore son rôle en ce domaine se limite-t-il à être juge du droit et non point juge du fait (*supra*, n^os^ 211 et s.). Tel n'est pas le cas du Conseil d'Etat qui non seulement a des attributions juridictionnelles importantes, aussi bien en fait qu'en droit, mais qui, en outre, est investi d'attributions administratives très particulières en ce sens qu'il est pour l'administration et le gouvernement un « donneur d'avis ».

Ainsi les projets de lois, d'ordonnances et de décrets sont soumis « pour avis » au Conseil d'Etat : obligatoirement ou facultativement, selon les cas. Celui-ci délibère sur les projets qui lui sont présentés et formule son opinion, non seulement sur la rectitude juridique du texte mais aussi sur son opportunité. On se gardera toutefois de considérer le Conseil d'Etat comme une assemblée politique : sauf dans les cas exceptionnels où un texte impose un « avis conforme », le gouvernement n'est jamais obligé de suivre l'avis du Conseil d'Etat, même lorsque celui-ci est obligatoire.

Enfin, il arrive parfois que le Conseil d'Etat soit appelé à donner des consultations juridiques à l'administration sur certaines difficultés particulières. L'art. 24 de l'ordonnance du 31 juillet 1945 reconnaît même au Conseil d'Etat le pouvoir d'attirer spontanément l'attention des pouvoirs publics sur les réformes législatives ou réglementaires qui sembleraient opportunes.

Comme on peut le remarquer, le Conseil d'Etat joue un rôle hybride : non seulement il est un juge, mais en outre il participe à l'élaboration de la règle de droit ; et cela, en toute matière, en droit public comme en droit privé. De ce point de vue, le rôle du Conseil d'Etat est très différent de celui de la Cour de cassation.

b) Par sa **composition**. — La Cour de cassation est composée de magistrats pour qui cette fonction constitue en principe un couronnement de carrière. La composition du Conseil d'Etat est infiniment plus variée, aussi bien par l'âge que par le recrutement.

En règle générale, on fait carrière au Conseil d'Etat depuis le jour où le jeune auditeur sort de l'Ecole nationale d'administration jusqu'au jour où, étant devenu conseiller d'Etat, il prend sa retraite. Il y a donc un grand brassage des âges.

Le Conseil d'Etat présente également cette particularité d'être composé de personnalités extérieures qui accèdent directement au Conseil d'Etat en qualité de maîtres des requêtes ou de conseillers d'Etat dans des conditions qui seront indiquées ultérieurement (*infra*, n^os^ 366 et 367). Ainsi, le Conseil d'Etat peut-il espérer bénéficier par le « tour extérieur », du concours de personnalités qui ont une grande expérience pratique de l'administration et qui sont parfaitement informées des nécessités du service public.

Sans doute, la Cour de cassation n'a-t-elle pas échappé à cette préoccupation : certains conseillers à la Cour peuvent être recrutés directement « en service extraordinaire » (*supra*, n° 228) ; et de même, on a vu précédemment que certains jeunes magistrats peuvent être directement affectés à la Cour de cassation en qualité de « conseillers référendaires » ou « d'auditeurs » (*supra*, n° 229). Mais ce ne sont là que des essais encore timides qui, pour l'instant tout au moins, sont loin d'avoir l'ampleur de ce qui existe au Conseil d'Etat ; et en tout cas, les jeunes magistrats affectés à la Cour de cassation ne sont pas appelés à y faire toute leur carrière, comme ce peut être le cas au Conseil d'Etat.

Sous le bénéfice de ces observations, on étudiera successivement :

§ 1 — *L'évolution historique du Conseil d'Etat,*

§ 2 — *L'organisation interne du Conseil d'Etat,*

## § 1. — ÉVOLUTION HISTORIQUE DU CONSEIL D'ÉTAT

**246. Antécédents historiques.** — On attribue généralement la création du Conseil d'Etat à Bonaparte. Et l'on a raison ; c'est lui, en effet, qui a fixé les grandes lignes de cette institution, que l'on appelle parfois la « Haute Assemblée ».

*a*) On se gardera toutefois d'oublier que, dans l'ancien droit, il existait auprès du Roi divers organes dont l'ensemble formait les « Conseils du Roi » et qui, de façon lointaine sans doute, assumaient déjà certaines des fonctions qui, plus tard, seront celles de la Cour de cassation et du Conseil d'Etat. Ainsi, il existait une formation judiciaire, que l'on appelait le « conseil des parties », chargée de se prononcer sur les recours formés contre les arrêts rendus par les Parlements, et que l'on peut considérer aujourd'hui comme l'ancêtre lointain de notre Cour de cassation.

Il existait en outre des formations plus spécifiquement administratives et gouvernementales : le Conseil d'En-Haut (qui deviendra le Conseil de cabinet, c'est-à-dire un organe strictement politique), le Conseil des dépêches et le Conseil des finances. En raison de la confusion des pouvoirs qui régnait à l'époque, ces formations gouvernementales avaient également des attributions juridictionnelles et connaissaient des recours formés contre les décisions des Intendants. Ce n'était certes pas encore le Conseil d'Etat ; mais déjà l'idée transparaissait.

*b*) La Révolution française supprima tous les anciens conseils qui avaient existé au temps de la Royauté. La loi des 27 avril et 25 mai 1791 rétablit toutefois, sous le nom de Conseil d'Etat, un organe comprenant le Roi et ses ministres (ce que l'on appellerait aujourd'hui, dans notre terminologie moderne, le Conseil des ministres). Mais ce qui est remarquable, c'est que ce conseil avait reçu certaines attributions juridictionnelles ; notamment, il lui appartenait de se prononcer sur les motifs d'annulation des actes irréguliers émanant des corps administratifs (art. 17). C'était là sans doute une justice à caractère politique. Mais il fallait bien y songer puisque les juridictions de l'ordre judiciaire se voyaient interdire toute immixtion en ce domaine (*supra*, n^os^ 34 et s.).

**247. Création du Conseil d'Etat par Bonaparte** (3). — Sous l'inspiration de Sieyès, la Constitution du 22 frimaire An VIII, dans son article 52, décida que : « Sous la direction des Consuls, un Conseil d'Etat est chargé de rédiger les projets de lois et les règlements d'administration publique, et de résoudre les difficultés qui s'élèvent en matière administrative ». Cette disposition fondamentale fut complétée peu de temps après par un Règlement du 5 nivôse An VIII dans lequel il était dit que le Conseil d'Etat « se prononce sur les conflits qui peuvent s'élever entre l'administration et les tribunaux et sur les affaires contentieuses dont la décision était précédemment remise aux ministres ».

Ces deux textes essentiels font déjà apparaître la double fonction du Conseil d'Etat qui, tout à la fois, participe à l'œuvre législative en préparant les projets de lois pour le compte des Consuls et qui, en outre, en tant que conseil de l'éxécutif, propose la solution des litiges de nature administrative. Ces deux dispositions fondamentales contenaient en germe tous les éléments d'une évolution progressive qui fera du Conseil d'Etat ce qu'il est devenu aujourd'hui.

Il est en effet remarquable de constater que le Conseil d'Etat survécut à tous les bouleversements constitutionnels. Il connut sans doute quelques périodes sombres. Notamment à l'époque de la Restauration, on put craindre très sérieusement pour son existence : nul n'osa pourtant supprimer cette jeune institution, de création impériale certes, mais qui déjà avait fait la preuve de son utilité.

En revanche, depuis cette époque, le Conseil d'Etat a connu une très profonde évolution sur laquelle il convient désormais d'insister.

**248. Evolution : de la « Justice retenue » à la « Justice déléguée ».** — A l'origine, le Conseil d'Etat n'était pas une véritable juridiction comme il l'est aujourd'hui : il était un simple *organe consultatif*, — un simple « conseil » au sens étymologique du terme —, dont le rôle n'était pas de rendre des arrêts souverains, mais de préparer les décisions du Chef de l'Etat ou de ses ministres appelés à statuer sur les contestations relatives à l'administration. Et cela, en application de l'idée que la justice était « retenue » entre les mains du Souverain.

Dans cette limite, apparut très vite à l'intérieur du Conseil d'Etat l'amorce d'une spécialisation juridictionnelle : dès 1806, une commission spéciale, — appelée *« Commission du contentieux »* —, s'organisa à la manière d'une véritable juridiction, avec ses propres règles de procédure (décret du 22 juill. 1806), pour examiner les réclamations dont le Conseil d'Etat était saisi. Cette commission n'avait encore qu'un rôle modeste : elle instruisait l'affaire, pour en faire rapport à l'assemblée générale du Conseil d'Etat, lequel ensuite proposait la solution au ministre. Mais

(3) Sur l'histoire du Conseil d'Etat entre 1799 et 1974, on consultera avec intérêt l'ouvrage intitulé *« Le Conseil d'Etat ; son histoire à travers les documents de l'époque »* (publié par le C.N.R.S. en 1974).

déjà apparaissait la vocation juridictionnelle du Conseil d'Etat, à cette nuance près que la décision finale appartenait toujours au Souverain et non point au Conseil : même si dans la plupart des cas la solution préconisée par lui était entérinée, la justice administrative demeurait, en droit, une « justice retenue ».

Dès la fin de la Restauration, très exactement à la veille de la Révolution de 1830, le principe d'une « justice retenue » fit l'objet de vigoureuses critiques : un maître des requêtes du Conseil d'Etat (*Cormenin*) se fit l'ardent défenseur de cette idée que, pour offrir toute garantie aux administrés, le Conseil d'Etat devait être érigé au rang d'une véritable juridiction appelée à rendre ses propres jugements de façon souveraine. La Monarchie de juillet ne resta pas insensible à cette préoccupation. Mais les réformes se limitèrent à quelques dispositions fragmentaires destinées à renforcer les garanties procédurales (ordonnance du 2 févr. 1831 ; ordonnance du 18 sept. 1839 ; loi du 19 juill. 1845). Ces réformes ne furent certes pas inutiles dans la mesure où elles contribuèrent à conférer au Conseil d'Etat certains des traits spécifiques à une véritable juridiction. Mais, en dépit de ces améliorations, le principe demeurait que le Conseil d'Etat n'était pas autre chose que l'organe d'une justice retenue.

La Seconde République rompit avec cette conception. Une loi du 3 mars 1849 décida dans son article 6 que, désormais, le Conseil d'Etat statuerait en dernier ressort sur le contentieux administratif. La Haute Assemblée devenait ainsi une véritable juridiction exerçant ses pouvoirs par délégation du Souverain : la justice cessait d'être une justice retenue (par le Souverain) pour devenir une justice déléguée (sous-entendu : déléguée par le Souverain). Mais cette réforme fut de courte durée : elle ne devait pas survivre à la Seconde République. La Constitution du 14 janvier 1852 revint en effet au système initial de la justice retenue ; ce qui d'ailleurs n'empêcha pas le Conseil d'Etat de développer son activité.

C'est à la IIIe République que l'on doit d'avoir définitivement consacré le système de la justice déléguée. La *loi du 24 mai 1872*, votée sous la vigoureuse impulsion de Gambetta, décida dans son article 9 que : *« Le Conseil d'Etat statue souverainement sur les recours en matière contentieuse administrative et sur les demandes d'annulation pour excès de pouvoir formées contre les actes des diverses autorités administratives ».* Quelques années plus tard, ce principe reçut sa première application jurisprudentielle dans un arrêt fondamental, l'*arrêt Cadot* du 13 décembre 1889 (S. 1892.3.17, note Hauriou) : le Conseil d'Etat affirma en effet que, d'une part, le ministre n'est pas un juge, ct que, d'autre part, le Conseil d'Etat est une véritable juridiction.

L'évolution était achevée : le Conseil d'Etat, libéré dc toute dépendance à l'égard du Chef de l'Exécutif, se trouvait investi désormais d'un pouvoir de juridiction autonome. La « Justice déléguée » l'avait définitivement emporté sur la « Justice retenue ».

**249. Réformes modernes.** — Depuis lors, aucune réforme n'a fondamentalement transformé le Conseil d'Etat. Tout au plus convient-il de relever deux séries de textes importants.

a) En tout premier lieu, *l'ordonnance n° 45-1708 du 31 juillet 1945*, qui a codifié les textes relatifs au Conseil d'Etat : ce texte, comprenant 86 articles (dont certains ont été abrogés depuis lors), constitue aujourd'hui la charte du Conseil d'Etat.

Ce texte avait été rendu nécessaire pour les besoins d'une remise en ordre. Pendant l'occupation, le Gouvernement de Vichy avait promulgué une loi du 18 décembre 1940, tandis que, dans le même temps, le Comité national de Libération avait constitué un Comité temporaire du contentieux qui tenait lieu de Conseil d'Etat (ordonnance du 17 décembre 1943). A la Libération, il était donc indispensable d'harmoniser toute cette législation disparate. Tel fut l'objet de l'ordonnance du 31 juillet 1945.

b) Plus récemment l'organisation du Conseil d'Etat fit l'objet de *deux décrets* en date du *30 juillet 1963*.

C'est à la lumière de ces dispositions, modifiées depuis lors sur certains points par des textes ultérieurs, qu'il convient d'examiner désormais l'organisation du Conseil d'Etat.

## § 2. — ORGANISATION DU CONSEIL D'ÉTAT

**250. Composition.** — Le Conseil d'Etat comprend un personnel relativement peu nombreux, hiérarchisé de la manière suivante :

— Au bas de la hiérarchie : les *auditeurs* (au nombre de 20). Ce nom curieux vient de ce que, normalement, ce sont des novices qui s'instruisent « en écoutant ». Mais en fait, ils jouent un rôle très actif. Les auditeurs au Conseil d'Etat sont divisés en deux classes.

— A un échelon immédiatement supérieur : les *maîtres des requêtes* (qui sont actuellement 74 en activité). Cette appellation traditionnelle et un peu anachronique est la survivance lointaine du temps où les requêtes étaient présentées au conseil du Roi par un personnage que l'on appelait précisément un « maître des requêtes ».

— Au sommet de la hiérarchie : les *conseillers d'Etat*. Mais ceux-ci sont divisés en deux catégories : les *conseillers d'Etat en service ordinaire* (au nombre de 76 en activité), que l'on pourrait appeler en quelque sorte les « permanents », par opposition aux *conseillers d'Etat en service extraordinaire* (au nombre de 12) qui sont des personnalités extérieures appelées à siéger temporairement au Conseil d'Etat pour une durée de quatre ans.

— Il faut ajouter les *présidents de section*, au nombre de 6. Le Conseil d'Etat, nous le verrons (*infra*, n[os] 251 s.), est divisé en sections ; et, tout naturellement, la responsabilité de chacune d'elles est confiée à un président.

— Enfin, à la tête du Conseil d'Etat se trouve un *Vice-président* (assisté dans ses tâches administratives par un *secrétaire général*). Malgré son titre qui peut paraître modeste et quelque peu subordonné, le vice-président du Conseil d'Etat est un personnage important qui dirige en fait la Haute-Assemblée et sur qui pèse la lourde responsabilité de son fonctionnement.

Ce titre subalterne conduit tout de même à se poser une question : qui est le *Président* ? En droit, d'après l'ordonnance du 31 juillet 1945, le Président du Conseil d'Etat est le Premier Ministre et, en son absence, le Garde des sceaux. Mais cette présidence est de pure forme : elle est exercée de façon protocolaire à l'occasion de certaines cérémonies ; elle est donc purement symbolique. Cette situation n'en est pas moins révélatrice : dans la mesure où le chef théorique du Conseil d'Etat est le chef du gouvernement lui-même, elle fait clairement apparaître l'idée que la juridiction administrative procède de l'administration ; et ici à son niveau le plus élevé. C'est donc pour respecter cette présidence symbolique, que celui qui dirige en fait le Conseil d'Etat porte le titre plus modeste de « vice-président ».

**251. Différentes formations.** — De même que la Cour de cassation est divisée en chambres, le Conseil d'Etat comporte plusieurs formations que l'on appelle des « *Sections* ». Mais, en raison du rôle hybride du Conseil d'Etat (*supra*, n° 245), ces différentes formations se répartissent en deux catégories bien distinctes :

— d'une part, les formations dites *administratives* dont le rôle consiste à formuler des avis sur les projets de lois ou de décrets ou encore sur les difficultés juridiques que peut rencontrer le gouvernement ou l'administration (A) ;

— d'autre part, les formations dites *contentieuses* dont la fonction est de juger les litiges portés devant le Conseil d'Etat et de rendre des décisions ayant autorité de chose jugée, comme peut le faire toute juridiction (B).

Après avoir présenté ces différentes formations, il faudra se demander quels sont les rapports entre elles (C).

### A. — **Formations administratives**

**252. Sections administratives.** — Le Conseil d'Etat comporte cinq sections administratives (art. 9, décr. n° 53-766 du 30 juillet 1963, modifié par le décret n° 85-90 du 24 janv. 1985) : la section des finances, la section de l'intérieur, la section des travaux publics, la section sociale, et, enfin, la section du rapport et des études (qui avant 1985 était une simple commission). A la tête de chaque « section », il y a un président qui est appelé à jouer un rôle important.

Chacune de ces sections a une spécialisation qui lui est propre, correspondant à plusieurs ministères. Mais, à vrai dire, la dénomination de chacune de ces sections est assez arbitraire. Ainsi, pour ne prendre que cet exemple, la section de l'intérieur examine toutes les questions qui relèvent des services du Premier Ministre, et des ministères de la justice, de l'intérieur, de l'éducation nationale, de l'environnement, de la culture et de la communication. C'est dire qu'il ne faut pas attacher trop d'importance à des intitulés forgés par la tradition (4).

**253. Par qui l'avis est-il donné ?.** — En principe, l'avis est formulé par la section compétente dont relève le ministère intéressé. Mais il n'en est pas toujours ainsi.

1°) Lorsque l'affaire concerne plusieurs sections, l'avis peut être donné par des *sections réunies* ou plus simplement par une *commission commune* regroupant des membres de chacune des sections concernées.

2°) Il est des cas où, en raison de l'importance particulière de l'avis qui est demandé au Conseil d'Etat (lorsque par exemple il s'agit d'un projet de loi ou d'ordonnance), l'affaire est portée devant une formation plus solennelle que l'on appelle l'*Assemblée générale du Conseil d'Etat en matière administrative.* Mais, depuis le décret n° 63-766 du 30 juillet 1963, cette Assemblée générale comporte elle-même deux formations :

D'une part, l'*Assemblée générale ordinaire* composée de 35 membres, réunis sous la présidence du vice-président (art. 15, décr. 30 juillet 1963) (5). Cette formation est appelée à donner son avis sur les projets de loi ou d'ordonnance et aussi sur certaines affaires qui, en raison de leur importance, lui sont renvoyées par le Ministre intéressé, le vice-président, un président de section ou encore par l'une des sections elle-même.

D'autre part, l'*Assemblée générale plénière* qui comprend le vice-président, les présidents de section et tous les membres du Conseil ayant rang de conseiller d'Etat ; les maîtres des requêtes et les auditeurs y ont également accès, mais uniquement avec voix consultative, sauf dans les affaires où ils sont rapporteurs et

---

(4) Des arrêtés modifient périodiquement la répartition des matières entre les différentes sections, à l'occasion de chaque changement de Gouvernement : on citera par exemple, les arrêtés du 20 juillet 1983 (D. 1983, L. 405), du 22 novembre 1984 (D. 1984, L. 594) et du 28 octobre 1986.

(5) D'après l'article 15 du décret du 30 juillet 1963 (mod. par décr. n° 85-90 du 24 janv. 1985), l'Assemblée générale ordinaire est composée de la manière suivante : 1°) le vice-président du Conseil d'Etat et les présidents de section ; 2°) l'un des présidents-adjoints de la section du contentieux ; 3°) 12 conseillers d'Etat appartenant à la section du contentieux ; 4°) 15 conseillers d'Etat appartenant aux sections administratives, à raison de 3 par section.

où, pour cette raison, ils ont voix délibérative. Cette formation qui se réunit au moins douze fois par an est compétente pour procéder à certaines élections (par exemple, pour désigner ceux d'entre eux qui siègeront au Tribunal des conflits) ou encore pour examiner les affaires qui lui auraient été renvoyées par l'Assemblée générale ordinaire.

3°) On ajoutera enfin que, dans tous les cas d'urgence, l'avis peut être donné par ce que l'on appelle la *Commission permanente* qui est une émanation de l'Assemblée générale, chargée de se prononcer exceptionnellement et rapidement sur les projets de loi ou d'ordonnance (art. 22 à 24, décr. du 30 juill. 1963).

### B. — Formations contentieuses

**254. Section du contentieux et sous-sections.** — On appelle ainsi l'une des sections du Conseil d'Etat dont la fonction propre est de statuer sur les recours contentieux qui relèvent de la compétence de cette juridiction. A la différence des sections administratives, la section du contentieux ne se borne pas à émettre des avis : elle rend des arrêts (appelés officiellement des « décisions ») qui ont autorité de chose jugée. A ce titre et sous cet aspect, le Conseil d'Etat est une véritable juridiction dont on précisera ultérieurement la compétence (*infra*, n^os 277 s.).

La section du contentieux est, au point de vue de sa composition, la plus importante des sections du Conseil d'Etat. Elle a à sa tête un président de section, assisté de trois présidents-adjoints. Elle est composée de conseillers d'Etat en service ordinaire (les conseillers d'Etat en service extraordinaire ne peuvent pas en faire partie), de maîtres des requêtes et d'auditeurs (art. 28, décr. 30 juillet 1963).

Pour répondre à l'augmentation constante du nombre des recours, il a fallu subdiviser la section du contentieux : actuellement, depuis le décret du 10 janvier 1980, elle est divisée en *dix sous-sections* (art. 27, al. 2, décr. 30 juill. 1963, mod. par décr. n° 84-819 du 29 août 1984). Chacune de ces sous-sections, spécialisée dans une matière déterminée, est composée de trois conseillers d'Etat en service ordinaire dont l'un fait fonction de président, les maîtres des requêtes et les auditeurs étant uniquement chargés des fonctions de rapporteur ou de commissaire du gouvernement.

**255. Formations de jugement : par qui la décision est-elle rendue ?** — Dès qu'une requête est présentée au Conseil d'Etat, elle est transmise à la sous-section spécialisée pour qu'il soit procédé à l'instruction de l'affaire. Mais lorsque l'instruction est terminée, c'est-à-dire, lorsque les preuves ont été réunies et l'argumentation développée dans des « mémoires » élaborés par chacune des parties, quelle est la formation compétente pour rendre la décision ?

Cette question a fait l'objet de plusieurs réformes successives inspirées par le souci d'accélérer le jugement des affaires et d'éviter un engorgement redoutable du

Conseil d'Etat. Sans entrer dans le détail des vicissitudes réglementaires sur ce point, on retiendra que, depuis le décret du 10 janvier 1980 (qui a modifié les dispositions du décret du 30 juillet 1963), les décisions peuvent être rendues selon les cas, par quatre formations différentes.

1°) Par la *sous-section* qui a instruit l'affaire. C'est la solution la plus habituelle, adoptée lorsqu'il s'agit d'une affaire simple : la sous-section qui a instruit le dossier rendra elle-même la décision.

2°) Par les *sous-sections réunies.* Dans certains cas, il peut sembler utile d'étoffer la formation qui rendra la décision : l'affaire est alors portée devant deux sous-sections, et parfois trois, qui se réunissent ensemble, dont bien entendu la sous-section qui a instruit le dossier (art. 38, décr. 30 juill. 1963, mod. par déc. n° 84-819 du 29 août 1984).

3°) Par la *Section du contentieux en formation de jugement.* Il en est ainsi lorsqu'il s'agit d'une affaire qui, par les problèmes juridiques qu'elle soulève ou par ses implications politiques, exige que la décision soit prise par une formation suffisamment importante pour que son autorité morale soit indiscutable.

Contrairement à ce que l'on pourrait penser, la section du contentieux « en formation de jugement » ne regroupe pas l'intégralité des membres qui font partie de la section. En l'état actuel des textes, elle comprend 17 membres : le président de la section du contentieux, les 3 présidents-adjoints, le président de chacune des 10 sous-sections, le rapporteur qui a instruit l'affaire et, enfin (c'est là un aspect original sur lequel nous reviendrons), 2 conseillers d'Etat appartenant aux formations administratives (art. 40, décr. 30 juill. 1963, mod. par le décr. 10 janv. 1980).

4°) Par l'*Assemblée du contentieux.* Cette formation est la plus importante, sinon par le nombre de ses membres, du moins par son caractère solennel. Présidée par le vice-président du Conseil d'Etat lui-même, l'Assemblée du contentieux est composée de façon à réaliser un véritable brassage entre les formations administratives et les formations contentieuses, au niveau le plus élevé : elle comprend (outre le vice-président du Conseil d'Etat), d'une part, le président de la section du contentieux, les trois présidents-adjoints de cette section, le président de la sous-section qui a instruit l'affaire, ainsi que le rapporteur ; et, d'autre part, le président de chacune des cinq sections administratives (art. 41, décr. 30 juill. 1963, mod. par les décr. 9 sept. 1968 et 24 janv. 1985).

Cette formation n'est appelée à se réunir que de façon exceptionnelle, lorsqu'il s'agit d'une affaire très importante ou qui pose des questions de principe assez graves. On veut, en pareil cas, pour que la décision ait une plus grande autorité, qu'elle soit l'œuvre d'une formation très largement représentative du Conseil d'Etat dans son ensemble (6).

A travers cette dernière observation transparaît un problème important, sur lequel il faut insister désormais, et qui est celui des rapports entre les formations administratives et contentieuses du Conseil d'Etat.

### C. — **Rapports entre les formations administratives et contentieuses**

**256. Principe.** — Ainsi que nous l'avons souligné précédemment (*supra*, n° 251), la distinction entre les formations administratives et les formations contentieuses correspond à la double fonction du Conseil d'Etat : tandis que les formations administratives formulent des avis, les formations contentieuses rendent de véritables décisions qui ont autorité de chose jugée.

Ces formations sont en principe distinctes. La preuve en est que la section du contentieux pourrait annuler un décret pour lequel l'une des sections administratives aurait donné auparavant un avis favorable (7).

**257. Correctif : nécessité d'une interpénétration.** — Quelle que soit la spécialisation des formations administratives et contentieuses, une interpénétration entre elles est indispensable. D'une part, en effet, il ne faut pas perdre de vue que les formations administratives et les formations contentieuses appartiennent à un même corps : au sein d'une même institution, il n'est jamais bon que puisse éclater une divergence de doctrine sur les mêmes problèmes et que chacune des formations se comporte comme autant d'organes distincts de nature à briser l'unité de l'institution. D'autre part, il faut éviter que les formations contentieuses ne perdent le contact avec les problèmes qui se posent à l'administration active, en oubliant les impératifs du service public ; et inversement, les formations administratives ne doivent pas davantage oublier, au nom de l'action administrative, certains principes juridiques essentiels qu'il est du devoir des formations contentieuses de rappeler.

---

(6) Les statistiques révèlent que la plupart des décisions sont rendues par les sous-sections. La Section du contentieux et l'Assemblée du contentieux en formation de jugement rendent approximativement une centaine de décisions par an, (chiffres cités par M. R. Chapus, *op. cit.*, p. 47).

(7) A titre d'exemples : Cons. d'Et., 19 oct. 1962, J.C.P. 1963.II.13068 ; Cons. d'Etat, 20 mars 1964, *Act. jur.* 1964.497, note H. A. ; Cons. d'Et., 18 avr. 1980, *Act. jur.* 1980.409.

Cette nécessité a été mise en relief, par une affaire qui, en son temps, eût un certain retentissement : il s'agit de l'*affaire Canal* (8).

Pour comprendre cette affaire, il faut savoir qu'une ordonnance du 1er juin 1962, prise par le Président de la République en application de l'article 16 de la Constitution, avait institué une Cour militaire de Justice qui avait pour particularité que tout recours était exclu contre les décisions rendues par cette juridiction. Celle-ci condamna à mort un dénommé Canal, lequel demanda l'annulation de l'ordonnance du 1er juin 1962 qui avait institué la Cour militaire de Justice ; et cela au motif que l'exclusion de tout recours était contraire aux principes généraux. Le Conseil d'Etat qui, en formation administrative n'avait formulé aucune objection, fit droit à sa requête et annula cette ordonnance, rendant ainsi caduque la condamnation prononcée (arrêt du 19 oct. 1962, J.C.P. 1963.II.13068, note Debbasch). Cette décision provoqua une très vive réaction dans les milieux gouvernementaux et le Chef de l'Etat lui-même le fit savoir dans un communiqué laissant entendre que le Conseil d'Etat était sorti de son rôle. A l'époque, on put craindre sinon pour l'existence de la Haute Assemblée, du moins pour son indépendance. Heureusement, ces craintes se sont révélées vaines. Mais on reconnaîtra volontiers que, dans l'affaire Canal, il aurait été préférable que le Conseil d'Etat, en formation administrative, attire l'attention du gouvernement sur cette défectuosité avant que le texte ne soit promulgué, plutôt que de l'annuler plus tard en formation contentieuse. Afin d'éviter le renouvellement d'une telle mésaventure, le gouvernement constitua un comité d'études qui proposa quelques réformes très raisonnables, lesquelles, sans porter atteinte à l'indépendance du Conseil d'Etat, en améliorèrent l'organisation dans le sens d'un certain « brassage » entre les différentes formations du Conseil d'Etat. Les réformes ainsi proposées furent consacrées par les deux décrets du 30 juillet 1963.

A vrai dire, il a toujours existé un certain « *brassage* » du personnel entre les différentes formations. Ainsi (le cas des conseillers d'Etat en service extraordinaire étant mis à part puisqu'ils ne peuvent jamais participer aux travaux des formations contentieuses), un membre du Conseil d'Etat peut appartenir pendant un temps à une formation administrative et faire ensuite une autre partie de sa carrière dans une formation contentieuse, ou inversement. C'est ce que l'on appelle la règle du « roulement » qui existe d'ailleurs, nous l'avons vu, au sein des juridictions de l'ordre judiciaire (*supra*, no 99). Mais ce « brassage » a été accentué par le décret du 30 juillet 1963 ; et précisément parce que l'affaire Canal (dont il a été question précédemment) avait mis en évidence les dangers d'un trop grand isolement entre les formations administratives et les formations contentieuses.

En l'état actuel des textes et à titre d'illustration, on soulignera que :

*a*) La réforme réalisée en 1963 a posé le *principe de la double appartenance* ; ce qui signifie que, sauf dérogation, tout membre du Conseil d'Etat en service ordinaire est affecté tout à la fois à une formation administrative et à la section du contentieux et qu'il doit donc participer aux travaux de ces deux formations. Seuls échappent

---

(8) Sur cette affaire et la crise qui s'ensuivit, cf. « *Le Conseil d'Etat à travers les documents de l'époque* », p. 900 et s.

à cette règle : d'une part, le président de la section du contentieux, les présidents-adjoints et les présidents de sous-sections (en raison de leurs charges particulières) et, d'autre part, les maîtres des requêtes et les auditeurs ayant moins de trois ans de service au Conseil d'Etat (qui sont affectés à la section du contentieux pour les besoins de leur formation) (9).

*b*) En outre, certaines formations sont composées de façon à réaliser obligatoirement ce « brassage ». On rappellera à cet égard, que l'Assemblée générale du Conseil d'Etat en matière administrative comprend, dans sa formation ordinaire, à côté des conseillers d'Etat appartenant aux formations administratives, d'autres conseillers d'Etat désignés par la section du contentieux (art. 15, décr. 30 juill. 1963 ; *supra*, n° 253). Et inversement, on a pu constater que l'Assemblée du contentieux et à un degré moindre la section du contentieux en formation de jugement, comprennent des conseillers d'Etat désignés par les formations administratives (art. 40 et 41, décr. 30 juill. 1963, *supra*, n° 255).

**258. Conclusion.** — Les explications qui précèdent font apparaître le rôle fondamental du Conseil d'Etat : non seulement en raison de sa participation à l'élaboration de la règle de droit (dans ses formations administratives), mais aussi en raison de ses attributions juridictionnelles (dans ses formations contentieuses). Grâce au contrôle qu'il est appelé à exercer sur l'administration active par l'intermédiaire du recours pour excès de pouvoir, il protège les citoyens contre les illégalités dont ils pourraient être les victimes. En outre, et d'un point de vue plus général, il contribue à assurer l'homogénéité de la jurisprudence administrative ; et il n'est pas excessif de penser que sans le Conseil d'Etat, le droit administratif français n'aurait sans doute pas connu le rayonnement qui a été le sien.

On lui reproche parfois sa proximité du Pouvoir. Il suffit pourtant d'observer les protestations que certaines de ses décisions ont pu susciter de la part des gouvernements pour être convaincu tout à la fois de son indépendance et du respect qu'il a su inspirer malgré les vicissitudes de l'histoire.

Cela dit, on laissera de côté dans les explications à venir le rôle du Conseil d'Etat en tant qu'organe de conseil du gouvernement dans l'élaboration législative, pour s'en tenir exclusivement à son rôle juridictionnel exercé dans ses formations contentieuses ; car c'est uniquement sous cet aspect qu'il est une juridiction.

---

(9) R. Chapus, *op. cit.*, 3e éd., n° 50, p. 48.

## *SECTION II*

## JURIDICTIONS ADMINISTRATIVES DE DROIT COMMUN

**259. Vue d'ensemble : comparaison avec la hiérarchie de l'ordre judiciaire.** — Les juridictions appelées à connaître des contestations de nature administrative, — en tant que juridictions de droit commun, c'est-à-dire, en règle générale à l'exception des cas où la loi désigne une juridiction administrative à compétence spéciale (*infra*, n° 281 s.), — se présentent de façon pyramidale, un peu à la manière des juridictions de l'ordre judiciaire : au premier degré, les *tribunaux administratifs* (§ 1), au second degré, les *cours administratives d'appel* (§ 2) et enfin, au sommet, le *Conseil d'Etat*, en tant que juridiction (§ 3).

Toutefois, le rapprochement avec la hiérarchie des juridictions de l'ordre judiciaire est trompeur. La Conseil d'Etat (on l'a dit précédemment, *supra*, n° 244) a été pendant longtemps l'unique juridiction administrative de droit commun qui connaissait en principe de tout le contentieux administratif, aussi bien en fait qu'en droit. C'est sous la pression des nécessités et pour remédier à l'engorgement du Conseil d'Etat que, dans le cadre d'une politique de déconcentration, il a fallu se résigner à disperser le contentieux au niveau régional, tant au premier degré (en créant les tribunaux administratifs en 1953 ; *infra*, n° 264) qu'au second degré (en instituant les cours administratives d'appel en 1987 ; *infra*, n° 270). Apparemment, on a l'impression que la hiérarchie des juridictions de l'ordre administratif a été calquée, à travers ses différents degrés, sur celle des juridictions de l'ordre judiciaire. En réalité, l'*inspiration est très différente*. La Cour de cassation n'a jamais eu pour rôle d'absorber tout le contentieux judiciaire : elle a été instituée simplement pour régulariser l'interprétation de la règle de droit, au sommet d'une hiérarchie à deux degrés établie auparavant. Au contraire, la hiérarchie des juridictions administratives est le résultat d'un *démantèlement progressif et limité des attributions juridictionnelles du Conseil d'Etat*, réalisé par nécessité pour éviter un engorgement de celui-ci. Il en résulte, nous le verrons, des différences très sensibles, notamment en ce qui concerne la diversité des attributions juridictionnelles du Conseil d'Etat dont certaines ont échappé à cette déconcentration (*infra*, n$^{os}$ 277 s.)

## § 1. — TRIBUNAUX ADMINISTRATIFS

**260. Juridiction de droit commun.** — Le tribunal administratif est, au premier degré, la juridiction de droit commun en matière administrative.

Il a donc une *compétence de principe* : il connaît, en règle générale, de tous les litiges administratifs, sauf lorsqu'un texte contraire lui en a ôté la connaissance pour l'attribuer à une autre juridiction. Sans doute, ces textes contraires sont-ils assez nombreux. On verra que le Conseil d'Etat est exceptionnellement compétent pour connaître de certaines demandes au premier degré (*infra*, n° 278) ; et l'on verra aussi que la multiplicité des juridictions administratives spécialisées fait que de nombreuses matières échappent à la compétence des tribunaux administratifs (*infra*, n° 281 s.). Il n'en reste pas moins vrai qu'ils sont saisis d'un important contentieux : par exemple, en matière fiscale (décharge ou réduction en matière de contributions directes, opposition à contrainte), en matière électorale (élection municipale, élection au sein de l'Université), et aussi en matière de travaux publics, pour ne prendre que ces quelques exemples, choisis parmi bien d'autres.

Les statistiques attestent d'ailleurs l'importance grandissante de cette juridiction qui, pour la seule année 1990, a été saisie de 69 850 requêtes, soit plus du double des demandes enregistrées douze ans auparavant (*Voir le tableau graphique, page 236*).

**261. Juridiction régionale : comparaison avec le tribunal de grande instance.** — Le tribunal administratif est une juridiction locale dont le ressort territorial s'étend à un nombre de départements qui varie entre deux et cinq. Il existe 33 tribunaux administratifs (26 pour la France métropolitaine, 5 pour les départements d'outre-mer et 2 pour les territoires d'outre-mer). Leur siège est fixé au chef-lieu de l'un des départements de leur ressort.

De ce point de vue, la comparaison avec les tribunaux de grande instance s'impose. Comme eux, les tribunaux administratifs sont des juridictions de droit commun ; et comme eux aussi, ce sont des juridictions locales. A cette différence près toutefois que le ressort de chacun d'eux s'étend pratiquement à une région et que, de ce fait, le nombre des tribunaux administratifs est beaucoup plus faible que celui des tribunaux de grande instance (*supra*, n° 92).

On observera notamment que le ressort des tribunaux administratifs est loin de coïncider avec le ressort territorial des tribunaux de grande instance. Ainsi, le tribunal administratif de Nice a un ressort territorial qui s'étend aux départements des Alpes-Maritimes et du Var, alors que, dans le seul département des Alpes-maritimes, il existe deux tribunaux de grande instance, l'un à Grasse et l'autre à Nice (*Voir les cartes, pages 102 et 237*).

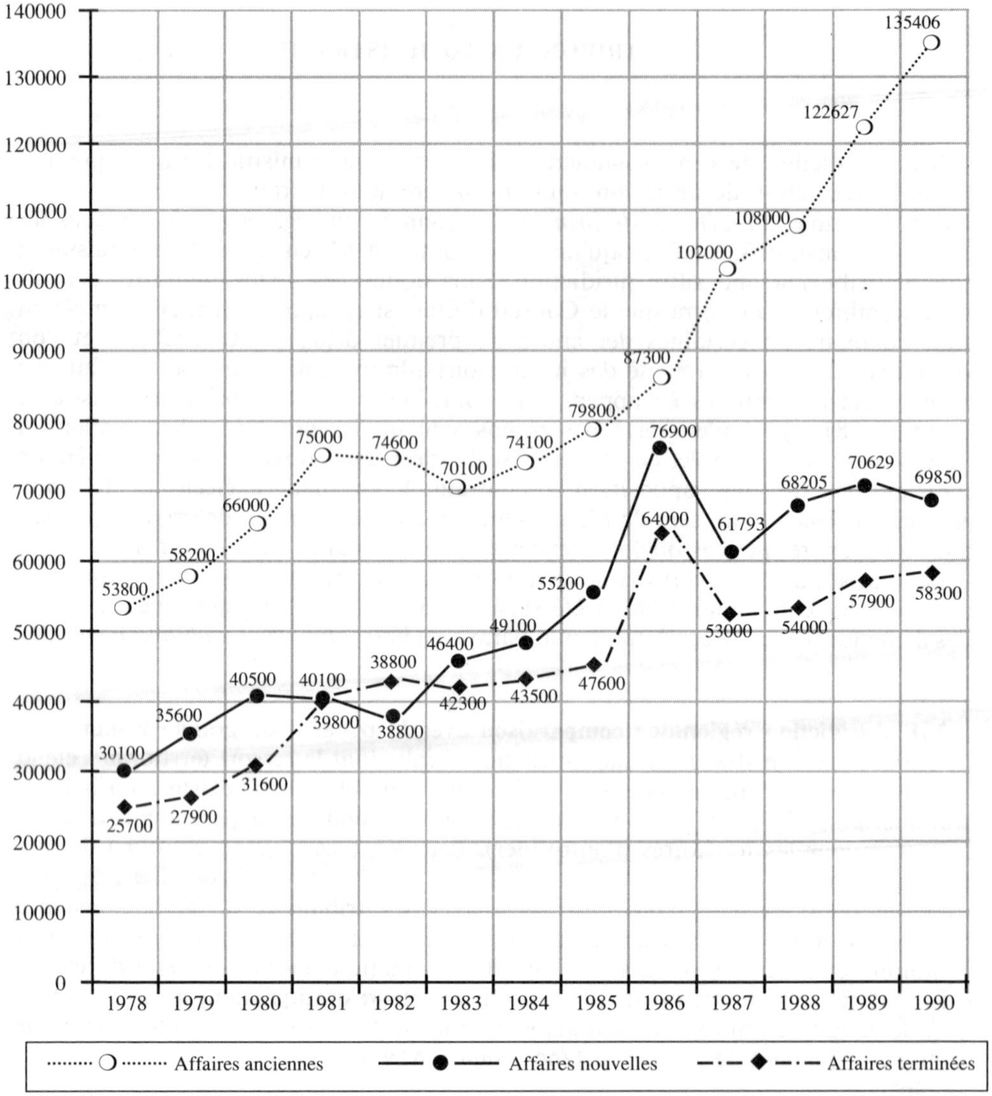


ÉVOLUTION DE L'ACTIVITÉ DES TRIBUNAUX ADMINISTRATIFS

On remarquera l'augmentation des affaires soumises aux tribunaux administratifs à partir de 1982 avec toutefois un léger tassement en 1987. Mais le nombre des affaires restant à juger ne cesse d'augmenter dans des conditions inquiétantes. *(Extrait de l'Annuaire statistique de la justice, édition 1992, p. 39).*

CARTE DES TRIBUNAUX ADMINISTRATIFS

Quand on compare la carte des tribunaux administratifs à celle des tribunaux de grande instance (*supra, page 102*), on constate que le ressort territorial des tribunaux administratif est beaucoup plus étendu. La carte se rapprocherait davantage de celle des Cours d'appel (*supra, page 146*), sauf à constater que les sièges et les ressorts sont loin de coïncider.

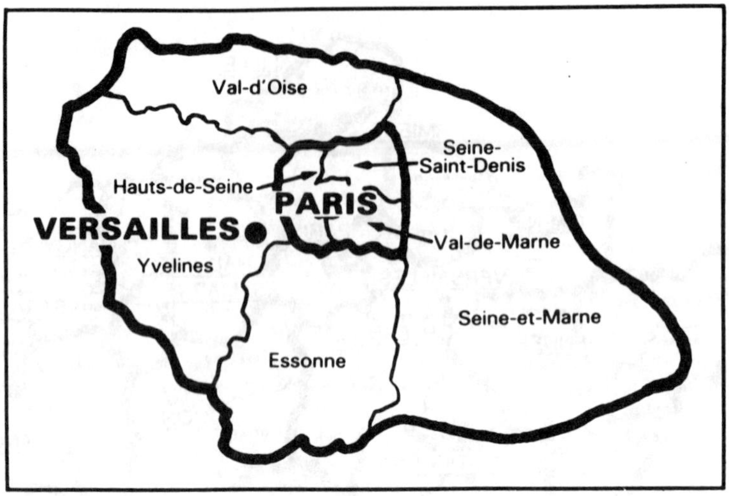


Région parisienne

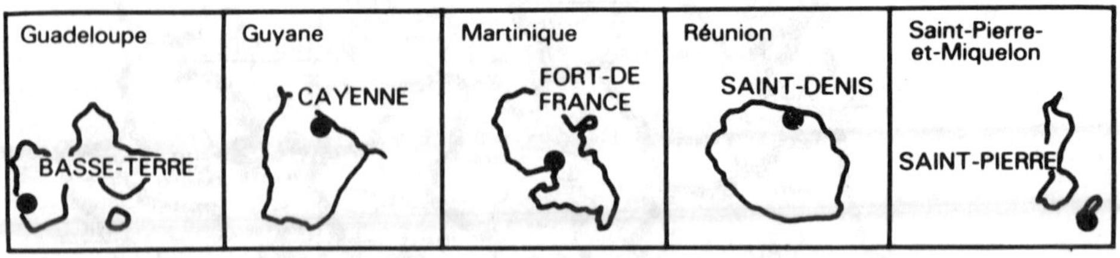


Départements d'Outre-Mer

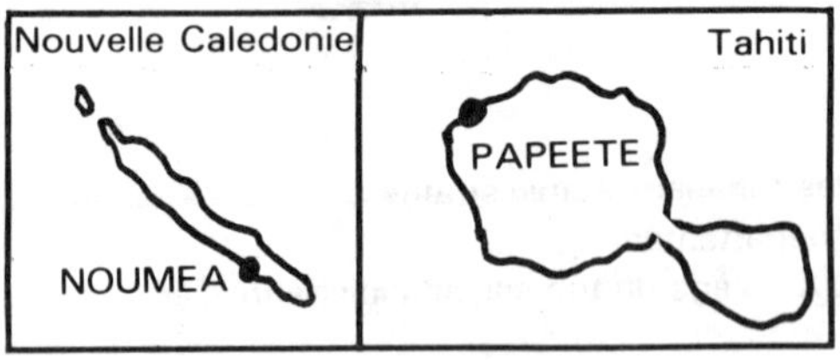


Territoires d'outre-Mer

CARTE DES TRIBUNAUX ADMINISTRATIFS

Mais sous cette réserve, il ne semble pas excessif de dire que le tribunal administratif est aujourd'hui l'homologue de ce qu'est le tribunal de grande instance en matière judiciaire.

On étudiera successivement : l'évolution historique des tribunaux administratifs (A) et leur organisation actuelle (B).

### A. — **Evolution historique**

**262. Conseils de préfecture : les antécédents historiques et la loi du 28 pluviôse an VIII.** — Si l'on voulait rechercher jusque dans l'ancienne France des ancêtres lointains à nos actuels tribunaux administratifs, on les trouverait dans les *conseils d'intendance* qui, dans les provinces, auprès de chaque Intendant, étaient composés d'hommes de lois chargés d'aider celui-ci dans les décisions qu'il était appelé à prendre, notamment pour trancher le contentieux qui lui était soumis. A la Révolution française, la même idée fut reprise dans le cadre départemental par une loi des 7-11 novembre 1791 qui institua des *Directoires de départements*. La voie était tracée. Sur ces anciens modèles, la loi du 28 pluviôse an VIII créa dans chaque département ce que l'on a appelé un *Conseil de préfecture*, présidé par le préfet lui-même.

On remarquera tout de suite le parallélisme avec le Conseil d'Etat : le conseil de préfecture était, à l'échelon départemental auprès de chaque préfet, ce qu'était le Conseil d'Etat à l'échelon national auprès du gouvernement. Mais le parallélisme s'arrête là.

*a*) D'abord, les conseils de préfecture n'ont jamais réellement exercé d'attributions administratives comme organe de conseil du préfet dans l'élaboration des textes. Cette fonction qui théoriquement leur était reconnue (et dont l'importance au Conseil d'Etat est considérable ; *supra*, n° 245) est très vite tombée en désuétude.

*b*) En revanche, dès leur origine en l'an VIII, les conseils de préfecture ont été considérés comme de *véritables juridictions* appelées à exercer une justice déléguée et non point une justice retenue comme le Conseil d'Etat qui dut attendre 1872 pour accéder au rang d'une véritable juridiction (*supra*, n° 248). Il est vrai que cette faveur ne tirait guère à conséquence tant était restreinte la liste des litiges qui, à l'échelon local, relevaient de ses attributions (contraventions de grande voirie, vente de biens nationaux, biens communaux indivis, redevances minières, etc...).

*c*) Enfin et surtout, les conseils de préfecture n'ont jamais eu, et de loin, ni le prestige, ni le lustre du Conseil d'Etat. Mais ce point mérite qu'on y insiste.

**263. Evolution des conseils de préfecture.** — Malgré les efforts accomplis par le législateur durant le XIXe siècle et la première moitié du XXe pour améliorer le fonctionnement des conseils de préfecture, ceux-ci ne sont jamais parvenus à sortir d'une aimable léthargie. Et cependant, ce ne sont pas les réformes qui ont manqué.

*a*) D'abord, pour améliorer la *qualité du recrutement*. Pendant longtemps, les conseillers de préfecture se recrutèrent au sein d'une petite noblesse locale ou d'une bourgeoisie rurale soucieuse d'accéder au rang de notables du département, souvent à la faveur d'appuis politiques (10).

Peu à peu, cette situation s'améliora : une loi du 21 juin 1865 exigea des conseillers de préfecture qu'ils fussent licenciés en droit ; le décret-loi du 6 septembre 1926 organisa un concours ; enfin, à partir de 1948, ils se recrutèrent parmi les élèves de l'Ecole nationale d'administration.

*b*) Parallèlement, on s'efforça d'améliorer la *procédure*. A l'origine, la procédure devant les conseils de préfecture n'était régie par aucun texte : chaque préfet élaborait la procédure applicable devant son conseil que, d'ailleurs, il présidait lui-même ; aucune audience n'était organisée, au point que les parties avaient souvent le sentiment de comparaître devant des administrateurs de la préfecture, beaucoup plus que devant les juges. Une importante réforme est intervenue avec la loi du 22 juillet 1889 qui organisa une véritable procédure applicable devant tous les conseils de préfecture. Enfin, le décret-loi du 6 septembre 1926 retira fort opportunément la présidence au préfet pour la confier à l'un des membres du Conseil.

*c*) Une autre amélioration consista à *élargir le ressort territorial* des conseils de préfecture et à faire disparaître corrélativement beaucoup de petits conseils dont l'activité était dérisoire et qui, pour cette raison, n'avaient aucun prestige. Ainsi le décret-loi du 6 septembre 1926 institua des *conseils inter-départementaux* qui englobèrent dans leur ressort plusieurs départements (d'où leur nom). Cette réforme, qui eût pour résultat de ne plus laisser subsister que 22 conseils de préfecture, avait certes le grave inconvénient d'éloigner la justice du justiciable. Mais, pour porter remède à cette lacune, le même décret de 1926 avait organisé une justice itinérante en la personne du *« conseiller délégué »* chargé de se rendre à certains jours dans les différents chefs-lieux du ressort pour rendre la justice (*infra*, n° 268).

*d*) Enfin, le législateur s'efforça d'*accroître les attributions contentieuses* des conseils de préfecture. Plusieurs textes furent promulgués en ce sens (en 1934 et 1938 notamment). On espérait par là augmenter le prestige de ces juridictions

(10) Les conseillers de préfecture suscitèrent au XIXe siècle une abondante littérature. Par exemple, Balzac, dans « *Le message* », écrivit ceci :

« Il y avait dans cet homme, un peu du magistrat, beaucoup plus du conseiller de préfecture, toute l'importance d'un maire de canton auquel rien ne résiste et l'aigreur d'un candidat éligible et périodiquement refusé depuis 1816. »

De même Flaubert, dans « *Madame Bovary* », présente Laporte (conseiller de préfecture à Rouen) comme un « colibri des préfectures », « un sylphe des salons » et un « furet des boudoirs ».

végétatives et remédier à l'engorgement du Conseil d'Etat. Mais ces réformes furent trop timides pour être réellement efficaces.

Finalement, toutes ces améliorations successives se révélèrent décevantes. Elles ne doivent pas cependant être oubliées. Certaines d'entre elles préfiguraient déjà les grandes lignes de l'organisation actuelle des tribunaux administratifs modernes. Et, de ce point de vue, elles ont peut-être préparé la réforme fondamentale réalisée en 1953.

**264. La réforme de 1953 : les tribunaux administratifs.** — En application d'une loi en date du 11 juillet 1953 conférant au gouvernement des pouvoirs spéciaux, celui-ci promulgua le *décret n° 53-934 du 30 septembre 1953* portant réforme du contentieux administratif. Ce fut une réforme capitale dont il convient de retracer d'abord la genèse avant d'en analyser les idées directrices.

I. *La genèse.*

Le point de départ de cette réforme a été le souci de remédier à l'encombrement catastrophique du Conseil d'Etat. Les statistiques avaient révélé que le volume des affaires déférées au Conseil d'Etat avait plus que doublé entre 1900 et 1939. Au cours de l'année judiciaire 1952-1953, alors que 6020 affaires avaient été inscrites au rôle, 4 131 seulement avaient été jugées. Le retard s'accumulait d'années en années. En 1950, l'arriéré s'élevait à 21 000 affaires ; en, 1952, il atteignait 23 500 ; et il culminait en 1953 avec le chiffre record de 24 510 dossiers en instance. Pour obtenir un arrêt du Conseil d'Etat, il fallait compter environ quatre années. La cause de cette situation provenait de la multiplication des contentieux résultant de l'intervention croissante de l'Etat dans les domaines économique et social et aussi de la confiance des justiciables pour la Haute juridiction saisie d'un nombre de requêtes sans cesse plus important. Comme avait pu l'écrire très justement René Cassin : « Le Conseil d'Etat était en danger d'être écrasé par la confiance qu'il inspirait » (11).

Pour remédier à cette situation préoccupante et accélérer le cours de la justice administrative, il était indispensable de « désengorger » le Conseil d'Etat. De là est venue l'idée de régionaliser la justice administrative en donnant une vie nouvelle aux conseils de préfecture. En d'autres termes, la réforme de 1953 et la naissance des tribunaux administratifs sont nées de la *crise de croissance du Conseil d'Etat.*

II. *Les idées directrices.*

Le décret de 1953 opéra d'abord un changement d'appellation : les anciens conseils de préfecture ont disparu pour être remplacés par les *tribunaux administratifs.* Cette

(11) René Cassin fut pendant longtemps vice-président du Conseil d'Etat, après avoir été professeur à la faculté de droit de Paris.

modification est un symbole riche de portée. Les tribunaux administratifs partent d'un pied neuf, sans recueillir l'héritage, chargé d'un lourd passif, d'une juridiction qui n'avait guère de prestige. De plus, la substitution du mot « tribunal » à celui de « conseil » a clairement fait apparaître la volonté du législateur de considérer cette nouvelle juridiction comme un véritable tribunal qui prend rang parmi les grandes juridictions françaises.

Mais la réforme de 1953 a été plus loin qu'un simple changement d'appellation. Si on laisse de côté, pour l'instant tout au moins, les modifications concernant le statut des conseillers qui fut considérablement amélioré, la réforme fondamentale a été de faire des tribunaux administratifs la *juridiction de droit commun* en matière administrative.

Jusqu'à cette époque, la juridiction de droit commun était le Conseil d'Etat qui absorbait ainsi tout le contentieux administratif, à l'exception des affaires que la loi avait expressément attribuées à une autre juridiction, et notamment aux conseils de préfecture, lesquels, pour cette raison, ne connaissaient que de quelques rares affaires limitativement énumérées et qui, il faut bien le dire, ne présentaient pas un grand intérêt. Le législateur de 1953 a voulu rompre avec cette concentration du contentieux administratif sur le Conseil d'Etat, et pour cela, il a inversé la situation. Désormais, les tribunaux administratifs sont promus au rang de juridiction de droit commun : ce sont eux qui, à défaut d'un texte contraire, connaissent en principe de tout le contentieux administratif au premier degré de juridiction. Quant au Conseil d'Etat, il ne connaît désormais, au premier degré, que des seules affaires qui lui sont expressément attribuées par un texte spécial, dans le cadre de ce que l'on appelle sa « compétence directe » ou encore sa « compétence en premier ressort » (*infra*, n° 278). Disons-le clairement, sans qu'il y ait dans ce propos la moindre connotation péjorative, le Conseil d'Etat a perdu en première instance sa qualité de juridiction de droit commun au profit des nouveaux tribunaux administratifs.

### B. — Organisation et fonctionnement

**265. Composition : les « conseillers ».** — Les tribunaux administratifs sont composés de juges que l'on appelle traditionnellement des « conseillers », bien qu'ils exercent leurs fonctions au premier degré de juridiction. La parenté spirituelle avec le Conseil d'Etat n'est peut-être pas étrangère à cette dénomination prestigieuse qui, dans l'ordre judiciaire, est réservée aux juges qui siègent dans les cours.

Dans chaque tribunal, le nombre des conseillers varie selon l'importance de ce tribunal.

En 1988, le nombre total des conseillers de tribunaux administratifs était de 395. Ils sont recrutés en principe parmi les élèves de l'Ecole nationale d'administration. Mais depuis quelques années, d'autres filières de recrutement ont été organisées parallèlement pour faire face aux besoins en personnel, dans des conditions qui seront exposées ultérieurement (*infra*, n^os^ 366 et 369).

**266. Président du tribunal administratif.** — Chaque tribunal administratif est placé sous l'autorité d'un président qui, dans chaque région, est une personnalité importante comparable au président du tribunal de grande instance (12). Pour accéder à ces fonctions, il faut compter au moins huit ans de services effectifs dans les tribunaux administratifs (art. 16 de la loi du 6 janv. 1986).

Il entre dans les attributions du président d'assurer l'administration générale du tribunal : direction des services, discipline intérieure, organisation des audiences, etc...

Mais on soulignera surtout que le président du tribunal administratif est un juge qui, à ce titre, participe à l'activité juridictionnelle de son tribunal, en présidant une chambre. Il est en outre investi (comme le président du tribunal de grande instance) d'attributions juridictionnelles qui lui sont propres : en sa qualité de président, il est *juge des référés administratifs*. En cas d'urgence, il est donc possible d'obtenir rapidement une décision, en saisissant directement le président du tribunal administratif (art. 128 à 137 c. trib. adm.). Cette possibilité peut se révéler d'un très grand intérêt, en matière fiscale notamment.

**267. Formations juridictionnelles : chambres et formation plénière.** — L'organisation de chaque tribunal administratif varie selon son importance.

*a*) Les petits tribunaux administratifs ne comportent qu'une seule formation de jugement, composée du président et de deux conseillers. Aucun jugement ne peut en effet être rendu sans un minimum de trois juges : la collégialité est une règle impérative (*infra*, n° 300) (13).

*b*) Le plus souvent, les tribunaux administratifs comportent plusieurs chambres dont le nombre varie entre 2 et 5 selon l'importance de chaque tribunal. Le jugement est rendu par la chambre saisie composée d'un président et de deux conseillers. Mais dans certains cas exceptionnels et pour donner une plus grande autorité à la décision rendue, le tribunal peut statuer en formation plénière composée de la chambre à laquelle appartient le rapporteur de l'affaire et à laquelle s'adjoignent les vices-présidents du tribunal (art. R. 17 c. trib. adm.).

*c*) Le *Tribunal administratif de Paris* est soumis à un régime très particulier qui s'explique par l'abondance des affaires dont il est saisi, cette situation étant liée elle-même à l'excessive concentration administrative sur la capitale.

Ce tribunal comprend actuellement 7 sections, divisées chacune en deux chambres composées de trois juges (art. R. 6 c. trib. adm.). De telle sorte qu'il y a pratiquement 14 formations de

---

(12) A Paris, en raison de l'importance particulière de ce tribunal, le président a le rang de conseiller d'Etat en service ordinaire.

(13) On ajoutera que dans les départements d'outre-mer, l'un des juges peut-être un magistrat de l'ordre judiciaire.

jugement. Mais, s'il est vrai que chacune des chambres constitue une formation de jugement, il peut sembler opportun, dans certains cas, de soumettre l'affaire à une formation plus étoffée afin d'accroître l'autorité morale du jugement. Et c'est ainsi que la décision peut également être rendue : soit par une formation comprenant le président du tribunal, le vice-président, les présidents et vice présidents de trois sections et le rapporteur (art. R. 17 c. trib. adm.), soit même dans certains cas exceptionnels, par le « tribunal en formation plénière » (le président du tribunal, le vice-président, les 7 présidents de section et le rapporteur qui a instruit l'affaire) (art. R. 17 c. trib. adm.).

**268. Conseiller délégué.** — S'il est vrai que la collégialité est la règle et que tout jugement doit être rendu par au moins trois juges, ce principe est parfois exceptionnellement écarté : il arrive en effet que certaines décisions soient rendues par un juge unique que l'on appelle le « conseiller délégué ».

Cette formation très particulière a été instituée par le décret-loi du 6 septembre 1926 à une époque où la création des conseils de préfecture inter-départementaux pouvait faire craindre que la justice administrative ne soit trop éloignée du justiciable. Pour remédier à cette situation, il avait été décidé qu'un conseiller serait spécialement délégué par le conseil pour se rendre dans les chefs-lieux des départements qui, du fait de cette réforme, n'avaient plus de conseil de préfecture, et pour statuer seul sur certaines affaires.

L'institution du conseiller délégué a survécu à la disparition des conseils de préfecture. Encore de nos jours, certaines affaires (notamment en matière fiscale et de contravention de grande voirie) peuvent exceptionnellement être jugées, au nom du tribunal, par le conseiller délégué, statuant seul. On entend même dire parfois que, pour accélérer le cours de la justice administrative, il serait question d'étendre ses attributions.

**269. Conclusion.** — Avec le recul du temps, l'expérience prouve que la réforme de 1953 a été bénéfique pour le bon fonctionnement de la justice administrative en général, mais aussi et surtout pour le justiciable lui-même qui trouve localement une juridiction administrative à sa disposition. Et une juridiction conçue à la manière d'un véritable tribunal : on découvre une illustration symbolique de ce changement dans le fait que les décisions rendues par les tribunaux administratifs s'appellent désormais des *« jugements »*, et non plus des « arrêtés » (comme autrefois, au temps des conseils de préfecture). On soulignera en outre que, depuis la loi n° 87-1127 du 31 décembre 1987, les conseillers des tribunaux administratifs (et des cours administratives d'appel) forment un corps qui est géré, non plus par le ministère de l'Intérieur (ce qui était une survivance anachronique du temps où les conseils de préfecture végétaient à l'ombre de l'administration préfectorale), mais par le secrétaire général du Conseil d'Etat (art. 3 de la loi de 1987). En un mot, les tribunaux administratifs se dégagent progressivement de leurs origines premières et gagnent leur indépendance sous la vigilance tutélaire du Conseil d'Etat.

Tout n'est certes pas parfait. Notamment, malgré les efforts déployés depuis quelques années, le nombre des postes de conseillers des tribunaux administratifs est encore insuffisant pour faire face à l'afflux des recours et remédier à une certaine lenteur regrettable. Mais, sous cette réserve, il ne fait aucun doute que le législateur de 1953 s'est engagé dans la bonne voie : les tribunaux administratifs sont aujourd'hui de véritables juridictions au sens plein du terme (14).

## § 2. — COURS ADMINISTRATIVES D'APPEL

**270. La réforme de 1987 : création des cours administratives d'appel** (15). — Jusqu'à une époque récente, les appels formés contre les jugements prononcés par les tribunaux administratifs étaient portés directement devant le Conseil d'Etat qui était ainsi la juridiction de droit commun du second degré. En d'autres termes, la réforme de 1953 avait « régionalisé » la justice administrative au premier degré, mais non au second, afin de conserver une certaine centralisation par la voie de l'appel et de mieux sauvegarder l'homogénéité de la jurisprudence. Mais la prolifération du contentieux administratif à partir de 1975 entraîna un nouvel encombrement du Conseil d'Etat comparable à celui qui avait justifié la création des tribunaux administratifs en 1953 (*supra*, n° 264) : même limitée à l'appel des jugements rendus par ces tribunaux, la tâche était encore trop lourde. En 1987, on avait dénombré près de 26 000 affaires en attente et, de ce fait, la durée des instances d'appel était de l'ordre de deux années (*V. le tableau graphique, page 252*). Sans une nouvelle réforme, la situation ne pouvait que s'aggraver.

Le législateur a longtemps hésité. Dans un premier temps, plusieurs projets avaient été envisagés qui tendaient à renforcer l'efficacité du Conseil d'Etat pour lui permettre de faire face aux nombreux appels dont il était saisi : création de « chambres adjointes », nomination de référendaires. Tous ces projets, qui avaient pour objectif de conserver la maîtrise du Conseil d'Etat au second degré, se sont heurtés à des difficultés techniques qui leur ont fait préférer une autre solution plus

---

(14) Pour un bilan de cette réforme, on pourra se référer aux travaux d'un colloque qui s'est tenu en 1973, à l'occasion du 20e anniversaire de la loi de 1953, et qui ont été publiés par l'Université de Grenoble en 1974 sous le titre *« Les Tribunaux administratifs, vingt ans après la réforme de 1953 ; bilan et perspectives ».* — *Adde*, P. Ordonneau, *Les problèmes posés au cours des dix dernières années par l'organisation et le fonctionnement des tribunaux administratifs*, Etudes et Documents (publication du Conseil d'Etat), 1977-1978, fasc. 29, p. 111.

(15) Drago, *Les cours administratives d'appel*, Rev. franç. dr. adm. 1988.203 s. ; Gentot et Oberdorff, *Les cours administratives d'appel*, P.U.F. 1991.

radicale consistant décharger le Conseil d'Etat par la création de juridictions administratives du second degré, appelées « *cours administratives d'appel* ».

Cette création a été décidée par la *loi nº 87-1127 du 31 décembre 1987* (avec mise en vigueur différée au 1er janvier 1989), laquelle a été complétée par plusieurs décrets d'application aujourd'hui codifiés et intégrés dans le code des tribunaux administratifs et cours administratives d'appel (art. R. 1 à R. 241).

La solution peut évidemment faire craindre une nouvelle dispersion du contentieux administratif nuisible à la cohésion de la jurisprudence. Le législateur a été parfaitement conscient de ce risque. Cette préoccupation explique pour une bonne part, les restrictions qui, dans un premier temps tout au moins, ont été apportées à l'étendue des pouvoirs de ces nouvelles juridictions ainsi que les liens étroits qui existent entre elles et le Conseil d'Etat (*infra*, nº 272). Seul l'avenir dira si la solution choisie a été la bonne.

A la lumière de ces nouveaux textes, on précisera, d'une part, les caractères spécifiques des cours administratives d'appel (A) et d'autre part, leur organisation et leur fonctionnement (B).

### A. — Caractères spécifiques

**271. Juridictions inter-régionales.** — La loi du 31 décembre 1987 s'est abstenue de fixer le nombre et le ressort territorial des cours administratives d'appel : elle a renvoyé à un décret le soin d'y pourvoir (art. 2). Actuellement, en vertu de l'article R. 7 du code des tribunaux administratifs et des cours administratives d'appel, celles-ci sont au nombre de *cinq* : leur siège est fixé à *Paris, Bordeaux, Lyon, Nancy* et *Nantes.* Il semble que le gouvernement n'ait pas voulu multiplier leur nombre à l'excès, afin d'éviter une dispersion nuisible à leur autorité et à la cohésion jurisprudentielle. Mais, en fonction des besoins, ce nombre pourrait être modifié à l'avenir par simple décret (et donc, sans être obligé de revenir devant le Parlement).

Il en résulte que les cours administratives d'appel apparaissent aujourd'hui comme des juridictions inter-régionales dont le ressort territorial est très étendu puisque, chacune d'elles, est juridiction d'appel de plusieurs tribunaux administratifs (*cf. la carte, page 247*).

Ainsi, la Cour administrative d'appel de Bordeaux connaît des appels formés contre les jugements émanant des tribunaux administratifs de Limoges, Montpellier, Pau, Poitiers et Toulouse (soit 26 départements). Celle de Paris, est compétente pour juger les appels formés contre les jugements rendus par les tribunaux administratifs de Paris, de Versailles et de tous les départements et territoires d'outre-mer (Basse-Terre, Cayenne, Fort-de-France, Nouméa, Papeete, St. Denis-de-la-Réunion et St. Pierre-et-Miquelon).

Ressort des cours administratives d'appel
Ressort des tribunaux administratifs
Limite de département
• TOULOUSE : siège du tribunal adminitratif
• NANTES : siège d'une cour administrative d'appel

CARTE DES COURS ADMINISTRATIVES D'APPEL

C'est dire que ces nouvelles juridictions ont été conçues comme de très grandes unités judiciaires qui, par certains aspects, font penser à des « annexes interrégionales » du Conseil d'Etat.

**272. Juridictions de droit commun du second degré : compétence de principe et restrictions.** — En règle générale, les cours administratives d'appel sont instituées pour juger les appels formés contre tous les jugements rendus par les tribunaux administratifs de leur ressort (art. 1er de la loi de 1987). A ce titre, elles sont juridictions de droit commun du second degré, compétentes en toute matière, sauf lorsqu'un texte particulier en décide autrement.

Mais précisément, — et c'est là une différence fondamentale par rapport aux cours d'appel de l'ordre judiciaire (*supra*, nos 154 s.) —, des restrictions importantes ont été édictées qui marquent le souci du législateur de 1987 de ne pas ôter totalement au Conseil d'Etat ses pouvoirs antérieurs de juge d'appel.

I. D'abord, la compétence des cours administratives d'appel est exceptionnellement écartée au profit du Conseil d'Etat qui reste juridiction d'appel en certains domaines. Ainsi en est-il des appels contre les jugements des tribunaux administratifs portant « sur les *recours en appréciation de légalité*, sur les litiges relatifs aux *élections municipales et cantonales* et sur les *recours pour excès de pouvoir formés contre les actes réglementaires* » (art. 1, al. 1, loi n° 87-1127 du 31 déc. 1987). Il s'agit là en effet de contestations dont on concevrait mal qu'elles ne reçoivent pas une solution uniforme : si par exemple, une même irrégularité affecte un arrêté préfectoral sur la circulation des véhicules, l'un en Bretagne et l'autre en Auvergne, on imaginerait mal que la Cour administrative de Nantes déclare valable l'arrêté breton, et que dans le même temps, la Cour administrative de Lyon invalide l'arrêté auvergnat. Et l'on peut en dire autant lorsqu'il s'agit du recours formé contre l'élection d'un conseil municipal. La cohérence administrative exige que la règle soit la même pour tout le monde. Ainsi s'explique la centralisation au second degré des appels formés en ces matières, et l'éviction corrélative des cours administratives d'appel.

Initialement, la loi du 31 décembre 1987, excluait également la compétence des cours administratives d'appel au profit du Conseil d'Etat lorsqu'il s'agissait d'un *recours pour excès de pouvoir dirigé contre des décisions de nature non réglementaire* (par exemple : le recours formé par un fonctionnaire municipal révoqué ou contre un refus de permis de construire) ainsi que les *demandes en indemnité connexes à ces recours* (par exemple : une demande de dommages-intérêts formée par le fonctionnaire révoqué ou par celui auquel le permis de construire aurait été illégalement refusé) (art. 1er, al. 2, loi n° 87-1127 du 31 déc. 1987). Prudemment, le législateur de 1987 avait pensé que, dans un premier temps, il était plus sage de maintenir la compétence en appel du Conseil d'Etat, afin de ne pas encombrer les cours administratives d'appel dont on ignorait encore la façon dont elles fonctionneraient. Mais conscient de ce qu'il s'agissait d'une situation transitoire, le législateur avait abandonné à un décret le soin de revenir éventuellement sur cette solution et, pour ce type de contentieux, d'attribuer compétence aux cours administratives d'appel. C'est aujourd'hui chose faite : le *décret nº 92-245 du 17 mars 1992* a décidé que désormais les appels formés contre les jugements des tribunaux administratifs rendus sur des recours pour excès de pouvoir contre des décisions non réglementaires seraient portés non plus devant le Conseil d'Etat, mais devant les cours administratives d'appel, sauf à échelonner dans le temps l'effet de cette mesure pour ne pas encombrer ces juridictions dont les effectifs sont encore restreints (16).

II. En second lieu, même dans les domaines où les cours administratives d'appel sont compétentes, l'art. 12 de la loi du 31 décembre 1987 réserve le cas où la cour se trouverait saisie d'une « *question de droit nouvelle présentant une difficulté sérieuse et se posant dans de nombreux litiges* ». En pareille circonstance, la cour peut surseoir à statuer et transmettre le dossier au Conseil d'Etat pour qu'il formule un « avis » dans un délai de trois mois (sur la procédure applicable, cf. les art. R. 57-11 à R. 57-13 du décr. nº 63-766 du 30 juill. 1963, ajoutés par le décr. nº 88-905 du 2 sept. 1988). La Cour n'est certes pas obligée de suivre cet « avis ». Mais en fait tout donne à penser que, pour éviter un recours en cassation devant le Conseil d'Etat, elle ne s'en écartera guère. A travers cette disposition très novatrice, on devine le souci du législateur d'inciter les cours administratives d'appel à en référer au Conseil d'Etat lorsqu'elles sont saisies d'une question de principe (17).

Toutes ces restrictions et réserves sont révélatrices de l'esprit qui inspira la création des cours administratives d'appel dont la mission est de décharger le Conseil d'Etat, sans faire perdre à celui-ci un droit de regard sur les matières les plus importantes, afin d'éviter des divergences nuisibles à l'autorité de la jurisprudence.

---

(16) Depuis le 1er sept. 1992, il en est ainsi lorsqu'il s'agit d'un jugement rendu sur le recours pour excès de pouvoir contre une décision non réglementaire prise en application du code de l'urbanisme, du code de la construction et de l'habitation, du code de l'expropriation pour cause d'utilité publique ou contre les décisions individuelles prises en matière d'impôts et de taxes (art. 1er). — A compter du 1er janv. 1994, la même règle s'étendra à l'appel des jugements rendus sur les recours formés contre les décisions non réglementaires prises à l'égard des fonctionnaires et agents publics. — Enfin, au 1er janv. 1995, tous les appels formés contre les jugements des tribunaux administratifs ayant statué sur un recours pour excès de pouvoir contre une décision non réglementaire seront portés, quelle que soit la matière, devant les cours administratives d'appel. — Sur cette réforme, cf. Roland Debbasch, *Les nouvelles compétences des cours administratives d'appel*, J.C.P. 1992.I.3594 ; Corinne Lepage Jesua, *Le nouveau décret est arrivé*, Gaz. Pal. 1992.1, doctr. 368.

(17) On rappellera que le système de la saisine « pour avis » a été étendu à la Cour de cassation par la loi du 15 mai 1991 (*supra*, nos 218 et 219).

### B. — Organisation et fonctionnement

**273. Composition : les « conseillers ».** — Les cours administratives d'appel sont composées de « conseillers » dont le nombre varie selon l'importance de la Cour.

Les conseillers sont membres du corps unique des tribunaux administratifs et des cours administratives d'appel ; ce qui signifie pratiquement qu'ils sont recrutés parmi les conseillers des tribunaux administratifs ayant déjà une certaine expérience professionnelle.

Pour être affecté aux fonctions de conseiller d'une cour administrative d'appel, il faut avoir au moins le grade de conseiller de 1re classe et justifier de « 6 ans de services effectifs dont 4 ans d'exercice de fonctions juridictionnelles » (art. 5 de la loi de 1987).

Nous verrons ultérieurement que, pour répondre aux besoins créés par ces nouvelles juridictions, la loi de 1987 a prévu, à titre temporaire, un large appel au recrutement latéral (art. 6 à 9 de la loi de 1987) (*infra*, nº 369).

**274. Président de la cour.** — Chacune des cours est placée sous l'autorité d'un président qui a rang de « conseiller d'Etat en service ordinaire » (art. 5 de la loi de 1987).

Peuvent accéder à cette fonction, les membres du corps unique des tribunaux administratifs et cours administratives d'appel, et donc pratiquement, les conseillers des tribunaux administratifs. A cette occasion, ils sont nommés « conseillers d'Etat hors tour ». Mais ils ne peuvent obtenir d'autre affectation que celle de président d'une cour administrative d'appel pendant au moins 5 ans (art. 5 de la loi de 1987) ; ce qui veut dire concrètement qu'ils ne peuvent pas prétendre siéger au Conseil d'Etat avant l'expiration de ce délai. En fait, certaines cours (à Paris et à Lyon notamment) sont présidées par des conseillers d'Etat qui se sont fait détacher dans ces fonctions.

Il entre dans les attributions du président de la cour d'assurer l'administration générale de celle-ci : direction des services, discipline intérieure, organisation des audiences, répartition des requêtes entre les chambres, etc... Par ailleurs, en sa qualité de juge, il participe à l'élaboration des décisions et préside une formation de jugement (art. R. 28 c. trib. adm.). Enfin, en sa qualité de président, il est investi, dans les procédures d'urgence, des mêmes pouvoirs que ceux qui sont conférés aux présidents de tribunaux administratifs (art. R. 128 c. trib. adm. ; *supra*, nº 266).

**275. Chambres de la cour.** — Les cours administratives d'appel sont divisées en chambres spécialisées dont le nombre est fixé par décret (art. 2 de la loi de 1987).

Aux termes de l'art. R. 8 c. trib. adm. (mod. par décr. n° 92-245 du17 mars 1992), les cours administratives d'appel de Paris et de Lyon comportent quatre chambres ; celles de Bordeaux, Nantes et Nancy comprennent seulement trois chambres.

A la tête de chaque chambre, il y a un président.

**276. Formations juridictionnelles.** — Les décisions prononcées par les cours administratives d'appel —, que l'on appelle des «*arrêts*» (et non point des «jugements») —, peuvent être rendues par des formations juridictionnelles différentes qui délibèrent toujours en nombre impair : soit par une chambre, soit par la cour administrative d'appel en formation plénière (art. R. 26 c. trib. adm.).

*a*) Lorsque la chambre siège en formation de jugement, elle comprend, outre son président (ou éventuellement le président de la cour), deux conseillers appartenant à cette chambre, un conseiller affecté à une autre chambre et le conseiller-rapporteur qui a été chargé d'instruire l'affaire (art. R. 27 c. trib. adm.).

*b*) Mais, comme dans les tribunaux administratifs (*supra*, n° 267), s'il apparaît nécessaire en raison de l'importance ou de la complexité de l'affaire de donner une plus grande autorité à la décision qui sera prononcée, la cour peut siéger en « formation plénière ». Cette formation plus solennelle est présidée par le président de la cour (ou à défaut, par le président de chambre le plus ancien). Elle comprend en outre, le conseiller rapporteur et 5 autres membres dont, d'une part, les présidents de chambre et, d'autre part, les conseillers désignés en suivant l'ordre d'ancienneté (art. R. 29 c. trib. adm.).

Les arrêts rendus peuvent être déférés au Conseil d'Etat par la voie du recours en cassation (art. 10, loi n° 87-1127 du 31 déc. 1987 ; *infra*, n° 280).

## § 3. — CONSEIL D'ÉTAT (en tant que juridiction)

**277. Particularité : attributions juridictionnelles à tous les degrés de la hiérarchie.** — En tant que juridiction, le Conseil d'Etat présente cette particularité de pouvoir être juge, selon les cas, à tous les degrés de la hiérarchie juridictionnelle.

On ne peut manquer de souligner la différence avec la Cour de cassation, qui est juridiction suprême comme le Conseil d'Etat, mais dont la seule mission est de statuer, en tant que juge du droit, sur les pourvois dirigés contre les décisions rendues en dernier ressort ; et l'on sait que si la règle de droit été méconnue, elle doit renvoyer l'affaire à une autre juridiction de même nature (*supra*, n$^{os}$ 213 s.). Le Conseil d'Etat joue un rôle très différent. Sans doute est-il juge de cassation.

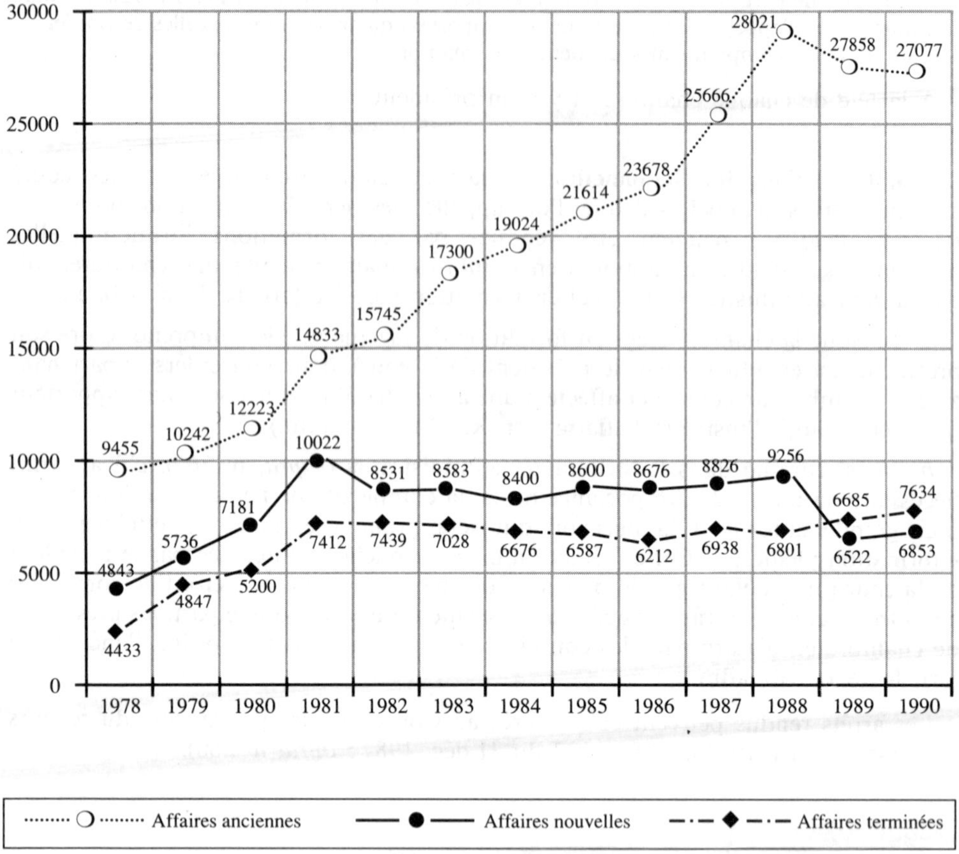


## ÉVOLUTION DE L'ACTIVITÉ CONTENTIEUSE DU CONSEIL D'ÉTAT

L'écart qui se creuse depuis 10 ans entre les affaires terminées et les affaires restant à juger permet de comprendre ce que l'on a coutume d'appeler *l'engorgement du Conseil d'État*. La création des cours administratives d'appel par la loi du 31 décembre 1987 (*supra*, n° 270) devrait aujourd'hui remédier à cette situation inquiétante. On constate en effet un léger tassement à partir de 1989 qui s'explique précisément par le fait que certaines affaires sont portées désormais devant les cours administratives d'appel. *(Extrait de l'Annuaire statistique de la justice, édition 1992, p. 37.)*

Mais il peut aussi être appelé à statuer en tant que juge du fond (aussi bien en fait qu'en droit), tantôt comme juge de première instance et tantôt comme juge d'appel.

L'histoire explique cette originalité fondamentale. On a dit précédemment (*supra*, n° 244) pourquoi les attributions juridictionnelles du Conseil d'Etat, qui fut longtemps l'unique juridiction administrative de droit commun, ont été dispersées régionalement. Il faut ajouter maintenant que cette dispersion n'a pas été totale ; et qu'elle ne pouvait pas l'être si l'on voulait sauvegarder l'homogénéité de la jurisprudence. S'agissant de porter un jugement sur l'action administrative, il est en effet indispensable que certaines contestations soient tranchées de façon uniforme pour l'ensemble du pays, par une juridiction suffisamment prestigieuse pour que sa décision s'impose aux autorités publiques. Aussi bien, les textes qui instituèrent les tribunaux administratifs en 1953 (*supra*, n° 264) et les cours administratives d'appel en 1987 (*supra*, n° 270), ont-ils pris soin de réserver expressément au Conseil d'Etat la connaissance de certains recours dont on concevrait mal qu'ils puissent être tranchés en dernier ressort, de façon différente selon la juridiction régionale qui a été saisie. C'est en d'autres termes, l'existence de ces « noyaux durs » ayant échappé à la régionalisation de la justice administrative qui explique pourquoi le Conseil d'Etat peut être tout à la fois, selon les circonstances, juge de première instance (I), juge d'appel (II), et juge de cassation (III).

**278. I. Le Conseil d'Etat, juge de première instance.** — Pour désigner cette situation, où le Conseil d'Etat est saisi comme un juge du premier degré, on parle indifféremment de sa « *compétence directe* » (parce qu'il est directement saisi du litige), ou encore de sa « *compétence en premier et dernier ressort* » (parce que l'affaire est jugée pour la première et la dernière fois par le Conseil d'Etat, sans possibilité d'appel).

Les cas où le Conseil d'Etat peut être saisi de cette manière sont *exceptionnels*, en ce sens qu'ils constituent une dérogation au droit commun de la compétence des tribunaux administratifs. Ils n'en sont pas moins assez nombreux quantitativement si l'on considère qu'environ 25 % des arrêts du Conseil d'Etat sont rendus à ce titre.

A cette place, il ne saurait être question d'énumérer, et encore moins d'étudier, tous les cas où le Conseil d'Etat est saisi en premier et dernier ressort. Cette question fera l'objet de développements très étendus dans le cours de droit administratif (18). Pour l'instant, on se bornera à souligner que, d'une manière générale, le Conseil d'Etat est compétent en premier et dernier ressort lorsqu'il s'agit de mettre en cause un *acte de portée nationale*, pour lequel par conséquent

---

(18) On pourra consulter les développements très approfondis consacrés à cette question dans : G. Vedel et P. Delvolvé, 12e éd., t. 2, p. 130 s. ; R. Chapus, 3e éd., nos 247 s., p. 187 s. ; Auby et Drago, 3e éd., t. II, nos 657 et s., p. 828 s.

il est indispensable que la juridiction appelée à se prononcer ait une autorité nationale. Sous réserve d'un bon nombre de nuances (que l'on négligera pour l'instant), la portée nationale d'un acte, justifiant la compétence directe du Conseil d'Etat, peut se rattacher à plusieurs critères :

*a*) La *personnalité de l'auteur de l'acte contesté.* Ainsi en est-il des recours en annulation formés contre les décrets et les ordonnances ou « contre les actes réglementaires des ministres » (décret du 30 juillet 1963 : par exemple contre un arrêté ministériel). On comprend facilement la raison d'être d'une telle règle : par définition, ces actes émanent d'une autorité nationale (Président de la République, Premier ministre ou ministre) ; il est donc indispensable de centraliser tout le contentieux devant une juridiction dont l'autorité est également nationale.

Dans le même ordre d'idées, on ajoutera les recours formés « contre les actes administratifs des ministres qui sont pris obligatoirement après avis du Conseil d'Etat » (décret du 13 juin 1966). La Haute Assemblée ayant déjà eu l'occasion de se prononcer sur la rectitude juridique de cet acte au moment où il fut élaboré, il serait paradoxal qu'une juridiction administrative locale puisse, au niveau du contentieux, remettre en cause la validité de ce même acte : mieux vaut centraliser cette difficulté devant le Conseil d'Etat.

*b*) Le *statut de l'agent public* intéressé par la mesure contestée. Il s'agit essentiellement des recours formés contre les mesures individuelles concernant des fonctionnaires (ou des agents publics en général) nommés par décret du Président de la République : par exemple, un recteur d'académie, un préfet, un général, etc... (décret du 28 janvier 1969). Ces agents étant appelés, du fait même des modalités de leur nomination, à exercer des responsabilités importantes sur le plan national, il est préférable d'éviter une dispersion du contentieux relatif à leur situation individuelle devant des juridictions administratives régionales.

On remarquera simplement que ce chef de compétence directe ne fait pas double emploi avec le cas précédent : ce qui est visé, ce n'est pas en effet l'acte de nomination qui émane du Président de la République, mais toute mesure, quel qu'en soit l'auteur, qui pourrait affecter la situation individuelle de cet agent public.

*c*) Enfin le *domaine d'application de l'acte attaqué.* Certains actes administratifs, parfois très modestes qui ne sont pas nécessairement des décrets, peuvent avoir un champ d'application qui s'étend à l'ensemble du territoire national. Si la compétence appartenait aux tribunaux administratifs, il serait à craindre que la même question ne soit portée, selon les hasards de la compétence territoriale, devant des tribunaux administratifs différents, lesquels pourraient être amenés à rendre des décisions divergentes. C'est donc pour éviter le risque d'une éventuelle contrariété de décisions que, dans ce cas, le Conseil d'Etat est compétent en premier et dernier ressort (19).

**279. II. Le Conseil d'Etat, juge d'appel.** — Au moment de la réforme de 1953 qui institua les tribunaux administratifs (*supra*, n° 264), le Conseil d'Etat devint juge d'appel de droit commun, en ce sens que tous les appels formés contre les jugements rendus au premier degré par les tribunaux administratifs étaient, en règle générale, portés devant le Conseil d'Etat, à moins qu'un texte spécial n'en dispose autrement. Ce n'est plus vrai aujourd'hui depuis que la loi n° 87-1127 du 31 décembre 1987 a institué les cours administratives d'appel (*supra*, n° 270) : désormais ce sont elles qui, en principe, ont vocation à statuer sur les appels formés contre les jugements rendus par les tribunaux administratifs, et non plus le Conseil d'Etat.

Cette règle de principe est cependant loin d'être absolue et, encore de nos jours, le Conseil d'Etat conserve, à titre exceptionnel, une vocation de juge d'appel.

*a*) D'abord, il en est ainsi dans les matières où le législateur de 1987, soucieux d'éviter une dispersion régionale du contentieux qui pourrait nuire à la cohésion jurisprudentielle, a cru devoir écarter la compétence des cours administratives d'appel au profit du Conseil d'Etat. Sans revenir sur ce qui a été dit précédemment (*supra*, n° 272), on se souviendra que, aux termes de l'article 1er, alinéa 1, de la loi n° 87-1127 du 31 décembre 1987, doivent être portés devant le Conseil d'Etat les appels formés contre les jugements rendus par les tribunaux administratifs sur les *recours en appréciation de légalité*, sur les litiges relatifs aux *élections municipales et cantonales* et sur les *recours pour excès de pouvoir contre les actes réglementaires* (20).

*b*) Enfin, on se gardera d'oublier que le Conseil d'Etat, même lorsqu'il n'est pas juridiction d'appel, peut être sollicité pour « avis » par les cours administratives d'appel toutes les fois que celles-ci sont saisies d'une « question de droit nouvelle présentant une difficulté sérieuse et se posant dans de nombreux litiges » (art. 12 de la loi n° 87-1127 du 31 déc. 1987 ; *supra*, n° 272). En un mot, le Conseil d'Etat conserve un pouvoir de « directive doctrinale » à l'égard des cours administratives d'appel.

---

(19) A titre d'exemples, au sujet de l'inscription d'un produit sur la liste des substances vénéneuses (Cons. Etat, 15 juill. 1959, *Lebon*, p. 444) ou encore de l'inscription d'une spécialité pharmaceutique sur la liste des médicaments remboursés par la sécurité sociale (Cons. d'Et., 14 févr. 1958, *Act jur. dr. adm.* 1958.2.171, concl. M. Long).

(20) Le Conseil d'Etat conserve également compétence au second degré, mais pour un temps désormais limité, lorsqu'il s'agit d'un recours pour excès de pouvoir contre certaines décisions de nature *non réglementaire* (décr. n° 92-245 du 17 mars 1992 ; *supra*, n° 272 spécialement note 16).

**280. III. Le Conseil d'Etat, juge de cassation.** — En tant que juridiction suprême de l'ordre administratif, le Conseil d'Etat est appelé à jouer un rôle analogue à celui de la Cour de cassation en matière judiciaire (*supra*, n^os^ 210 s.). Mais on se gardera de pousser l'analogie trop loin, car le recours en cassation porté devant le Conseil d'Etat, présente des particularités tout à fait remarquables.

*a*) Particularité d'abord quant aux *conditions d'admission du pourvoi*. Celui-ci est très largement admis : selon une terminologie familière au contentieux administratif, le recours en cassation est « *ouvert de plein droit en vertu des principes généraux* » ; ce qui revient à dire que, sauf disposition contraire, toute décision rendue en dernier ressort, de quelque juridiction administrative qu'elle émane, peut être déférée au Conseil d'Etat par la voie d'un recours en cassation (21). Pour être recevable, le pourvoi doit être formé par le moyen d'une requête déposée au secrétariat du Conseil d'Etat dans un délai de deux mois à compter de la notification de la décision attaquée.

Toutefois, depuis la loi n° 87-1127 du 31 décembre 1987, les pourvois sont soumis désormais à une « *procédure préalable d'admission* », à l'issue de laquelle le Conseil d'Etat peut rejeter le recours par une décision juridictionnelle « si le pourvoi est irrecevable ou n'est fondé sur aucun moyen sérieux » (art. 11, al. 1). Il est clair que l'objectif a été de sauvegarder l'efficacité de la réforme qui, en 1987, a institué les cours administratives d'appel pour libérer le Conseil d'Etat des affaires qui auparavant étaient portées devant lui au second degré (*supra*, n° 270). Une telle réforme eût été en effet plus nuisible qu'utile si, après avoir créé un nouveau degré de juridiction, des mesures n'avaient pas été prises pour éviter que, par le jeu d'un pourvoi systématique, ces mêmes affaires ne refluent à nouveau vers le Conseil d'Etat, mais cette fois par la voie du recours en cassation. De là, la nécessité d'un « filtrage » qui n'est pas sans faire penser à l'ancienne Chambre des requêtes (*supra*, n° 222) et à la formation restreinte de la Cour de cassation (*supra*, n° 237) qui avaient le même objectif. Il sera intéressant de savoir si cette disposition aura plus de succès dans l'ordre administratif qu'elle n'en a eu dans l'ordre judiciaire.

Le « filtrage » est assuré par une *commission d'admission* dont la composition et la procédure à suivre devant elle sont aujourd'hui réglementées par les articles 57-3 à 57-10 au décret n° 63-766 du 30 juillet 1963 (ajoutés par un décret du 2 sept. 1988). Cette commission est composée de trois membres : le président, un assesseur (qui est conseiller d'Etat en service ordinaire, comme le président), et le rapporteur (art. 57-5). L'avocat aux conseils de chacune des parties est admis à présenter des observations orales. Les séances sont publiques (art. 57-6). La décision prise n'est susceptible d'aucun recours, sinon un recours en rectification d'erreur matérielle ou un recours en révision (art. 57-7).

---

(21) Cons. Etat, 7 févr. 1947, *d'Aillières*, J.C.P. 1947.II.3508, note G. Morange, *Rev. dr. publ.* 1947.68, concl. Odent et note Waline. — Sur cette question et l'évolution du recours en cassation en matière administrative, cf. Auby et Drago, 3^e^ éd., t. II, n^os^ 1510 et s., p. 592 ; R. Chapus, 3^e^ éd., n^os^ 1033 s., p. 764 s.

*b*) Particularité ensuite quant aux *moyens de cassation.* Le Conseil d'Etat, comme toute juridiction de cassation, ne peut connaître que des moyens de droit : sur ce point, on retrouve un principe identique à celui qui régit le pourvoi devant la Cour de cassation (*supra*, n° 212), à cette nuance près toutefois que les moyens de cassation devant le Conseil d'Etat s'apparentent souvent à ceux du recours pour excès de pouvoir (22).

*c*) Enfin, une ultime particularité concerne les *suites de la cassation.* En règle générale, le propre d'une cassation est d'entrainer le renvoi de l'affaire devant une autre juridiction de même nature que celle dont la décision a été cassée, pour qu'elle soit jugée au fond une nouvelle fois (*supra*, n^os^ 213 s.). En matière administrative, le problème est à la fois plus complexe et plus simple. D'un côté, le renvoi se heurte à des difficultés pratiques qui tiennent à ce que certaines juridictions du fond (notamment les juridictions administratives à compétence spéciale, *infra*, n^os^ 281 s.) n'existent qu'à l'état d'unité et ne comportent qu'une seule formation. Mais d'un autre côté, le renvoi à une autre juridiction du fond s'impose, en matière administrative, avec une moindre évidence du fait que le Conseil d'Etat (à la différence de la Cour de cassation) a lui-même vocation à être juge du fond au premier et au second degré (*supra*, n^os^ 259 et 277 à 279).

Ces raisons permettent de mieux comprendre l'extrême souplesse des solutions offertes au Conseil d'Etat qui prononce l'annulation d'une décision ayant statué en dernier ressort (art. 11, al. 2 et 3, de la loi n° 87-1127 du 31 déc. 1987). Il peut, selon la solution classique, renvoyer l'affaire devant une autre juridiction de même nature. Mais il peut aussi renvoyer l'affaire devant la même juridiction, laquelle doit statuer en principe dans une autre formation, sauf impossibilité tenant à la nature de la juridiction (23). Enfin (et c'est ici la solution la plus originale), le Conseil d'Etat peut aussi « régler l'affaire au fond si l'intérêt d'une bonne administration de la justice le justifie » ; il en a même l'obligation si « l'affaire fait l'objet d'un deuxième pourvoi en cassation » (art. 11, al. 3). Autrement dit, le Conseil d'Etat a le pouvoir de statuer directement au fond. La solution est certes inhabituelle pour une juridiction de cassation. Mais elle a le mérite d'éviter les frais et les lenteurs et de permettre au Conseil d'Etat de conserver la maîtrise sur certaines questions (sur l'évaluation des indemnités, par exemple) (cpr. avec la cassation dans l'ordre judiciaire, *supra*, n° 217).

---

(22) Sur les moyens de cassation, cf. Auby et Drago, t. II, n^os^ 1529 et s., p. 604 et s. ; R. Chapus, 3^e^ éd., n^os^ 1037 et s., p. 769.

(23) On vise ici le cas où la décision cassée émanerait d'une juridiction administrative à compétence spéciale unique en France et ne comportant qu'une seule formation de jugement.

A la lumière de ces explications on ne saurait trop souligner le rôle important que joue le Conseil d'Etat en tant que juge de cassation. Grâce au pouvoir qui lui appartient de censurer éventuellement toutes les décisions juridictionnelles rendues en dernier ressort, de quelque juridiction qu'elles émanent, il parvient à exercer un contrôle potentiel sur l'ensemble du contentieux administratif, même sur celui qui lui échappe au premier et au second degré. Et c'est ainsi que, malgré l'évolution moderne qui tend à disperser le contentieux administratif (*supra*, n° 244), l'homogénéité de la jurisprudence peut être sauvegardée.

## *SECTION III*

## JURIDICTIONS ADMINISTRATIVES À COMPÉTENCE SPÉCIALE

**281. Leur multiplicité.** — A côté du Conseil d'Etat, des tribunaux administratifs et des cours administratives d'appel, il existe beaucoup d'autres juridictions administratives dont la compétence se limite à des domaines très particuliers et que, pour cette raison, l'on appelle communément des « juridictions administratives à compétence spéciale ». Ces juridictions sont extrêmement nombreuses. On a parfois cherché à en dresser l'inventaire : il est notable d'observer que les listes proposées diffèrent selon les auteurs (24). Le chiffre exact se situe entre 30 et 40.

Quelques exemples, qui n'ont pas la prétention d'être exhaustifs, illustreront l'ampleur de cette constellation. Parmi les juridictions les plus connues, on citera notamment : la Cour des comptes (*infra*, n° 282), la Cour de discipline budgétaire et financière, la Commission bancaire chargée de contrôler les établissements de crédit (loi n° 84-46 du 24 janv. 1984, art. 48), la Commission juridictionnelle des objecteurs de conscience, la Commission centrale d'aide sociale, le Conseil supérieur de l'éducation nationale, les divers conseils régionaux ou nationaux de certains ordres professionnels (conseil national de l'ordre des médecins, conseil national de l'ordre des architectes, etc.). Il est inutile d'aller plus loin. Selon l'excellente expression de MM. Auby et Drago, on assiste là à une véritable *« prolifération pathologique »* (25).

---

(24) On consultera notamment : R. Odent, *Contentieux administratif*, 1970-1971, p. 694-698 ; R. Chapus, *Mélanges Eisenmann*, 1975, p. 295 et s.

(25) *Contentieux administratif*, 3e éd., t. 1, n° 271.

Ce phénomène peut trouver son explication dans la diversité des tâches administratives, aggravée par l'intervention croissante de la puissance publique dans les secteurs économiques et sociaux les plus variés. On peut penser en effet que, pour trancher les difficultés qui risquent de surgir dans ces domaines très spécialisés, il est nécessaire de constituer des juridictions composées de façon originale et souvent avec un personnel d'emprunt appartenant au secteur concerné. Il n'en reste pas moins vrai que cette situation entraîne de graves inconvénients. D'abord, elle pose souvent aux plaideurs et aux juges de très sérieux problèmes de compétence dont il n'est pas toujours facile de trouver la solution. Ensuite et surtout, d'un point de vue plus général, il en résulte une regrettable dispersion de la fonction juridictionnelle qui risque de nuire à la cohésion du contentieux administratif, alors surtout que certaines de ces juridictions sont composées de personnalités extérieures chez qui la mentalité du juge ne domine pas toujours celle de l'administrateur ou du professionnel. Le seul élément de cohésion (qui est essentiel) réside dans le fait que toutes ces juridictions relèvent du contrôle du Conseil d'Etat par la voie de l'appel ou de la cassation (*supra*, n° 280).

En raison de cette diversité, il est extrêmement difficile (et d'ailleurs sans intérêt) de décrire l'organisation de chacune de ces juridictions : tout au plus, dans une perspective d'ensemble, peut-on s'efforcer de dégager les traits dominants de leur organisation (§ 1). A l'extrême, on est même parfois conduit à se demander si l'on se trouve vraiment en présence d'une véritable juridiction au sens précis du terme (§ 2).

## § 1. — VUE D'ENSEMBLE SUR LEUR ORGANISATION

**282. Cour des comptes et chambres régionales des comptes.** — Parmi toutes les juridictions administratives à compétence spéciale, la Cour des comptes est de loin la plus prestigieuse. A ce titre, elle mérite une place à part (26).

*a*) Il entre dans ses attributions de vérifier les comptes présentés chaque année par les comptables publics, c'est-à-dire, par les fonctionnaires de l'Etat chargés de gérer les deniers publics. Il est indispensable, en effet, que leurs comptes soient vérifiés et contrôlés, pour s'assurer que les recettes ont été effectivement perçues, que l'emploi des deniers a été conforme à leur destination et que les dépenses engagées l'ont été régulièrement. Dans l'exercice de ses attributions, la Cour des comptes se comporte comme une véritable juridiction : elle rend des arrêts de décharge ou de *« quitus »* (si la gestion a été régulière) ou de *« débet »* (dans

(26) Pour une vue plus complète sur la Cour des comptes, on pourra consulter le livre de J. Raynaud, *La Cour des comptes* (dans la collection « Que sais-je ? », n° 1876).

l'hypothèse inverse), auquel cas le comptable public peut être obligé de payer la différence sur ses propres deniers.

En outre, la Cour des comptes exerce des attributions qui, pour n'être pas juridictionnelles, n'en sont pas moins importantes. Notamment, elle exerce un contrôle sur les comptes de la sécurité sociale et des entreprises publiques, elle vérifie la bonne exécution du budget et, par des missions d'inspection, elle surveille l'efficacité de la gestion financière des administrations, des collectivités et des entreprises publiques : les observations recueillies sont consignées dans un rapport public annuel très largement diffusé et commenté dans la presse.

*b*) Pour exercer ces différentes attributions, la Cour des comptes comprend un personnel important, généralement recruté parmi de hauts fonctionnaires (notamment, parmi les inspecteurs des finances) (27). Les membres de la Cour des comptes ont la qualité de magistrats ; et de magistrats que la loi déclare formellement inamovibles (art. 2 de la loi n° 67-483 du 22 juin 1967 ; sur cette garantie, cf. *infra*, n^os^ 371 s.).

Ils forment un corps hiérarchisé, un peu comparable au Conseil d'Etat : au bas de la hiérarchie, on trouve des *auditeurs* (recrutés par la voie de l'Ecole nationale d'administration) ; ensuite, à l'échelon supérieur, des *conseillers-référendaires* et enfin, au sommet, des *conseillers-maîtres.* La Cour des comptes est placée sous la responsabilité d'un *premier-président.* Elle est divisée en sept chambres, ayant chacune à sa tête un président de chambre. Enfin, on soulignera cette particularité inhabituelle dans l'ordre administratif, que la Cour des comptes comporte un parquet qui exerce les fonctions du ministère public, lequel est dirigé par un *procureur général,* assisté par des avocats généraux.

*c*) On ajoutera que, depuis la loi du 10 juillet 1982 (complétée par le décret n° 83-224 du 22 mars 1983), il existe, en outre, des *chambres régionales des comptes* (une par région) qui ont pour mission de vérifier les comptes des comptables publics locaux : elles exercent, relativement aux collectivités locales, un contrôle analogue à celui de la Cour des comptes à l'échelon national. De toute manière, elles restent dans la dépendance de la Cour des comptes elle-même à un double titre : d'abord, en fait, certains des membres des chambres régionales proviennent de la Cour des comptes ; ensuite et surtout, cette dernière est juridiction du second degré des chambres régionales, en ce sens que les décisions rendues par celles-ci peuvent être déférées à la Cour des comptes par la voie de l'appel.

L'expérience prouve que cette régionalisation a permis un contrôle plus efficace des collectivités locales et notamment des municipalités.

**283. Diversité des autres juridictions administratives à compétence spéciale.** — Si l'on met à part la Cour des comptes (dont il vient d'être question, *supra*,

(27) En 1990, le nombre des magistrats était de 264 plus 4 magistrats du parquet.

n° précédent), il faut renoncer à décrire la composition et la structure de chacune d'elles, tant la diversité est grande. On peut, en revanche, dégager certaines orientations dominantes, tant en ce qui concerne leur composition (a) que leurs structures (b).

**284. a) Composition : diversité du personnel.** — Généralement, les juridictions administratives à compétence spéciale n'ont pas de personnel propre : elles fonctionnent avec un *personnel d'emprunt* qui, occasionnellement, siège au sein de ces juridictions.

Souvent, il est fait appel à des magistrats d'autres juridictions : à des conseillers d'Etat, à des juges des tribunaux administratifs et, parfois même, à des magistrats de l'ordre judiciaire (28).

Dans la plupart des cas, il est également fait appel à des personnalités extérieures : à des membres de la profession, à des représentants d'un groupement ou à des fonctionnaires, par exemple, désignés selon des modalités très diverses. Tantôt ce personnel d'emprunt siège aux côtés des magistrats, en nombre minoritaire (29) ou majoritaire (30). Tantôt au contraire, la juridiction ne comprend aucun magistrat et n'est composée que de personnalités extérieures, soit d'origines différentes de façon à ménager un équilibre entre des tendances qui pourraient s'affronter (31), soit de façon homogène, auquel cas la juridiction prend un caractère corporatif plus ou moins marqué (32).

---

(28) Exemples : la *Commission centrale d'aide sociale* est composée de 2 magistrats et de 2 fonctionnaires ou personnes qualifiées en cette matière ; la *Chambre nationale de discipline de l'ordre des architectes* comprend un conseiller d'Etat, un conseiller à la Cour de cassation et un conseiller de la Cour des comptes qui siègent avec 2 architectes ; la *Commission juridictionnelle des objecteurs de conscience* est composée d'un magistrat de l'ordre judiciaire qui en assure la présidence et de 6 autres personnes (3 désignées par le Premier ministre et 3 dans le corps des officiers désignées par le ministre de la défense).

(29) Exemple : la *Chambre nationale de discipline des architectes* comprend 3 magistrats (un conseiller d'Etat, un conseiller à la Cour de cassation et un conseiller à la Cour des comptes) et seulement 2 architectes.

(30) Exemples : les *commissions départementales d'aide sociale* comprennent un magistrat de l'ordre judiciaire, 3 conseillers généraux et 3 fonctionnaires du ministère des Finances — Autre exemple : les *commissions du contentieux des rapatriés* comprennent, sous la présidence d'un magistrat de l'ordre judiciaire, un rapatrié et un fonctionnaire.

(31) Exemple : les *sections disciplinaires des conseils d'Université* composées de membres du corps enseignant et d'étudiants.

(32) Exemple : les *conseils régionaux de l'ordre des médecins*, composés uniquement de médecins.

**285. b) Structures.** — La même diversité se retrouve en ce qui concerne les structures et l'insertion de ces juridictions au sein de l'ordre administratif.

Certaines d'entre elles n'existent qu'au *premier degré* : par exemple, la Commission de contrôle des banques statuant en matière disciplinaire, la Commission juridictionnelle des objecteurs de conscience, la Commission des recours de l'office français de protection des réfugiés et apatrides, etc. Dans tous ces cas, si la décision est rendue en premier ressort, l'appel est porté devant le Conseil d'Etat.

Mais en d'autres circonstances, elles constituent un *ensemble hiérarchisé à deux degrés*, en ce sens que certaines juridictions administratives spéciales ont leur propre juridiction d'appel. Par exemple : toute décision rendue par la section disciplinaire d'un conseil de l'université est déférée en appel, non point au Conseil d'Etat, mais au Conseil supérieur de l'Education nationale qui est une autre juridiction administrative spéciale, appelée à statuer au second degré. Autre exemple, fréquent lorsqu'il s'agit des ordres professionnels : en ce qui concerne les architectes, il existe, au premier degré, des chambres régionales de discipline et, au second degré, une Chambre nationale de discipline.

De toute manière, en règle générale et sauf quelques très rares exceptions présentées comme des curiosités (33), *aucune juridiction n'échappe au contrôle du Conseil d'Etat*. La seule différence est que, dans le premier cas, le Conseil d'Etat peut être saisi par la voie de l'appel, alors que, dans le second cas, il ne peut l'être que par la voie de la cassation. Il est bon qu'il en soit ainsi : grâce à ce principe, le Conseil d'Etat peut assurer une certaine uniformisation et conjurer le risque d'une dispersion juridictionnelle de nature à compromettre la cohésion de la jurisprudence administrative.

## § 2. — LA NOTION DE JURIDICTION ADMINISTRATIVE

**286. Position du problème.** — La question la plus délicate consiste à déterminer, parmi toutes les commissions et tous les conseils qui, sous des noms variés, prolifèrent au sein de l'administration, quels sont les organes qui méritent d'être considérés comme des juridictions administratives. S'il est vrai, en effet, que certains de ces organismes peuvent être considérés comme de véritables juridictions qui, à ce titre, sont appelés à rendre des jugements, il y en a quantité d'autres dont la seule mission est d'étudier un dossier, de préparer ou prendre au besoin certaines

---

(33) On cite notamment le cas du « Conseil des prises » (en matière maritime) où le Conseil d'Etat se borne simplement, s'il est saisi d'un appel, à être le conseil du gouvernement à qui la décision appartient.

décisions qui ont un caractère strictement administratif ; ce ne sont plus alors des « juridictions administratives », mais de simples « autorités administratives ».

Prenons un exemple qui illustrera la difficulté. Il existe au sein de chaque université de multiples conseils et commissions (conseil de l'université, commission des bourses, commission de la pédagogie, commission des programmes, commission des équivalences, etc.) dont le seul rôle est de préparer ou de prendre des décisions ; il est évident que ce ne sont pas des « juridictions » et que les décisions prises ne sont pas des jugements. En revanche, au sein du conseil de l'université, il existe une section disciplinaire ; or, lorsque cet organe prononce une sanction ou relaxe un étudiant poursuivi, il se comporte incontestablement comme une véritable juridiction et sa décision a la valeur d'un jugement ayant autorité de chose jugée.

On aperçoit la difficulté : en présence de cette constellation d'organismes divers qui pullulent au sein de l'administration, en fonction de quel critère pourra-t-on dire d'un organe qu'il cesse d'être une simple « autorité administrative » pour accéder au rang d'une véritable « juridiction administrative » ? Quelle est la clé qui permettra de dire avec certitude, en présence d'un organe donné, qu'il est ou non une juridiction ?

Il y a lieu d'observer que ce problème est spécifique à l'ordre administratif. Au sein de l'ordre judiciaire, la question ne s'est jamais vraiment posée pour la simple raison que les organes de l'ordre judiciaire ne sont pas issus de l'administration et que leur soumission à la Cour de cassation suffit à attester leur caractère juridictionnel. Au sein de l'ordre administratif, la situation est différente. *La fonction juridictionnelle s'est détachée progressivement de l'administration active* ; et s'il est vrai que pour certains de ces organes, l'évolution est aujourd'hui achevée (tels, le Conseil d'Etat et les tribunaux administratifs), pour d'autres au contraire, l'évolution reste encore à l'état embryonnaire ; de là des hésitations et des doutes qui donnent toute son importance au problème.

**287. Intérêts pratiques.** — La question ainsi posée présente des intérêts pratiques considérables qui tiennent au fait que *le régime juridique des jugements prononcés par une véritable juridiction n'est pas le même que celui d'un acte administratif émanant d'une simple autorité administrative.*

D'une part, les *conditions d'élaboration* ne sont pas identiques. Un jugement ne peut être rendu qu'après un débat contradictoire (*infra*, n° 565) et un délibéré secret (*infra*, n° 591), il doit toujours être motivé et le nom de chacun des juges doit y figurer. En revanche, sous réserve de quelques nuances, aucune exigence semblable n'est requise lorsqu'il s'agit d'une décision rendue par une autorité administrative.

D'autre part et surtout, les jugements ont *autorité de chose jugée.* Sans doute, peuvent-ils être remis en cause par l'exercice d'une voie de recours (appel, recours en cassation, recours en révision, etc.) ; mais dans des conditions très strictes, notamment au point de vue des délais ; et en tout cas, lorsque le jugement n'est plus susceptible d'aucun recours, il a « force de vérité légale » ; ce qui signifie que personne ne peut plus contester ce qui a été jugé et que le juge lui-même ne peut même pas revenir sur sa décision. Au contraire, lorsqu'il s'agit d'un acte administratif, celui-ci peut être modifié ou rétracté par l'autorité qui a pris la décision (recours gracieux) ou par une autorité supérieure (recours hiérarchique) (34).

Enfin, les jugements ont toujours *force exécutoire* : ils peuvent donc de plein droit (après signification) donner lieu à une exécution forcée si la partie condamnée n'exécute pas le jugement. Les décisions administratives ne sont certes pas dépourvues de toute force exécutoire, mais seulement sous certaines conditions (35).

**288. Critères de la juridiction : vue d'ensemble.** — Pour la clarté des explications ultérieures, commençons par les certitudes : si l'organe considéré a été créé par une loi et si cette loi décide qu'il s'agit d'une juridiction, il n'y a aucun problème puisque la qualification est imposée par le texte qui a institué cet organe. Parfois, cette qualification est expresse : ainsi en est-il lorsque le mot « juridiction » est formellement utilisé (36). En d'autres circonstances, la qualification n'est qu'implicite et résulte indirectement de certaines indications figurant dans la loi : s'il est dit, par exemple, que l'organe créé rendra des « jugements » (37) ou des décisions ayant « autorité de chose jugée », on doit en déduire que le législateur a entendu instituer une véritable juridiction.

En réalité, les hésitations apparaissent dans les hypothèses fort nombreuses où le texte qui institue un organisme déterminé ne fournit aucune précision sur la nature de cet organisme et des décisions qu'il rendra. C'est alors que l'on est conduit, pour déterminer s'il s'agit d'une véritable juridiction, à rechercher quelles sont les conditions requises pour que cette qualification puisse lui être appliquée (38).

En l'état actuel du droit positif, deux conditions paraissent exigées : il faut que, d'une part, l'organe ait été institué par une loi (I) et que, d'autre part, il présente tous les traits spécifiques d'une juridiction (II).

---

(34) G. Vedel et P. Delvolvé, 12e éd., t. 1, p. 305.

(35) G. Vedel et P. Delvolvé, 12e éd., t. 1, p. 320.

(36) Exemples : les *sections disciplinaires des conseils d'Université* (art. 38, de la loi du 12 nov. 1968 qui précise que la section disciplinaire statue « en matière juridictionnelle »). — *Adde*, la *Commission juridictionnelle des objecteurs de conscience* qui, dans son titre même, fait référence à la notion de juridiction.

(37) Exemples : les *conseils régionaux de l'ordre des médecins* ; la *section disciplinaire des conseils d'Université* (art. 38, al. 3, loi du 12 nov. 1968).

(38) A titre d'exemple, à propos du *Conseil supérieur de l'Electricité et du Gaz de France*, cf. Cons. Etat, 27 mai 1955, D.S. 1956. 308, et la chronique de M. Jean de Soto, D.S. 1956, chron., p. 45.

**289. I. Institution par une loi.** — Il a toujours été admis que la création d'une juridiction appartient au domaine réservé de la loi (39). Il en résulte que si un organisme a été institué par le pouvoir réglementaire (par un décret) ou par l'administration elle-même (au moyen d'un simple arrêté), sans qu'une loi ait prévu cette création, il ne peut en aucun cas être considéré comme une juridiction : tout au plus s'agit-il d'une « autorité administrative ». Et si néanmoins, le décret ou l'arrêté instituant cet organisme sans la moindre caution législative devait lui attribuer la nature d'une juridiction, cette création ne serait pas entachée de nullité, mais les décisions prises par cet organisme seraient dépourvues de tous les effets qui s'attachent aux jugements.

On a pu se demander, il est vrai, si ce principe très simple n'avait pas été remis en cause par la disposition de l'article 34 de la Constitution et si désormais un simple décret ne pourrait pas instituer un organe juridictionnel. On sait en effet que, d'après ce texte, seule relève du domaine législatif, *« la création de nouveaux ordres de juridiction ».* La question se pose alors de savoir ce qu'il faut entendre par « nouveaux ordres de juridiction » que seule la loi peut instituer, à l'exclusion d'un décret. Sur ce point, deux analyses sont possibles :

— ou bien, l'on s'en tient à la lettre du texte et l'on considère que par « nouveaux ordres de juridiction », il faut entendre un ordre qui prendrait place à côté de l'ordre administratif et de l'ordre judiciaire ; dans ce cas, une nouvelle juridiction s'intégrant dans l'un de ces ordres pourrait être créée par un décret ; mais si telle devait être l'interprétation retenue, il faut bien reconnaître que le domaine réservé au pouvoir législatif se limiterait à bien peu de chose et que, pratiquement, le principe de la création exclusive par la loi aurait disparu ;

— ou bien, par « nouveaux ordres de juridiction », on désigne toute juridiction nouvelle, quand bien même s'insérerait-elle dans un ordre préexistant ; et l'on doit alors en déduire que, conformément au principe traditionnel, seule une loi peut créer une juridiction. Sans doute cette interprétation s'éloigne-t-elle de la lettre du texte de l'article 34 de la Constitution ; mais elle a le mérite de ne pas rompre avec les solutions classiques, au demeurant fort raisonnables.

Sur cette question, le Conseil constitutionnel a pris parti dans de nombreux arrêts en adoptant la seconde analyse : par « nouveaux ordres de juridiction » dont la création est réservée au domaine législatif, il faut entendre toute juridiction originale, même si celle-ci ne constitue pas un ordre autonome et distinct (40). Par exemple, il a été décidé que toute modification apportée au tribunal pour enfants doit être considérée comme emportant création d'un ordre de juridiction échappant de ce fait au pouvoir réglementaire (41). Sans doute, le Conseil constitutionnel ne s'est-il prononcé que sur des hypothèses qui intéressaient les

---

(39) Cons. Etat, 2 juin 1911, *Pressensé*, D. 1911.3.117 ; Cons. Etat, 25 juill. 1952, *Gingold*, D. 1953.187, concl. Com. Gouv. Guionin.

(40) Cons. const. 18 juill. 1961, D. 1961.541, note Léo Hamon ; Cons. const. 21 déc. 1964, D. 1965.641, note Léo Hamon.

(41) Cons. const. 21 déc. 1964, préc.

juridictions de l'ordre judiciaire. Mais ces solutions sont transposables à l'ordre administratif; et d'ailleurs le Conseil d'Etat s'est rangé à cette manière de voir (42).

On peut donc en déduire, après toutes les hésitations que la rédaction de l'article 34 de la Constitution a suscitées, que comme par le passé seule la loi peut créer une juridiction administrative nouvelle (43).

**290. II. Traits spécifiques d'une juridiction.** — Pour qu'un organisme puisse être considéré comme une véritable juridiction, il ne suffit pas qu'il ait été institué par une loi : cette condition nécessaire n'est pas suffisante. Encore faut-il qu'il réunisse certains des éléments caractéristiques par quoi se distingue une juridiction.

a) D'abord, un *élément matériel* tenant à la nature de sa mission. Un organe créé par la loi n'est véritablement une juridiction que s'il a pour objet de *trancher définitivement des contestations selon les règles du droit* : s'il n'est qu'un simple « donneur d'avis » ou s'il lui appartient de statuer en fonction de considérations de pure opportunité, on doit en déduire que cet organe est une simple autorité administrative (44).

b) Ensuite, un *élément organique*. En raison de sa gravité, l'œuvre juridictionnelle est entourée d'un certain nombre de garanties dont l'existence donne à penser que le législateur a voulu créer une véritable juridiction, mais dont, en revanche, l'absence laisse présumer que l'organe considéré n'est qu'une simple autorité administrative. Dans cette perspective, on sera conduit à s'attacher à des garanties comme par exemple : l'indépendance des membres qui composent l'organe institué, la présence de magistrats, le principe de la collégialité (*infra*, n° 300), la règle de la contradiction, la motivation obligatoire de la décision, etc... Si ces garanties fondamentales font défaut, on sera porté à considérer qu'il ne s'agit pas d'une véritable juridiction et que les décisions prises ne sont pas des jugements. Comme a pu l'écrire M. Jean de Soto, « ... l'autorité de la chose jugée ne se conçoit que si le juge réunit toutes les conditions pour être un bon juge » (D.S. 1956, chron. 48, col. 1).

On pressent aisément les incertitudes auxquelles peut donner lieu la mise en œuvre de ces divers éléments. La difficulté vient en effet de ce que les caractères

---

(42) Cons. Etat, 13 juill. 1962, Conseil national de l'ordre des médecins, *Rev. dr. pub.* 1962.739, concl. Braibant ; Cons. Etat., 30 juin 1967, Caisse de compensation de l'Organic, *Rec. Lebon*, p. 286.

(43) Sur cette controverse, on pourra consulter : G. Vedel et P. Delvolvé, 12e éd., t. 2, p. 22 ; R. Chapus, 3e éd., n° 82, p. 74 ; Auby et Drago, 3e éd., t. I, n° 273, p. 234 et s. ; Léo Hamon, notes D. 1961.541 et D. 1965.641.

(44) Cons. Etat, 12 déc. 1953, De Bayo, *Act. jur. dr. adm.* 1954.2.138, note J. de Soto.

énumérés ne se trouvent pas toujours réunis en même temps : souvent certains existent, mais sont contredits par d'autres. De là, à défaut d'indication précise dans la loi, la recherche hésitante du « caractère dominant ». Pour cette raison, la notion de juridiction a fait naître une abondante jurisprudence, souvent difficile à analyser et dont on a pu dire qu'elle présentait un « caractère impressionniste ».

*CHAPITRE III*

# PRINCIPES GÉNÉRAUX

**291. Vue d'ensemble (et renvois).** — A la base de toute organisation juridictionnelle, qu'il s'agisse de l'ordre judiciaire ou de l'ordre administratif, il existe un certain nombre de principes généraux qui en caractérisent l'esprit et en commandent le fonctionnement.

Certains de ces principes ont déjà été étudiés à propos du pouvoir qui appartient à l'Etat de rendre la justice : on se souviendra, notamment, du principe de la séparation des pouvoirs (*supra*, n$^{os}$ 23 et s.), du principe de la gratuité de la justice (*supra*, n$^{os}$ 63 et s.) et du principe du double degré de juridiction (*supra*, n$^{o}$ 75).

D'autres principes concernent plus spécifiquement la composition, l'organisation et le fonctionnement des juridictions :

*a*) leur *composition* : on verra ultérieurement comment sont recrutés les juges et l'on se demandera notamment quelle place doit être réservée aux juges extérieurs au corps judiciaire par rapport aux magistrats de carrière (*infra*, n$^{os}$ 342 et s.) ; mais d'ores et déjà, il faut s'expliquer sur cette grave alternative entre le *principe de la collégialité* et le système du *juge unique* (Section I).

*b*) leur *organisation* : auprès de chaque juridiction certains magistrats sont chargés d'exercer une fonction très particulière que l'on appelle le *ministère public* sur laquelle il conviendra d'insister (Section II).

*c*) leur *fonctionnement* : le pouvoir de juger qui appartient à chacune des juridictions ne peut s'exercer que dans un domaine limité qui porte le nom de *« compétence »*, laquelle est régie par certains principes généraux dont on précisera les grandes lignes (Section III).

## *SECTION I*

## COLLÉGIALITÉ OU JUGE UNIQUE ?

**292. L'alternative.** — En législation, il est classique de se demander s'il est préférable que les jugements soient rendus par un juge unique comme en Angleterre ou au Canada, par exemple, ou par un collège de trois juges (ou plus) statuant à la majorité, c'est-à-dire, collégialement (1).

On exposera d'abord les éléments de cette controverse (§ 1) et, ensuite, les solutions du droit positif français (§ 2).

### § 1. — LA CONTROVERSE

**293. La controverse se limite au premier degré.** — Afin de dissiper les ambiguïtés, précisons tout de suite que la controverse se limite au premier degré de juridiction. Jusqu'à présent, l'on n'a jamais douté de la nécessité de maintenir la collégialité au second degré. Il ne faut pas perdre de vue que les décisions rendues en appel le sont en dernier ressort : il serait trop grave d'admettre qu'une affaire importante puisse être définitivement jugée par un juge unique (2).

Les enseignements du droit comparé sont révélateurs à cet égard. En Angleterre et au Canada, c'est-à-dire dans des pays qui sont traditionnellement attachés au juge unique en première instance, la cour d'appel comporte toujours plusieurs juges. A cette nuance près toutefois que les juges d'appel opinent publiquement en faisant connaître éventuellement leur « opinion dissidente » dans la décision elle-même. Ce n'est donc pas une véritable collégialité, mais plus exactement une *pluralité de juges uniques*. La collégialité, au sens propre du terme, signifie en effet que la décision est rendue par la juridiction, considérée comme une entité ; ce qui implique par conséquent le secret du délibéré qui en est le complément naturel (*infra*, n° 592). Disons que le système anglais est à mi-chemin entre le juge unique et la véritable

---

(1) Sur cette controverse, on pourra se reporter aux travaux du IX$^{e}$ Colloque des Instituts d'études judiciaires qui s'est tenu à Nice, en 1974, sur le thème « *Les juges uniques en droit français* », avec les rapports de MM. J. Vincent, Roujou de Boubée, H. Charles et J. Normand. — *Adde*, R. Perrot, *Le juge unique en droit français*, Rev. int. dr. comp. 1977, p. 659 et s.

(2) Il est vrai que, pour remédier à l'encombrement des cours d'appel (*supra*, n° 167), l'idée de faire juger certaines affaires par un conseiller unique est parfois avancée.

collégialité. Mais retenons tout de même de ces propos qu'au second degré de juridiction, la décision reste l'œuvre de plusieurs juges.

Cela dit et pour s'en tenir désormais à la première instance, on doit constater que la collégialité a ses partisans, tandis que le système du juge unique a les siens.

**294. Arguments en faveur de la collégialité.** — Trois arguments sont généralement avancés.

*a*) D'abord, dit-on, la justice est *mieux éclairée.* La délibération provoque la discussion entre les juges sur la valeur des moyens invoqués de part et d'autre par les deux plaideurs, chaque juge bénéficiant ainsi des réflexions de ses collègues.

*b*) Ensuite, ajoute-t-on, la collégialité est une garantie de *justice plus impartiale.* Il est facile de souligner que, grâce à la collégialité, l'impartialité de chaque juge est garantie par le contrôle de ses collègues. Cette explication, injustement déshonorante pour le corps judiciaire, n'est certainement pas la bonne. La vérité est plus grave. C'est un fait que le meilleur des juges réagit avec son propre tempérament, en fonction du milieu social et intellectuel dans lequel il vit ou a vécu. A cause de cela, il est inconsciemment porteur de certaines attitudes d'esprit, voire même de certains préjugés, qui risquent de fausser son raisonnement (3). La collégialité a le mérite de brasser et de neutraliser les préjugés éventuels.

*c*) Enfin, le dernier argument consiste à dire que la collégialité est une garantie de *justice plus indépendante.* Lorsque la décision est rendue par un collège de juges, au nom de la juridiction toute entière, l'anonymat sauvegarde l'indépendance de chaque juge qui, au moment du délibéré, aura le sentiment d'être plus libre de sa décision dans la mesure où il ne se sentira pas directement exposé à la rancœur du plaideur condamné. Dans certaines périodes troublées, l'argument est loin d'être négligeable, notamment en matière pénale. On ajoutera, de surcroît, que l'anonymat inhérent à la collégialité favorise la critique doctrinale des décisions de justice : les auteurs sont en effet plus libres d'émettre des critiques lorsque celles-ci visent « le tribunal » et non point un juge déterminé qui pourrait se sentir directement atteint (4).

**295. Arguments en faveur du juge unique.** — Pour défendre la thèse du juge unique, plusieurs arguments sont présentés : tous n'ont pas la même valeur.

---

(3) Il n'est pas sans intérêt de rappeler qu'il y a un siècle, Adolphe Thiers souhaitait que tous les juges soient des propriétaires !

(4) Il est remarquable d'observer que les « notes d'arrêts », dont on connaît l'importance doctrinale, sont plus fréquentes dans les systèmes judiciaires soumis à la collégialité.

*a*) On entend dire parfois que le système du juge unique permettrait d'améliorer la *situation matérielle de chaque juge* : si le même travail était fait par un seul juge au lieu de trois, pourquoi ne pas tripler le traitement de chacun ? Il serait bien téméraire d'y croire. Mieux vaut ne pas nourrir d'illusion sur ce point.

*b*) Un argument plus sérieux est présenté : le système du juge unique, dit-on, *favorise le sens des responsabilités.* C'est exact : avec le juge unique, la décision sort de son anonymat, on sait qui l'a rendue, et l'on peut alors penser que le juge qui en est le signataire veillera plus attentivement à ce qu'elle soit irréprochable. D'ailleurs d'une manière plus générale, il est frappant de constater que les jeunes magistrats sont très attirés par les fonctions de juge unique (juge d'instruction, juge d'instance) qui leur permettent d'exercer rapidement des responsabilités personnelles.

*c*) De toute manière, quelles que soient les préférences personnelles de chacun, l'argument essentiel en faveur du juge unique est la *nécessité de faire face à l'augmentation considérable de la « masse contentieuse ».* En matière civile et en matière pénale, les statistiques font apparaître une augmentation inquiétante du nombre des affaires. Le remède idéal consisterait à augmenter proportionnellement le nombre des juges. Comme il n'y faut guère songer dans un avenir immédiat, tant en raison des contraintes budgétaires que des difficultés d'un recrutement qui doit rester de qualité, tout naturellement on en vient à penser que le système du juge unique en première instance constitue le seul remède à la situation présente. Mais, comme on peut le constater, la résignation tient lieu ici d'argument.

**296. Conclusion.** — A vrai dire, il est impossible de prendre parti pour l'un ou l'autre des deux systèmes, sans s'attacher à deux considérations particulières qui pèsent d'un poids très lourd dans le débat.

D'abord, on ne saurait faire abstraction du *mode de recrutement des juges.* Le système du juge unique ne peut fonctionner correctement que si, au moment de son entrée en fonction, le juge a déjà une formation professionnelle consommée et une maturité d'esprit suffisante pour être en mesure de statuer seul sur des problèmes complexes. En Angleterre et au Canada, la justice à juge unique ne soulève guère de difficulté parce que le juge est recruté vers l'âge de 45-50 ans parmi des praticiens ayant déjà une solide expérience de la vie judiciaire. Mais, dans des pays où le juge entre en fonction très jeune, peu de temps après avoir quitté l'université, on peut se demander si la collégialité n'est pas finalement le seul moyen de parfaire sa formation et de lui permettre d'acquérir l'expérience nécessaire.

Une autre considération ne doit pas non plus être négligée : le système du juge unique implique de la part des citoyens un *grand respect pour la justice et pour leurs juges,* beaucoup plus que dans un système de collégialité qui dilue les responsabilités de chaque magistrat. Tel est le cas précisément en Angleterre où la personnalité même du juge est entourée d'un respect presque mystique. Mais dans les pays où les passions sont vives et où l'esprit frondeur porte facilement à la critique, voire même à une certaine suspicion à l'égard des autorités constituées, le système de la collégialité offre au juge une plus grande sérénité.

La conclusion la plus claire est qu'il faut se garder de vouloir puiser à des sources étrangères des modèles qui ne sont pas transposables. Et si, dans le contexte français, la nécessité impose de réserver une place au juge unique, il serait sage de ne pas en faire une règle générale et de ne l'introduire que dans certains cas précis et limités.

## § 2. — LES SOLUTIONS DU DROIT POSITIF FRANÇAIS

**297. Solutions traditionnelles et évolution : vers un déclin de la collégialité.** — En règle générale, les milieux judiciaires français restent très attachés au principe de la collégialité. Cet état d'esprit repose sur une longue tradition qui se justifie dans une large mesure par le mode de recrutement des juges (*infra*, n[os] 338 s.) et aussi par la crainte d'un certain arbitraire. Voilà pourquoi le principe général de base a toujours été et demeure encore aujourd'hui le principe de la collégialité.

On doit constater toutefois que les dérogations à ce principe deviennent de plus en plus nombreuses, tout au moins au sein des juridictions de l'ordre judiciaire. Dans bien des cas, le juge unique tend à supplanter la formation collégiale pour des raisons très diverses. La raison majeure tient au fait que la collégialité est une « formule de luxe » si l'on considère la pénurie du personnel judiciaire comparée à l'augmentation constante du volume des affaires. Mais cette raison n'est pas la seule : l'expérience a montré que pour certaines affaires, un contact direct avec le juge est souvent salutaire (en matière de divorce par exemple) et que ce contact s'établit mieux avec un juge unique qu'avec un tribunal en formation collégiale.

Ce déclin de la collégialité n'a pas toutefois la même ampleur selon les contentieux : alors que le juge unique tend à se répandre devant les juridictions du contentieux privé (1°) et à un degré moindre devant les juridictions pénales (2°), la collégialité se maintient en revanche devant les juridictions administratives (3°).

**298. 1°) Juridictions du contentieux privé.** — Devant ces juridictions, il a toujours existé des juges uniques : on citera notamment, parmi les plus connus, le juge du tribunal d'instance (*supra*, n° 102) et le juge des référés (*supra*, n° 97). On observera simplement que leur compétence tend à s'accroître ; ce qui, indirectement, a pour conséquence d'entraîner une extension de la justice à juge unique. Ainsi, l'élévation du taux de compétence du juge d'instance (aujourd'hui porté à 30 000 francs) a pour résultat de soustraite à la collégialité certaines affaires qui auparavant eussent été de la compétence du tribunal de grande instance en formation collégiale. Et de même, la généralisation du référé devant toutes les juridictions de l'ordre judiciaire a pour conséquence d'entraîner une augmentation sensible des décisions rendues à juge unique.

Mais le déclin de la collégialité au profit du juge unique trouve sa manifestation la plus sensible à travers différentes réformes qui méritent attention.

*a*) D'abord, plusieurs lois modernes ont institué en divers domaines des *juges uniques à compétence spécialisée.* Ainsi en matière de divorce et de séparation de corps, il existe un juge aux affaires familiales (art. 247 c. civ. et art. L. 312-1 c. org. jud.). On citera également le juge de l'expropriation, le juge de la mise en état et aussi le juge de l'exécution dont le rôle consiste à statuer sur tous les incidents auxquels peuvent donner lieu les mesures d'exécution forcée (art. L. 311-12 c. org. jud.) (5).

*b*) Ensuite, le législateur décide parfois, au moyen d'une disposition spéciale, que dans une matière déterminée les litiges échapperont à la collégialité. On en trouve un exemple dans la loi n° 85-677 du 5 juillet 1985 relative aux *accidents de la circulation terrestre* : désormais, les procès concernant les accidents d'automobile sont jugés devant le tribunal de grande instance par un juge unique (art. L. 311-10-1 c. org. jud.).

*c*) Enfin et surtout, indépendamment même des cas particuliers spécialement visés par un texte, il existe une disposition générale qui, devant les *tribunaux de grande instance*, permet au président de décider que l'affaire sera soustraite à la collégialité. En effet, depuis une loi n° 70-613 du 10 juillet 1970, intégrée aujourd'hui dans l'art. L. 311-10 c. org. jud., « *le président du tribunal de grande instance... peut décider qu'une affaire sera jugée par le tribunal de grande instance statuant à juge unique* ». Sans doute, la loi a-t-elle pris la précaution d'exclure certaines matières en raison de leur gravité : ainsi les affaires en matière disciplinaire et en matière d'état des personnes sont toujours jugées par le tribunal de grande instance en formation collégiale. Mais, hormis ces deux hypothèses, si le président estime que l'affaire est simple et ne justifie pas la réunion de trois juges, il peut toujours décider qu'elle sera jugée à juge unique.

Ce principe appelle toutefois deux correctifs importants qui en limitent la portée.

D'une part, le renvoi au juge unique n'est qu'une *simple faculté* pour le président qui peut très bien ne pas renvoyer au juge unique et maintenir la collégialité.

D'autre part, à supposer que le président ait ordonné le renvoi au juge unique, *l'une des parties peut toujours demander que l'affaire soit jugée par un collège de trois juges.* Sur cette demande, le renvoi est de droit, à condition d'avoir été formulée dans les quinze jours de la date à laquelle les parties en ont été informées

---

(5) Le juge de l'exécution est entré en fonction le 1er janvier 1993 (loi n° 91-650 du 9 juill. 1991).

(art. 804 nouv. c. pr. civ.). Cette réserve est importante. Il en résulte que le système du juge unique est subordonné à l'accord tacite des deux plaideurs : si l'un d'eux s'y refuse, la collégialité subsiste.

De toute évidence, cette disposition originale tend non pas à imposer, mais à « acclimater », dans l'esprit des plaideurs et des avocats, le système du juge unique devant les tribunaux de grande instance.

**299. 2°) Juridictions pénales.** — Le juge unique en matière pénale n'est pas une innovation de l'époque moderne : les exemples les plus notables sont le juge d'instruction (depuis 1856) et le tribunal de police qui connaît des contraventions. Mais, comme en matière civile et commerciale, on a pu constater pendant un temps une certaine extension du juge unique, non point en matière criminelle, mais en *matière correctionnelle.*

*a*) Une loi du 29 décembre 1972 (qui a modifié l'art. 398 c. pr. pén.) a décidé que le tribunal correctionnel statue à juge unique lorsqu'il est saisi de certaines infractions limitativement énumérées : les délits prévus par le code rural en matière de chasse et de pêche, les infractions à la législation sur la coordination des transports et surtout, en matière de circulation automobile, les infractions au code de la route, le défaut d'assurance obligatoire et les délits d'homicide ou de blessures involontaires.

*b*) Mais le législateur a voulu aller plus loin. Encouragé par la solution admise devant les tribunaux de grande instance (*supra*, n° précédent), il a cherché à transposer devant les tribunaux correctionnels un système comparable. Saisi d'un projet gouvernemental en ce sens, le Parlement vota, au mois de juin 1975, une loi qui, dépassant les cas particuliers prévus par la loi de 1972, autorisait le président du tribunal correctionnel à décider, à propos de chaque affaire, qu'elle pourrait être soustraite à la collégialité pour être soumise à un juge unique. Cette loi, qui souleva à l'époque une très vive et très légitime émotion, fut annulée par le Conseil constitutionnel, lequel, par décision en date du 23 juillet 1975 (D.S. 1977.629, note Léo Hamon et G. Levasseur), décida que cette loi n'était pas conforme à la Constitution dans la mesure où un tel pouvoir, abandonné à la discrétion du président, pouvait ouvrir la voie à des discriminations injustifiées.

Comme on peut l'observer, le législateur n'a pas pu, devant les juridictions pénales, aller aussi loin que devant les juridictions civiles et commerciales. La raison est facile à comprendre : en cette matière où la liberté individuelle est directement en cause, il est impossible de laisser à un président le soin de décider si un inculpé sera jugé par trois juges ou par un seul.

*c*) On se souviendra enfin que, au sujet de *la mise en détention provisoire*, un retour à la collégialité a été esquissé par plusieurs lois successives (loi n° 85-1303 du 10 déc. 1985 ; loi n° 87-1062 du 30 déc. 1987 et loi n° 93-2 du 4 janv. 1993). Mais les deux premières n'ont jamais été appliquées, et la troisième (celle du 4 janv. 1993 qui a réformé le code de procédure pénale) a été abrogée sur ce point (*supra*, nº 176) : finalement, en matière pénale, le juge d'instruction apparaît comme le plus solide rempart du juge unique.

**300. 3º) Juridictions administratives.** — Il est curieux d'observer que les juridictions administratives restent fidèlement attachées à la collégialité et ne connaissent pour ainsi dire pas le juge unique. A peine cite-t-on, le juge des référés administratifs et le « conseiller délégué » du tribunal administratif dont la compétence est d'ailleurs très limitée (*supra*, nº 268).

On est alors conduit à se demander pourquoi les juridictions administratives sont rebelles au juge unique ? Il faut sans doute en trouver la raison dans une longue tradition historique : on se gardera d'oublier que, à l'origine, nos actuelles juridictions administratives n'étaient que des « commissions », de telle sorte que, de tout temps, la collégialité a été considérée comme inhérente à la notion de juridiction (6). A quoi s'ajoute une autre raison d'ordre plus pragmatique qui tient à la nature même des litiges qui sont portés devant les juridictions administratives : par hypothèse, ils mettent en cause l'administration et, dès lors, seul un organisme collégial est de nature à garantir la sérénité des juges appelés à délibérer, en même temps d'ailleurs que l'autorité morale de la décision, indispensable pour suppléer l'absence des moyens d'exécution forcée (*infra*, nº 620). On a d'ailleurs constaté que, pour cette raison précisément, les juridictions administratives ont toujours la possibilité d'élargir la formation de jugement (*supra*, nº 255, 267 et 276) ; ce qui montre bien toute l'importance de la collégialité, et même d'une « collégialité renforcée » parfois, lorsqu'il semble nécessaire d'accroître l'autorité de la décision.

## *SECTION II*

## MINISTÈRE PUBLIC

**301. Généralités.** — Les juridictions ne sont pas composées exclusivement de magistrats chargés de juger les affaires soumises au tribunal. A côté des juges proprement dits, il existe d'autres magistrats dont la fonction est, non pas de juger, mais de veiller à la bonne application de la loi et au respect de l'ordre public, en présentant des observations à la formation de jugement et, au besoin (tout au moins devant les juridictions de l'ordre judiciaire), en saisissant eux-mêmes le tribunal.

---

(6) R. Odent, *Cours de contentieux administratif*, 1970-1971, p. 580.

Par opposition aux magistrats qui jugent, — et que l'on appelle les « magistrats du siège » parce qu'ils exercent leurs fonctions en restant assis —, les magistrats chargés de veiller au respect de la loi forment ce que l'on a coutume d'appeler le « *ministère public* », parce qu'ils ont pour mission de défendre, non pas les intérêts particuliers de tel ou tel plaideur, mais ceux de la collectivité toute entière et de la loi qui en est l'expression.

L'ensemble des magistrats du ministère public forme ce que l'on appelle parfois la « *magistrature debout* », par opposition à la « magistrature assise » qui désigne les magistrats du siège. Cette expression curieuse vient de ce que le magistrat du ministère public, lorsqu'il prend la parole à l'audience, se tient debout par déférence à l'égard du tribunal qui sera appelé à juger. Mais à vrai dire cette expression un peu vieillotte tend à disparaître.

**302. Origine historique, évolution et rôle actuel.** — Le ministère public est une institution originale du droit judiciaire français qui est apparue dans des conditions curieuses, et qui de nos jours existe dans de très nombreux pays étrangers.

Son origine remonte à l'ancien régime. Au moyen âge, lorsque le Roi voulait défendre ses intérêts devant les tribunaux, il confiait cette mission à des procureurs (du latin : *procuratores* ; on dirait aujourd'hui, des mandataires) qui n'étaient autres que des avocats ordinaires, lesquels, parmi leur clientèle, comptaient un client de choix : le Roi lui-même. Mais, à partir du XIVe siècle, à mesure que s'affermissait l'autorité royale, cette situation se modifia sous l'effet d'une double évolution.

*a*) D'une part, cette mission fut constituée en office vendu par le Roi. Ainsi, les avocats et procureurs du Roi devinrent de *véritables magistrats investis d'un office de judicature* ; et, du même coup, ils cessèrent d'assister et de représenter leurs clients privés pour se consacrer uniquement à la défense des intérêts du Roi devant les tribunaux (7).

*b*) En même temps, leur mission se transforma. Parallèlement à leur fonction première qui était de défendre les intérêts du Roi, s'en ajouta une seconde, connexe à la précédente, qui était de défendre les *intérêts généraux de la société*. La dissociation entre les intérêts privés du Roi et les intérêts de la société dont le Roi avait la charge en tant que personne publique, qui est apparue avec la naissance des Etats modernes, explique cette ambivalence des fonctions. Mais, peu à peu, la seconde fonction finit par l'emporter et par supplanter la première. Et c'est ainsi que les procureurs, devenus de véritables magistrats, cessèrent d'assurer la défense des intérêts du Roi pour se consacrer exclusivement à la sauvegarde des intérêts généraux de la société devant les tribunaux.

---

(7) C'est à partir de cette époque que les procureurs « montèrent » sur l'estrade, pour bien marquer leur qualité de magistrats, mais à une place séparée de la formation de jugement pour souligner la spécificité de leur fonction.

Telle est aujourd'hui l'unique fonction du ministère public. *Son rôle n'est pas d'agir en justice au nom de l'Etat* : lorsque celui-ci veut saisir les tribunaux pour la défense de ses intérêts patrimoniaux (domaines, fisc, douane), il a recours à des avocats comme le ferait un simple particulier. La seule mission du ministère public est de *veiller au respect de l'ordre public, à la défense de l'intérêt social et à la bonne application de la loi.* Il serait donc inexact de croire que le ministère public se comporte nécessairement comme un représentant de l'Etat chargé de défendre systématiquement les intérêts de celui-ci. Il arrive parfois (notamment devant les juridictions administratives) que le ministère public prenne la parole contre les souhaits du gouvernement ; et cela, au nom de ce qui lui paraît être la bonne application de la loi (*infra*, n° 316).

En tant que fonction, le ministère public existe devant toutes les juridictions. Mais son organisation et son rôle sont fondamentalement différents selon qu'il s'agit du ministère public auprès des *juridictions de l'ordre judiciaire* (§ 1) ou du ministère public auprès des *juridictions administratives* (§ 2).

## § 1. — MINISTÈRE PUBLIC AUPRÈS DES JURIDICTIONS DE L'ORDRE JUDICIAIRE

**303. Vue d'ensemble.** — Après avoir présenté l'organisation du ministère public devant les juridictions de l'ordre judiciaire, aussi bien civiles que pénales (A), on étudiera successivement ses attributions devant les juridictions pénales d'abord (B) et devant les juridictions du contentieux privé ensuite (C).

### A. — Organisation du ministère public auprès des juridictions de l'ordre judiciaire

**304. « Parquet ».** — Devant les juridictions de l'ordre judiciaire, le ministère public est organisé de façon structurée et hiérarchisée. Cette organisation, qui comporte parfois de nombreux services à la tête desquels se trouve placé un « procureur », est communément appelé le « *Parquet* » (8).

---

(8) L'origine du mot est controversée. Certains prétendent qu'il est la survivance du temps où le procureur du Roi n'était pas encore devenu un magistrat et où de ce fait, n'ayant pas sa place sur l'estrade, il exerçait ses fonctions sur le « parquet » de la salle d'audience. D'autres au contraire soutiennent que le mot « parquet » vient de ce que, dans les salles d'audience, les magistrats du ministère public sont isolés des magistrats du siège, à l'intérieur d'un « petit parc ».

Un parquet n'existe pas devant toutes les juridictions : seules en sont pourvues les juridictions de droit commun (I), ce qui ne veut pas dire toutefois que le ministère public ne puisse pas intervenir devant les autres juridictions (II). Après avoir précisé chacun de ces deux points, on exposera les caractères spécifiques du ministère public devant les juridictions de l'ordre judiciaire (III).

**305. I. Juridictions pourvues d'un parquet.** — Seuls sont pourvus d'un parquet, les tribunaux de grande instance, les cours d'appel et la Cour de cassation.

*a) Tribunaux de grande instance.*

Il existe un parquet devant chaque tribunal de grande instance. Ce parquet est dirigé par un *procureur de la République*, assisté d'un ou plusieurs collaborateurs, également magistrats, que l'on appelle des « *substituts* ». Parfois, dans les tribunaux importants (comme celui de Paris, notamment), on trouve en plus, pour aider le procureur de la République dans ses fonctions, un ou plusieurs « procureurs de la République adjoints » et un ou plusieurs « premiers substituts » (9).

Le procureur de la République est le chef du parquet du tribunal de grande instance. C'est donc sous sa responsabilité que sont exercées les attributions du ministère public devant ce tribunal.

*b) Cours d'appel.*

Auprès de chaque cour d'appel, il y a un parquet, que l'on appelle le « *parquet général* », qui est dirigé par un haut magistrat dans la hiérarchie judiciaire qui porte le titre de « *procureur général* ». Il a sous ses ordres deux catégories de magistrats (ce qui est propre aux parquets près les cours d'appel) : d'une part, des *avocats généraux* dont le rôle est généralement de porter la parole à l'audience au nom du procureur général ; et, d'autre part, des *substituts généraux* dont la fonction, plus spécifiquement administrative, consiste à assurer le service intérieur du parquet (art. R. 213-21 à 26, c. org. jud.). Mais, entre ces fonctions, il n'y a pas de cloisonnement absolu et, par exemple, un substitut général pourrait prendre la parole à l'audience. On ajoutera que, dans les cours importantes, le procureur général est directement assisté par un « premier avocat général » et un « premier substitut général ».

---

(9) L'effectif de chaque parquet varie selon l'importance de la juridiction. Ainsi, à *Paris*, l'effectif est le suivant : 1 procureur de la République, 3 procureurs de la République adjoints, 40 premiers substituts, 65 substituts, 1 secrétaire général. — A *Lyon* : 1 procureur de la République, 2 procureurs de la République adjoints, 6 premiers substituts, 12 substituts. — A *Lille* : 1 procureur de la République, 2 procureurs de la République adjoints, 4 premiers substituts, 9 substituts. — A *Bordeaux* : 1 procureur de la République, 2 procureurs de la République adjoints, 14 substituts.

Le procureur général est le *chef du parquet* (10). A ce titre, il dirige les services du parquet général et peut prendre la parole à toutes les audiences de la cour. Mais, en outre, il est le *chef du ministère public dans le ressort de la cour d'appel.* Ce qui revient à dire qu'il est le supérieur hiérarchique de tous les procureurs de la République (et des substituts) des tribunaux de grande instance du ressort de la cour dont il est le procureur général (art. R. 213-29 c. org. jud.) ; notamment, en cette qualité, il peut leur donner des ordres et procéder à des inspections dans les différents parquets des tribunaux de grande instance du ressort de la Cour.

*c) Cour de cassation.*

Il existe un parquet auprès de la Cour de cassation que l'on appelle également le « *parquet général* ». Il est dirigé par un très haut magistrat qui porte le titre de « *procureur général près la Cour de cassation* » (11). Il est assisté par des *avocats généraux* (actuellement au nombre de 19) qui sont ses subordonnés et dont le rôle consiste à prendre la parole aux audiences de chacune des chambres de la Cour de cassation. En outre, le procureur général a pour collaborateur direct un haut magistrat que l'on appelle le « premier avocat général près la Cour de cassation ».

Le parquet de la Cour de cassation se singularise à un double titre :

D'une part, on remarquera qu'il n'y a pas de substitut à la Cour de cassation. La raison en est que le service administratif de la Cour de cassation est infiniment moins lourd que celui des cours d'appel : pour ses tâches administratives, le procureur général près la Cour de cassation est simplement assisté d'un secrétaire général (qui est magistrat).

D'autre part et surtout, s'il est vrai que le procureur général est le chef du parquet de la Cour de cassation, il n'a en revanche *aucune autorité directe sur les procureurs généraux près les cours d'appel* : ces derniers dépendent, non point du procureur général de la Cour de cassation comme la hiérarchie judiciaire pourrait le donner à penser, mais directement du garde des sceaux.

En résumé, l'organisation d'ensemble du parquet auprès des juridictions de l'ordre judiciaire se présente comme il est indiqué au schéma de la page suivante.

**306. II. Juridictions non pourvues d'un parquet.** — Il ressort des explications qui précèdent que beaucoup de juridictions de l'ordre judiciaire ne sont pas pourvues

(10) Le procureur général près la cour d'appel occupe dans la hiérarchie judiciaire une place comparable à celle du premier-président qui est « chef de cour » en ce qui concerne les magistrats du siège (*supra*, n° 161). Toutefois, protocolairement, il est dans les usages de réserver la préséance au premier président.

(11) On fera, au sujet du procureur général près la Cour de cassation, la même remarque que précédemment : il est, dans la hiérarchie judiciaire, l'homologue du premier président de la Cour de cassation.

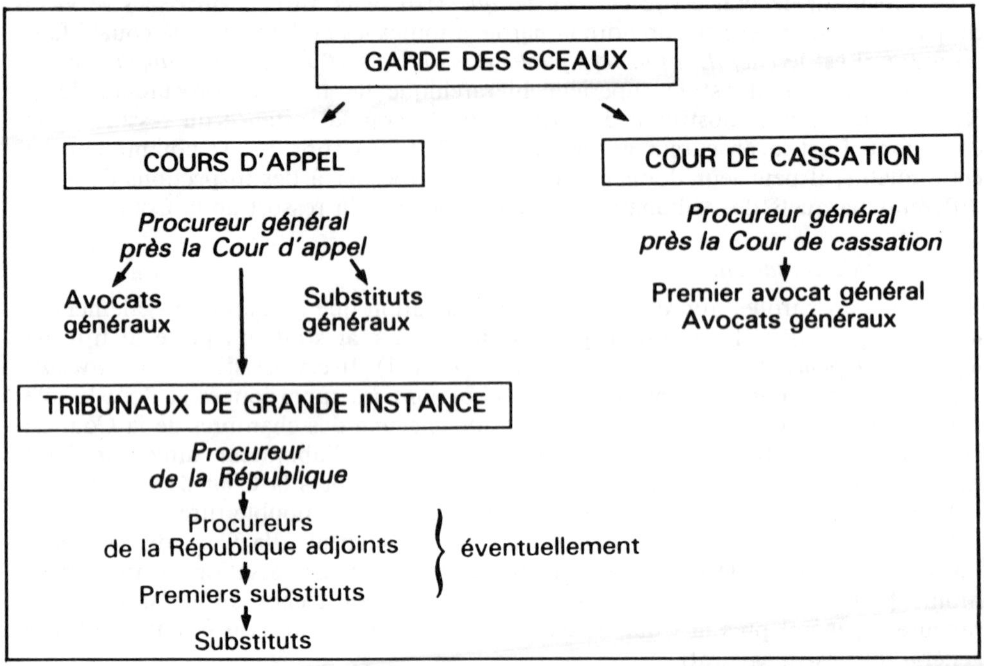


d'un parquet : notamment, un bon nombre de juridictions du contentieux privé (tribunaux d'instance, tribunaux de commerce, conseils de prud'hommes, tribunaux paritaires des baux ruraux, tribunaux des affaires de sécurité sociale) et les juridictions pénales. On pourrait s'en étonner. En réalité, cette lacune est comblée d'une autre manière et, s'il est vrai qu'il n'existe aucun parquet organisé devant ces juridictions, les attributions du ministère public peuvent néanmoins être exercées, tant auprès des juridictions du contentieux privé (a) que des juridictions pénales (b).

*a) Juridictions du contentieux privé.*

Pendant longtemps, le législateur a pensé que devant ces juridictions, dont certaines sont composées de juges élus, la présence d'un magistrat du ministère public serait inopportune : ne risquait-on pas de compromettre l'originalité de ces juridictions en faisant siéger un magistrat de carrière aux côtés de juges sur lesquels on pouvait craindre qu'il ne prît trop d'ascendant en raison de sa formation de juriste ? L'expérience a prouvé que cette absence pouvait être néfaste. Dans bien des cas, il est souhaitable qu'un magistrat du ministère public prenne connaissance de certains dossiers (en matière de faillite notamment) et qu'il attire l'attention du tribunal sur des questions de fait ou de droit délicates à juger.

Une première réforme en ce sens a permis au procureur de la République (ou à l'un de ses substituts) d'occuper le siège du ministère public devant les tribunaux d'instance de son ressort (art. 4, ord. n° 58-1273 du 22 déc. 1958). Depuis lors, cette disposition a été généralisée par la loi n° 70-613 du 10 juillet 1970 et, désormais, « *le procureur de la République peut, en toutes matières, exercer le ministère public devant toutes les juridictions du premier degré établies dans son ressort* » (art. L. 311-15 c. org. jud.). En d'autres termes, le ministère public peut exercer ses attributions (notamment, prendre la parole à l'audience) devant toutes les juridictions civiles, commerciales et sociales. Devant les tribunaux de commerce notamment le cas est assez fréquent.

*b) Juridictions pénales.*

Devant les juridictions pénales, la présence du ministère public n'est pas seulement souhaitable : elle est indispensable pour la raison très simple que l'action publique est exercée par le parquet (*infra*, n^os^ 308 s.).

En réalité, cette lacune est plus apparente que réelle devant les juridictions pénales qui ne sont que des formations particulières de certaines juridictions civiles dotées d'un parquet. Ainsi, devant le tribunal correctionnel, les attributions du ministère public sont exercées par le procureur de la République près le tribunal de grande instance. De même, devant la chambre d'accusation et la chambre des appels correctionnels, qui ne sont que des formations particulières de la cour d'appel, les fonctions du ministère public sont exercées par le procureur général près de cette cour. Enfin, devant la cour d'assises, le ministère public est assuré par le procureur général près la cour d'appel (ou par l'un de ses avocats généraux) dans le ressort de laquelle se trouve située la cour d'assises.

En dernière analyse, le seul problème qui se pose concerne le tribunal de police puisque le tribunal d'instance (qui est son homologue en matière civile) n'est pas pourvu d'un parquet. En principe, le procureur de la République du tribunal de grande instance exerce les attributions du ministère public devant les tribunaux de police de son ressort (art. 45 c. pr. pén.). Toutefois (lorsqu'il ne s'agit pas d'une contravention de cinquième classe), le siège du ministère public peut être occupé par le commissaire de police du lieu où siège le tribunal si le procureur de la République ne juge pas à propos de siéger lui-même (art. 45 c. pr. pén., mod. par la loi n° 92-1336 du 16 déc. 1992) ou, à défaut en cas de nécessité absolue, par le maire du lieu (art. 46 c. pr. pén.) (12).

**307. III. Caractères spécifiques du parquet.** — Devant les juridictions de l'ordre judiciaire, le parquet constitue une organisation très fortement structurée. Sans doute, les fonctions du ministère public sont-elles exercées par des *magistrats*,

---

(12) Sur ce point, cf. Stéfani, Levasseur et Bouloc, *Procédure pénale*, 14^e^ éd., n° 111.

recrutés comme les autres magistrats (*infra*, n[os] 348 s.) et qui appartiennent au corps unique de la magistrature, au point d'ailleurs que, durant sa carrière, un magistrat initialement affecté au parquet peut toujours demander à être affecté « au siège », ou inversement (art. 1-II, ord. n° 58-1270 du 22 déc. 1958, mod. par la loi n° 92-189 du 25 févr. 1992). Mais cela étant dit, le parquet présente cette double particularité d'être une organisation hiérarchisée et indivisible.

*a) Subordination hiérarchique.*

A la différence des magistrats du siège qui sont appelés à juger, les magistrats du ministère public sont des *agents du pouvoir exécutif auprès des tribunaux.* Ce principe, qui avait été très clairement souligné par la loi des 16 et 24 août 1790 (art. 1er du Titre VIII), est aujourd'hui expressément rappelé dans l'art. 5 de l'ordonnance n° 58-1270 du 22 décembre 1958, aux termes duquel, « les magistrats du parquet sont placés sous la direction et le contrôle de leurs chefs hiérarchiques et sous l'autorité du garde des sceaux, ministre de la justice ».

Cette subordination hiérarchique se manifeste à plusieurs points de vue (outre l'absence d'inamovibilité des magistrats du ministère public dont il sera question ultérieurement, *infra*, n° 374). D'une part, chaque membre du parquet est dans la dépendance du garde des sceaux qui peut lui donner des ordres ou des défenses d'agir. Si, par exemple, le garde des sceaux enjoint à un membre du parquet de prendre des conclusions dans un sens déterminé, celui-ci est tenu d'y déférer sous peine de sanctions disciplinaires. D'autre part, cette hiérarchie se retrouve à l'intérieur même du parquet, en ce sens que chacun des magistrats du parquet est subordonné à son supérieur hiérarchique. A ce titre, un procureur général de cour d'appel peut donner des ordres à ses avocats généraux, à ses substituts généraux et même, d'une manière plus large, à tous les membres des parquets de première instance de son ressort (par exemple, à un procureur de la République près le tribunal de grande instance du ressort de la cour). On mesure par là toute la différence entre un magistrat du parquet et un magistrat du siège, lequel ne peut recevoir aucun ordre d'un magistrat qui lui est hiérarchiquement supérieur (*supra*, n° 76).

Ce principe de hiérarchie qui caractérise le parquet est tempéré néanmoins par deux règles importantes qu'il faut se garder d'oublier.

D'une part, les procureurs généraux sont investis d'un *pouvoir propre* que ne détient pas le garde des sceaux qui est cependant leur supérieur hiérarchique. Il en résulte alors cette double conséquence que le garde des sceaux ne peut pas se substituer à un chef de parquet pour prendre la décision à sa place et que, en sens inverse, la décision prise par ce dernier produit tous ses effets de droit, même si le garde des sceaux lui a intimé l'ordre de ne pas la prendre. Sans doute, commet-il une faute sur le plan disciplinaire ; mais c'est là un autre problème.

D'autre part, tout membre du parquet conserve sa liberté de parole. C'est ce que l'on exprime sous la forme d'un adage : « *la plume est serve, mais la parole est libre* » ;

ce qui signifie que si le magistrat du parquet est tenu de conclure dans le sens qui lui est indiqué, à l'audience il lui est loisible, en revanche, d'exprimer librement sa pensée (art. 5, ord. n° 58-1270 du 22 déc. 1958). Cette réserve s'explique par le fait que les membres du parquet sont des magistrats et qu'il est impossible de faire abstraction de leurs scrupules de conscience.

*b) Indivisibilité.*

Les membres d'un même parquet forment un ensemble indivisible, en ce sens que chacun d'eux représente le parquet tout entier. La conséquence pratique est qu'ils peuvent se remplacer mutuellement : ils sont en quelque sorte « interchangeables ». Si, par exemple, une affaire occupe plusieurs audiences, rien ne s'oppose à ce que M. X..., substitut, intervienne à une audience, et qu'à l'audience suivante, ce soit M. Y..., autre substitut, qui prenne la parole : de toute manière, c'est toujours le même ministère public qui s'exprime simplement par des voix différentes.

Toute cette construction, qui peut paraître curieuse, est souvent mal comprise de l'opinion publique qui, ignorant la distinction entre les magistrats du siège et ceux du ministère public, conçoit mal que des ordres puissent être donnés à des magistrats. C'est pourquoi, sans nier l'utilité du ministère public, on a pu se demander parfois s'il n'était pas paradoxal de confier une telle fonction à des magistrats : ne suffirait-il pas de confier cette charge à de simples fonctionnaires ? Personnellement, nous ne le pensons pas. Des décisions graves peuvent être prises. Si le garde des sceaux croit devoir adresser un ordre à un membre du parquet, — ce qui, en fait, est infiniment plus rare qu'on ne l'imagine —, il est bon que cet ordre soit reçu par un magistrat qui, avec la conscience et le prestige de sa fonction, saura en mesurer les conséquences et pourra attirer l'attention de ses supérieurs hiérarchiques sur le caractère éventuellement illégal ou injuste de cet ordre.

## B. — Attributions du ministère public auprès des juridictions pénales

**308. Le ministère public, « partie principale » au procès pénal.** — Devant les juridictions répressives, le ministère public a pour fonction d'exercer l'action publique, c'est-à-dire, l'action qui est exercée au nom de la société, lésée par l'infraction, pour demander à la juridiction compétente l'application de la loi pénale à l'encontre de l'auteur de cette infraction, lequel se présente comme défendeur au procès. On dit parfois que le ministère public est « l'avocat de la société ». Il se comporte, en effet, comme un véritable demandeur au procès pénal. Dans le langage technique, on dit qu'il est « partie principale », parce qu'il est engagé dans le procès comme peut l'être une partie qui défend ses droits.

A ce titre, le ministère public (disons, le parquet) est investi d'une double prérogative.

*a*) D'une part, il lui appartient de *mettre en mouvement l'action publique*, c'est-à-dire, de déclencher les poursuites en saisissant la juridiction compétente et, au besoin, le juge d'instruction au moyen d'un réquisitoire introductif (*infra*, n° 526).

Rien, certes, ne l'y oblige : on verra en effet que le ministère public apprécie souverainement s'il y a lieu d'engager des poursuites et qu'il peut fort bien, même lorsque des faits répréhensibles lui paraissent établis, estimer préférable de ne pas poursuivre l'auteur de l'infraction, pour des raisons de pure opportunité dont il est seul juge (*infra*, n° 516). En revanche, le ministère public n'a pas le monopole de la mise en mouvement de l'action publique : la victime lésée par l'infraction peut prendre elle-même l'initiative de déclencher les poursuites pénales et de saisir les tribunaux répressifs en se constituant partie civile (*infra*, n° 527).

*b*) D'autre part, lorsque l'action publique a été mise en mouvement (par le ministère public ou par la victime), il entre dans les attributions du parquet d'*exercer l'action publique* : en tant que partie au procès pénal, il lui appartient d'accomplir les actes de procédure nécessaires, de prendre les réquisitions qui s'imposent et, au jour de l'audience, de soutenir l'accusation comme pourrait le faire l'avocat d'un demandeur.

Cette prérogative lui appartient à titre de *monopole*. Alors que l'action publique peut être mise en mouvement par le parquet ou par la victime lésée, l'exercice même de cette action relève des attributions exclusives du ministère public : la victime ne peut jamais exercer l'action publique, même lorsque c'est elle qui l'a mise en mouvement.

**309. Rôle du ministère public.** — Dans les limites qui viennent d'être tracées, il convient de ne pas se méprendre sur le rôle exact du ministère public en matière répressive. A cet égard, deux observations importantes doivent être faites.

*a*) D'abord, la fonction du ministère public ne doit *pas être confondue avec celle d'un juge*. Dès que les poursuites ont été engagées, il n'entre pas dans ses attributions d'instruire l'affaire et encore moins de se prononcer sur l'innocence ou la culpabilité de la personne poursuivie. Cette mission incombe exclusivement, dans un premier temps, au juge d'instruction (*supra*, n$^{os}$ 174 et 175) et ensuite à la juridiction de jugement. Il peut certes participer à l'instruction (en assistant, par exemple, à l'audition de la personne mise en examen et en formulant toutes les observations qui lui paraissent utiles), mais aucune de ses décisions ne peut avoir valeur de jugement.

*b*) Seconde observation : *il ne faut pas considérer le ministère public comme l'adversaire systématique de la personne poursuivie.* L'opinion publique s'y trompe souvent qui s'imagine volontiers que le ministère public a pour fonction de charger le prévenu ou l'accusé, de lui découvrir tous les torts et de réclamer une application sévère de la loi. Il faut dire d'ailleurs que le schéma traditionnel du procès pénal, avec le ministère public dans le rôle du demandeur et l'accusé dans celui du défendeur, peut facilement accréditer cette idée (13). La vérité est cependant très différente. Le rôle du ministère public est de demander l'application de la loi ; et cela en fonction des circonstances de l'espèce et de la personnalité de celui qui est poursuivi. A l'extrême, il ne serait donc pas impossible que le représentant du ministère public à l'audience prenne la parole pour demander une minoration de la peine, voire même l'acquittement de celui qui est poursuivi (14).

A travers ces observations, on peut aisément se convaincre du rôle considérable que le ministère public est appelé à jouer devant les juridictions pénales.

### C. — Attributions du ministère public auprès des juridictions du contentieux privé

**310. Vue d'ensemble : le ministère public, « partie jointe » ou « partie principale ».** — Les parquets (précédemment décrits, *supra*, n$^{os}$ 304 et s.) sont investis d'attributions extrêmement variées. Certaines d'entre elles ont un *caractère extrajudiciaire* : notamment, le parquet est chargé de surveiller les greffes et les officiers ministériels du ressort, de vérifier les registres de l'état civil, de dispenser les futurs époux de la publication préalable de leur mariage et surtout de protéger les incapables. Il est superflu d'insister sur toutes ces attributions ; mais elles font mieux comprendre pourquoi le parquet est une véritable organisation souvent ramifiée en de nombreux services. Dans les explications à venir on se bornera à étudier les attributions spécifiquement judiciaires du ministère public devant les juridictions civiles, commerciales et sociales.

D'emblée, une première constatation s'impose : devant ces juridictions, le ministère public peut procéder de deux manières différentes : comme « partie jointe » ou comme « partie principale ».

a) On dit qu'il est « *partie jointe* » lorsqu'il intervient dans un procès déjà engagé entre deux parties, pour formuler son opinion et présenter des conclusions au

---

(13) L'expression « *accusateur public* », utilisée parfois pour désigner le magistrat du parquet présent à l'audience, entretient d'ailleurs cette équivoque.

(14) On l'a vu récemment à l'occasion d'un procès d'assises qui fit beaucoup de bruit : les débats ayant révélé que l'instruction (et notamment l'enquête de gendarmerie) faisait apparaître de sérieuses lacunes, l'avocat général qui siégeait a courageusement demandé l'acquittement de l'accusé ; ce qui fut décidé par la cour d'assises.

tribunal sur la solution que, selon lui, devrait recevoir le procès (15). Dans ce cas, il joue un rôle quelque peu comparable à celui d'un commissaire du gouvernement devant les juridictions administratives (*infra*, n° 315).

b) Mais le ministère public peut aussi se porter « *partie principale* », c'est-à-dire, déclencher lui-même le procès en qualité de demandeur (comme en matière pénale, *supra*, n^os^ 308 et s.), ou le subir en qualité de défendeur (ce qui est spécifique aux juridictions du contentieux privé). On dit parfois qu'il procède par voie d'action ou de défense.

De nombreux *intérêts pratiques* s'attachent à cette distinction. Notamment :

— quant aux *actes de procédure* : si le ministère public est partie principale, il doit accomplir tous les actes de procédure nécessaires à la conduite du procès comme le ferait un demandeur ou un défendeur (assignation, conclusions), alors qu'il n'est tenu d'en accomplir aucun s'il est simplement partie jointe. Mais, dans ce dernier cas, il ne peut pas modifier l'étendue du litige en formant des demandes nouvelles, alors que, s'il est partie principale, rien ne lui interdit d'élargir le champ du débat ;

— quant au *tour de parole* : si le ministère public est partie principale, il prend la parole à l'audience comme le font les plaideurs, le premier s'il est demandeur, et le dernier s'il est défendeur ; au contraire, en qualité de partie jointe, il prend la parole le dernier, après les plaidoiries de chacune des parties ;

— quant à *l'exercice des voies de recours* : s'il est partie principale, il peut exercer toutes les voies de recours comme le ferait un plaideur ordinaire. Au contraire, s'il est partie jointe, du fait même qu'il n'est pas réellement partie à l'instance, il ne peut en principe exercer aucune voie de recours contre le jugement rendu, sauf toutefois la possibilité d'interjeter appel s'il remplit les conditions requises pour être partie principale (Req. 7 mars 1944, D. 1944.74) ;

— quant aux *frais du procès* : s'il est partie jointe, il n'a jamais aucun frais à payer ; alors que s'il est partie principale, il supporte ses propres frais s'il succombe dans sa demande.

A la lumière de cette distinction, qui est essentielle devant les juridictions du contentieux privé, on étudiera successivement les deux manières de procéder.

**311. I. Le ministère public, « partie jointe ».** — En règle générale, et sauf cas très exceptionnels, le ministère public n'est jamais tenu de prendre des réquisitions sur l'affaire dont le tribunal est saisi. Mais s'il le fait, il peut : soit les présenter oralement à l'audience, après les plaidoiries des parties, soit par écrit au moyen de conclusions.

---

(15) On dit parfois que le ministère public prend des « *réquisitions* », parce qu'il « requiert » du tribunal une solution déterminée. Mais cette expression un peu autoritaire, qui d'ailleurs est de moins en moins utilisée, ne veut pas dire que le tribunal est obligé de suivre les « réquisitions » du ministère public.

*a) Communication du dossier.*

Pour que le ministère public soit en mesure de prendre des réquisitions s'il le juge opportun, il est indispensable qu'il ait préalablement communication du dossier. Spontanément, il peut toujours en demander communication (communication facultative). Mais, dans certains cas, cette communication est obligatoire.

1°) Il en est ainsi lorsque le tribunal, soucieux d'obtenir l'avis du ministère public, ordonne cette communication : on dit alors que la communication est *judiciaire* (art. 427 nouv. c. pr. civ.).

2°) Dans d'autres cas, la communication est rendue obligatoire par la loi elle-même qui, à peine de nullité du jugement, exige que le ministère public ait préalablement connaissance du dossier : on dit alors que la communication est *légale*. Il en est ainsi, dans les hypothèses limitativement énumérées par l'art. 425 nouv. c. pr. civ. où l'ordre public est en cause (par exemple : en matière de redressement et de liquidation judiciaires d'entreprise, dans les causes relatives à la filiation et à l'organisation de la tutelle).

*b) Appréciation critique.*

Cette prérogative ainsi reconnue au ministère public a parfois été critiquée. On a fait observer qu'il est excessif de donner à un représentant du pouvoir exécutif la possibilité de formuler un avis dans des affaires qui intéressent au premier chef la vie privée ou l'intérêt des plaideurs ; et cela d'autant plus que le ministère public prend la parole le dernier et qu'il est, dès lors, impossible aux avocats de répondre oralement aux réquisitions qui ont été présentées.

De bonnes raisons peuvent cependant justifier une intervention du ministère public à l'audience. Certains procès font apparaître des questions de principe et il est alors conforme à la mission du ministère public de faire connaître son avis. De plus, après des plaidoiries souvent passionnées, il peut se révéler utile qu'une voix objective s'élève dans le prétoire pour situer le débat dans sa véritable perspective et pour faire apparaître, le cas échéant, des arguments auxquels les parties n'ont pas songé ou qu'elles n'ont pas voulu évoquer. En un mot, son intervention « valorise le débat ». Au même titre que les conclusions du commissaire du gouvernement (*infra*, n° 316), celles du ministère public devant les juridictions du contentieux privé apportent souvent d'utiles éclaircissements, au point d'ailleurs que dans certaines affaires importantes qui posent des questions de principe, elles sont reproduites dans les recueils de jurisprudence en même temps que l'arrêt lui-même.

C'est la raison pour laquelle jusqu'à une époque récente, la présence à l'audience d'un magistrat du ministère public était obligatoire. En fait, dans beaucoup d'affaires, il se bornait à « s'en remettre à la sagesse du tribunal » ou même à laisser symboliquement sa toque sur le pupitre ... pour attester sa présence. Désormais, depuis 1976, la participation du ministère public à l'audience est purement facultative : on a voulu ainsi économiser le temps des magistrats pour leur permettre de se consacrer plus utilement aux affaires qui en valent réellement la peine.

**312. II. Le ministère public, « partie principale ».** — Devant les juridictions du contentieux privé, peut-on permettre au ministère public, non pas seulement de faire connaître son avis dans une affaire en cours (comme précédemment), mais de se « porter partie principale », c'est-à-dire, de déclencher lui-même le procès, au nom de l'ordre public, et de saisir le tribunal en qualité de demandeur ?

*a) Gravité de la question.*

La question posée soulève un très grave problème. On comprend que le ministère public ait un tel pouvoir devant les juridictions pénales si l'on considère que la répression est le monopole de l'Etat. Mais, devant les juridictions du contentieux privé, le problème est très différent : par hypothèse, les questions débattues sont des litiges relatifs à des droits privés. Est-il normal qu'un magistrat qui est dans la dépendance du pouvoir exécutif (*supra*, n° 307) puisse s'immiscer au nom de la société dans des rapports d'intérêt privé, pour faire annuler un contrat ou contester une reconnaissance d'enfant naturel, contre le gré des intéressés eux-mêmes ? Si ces derniers sont satisfaits de la situation et ne prennent pas l'initiative de saisir les tribunaux, il peut sembler paradoxal de reconnaître au ministère public un tel pouvoir d'immixtion.

Disons tout de suite, pour la clarté des explications, que la loi reconnaît ce pouvoir au ministère public dans certains cas particuliers, pour des raisons d'ordre public parfaitement légitimes : par exemple, en matière d'actes de l'état civil (art. 99 c. civ.), en matière d'absence (art. 122 c. civ.), lorsque la validité d'un mariage peut être contestée pour certaines causes graves (art. 184, 190 et 191 c. civ.), lorsqu'une difficulté surgit sur la garde d'un enfant mineur ou sur les modalités d'exercice de l'autorité parentale (art. 289 c. civ.), en matière de tutelle des majeurs (art. 493 c. civ.), ou encore, dans un ordre d'idées très différent, en matière de redressement judiciaire ou de liquidation des biens d'une entreprise commerciale (loi n° 85-98 du 25 janv. 1985, art. 4). Dans toutes ces hypothèses étroitement circonscrites, on peut admettre que le ministère public se porte partie principale.

Mais (et c'est tout le problème), peut-on lui reconnaître ce même pouvoir, *en dehors des cas spécifiés par la loi*, simplement au nom de l'ordre public, c'est-à-dire, en se référant à une notion dont les limites sont très incertaines et dont la fluidité risquerait d'ouvrir la voie à des immixtions abusives ?

*b) Solutions du droit positif.*

Pendant longtemps, la question fut âprement controversée, en raison de l'ambiguïté d'un texte (l'art. 46 de la loi du 20 avril 1810), aujourd'hui abrogé. Mais si cette controverse est désormais dépassée, les solutions qui furent dégagées à l'époque n'en conservent pas moins tout leur intérêt dans la mesure où elles permettent de mieux comprendre l'évolution du droit positif français en la matière.

Dans cet ordre d'idées, une étape décisive fut marquée par un arrêt classique de la chambre civile de la *Cour de cassation du 17 décembre 1913* (16). En l'espèce, un dénommé Honoré Bodin, qui vivait en Cochinchine, avait reconnu des enfants naturels moyennant quelques piastres ; et cela afin de leur conférer la citoyenneté française en dehors de tout contrôle de la part de l'administration. Comme à l'époque il tendait à avoir quelques imitateurs, le parquet voulut mettre fin à cette pratique et il prit l'initiative d'agir en justice pour faire annuler les reconnaissances mensongères. Dans le cas d'espèce, la demande fut rejetée. Mais ce qui est intéressant, c'est moins la solution consacrée que le motif retenu par la Cour de cassation qui posa le principe que le ministère public peut intervenir par voie d'action principale dans les circonstances où « *l'ordre public est directement et principalement intéressé* à l'occasion de faits qui lui portent une grave atteinte, sans léser aucun intérêt rival ». Dans le cas présent, la Cour de cassation estima que la question « intéressait moins l'ordre public que le repos et l'honneur des familles » (ce qui pouvait se discuter) ; que l'ordre public n'était donc pas « directement et principalement » intéressé, et c'est pourquoi la demande du ministère public fut rejetée en l'espèce. Mais, à travers cette motivation, on pouvait en déduire que le ministère public avait le droit de se porter partie principale, même en dehors des cas spécifiés par la loi, toutes les fois que l'ordre public était en cause, dès lors qu'il était « directement et principalement » intéressé (17).

Au moment où furent élaborés les premiers textes du nouveau code de procédure civile (à partir de 1971), le législateur prit parti sur ce problème en reprenant purement et simplement la formule de l'arrêt Honoré Bodin de 1913 : le ministère public, décida à l'époque l'art. 7 du décret n° 72-684 du 20 juillet 1972, « peut agir pour la défense de l'ordre public à l'occasion de faits qui portent directement et principalement atteinte à celui-ci ». Mais, au moment de la codification en 1976, lorsque l'art. 7 du décret de 1972 est devenu l'art. 423 nouv. c. pr. civ., le texte initial fut amputé de ses deux adverbes (« directement » et « principalement »). De telle sorte que, désormais, le ministère public peut se porter partie principale, non seulement dans les cas particuliers où la loi le spécifie, mais d'une manière plus générale, *toutes les fois que l'ordre public est en cause ;* et cela, *sans la moindre réserve.*

Comme on peut le constater, le nouveau texte va beaucoup plus loin que la jurisprudence antérieure dans la mesure où il ouvre librement la voie à l'action du

---

(16) S. 1914.I.153, note Ruben de Couderc, D. 1914.I.26, note Binet, *Rev. trim. dr. civ.* 1915, 207, obs. Japiot.

(17) En ce sens, cf. de nombreux arrêts ultérieurs : Cass. civ. 10 juin 1953, J.C.P. 1953.II.7823, note Jean Savatier ; Cass. civ. 29 mars 1955, D. 1955.429 ; voy. toutefois en faveur de la thèse restrictive : Trib. civ. Seine, 3 févr. 1948, J.C.P. 1948.II.4616, note Desbois.

ministère public. L'opportunité d'une telle extension, réalisée par l'effet d'un coup de gomme de la Chancellerie, peut très sérieusement se discuter si l'on considère que l'ordre public est une notion extrêmement fluide dont le contenu risque de varier selon les humeurs du temps.

## § 2. — MINISTÈRE PUBLIC AUPRÈS DES JURIDICTIONS ADMINISTRATIVES

**313. Commissaire du gouvernement** (18). — Auprès des juridictions administratives, le ministère public est exercé par un membre de la juridiction qui, non sans ambiguïté d'ailleurs (*infra*, n° 316), porte le titre de « Commissaire du gouvernement ». Son rôle exclusif est de faire connaître à la formation de jugement ce qu'il estime devoir être la bonne application de la loi.

Il existe un commissaire du gouvernement devant toutes les juridictions administratives, à cette réserve près toutefois que devant les juridictions administratives à compétence spéciale (*supra*, n[os] 281 s.), sa situation, variable d'ailleurs selon les juridictions, est si particulière qu'elle pourra être négligée dans les développements qui vont suivre.

Le commissaire du gouvernement a une très jeune histoire. Institué au Conseil d'Etat en 1831 et auprès des anciens conseils de préfecture par une loi de 1862, le commissaire du gouvernement avait été initialement conçu à l'imitation des membres du parquet des juridictions de l'ordre judiciaire pour être des agents de l'exécutif et, donc, les représentants de l'administration. Mais cette idée première a été rapidement démentie et l'institution a évolué dans le sens d'une très grande indépendance, en raison sans doute de l'absence de toute structure hiérarchisée.

**314. Absence de structure hiérarchisée.** — A la différence des magistrats du ministère public devant les juridictions de l'ordre judiciaire, le commissaire du gouvernement n'est intégré à aucun corps hiérarchisé. Si ce n'est devant la Cour des comptes (*supra*, n° 282), *la notion même de « parquet » est totalement inconnue*

---

(18) Sur le Commissaire du gouvernement auprès des juridictions administratives, on consultera les ouvrages classiques de MM. G. Vedel et P. Delvolvé (12e éd., t. 2, p. 79-80) et de MM. Auby et Drago (3e éd., t. I, n[os] 213 et 250). Pour une étude plus approfondie, au point de vue historique (T. Sauvel, « Les origines des commissaires du Gouvernement auprès du Conseil d'Etat statuant au contentieux », *Rev. dr. publ.* 1949, p. 5 et s.), et dans la perspective du droit positif (R. Guillien, « Les commissaires du Gouvernement près les juridictions administratives », *Rev. dr. publ.* 1955, p. 281 et s. ; O. Dupeyroux, « Le ministère public auprès des juridictions administratives », *Mélanges Mestre*, p. 179 et s.).

*devant les juridictions administratives.* Comme on a pu l'écrire très justement, les commissaires du gouvernement « n'ont *d'existence qu'individuelle* » (19). Ils sont choisis et désignés par décret, parmi les membres de la juridiction à laquelle ils appartiennent, pour exercer ces fonctions à titre temporaire : au Conseil d'Etat, parmi les maîtres des requêtes et éventuellement les auditeurs, et dans les tribunaux administratifs, parmi les conseillers composant le tribunal.

Il en résulte cette conséquence importante que les commissaires du gouvernement *échappent à toute subordination* : n'appartenant à aucune organisation structurée, ils n'ont, en cette qualité, aucun supérieur hiérarchique ; ils ne reçoivent aucune directive et requièrent à l'audience en leur propre nom. C'est d'ailleurs ce qui explique la grande indépendance qu'ils ont pu conquérir, malgré les textes initiaux que les avaient institués (*infra*, n° 316).

Pour cette raison, il ne saurait être question de comparer un magistrat du parquet à un commissaire du gouvernement. Sans doute, l'un et l'autre exercent-ils le « ministère public ». Mais ils l'exercent dans des conditions très différentes.

**315. Rôle du commissaire du gouvernement.** — Devant les formations contentieuses du Conseil d'Etat ainsi que devant les tribunaux administratifs et cours administratives d'appel, le commissaire du gouvernement n'a pas pour fonction d'exercer un recours comme pourrait le faire le parquet devant une juridiction répressive. Le recours a été exercé par l'administré (ou par l'administration) : la juridiction administrative est saisie ; en aucun cas, il n'appartient au commissaire du gouvernement de déclencher un procès. En réalité, sa seule fonction (qui d'ailleurs est importante) est de présenter des observations à la formation de jugement, à propos de l'affaire dont elle est saisie, pour lui indiquer quelle devrait être, selon lui, la solution conforme à une saine interprétation de la loi.

Comme on peut le constater, le commissaire du gouvernement n'intervient pas comme « partie principale » : il n'est ni demandeur, ni défendeur. Il n'intervient, dit-on, que comme « *partie jointe* » ; ce qui signifie qu'il se joint simplement aux débats pour faire connaître son opinion de façon objective.

A cette fin, le commissaire du gouvernement assiste à la séance de la sous-section d'instruction et il lui appartient de décider s'il y a lieu de conclure (décret du 27 oct. 1982). S'il est en désaccord avec la solution proposée, il peut prendre des conclusions devant la formation de jugement. Eventuellement même, il peut demander le renvoi à la section du contentieux ou à l'assemblée du contentieux (*supra*, n° 255).

**316. Originalité de la fonction.** — Le commissaire du gouvernement remplit une fonction originale qui ne fait de lui ni un juge, ni un représentant de l'administration.

---

(19) L'expression est empruntée à MM. G. Vedel et P. Delvolvé, 12e éd., t. 2, p. 80.

*a*) Ce n'est *pas un juge*. Dans la mesure où il exerce le ministère public, le commissaire du gouvernement n'appartient pas à la formation de jugement et il doit s'abstenir de participer au délibéré.

Pour cette raison, sa fonction ne doit pas être confondue avec celle du juge rapporteur. On appelle ainsi un juge de la formation le jugement qui est spécialement chargé d'instruire l'affaire et qui, lorsque l'instruction est achevée, doit en faire rapport à ses collègues. En fait, leurs conclusions sont souvent assez proches. Mais le rôle de chacun d'eux se situe à des plans différents : le rapporteur est un juge qui prépare la décision et qui participera au délibéré, tandis que le commissaire du gouvernement n'intervient ni dans l'instruction, ni dans le jugement de l'affaire : il se borne simplement à formuler des observations et à prendre des conclusions que, d'ailleurs, la formation de jugement n'est jamais obligée de suivre. Et finalement, l'expérience prouve que ces deux fonctions se complètent assez bien.

*b*) Ce n'est *pas un représentant de l'administration*. Contrairement à ce que pourrait faire penser une terminologie ambiguë, le commissaire du gouvernement n'est pas le porte-parole de l'Etat ou de l'administration qui peut se défendre elle-même ou faire valoir ses moyens par l'organe de ses propres avocats. En réalité, il est le « serviteur de la loi » ; ce qui est très différent (ou, comme l'on dit parfois avec plus de noblesse, il est le « commissaire de la loi », ou encore, le « commissaire du droit ») (20).

Ce rôle n'est certainement pas celui qui avait été initialement prévu par le législateur lorsque fut institué le commissaire du gouvernement en 1831 (au Conseil d'Etat) et en 1862 (devant les anciens conseils de préfecture) : à l'origine, sa mission avait été conçue comme étant celle d'un véritable porte-parole du gouvernement (conformément à l'étymologie de son titre). Mais très vite cette institution évolua, d'autant plus facilement d'ailleurs que, nous l'avons vu, le commissaire du gouvernement n'est lié par aucune subordination hiérarchique (*supra*, n° 314). Et c'est ainsi que le commissaire du gouvernement prend parfois des conclusions qui peuvent aller à l'encontre des souhaits du gouvernement : par exemple, lorsqu'il conclut à l'illégalité d'un décret ou à la condamnation de l'administration. Et il est bon qu'il en soit ainsi, pour le prestige de la juridiction administrative.

Cette évolution, il est vrai, n'alla pas toujours sans heurt. On cite souvent l'exemple d'un commissaire du gouvernement (Reverchon) qui, en 1852, fut menacé de révocation parce qu'il n'avait pas soutenu le point de vue de l'Etat ; cette menace fit un tel scandale que le gouvernement n'insista point. Plus près de nous, on peut également relever dans le même sens, un arrêt du Conseil d'Etat du 10 juillet 1957 (arrêt *Gervaise*, Rec. Lebon, p. 466) qui, sur un recours formé par un commissaire du gouvernement relevé de ses fonctions pour n'avoir pas défendu les intérêts de l'administration, admit ce recours au motif suivant :

---

(20) G. Vedel et P. Delvolvé, 12e éd., t. 2, p. 80.

« Le commissaire du gouvernement près le conseil du contentieux *n'est pas le représentant de l'administration* ; ... il a pour mission d'exposer au conseil les questions que présente à ce sujet chaque recours contentieux et de faire connaître, *en toute indépendance*, son appréciation, qui doit être *impartiale*, sur les circonstances de fait de l'espèce et les règles de droit applicables ainsi que son opinion sur les solutions qu'appelle, *suivant sa conscience*, le litige soumis à la juridiction ».

Cette solution donnée par l'arrêt du Conseil d'Etat du 10 juillet 1957 définit très exactement la fonction du commissaire du gouvernement et laisse pressentir le rôle considérable qu'il peut jouer devant les juridictions administratives. Souvent d'ailleurs, les conclusions prises par les commissaires du gouvernement sont publiées dans les recueils de jurisprudence. De grands noms ont illustré cette fonction : Laferrière, David, Romieu, Léon Blum, Pichat, Tardieu, Rivet, etc ... De l'avis unanime, les conclusions des commissaires du gouvernement ont contribué très efficacement à la formation du droit administratif moderne.

## *SECTION III*

## LA COMPÉTENCE

**317. Généralités.** — On a pu constater le nombre important et surtout la diversité des juridictions qui concourent à l'administration de la justice. La fonction juridictionnelle se fragmente en une multitude d'organes qui, loin d'être polyvalents, ne peuvent exercer cette fonction que dans un domaine délimité, propre à chacun d'eux, et que l'on appelle sa « compétence ».

La compétence peut donc se définir comme étant *l'étendue du pouvoir de juger qui appartient à chaque juridiction.* Au-delà de ces limites, on dira que la juridiction est incompétente pour connaître de la demande qui lui est soumise. Si, par exemple, une demande en divorce devait être portée devant un tribunal de commerce ou un conseil de prud'hommes, il est bien évident que la juridiction saisie devrait se déclarer incompétente.

Le premier souci du plaideur qui veut engager un procès consiste à déterminer la juridiction compétente. Parfois, le choix est facile. Mais en d'autres circonstances, cette détermination soulève des problèmes très délicats qui peuvent rendre hasardeux le choix de la juridiction qu'il y a lieu de saisir.

A cette place, il ne saurait être question d'exposer les règles de compétence dans toute leur complexité. Mais, si l'on s'en tient uniquement aux principes généraux, on constate d'emblée que la détermination de la juridiction compétente est fonction de deux paramètres.

*a*) Il faut d'abord et en tout premier lieu, se demander quel est le type de juridiction qui doit connaître de l'affaire : doit-elle être portée devant un tribunal administratif, un tribunal de grande instance, un tribunal de commerce ou un tribunal correctionnel ? Cette première question oblige à déterminer ce que l'on appelle traditionnellement (sous réserve des controverses de terminologie sur ce point, *infra*, n° suivant), la *« compétence d'attribution »* ou encore la *« compétence matérielle »* de chaque type de juridiction.

*b*) Mais la recherche ne s'arrête pas là : lorsque l'on a déterminé devant quel type de juridiction l'affaire doit être portée, il faut ensuite déterminer, parmi toutes les juridictions de ce type, laquelle est territorialement compétente. Si par exemple, la compétence d'attribution appartient au tribunal de grande instance, il faut savoir si le tribunal territorialement compétent est celui de Paris, de Toulouse ou de Bordeaux. En un mot, il faut localiser le litige dans l'espace, afin de déterminer, compte tenu du ressort territorial de chaque juridiction, laquelle est compétente pour connaître de l'affaire. C'est alors un problème de *« compétence territoriale »*.

Ces explications commandent le plan qui sera suivi.

## § 1. — COMPÉTENCE D'ATTRIBUTION (OU COMPÉTENCE MATÉRIELLE)

**318. Définition et terminologie.** — La compétence d'attribution (ou compétence matérielle) de chaque type de juridiction est fonction de la nature des rapports juridiques en cause, de l'objet du litige et de son importance, voire même parfois de la qualité personnelle des parties. Ainsi, le tribunal de commerce est compétent pour connaître des affaires de nature commerciale ; le tribunal administratif pour juger les contestations où se trouve impliquée une collectivité publique, etc...

La compétence des différentes juridictions a été sommairement exposée à propos de l'étude de chacune d'elles. Il est inutile d'y revenir ; et, par ailleurs, un examen détaillé des règles de compétence excéderait les limites de cet ouvrage. Mais encore faut-il s'expliquer sur la terminologie qui est utilisée en cette matière.

Pour désigner l'étendue du pouvoir de juger de chaque type de juridiction, on parle parfois de sa *« compétence matérielle »* (ou encore : *« ratione materiae »*), parce que le choix de la juridiction serait fonction de la matière à juger. Il est certes exact que, dans bien des cas, c'est la nature de l'affaire (civile, commerciale, correctionnelle, etc ...) qui détermine la juridiction compétente. Mais cette terminologie, qui échapperait à toute critique s'il en était toujours ainsi, est prise en défaut dans les cas où la compétence est déterminée par d'autres considérations que la matière à juger : par la personnalité de l'un des plaideurs (comme c'est fréquemment le cas en matière administrative), ou encore par la valeur du litige (par exemple : ce qui détermine la compétence du tribunal d'instance par rapport au tribunal de grande instance, ce n'est pas la nature du litige qui est civile dans les deux cas : c'est le fait que le montant de la demande est inférieur ou supérieur à 30 000 francs ; *supra*, n[os] 92 et 102).

Pour cette raison, on préfère utiliser l'expression *« compétence d'attribution »*, parce que le pouvoir de juger qui appartient à chaque type de juridiction résulte du fait qu'il lui est « attribué » par la loi. Cette terminologie a le mérite d'être plus compréhensive. Mais, si elle est assez largement répandue devant les juridictions de l'ordre judiciaire, elle est en revanche utilisée devant les juridictions de l'ordre administratif dans un sens différent, pour désigner uniquement la compétence des juridictions qui, n'étant pas de droit commun, ne peuvent juger que les seules affaires pour lesquelles un texte spécial leur a expressément « attribué » compétence. Et c'est ainsi que *la même expression n'a pas exactement le même sens selon les contentieux.* Ce qui est évidemment très regrettable.

On a là l'exemple d'une controverse qui a pris souvent des proportions qu'elle ne mérite pas et qui provient de ce que les spécialistes de chaque matière ont forgé isolément leur propre vocabulaire. L'essentiel est d'en prendre conscience, afin de ne pas être déconcerté par ces différences de terminologie (21).

**319. I. Juridictions de droit commun et juridictions d'exception.** — Le principe de cette distinction est apparemment très simple.

Certaines juridictions ont une compétence de principe pour connaître de tous les litiges, sans qu'il soit besoin d'une loi spéciale pour les investir du pouvoir de juger telle ou telle affaire : on les appelle des *« juridictions de droit commun »*. On dira, par exemple, que les tribunaux de grande instance, dans la matière du contentieux privé, et les tribunaux administratifs dans l'ordre des juridictions administratives, sont des juridictions de droit commun parce qu'elles sont compétentes dans leurs domaines respectifs pour juger de tous les litiges, aussi longtemps qu'un texte particulier ne leur a pas retiré la connaissance de telle ou telle catégorie d'affaires déterminée.

En revanche, d'autres juridictions ne connaissent que de certaines affaires limitativement énumérées, pour lesquelles un texte spécial leur a expressément reconnu compétence : on les appelle alors des *« juridictions d'exception »*, parce que leur compétence a un caractère exceptionnel et en quelque sorte dérogatoire au droit commun. Ainsi, le tribunal de commerce est une juridiction d'exception parce

---

(21) En tout cas, l'expression *« compétence absolue »*, utilisée autrefois pour désigner la « compétence d'attribution » (ou « compétence matérielle »), sous prétexte que ce type de compétence serait d'ordre public et entraînerait une « incompétence absolue » invocable au besoin par le juge, a de nos jours fort heureusement disparu.

que sa compétence se limite aux seules affaires commerciales prévues par la loi qui a institué et organisé cette juridiction.

L'expression *« juridiction d'exception »*, traditionnellement utilisée dans l'ordre judiciaire, ne va pas sans problème.

*a*) On observera d'abord que cette expression n'est guère utilisée dans le contentieux administratif : les juridictions qui n'ont de compétence que dans les cas prévus par la loi sont appelées plus volontiers des *« juridictions d'attribution »*, parce que leur compétence se limite à la connaissance des seuls cas pour lesquels elles ont reçu une « attribution » spéciale de compétence (rapp. *supra*, n° 318). Mais, sous cette différence de terminologie, l'idée reste la même : elle ne remet pas en cause le principe de la distinction.

*b*) De toute manière, on se gardera de considérer que les « juridictions d'exception » sont des juridictions de « seconde zone ». Il est d'autant plus utile de le souligner que l'expression s'enrichit parfois d'une connotation péjorative. Cette impression provient pour une large part du fait que les juridictions pénales d'exception sont généralement créées pour faire face à des situations hors du commun, dans la perspective d'une répression accrue ; de là, une certaine méfiance à l'égard de ces juridictions : le droit pénal n'aime pas l'exceptionnel et il a raison (*supra*, n° 194). Mais allant plus loin et s'agissant même des juridictions du contentieux privé, certaines oreilles sensibles n'apprécient guère cette expression qui pourrait donner à penser que les juridictions d'exception sont des juridictions de moindre importance. Il faut dénoncer une telle susceptibilité que rien ne justifie. Sans doute, les juridictions d'exception ne bénéficient-elles pas de certaines prérogatives reconnues aux juridictions de droit commun (notamment, elles ne connaissent pas des difficultés d'exécution de leurs propres jugements) ; et il est non moins exact que l'étendue de leur compétence est strictement limitée aux seuls cas prévus par la loi. Mais cela ne compromet en rien l'importance et l'autorité de ces juridictions. De toute manière, on ne peut pas nier que leur compétence a un caractère exceptionnel, au sens technique du terme. Et si le mot « exception » chagrine certains, ce n'est là, après tout, qu'une question de vocabulaire. Tant il est vrai que le langage juridique a lui aussi ses modes.

1°) *Quelles sont les juridictions de droit commun ?*

Pour répondre à cette question, il faut considérer chacun des différents contentieux.

*a*) En *matière civile, commerciale et sociale* (c'est-à-dire, dans la matière du contentieux privé relevant de la Cour de cassation), la juridiction de droit commun est, au premier degré, le *tribunal de grande instance*. Ce principe résulte expressément de l'art. R. 311-1 c. org. jud., aux termes duquel « le tribunal de grande instance connaît ... de toutes les affaires pour lesquelles compétence n'est pas attribuée expressément à une autre juridiction en raison de la nature de l'affaire ou du montant de la demande ».

On s'est parfois demandé si le tribunal d'instance n'était pas, lui aussi, juridiction de droit commun pour les petites affaires civiles, aujourd'hui inférieures à 30 000 francs (22). La

---

(22) P. Hébraud, *Justice 59*, D. 1959, chron. 151, spéc. p. 156, col. 2 *in fine* ; H. Solus, *Le tribunal d'instance, juridiction de droit commun*, D. 1964, chron. 133 et s.

question peut évidemment se poser du fait de la tendance actuelle à faire de ce tribunal une sorte de « succursale locale » du tribunal de grande instance (*supra*, n° 110). Mais tout en reconnaissant que le tribunal d'instance occupe une place très particulière et si l'on veut bien faire abstraction de toute idée de promotion réelle ou supposée que pourrait impliquer l'accès au rang de juridiction de droit commun, on doit reconnaître que ce tribunal a une compétence limitée aux seuls cas prévus par la loi (art. R. 321-1 et s. c. org. jud.) ; ce qui, techniquement, est le propre d'une juridiction d'exception.

Au second degré, la juridiction de droit commun est la *cour d'appel*. Mais, comme elle est en principe l'unique juridiction du second degré (*supra*, n° 157), le fait de la présenter comme juridiction de droit commun ne tire guère à conséquence, sinon pour souligner qu'à défaut de texte contraire, elle attrait à elle tout le contentieux privé au second degré de juridiction.

*b*) En *matière pénale*, la situation est plus complexe du fait que la compétence d'attribution se détermine en fonction des différentes catégories d'infractions. Dès lors, il existe trois juridictions de droit commun qui ont été étudiées précédemment : le *tribunal de police* en matière de contravention, le *tribunal correctionnel* lorsqu'il s'agit d'un délit et, enfin, la *cour d'assises* compétente en matière criminelle.

*c*) Pendant longtemps, en *matière administrative*, la juridiction de droit commun a été le Conseil d'Etat. Ce n'est plus vrai aujourd'hui. Pour les raisons précédemment indiquées et sur lesquelles il n'y a pas lieu de revenir (*supra*, n° 244), la juridiction de droit commun est, au premier degré, le *tribunal administratif* (*supra*, n° 260) et, au second degré, la *cour administrative d'appel* (*supra*, n° 272). Le Conseil d'Etat n'est plus aujourd'hui qu'une juridiction d'exception (ou « d'attribution », selon le langage des spécialistes du droit public), sans que cette dénomination ait en quoi que ce soit diminué son importance.

2°) *Intérêts pratiques*

Sans entrer dans les détails de cette question délicate, on retiendra simplement les trois intérêts pratiques suivants.

*a*) En ce qui concerne les juridictions d'exception, les textes qui leur attribuent spécialement compétence sont d'interprétation stricte. Dès lors en effet qu'ils dérogent au droit commun, ils ne sauraient être étendus au-delà des limites fixées par le législateur.

*b*) Si un litige n'entre dans aucune des catégories qui régissent les juridictions d'exception (ou d'attribution), la compétence pour en connaître relève tout naturellement de la juridiction de droit commun. Celle-ci a, en quelque sorte, vocation à recueillir le « contentieux résiduel » ; et de la sorte, il n'y a aucun vide juridictionnel.

*c*) Enfin, à la différence des juridictions d'exception, certaines juridictions de droit commun ont, dit-on, « plénitude de juridiction ». Cette dernière notion exige un rapide commentaire.

**320. II. Plénitude de juridiction.** — Dire d'un tribunal qu'il a plénitude de juridiction (on dit aussi parfois : « plénitude de compétence »), signifie qu'il a une *compétence virtuelle* pour statuer sur des questions qui, normalement, ne relèvent pas de sa compétence habituelle. En d'autres termes, sa compétence est dotée d'une force d'expansion qui lui donne vocation à s'étendre au-delà des limites légales pour statuer sur les demandes ou les incidents qui, normalement, eussent échappés à sa compétence. Or, s'il est vrai que la plénitude de compétence de certaines juridictions de droit commun peut donner lieu à controverse, on doit en revanche poser en principe que cette particularité ne peut pas concerner les juridictions d'exception puisque, par définition même, leur compétence est strictement délimitée par les textes qui les ont instituées.

La notion de plénitude de juridiction explique un certain nombre de solutions intéressantes que l'on citera à titre d'illustration.

1°) En *matière pénale*

*a*) On trouve une première application de ce principe à propos du pouvoir qui appartient au juge pénal, saisi d'une poursuite, d'*apprécier la légalité d'un acte administratif réglementaire lorsque celui-ci commande l'application d'une peine.* Prenons l'exemple d'une personne qui serait poursuivie devant un tribunal répressif pour avoir contrevenu à un règlement de police édictant une amende ; si elle prétend que ce règlement est illégal, le juge pénal est compétent pour se prononcer sur ce point. Sans doute, sa décision n'aura-t-elle qu'un effet relatif, limité à l'affaire en question. Il n'en est pas moins remarquable qu'un juge de l'ordre judiciaire soit conduit à prendre parti sur un grief d'illégalité qui concerne l'administration (23).

*b*) Une autre application de ce même principe concerne spécialement la *Cour d'assises.* La compétence de cette juridiction peut en effet s'étendre au-delà de ses limites normales (art. 231 c. pr. pén.) ; et notamment, si elle estime que les faits dont elle est saisie ne constituent qu'un simple délit (pour lequel la compétence appartient normalement au tribunal correctionnel), sa plénitude de juridiction l'autorise néanmoins à statuer. Alors que bien évidemment l'inverse n'est pas vrai : si un tribunal correctionnel devait estimer que les faits dont il a été saisi constituent un crime, son incompétence en matière criminelle lui interdirait de se prononcer.

---

(23) Trib. confl. 5 juill. 1951, Avranches et Desmarets, D. 1952.271, S. 1952.3.1, note Auby ; Crim. 2 févr. 1956, D. 1956.678, note Maynier ; Crim. 14 nov. 1963, Pommery et Dalmas de Polignac, D. 1964.265 ; *adde*, G. Vedel et P. Delvolvé, *Droit administratif*, 12e éd., t. 1, p. 520 ; Auby et Drago, *Traité de contentieux administratif*, 3e éd., t. I, n° 551, p. 698.

2°) En *matière civile et commerciale*

Devant le *tribunal de grande instance*, lorsque le défendeur forme une demande incidente ou soulève un moyen de défense qui, pris isolément et à titre principal, aurait échappé à sa compétence, le tribunal peut en connaître. Par exemple si, devant un tribunal de grande instance, régulièrement saisi d'une demande qui entre dans les limites de sa compétence, le défendeur demande la condamnation de son adversaire à 5 000 francs de dommages-intérêts, le tribunal pourra statuer sur cette demande incidente, bien que, en raison de son montant, elle aurait dû normalement être soumise au tribunal d'instance.

Et de même, rien ne s'opposerait à ce que, d'un commun accord entre les parties, le tribunal de grande instance soit saisi d'une affaire de nature commerciale. En revanche, on ne pourrait pas admettre que les parties conviennent entre elles de porter devant un tribunal de commerce une affaire de nature civile. Pourquoi ? Parce que précisément le tribunal de commerce est une juridiction d'exception dont la compétence ne peut pas s'étendre au-delà des limites légales.

3°) En *matière administrative*

On retrouve une règle identique devant le *tribunal administratif*; si à l'occasion d'une demande dont il est régulièrement saisi, l'une des parties invoque l'illégalité d'un décret ou d'un arrêté ministériel, qui à titre principal aurait dû être jugée par le Conseil d'Etat en premier et dernier ressort (*supra*, n° 278), le tribunal administratif peut néanmoins se prononcer (24).

Comme on peut le constater, la plénitude de juridiction a pour effet de permettre des *extensions de compétence* (dans des conditions d'ailleurs assez complexes et sur lesquelles il n'y a pas lieu d'insister). Ces extensions ont toutefois pour limite impérative la nécessité de respecter les cas de compétence exclusive.

**321. III. Compétence exclusive.** — Dans certains cas, une juridiction a seule compétence *à l'exclusion de toutes autres* pour statuer sur une question litigieuse : on dit alors que, en cette matière, elle a *compétence exclusive.*

Par exemple : le tribunal de commerce a compétence exclusive en matière de faillite. Il en est de même des conseils de prud'hommes en ce qui concerne les litiges individuels de travail. Il en résulte que si une question semblable devait surgir incidemment devant un autre tribunal, fût-ce même devant un tribunal de grande instance, celui-ci serait rigoureusement incompétent pour se prononcer, même avec l'accord des parties. Les cas de compétence exclusive énumérés par le

---

(24) Cons. Etat, Ass. 16 nov. 1965, Soc. B.A.B. et B.L.B., *Rec. Lebon*, p. 436, *Rev. prat. dr. adm.* 1957. 29, concl. P. Laurent ; R. Chapus, 3e éd., n° 211, p. 167.

législateur constituent en quelque sorte des « noyaux durs » qui font obstacle à toute extension de compétence au profit de quelque juridiction que ce soit.

Cette situation peut entraîner de sérieuses complications lorsque la solution d'un litige est conditionnée par une question qui relève de la compétence exclusive d'une juridiction autre que celle saisie du litige. Un exemple illustrera cette difficulté : si devant un tribunal de grande instance, le demandeur se prévaut d'un décret pour justifier sa prétention et que son adversaire réplique en prétendant que ce décret est entaché d'illégalité, la solution sur ce point conditionne la suite du procès ; elle constitue ce que l'on appelle une *question préjudicielle* qui doit être préalablement tranchée avant de juger la demande. Mais, comme cette question relative à la légalité du décret relève de la compétence exclusive des juridictions administratives, le tribunal de grande instance ne peut pas se prononcer : il doit alors *surseoir à statuer* et renvoyer les parties devant la juridiction administrative compétente qui tranchera cette question préjudicielle ; ensuite, lorsque cette question aura été résolue, le procès reprendra devant le tribunal de grande instance (25).

Pour être complet, on se bornera à citer quelques cas de compétence exclusive :

— au profit des *tribunaux de grande instance* : état des personnes (filiation, mariage, divorce et séparation de corps, nationalité), propriété immobilière, inscription de faux, propriété industrielle (brevets d'invention, marques de fabrique), enregistrement, exequatur des jugements étrangers, difficultés relatives à l'exécution forcée des jugements et autres titres exécutoires ;

— au profit des *tribunaux de commerce* : redressement judiciaire et liquidation des biens d'une entreprise commerciale ;

— au profit des *conseils de prud'hommes* : l'intégralité de sa compétence est exclusive ;

— au profit des *tribunaux des affaires de sécurité sociale* : compétence exclusive en totalité ;

— au profit des *juridictions administratives* : à l'intérieur des juridictions administratives, il n'y a aucune compétence exclusive dans les rapports entre elles (26), mais en revanche, le principe de la séparation des autorités administratives et judiciaires fait que l'ensemble des attributions qui entrent dans la compétence des juridictions de l'ordre administratif ont un caractère exclusif à l'égard des juridictions de l'ordre judiciaire.

## § 2. — COMPÉTENCE TERRITORIALE

**322. Généralités.** — Si l'on met à part les juridictions suprêmes, — la Cour de cassation et le Conseil d'Etat qui, parce qu'elles sont uniques, ne soulèvent aucun

---

(25) On se souviendra que les juridictions pénales ont compétence pour se prononcer sur la légalité d'un acte administratif réglementaire lorsque celle-ci conditionne l'application d'une peine (*supra*, n° 320).

(26) R. Chapus, 3e éd., n° 217, p. 171.

problème de compétence territoriale —, chaque juridiction ne peut exercer sa compétence qu'à l'intérieur d'une circonscription géographique que l'on appelle son « *ressort territorial* » : au-delà des limites de ce ressort, elle est incompétente. Aussi bien, lorsque l'on connaît la nature de la juridiction qui doit se prononcer (*supra*, n[os] 318 et s.), est-il nécessaire de localiser l'affaire pour déterminer, parmi toutes les juridictions de même nature (parmi tous les tribunaux de grande instance, parmi tous les tribunaux administratifs, etc...), quelle est celle qui est territorialement compétente pour juger cette affaire : celle de Lyon, de Toulouse ou de Grenoble ?

On pourrait être tenté de croire que les problèmes concernant la compétence territoriale sont d'importance secondaire : après tout, quel inconvénient y a-t-il à plaider devant le tribunal de commerce de Paris plutôt que devant celui de Bordeaux ou de Marseille ? Pourtant, du point de vue pratique, cette question est loin d'être négligeable : le fait d'être obligé de plaider loin de son domicile entraîne fatalement une gêne et aussi des frais de déplacement qui donnent toute son importance à la détermination du tribunal territorialement compétent.

Ici encore, la terminologie mérite une explication. Pour désigner la compétence territoriale d'une juridiction, on utilise parfois l'expression « compétence *ratione personae* », sous prétexte que la compétence territoriale serait fonction du lieu où se trouve située la personne du défendeur. Cette expression faussement savante doit être rejetée. En bien des circonstances, de plus en plus nombreuses, le législateur prend en considération, non point le lieu où se trouve située la demeure du défendeur, mais la localisation d'un fait de nature objective, comme par exemple, le lieu de l'infraction en matière pénale, ou le lieu de la situation de l'immeuble en matière de litige immobilier. A tout prendre, l'expression « compétence *ratione loci* » serait plus exacte. Mais alors pourquoi ne pas parler tout simplement de la compétence territoriale ?

On étudiera successivement, tout au moins dans leurs grandes lignes, les critères de détermination de la compétence territoriale (A) et ses caractères (B).

### A. — Critères de détermination de la compétence territoriale

**323. Vue d'ensemble.** — Précisons tout de suite, pour n'y plus revenir, que le problème de la détermination de la juridiction territorialement compétente ne se pose qu'en *première instance*. Au second degré de juridiction, la compétence territoriale cesse de faire problème du fait que la juridiction d'appel compétente est celle dans le ressort de laquelle se trouve situé le tribunal qui a rendu le jugement attaqué.

Sous le bénéfice de cette remarque, on constatera que les critères varient selon les juridictions, pour des raisons qu'il conviendra de préciser en examinant les critères de détermination de la compétence territoriale, d'abord, devant les juridictions du contentieux privé (I), ensuite, devant les juridictions pénales (II) et, enfin, devant les juridictions de l'ordre administratif (III).

**324. I. Juridictions du contentieux privé.** — En principe, le tribunal compétent est celui dans le ressort duquel se trouve située *la demeure du défendeur* (art. 42 nouv. c. pr. civ.). Par exemple, si un demandeur habite Paris et si son adversaire est domicilié à Marseille, la demande devra être portée devant le tribunal de Marseille. Cette solution se justifie rationnellement : celui qui, par sa demande, prend l'initiative de contester une situation apparente doit prendre sur lui les inconvénients et les charges du déplacement ; s'il en était autrement, tout titulaire d'une situation établie, même solidement acquise, serait constamment exposé au risque d'être obligé d'aller plaider loin de chez lui pour répondre aux demandes les plus fantaisistes. Ce principe est d'ailleurs à rapprocher d'une autre règle traditionnelle selon laquelle la charge de la preuve incombe au demandeur.

Cette règle comporte toutefois d'assez nombreuses dérogations qu'il serait superflu d'exposer à cette place, mais dont on retiendra les orientations à la lumière des articles 45 et 46 du nouveau code de procédure civile.

*a*) Certaines d'entre elles trouvent leur justification dans le souci de *centraliser le contentieux* en un lieu déterminé où, très souvent, l'administration des preuves sera plus facile. Par exemple, en matière successorale, le tribunal compétent est celui où se trouve situé le lieu d'ouverture de la succession (dernier domicile du défunt) ; en matière immobilière, la compétence appartient au tribunal du lieu de la situation de l'immeuble ; en matière contractuelle, il est possible de saisir le tribunal du lieu où le contrat doit être exécuté ; en matière prud'homale, le conseil du lieu où se trouve situé l'établissement, en principe tout au moins (art. R. 517-1 c. trav.), etc...

*b*) En d'autres circonstances, on voit apparaître le souci de *protéger certains plaideurs.* Ainsi, en matière de responsabilité délictuelle ou quasi-délictuelle, il est possible à la victime de saisir le tribunal du lieu de l'accident (art. 46 nouv. c. pr. civ.). De ce point de vue, l'exemple le plus caractéristique nous est offert en matière d'assurance : aux termes de l'art. R. 114-1 c. ass., le tribunal territorialement compétent est toujours celui de l'assuré, même s'il est demandeur au procès.

**325. II. Juridictions pénales.** — En règle générale, la juridiction compétente est celle du *lieu de l'infraction.* C'est elle en effet qui est la mieux placée pour procéder aux mesures d'instruction nécessaires : si une enquête doit être effectuée ou si une descente sur les lieux se révèle nécessaire, il est plus commode d'en confier le soin à la juridiction dans le ressort de laquelle se trouve situé le lieu de l'infraction.

Toutefois, s'il est vrai que ce principe est intégralement applicable en matière de contravention, il comporte un certain nombre de nuances souvent importantes en matière correctionnelle (a) et surtout en matière criminelle (b).

**326. a) Compétence territoriale en matière correctionnelle.** — Aux termes de l'article 382 du code de procédure pénale, le tribunal compétent peut être soit celui du *lieu de l'infraction* (c'est la règle générale), soit le tribunal de la *résidence du prévenu*, soit le tribunal du *lieu de son arrestation*. En cette matière, par conséquent, la loi offre un éventail de compétence entre trois tribunaux correctionnels : par exemple, l'auteur d'un vol commis à Paris, domicilié à Brest et arrêté à Toulouse, pourra être jugé par le tribunal correctionnel de l'une de ces trois villes.

Le choix appartient au parquet en fonction des commodités de la poursuite. Souvent, il sera inspiré par le souci d'éviter les transferts inutiles qui sont onéreux et toujours désagréables : dans l'exemple choisi, il sera peut-être préférable de juger le prévenu à Toulouse plutôt que de lui offrir un voyage de retour sur Paris. Mais cette préoccupation n'exclut pas la nécessité de conduire l'instruction de l'affaire dans de bonnes conditions ; et si, par exemple, il paraissait utile d'entendre de nombreux témoins ou de procéder à des perquisitions au lieu de l'infraction ou au lieu de la demeure habituelle du prévenu, le parquet choisirait le tribunal correctionnel dans le ressort duquel se trouve situé l'un de ces lieux.

**327. b) Compétence territoriale en matière criminelle.** — La détermination de la Cour d'assises territorialement compétente est relativement complexe. Pour en comprendre le mécanisme, il faut se souvenir de plusieurs principes précédemment exposés. D'une part, la Cour d'assises est une juridiction départementale (*supra*, n° 188). D'autre part, elle est saisie par un arrêt de la chambre d'accusation (*supra*, n° 179), laquelle est une formation particulière de la cour d'appel (*supra*, n° 177).

Partant de là, il convient d'abord de déterminer la cour d'appel à laquelle appartient la chambre d'accusation compétente pour procéder à la mise en accusation de l'auteur du crime. La réponse est fort simple : c'est la cour d'appel dans le ressort de laquelle le crime a été commis. Mais, — et c'est là que se situe l'originalité en matière criminelle — *la chambre d'accusation de la cour d'appel compétente peut renvoyer l'affaire devant l'une des cours d'assises départementales qui se trouvent situées dans le ressort de la cour d'appel.* De telle sorte que la Cour d'assises qui sera appelée à statuer sur les poursuites n'est pas nécessairement celle du département où le crime a été commis : ce peut être celle d'un autre département, dès lors que celui-ci est situé dans le ressort de la même cour d'appel.

*(A titre d'exemple, cf. la carte page suivante).*

Cette latitude offerte à la chambre d'accusation est souvent opportune : s'agissant d'une juridiction populaire, où figurent des jurés influencés parfois par les remous que le crime a pu provoquer dans la région, il est souvent préférable de renvoyer le dossier devant la Cour d'assises d'un département différent, présumée plus neutre, l'essentiel étant que le département choisi appartienne au ressort de la cour d'appel du lieu de l'infraction.

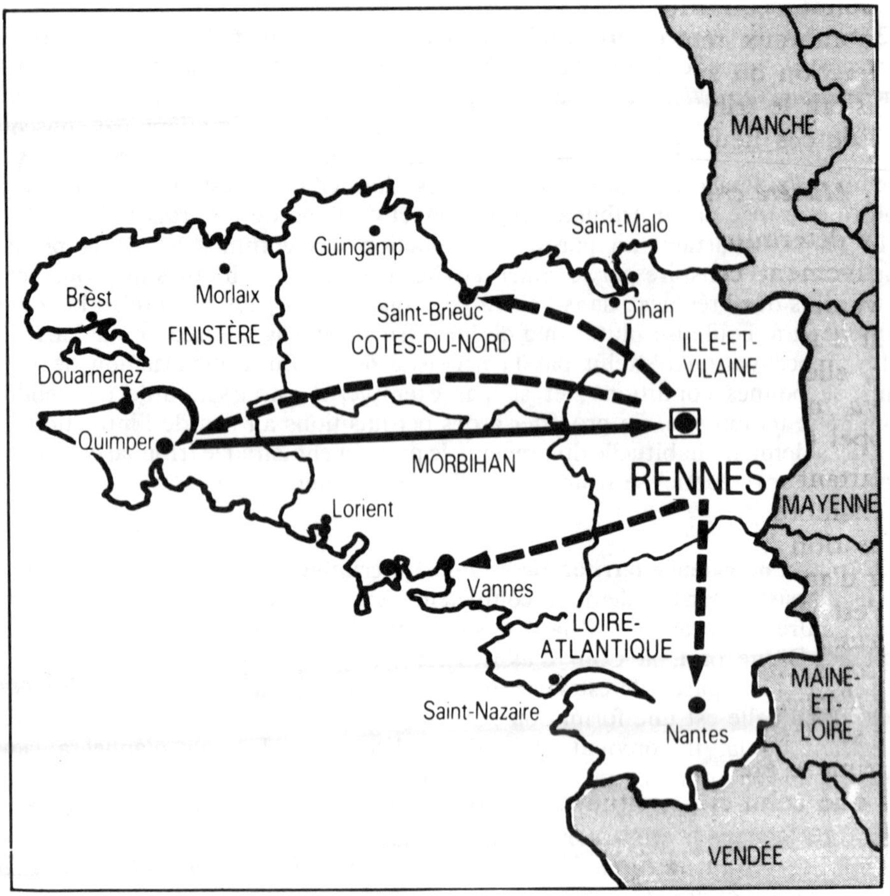


COMPÉTENCE TERRITORIALE EN MATIÈRE CRIMINELLE

Imaginons un crime commis à *Douarnenez* (Finistère). Cette ville étant située dans le ressort du Tribunal de grande instance de Quimper, l'instruction sera confiée au juge d'instruction de ce tribunal. Lorsqu'il aura achevé l'instruction, le dossier sera transmis à la Chambre d'accusation de la Cour d'appel de Rennes (dont dépend au second degré le juge d'instruction de Quimper). Ensuite, cette juridiction pourra renvoyer l'affaire devant l'une des 5 cours d'assises de son ressort, c'est-à-dire, devant la cour d'assises du *Finistère* (lieu du crime), mais également, si elle l'estime préférable, devant la cour d'assises des *Côtes du Nord*, du *Morbihan*, de l'*Ille-et-Vilaine* ou de la *Loire-Atlantique*. En revanche, l'affaire ne pourrait pas être renvoyée devant la cour d'assises de la Manche (qui relève de la Cour d'appel de Caen) ou de la Vendée (qui dépend de la Cour d'appel de Poitiers).

**328. III. Juridictions administratives.** — Tout problème de compétence territoriale étant nécessairement exclu lorsque le Conseil d'Etat est saisi en premier ressort, la seule question qui pratiquement mérite d'être étudiée est celle de la compétence territoriale des tribunaux administratifs (27).

En principe, le tribunal compétent est celui dans le *ressort duquel a légalement son siège l'autorité qui a pris la décision attaquée ou signé le contrat litigieux* (art. R. 46 du code des tribunaux administratifs). Si, par exemple, la décision administrative attaquée a été prise par le préfet du Loiret, le tribunal administratif compétent sera celui d'Orléans dans le ressort duquel siège l'auteur de la décision contestée. En fait, l'administration étant souvent la partie défenderesse, cette règle de principe du contentieux administratif rejoint celle du contentieux privé (*supra*, n° 324). Mais cette coïncidence est purement fortuite, car ce qui compte c'est moins le souci de protéger la partie défenderesse que de centraliser le contentieux au lieu où la décision a été prise. Le tribunal de ce lieu sera mieux à même d'instruire l'affaire : étant sur place, les transmissions de dossiers avec l'administration en cause seront plus faciles.

Cette règle de principe, si rationnelle soit-elle, a toutefois le redoutable inconvénient de concentrer tout le contentieux de l'Etat devant le tribunal administratif de Paris, puisque les autorités de l'Etat (les ministères et les administrations centrales) ont leur siège à Paris. Si l'on devait appliquer cette règle à la lettre sans le moindre correctif, ce tribunal risquerait d'être submergé par les dossiers, tandis que l'activité des tribunaux administratifs de province se limiterait à celle du contentieux local. Il était indispensable d'éviter un tel déséquilibre.

Ainsi s'expliquent les très nombreuses dérogations apportées à la règle de principe qui figurent dans les articles R. 50 à R. 61 du code des tribunaux administratifs. On se bornera simplement à citer quelques exemples qui illustreront cet effort de déconcentration de la justice administrative. Ainsi, est territorialement compétent : lorsqu'il s'agit d'un litige individuel intéressant un fonctionnaire, le tribunal administratif du lieu de son affectation (28) ; en matière d'élection, celui dans le ressort duquel est situé le siège de l'assemblée ; lorsqu'il s'agit de litige concernant un immeuble (expropriation, urbanisme, permis de construire, réquisition), le tribunal administratif du lieu de la situation de l'immeuble ; en matière de pension, celui dans le ressort duquel le demandeur a sa résidence, etc... Ces diverses solutions dérogatoires, réglementées avec une extrême minutie, forment un ensemble assez

(27) Pour un examen plus approfondi de cette question, cf. Auby et Drago, 3e éd., t. I, n° 637 et s., p. 813 et s. ; R. Chapus, 3e éd., nos 309 et s., p. 223 et s.

(28) Si, par exemple, un fonctionnaire de l'Etat exerçant ses fonctions à Toulon (Var) vient à faire l'objet d'une mesure de révocation, l'affaire sera portée, non pas devant le tribunal administratif de Paris (siège de l'autorité qui a pris la décision), mais devant le tribunal administratif de Nice (dans le ressort duquel se trouve situé le lieu de l'affectation).

disparate. De toute manière, à défaut de dérogation dans un texte formel, la règle de principe de l'art. R. 46 du code des tribunaux administratifs doit s'appliquer.

### B. — Caractères des règles relatives à la compétence territoriale

**329. Position du problème : ordre public ou intérêt privé ?.** — Il est classique de se demander si les règles édictées par le législateur pour déterminer la compétence territoriale de chaque juridiction sont des règles d'intérêt privé ou des règles d'ordre public. L'un des intérêts pratiques de la question concerne le point de savoir s'il est permis aux intéressés de déroger aux règles légales par un accord entre eux.

On peut soutenir en effet que la compétence territoriale a été édictée pour la commodité des plaideurs. Dans ce cas, rien ne s'oppose à ce que les intéressés eux-mêmes choisissent librement le tribunal compétent, en dérogeant au besoin aux règles légales.

Mais, en sens inverse, on peut penser également que des considérations d'ordre public ne sont pas étrangères aux règles fixées par le législateur. Le souci d'éviter l'encombrement de certaines juridictions et le souci d'assurer l'instruction dans de meilleures conditions sont des raisons qui intéressent au premier chef la bonne administration de la justice. Dès lors, si l'on raisonne ainsi, on est conduit à décider que les règles légales s'imposent impérativement ; que les parties ne peuvent pas y échapper et que le tribunal qui serait saisi d'une demande, alors qu'il n'est pas légalement compétent pour en connaître, aurait la faculté de relever d'office son incompétence territoriale.

A vrai dire, pour répondre à la question posée, il convient, ici encore, de distinguer selon que le tribunal compétent est une juridiction administrative (I), une juridiction répressive (II) ou une juridiction civile ou commerciale (III).

**330. I. En matière administrative.** — Il ressort clairement de l'article R. 47 du code des tribunaux administratifs que les règles de la compétence territoriale sont *d'ordre public*. On le comprend aisément. Les raisons qui ont dicté les choix du législateur en cette matière s'inspirent moins du souci de ménager les intérêts des parties en cause que de permettre un meilleur fonctionnement de la justice administrative en évitant notamment un encombrement du tribunal administratif de Paris (*supra*, n° 328).

Il en résulte que les accords entre les parties sur ce point sont dépourvus de toute valeur (sauf en quelques rares matières : marchés, contrats ou concessions) ; et que le tribunal administratif est tenu le cas échéant de relever d'office son incompétence.

**331. II. En matière pénale.** — Il est unanimement admis que les règles de la compétence territoriale sont d'*ordre public*. Comment pourrait-il en être autrement ? De même qu'en matière administrative et peut-être plus encore, l'objectif essentiel des règles de compétence territoriale est d'assurer le bon fonctionnement de la justice répressive.

Pour cette raison, et sans même évoquer l'éventualité d'un accord entre les parties au procès pénal dont on voit mal comment il pourrait se réaliser dans les faits, on doit poser en principe que nul ne peut renoncer à se prévaloir des règles légales concernant la compétence territoriale et que, de sucroît, le juge pénal peut toujours relever d'office son incompétence.

**332. III. En matière civile, commerciale et sociale.** — On a longtemps pensé que les règles relatives à la compétence territoriale des juridictions statuant en matière civile, commerciale et sociale avaient essentiellement pour objectif la commodité des parties ; qu'elles étaient, en quelque sorte, supplétives de volonté et que, dès lors, les parties pouvaient toujours convenir entre elles d'attribuer compétence territoriale à une juridiction de même nature siégeant dans une autre ville, au moyen d'une clause communément appelée une « *clause attributive de compétence* » (par exemple : « pour tout litige né du présent contrat, le tribunal compétent sera le tribunal de commerce de X... ») (29).

De nos jours, ce n'est plus entièrement vrai. Le législateur a fini par prendre conscience du fait que certains plaideurs n'ayant pas l'expérience des affaires risquent d'accepter des clauses qui déplacent abusivement la compétence territoriale en un autre lieu ; et, bien entendu, au lieu de la partie économiquement la plus forte qui impose son propre domicile. Notamment, l'expérience révéla que certaines entreprises importantes (spécialisées dans les ventes à crédit) jouaient sur la possibilité d'insérer de semblables clauses pour obliger leurs clients à se déplacer en cas de litige, avec parfois le secret espoir que cette gêne les dissuaderait de défendre leurs droits en justice.

Pour cette raison, l'évolution du droit positif moderne tend, sinon à prohiber ce genre de clause, du moins à en restreindre très sensiblement le domaine. Pendant longtemps, le législateur s'était borné à interdire les clauses attributives de compétence dans certains contrats particuliers : notamment en matière d'assurance (30) et dans le contrat de travail, c'est-à-dire, en matière prud'homale (art. R. 517-1 c. trav.).

---

(29) C'est d'ailleurs pourquoi, dans un langage qui a aujourd'hui heureusement disparu, on désignait parfois la compétence territoriale en la présentant comme une « *compétence relative* » (par opposition à la compétence d'attribution qui était une « compétence absolue » ; *supra*, n° 318), marquant ainsi par là que l'incompétence territoriale était une incompétence à laquelle les parties pouvaient toujours renoncer.

(30) Sur ce point, cf. Picard et Besson, *Le contrat d'assurance*, t. I, 5e éd., n° 145, p. 239.

Mais, depuis 1976, la prohibition s'est généralisée : désormais, quelle que soit la nature du contrat, les clauses de ce genre ne sont valables que si elles sont conclues *entre commerçants, agissant en cette qualité,* et si elles figurent *dans l'acte d'engagement lui-même* en *caractères apparents* (art. 48 nouv. c. pr. civ.).

Comme on peut le constater, les clauses attributives de compétence territoriale ne sont pas absolument interdites : et d'ailleurs il eut été malencontreux de les prohiber de façon absolue si l'on considère leur utilité dans le domaine international où l'on peut comprendre les réticences légitimes de certains contractants à s'engager s'ils ne sont pas assurés qu'un éventuel litige sera jugé par la juridiction d'un lieu déterminé offrant toute garantie. Mais leur validité est limitée aux rapports entre commerçants dont on présume, à tort ou à raison, qu'ils sont suffisamment avertis pour mesurer exactement la portée des clauses auxquelles ils souscrivent. En revanche, si l'une des parties à un contrat n'a pas la qualité de commerçant (s'il s'agit par exemple d'un contrat passé entre un commerçant et un simple particulier), toute clause attributive de compétence qui y figurerait serait réputée non écrite, c'est-à-dire, dépourvue de tout effet de droit ; et si néanmoins, le tribunal choisi illégalement venait à être saisi, il devrait, en cas de défaut du défendeur, se déclarer d'office incompétent (art. 93 nouv. c. pr. civ.). A travers ces nouvelles dispositions, on devine aisément le souci de protéger le consommateur.

De nos jours, il est donc inexact de dire, comme on l'affirmait autrefois, que les règles de la compétence territoriale sont d'intérêt privé : elles ne le sont exclusivement que dans les rapports entre commerçants ; et pour le reste, elles sont devenues d'ordre public.

*TROISIÈME PARTIE*

# LE PERSONNEL JUDICIAIRE

**333.** Pour que les juridictions puissent effectivement fonctionner et que la justice soit rendue, un personnel abondant et varié est indispensable que l'on appelle, d'un terme très général, le « personnel judiciaire ».

Il se répartit en deux catégories bien distinctes.

D'emblée, on pense aux *magistrats.* Ils occupent en effet une place éminente : ceux sont eux qui sont investis du redoutable pouvoir de juger ou encore, s'il s'agit du ministère public, de défendre les intérêts de la loi devant les tribunaux.

Mais il ne faut pas oublier d'autres personnes que l'on a coutume d'appeler les *auxiliaires de la justice* (tels les avocats, les avoués ou les huissiers de justice) qui, malgré ce terme modeste, apportent leur concours à l'administration de la justice de façon extrêmement efficace en aidant les plaideurs et aussi parfois le juge lui-même.

On étudiera donc successivement :

Chapitre I : *Les magistrats et les juges*

Chapitre II : *Les auxiliaires de la justice*

*CHAPITRE I*

# MAGISTRATS ET JUGES

**334. Terminologie.** — La redondance du titre ne doit pas surprendre ; elle exige toutefois une explication. Le *juge* (du latin : *« judicem »*) est celui qui dit le droit, c'est-à-dire, celui qui est investi de la fonction de rendre des jugements. Le *magistrat* (du latin : *« magister »*) désigne celui qui dispose d'un pouvoir qui n'est pas forcément celui de juger (1).

a) Dans l'*ordre judiciaire*, l'expression « magistrat » est très largement utilisée, pour deux raisons. D'abord parce que, nous l'avons constaté (*supra*, n$^{os}$ 301 s.), il y a en réalité deux catégories de magistrats : ceux qui jugent (magistrats du siège) et ceux dont le rôle est non point de juger mais de porter la parole au nom du ministère public (magistrats du parquet). Le mot « juge » pour les désigner tous serait donc techniquement inexact, alors que le mot « magistrat » permet de désigner indifféremment les uns et les autres. A cette première raison s'en ajoute une seconde : tous, aussi bien les magistrats du siège que ceux du parquet, font partie d'un même corps que l'on a pris l'habitude d'appeler la « magistrature » (2). Le mot magistrat symbolise donc mieux l'appartenance à ce corps que forme l'ordre judiciaire.

b) En revanche, dans *l'ordre administratif*, le mot « magistrat » est fort peu utilisé. Sinon à la Cour des comptes (*supra*, n° 282), on parle couramment des « juges ». Il est facile de comprendre pourquoi. Aucune des raisons précédemment indiquées ne se retrouvent en matière administrative : le commissaire du gouvernement qui porte la parole au nom du ministère public est choisi parmi les juges (*supra*, n° 314) ; et, par ailleurs, nous verrons que, à l'exception des membres des tribunaux administratifs et des cours administratives d'appel qui forment un corps unique

---

(1) Ainsi, pour désigner le maire d'une commune, on parle volontiers du « magistrat municipal ».

(2) Il semble que ce mot soit d'origine relativement récente : il n'est apparu qu'au commencement du XVII$^{e}$ siècle (Littré, v° *Magistrature*).

(*infra*, n° 366), le personnel de chaque juridiction forme un corps distinct. Voilà pourquoi le contentieux administratif reste attaché à l'expression « juge ».

De toute manière, qu'il s'agisse des « juges » ou des « magistrats », ils participent tous à l'administration de la justice. Dans les explications à venir et sous réserve des remarques qui viennent d'être faites, on pourra donc tenir ces deux expressions pour équivalentes.

La distinction entre « juges » et « magistrats » existe également dans certains systèmes judiciaires étrangers (notamment en Angleterre et au Canada), mais avec une signification très différente. Le « juge » est investi d'une véritable juridiction de droit commun et lui seul a droit au titre d'honorable (on dit un « Honorable juge »). Le « magistrat » n'a pas la même autorité, ni la même situation sociale : il correspond à ce que pouvait être autrefois le juge de paix de nos campagnes.

**335. Sources législatives et réglementaires.** — Les textes qui fixent le statut des magistrats et des juges sont différents selon qu'il s'agit des magistrats de l'ordre judiciaire ou des juges de l'ordre administratif.

I. *Ordre judiciaire*

Le texte fondamental est d'abord la Constitution elle-même qui, dans ses articles 64 et 65, pose un certain nombre de principes généraux. Mais il faudra y ajouter, dans un proche avenir, les lois organiques annoncées par la loi constitutionnelle de 1993 (qui a modifié l'art. 65) et qui sont en cours de préparation.

Actuellement (en septembre 1993), le texte en vigueur est l'*ordonnance n° 58-1270 du 22 décembre 1958* portant loi organique relative au statut de la magistrature. Ce texte important, qui comprend formellement 84 articles (3), constitue la charte de la magistrature française. Il a l'immense mérite d'avoir rassemblé dans un texte unique l'ensemble des dispositions qui figuraient autrefois dans des textes épars, souvent difficiles à retrouver. Depuis lors, il a été modifié à maintes reprises et récemment par la *loi organique n° 92-189 du 25 février 1992* dont l'objectif a été de renforcer le rôle des magistrats dans l'administration du corps de la magistrature et de les soustraire à une trop grande dépendance à l'égard du gouvernement. Mais de toute manière, la loi de 1992 ayant modifié les dispositions de l'ordonnance du 22 décembre 1958, cette ordonnance fondamentale reste toujours le texte de référence.

L'ordonnance de 1958 ainsi modifiée est d'*application générale*. Elle concerne en effet tous les magistrats de carrière de l'ordre judiciaire : les magistrats du siège comme ceux du ministère public, quelle que soit la juridiction à laquelle ils appartiennent (tribunaux d'instance, tribunaux de grande instance, cours d'appel,

---

(3) En réalité, par suite des modifications qui lui furent apportées ultérieurement certains articles sont dédoublés et même triplés (exemple : art. 13, 13-1, 13-2, etc ...).

Cour de cassation) (4). En revanche, les juges élus (comme par exemple, les juges des tribunaux de commerce et les conseillers prud'hommes) échappent aux dispositions de cette ordonnance : leur statut est fixé par les textes qui régissent chacune des juridictions dont ils font partie.

Cette description serait incomplète si l'on ne tenait pas compte d'autres textes qui ont été promulgués pour la mise en application de l'ordonnance n° 58-1270 du 22 décembre 1958 (telle qu'elle a été modifiée par la loi organique du 25 février 1992). On citera notamment, dans cet ordre d'idées, le *décret n° 93-21 du 7 janvier 1993* (5).

II. *Ordre administratif*

Aucun texte d'ensemble ne réglemente le statut des juges de l'ordre administratif, pour la simple raison qu'ils ne forment pas un corps unique soumis à un statut uniforme. En réalité, on ne trouve que des textes particuliers propres au personnel de chacune des juridictions administratives.

a) En ce qui concerne le *Conseil d'Etat*, le texte de base est l'ordonnance n° 45-1708 du 31 juillet 1945 dont certaines dispositions concernent le personnel de cette juridiction. Mais les dispositions essentielles figurent dans le décret n° 63-767 du 30 juillet 1963 relatif au statut des membres du Conseil d'Etat.

b) Le statut du personnel de la *Cour des comptes* est régi par des textes fort anciens dont les plus importants sont les décrets des 1er et 19 mars 1852 et surtout la loi du 16 mai 1941.

c) Les règles applicables aux conseillers des *tribunaux administratifs* ont été modifiés à plusieurs reprises : le dernier texte en date est la loi n° 86-14 du 6 janvier 1986 fixant les règles garantissant l'indépendance des membres des tribunaux administratifs. L'application de ce texte a été étendue aux conseillers des *cours administratives d'appel* lorsque celles-ci ont été instituées par la loi n° 87-1127 du 31 décembre 1987 (*supra*, n° 270).

**336. Plan.** — A la lumière des textes qui viennent d'être présentés, on étudiera successivement les règles concernant :

Section I — *Le recrutement et la nomination*
Section II — *Les garanties d'indépendance*
Section III — *Les droits et devoirs professionnels*

---

(4) Avant la réforme de 1958, les juges de paix formaient un corps spécial ayant son propre recrutement et son propre statut. Désormais, il n'en est plus ainsi : les juges d'instance appartiennent au corps judiciaire.

(5) Le décret de 1993 a remplacé un décret n° 58-1277 du 22 déc. 1958 dont certaines dispositions ont été maintenues temporairement en vigueur, à titre transitoire (cf. art. 53 du décret n° 93-21 du 7 janv. 1993).

## *SECTION I*

## RECRUTEMENT ET NOMINATION

**337. Importance et complexité du problème.** — L'exercice de la fonction judiciaire exige de nombreuses qualités très diverses : des connaissances techniques et pratiques, la connaissance des hommes, l'aptitude à comprendre leurs problèmes et, par-dessus tout, des qualités personnelles de sagesse, de bon sens et d'indépendance. La mise en place d'un système idéal de recrutement permettant de déceler tant d'aptitudes réunies n'est pas chose facile. Il est cependant superflu de souligner l'importance d'un tel problème qui met en cause la qualité et le prestige de la justice.

La question est d'autant plus complexe que le système de recrutement est lié pour une très large part à la vie politique et sociale, aux traditions nationales et à la conception que l'on peut se faire de l'administration de la justice. Ce qui est bon dans un pays déterminé n'est pas nécessairement applicable dans un autre pays. Et ce qui était bon hier, ne l'est plus nécessairement aujourd'hui. Si l'on attache une très grande importance à la technicité juridique, on recrutera volontiers les juges par voie de concours ; si l'on recherche des magistrats ayant une grande expérience des problèmes pratiques, on ouvrira l'accès aux fonctions judiciaires à des personnes ayant déjà exercé une autre activité professionnelle ; et si l'on estime que la confiance du justiciable importe plus que les connaissances juridiques ou que la justice est un élément du pouvoir politique (comme cela se voit dans certains pays), une large place sera réservée à l'élection des juges. De là, une grande diversité dans les modes de recrutement qui, d'ailleurs, ne s'excluent pas nécessairement.

Pour cette raison, il est indispensable de prendre d'abord conscience des *différents modes de recrutement* concevables (§ 1). On étudiera ensuite, à la lumière du droit positif moderne, les conditions de recrutement et de nomination des juges dans *l'ordre judiciaire* (§ 2) et dans *l'ordre administratif* (§ 3).

### § 1. — GÉNÉRALITÉS SUR LES DIFFÉRENTS MODES DE RECRUTEMENT

**338. Distinction.** — En règle générale, les juges et les magistrats sont des fonctionnaires recrutés à un âge relativement jeune et qui sont appelés à faire tout ou partie de leur carrière dans la fonction judiciaire. De là, pour les désigner l'expression courante, de « *juges de carrière* », et qu'il est plus exact de présenter comme des juges intégrés à la fonction publique (A).

Mais il est d'autres juges qui, sans appartenir à la fonction publique, sont appelés à exercer occasionnellement des activités judiciaires pour une durée limitée. On les appelle généralement, faute de mieux, des « *juges professionnels* », parce qu'ils exercent en même temps une activité professionnelle distincte. Pour éviter les équivoques, il semble néanmoins préférable de les présenter, par opposition, comme des juges non-intégrés à la fonction publique (B).

### A. — Juges intégrés à la fonction publique

**339. Ancien régime : la vénalité des charges de judicature.** — On rappellera à titre rétrospectif que, dans l'ancienne France, la plupart des fonctions publiques étaient exercées sous la forme de « charges » achetées au Roi moyennant finance. La magistrature de l'ancien régime n'a pas échappé à la règle. Pour devenir juge, il fallait acheter une charge de judicature au Roi : celle-ci faisait partie du patrimoine du titulaire de la charge et, à son décès, elle était transmise à ses héritiers (6).

Ce mode de recrutement, assez surprenant pour nos esprits modernes, avait le double avantage d'assurer aux juges une totale indépendance et de faire naître de solides traditions familiales : il est juste de constater que, grâce à ce système, la France a connu de grandes lignées de magistrats (exemples : Séguier, Lamoignon, d'Aguesseau). Mais ce mode de recrutement présentait de très sérieux inconvénients dans la mesure où, d'une part, il entretenait des préjugés de caste et où, d'autre part, le recrutement des juges était lié à des considérations de fortune qui n'étaient pas nécessairement la meilleure garantie au point de vue des connaissances. En réalité, un tel système se rattachait aux conceptions féodales d'une époque où la notion de service public était encore mal dégagée. Il fut aboli à la Révolution française et, de nos jours, il ne saurait être question d'y revenir.

**340. Système moderne : nomination par le gouvernement.** — Partant de ce principe que la justice est un service public dont l'Etat a la responsabilité, il est normal que les juges de carrière soient des fonctionnaires, nommés comme tous les fonctionnaires de l'Etat par le gouvernement lui-même et plus spécialement, s'agissant des magistrats, par le Président de la République.

Sans doute peut-on craindre que ce mode de recrutement ne donne prise à l'arbitraire et au favoritisme. Mais, à vrai dire, le risque peut être facilement écarté

---

(6) Sur ce point, on pourra lire avec intérêt l'ouvrage de M. Rousselet, *Histoire de la magistrature française*, t. I, p. 92 et s.

par l'aménagement de différents correctifs. On a parfois songé à la *cooptation*, c'est-à-dire, à un système qui consiste à limiter le choix du gouvernement aux seules personnes figurant sur une liste dressée par les juges en fonction ; mais ce système risque d'engendrer le népotisme et d'aboutir à la constitution d'une magistrature de caste (7). En dernière analyse, le correctif le plus sûr consiste à subordonner la nomination des magistrats à des *conditions strictement définies par la loi*, après vérification des aptitudes professionnelles par un organisme dont l'indépendance ne peut pas être suspectée.

Ce système est de loin le plus largement pratiqué dans la plupart des pays européens ; et notamment en Angleterre dont on cite souvent la justice comme un modèle d'indépendance. Le juge anglais est nommé par le gouvernement en place, parmi les avocats réputés, avec pour seule garantie la nécessité de prendre l'avis du barreau. Théoriquement, on ne peut concevoir un système plus dépendant du pouvoir exécutif. Mais il faut tenir compte des mœurs et des usages. Et de ce point de vue, l'expérience prouve que, quelle que soit l'orientation politique du gouvernement qui l'a désigné, le juge anglais, une fois investi de ses fonctions, oublie instantanément l'autorité qui l'a nommé pour ne plus penser qu'à sa charge éminente de juge et au fait qu'il est le détenteur d'un pouvoir autonome qui ne doit rien à personne. Le véritable exemple est peut être là !

**341. Sources du recrutement : le problème du « recrutement latéral » et du « tour extérieur ».** — La voie normale d'accès aux fonctions judiciaires est celle du concours ouvert à de jeunes candidats qui sortent des universités et qui, en principe, feront toute leur carrière dans la magistrature, depuis les emplois les plus modestes jusqu'aux plus hautes fonctions. Mais, à côté de cette filière normale, il en est une autre qui prend une certaine importance et qui consiste à intégrer dans le corps de la magistrature, judiciaire ou administrative, des personnes plus âgées ayant déjà exercé des activités professionnelles plus ou moins importantes dans divers secteurs de la vie juridique, économique ou sociale et qui, à un certain moment, souhaitent se reconvertir pour devenir juges. Par exemple : des avocats inscrits au barreau depuis plusieurs années, des fonctionnaires de l'administration active (directeurs de ministère, administration préfectorale, etc ...), voire même, des personnalités du secteur privé. C'est ce que l'on a pris l'habitude d'appeler le *« recrutement latéral »* ou encore, mais plus spécialement au sein de l'ordre administratif, le *« tour extérieur »*.

Ce mode de recrutement exceptionnel peut présenter de grands avantages.

D'abord, il apporte au sein du corps judiciaire une *« aération extérieure »* qui est loin d'être négligeable. Le danger qui guette la magistrature (comme d'ailleurs bien

---

(7) Ce système est pratiqué en Belgique, sinon pour la nomination directe, du moins pour l'accès à certaines fonctions. — Rapp. en France, un décret éphémère du 10 janvier 1935 qui fut abrogé quelques mois plus tard.

des corps de l'Etat) est de se couper du monde extérieur en s'enfermant dans les délices de l'exégèse. L'intégration d'un élément étranger, venu sur le tard avec une expérience pratique des réalités quotidiennes, peut être l'occasion d'une prise de conscience salutaire.

Ensuite, à cette première considération, s'ajoute un autre avantage de nature plus pragmatique : cette source de recrutement permet de faire face aux *besoins en personnel* exigés par l'augmentation constante de la masse contentieuse. La filière normale par la voie des concours ne permet pas toujours de répondre à la demande, en raison du risque d'abaisser dangereusement la qualité du recrutement et de privilégier certaines générations au détriment de celles qui suivront. Le recrutement latéral permet de « combler les vides » (sur la portée de cette observation au sujet des tribunaux administratifs et cours administratives d'appel ; *infra*, n^os^ 366 et 369).

Le « tour extérieur » n'a jamais soulevé de sérieux problèmes au sein des juridictions de l'ordre administratif : il s'impose d'ailleurs comme une véritable nécessité si l'on considère que le juge administratif doit être constamment informé des impératifs de l'administration active (*supra*, n° 257).

En revanche, au sein des juridictions de l'ordre judiciaire, le « recrutement latéral » a parfois soulevé de vigoureuses objections qui tiennent au fait que le corps judiciaire est très fortement hiérarchisé. L'intégration d'éléments extérieurs provoque d'instinct un réflexe d'auto-défense qui peut s'expliquer par la crainte de voir accéder à des postes importants des personnalités dont le nombre risque ensuite de paralyser l'avancement des jeunes magistrats qui ont fait carrière dans la magistrature dès le début. L'ouvrier de la onzième heure n'a jamais cessé de provoquer l'irritation ! Sans doute, éviterait-on cet inconvénient en offrant aux nouveaux venus des postes modestes. Mais si l'on veut que ce recrutement soit de qualité, il faut pouvoir offrir aux candidats une fonction en rapport avec leurs activités antérieures. Tout le dilemme est là. On verra que la loi du 25 février 1992 a fait en ce sens une avancée prudente, mais très significative (*infra, n° 361*).

### B. — Juges non-intégrés à la fonction publique

**342. Nécessité et limites de ce mode de recrutement.** — Il est difficile de ne faire rendre la justice que par des magistrats de carrière. On a dit précédemment (*supra*, n° 341), l'opportunité d'un recrutement qui permet d'introduire au sein des juridictions des personnes ayant une expérience des réalités quotidiennes. En certaines matières très spécialisées où les usages tiennent une place importante et où les textes présentent une technicité particulière, il est souvent indispensable de faire appel à des personnes qui, *tout en conservant leurs propres activités professionnelles et sans être intégrées à la fonction publique*, se verront confier des activités juridictionnelles pour un temps limité.

Mais cela dit, le grave problème qui se pose en législation est celui de savoir quel est le rôle qui doit être assigné aux juges recrutés de cette manière. Dans une première conception, on peut ne les faire intervenir que de façon exceptionnelle dans les domaines limités où la technicité l'emporte. Mais une autre analyse plus ambitieuse, et souvent de nature politique, consiste à leur réserver systématiquement une place au sein de toutes les juridictions afin que, par leur présence, la magistrature professionnelle échappe à tout esprit conservateur. A l'extrême, on peut même estimer que, pour conjurer ce danger, tous les juges doivent être temporairement élus : c'est ce qu'avait décidé la loi des 16 et 24 août 1790. Mais, sans aller jusqu'à cette extrémité, on constatera que dans les systèmes judiciaires socialistes, on trouve l'exemple de juridictions au sein desquelles siègent des assesseurs élus afin d'assurer une prééminence de l'élément populaire sur l'élément juriste et de veiller à ce que la loi soit appliquée en lui donnant « toute sa véritable portée politique » (8). Dans ce cas, le rôle du juge occasionnel est celui d'un véritable censeur.

Dans la tradition des pays occidentaux, il n'en est pas ainsi. Mais, pour s'en convaincre, il est alors nécessaire d'examiner les modalités de recrutement de ces juges et le rôle qui leur est assigné au sein des juridictions.

### 1° Modalités de recrutement

**343. Tirage au sort : le jury.** — Le jury peut se définir comme étant le système qui consiste à investir temporairement du pouvoir de juger, de simples citoyens (appelés des *jurés*), désignés par le sort pour se prononcer sur des questions de fait. Cette définition fait apparaître les éléments essentiels qui caractérisent le jury.

D'une part, les jurés sont de *simples citoyens* appelés occasionnellement à rendre la justice pour une *durée très limitée*, généralement pour une affaire déterminée.

D'autre part et surtout, les jurés sont désignés à la suite d'un *tirage au sort*. C'est là l'aspect le plus original de l'institution. De toute évidence, le système du jury a un fondement mystique : les personnes désignées le sont par le « doigt de Dieu » ; c'est d'ailleurs pourquoi on a pu présenter le jury comme un substitut civilisé des ordalies du très ancien droit. De nos jours, l'explication s'est laïcisée : on ne parle plus de la Providence, mais on considère que les jurés, choisis par l'effet du hasard, sont les dépositaires de la Souveraineté nationale. A travers eux, s'exprime l'opinion publique : le jury fait penser à un « sondage d'opinion » empirique à échelle réduite. De toute manière, quelle que soit l'explication retenue, l'idée demeure que le choix du juge échappe à la volonté humaine pour dépendre des seuls caprices du hasard auquel chacun est libre de donner le sens que lui dictent ses convictions.

---

(8) Friedieff, *L'organisation du service public de la justice en U.R.S.S.*, Bull. soc. lég. comp. 1948, p. 435 et s. ; R. David et J. N. Hasard, *Le droit soviétique*, t. I, p. 275 et s.

Enfin, le jury est appelé à statuer sur des *questions de fait* : l'accusé est-il coupable ou non ? Les questions de droit concernant l'interprétation des textes sont beaucoup trop complexes pour être livrées à des personnes que le hasard a choisies. Telle est du moins la conception pure du jury.

*a) La controverse*

Le système du jury a ses partisans. On fait observer qu'il est lié à une certaine conception de la démocratie : qu'y a-t-il en effet le plus démocratique que la participation à l'administration de la justice de simples citoyens qui exprimeront ce que pense l'opinion publique ? Ce système est lié également à une certaine conception de la justice : les jurés, étant de simples profanes, seront davantage préoccupés de l'équité et penseront plus au résultat pratique qu'à l'argumentation juridique ; en un mot, dit-on, la justice sera plus humaine, plus proche des réalités, moins formelle et, par conséquent, moins strictement juridique.

Mais le système du jury a aussi ses détracteurs. Il a d'abord, souligne-t-on, le grave inconvénient de rendre la justice impressionnable : les jurés sont facilement influencés par l'éloquence des avocats, par leurs réparties et par les incidents d'audience, beaucoup plus que ne le sont les magistrats de carrière ; de là, une justice dont les décisions sont très inégales selon les circonstances. On a souvent constaté en matière criminelle que la sévérité ou l'indulgence des arrêts varie selon les sessions d'assises et aussi suivant les lieux. Enfin, il est facile de faire observer que le système du jury n'offre pas toujours les garanties nécessaires, tant en ce qui concerne l'aptitude à juger que l'indépendance requise (9). De toute manière, un tel système a ses limites : il n'est concevable que dans la mesure où les questions de fait occupent une place prépondérante ; le jury n'a plus sa place lorsque les questions de droit sont déterminantes.

*b) Les solutions du droit positif*

En France, le système du jury n'existe que devant une seule juridiction : la *Cour d'assises* dont on sait qu'elle est composée de 12 membres dont 3 sont des magistrats de carrière tandis que les 9 autres sont des jurés (*supra*, n^os^ 190 s.). Et encore le système ne fonctionne-t-il pas à l'état pur si l'on considère que les jurés et les

---

(9) On citera à cet égard la phrase un peu dure d'un auteur américain (Kuhn, *Principes de droit anglo-américain, droit privé et procédure*, p. 96) : « Il n'y a pas de sélection du fait de l'élection des jurés. Fréquemment, des individus à l'intelligence bornée ont à juger des cas qu'ils sont absolument incapables de comprendre. Aucun système d'administration des preuves, si finement conçu qu'il soit, ne peut transformer en quelques instants 12 fous en 12 sages ». Mais on soulignera qu'aux Etats-Unis, le système du jury, même en matière civile, est inscrit dans la Constitution. — *Adde*, D. Weber, « L'angoisse des jurés », *Gaz. Pal.* 1992.1, doctr. 493.

magistrats de carrière délibèrent ensemble, tout à la fois sur les questions de fait et les questions de droit (*supra*, n° 192).

A vrai dire, le jury criminel est enraciné dans une longue tradition historique. Il fut introduit en France par la loi des 16 et 21 septembre 1791, à l'imitation de la justice anglaise et sous l'influence des philosophes, notamment de Voltaire qui avait été justement révolté par le fonctionnement de la justice criminelle sous l'ancien régime (affaire Calas) et qui avait découvert dans le jury à la manière anglaise un moyen de faire échapper la justice à toutes les pressions extérieures. A cause de cela, le jury s'est enrichi d'une densité sentimentale qui nous porte à le considérer comme un symbole d'indépendance de la justice criminelle, à travers le mythe de la souveraineté nationale dont les jurés seraient les dépositaires. On comprend dès lors pourquoi le législateur n'a jamais osé supprimer le jury en matière criminelle, même si l'on ne se gêne pas pour en dénoncer les insuffisances et parfois les injustices.

En revanche, *le système du jury n'existe devant aucune autre juridiction* de l'ordre judiciaire ou administratif, pas même devant les autres juridictions pénales. Il est facile d'en deviner la raison. Outre la méfiance que peut inspirer le jury dans son principe même, il ne peut se concevoir, on l'a dit précédemment, que dans les matières où les questions de fait occupent une place prépondérante. Or, dans le contentieux privé et le contentieux administratif, la dissociation entre le fait et le droit est extrêmement malaisée : souvent, les questions de droit sont d'une technicité telle que l'on verrait mal des jurés se prononcer sur de semblables questions, sans verser dans l'empirisme ou l'impression du moment.

Il est d'ailleurs significatif d'observer que dans les pays anglo-saxons (en Angleterre notamment) où le système du jury a pris naissance et où il est encore offert aux plaideurs sous forme d'option en certaines matières civiles (pour l'évaluation des dommages-intérêts, par exemple), il est actuellement l'objet d'une désaffection progressive (10). Au fond, le système du jury n'a de sens que dans une civilisation à caractère mystique ; et à cause de cela, il ne correspond plus exactement à nos mentalités contemporaines. De nos jours, si l'on souhaite que des personnes étrangères au corps judiciaire participent à l'administration de la justice, plutôt que de faire confiance au hasard, on préfère tout naturellement recourir au système de l'élection qui, à tout prendre, est plus rationnel.

**344. Election des juges.** — Le système de l'élection est assez largement répandu dans de nombreux pays : par exemple, aux Etats-Unis, en Suisse, dans l'ancienne

(10) Sur les traces que laisse encore subsister le jury dans la procédure anglaise, cf. M. C. G. Hamson, « Le trial anglais », *Rev. int. dr. comp.* 1956, p. 529 et s. ; et le très intéressant ouvrage publié sous la direction de M. Jolowicz, *Le droit anglais*, 2e éd. (1992), nos 11 et 12.

U.R.S.S. et aussi en France. On sait notamment que l'élection est utilisée pour recruter les juges des tribunaux de commerce (*supra*, n^os^ 117 s.), des conseils de prud'hommes (*supra*, n^os^ 138 s.) et des tribunaux paritaires des baux ruraux (*supra*, n° 147).

Il n'y a pas lieu d'en être surpis : dans la mesure où il semble nécessaire de confier la mission de juger à des personnes qui n'appartiennent pas au corps judiciaire, de solides raisons peuvent justifier le recours à ce mode de recrutement. D'abord, il est le plus démocratique. Ensuite, il permet de recruter des juges qui sont présumés avoir la *confiance du justiciable* ; ce qui est important dans les matières où, la conciliation étant particulièrement souhaitée, on peut penser que cette confiance permettra au juge de suggérer plus facilement des solutions de compromis. Enfin, dit-on, le recrutement par voie d'élection assure au juge une totale indépendance à l'égard du pouvoir exécutif ; c'est d'ailleurs la raison pour laquelle, pendant dix ans (entre 1790 et l'an VIII), le législateur révolutionnaire, imbu du principe de la séparation des pouvoirs poussé jusque dans ses plus extrêmes limites, avait décidé que tous les juges seraient élus.

Sans méconnaître l'importance de ces considérations, il est juste d'ajouter que le système de l'élection ne va pas sans problème. On entend dire parfois que l'élection ne garantit pas la compétence de l'élu. C'est évident. Mais à partir du moment où il semble opportun de faire appel à des juges qui sont censés représenter une catégorie de justiciables, il faut bien se résigner à courir ce risque. En réalité, les véritables problèmes sont ailleurs.

*a*) D'abord, il y aurait peut-être beaucoup à dire sur *l'indépendance des juges* : elle existe certainement à l'égard du pouvoir exécutif, mais existe-t-elle toujours à l'égard des groupes socio-professionnels dont ils sont les élus ?

*b*) Ensuite, il faut prendre garde au *risque de politisation*. Dans un pays comme la France où la moindre consultation électorale prend une coloration politique et où les candidats se présentent nantis d'une étiquette, il est à craindre que la politique ne fasse son entrée dans les prétoires et que les tribunaux ne deviennent une tribune pour les idéologies les plus diverses.

*c*) Enfin, un autre grave problème est celui de l'*absentéisme des électeurs* et aussi parfois des élus (11). Ce genre d'élection ne mobilise pas les foules ; de telle sorte que, bien souvent, le juge est l'élu d'une minorité de faveur influente ; ce qui n'est pas toujours très sain. Ainsi d'ailleurs s'explique la réforme intervenue en 1961 (au sujet de l'élection des juges des tribunaux de commerce) qui, pour remédier à cet inconvénient, a cru devoir organiser une élection à deux degrés (*supra*, n° 119).

---

(11) Notamment, en ce qui concerne les assesseurs élus des tribunaux paritaires des baux ruraux ; au point d'ailleurs que le président de ce tribunal peut statuer seul s'il ne parvient pas à réunir ses assesseurs (*supra*, n° 149).

Pour toutes ces raisons, l'élection des juges reste en France un système de recrutement exceptionnel. A la différence de certains pays étrangers, l'élection des juges ne se rencontre en France que dans les domaines limités où le souci de conciliation et la technicité professionnelle de la matière rendent nécessaire la présence de juges issus de la profession elle-même.

**345. Nomination par l'autorité publique.** — Les juges extérieurs sont parfois désignés par l'autorité publique (ministre, conseil général, président de tribunal, etc ...). Le cas est assez fréquent lorsqu'il s'agit des juridictions administratives à compétence spéciale (*supra*, n° 284).

On peut évidemment redouter que ce mode de désignation n'infléchisse la sérénité de la juridiction. En fait, le risque est atténué par le jeu de correctifs assez complexes édictés par la loi qui pose des conditions très strictes (d'âge et de compétence), ou qui désigne « ès qualité » la personne appelée à siéger ou encore qui confie le pouvoir de désignation à un président de tribunal. Souvent même, dans l'ordre judiciaire notamment, la désignation par l'autorité compétente ne peut avoir lieu que sur proposition d'une liste de noms.

Par exemple, on a vu précédemment que les assesseurs appelés à siéger au *tribunal des affaires de sécurité sociale* sont désignés par le premier président de la cour d'appel, mais sur une liste présentée par les organisations professionnelles les plus représentatives, après avis de l'inspecteur du travail (*supra*, n° 152). De même, les deux assesseurs qui doivent siéger au *tribunal pour enfants*, s'ils sont nommés par le garde des sceaux, le sont uniquement sur proposition du premier-président de la cour d'appel (*supra*, n° 201).

### 2° Rôle des juges extérieurs à la fonction publique

**346. Composition homogène.** — Certaines juridictions, et non des moindres, sont exclusivement composées de juges extérieurs, pour une durée limitée : tel est le cas, on l'a vu précédemment, des tribunaux de commerce (*supra*, nos 117 s.) et des conseils de prud'hommes (*supra*, nos 137 s.). Aucun magistrat de carrière ne siège dans ces juridictions qui sont composées uniquement de juges élus.

Ce système mérite réflexion. On peut évidemment craindre qu'il n'offre pas toutes les garanties souhaitables et que des litiges, dont l'enjeu est parfois considérable, ne soient finalement tranchés par des juges n'ayant aucune connaissance juridique. Il faut reconnaître toutefois que cette formule a le mérite de sauvegarder l'esprit de la juridiction en la faisant échapper à toute interférence qui risquerait d'en dénaturer la fonction.

Mais on a dit précédemment que les pouvoirs publics, qui ne voient aucun inconvénient à cette formule lorsqu'il s'agit des conseils de prud'hommes (peut-être en raison de leur caractère paritaire), manifestent épisodiquement des réserves lorsqu'il s'agit des tribunaux de commerce (*supra*, n° 129).

**347. Composition échevinale.** — On appelle « échevinage », une composition qui consiste à faire siéger au sein d'une même juridiction un ou plusieurs magistrats de carrière en même temps que des juges extérieurs. On en connaît des exemples : la Cour d'assises (*supra*, n° 190), les tribunaux paritaires des baux ruraux (*supra*, n° 147), les tribunaux des affaires de sécurité sociale (*supra*, n° 152), les tribunaux pour enfants (*supra*, n° 201) et, enfin, les nombreuses juridictions administratives à compétence spéciale où figurent parfois, de façon assez hétérogène, des juges de carrière, des fonctionnaires et des représentants de certains groupements (*supra*, n° 284).

A cette liste, on ajoutera les juridictions commerciales d'Alsace-Moselle (dans chaque tribunal de grande instance, la juridiction commerciale est une chambre spécialisée composée d'un président qui est un magistrat de carrière et de deux juges qui sont des commerçants élus) et les tribunaux mixtes de commerce des départements d'outre-mer (*supra*, n° 117).

Il est de bon ton de vanter les mérites de l'échevinage considéré parfois comme la formule idéale qui permet de réunir au sein d'une même formation les garanties juridiques (par l'intermédiaire du juge de carrière) et l'expérience pratique (par la voix des juges extérieurs). Il est peut-être sage de ne pas nourrir trop d'illusions à cet égard. Toute composition échevinale est exposée à une double perversion : ou bien, le magistrat de carrière est un simple arbitre destiné à faire respecter les principes essentiels du débat judiciaire et sa présence, sans être négligeable, n'infléchit alors aucune décision ; ou bien, le magistrat de carrière est doté d'une forte personnalité et finalement l'échevinage risque de créer une situation conflictuelle permanente. En dernière analyse, l'échevinage n'est réellement à l'abri de ces risques que si la composition de la juridiction est largement étoffée ou si elle présente un caractère paritaire, le juge étant appelé à « faire la décision » dans un sens ou dans l'autre, comme c'est le cas en matière prud'homale lorsqu'il est nécessaire de faire appel à un « juge départiteur » (*supra*, n° 139-b).

## § 2. — RECRUTEMENT ET NOMINATION DES MAGISTRATS DE L'ORDRE JUDICIAIRE

**348. Situation antérieure à 1958.** — Avant l'importante réforme réalisée en 1958, le recrutement et surtout la formation des futurs magistrats laissaient très sérieusement à désirer. Il avait fallu attendre 1908 pour que fut institué un examen professionnel d'entrée dans la magistrature (décret du 13 février 1908) : jusque-là, la licence en droit suffisait. La présentation à cet examen (qui, en fait, était devenu un concours) avait peu à peu été subordonnée à un stage préalable, soit à la Chancellerie, soit au parquet, soit dans une étude d'avoué. Mais la formation pratique du futur magistrat était totalement inorganisée en dépit de quelques essais fragmentaires qui avaient été tentés (corps des attachés de Chancellerie et des attachés au parquet).

La conséquence de cette inorganisation était double. D'une part les futurs magistrats entraient dans la fonction judiciaire sans aucune formation pratique véritable. D'autre part, on avait pu constater une très nette désaffection des jeunes pour la magistrature, et spécialement des hommes, désaffection qui sans doute avait pour cause la modicité des traitements de début, mais qui s'expliquait aussi par le fait que rien n'avait été prévu pour la formation professionnelle des jeunes licenciés en droit qui sortaient de la Faculté. Il devenait urgent de remédier à une telle situation et c'est ce que fit le législateur de 1958 en créant ce qui devait devenir l'Ecole nationale de la magistrature (E.N.M.).

**349. Diversité des voies d'accès.** — La voie d'accès normale à la magistrature est celle de l'E.N.M. Mais depuis quelques années, et en grande partie sous la pression des nécessités pratiques, les voies d'accès se sont très largement diversifiées afin d'élargir le recrutement ; de telle sorte que, à l'heure actuelle, à côté du recrutement normal par l'Ecole nationale de la magistrature (A), une assez large place est faite au recrutement latéral par intégration directe à un poste (B), étant précisé toutefois que, dans les deux cas, les règles relatives à la nomination elle-même sont identiques (C).

### A. — Recrutement par l'Ecole nationale de la magistrature

**350. Ecole nationale de la magistrature.** — En vue d'améliorer le recrutement et la formation des futurs magistrats, l'ordonnance n° 58-1270 du 22 décembre 1958 avait créé le « Centre national d'études judiciaires » (C.N.E.J.) qui, depuis la loi n° 70-642 du 17 juillet 1970, est devenu « l'Ecole nationale de la magistrature ».

L'E.N.M. a son siège à Bordeaux. Elle est un établissement public qui relève directement du garde des sceaux et dont l'organisation ainsi que le fonctionnement sont actuellement régis par le décret n° 72-355 du 4 mai 1972 (modifié à maintes reprises sur certains points et notamment par le décret n° 92-315 du 31 mars 1992) (12).

L'objet premier de l'E.N.M., ainsi que le précise l'article 14 de l'ordonnance de 1958, est d'assurer la formation professionnelle des futurs magistrats que l'on

---

(12) L'E.N.M. a également une annexe à Paris où sont effectués certains travaux en cours de scolarité et où se tiennent des réunions d'étude.

appelle des « *auditeurs de justice* ». Mais, depuis lors, la loi du 17 juillet 1970 lui a également confié la charge de pourvoir à la « formation continue » des magistrats en fonction.

Cette dernière mission est importante. La science du droit évolue sans cesse et de plus en plus rapidement. Les juristes, et les magistrats en particulier, ont constamment besoin de rajeunir leurs connaissances. Au reste, pour bien mettre l'accent sur l'importance de la formation continue, l'article 14 de l'ordonnance du 22 décembre 1958 (modifié par la loi du 25 févr. 1992) affirme d'entrée de jeu, et non d'ailleurs sans une certaine emphase, que « le droit à la formation continue est reconnue aux magistrats ». A cette fin, l'E.N.M. organise périodiquement des sessions de formation auxquelles les magistrats sont invités à participer.

On précisera successivement les conditions d'admission à l'E.N.M. et le statut de l'auditeur de justice.

### 1° Conditions d'admission à l'École nationale de la magistrature

**351. Conditions requises pour être magistrat : vue d'ensemble.** — L'auditeur de justice faisant déjà partie du corps judiciaire, il est normal que pour être admis à se présenter à l'Ecole nationale de la magistrature, le candidat remplisse les conditions requises pour être magistrat. Aussi bien, est-ce précisément à propos de l'entrée à l'E.N.M. que l'article 16 de l'ordonnance n° 58-1270 du 22 décembre 1958 (modifié par la loi n° 92-189 du 25 févr. 1992) édicte ces conditions.

Il faut d'abord être de nationalité française (2°), jouir de ses droits civiques et être de bonne moralité (3°). Il faut en outre se trouver dans une position régulière au regard du code du service national (4°) (13). Il faut également remplir les conditions d'aptitude physique nécessaires à l'exercice des fonctions de magistrat et être reconnus indemnes ou définitivement guéris de toute affection donnant droit à un congé de longue durée (5°).

Il s'y ajoute enfin des conditions relatives aux *connaissances requises*. En principe, l'article 16-1° de l'ordonnance de 1958 (modifié en 1992) exige du candidat qu'il soit titulaire d'un diplôme sanctionnant une formation d'une durée au moins égale à quatre années d'études après le baccalauréat (c'est-à-dire pratiquement d'une maîtrise). Mais cela dit, deux observations doivent être faites. D'abord, le texte n'exige pas une maîtrise en droit et par ailleurs l'article 16-1° (dans sa version de

(13) Il est possible de se présenter au concours sans avoir encore accompli son service national.

1992) ouvre la voie à des équivalences (14). Cette disposition, qui peut paraître surprenante pour des magistrats qui feront application du droit français, a été adoptée pour élargir la base du recrutement. Ensuite, cette exigence relatives aux diplômes n'a pas une portée générale. On verra en effet que, dans certains cas, les candidats en sont dispensés lorsque, par ailleurs, ils remplissent d'autres conditions (*infra*, n° 353). Mais en fait, de solides connaissances juridiques sont nécessaires.

**352. Modalités d'accès.** — Aux termes de l'article 15 de l'ordonnance n° 58-1270 du 22 décembre 1958 (modifié par la loi n° 92-189 du 25 févr. 1992), les auditeurs de justice sont recrutés, par voie de concours (I), ou sur titres (II).

**353. I. Recrutement sur concours.** — En réalité, il n'y a pas un concours, mais trois concours distincts qui, s'ils sont tous de même niveau, sont soumis à des conditions d'accès différentes (ord. 22 déc. 1958, art. 17, mod. par loi du 25 févr. 1992).

*a*) Le premier concours, que l'on a l'habitude d'appeler le « *concours étudiants* », est exclusivement réservé aux candidats qui, âgés de 27 ans au plus au 1er janvier de l'année au concours, remplissent les conditions précédemment exposées et qui, notamment, sont titulaires de l'un des diplômes exigés par l'article 16-1° de l'ordonnance de 1958 (mod. en 1992) (*supra*, n° 351).

*b*) Le second concours, dit « *concours fonctionnaires* », est ouvert aux personnes qui, sans être nécessairement titulaires de l'un des diplômes prévus par l'article 16-1° de l'ordonnance de 1958 (mod. en 1992), ont la qualité de fonctionnaires de l'Etat ou des collectivités territoriales, ainsi qu'aux autres agents de l'Etat, des collectivités territoriales et de leurs établissements publics, justifiant au 1er janvier de l'année du concours de quatre années de service en ces qualités (art. 17-2°, ord. 22 déc. 1958, mod. par loi du 25 févr. 1992). Les candidats doivent être âgés de 40 ans au plus au 1er janvier de l'année du concours. Le but de cette disposition est de favoriser la promotion interne au sein de la fonction publique.

*c*) Enfin, un troisième concours (qui est nouveau depuis la réforme de 1992) est réservé aux personnes qui, durant huit ans, ont exercé une ou plusieurs activités professionnelles ou un ou plusieurs mandats de membre d'une assemblée élue d'une collectivité territoriale (au sein d'un conseil général par exemple), ou encore des fonctions juridictionnelles à titre non professionnel (par exemple : les fonctions de

(14) Ainsi la loi ne fait pas de distinction selon qu'il s'agit d'un diplôme national, d'un diplôme reconnu par l'Etat ou délivré par un Etat membre de la Communauté économique européenne, à condition dans ce dernier cas qu'il figure sur une liste établie par décret en Conseil d'Etat. Ce peut être également un diplôme délivré par un Institut d'études politiques ou un certificat attestant la qualité d'ancien élève de l'Ecole normale supérieure.

juge d'un tribunal de commerce ou d'un conseil de prud'hommes) (art. 17-3°, ord. 22 déc. 1958, mod. par loi du 25 févr. 1992). Aucun diplôme n'est exigé. Mais un cycle de préparation au concours est organisé au profit de ceux qui ont subi avec succès une épreuve de sélection.

Pour l'instant, ces concours ont une périodicité annuelle (15). Aucun candidat ne peut se présenter plus de trois fois. — Sur le programme des concours, cf. les articles 17 à 20 du décret du 4 mai 1972 modifiés.

**354. II. Recrutement sur titres.** — Ce mode de recrutement est destiné à des candidats généralement plus âgés, ayant des titres suffisants pour justifier leur admission à l'E.N.M., sans avoir à subir les épreuves du concours d'entrée.

Les personnes qui peuvent bénéficier du recrutement sur titres sont énumérées à l'*article 18-1* de l'ordonnance du 22 décembre 1958 (inséré par la loi du 25 févr. 1992). On citera notamment : les personnes qui, étant titulaires d'une maîtrise en droit, ont exercé pendant quatre ans des activités dans le domaine juridique, économique et social qui les qualifient pour l'exercice des fonctions judiciaires ; les docteurs en droit possédant un autre diplôme d'études supérieures ; enfin, les allocataires d'enseignement et de recherche, mais à la double condition qu'ils aient exercé cette fonction pendant au moins trois ans après l'obtention de la maîtrise en droit et qu'ils possèdent un diplôme d'études supérieures dans une discipline juridique (art. 18-1, al. 2, ord. 22 déc. 1958).

Les candidats, qui doivent être âgés de 27 ans au moins et de 40 ans au plus au 1er janvier de l'année en cours, sont nommés après avis de la commission d'avancement (*infra*, n° 381). Le nombre des candidats admis ne peut excéder le cinquième du nombre des auditeurs issus des concours de la promotion à laquelle ils sont rattachés.

**355. Statistiques.** — Au cours des dernières années, le nombre des candidats admis à l'E.N.M. a été le suivant : *(Voir le tableau, page 330).*

## 2° Statut des auditeurs de justice

**356. Formation professionnelle.** — Les auditeurs de justice reçoivent une formation professionnelle dont la durée est fixée à 31 mois.

(15) En 1980, 1981 et 1982, il y a eu deux concours par an (mars et septembre). On est revenu pour l'instant à une périodicité annuelle (en septembre).

STATISTIQUE DES CANDIDATS ADMIS A L'ECOLE NATIONALE DE LA MAGISTRATURE

| ANNÉES | CONCOURS | | | | | | | | RECRUTEMENT SUR TITRES | | | |
|---|---|---|---|---|---|---|---|---|---|---|---|---|
| | Concours étudiants | | | | Concours fonctionnaires | | | | | | | |
| | Candidats inscrits | Admis | | | Candidats inscrits | Admis | | | Candidats | Admis | | |
| | | H | F | Total | | H | F | Total | | H | F | Total |
| 1981 : I ....... | 540 | 29 | 56 | **85** | 103 | 15 | 5 | **20** | 131 | 8 | 6 | **14** |
| II ...... | 950 | 39 | 46 | **85** | 142 | 14 | 6 | **20** | | | | |
| 1982 : I ....... | 920 | 40 | 61 | **101** | 156 | 24 | 6 | **30** | 138 | 6 | 7 | **13** |
| II ...... | 1 083 | 61 | 109 | **170** | 146 | 24 | 6 | **30** | | | | |
| 1983 .......... | 1 522 | 79 | 119 | **198** | 213 | 19 | 13 | **32** | 67 | 8 | 12 | **20** |
| 1984 .......... | 1 716 | 80 | 114 | **194** | 201 | 23 | 13 | **36** | 69 | 3 | 11 | **14** |
| 1985 .......... | 1 908 | 66 | 114 | **160** | 234 | 25 | 10 | **35** | 135 | 5 | 7 | **12** |
| 1986 .......... | 2 147 | 79 | 116 | **195** | 426 | 31 | 19 | **50** | ... | 10 | 5 | **15** |
| 1987 .......... | 1 994 | 78 | 107 | **185** | 389 | 22 | 14 | **36** | ... | 5 | 2 | **7** |
| 1988 .......... | 1 802 | 57 | 99 | **156** | 283 | 20 | 10 | **30** | 81 | 3 | 6 | **9** |
| 1989 .......... | 1 670 | 54 | 81 | **135** | 260 | 21 | 14 | **35** | 57 | 2 | 4 | **6** |
| 1990 .......... | 1 550 | 58 | 92 | **150** | 254 | 26 | 13 | **39** | 49 | 0 | 2 | **2** |
| 1991 .......... | 1 600 | 51 | 88 | **139** | 240 | 14 | 15 | **29** | 46 | 4 | 4 | **8** |
| 1992 .......... | 1 700 | 37 | 83 | **120** | 184 | 19 | 11 | **30** | 26 | 1 | 3 | **4** |

Dans ce tableau, on portera l'attention sur deux points : 1°) On constatera d'abord que le nombre des postes mis au concours tend à diminuer depuis quelques années et que, finalement, le nombre des candidats restant à peu près identique, la sélection devient plus sévère ; 2°) On remarquera ensuite le nombre élevé des femmes admises à l'Ecole nationale de la magistrature : il ne fait aucun doute que depuis 10 ans la magistrature de l'ordre judiciaire tend à se « féminiser ».

Le schéma général de la formation se présente actuellement de la manière suivante :

I. Une première période, dite de « *formation générale* », d'une durée de 25 mois, est destinée à familiariser les auditeurs de justice avec la vie judiciaire et les problèmes économiques et sociaux qu'ils seront appelés à connaître dans l'exercice de leurs fonctions. Cette première période se subdivise elle-même en plusieurs phases :

— des *stages de longue durée* dans une entreprise publique ou privée ou dans une administration (3 mois) ;

— une phase de *scolarité* à Bordeaux au cours de laquelle sont dispensés des enseignements sur les principes fondamentaux de l'intervention judiciaire et, d'une manière plus générale, sur la culture judiciaire (8 mois) ;

— enfin et surtout dans un troisième temps, un *stage en juridiction* (14 mois). Durant cette dernière phase, l'auditeur de justice participe à l'activité juridictionnelle du tribunal « sous la responsabilité des magistrats » (art. 19, ord. 22 déc. 1958). A ce titre, il peut notamment : assister le juge d'instruction dans tous les actes d'information, assister les magistrats du ministère public et présenter oralement des réquisitions, siéger en surnombre aux audiences et participer aux délibérés avec voix consultative, sauf devant la Cour d'assises où il ne peut qu'assister au délibéré. L'auditeur de justice effectue également un stage dans un cabinet d'avocat afin de lui offrir l'occasion d'affronter les responsabilités et les obligations du défenseur : durant ce stage, il a la possibilité de plaider.

A l'issue de cette première période, les auditeurs de justice subissent un *examen de classement* destiné à vérifier leur aptitude aux fonctions judiciaires, les connaissances acquises et, aussi, à fixer un ordre de classement pour le choix des postes (16).

II. Une seconde période, dite de « *formation spécialisée* », d'une durée de 6 mois, a pour objectif de préparer l'auditeur de justice à l'exercice de son premier poste, sous la forme de directions d'études, de séminaires et de conférences. Enfin, cette période se termine par un stage de préaffectation, en juridiction, dans les fonctions qu'il sera appelé à occuper.

Lorsqu'il s'agit d'auditeurs de justice recruté sur titres en application de l'article 18-1 de l'ordonnance de 1958 (ajouté en 1992) (*supra*, n° 354), le temps de la scolarité peut être réduit et, de plus, ils sont soumis à un régime de stages et d'études adapté à leur formation d'origine (art. 18-2, ord. 22 déc. 1958, ajouté par la loi du 25 févr. 1992). En d'autres termes, du fait qu'ils proviennent de milieux différents avec un bagage intellectuel qui n'est pas toujours le même, ils bénéficient, pourrait-on dire, d'une « formation à la carte ».

**357. Intégration au corps judiciaire.** — Aux termes de l'article 1er de l'ordonnance n° 58-1270 du 22 décembre 1958, les auditeurs de justice appartiennent au corps

---

(16) Il y a quelques années, les auditeurs convenaient entre eux du choix de leur affectation ; mais cet usage est irrégulièrement suivi.

judiciaire. Il en résulte un certain nombre de conséquences qui ne sont pas négligeables : ils perçoivent une rémunération (17) ; les années passées à l'E.N.M. comptent pour l'ancienneté et les points de retraite ; en ce qui concerne la législation sociale, ils bénéficient des congés payés et sont assujettis à la sécurité sociale.

Plus spécialement au point de vue professionnel, les auditeurs de justice sont *assimilés à des magistrats* ; à cette nuance près qu'ils ne peuvent signer sous leur nom aucun acte juridictionnel. Mais sous cette réserve, ils bénéficient des mêmes immunités, ils sont soumis aux mêmes obligations, aux mêmes incompatibilités et ils sont tenus au secret professionnel. D'ailleurs, dès leur entrée à l'E.N.M., les auditeurs de justice doivent prêter le serment suivant : « Je jure de garder religieusement le secret professionnel et de me conduire en tout comme un digne et loyal auditeur de justice » (art. 20, ord. 22 déc. 1958).

### B. — Recrutement latéral par intégration directe à un poste

**358. Intérêt de ce mode de recrutement.** — Dans certains cas exceptionnels, il est possible d'accéder directement à un poste de magistrat sans passer par l'Ecole nationale de la magistrature. A vrai dire, cette faculté d'accès direct n'est pas une innovation : elle avait été prévue dès 1960. Mais en fait, elle était fort peu utilisée, d'abord parce qu'elle ne s'imposait pas de façon évidente (comme elle peut s'imposer au sein des juridictions administratives, *infra*, n° 366) et aussi parce que ce mode de recrutement a toujours suscité dans l'ordre judiciaire de très vives résistances (*supra*, n° 341).

Depuis quelques années, les perspectives ont changé : par l'effet de réformes successives, le recrutement latéral a pris un timide essor pour *remédier à la pénurie des effectifs*, sans élargir à l'excès le recrutement par la voie normale. Mais en même temps que le recrutement latéral cherchait à s'acclimater, il se diversifait dans ses voies d'accès et dans ses effets. Aujourd'hui, sans avoir encore l'importance du tour extérieur au sein des juridictions administratives, le recrutement latéral par intégration directe se présente, dans l'ordre judiciaire, sous trois aspects différents : l'intégration directe à titre définitif (I), l'intégration directe à titre temporaire (II), et enfin, le détachement judiciaire (III).

---

(17) La rémunération correspond à l'indice 354 majoré, soit actuellement (en 1993), 7670 F par mois.

**359. I. Intégration directe à titre définitif.** — Ce mode de recrutement, qui permet d'entrer dans la magistrature pour y faire une nouvelle carrière, est réglementé aujourd'hui, depuis la loi du 25 février 1992, par les *articles 22 à 25-3 et 40* de l'ordonnance n° 58-1270 du 22 décembre 1958. Il serait superflu d'exposer les dispositions applicables dans tous leurs détails. Mais on retiendra les trois idées directrices qui commandent ce mode de recrutement.

*a*) D'une part, l'accès direct aux fonctions judiciaires n'est pas abandonné à la discrétion du gouvernement : seules peuvent en bénéficier les *personnes limitativement énumérées* aux articles 22, 23, 24 et 40 de l'ordonnance de 1958 (mod. par la loi du 25 févr. 1992).

Ainsi en est-il par exemple, des avocats, des avoués près les cours d'appel, des greffiers en chef et de certains fonctionnaires du ministère de la Justice (catégorie A), à condition d'être titulaire d'une maîtrise (ou d'un diplôme équivalent ; *supra*, n° 351) et d'avoir au moins sept années de service effectif en cette qualité.

A cette liste, il faut ajouter certaines personnalités exerçant déjà de hautes fonctions visées à l'article 40 de l'ordonnance de 1958 : les conseillers d'Etat en service ordinaire, les maîtres de requêtes au Conseil d'Etat ayant au moins dix ans de fonction, les professeurs des facultés de droit de l'Etat ayant enseigné pendant au moins dix ans, les avocats au Conseil d'Etat et à la Cour de cassation, membres ou anciens membres du conseil de l'ordre, ayant au moins vingt ans d'exercice de la profession, etc.

*b*) D'autre part, les personnes qui peuvent bénéficier d'une intégration directe accèdent à des *grades différents* selon la nature et la durée de leurs activités antérieures.

Ainsi, pour prendre quelques exemples qui illustreront ce qui vient d'être dit, les personnes visées aux articles 22, 23 et 24 de l'ordonnance de 1958 accèdent au second grade, après sept ans de service effectif, au second groupe du premier grade après dix-sept ans de service, et au premier groupe du premier grade, après dix-neuf ans. Quant aux personnes énumérées à l'article 40 de l'ordonnance de 1958, elles ont directement accès à des fonctions hors hiérarchie, c'est-à-dire aux plus hautes fonctions du corps judiciaire. C'est dans ces conditions que certains professeurs de nos facultés de droit sont parfois nommés directement conseillers à la Cour de cassation.

*c*) Enfin toutes ces nominations sont évidemment soumises à un *contrôle* très rigoureux.

D'abord, au point de vue quantitatif : elles ne peuvent pas excéder un pourcentage fixé par la loi, afin d'éviter que ce mode de recrutement exceptionnel ne finisse pas étouffer l'avancement de ceux qui ont fait toute leur carrière dans la magistrature (18).

Ensuite au point de vue de la personnalité du candidat : chaque candidature est examinée par la commission d'avancement (*infra*, n° 381) et, pour la nomination au titre des articles 22, 23 et 24 de l'ordonnance de 1958, elle ne peut être retenue que sur avis conforme de la commission qui fixe le grade et la fonction auxquels le candidat peut être nommé.

Chaque année, par cette filière, sont recrutés une moyenne de 40 à 60 magistrats (19).

**360. II. Intégration directe à titre temporaire.** — Afin de remédier à la crise des effectifs, sans pour autant barrer la route aux générations montantes, la loi n° 70-642 du 17 juillet 1970 a adopté une formule originale qui consiste à recruter certaines personnes limitativement énumérées pour une période temporaire, et

(18) Ce pourcentage varie selon la qualité des personnes recrutées et le grade auquel elles peuvent avoir accès (art. 25 et 25-1, ord. 22 déc. 1958, mod. par la loi du 25 févr. 1992) : il varie entre 1/4 et 1/20e des nominations normales intervenues dans le grade au cours de l'année civile précédente.

(19) INTÉGRATION DIRECTE À TITRE DÉFINITIF (*1er ou 2e grade*).

| | Nombre de candidats | Admis | | Total |
|---|---|---|---|---|
| | | Hommes | Femmes | |
| 1983 | 229 | 41 | 22 | **63** |
| 1984 | 208 | 15 | 19 | **34** |
| 1985 | 185 | 15 | 9 | **24** |
| 1986 | 136 | 20 | 11 | **31** |
| 1987 | 156 | 17 | 13 | **30** |
| 1988 | 123 | 24 | 22 | **46** |
| 1989 | 127 | 19 | 21 | **40** |
| 1990 | 114 | 24 | 17 | **41** |
| 1991 | 186 | 31 | 27 | **58** |
| 1992 | 148 | 36 | 21 | **57** |

Remarque : depuis 1986 seul est comptabilisé le nombre des candidats dont les dossiers sont effectivement examinés par la commission.

uniquement pour accéder aux postes de juge des tribunaux de grande instance ou d'instance, sans aucun avancement possible (20).

Ce mode de recrutement particulier est enserré dans des limites très rigoureuses à plusieurs points de vue :

*a*) D'abord, quant aux *personnes* qui peuvent en bénéficier : il s'agit uniquement des anciens magistrats de l'ordre judiciaire et, à condition qu'ils soient licenciés en droit, les anciens fonctionnaires et agents publics titulaires, ainsi que les anciens auxiliaires de justice (avocats, avoués, notaires, huissiers de justice, greffiers titulaires de charge) âgés de plus de 52 ans (art. 14 de la loi du 17 juill. 1970, modifié par la loi du 29 oct. 1980). Comme on peut le constater, cette disposition vise essentiellement les *personnes retraitées* qui, pendant quelques années encore, souhaiteraient exercer des fonctions judiciaires.

*b*) Ensuite, quant à la *durée des fonctions* : les intéressés sont nommés pour une période de temps limitée et non renouvelable de trois, six ou neuf ans (selon l'âge du candidat).

*c*) Enfin, ce mode de recrutement est lui-même limité dans le temps, jusqu'au *31 décembre 1994* (21).

---

(20) INTÉGRATION DIRECTE À TITRE TEMPORAIRE (*au titre de la loi de 1970*).

| | Nombre de candidats | Admis | | Total |
|---|---|---|---|---|
| | | Hommes | Femmes | |
| 1983 | 37 | 18 | 3 | **21** |
| 1984 | 47 | 24 | 4 | **28** |
| 1985 | 52 | 32 | 6 | **38** |
| 1986 | 52 | 35 | 4 | **39** |
| 1987 | 42 | 23 | 1 | **24** |
| 1988 | 16 | 20 | 4 | **24** |
| 1989 | 21 | 7 | 2 | **9** |
| 1990 | 20 | 13 | 1 | **14** |
| 1991 | 14 | 10 | 1 | **11** |
| 1992 | 19 | aucun candidat n'a été nommé* | | |

* L'absence de nomination s'explique par le fait que ce recrutement n'avait été initialement prévu que jusqu'en 1991 : mais le délai ayant été prorogé jusqu'en 1994, les candidats qui auraient pu être nommés en 1992, le seront au titre de 1993.

(21) La loi du 17 juillet 1970 avait fixé la date limite au 31 déc. 1975. Mais elle fut prorogée à différentes reprises : par la loi du 4 août 1975 (jusqu'au 31 déc. 1980), par la loi du 29 oct. 1980 (jusqu'au 31 déc. 1991) et par l'art. 47 de la loi n° 92-189 du 25 févr. 1992 (jusqu'au 31 déc. 1994).

**361. III. Détachement judiciaire.** — Répondant à un souhait de longue date, le législateur de 1992 s'est efforcé d'ouvrir la magistrature sur le monde extérieur, en offrant à des personnes qualifiées par leurs activités antérieures la possibilité d'exercer des fonctions judiciaires pour un *temps limité.* Cette préoccupation a inspiré la création des conseillers et des avocats généraux à la Cour de cassation en service extraordinaire dont il a été question précédemment (*supra,* n^os^ 228 et 230). Cette même préoccupation a été étendue à tous les grades de la hiérarchie judiciaire. Désormais, un professeur ou un fonctionnaire des postes par exemple peut être nommé juge d'un tribunal de grande instance ou conseiller à la cour d'appel, non point pour y faire une nouvelle carrière à titre définitif, mais de façon temporaire par le moyen d'un détachement de son corps d'origine.

Ce mode de recrutement inédit peut présenter d'immenses avantages pour tout le monde : non seulement pour l'intéressé qui, s'il en a la vocation, se trouvera associé à l'administration de la justice, mais aussi pour le corps judiciaire lui-même qui bénéficiera des fruits de l'expérience acquise par des personnes ayant exercé des fonctions très différentes. On observera simplement que cet apport extérieur n'allait pas de soi. Il fallait sauvegarder la nécessaire indépendance de la magistrature en veillant à la parfaite objectivité du nouveau venu et s'assurer ensuite que, au moment de sa réintégration, il ne soit pas victime d'une sorte de rejet de la part de son corps d'origine. De là des dispositions très minutieuses édictées par la loi n° 92-189 du 25 février 1992 qui a réglementé le détachement judiciaire en insérant dans l'ordonnance n° 58-1270 du 22 décembre 1958, les nouveaux *articles 41 à 41-9* (complétés par les art. 31 à 35 du décret n° 93-21 du 7 janv. 1993).

1°) Le détachement judiciaire est soumis à des *conditions* rigoureuses.

*a*) D'abord, la *liste des personnes* admises à en bénéficier se limite aux membres des corps recrutés par la voie de l'Ecole nationale d'administration et aux professeurs et maîtres de conférence de l'Université (art. 41), c'est-à-dire à des personnes qui appartiennent à la fonction publique et dont le bagage intellectuel a déjà été éprouvé. Ils sont nommés après avis conforme de la commission d'avancement (art. 41-2 ; *infra,* n° 381) et l'accomplissement d'un stage de six mois pour les familiariser avec leurs nouvelles fonctions (art. 41-3). Ils sont affectés à des emplois du second ou du premier grade, selon leur ancienneté dans leur corps d'origine (art. 41-1).

*b*) En outre, afin de conserver à ce mode de recrutement un caractère exceptionnel, le nombre des détachements judiciaires ne peut excéder *1/20^e^* des emplois de chacun des grades.

2°) Le *statut* des juges ainsi détachés est original à un double titre :

*a*) A la différence des juges des tribunaux de commerce ou des conseillers prud'homaux qui continuent d'exercer leurs activités professionnelles antérieures, *le juge détaché entre dans le corps judiciaire à part entière.* Il en a toutes les charges et tous les pouvoirs. Il cesse d'exercer ses activités antérieures. Il bénéficie de toutes les garanties attachées au statut de la magistrature. Il peut faire l'objet d'un avancement de grade limité (art. 41-9) et se trouve soumis au régime disciplinaire des magistrats (art. 41-6 ; *infra*, nos 388 s.).

*b*) En revanche, à la différence d'un véritable magistrat de carrière, sa fonction judiciaire est *temporaire*: les juges ainsi recrutés sont nommés pour une durée de *cinq ans non renouvelable* (art. 41-5, al. 1), par le moyen d'un détachement. Autrement dit, ils ne perdent pas leurs droits dans leur corps d'origine et, lorsque ce temps est expiré, ils reprennent leurs fonctions initiales dans le corps dont ils sont issus (sur les garanties de réintégration, cf. l'art. 41-7 de la loi de 1992; et décr. no 93-548 du 26 mars 1993).

Seule l'expérience dira l'attrait que peut exercer ce mode de recrutement qui peut constituer une expérience enrichissante, et le bénéfice qu'en tirera la magistrature.

### C. — Nomination

**362. Nomination et affectation.** — Les nouveaux magistrats sont nommés par décret du Président de la République sur proposition du garde des sceaux (art. 26, ord. 22 déc. 1958). En fonction des postes disponibles, ils sont affectés indifféremment au « siège » ou au « parquet ». — Sur le décret de nomination, en général, cf. *infra*, no 383.

Les auditeurs de justice choisissent leur affectation suivant leur rang de classement à l'examen de sortie (art. 26, al. 2, ord. 22 déc. 1958). Au parquet, le poste de début est celui de substitut. Les auditeurs de justice affectés au siège se voient généralement proposer un poste de juge à un tribunal de grande instance (souvent pour exercer les fonctions de juge d'instruction ou de juge à un tribunal d'instance).

Comme on peut le constater, dans la plupart des cas, les postes de début correspondent à des fonctions de juge unique (juge d'instruction ou juge d'instance) qui sont lourdes de responsabilité. On peut se demander si, pour parfaire la formation professionnelle des nouveaux magistrats, il ne serait pas préférable de les faire siéger d'abord au sein d'une formation collégiale. Autrefois, telle était la règle : notamment, pour exercer les fonctions de juge d'instance, il fallait avoir déjà deux ans d'ancienneté. Cette règle a été abandonnée en 1969. On ne peut que le regretter.

**363. Prestation de serment et installation.** — Pour que le nouveau magistrat soit en mesure d'exercer ses fonctions, deux ultimes formalités sont encore nécessaires : la prestation de serment et l'installation.

*a*) Tout magistrat nommé à son premier poste doit *prêter serment* devant la cour d'appel : un serment qui ne se confond pas avec celui qu'il a déjà prêté en tant qu'auditeur de justice (*supra*, n° 357) et qui est libellé de la manière suivante : « Je jure de bien et fidèlement remplir mes fonctions, de garder religieusement le secret des délibérations et de me conduire en tout comme un digne et loyal magistrat » (art. 6, ord. 22 déc. 1958). Procès-verbal est dressé de la prestation de serment. Cette formalité est obligatoire : tout acte judiciaire accompli par un magistrat qui n'aurait pas préalablement prêté serment serait entaché de nullité. On soulignera, en revanche, que la prestation de serment n'est requise qu'au moment de la nomination à un premier poste ; le magistrat qui change d'affectation n'est plus tenu de renouveler son serment.

*b*) Ensuite le magistrat doit être « installé » dans ses fonctions. La *cérémonie d'installation* a lieu à l'audience solennelle du tribunal (art. 7, ord. 22 déc. 1958). Il est introduit devant tous ses collègues : le greffier lit le décret de nomination et le procès-verbal de prestation de serment. Le président invite ensuite son nouveau collègue à prendre place parmi les membres du tribunal.

## § 3. — RECRUTEMENT ET NOMINATION DES JUGES DE L'ORDRE ADMINISTRATIF

**364. Situation antérieure à 1945.** — Pendant longtemps, chaque juridiction administrative eût son propre mode de recrutement au moyen d'un concours particulier.

Le concours du Conseil d'Etat était l'un des plus prestigieux : il figurait parmi les grands concours de l'Etat (à côté de l'inspection des finances, des affaires étrangères, de l'agrégation des facultés de droit, etc...). Le jeune licencié en droit admis à ce concours entrait au Conseil d'Etat en qualité d'auditeur, pour y faire ensuite sa carrière. Le Conseil d'Etat tenait beaucoup à ce mode de recrutement particulier qui, la tradition aidant, était devenu en quelque sorte, un symbole d'indépendance de ce grand corps de l'Etat.

En ce qui concerne les conseils de préfecture, il faudra attendre 1926 pour que les conseillers, recrutés jusqu'alors de façon empirique, le soient enfin par voie de concours. Ce concours, spécifique lui aussi à cette juridiction, n'avait pas le prestige de celui du Conseil d'Etat ; et de loin, si l'on considère la place modeste de cette juridiction avant la création des tribunaux administratifs (*supra*, n° 263).

En un mot, la situation antérieure se caractérisait par la diversité des concours. Cette situation prit fin lorsque l'*Ecole nationale d'administration* (E.N.A.) fut créée en 1945 avec précisément pour mission d'unifier les modes de recrutement dans la fonction publique et de parfaire la formation des futurs administrateurs civils.

Néanmoins, malgré l'élément d'unification que constitue l'E.N.A., il subsiste toujours pour chacune des juridictions administratives un certain particularisme qui tient au fait qu'elles ne forment pas un corps homogène comparable au « corps judiciaire ». En réalité, *chaque juridiction forme un « corps distinct » ayant ses propres règles de recrutement.* Aussi bien, après avoir dégagé les principes (a) conviendra-t-il de préciser les règles de recrutement spécifiques aux juridictions administratives les plus importantes (b).

### A. — Principes de recrutement

**365. I. Recrutement normal par l'Ecole nationale d'administration (E.N.A.).** — De nos jours, l'E.N.A. est la voie normale d'accès à la fonction publique : elle constitue la pépinière des futurs administrateurs civils et, parmi eux, des juges appelés à siéger dans les juridictions administratives, aussi bien au Conseil d'Etat que dans les tribunaux administratifs et cours administratives d'appel.

*a*) On entre à l'E.N.A. sur concours. Mais en réalité, il existe trois types de concours, organisés chaque année, avec pour chacun des trois concours une option juridique ou économique.

D'abord, le concours dit « *externe* » qui est ouvert aux candidats âgés de moins de 28 ans au 1er janvier de l'année du concours, qui sont titulaires d'un diplôme national de l'enseignement supérieur : maîtrise, diplôme d'un Institut d'études politiques ou de certaines grandes écoles (22). C'est pratiquement le concours réservé aux étudiants.

Ensuite, le concours dit « *interne* » auquel peuvent se présenter les candidats âgés de moins de 46 ans et 10 mois au 1er janvier de l'année du concours, s'ils justifient au 31 décembre de la même année de cinq ans au moins de services publics effectifs. Comme pour l'E.N.M., ce type de concours est destiné à favoriser la promotion interne au sein de la fonction publique.

Enfin, une loi no 90-8 du 2 janvier 1990 a créé ce que l'on a coutume d'appeler le « *troisième concours* ». Il est ouvert aux personnes qui, âgés de moins de 40 ans au 1er juillet de l'année du concours, justifient à la même date de l'exercice durant huit années au total d'une ou plusieurs activités professionnelles ou d'un ou plusieurs mandats de membre d'une assemblée élue d'une collectivité territoriale.

Nul ne peut se présenter plus de trois fois aux différents concours de l'E.N.A.

*b*) Dès leur admission à l'E.N.A., les élèves, qui n'avaient pas auparavant la qualité de fonctionnaire, accèdent à celle de « *fonctionnaire stagiaire* », et perçoivent à ce titre une rémunération mensuelle d'environ 8 000 F (en 1992).

La durée de la scolarité est de 26 mois (décr. no 82-819 du 27 sept. 1982). Elle comporte une année de stages dans des administrations, des entreprises ou des organismes d'intérêt général, en France ou à l'étranger. La période des stages est suivie de 14 mois d'études à l'Ecole. A l'issue de la scolarité, il est procédé à un classement final.

---

(22) La liste des équivalences est très étendue, cf. sur ce point l'arrêté du 7 avril 1972.

A ce point des explications, on est conduit à faire un rapprochement avec le recrutement des magistrats dans l'ordre judiciaire par la voie de l'E.N.M. En réalité, la similitude est trompeuse. Tandis que l'E.N.M. prépare spécifiquement à la fonction judiciaire, l'E.N.A. prépare à l'exercice de la fonction publique en général. A l'issue de l'examen de classement, les uns se dirigeront vers l'administration active, tandis que d'autres s'orienteront vers la juridiction administrative. Le choix dépend des postes disponibles et en principe du rang de classement à l'examen final (23). *En entrant à l'E.N.A. nul ne peut être assuré qu'il sera juge* : il ne le saura qu'à l'issue de sa scolarité lorsque se fera la répartition des postes.

Plus encore : le rang de classement détermine le choix entre le Conseil d'Etat et les tribunaux administratifs. Ce n'est un mystère pour personne que le Conseil d'Etat est particulièrement recherché par son prestige et les débouchés extérieurs qu'il peut offrir (*infra*, n° 407), tandis que les tribunaux administratifs situés en province ne suscitent pas le même attrait. Les mieux placés choisissent alors tout naturellement d'entrer au Conseil d'Etat où ils deviennent immédiatement auditeurs de deuxième classe, tandis que les élèves moins bien placés se voient offrir des postes de conseillers administratifs en province. Les différences de carrière se marquent dès la sortie de l'école ; et cela d'autant plus que, malgré les réformes intervenues, le nombre des conseillers administratifs susceptibles d'accéder ensuite au Conseil d'Etat est encore relativement faible (*infra*, n° 387).

On mesure alors toute la différence entre l'E.N.M. et l'E.N.A. L'auditeur de justice de l'E.N.M. est sûr d'être magistrat ; il sait aussi que, comme tous les auditeurs de sa promotion, il commencera par un poste modeste, mais avec une égale vocation à accéder aux plus hautes fonctions de la hiérarchie judiciaire. En revanche, le fonctionnaire stagiaire de l'E.N.A. s'il est certain d'exercer une fonction publique, ne sait pas encore laquelle ; et si un poste de juge administratif doit lui être proposé parmi d'autres, son profil de carrière sera très différent selon son rang de classement à la sortie de l'école.

Finalement, la différence s'explique par le fait que le juge administratif exerce, non point une fonction autonome pour laquelle il a été spécialement formé, mais plus exactement une activité particulière au sein de l'administration.

**366. II. Recrutement latéral : importance du « tour extérieur ».** — Dans l'ordre administratif, le recrutement latéral, — encore appelé « tour extérieur » —, occupe une place extrêmement importante, beaucoup plus que dans la magistrature judiciaire où il suscite bien des réserves (*supra*, n° 341). Plusieurs raisons peuvent expliquer cette différence.

---

(23) En fait, il est tenu compte d'une concertation possible entre les élèves d'une même promotion.

*a*) D'abord, on l'a souvent observé (*supra*, n° 257), un « *brassage* » entre l'administration active et la juridiction administrative s'impose comme une nécessité. Pour bien juger l'administration, il faut en connaître les servitudes. La présence, parmi les juges administratifs, d'un fonctionnaire qui a bien connu les difficultés de l'administration active pour les avoir vécues, est une source d'enrichissement au niveau du contentieux. On évite de la sorte que ne se creuse un fossé entre l'administration et son juge ; ce qui accroît l'autorité morale des décisions rendues et en facilite l'exécution.

*b*) En second lieu, cette osmose est facilitée par le fait que l'ordre administratif ne constitue pas un corps autonome structuré comme peut l'être la magistrature judiciaire. Psychologiquement, le fonctionnaire qui, après avoir exercé ses fonctions dans l'administration active, est appelé à siéger au sein d'une juridiction administrative n'est pas considéré comme un « corps étranger ».

*c*) Enfin, à toutes ces raisons s'ajoute une dernière considération d'ordre pratique qui tient à ce que le recrutement par la voie du concours de l'E.N.A. ne peut pas fournir un nombre suffisant de juges pour faire face à la masse contentieuse portée devant les tribunaux administratifs (*infra*, n° 260). De là, la nécessité d'un recrutement parallèle.

Reste à préciser comment, au sein de chacune des principales juridictions administratives, ces deux modes de recrutement se combinent.

### B. — Règles spécifiques

**367. Recrutement au Conseil d'Etat.** — Au Conseil d'Etat, tous les auditeurs sont issus du concours de l'E.N.A. En revanche, le recrutement au « tour extérieur » concerne l'accès aux fonctions de maître des requêtes et de conseiller d'Etat.

*a*) En principe, les *maîtres des requêtes* sont choisis parmi les auditeurs de première classe. Mais jusqu'à concurrence du quart des postes à pourvoir, le gouvernement peut nommer directement à cette fonction des personnes ayant au moins 30 ans d'âge et justifiant de dix ans de services publics, tant civils que militaires (art. 9, al. 3, ord. 31 juill. 1945).

*b*) De même, s'il est vrai que les deux tiers au moins des emplois vacants de *conseiller d'Etat* sont réservés aux maîtres des requêtes, le gouvernement peut désigner discrétionnairement jusqu'à concurrence du tiers, toute personnalité extérieure de son choix, à la seule condition qu'elle soit âgée d'au moins 45 ans.

On ne confondra pas les personnes ainsi désignées au tour extérieur qui accèdent directement au rang de conseiller d'Etat en service ordinaire, avec les *conseillers d'Etat en service extraordinaire.* Ces derniers sont également des personnalités extérieures choisies en raison de leur qualification dans les différents domaines de l'activité nationale (art. 8, ord. 31 juill. 1945). Mais, ils n'appartiennent que temporairement au Conseil d'Etat : ils ne sont nommés que pour une durée de quatre ans. Et par ailleurs, ils ne siègent que dans les formations administratives : en aucun cas, ils ne participent aux travaux de la section du contentieux (art. 2, décr. n° 63-766 du 30 juill. 1963).

**368. Recrutement à la Cour des comptes.** — Le recrutement de la Cour des comptes présente de nombreuses analogies avec celui du Conseil d'Etat. Tous les auditeurs sont recrutés parmi les élèves de l'E.N.A. Mais, cela dit :

Les *conseillers référendaires* sont choisis, à raison des trois quarts, parmi les auditeurs de première classe, tandis que le quart restant est recruté au tour extérieur parmi les fonctionnaires de l'administration des finances, à condition d'être licenciés en droit, d'avoir au moins 36 ans et dix années de services publics (art. 4, loi du 16 mai 1941).

En ce qui concerne les *conseillers-maîtres*, deux postes sur trois sont pourvus par promotion des conseillers référendaires : le tiers restant est recruté au tour extérieur (dont obligatoirement la moitié parmi les fonctionnaires appartenant à l'administration supérieure des finances), à condition d'avoir au moins 40 ans et de justifier de quinze ans de services publics (art. 3, loi du 16 mai 1941).

Dans les mêmes conditions qu'au Conseil d'Etat, il y a des *conseillers-maîtres en service extraordinaire* nommés temporairement pour quatre ans.

**369. Recrutement dans le corps des tribunaux administratifs et cours administratives d'appel.** — Depuis la loi n° 87-1127 du 31 décembre 1987, qui a institué les cours administratives d'appel (*supra*, n° 270), les membres des tribunaux administratifs et cours administratives d'appel forment un *corps unique* (art. 3 de la loi de 1987), la nomination aux fonctions plus prestigieuses de conseiller d'une cour administrative d'appel n'étant qu'une simple question d'affectation, subordonnée à certaines conditions, à l'intérieur d'un même corps (24). Comment accède-t-on à ce corps ? La réponse à cette question se trouve aujourd'hui dans les dispositions de la loi n° 86-14 du 6 janvier 1986, modifiées et complétées par la loi n° 87-1127 du 31 décembre 1987.

En principe, les membres de ce corps sont recrutés parmi les *anciens élèves de l'Ecole nationale d'administration* (art. 7 de la loi de 1986) : l'E.N.A. est en quelque

(24) On rappellera que pour être nommé aux fonctions de conseiller d'une cour administrative d'appel, il faut avoir au moins le grade de conseiller de 1re classe et justifier de « 6 ans de services effectifs dont 4 ans d'exercice de fonctions juridictionnelles » (art. 5 de la loi de 1987 ; *supra*, n° 273).

sorte la filière normale d'accès. Mais le nombre croissant d'affaires soumises à ces juridictions, le développement rapide des tribunaux administratifs et surtout la mise en place des cours administratives d'appel ont créé des besoins en personnel qui ont obligé le législateur à organiser d'autres filières d'accès.

*a*) D'abord, le traditionnel *tour extérieur* qui, sous certaines conditions, permet à certains fonctionnaires et aux magistrats de l'ordre judiciaire d'accéder directement à ce corps (sans passer par l'E.N.A.). Selon les cas, ils peuvent accéder au grade de conseillers de 2e classe ou de 1re classe (art. 8 de la loi de 1986).

L'accès au grade de *conseiller de 2e classe*, n'est possible que dans la proportion d'une nomination pour trois élèves recrutés parmi les anciens élèves de l'E.N.A. Peuvent bénéficier de ce mode de recrutement, les fonctionnaires civils ou militaires de l'Etat ou les fonctionnaires de la fonction publique territoriale appartenant à un corps de la catégorie A ou de même niveau de recrutement justifiant d'au moins dix ans de services publics. Peuvent également en bénéficier, sans condition de durée de services, les magistrats de l'ordre judiciaire.

L'accès au grade de *conseiller de 1re classe* (qui est la condition pour être nommé conseiller d'une cour administrative d'appel) est réservé aux personnes précédemment énumérées. Mais il s'y ajoute des conditions supplémentaires. D'une part, le gouvernement ne peut y procéder que dans la proportion d'une nomination pour sept conseillers de 2e classe promus au grade de conseillers de 1re classe. D'autre part, il faut avoir au moins 35 ans. Et enfin, on exige des fonctionnaires, dix ans de services effectifs dans un corps de catégorie A ou de même niveau de recrutement, et pour les magistrats de l'ordre judiciaire, sept ans au moins de services effectifs en qualité de magistrat.

*b*) Ensuite un *recrutement complémentaire* par voie de concours réservé à certains fonctionnaires et à des personnes qui auraient dépassé la limite d'âge pour pouvoir se présenter à l'E.N.A. On espère ainsi attirer vers les fonctions de juge administratif des personnes que les circonstances de la vie auraient empêché de suivre la filière normale. Ce mode de recrutement n'est pas nouveau. Il avait été organisé par une loi n° 80-511 du 7 juillet 1980, pour une durée limitée : il a été repris successivement par les lois n° 86-14 du 6 janvier 1986 et n° 87-1127 du 31 décembre 1987 qui, à chaque fois, ont prorogé cette durée. En l'état actuel des textes, ce mode de recrutement est prévu jusqu'au 31 décembre 1995 (25).

Sans entrer dans les détails, on précisera que ce concours est ouvert aux fonctionnaires de la catégorie A justifiant d'au moins sept années de services publics effectifs, ainsi qu'aux titulaires d'un diplôme permettant de se présenter au concours de l'E.N.A., mais qui auraient dépassé la limite d'âge.

---

(25) Ce mode de recrutement, d'abord prorogé jusqu'au 31 décembre 1990 par la loi n° 86-14 du 6 janvier 1986 (art. 9) a ensuite été prorogé une nouvelle fois jusqu'au 31 décembre 1995 par la loi n° 87-1127 du 31 décembre 1987 (art. 7).

*c*) Enfin, la loi nº 87-1127 du 31 décembre 1987 a prévu des *dispositions exceptionnelles et temporaires* pour répondre aux besoins nouveaux et momentanés exigés par la création des nouvelles cours administratives d'appel. D'une part, un recrutement sur titre a été organisé (art. 6) ; et d'autre part, le maintien en activité au-delà de la limite d'âge pour une durée de 3 ans, a été offert à titre exceptionnel jusqu'en 1995 aux membres des tribunaux administratifs et des cours administratives d'appel qui en feraient la demande (art. 8).

## *SECTION II*

## GARANTIES D'INDÉPENDANCE

**370. Importance du problème.** — Le juge doit bénéficier d'une totale indépendance à l'égard de tous et, spécialement à l'égard du pouvoir exécutif : l'indépendance est inhérente à la fonction de juge. S'agissant des juges élus, ils tirent de leur élection le principe même de leur indépendance ; et si parfois celle-ci soulève des problèmes devant certaines juridictions, c'est essentiellement en raison d'une éventuelle dépendance psychologique difficilement contrôlable à l'égard de ceux qui les ont élus. Le problème est en revanche autrement plus grave lorsqu'il s'agit des juges de carrière qui sont intégrés à la fonction publique et ont un statut de fonctionnaire.

Il est indispensable de tenir le juge de carrière à l'abri des menaces et des brimades, à l'abri aussi des sollicitations ou des faveurs qui pourraient fausser son impartialité et, en tout cas, sa sérénité. Certes, il a souvent été fait observer que l'indépendance est avant tout une affaire de caractère ; et l'histoire a d'ailleurs prouvé que, quels que soient les textes, les hommes de caractère savent garder leur indépendance en dépit des menaces ou des sollicitations. Mais il est néanmoins indispensable que les textes fortifient les résolutions de caractère et que, en tout cas, ils ne les découragent point. De là, la nécessité d'édicter un ensemble de garanties suffisamment strictes pour protéger le juge.

Les garanties d'indépendance sont dominées par un principe essentiel qui semble les résumer toutes : *le principe de l'inamovibilité* (§ 1). Mais, en fait, la portée pratique de ce principe, qui d'ailleurs n'est pas d'application générale, est indirectement commandée par les règles légales concernant *l'avancement* (§ 2) et la *discipline* (§ 3).

## § 1. — PRINCIPE DE L'INAMOVIBILITÉ

**371. Définition.** — Dire d'un juge qu'il est inamovible signifie qu'il ne peut faire l'objet d'une mesure individuelle quelconque prise à son encontre par le gouvernement (révocation, suspension, déplacement, mise à la retraite prématurée), en dehors des cas et conditions prévus par la loi. On mesure aisément toute l'importance d'un tel principe qui est une garantie de bonne justice. Le juge perdrait en effet sa sérénité si, en butte aux pressions du pouvoir, il devait constamment redouter une mesure de déplacement, de suspension ou de révocation. Le principe de l'inamovibilité apparaît, en un mot, comme une protection contre un éventuel arbitraire de la part du pouvoir exécutif.

Compte tenu de l'importance de ce principe, on ne sera pas surpris de constater qu'il figure dans la Constitution elle-même, à son article 64.

Après avoir rappelé les vicissitudes historiques dont il fut l'objet (I), on précisera successivement son domaine (II) et sa portée (III).

**372. I. Vicissitudes historiques.** — Au cours de notre histoire judiciaire, le principe de l'inamovibilité a parfois connu des éclipses regrettables (26). Sans entrer dans les détails, on se bornera simplement à souligner deux constantes singulièrement révélatrices.

a) La reconnaissance du principe de l'inamovibilité est fonction du *caractère libéral ou autoritaire du régime politique.*

Les régimes qui se veulent libéraux et républicains l'affirment nettement, voire même souvent dans leur Constitution (exemples : la IIe République en 1848 ; la IVe République en 1946, art. 84 ; la Ve République en 1958, art. 64).

Au contraire, les régimes d'autorité ont tendance à exclure l'inamovibilité des magistrats du siège. Certains n'ont pas hésité à l'exclure purement et simplement : ce fut le cas du Gouvernement de Vichy qui, dans un acte dit loi du 17 juillet 1940, se réserva le pouvoir de relever les magistrats de leurs fonctions « nonobstant toutes dispositions législatives ou réglementaires contraires ». Mais tous les régimes n'ont pas la même naïveté et la plupart des gouvernements autoritaires affirment la règle de l'inamovibilité, sauf ensuite à en limiter l'étendue ou la portée, soit en ne l'appliquant pas (exemple : le Ier Empire qui subordonnait l'inamovibilité des magistrats à des lettres d'institution qui ne furent jamais délivrées), soit en excluant certains magistrats du bénéfice de cette règle (exemple : la Charte de 1814 qui en excluait les magistrats nommés par l'Empereur), soit en exigeant un serment politique de fidélité qui émousse la valeur du principe (exemples : la Charte de 1830 et le Second Empire).

De toute manière, actuellement, on concevrait mal un régime politique, quelles que soient

---

(26) Sur cette question, cf. H. Solus et R. Perrot, *Droit judiciaire privé*, t. I, n° 777.

ses tendances réelles, qui se refuserait à consacrer dans les textes la règle de l'inamovibilité des magistrats du siège.

b) En revanche, il arrive souvent qu'à l'occasion d'un *changement de régime*, le principe de l'inamovibilité soit écarté, tout au moins provisoirement. Le nouveau régime politique en place veut se donner le temps d'éliminer les magistrats suspects de complaisance à l'égard du régime politique antérieur ; et, afin de procéder à une épuration préalable, il suspend pour un temps la règle de l'inamovibilité. Cela n'est guère surprenant lorsque le nouveau régime est un régime autoritaire (exemples : le Premier et le Second Empire). Mais on peut constater qu'il en va de même lorsque le nouveau régime se veut libéral ; c'est ainsi que la III^e^ République, par la loi du 30 août 1883, affirma le principe de l'inamovibilité pour l'avenir, mais n'hésita pas à en suspendre l'application pour une durée de trois mois, afin de pouvoir donner une « investiture républicaine à la magistrature ». De même, à une époque plus récente et aussi plus dramatique, le Gouvernement provisoire de la République, par une ordonnance en date du 10 septembre 1943, écarta provisoirement le principe de l'inamovibilité, lequel ne fut rétabli que par une ordonnance du 13 avril 1945, avec effet à compter du 15 mai de la même année ; ce qui permit, jusqu'à cette dernière date, de procéder à une « épuration » de la magistrature.

**373. II. Domaine d'application : les magistrats du siège de l'ordre judiciaire. —** En ce qui concerne les magistrats du siège de l'ordre judiciaire, le principe de l'inamovibilité est proclamé à deux reprises différentes : une première fois dans la Constitution elle-même à l'article 64, al. 4 (« Les magistrats du siège sont inamovibles ») et, une seconde fois, dans l'article 4 de l'ordonnance n° 58-1270 du 22 décembre 1958 qui répète la même formule et en tire la conséquence pratique que « ... le magistrat du siège ne peut recevoir, sans son consentement, une affectation nouvelle, même en avancement ».

Le principe de l'inamovibilité s'applique donc à tous les magistrats du siège de l'ordre judiciaire. Il est bon de le souligner, car avant 1946 deux catégories de magistrats n'en bénéficiaient pas : les anciens juges de paix et les magistrats dits coloniaux. La Constitution de 1946 fit cesser cette anomalie et la Constitution de 1958 a très justement persévéré dans la même voie. Désormais, tous les magistrats du siège de l'ordre judiciaire sans exception, sont protégés par le principe de l'inamovibilité, quels que soient la fonction exercée et le poste auquel ils sont affectés.

Est-ce suffisant ? En posant cette question, on pense tout naturellement à ceux que la formule de l'art. 64 de la Constitution ne vise pas : les magistrats du ministère public (a) et les juges de l'ordre administratif (b).

**374. a) Exclusion des magistrats du ministère public.** — Il ressort clairement des textes précédemment cités, qui ne visent que les magistrats du siège, que ceux du ministère public sont implicitement exclus du bénéfice de cette garantie. Faut-il s'en étonner ? Par hypothèse, ces magistrats ne jugent pas et, par ailleurs, il a été dit précédemment que ce sont des « agents du pouvoir exécutif auprès des tribunaux » : ils sont dans la dépendance du garde des sceaux et de leur supérieur hiérarchique (*supra*, n° 307). Cette subordination inhérente à la fonction explique pourquoi les magistrats du parquet échappent au principe de l'inamovibilité.

La logique d'une telle solution, qui a pour effet de renforcer la subordination, ne saurait cependant faire oublier que les magistrats du parquet sont appelés parfois à prendre en conscience des décisions extrêmement graves. On ne saurait donc admettre qu'ils soient exposés arbitrairement à tous les caprices du pouvoir. Cette considération donne toute son importance aux règles concernant l'avancement et la discipline des magistrats du parquet dont il sera question ultérieurement (*infra*, n° 395).

**375. b) Les juges de l'ordre administratif sont-ils inamovibles ?** — Une analyse rapide des textes pourrait donner à penser qu'ils échappent à cette garantie. Tout le monde, en effet, est d'accord pour admettre que la notion de « magistrats du siège » dont il est question à l'article 64 de la Constitution (*supra*, n° 373) ne concerne que les seuls magistrats du siège de l'ordre judiciaire, à l'exclusion des juges de l'ordre administratif. Et comme par ailleurs aucune des dispositions qui régissent les différentes juridictions administratives, — à l'exception de la loi n° 67-483 du 22 juin 1967 (art. 2) concernant la Cour des comptes, — ne fait expressément référence à la notion d'inamovibilité, on est porté à en déduire que les juges de l'ordre administratif ne bénéficient pas de cette garantie fondamentale, si ce n'est les magistrats de la Cour des comptes pour lesquels un texte spécial affirme clairement leur inamovibilité (*supra*, n° 282).

En droit, la solution surprend. A la différence des membres du parquet, les juges administratifs sont de véritables juges appelés à se prononcer sur des affaires graves qui souvent mettent en cause les intérêts de la puissance publique. Plus encore que les magistrats du siège de l'ordre judiciaire, ils sont exposés à rendre des décisions susceptibles d'indisposer les autorités publiques. En bonne logique, rien ne peut justifier l'absence de toute garantie.

Mais en fait, s'il est vrai que la notion d'inamovibilité n'apparaît pas formellement dans les textes, la réalité est en revanche très différente :

*a*) En ce qui concerne les *membres du Conseil d'Etat*, il est exact que jamais le gouvernement n'a voulu affirmer leur inamovibilité en droit. A plusieurs reprises, au cours du siècle dernier, des propositions furent présentées tendant à consacrer le principe de l'inamovibilité au profit des membres du Conseil d'Etat (27) : jamais ces propositions n'ont abouti. L'argument généralement avancé est qu'ils sont les

---

(27) Rapport Dalloz à la séance de la Chambre des députés du 1er févr. 1840 (*Le Moniteur*, 24 juin 1840) ; *adde*, l'intervention de Gaslonde à la séance de l'Assemblée nationale du 3 mai 1872 (*Journ. off.* 4 mai 1872).

« conseillers de l'exécutif ». La raison est discutable : ils le sont incontestablement au sein des formations administratives, mais ils ont cessé de l'être depuis 1872 lorsque, siégeant au sein d'une formation contentieuse, ils se comportent comme des juges (*supra*, n° 248). En dernière analyse, le seul véritable argument est qu'il serait difficile d'édicter un statut différent entre les membres d'un même corps selon la formation dans laquelle ils siègent.

Toutefois, on l'a déjà dit (*supra*, n° 47), cette lacune, regrettable sur le plan des principes, ne tire guère à conséquence, car s'il est vrai que le principe de l'inamovibilité n'est pas affirmé dans un texte, il existe en vertu d'une *coutume séculaire* qui a autant de force, sinon plus, qu'une disposition législative. Il est d'ailleurs remarquable de constater que, sauf circonstances très exceptionnelles, aucun gouvernement n'a osé porter atteinte à l'inamovibilité de fait dont bénéficient les membres du Conseil d'Etat. Finalement, dans les périodes de crise, les plus exposés à en pâtir individuellement sont les commissaires du gouvernement ; mais dans ce cas, le malaise est tel que le gouvernement hésite (*supra*, n° 316).

*b*) En revanche, s'agissant de juridictions comme les *tribunaux administratifs* (et depuis peu, les *cours administratives d'appel*) qu'aucune tradition ne protège et qui connaissent d'un contentieux sans cesse plus abondant depuis la régionalisation de la justice administrative (*supra*, n° 244), une telle lacune devenait insupportable, surtout si l'on considère que certaines décisions peuvent avoir un retentissement politique (par exemple, le contentieux des élections municipales). La situation précaire des conseillers administratifs de ces juridictions avait souvent été critiquée ; et à juste titre (28).

Cette lacune est aujourd'hui comblée par la *loi n° 86-14 du 6 janvier 1986*, applicable aux membres du corps des tribunaux administratifs et (depuis la loi n° 87-1127 du 31 décembre 1987) des cours administratives d'appel. Il est à remarquer que le mot « inamovibilité » ne figure nulle part dans ce texte. Mais si le mot n'y figure pas, la conséquence la plus fondamentale que l'on tire habituellement de l'inamovibilité est formellement inscrite dans l'article 1er de la loi de 1986 où il est dit que : « *lorsqu'ils exercent leurs fonctions de magistrats dans une juridiction administrative, ils ne peuvent recevoir, sans leur consentement, une affectation nouvelle, même en avancement* ». De toute évidence, cette formule a été empruntée à l'art. 4 de l'ordonnance n° 58-1270 du 22 décembre 1958 applicable aux magistrats de l'ordre judiciaire (*supra*, n° 373). Il est donc clair que, désormais, la garantie de

(28) Cette question avait fait l'objet d'un assez vif débat au Sénat, à la session d'automne 1983 (cf. *Le Monde*, 27 oct. 1983, p. 14). Mais il n'en était rien sorti de positif, sinon une déclaration d'intention dans la *loi du 11 janvier 1984* sur la fonction publique. On trouve en effet, dans l'article 9 de cette loi, une formule sans grande portée pratique où il est dit que « ... *la loi fixe les règles garantissant l'indépendance des membres des tribunaux administratifs* ». Cette formule annonçait la loi du 6 janvier 1986 qui devait être promulguée deux ans plus tard.

l'inamovibilité est implicitement reconnue aux conseillers des tribunaux administratifs et cours administratives d'appel. Le progrès est considérable. Dans l'esprit des justiciables, cette garantie d'indépendance ne peut que renforcer l'autorité de ces juridictions.

**376. III. Portée du principe.** — On entend dire parfois que le principe de l'inamovibilité s'est vidé de sa substance et qu'il ne conserve plus qu'une « valeur mythique » (29). Il y a, dans cette appréciation, une part de vérité que l'on ne saurait négliger et qui doit conduire à ne pas exagérer la portée pratique de ce principe.

Tout le monde est d'accord pour admettre que la règle de l'inamovibilité ne saurait transformer les juges en une caste d'intouchables : si une faute grave a été commise, il doit être possible de déplacer, de suspendre ou de révoquer le juge qui s'en est rendu coupable. Et inversement, l'inamovibilité ne saurait interdire de récompenser les meilleurs magistrats. En un mot, la règle de l'inamovibilité est parfaitement compatible avec des mesures individuelles destinées à sanctionner les mauvais et à favoriser les bons, l'essentiel étant que ces mesures échappent à tout arbitraire et qu'elles soient prises dans le respect des conditions légales. Mais on en arrive alors à penser que s'il est indispensable de proclamer le principe de l'inamovibilité, le seul fait d'en affirmer l'existence n'est pas, en soi, une garantie suffisante.

*a*) Il est certes *indispensable de proclamer le principe*, sur le plan de la morale politique, dans la mesure où cette affirmation prend valeur de symbole : symbole de l'indépendance du juge et symbole aussi du caractère exceptionnel (et donc strict) des mesures qui, pour des motifs de discipline, conduisent à en limiter le contenu. A ce titre, la règle de l'inamovibilité est indispensable : se refuser à proclamer un tel principe, explicitement ou implicitement, serait le signe le plus sûr de l'arbitraire.

*b*) Mais, en soi, le *principe n'est pas suffisant*, pour la simple raison que sa portée pratique dépend du contenu qu'on lui donne. L'histoire prouve que même les régimes les plus autoritaires n'ont pas hésité à se dire attachés à la règle de l'inamovibilité, sauf ensuite à en restreindre la portée pratique par des artifices juridiques plus ou moins habiles (*supra*, n° 372). En réalité, l'inamovibilité des juges est dénuée de toute efficacité concrète, si les règles légales relatives à l'avancement et à la discipline sont si lâches qu'elles finissent par ne plus constituer aucun frein à l'arbitraire du pouvoir exécutif ; et il est alors vrai de dire que le principe de l'inamovibilité est un mythe qui risque d'être vidé de sa substance. En d'autres termes, il ne sert à rien d'étudier le principe dans l'abstrait : pour en apprécier la

(29) Hébraud, *Justice 59*, D. 1959, chron. 77, spéc. p. 81.

portée pratique, il faut nécessairement le confronter aux règles qui gouvernent l'avancement et la discipline des juges.

## § 2. — RÉGIME DE L'AVANCEMENT

**377. Hiérarchie : grade et fonction.** — Dans un système où l'exercice de la fonction judiciaire est une profession où l'on entre jeune pour y consacrer sa vie active jusqu'à l'âge de la retraite, il est naturel que la carrière s'échelonne à travers des grades de plus en plus élevés dans la hiérarchie et que l'on cherche à occuper des fonctions plus prestigieuses que d'autres. La notion d'avancement est inhérente à la notion de « carrière ». Il reste que la perspective d'un avancement (ou d'un défaut d'avancement) est une grave préoccupation qui ne va pas sans provoquer parfois un certain malaise (30). Il est donc indispensable de réglementer cette question de façon précise afin d'éviter tout arbitraire ou tout favoritisme qui pourrait nuire à la sérénité d'esprit des juges.

I. On ne confondra pas le *grade* et la *fonction*. Le « grade » est la position administrative qui exprime la place de l'intéressé dans la hiérarchie. Ainsi, dans l'ordre judiciaire, le jeune magistrat qui débute appartient au second grade et ensuite, après quelques années, il accèdera au premier grade ; ce qui entraînera pour lui d'importantes conséquences, ne serait-ce qu'au sujet de son traitement. Au contraire, la « fonction » est le poste effectivement occupé par le juge (exemples : juge d'instruction, président de tribunal, conseiller de cour d'appel, etc...).

Les deux notions, il est vrai, sont assez fréquemment confondues par la règle qui veut que certaines « fonctions » ne puissent être exercées que si le juge est déjà parvenu à un certain « grade » : ainsi, dans l'ordre judiciaire, on ne peut exercer les fonctions de conseiller d'une cour d'appel de province que si l'on appartient au premier grade. Et de même dans l'ordre administratif, la confusion est encore plus fréquente du fait que parfois le grade s'identifie à la fonction elle-même (exemple : grade de président de tribunal administratif, *infra*, n° 387). Il n'en demeure pas moins qu'en bonne logique ces deux notions ne doivent pas être confondues (31).

---

(30) Pour éviter les problèmes d'avancement, on a parfois préconisé d'introduire le « grade unique » (à l'imitation de ce qui existe dans les systèmes judiciaires anglo-saxons où il n'y a ni carrière, ni avancement). Mais, dans le contexte français, est-ce bien réaliste ? De toute manière, l'attribution des fonctions, dont certaines sont plus prestigieuses que d'autres, n'évitera pas l'obligation de devoir procéder à une « sélection ».

(31) Cette distinction donne tout son intérêt à la distinction entre le *tableau d'avancement* (qui concerne le « grade ») et la *liste d'aptitude* (qui concerne la « fonction »), *infra*, n° 382.

Du point de vue pratique, l'identification du grade et de la fonction présente le grave inconvénient d'obliger le juge à abandonner ses fonctions s'il veut bénéficier d'un avancement de grade. Or, parfois cette mutation est regrettable, notamment lorsqu'il s'agit d'un magistrat expérimenté qui exerce ses fonctions à la satisfaction de tous ou qui pour des raisons personnelles préfère « rester sur place », et qui doit renoncer à un avancement de grade auquel il a droit s'il veut conserver sa fonction. Pour cette raison, et dans l'ordre judiciaire tout au moins, la loi organique n° 92-189 du 25 février 1992 s'est efforcée d'amorcer une dissociation entre le grade et la fonction : aujourd'hui, un magistrat peut, dans une certaine limite, conserver l'emploi qu'il occupe, tout en bénéficiant d'un avancement de grade.

II. De même, on se gardera de toute confusion avec le *degré de juridiction* qui n'exprime pas nécessairement un grade dans la hiérarchie : ce n'est pas parce qu'un magistrat exerce ses fonctions dans une cour d'appel qu'il est nécessairement d'un grade plus élevé que son collègue qui exerce les siennes dans un tribunal de grande instance : tout dépend de l'importance de la juridiction.

Par exemple, un vice-président du tribunal de grande instance de Paris (1er degré de juridiction) est d'un grade plus élevé qu'un auditeur à la Cour de cassation, le premier devant appartenir au premier grade, tandis que l'auditeur n'appartient qu'au second. De même, il arrive parfois que le premier président d'une cour d'appel de province soit nommé aux fonctions de président du tribunal de grande instance de Paris ; malgré les apparences (passage du second au premier degré de juridiction), il ne faut pas en déduire que son grade a baissé ; ces deux fonctions sont réservées à des magistrats hors hiérarchie et par conséquent, en passant de la première présidence d'une cour d'appel de province à la présidence du tribunal de grande instance de Paris, il est resté « magistrat hors hiérarchie » (grade) : il a simplement changé de fonction. Enfin, dernier exemple, on a vu récemment un avocat général à la Cour de cassation être nommé premier président de la cour d'appel de Paris : son grade est resté le même (hors hiérarchie), seule sa fonction a changé.

**378. Choix ou ancienneté ?** — L'avancement peut se concevoir de deux manières différentes : au choix ou à l'ancienneté.

a) L'avancement *au choix*, comme son nom l'indique, consiste à opérer une sélection parmi les plus aptes. Ce système a l'avantage de déceler les meilleurs et de leur offrir la possibilité d'arriver relativement jeunes à des grades élevés pour occuper des fonctions importantes. Mais, par la force des choses, l'avancement au choix implique pour chaque magistrat la nécessité d'une évaluation de ses capacités par un supérieur et, par conséquent, un état de subordination psychologique qui, dans la magistrature, ne va pas sans poser certains problèmes. Il y a, dans l'activité du juge, une part irréductible qui n'appartient qu'à sa conscience et qui ne doit être faussée ni par la crainte d'une appréciation défavorable, ni par l'espoir d'une promotion attendue.

b) L'avancement *à l'ancienneté* consiste à promouvoir les intéressés à leur tour en suivant l'ordre d'ancienneté dans le grade, sans avoir égard aux qualités personnelles de chacun. Ce système présente les avantages et les inconvénients inverses du précédent. Le juge acquiert une souveraine liberté ; mais le corps judiciaire risque de sombrer dans une « grisaille » impersonnelle (32).

Quel est le système retenu, dans les textes et dans les faits ? Pour répondre à cette question, il convient ici encore de faire une distinction entre les magistrats de l'ordre judiciaire (A) et les juges de l'ordre administratif (B).

### A. — Avancement dans l'ordre judiciaire

**379. Hiérarchie judiciaire.** — Aux termes de l'article 2 de l'ordonnance du 22 décembre 1958 (mod. par la loi n° 92-189 du 25 févr. 1992), « la hiérarchie du corps judiciaire comprend *deux grades* », le second (qui correspond à des emplois de début de carrière) étant d'un rang moins élevé que le premier auquel on n'accède qu'après un certain nombre d'années.

Mais la situation est en réalité plus complexe qu'il n'y paraît. Le premier grade est lui-même subdivisé en deux groupes (le premier groupe étant d'un rang inférieur au second) ; et de plus, à l'intérieur du second grade ainsi qu'à l'intérieur de chacun des groupes du premier grade, sont établis des échelons d'ancienneté. Enfin, au sommet de cette pyramide, il existe une catégorie particulière de magistrats auxquels sont réservées les plus hautes fonctions et que l'on appelle les magistrats « hors hiérarchie ».

Ainsi à titre d'exemples, selon les termes de l'article 3 de l'ordonnance n° 58-1270 du 22 décembre 1958 et des articles 2, 3 et 4 du décret n° 93-21 du 7 janvier 1993 (33), la hiérarchie judiciaire et les fonctions correspondantes qui peuvent être exercées, se présentent de la manière suivante :

I. L'entrée dans la magistrature se fait au **second grade**. A ce grade, on peut accéder aux fonctions énumérées par l'article 2 du décret de 1993 (à titre d'exemples) : — Juge d'instruction, juge des enfants, juge de l'application des peines d'un tribunal de grande instance. — Juge d'un tribunal de grande instance chargé du service d'un tribunal d'instance. — Juge du livre foncier (dans les départements alsaciens-mosellans). — Auditeur à la Cour de cassation. — Substitut du procureur de la République. — Et à condition d'avoir sept ans d'ancienneté et d'avoir été inscrit sur une liste d'aptitude spéciale (art. 3 du décr. de 1993) : Président ou procureur de la République d'un tribunal de grande instance à une chambre. — Vice-président

(32) Dans le jargon administratif, on présente parfois l'avancement à l'ancienneté, comme étant l'avancement « au tour de bête ».

(33) Le décret du 7 janvier 1993 a remplacé l'ancien décret n° 58-1277 du 22 décembre 1958 qui a été abrogé (sous réserve du maintien de certaines de ses dispositions à titre transitoire : art. 53).

d'un tribunal de grande instance. — Substitut chargé du secrétariat général d'une juridiction. — Conseiller référendaire à la Cour de cassation (art. 9, décr. du 7 janv. 1993).

II. Après dix années d'ancienneté (art. 15 du décret de 1993), on peut accéder au **premier grade** ; ce qui permet d'exercer l'une des fonctions visées à l'article 4 du décret de 1993 (à titre d'exemples) :

*a*) D'abord pour commencer, au *premier groupe* : Président ou procureur de la République d'un tribunal de grande instance à deux chambres. — Vice-président d'un tribunal de grande instance chargé de l'instruction. — Premier vice-président ou procureur de la République adjoint d'un tribunal de grande instance hors classe. — Conseiller ou substitut général d'une cour d'appel (en province). — Substitut chargé d'un secrétariat général au Tribunal de grande instance de Paris ou aux Cours d'appel de Paris et de Versailles.

*b*) Ensuite, au *second groupe* (34) : — Président ou procureur de la République d'un tribunal hors classe ou à deux chambres. — Vice-président, premier juge, premier juge d'instruction, premier juge des enfants, premier juge de l'application des peines des Tribunaux d'instance de Paris, Nanterre, Bobigny ou Créteil. — Premier substitut près de ces mêmes juridictions. — Président de chambre ou avocat général de cour d'appel (en province). — Conseiller ou avocat général des Cours d'appel de Paris ou de Versailles.

III. Enfin, comme couronnement de carrière, on peut devenir magistrat **hors hiérarchie** (art. 3, ord. 22 déc. 1958, mod. par la loi du 25 févr. 1992) ; ce qui permet d'accéder aux fonctions suivantes (à titre d'exemples) : — Conseiller ou avocat général à la Cour de cassation (à l'exception des conseillers référendaires). — Premier président de cours d'appel ou procureur général près de ces cours. — Président de chambre à la Cour d'appel de Paris ou à la Cour d'appel de Versailles, ou avocat général près de ces cours. — Président ou premiers vices-présidents du Tribunal de grande instance de Paris. — Procureur de la République ou Procureur de la République adjoint près le Tribunal de grande instance de Paris. — Présidents des Tribunaux de grande instance de Bobigny, Bordeaux, Créteil, Evry, Lille, Lyon, Marseille, Nanterre, Strasbourg ou Versailles, ou procureurs de la République près de ces tribunaux.

En principe, l'avancement de fait *au choix* ; mais sous réserve de très sérieux correctifs destinés précisément à éviter tout ce qui pourrait donner prise au favoritisme ou à une disgrâce injustifiée. Toutefois, ces correctifs varient très sensiblement selon qu'il s'agit des magistrats du second et du premier grades, ou de l'accès à la « hors-hiérarchie ».

**380. I. Avancement des magistrats des second et premier grades.** — Le législateur a réglementé de façon très minutieuse ce problème délicat de l'avancement qui provoque souvent bien des malaises. D'abord, pour accéder au premier grade, il

---

(34) Un magistrat du second grade peut être promu directement au second groupe du premier grade, s'il justifie d'une ancienneté de douze années et s'il est inscrit sous une rubrique spéciale du tableau d'avancement (art. 15, al. 2, décr. du 7 janv. 1993).

faut déjà justifier d'une certaine ancienneté (art. 15, décr. du 7 janv. 1993). Ensuite et surtout, il faut être inscrit au tableau d'avancement qui constitue la pièce maîtresse sur laquelle il est nécessaire d'insister.

**381. a) Tableau d'avancement.** — Le tableau d'avancement est une liste établie chaque année sur laquelle sont inscrits par ordre alphabétique les magistrats dignes d'obtenir un avancement (art. 22, décr. du 7 janv. 1993). Institué pour la première fois par un décret du 18 août 1906, il révèle publiquement les avancements proposés et indirectement ceux qui ne le sont pas. Par la publicité qui lui est donné, il constitue une garantie contre le favoritisme ou les brimades injustifiées.

Mais pour que cet objectif soit pleinement atteint, il ne suffit pas de dresser un tableau d'avancement ; encore faut-il savoir par qui il est élaboré et dans quelles conditions.

I. *Par qui est-il élaboré ?*

Cette question est essentielle : si l'on veut que le tableau d'avancement constitue une garantie contre tout arbitraire, il faut qu'il soit dressé par une autorité parfaitement indépendante. Ce pouvoir appartient aujourd'hui à un organe que l'on appelle la « *commission d'avancement* ».

La composition de cette commission a beaucoup changé au cours des dernières années, dans le sens d'une plus grande autonomie à l'égard de l'administration centrale du ministère de la Justice. Pendant longtemps, elle fut composée de magistrats dont les uns appartenaient à l'administration centrale ès-qualité, et dont les autres étaient tous désignés par le garde des sceaux. Les magistrats se plaignaient à juste raison du poids exercé par le ministère. Un décret n° 70-642 du 17 juillet 1970 améliora la situation en donnant à la commission une base élective, partiellement tout au moins, car le pouvoir de désignation appartenait toujours au garde des sceaux, la seule différence étant qu'il devait fixer son choix sur des listes de magistrats élus par leurs collègues. Ce n'était pas encore suffisant. Les magistrats voulaient plus : ils voulaient que les magistrats désignés soient directement élus par eux-mêmes, sans intervention du garde des sceaux. Satisfaction leur a été donnée par la loi n° 92-189 du 25 février 1992 qui a modifié en ce sens l'*article 35* de l'ordonnance du 22 décembre 1958.

Depuis la réforme de 1992, la commission d'avancement est composée de la manière suivante :

— le premier président de la Cour de cassation, qui en assume la présidence, et le procureur général près la même cour ;

— l'inspecteur général des services judiciaires (ou à défaut, son adjoint) ;

— le directeur chargé des services judiciaires (ou à défaut, son représentant d'un rang au moins égal à celui de sous-directeur et ayant la qualité de magistrat) ;

— deux magistrats hors hiérarchie de la Cour de cassation, l'un du siège et l'autre du parquet, élus par l'ensemble des magistrats hors hiérarchie appartenant à cette Cour ;

— deux premiers présidents et deux procureurs généraux de cour d'appel, élus respectivement par l'ensemble des premiers présidents et procureurs généraux de cour d'appel ;

— enfin, dix magistrats du corps judiciaire, trois du premier grade et sept du second grade, élus par le collège des magistrats dans les conditions prévues aux art. 13-1 et 13-5 de l'ordonnance de 1958.

Comme on peut le constater, sur les vingt membres de cette commission, seize tiennent leur pouvoir de l'élection, et quatre seulement sont désignés, non point par le garde des sceaux, mais à raison de la fonction qu'ils exercent, « ès qualité ». La commission d'avancement est donc réellement représentative.

2° *Dans quelles conditions est-il élaboré et diffusé ? La « transparence ».*

La garantie d'une commission, si indépendante soit-elle, n'a jamais paru suffisante aux magistrats qui ont longtemps déploré la relative discrétion qui entoure, en amont les éléments d'élaboration du tableau d'avancement, et en aval, sa diffusion. Ils demandaient en un mot, plus de « *transparence* ».

*a*) En amont d'abord : il est évident que la commission se prononce au vu du dossier individuel de chaque magistrat, à partir des « notes » qui lui ont été attribuées par ses supérieurs hiérarchiques et, en dernier ressort, par le premier président (ou le procureur général selon le cas) de la cour d'appel dont il dépend (35). L'idée même d'une « notation » a toujours été assez mal ressentie. Aujourd'hui, on a supprimé le mot : depuis la loi du 25 février 1992, il n'est plus question que d'une « *évaluation de l'activité professionnelle* » de chaque magistrat, laquelle a lieu désormais tous les deux ans. Mais, ce qui compte, ce n'est pas tant ce changement de terminologie, que le fait d'avoir organisé une procédure contradictoire d'évaluation, assez lourde d'ailleurs, qui doit permettre à chaque magistrat concerné de discuter et de critiquer au besoin l'évaluation retenue par ses supérieurs (art. 12-1, ord. 22 déc. 1958, ajouté par la loi n° 92-189 du 25 févr. 1992 ; et art. 18 à 21, du décret n° 93-21 du 7 janv. 1993).

*b*) En aval, le tableau d'avancement est évidemment communiqué à chaque magistrat concerné qui y figure. Mais en outre, il est affiché au siège de chaque juridiction, afin que le magistrat qui n'a pas été retenu pour un avancement puisse adresser à la commission d'avancement une demande d'inscription (art. 24, décr. n° 93-21 du 7 janv. 1993).

**382. b) Listes d'aptitude et de sélection.** — On ne confondra pas le tableau d'avancement dont il vient d'être question, avec les listes d'aptitude et de sélection qui sont destinées à proposer les magistrats ayant les qualités requises pour exercer

(35) Sur l'autorité chargée d'évaluer les magistrats, cf. l'art. 19 du décr. n° 93-21 du 7 janv. 1993.

certaines fonctions. Pour le comprendre, il faut se souvenir de la distinction entre le « grade » et la « fonction » (*supra*, n° 377) : certains magistrats qui méritent d'être promus à un grade supérieur, ne sont pas nécessairement aptes à exercer certaines fonctions délicates (par exemple : certains ont les qualités requises pour être président d'une juridiction, tandis que d'autres, tout aussi méritants, ne les ont peut-être pas).

Pour cette raison, le décret n° 93-21 du 7 janvier 1993 subordonne parfois l'accès à certaines fonctions à l'inscription sur une liste d'aptitude spéciale dressée par la commission d'avancement : par exemple, pour l'accès aux fonctions de président ou de procureur de la République d'un tribunal de grande instance (art. 3) ou à celles de conseiller référendaire à la Cour de cassation (art. 9).

Par souci de « transparence », le projet de nomination à une fonction du premier ou du second grade et la liste des candidats proposés à cette fonction doivent être communiqués, non seulement au Conseil supérieur de la magistrature, mais aussi aux chefs de la Cour de la Cour de Cassation, aux chefs des cours d'appel qui doivent en assurer la diffusion auprès des magistrats en activité de leur juridiction, ainsi qu'aux syndicats et associations professionnelles représentatifs des magistrats (art. 27-1, al. 1, ord. 22 déc. 1958, inséré par la loi n° 92-189 du 25 févr. 1992).

Tout candidat à la fonction peut formuler des observations.

**383. c) Décret de nomination.** — Toute promotion de grade ou nomination à une fonction du premier ou second grade, prend la forme d'un décret du Président de la République, sur proposition du garde des sceaux.

Mais une consultation préalable du Conseil supérieur de la magistrature est nécessaire, lequel depuis la réforme constitutionnelle de 1993, dispose de pouvoirs étendus (*supra*, n$^{os}$ 45 et 46).

— En ce qui concerne les *magistrats du siège*, le nouvel article 65 de la Constitution exige un « avis conforme » ; ce qui pratiquement signifie que le Président de la République ne pourrait pas procéder à une nomination contre l'avis du Conseil. Et même s'agissant de la nomination aux fonctions de président d'un tribunal de grande instance, la nomination ne peut intervenir que sur « proposition » du Conseil supérieur de la magistrature (art. 65, al. 5, de la Constitution) (36).

— Pour ce qui est des *magistrats du parquet*, la règle est moins contraignante, du fait même de leur subordination hiérarchique (*supra*, n° 307). En principe, l'article 65 de la Constitution n'exige qu'un simple « avis » qui n'a pas besoin d'être

(36) En ce qui concerne les magistrats du siège, la loi n° 92-189 du 25 févr. 1992 (art. 10) exigeait déjà un « avis conforme » du Conseil supérieur de la magistrature. Mais le Conseil constitutionnel avait annulé cette disposition au motif qu'elle impliquait un pouvoir de co-décision avec le Président de la République qui à l'époque n'était pas prévu dans l'art. 65 de la Constitution (décision n° 92-305 du 21 févr. 1992, J.C.P. 1992.III.65408). Désormais, l'obstacle est levé depuis que l'article 65 a été révisé par la loi constitutionnelle de 1993.

conforme et qui, par conséquent, ne lie pas le gouvernement (art. 65, al. 7, de la Constitution). On rappellera à ce sujet qu'un avis n'est même pas nécessaire lorsqu'il s'agit d'un emploi auquel il est pourvu en Conseil des Ministres.

Cela dit, le décret de nomination n'est pas un acte discrétionnaire du Président de la République : comme tout acte administratif, il pourrait faire l'objet d'un recours en annulation devant le Conseil d'Etat s'il apparaissait qu'une nomination est intervenue dans des conditions illégales.

**384. II. Magistrats hors hiérarchie.** — Pour accéder à un poste hors hiérarchie auquel sont réservées d'éminentes fonctions (premier président ou procureur général de cour d'appel, conseiller à la Cour de cassation, président de chambre à la Cour d'appel de Paris ou de Versailles, etc.), les règles applicables ne sont plus du tout les mêmes : notamment la commission d'avancement n'intervient pas.

Les nominations résultent directement d'un décret du Président de la République, après consultation du Conseil supérieur de la magistrature. En principe, le rôle de celui-ci s'apparente à ce qui a été dit précédemment, *supra*, n° 383 : s'il s'agit d'un magistrat du siège, la nomination ne peut avoir lieu que sur un « avis conforme », alors que, s'agissant d'un magistrat du parquet, il suffit d'un simple avis que le gouvernement n'est pas tenu de suivre.

Mais cela étant dit, lorsqu'il s'agit de la nomination à un poste hors hiérarchie, le rôle du Conseil supérieur de la magistrature revêt une particulière importance. Pour un magistrat qui par définition est parvenu au sommet de la hiérarchie judiciaire, ce qui importe ce n'est plus tant le grade que la fonction ; et il faut bien reconnaître que certaines fonctions plus prestigieuses que d'autres sont particulièrement recherchées. Aussi bien, doit-on souligner que pour les nominations de magistrat du siège à la Cour de cassation, pour celles de premier président de cours d'appel ou de président d'un tribunal de grande instance classé hors hiérarchie, un simple avis même conforme ne suffit pas : l'article 65, al. 5, de la Constitution exige une « *proposition* » du Conseil supérieur de la magistrature qui, de ce fait, a pour mission de sélectionner les candidats pour ensuite les proposer à la nomination du gouvernement. On rappellera en revanche que pour les plus hautes fonctions à un emploi du ministère public qui sont pourvus en Conseil des ministres, le Conseil supérieur de la magistrature n'est pas consulté du tout, pas même pour avis (art. 65, al. 6, de la Constitution).

### B. — Avancement dans l'ordre administratif

**385. Particularité : diversité des corps.** — En règle générale, et comme dans l'ordre judiciaire, les nominations au grade supérieur se font *au choix*. Mais dans l'ordre administratif, le système des promotions est très différent du fait que le personnel des juridictions administratives ne forme pas un corps homogène et structuré comme la magistrature judiciaire. Il n'y a pas un « corps administratif » comme il y a un « corps judiciaire ». En réalité, les juridictions administratives forment des corps distincts ayant chacun sa propre hiérarchie et son propre système d'avancement à l'intérieur de ce corps. De là, la nécessité de les examiner séparément.

**386. Avancement au sein du Conseil d'Etat.** — Toutes les promotions à l'intérieur du Conseil d'Etat (accès au grade d'auditeur de première classe, de maître des requêtes et, enfin, de conseiller d'Etat) sont faites par décret du Président de la République, sur proposition du garde des sceaux. Mais seuls peuvent être nommés ceux dont les noms sont présentés par le vice-président du Conseil d'Etat délibérant avec les présidents de section (art. 7, 9 et 10, ord. n° 45-1708 du 31 juill. 1945) ; ce qui revient à dire que les plus hautes personnalités du Conseil d'Etat conservent la maîtrise des promotions.

Théoriquement, les promotions se font au choix (art. 7, ord. n° 45-1708 du 31 juill. 1945). Mais en fait il est dans les usages de faire les présentations dans l'ordre du tableau, c'est-à-dire, en suivant la règle de l'ancienneté. Il s'agit là d'une véritable coutume qui se justifie par le souci d'assurer aux membres du Conseil d'Etat une totale indépendance.

**387. Avancement au sein du corps des tribunaux administratifs et cours administratives d'appel.** — Il a été dit précédemment que le personnel de ces deux juridictions forme un corps unique et que ce corps a ses propres règles de recrutement (*supra*, n° 369) : il faut ajouter maintenant qu'il a ses propres grades et son propre système d'avancement, lesquels sont réglementés aujourd'hui par la loi n° 86-14 du 6 janvier 1986 (rendue applicable aux membres des cours administratives d'appel par la loi n° 87-1127 du 31 déc. 1987) et par le décret d'application n° 88-938 du 28 septembre 1988.

*a*) Ce corps comporte *sept grades.*

Par ordre croissant les sept grades sont les suivants : conseiller de 2e classe, conseiller de 1re classe, conseiller hors classe de tribunal administratif, président de tribunal administratif, président hors classe de tribunal administratif, vice-président du tribunal administratif de Paris et, enfin, président du tribunal administratif de Paris (art. 2 de la loi de 1986). On rappellera que la nomination aux fonctions de conseiller à une cour administrative d'appel constitue non pas un grade, mais une simple affectation, étant précisé toutefois que la nomination aux fonctions de président d'une cour confère le rang de conseiller d'état en service ordinaire (art. 5 de la loi de 1987 ; *supra*, n° 274).

*b*) L'article 16 de la loi du 6 janvier 1986 pose en principe que « *l'avancement des membres des tribunaux administratifs a lieu de grade à grade après inscription au tableau d'avancement* ».

Il en résulte que l'on ne peut accéder qu'à un grade immédiatement supérieur (37) ; et que toute promotion est subordonnée à une inscription au tableau d'avancement, lequel « est établi sur proposition du Conseil supérieur des tribunaux administratifs et cours administratives d'appel » (art. 16 de la loi de 1986 ; sur le Conseil supérieur, cf. *supra*, n° 48). L'avancement se fait au choix, mais pour accéder au grade de président de tribunal administratif, il faut compter huit ans au moins de services effectifs dans un emploi du corps des tribunaux administratifs (art. 16, al. 2, de la loi de 1986).

*c*) A ce point des explications, une différence essentielle doit être soulignée par rapport au système de l'avancement dans la magistrature de l'ordre judiciaire. Du fait que la magistrature judiciaire forme un corps unique, tout juge débutant peut espérer parvenir aux grades les plus élevés de la hiérarchie et devenir éventuellement conseiller à la Cour de cassation (*supra*, n^os^ 379 s.). La situation des juges appartenant aux tribunaux administratifs et cours administratives d'appel est très différente ; ils forment un corps séparé et en quelque sorte « fermé » au sein de l'ordre administratif, avec cette conséquence que l'accès au Conseil d'Etat ne constitue pas pour eux l'aboutissement normal de la carrière. Toutefois, depuis quelques années des mesures exceptionnelles ont été prises pour permettre aux membres du corps des tribunaux administratifs (et cours administratives d'appel), soit l'accès au Conseil d'Etat par le tour extérieur (très parcimonieusement : décret n° 53-935 du 30 sept. 1953, art. 3, modifié par le décret n° 85-1261 du 29 nov. 1985) (38), soit simplement la promotion au rang de conseiller d'Etat en devenant président d'une cour administrative d'appel, mais sans pouvoir obtenir d'autre affectation pendant au moins 5 ans (art. 5 de la loi du 31 déc. 1987 ; *supra*, n° 274).

## § 3. — RÉGIME DISCIPLINAIRE

**388. Son importance.** — Lorsqu'un juge commet une faute dans l'exercice de ses fonctions, il est normal qu'il fasse l'objet d'une sanction disciplinaire : le principe de l'inamovibilité, dans la mesure où il s'applique (*supra*, n° 373 s.), ne saurait avoir pour conséquence de tenir les magistrats et les juges à l'abri de toute sanction

(37) Il n'est fait exception à cette règle que pour l'accès au grade de Président du Tribunal administratif de Paris, lequel peut être nommé au choix parmi les membres des tribunaux administratifs ayant au moins le grade de président hors classe.

(38) D'après le texte, l'accès au Conseil d'Etat est possible à raison d'un poste sur six dans les fonctions de Conseiller d'Etat et d'un poste sur quatre dans les fonctions de maître des requêtes. En fait, les quelques nominations qui ont lieu au titre du tour extérieur sont restées, et de loin, bien en deçà de ces proportions.

disciplinaire. Mais il ne faut pas non plus qu'ils soient l'objet de mesures arbitraires attentatoires à leur indépendance. Ce qui est vrai pour tous les fonctionnaires, l'est bien davantage encore pour les magistrats et les juges dont la liberté de jugement ne doit en aucun cas être compromise par la menace d'une éventuelle sanction.

L'importance de cette question justifie les règles minutieuses édictées à ce sujet, lesquelles varient selon qu'il s'agit des magistrats de l'ordre judiciaire (A) ou des juges de l'ordre administratif (B).

### A. — **Régime disciplinaire des magistrats de l'ordre judiciaire**

**389. Vue d'ensemble.** — La discipline des magistrats de l'ordre judiciaire est réglementée par les articles 43 à 66 de l'ordonnance n° 58-1270 du 22 décembre 1958. Ces textes comportent d'abord des dispositions générales applicables à tous les magistrats, aussi bien aux magistrats du siège qu'à ceux du parquet (1°). Mais, compte tenu des fonctions très différentes qu'ils sont appelés à exercer, les garanties disciplinaires ne sont pas exactement les mêmes : de là, des règles spécifiques concernant, d'une part, les magistrats du siège (2°) et, d'autre part, les magistrats du parquet (3°).

#### 1° Dispositions générales

**390.** Les dispositions communes à tous les magistrats de l'ordre judiciaire sont relatives à la notion de faute disciplinaire (I) et à la gamme des sanctions applicables (II).

**391. I. Faute disciplinaire.** — La faute disciplinaire est un manquement aux obligations professionnelles. Mais s'agissant des magistrats, cette notion doit être bien comprise.

Il est certain qu'un juge ne commet aucune faute s'il apprécie les faits qu'il est chargé de juger d'une manière inexacte ou s'il interprète la loi de façon incorrecte. En un mot, le *mauvais jugement ne constitue pas une faute professionnelle.* Sans doute, la loi a-t-elle organisé des voies de recours pour remédier aux défaillances de cette nature. Mais la décision qu'il prononce est avant tout une affaire de conscience et l'on ne saurait sanctionner personnellement un juge pour avoir mal jugé.

En revanche, la notion de faute disciplinaire ne se limite pas aux seuls manquements aux obligations statutaires résultant strictement de la loi : elle s'étend en réalité à tous les *manquements de la vie privée* dans la mesure où ceux-ci seraient de nature à ternir l'honorabilité de la fonction. Cette extension résulte de la formule très compréhensive utilisée par l'art. 43 de l'ordonnance n° 58-1270 du 22 déc. 1958 aux termes duquel « tout manquement par un magistrat aux devoirs de son état, à *l'honneur*, à la *délicatesse* ou à la *dignité*, constitue une faute disciplinaire ». Par exemple : on concevrait difficilement le maintien en fonction d'un juge dont la vie privée serait une source de scandale (vol, habitude d'ivresse, vie privée dissolue). Il n'y a pas lieu d'en être surpris. Le magistrat exerce une fonction d'autorité qui doit inspirer le respect et, dès lors, tout comportement qui risquerait d'y porter atteinte, fût-il de nature privée, constitue un manquement à ses devoirs de magistrat. Reste à savoir où se situe la limite. Il est en effet évident que toute la vie privée du magistrat n'appartient pas à la fonction : par exemple, une mésentente conjugale n'intéresse personne. Mais, sous cette réserve parfois difficile à délimiter, il est certain que les comportements de la vie privée ne peuvent pas échapper totalement à la notion de faute disciplinaire.

**392. II. Sanctions disciplinaires.** — L'article 45 de l'ordonnance n° 58-1270 du 22 décembre 1958 énumère les sanctions qui peuvent être prononcées ; à savoir (par ordre de gravité selon l'importance de la faute) : 1) La réprimande avec inscription au dossier ; 2) le déplacement d'office ; 3) le retrait de certaines fonctions ; 4) l'abaissement d'échelon ; 5) la rétrogradation ; 6) la mise à la retraite d'office ou l'admission à cesser ses fonctions ; enfin, 7) la révocation avec ou sans suspension des droits à pension.

Ces sanctions, limitativement énumérées, ne doivent pas être confondues avec d'autres mesures qui ne constituent pas à proprement parler des sanctions disciplinaires.

*a*) D'abord, avec le simple *avertissement* : il entre dans les pouvoirs des premiers présidents (en ce qui concerne les magistrats du siège) et des procureurs généraux (relativement aux membres du parquet) d'attirer l'attention des magistrats placés sous leurs ordres, sur tous les faits qui, sans constituer une faute disciplinaire, seraient de nature à perturber le bon fonctionnement du service (art. 44, ord. n° 58-1270 du 22 déc. 1958).

*b*) Ensuite, on ne confondra pas davantage les sanctions de l'article 45 avec l'*interdiction temporaire*. Il peut arriver que certains faits graves, de nature à justifier des poursuites disciplinaires, obligent, à raison du scandale qu'ils provoquent, à prendre tout de suite une mesure d'attente qui consiste à interdire au magistrat d'exercer ses fonctions jusqu'à la décision définitive sur les poursuites dont il est ou sera l'objet. Mais cette mesure est dépourvue de tout caractère disciplinaire. Pour cette raison, elle n'est pas rendue publique et ne comporte aucune privation du droit au traitement. En outre, elle cesse de produire effet si les poursuites disciplinaires ne sont pas engagées dans les deux mois.

### 2° Dispositions spécifiques aux magistrats du siège

**393. Conseil supérieur de la magistrature, dans sa formation relative aux magistrats du siège.** — En faveur des magistrats du siège qui, par définition, sont appelés à juger et qui bénéficient à ce titre de l'inamovibilité (*supra*, n° 373), il est essentiel d'organiser un régime particulièrement protecteur qui les tienne rigoureusement à l'abri de toute mesure disciplinaire injustifiée de la part du pouvoir exécutif.

Pour cette raison, l'action disciplinaire est portée devant le Conseil supérieur de la magistrature, dans sa formation compétente à l'égard des magistrats du siège, qui est appelé à statuer comme *conseil de discipline* (art. 65, al. 6, de la Constitution). On en connaît la composition (*supra*, n° 44) ; et l'on sait aussi que, dans ce cas, la présidence en est assurée non pas par le Président de la République, ni même par le garde des sceaux qui ne peuvent pas siéger, mais par le Premier président de la Cour de cassation (art. 65, al. 6, de la Constitution ; *supra*, n° 45) (39). De ce fait, il siège, non point à l'Elysée, mais à la Cour de cassation elle-même (40).

Le Conseil supérieur de la magistrature est saisi par le garde des sceaux qui dénonce les faits donnant lieu aux poursuites. Le magistrat est cité. Il doit comparaître en personne ou, en cas d'empêchement justifié, par l'intermédiaire d'un représentant qui peut être soit un avocat, soit un de ses pairs. La procédure a été très minutieusement réglementée par les articles 51 à 58 de l'ordonnance n° 58-1270 du 22 décembre 1958 et par les articles 10 à 13 du décret n° 59-305 du 19 février 1959. Toutes ces dispositions (dont on peut penser qu'elles ne seront pas démenties par les lois organiques) sont commandées par le souci d'organiser un véritable débat contradictoire et d'assurer la protection des droits du magistrat poursuivi, lequel notamment doit avoir communication de son dossier.

**394. Décision : autorité souveraine.** — Lorsqu'il est saisi en tant que conseil de discipline des magistrats du siège, le Conseil supérieur de la magistrature statue comme une véritable juridiction : sa décision présente donc tous les caractères d'un jugement ayant autorité de chose jugée.

Pour cette raison, la décision doit être *motivée* (comme tout jugement). Mais surtout, elle *s'impose au garde des sceaux* qui est chargé de l'exécuter, quelle que puisse être son opinion personnelle. Si, par exemple, la peine de révocation a été prononcée, le garde des sceaux doit obligatoirement révoquer le magistrat poursuivi,

---

(39) Il est curieux que l'article 65, al. 6, de la Constitution n'ait rien dit au sujet du garde des sceaux. Mais la logique impose cette solution (*supra*, n° 45).

(40) Sur ce point, à propos d'une curieuse affaire : cf. P. Hébraud, obs. *Rev. trim. dr. civ.* 1966.364, et la réponse du garde des sceaux de l'époque, *Rev. trim. dr. civ.* 1966.578.

même s'il estime que la sanction est trop sévère. Et inversement, si le Conseil a estimé qu'une simple peine de réprimande suffisait, le garde des sceaux doit se borner à faire porter cette mention au dossier, sans aller au-delà, même s'il estime que les faits reprochés étaient de nature à devoir entraîner une sanction plus élevée. Toutes ces conséquences résultent du fait que la décision est un véritable jugement qui s'impose à tous, y compris au ministre.

Un *recours est-il possible* ? Si l'on consulte les textes, et notamment l'article 57 de l'ordonnance n° 58-1270 du 22 décembre 1958, une réponse négative paraît évidente : ce texte décide, en effet, que la décision « n'est susceptible d'aucun recours ». Et cependant, telle n'est pas l'opinion du Conseil d'Etat qui, de façon assez singulière, s'est arrogé le droit de considérer que le Conseil supérieur de la magistrature est une « juridiction administrative » qui à ce titre relève de son contrôle (41). Cette solution, qui méconnaît ouvertement les termes clairs de l'art. 57 du statut de la magistrature, constitue une immixtion difficilement admissible de la Haute Juridiction administrative dans les rouages judiciaires à leur plus haut niveau (42).

On ajoutera simplement (ce qui tempère la gravité de cette immixtion), que le Conseil d'Etat n'intervient alors que comme juge de cassation (*supra*, n° 280) : par conséquent, son rôle n'est pas de juger l'affaire à nouveau pour rechercher si le magistrat poursuivi méritait ou non d'être sanctionné, mais simplement d'exercer un contrôle sur la légalité de la décision. Il n'en reste pas moins vrai que, même dans cette limite, il est assez singulier qu'un organe, présidé par le premier président de la Cour de cassation et qui concerne la justice de l'ordre judiciaire à son niveau le plus élevé, puisse être censuré par le Conseil d'Etat.

### 3° Dispositions spécifiques aux magistrats du parquet

**395. Conseil supérieur de la magistrature, dans sa formation relative aux magistrats du parquet.** — Il a été dit précédemment que les magistrats du parquet, du fait même de leur subordination, ne bénéficient pas de l'inamovibilité (*supra*, n° 374). La logique d'un tel système conduirait à penser qu'ils peuvent faire l'objet d'une sanction disciplinaire par la seule volonté du garde des sceaux qui est leur supérieur hiérarchique. Une telle solution ne serait pas sans danger. Les magistrats du

---

(41) Cons. Etat 12 juillet 1969, aff. L'Etang, *Rev. dr. publ.* 1970.387, note Waline ; Cons. Etat, 14 mars 1975, aff. Rousseau, J.C.P. 1976.II.18423, note Ph. Nérac. — *Adde* Auby et Drago, 3ᵉ éd., t. I, n° 311, p. 323.

(42) J.-L. Bonnefoy, *Le juge administratif, juge de la situation du magistrat judiciaire*, J.C.P. 1978.I.2898.

ministère public sont souvent appelés à prendre des décisions graves ; et si leur conscience est en désaccord avec les instructions reçues, il faut qu'ils puissent, avec toute la sérénité souhaitable, exprimer verbalement leur propre sentiment sans encourir la menace d'une sanction arbitraire.

A cette fin, l'ordonnance n° 58-1270 du 22 décembre 1958 avait institué une *Commission de discipline du parquet*, présidée par le Procureur général près la Cour de cassation et composée en partie par des membres du ministère public, dont on avait fini par admettre qu'ils puissent être directement élus par leurs collègues du parquet (loi n° 92-189 du 25 févr. 1992). Sans doute, cette Commission n'avait-elle d'autre pouvoir que d'émettre un « avis » sur les poursuites disciplinaires et sur la peine qu'il y avait lieu d'appliquer. Mais cette sauvegarde, n'en était pas moins précieuse. A une époque où, avant la révision constitutionnelle de 1993, le Conseil supérieur de la magistrature n'avait d'autorité qu'à l'égard des magistrats du siège, à l'exclusion des magistrats du parquet (*supra*, n° 42), il était bon que le comportement de ceux-ci puisse être apprécié par un organe indépendant composé de magistrats appartenant eux-mêmes au ministère public.

Aujourd'hui, cette Commission n'a plus lieu d'être.

Depuis la réforme réalisée par la loi constitutionnelle de 1993, qui a modifié l'article 65 de la Constitution, l'organe appelé à connaître des poursuites disciplinaires est le *Conseil supérieur de la magistrature*, dans sa formation compétente à l'égard des magistrats du parquet (art. 65, al. 7, de la Constitution). Et dans ce cas, il est présidé, non pas par le Président de la République, ni même par le garde des sceaux qui n'y siègent pas, mais par le Procureur général près la Cour de cassation.

Mais cela dit, il ne faut pas se méprendre sur le rôle que le Conseil supérieur de la magistrature est appelé à jouer en pareil cas (cf. numéro suivant).

**396. Avis du Conseil supérieur de la magistrature et décision du garde des sceaux.** — On ne manquera pas d'observer que l'article 65, al. 8, de la Constitution s'abstient de présenter le Conseil supérieur de la magistrature, lorsqu'il siège dans cette formation, comme un « conseil de discipline » : l'expression qui est utilisée lorsqu'il s'agit des magistrats du siège, n'apparaît plus lorsqu'il s'agit des magistrats du parquet. C'est que, en effet, le Conseil supérieur de la magistrature n'est pas ici une juridiction : il n'est qu'un simple organe consultatif chargé d'émettre un « avis », sur l'existence éventuelle d'une faute et sur la peine disciplinaire qui le cas échéant devrait être prononcée (43). En réalité, *la décision est prise par le garde des sceaux lui-même*, au vu de l'avis qui lui a été présenté par le Conseil supérieur de la magistrature.

Cette règle de principe est la suite naturelle de cette idée que les magistrats du parquet sont dans la dépendance hiérarchique du garde des sceaux. Sur ce point, la révision constitutionnelle de 1993 n'a rien changé à la situation antérieure : elle

(43) A titre d'exemple : Comm. discipline du parquet, 10 févr. 1978, D. 1978.288.

l'a même implicitement entérinée. Il semble donc légitime (sous réserve de ce que décideront les lois organiques en préparation) d'en tirer les mêmes conséquences pratiques qu'autrefois, conséquences qui marquent toute la différence entre le régime disciplinaire des magistrats du siège et celui des magistrats du parquet.

*a*) D'une part, *le garde des sceaux n'est pas lié par l'avis qui lui a été donné* : il peut prononcer une peine plus faible ou plus élevée que celle préconisée par le Conseil supérieur de la magistrature, voire même considérer qu'il y a une faute, là où le Conseil supérieur n'en a vu aucune, ou inversement. Mais compte tenu de l'autorité morale du Conseil supérieur de la magistrature, on peut penser que le garde des sceaux évitera d'entrer en conflit ouvert avec lui.

Les textes antérieurs, dont on ignore encore dans quelle mesure ils seront repris par la loi organique, avaient prévu des règles spéciales pour le cas où le garde des sceaux ne suivrait pas l'avis de ce qu'était autrefois la Commission de discipline du parquet.

En premier lieu, si le garde des sceaux entendait prononcer une sanction plus grave que celle proposée, il devait saisir à nouveau la Commission de discipline du parquet pour que celle-ci émette un nouvel avis sur la sanction envisagée par le garde des sceaux ; ce nouvel avis devait être versé au dossier du magistrat afin que, le cas échéant, on sache bien que la sanction prononcée n'avait pas reçu l'agrément de la commission (ord. n° 58-1270 du 22 déc. 1958, art. 66).

En second lieu, dans le cas particulier où la commission avait estimé que le magistrat poursuivi n'avait commis aucune faute, si le garde des sceaux persistait dans son intention de prononcer une sanction, il avait alors l'obligation de saisir une *commission spéciale* composée du premier président de la Cour de cassation, de trois conseillers et trois avocats généraux de cette même Cour désignés par l'assemblée générale. Et cette fois, la décision de la commission spéciale s'imposait au garde des sceaux (ord. n° 58-1270 du 22 déc. 1958, art. 65-1).

*b*) D'autre part, la décision étant prise par le garde des sceaux, c'est-à-dire, par une autorité administrative et non point juridictionnelle, elle peut faire l'objet d'un *recours pour excès de pouvoir devant le Conseil d'Etat.*

Quelle est l'étendue des pouvoirs du Conseil d'Etat ? En pareil cas, il n'est pas saisi comme juge de cassation mais comme juge appelé à statuer en premier ressort ; et, par conséquent, son pouvoir s'étend à l'examen des faits pour rechercher éventuellement s'il y a eu détournement de pouvoir de la part du garde des sceaux. Toutefois, ses pouvoirs ne sont pas illimités. L'art. 66-1 de l'ordonnance n° 58-1270 du 22 décembre 1958 (mod. par la loi du 17 juill. 1970) précise (actuellement) que, d'une part, si la commission spéciale de l'art. 65-1 s'est prononcée, sa décision s'impose au Conseil d'Etat, et que, d'autre part, si cette commission n'a pas été saisie, il n'appartient pas au Conseil d'Etat de rechercher si le magistrat poursuivi a ou non commis une faute : dans ce cas, il doit préalablement saisir la commission spéciale pour qu'elle se prononce.

En résumé, s'il est vrai que le régime disciplinaire des magistrats du parquet est techniquement différent de celui des magistrats du siège, on peut néanmoins constater qu'ils sont loin d'être démunis de toute protection. Il est bon qu'il en soit ainsi.

### B. — Régime disciplinaire des juges de l'ordre administratif

**397. Idée générale : évolution vers un système de garanties particulières.** — Dans les textes, les garanties disciplinaires des juges de l'ordre administratif sont beaucoup moins strictes que celles dont bénéficient les magistrats de l'ordre judiciaire. Cette observation va de pair avec les hésitations du législateur à reconnaître aux juges administratifs le bénéfice de l'inamovibilité (*supra*, n° 375). Les juridictions administratives, on l'a souvent dit, sont issues de l'administration dont elles constituent une branche privilégiée ; et partant de là, on a longtemps pensé que les garanties disciplinaires dont bénéficient les fonctionnaires suffisaient à prémunir le juge administratif contre toute sanction arbitraire.

Les idées sur ce point commencent à évoluer. Avec l'intense développement du contentieux administratif, et sa régionalisation au profit de juridictions que nulle tradition ne protège encore (*supra*, n° 244), on s'est enfin rendu compte qu'il était indispensable d'accorder aux juges administratifs des garanties disciplinaires particulières. Et s'il est vrai que les barrières de protection mises en place sont moins rigides que celles dont bénéficient les magistrats de l'ordre judiciaire, il n'en reste pas moins vrai qu'un immense progrès a été réalisé sur ce point depuis quelques années.

Encore faut-il faire une distinction. A la différence de la magistrature de l'ordre judiciaire qui forme un corps homogène, les juges de l'ordre administratif appartiennent à des corps distincts qui ont leurs règles spécifiques. On est donc tout naturellement conduit à étudier séparément le régime disciplinaire des membres du Conseil d'Etat (a) et celui des juges appartenant au corps des tribunaux administratifs et cours administratives d'appel (b).

**398. a) Régime disciplinaire des membres du Conseil d'Etat.** — Il fut admis pendant longtemps que des mesures disciplinaires contre un membre du Conseil d'Etat pouvaient être prises par décret : soit par un décret en conseil des ministres s'il s'agissait d'un conseiller d'Etat, soit par un simple décret après avis du vice-président du Conseil d'Etat et des présidents de section, s'il s'agissait d'un maître des requêtes.

A vrai dire, cette solution ne présentait guère d'inconvénient en raison de l'inamovibilité de fait dont les membres du Conseil d'Etat ont toujours bénéficié. Mais au cours des dernières années, la révocation d'un maître des requêtes pour faute commise dans l'exercice d'une fonction administrative suscita une très vive émotion (44). Pour cette raison, le décret n° 63-767 du 30 juillet 1963 édicta un régime disciplinaire plus précis et surtout plus protecteur.

*a*) L'article 13 énumère les sanctions disciplinaires qui peuvent être prises contre un membre du Conseil d'Etat (par ordre de gravité) : l'avertissement, le blâme, l'exclusion temporaire de fonctions dans la limite de six mois, la révocation sans suspension du droit à pension et, enfin, la révocation avec suspension du droit à pension (45).

*b*) La procédure disciplinaire repose sur une distinction selon la gravité de la sanction susceptible d'être prononcée (art. 14).

S'il s'agit d'un avertissement ou d'un blâme, la sanction est prononcée directement par le vice-président du Conseil d'Etat.

Les autres sanctions sont prononcées par décret sur proposition du garde des sceaux, mais après avis d'une *commission consultative* dont la composition est fixée par l'art. 5 du décret n° 63-766 du 30 juillet 1963. Cette commission comprend : le vice-président du Conseil d'Etat, les présidents de section, les présidents adjoints de la section du contentieux, deux maîtres des requêtes et deux auditeurs désignés par les autres membres de la commission pour une durée de deux ans. L'idée maîtresse a été d'associer à cette commission des membres du Conseil d'Etat appartenant à tous les grades.

De toute manière, cette commission ne fait que formuler un simple *avis* que le gouvernement n'est pas obligé de suivre. Mais, outre que le décret prononçant la sanction doit être motivé (art. 14, al. 3, décr. n° 63-767 du 30 juill. 1963), on peut penser que le gouvernement évitera d'entrer en conflit ouvert avec une commission représentative du Conseil d'Etat.

**399. b) Régime disciplinaire des membres du corps des tribunaux administratifs et cours administratives d'appel.** — Les juges appartenant au corps des tribunaux administratifs ont été longtemps démunis de toute garantie particulière sur le plan

---

(44) Sur le côté anecdotique de cette affaire (dite « affaire Jacomet »), cf. *Livre jubilaire du Conseil d'Etat*, p. 900 et la note 1.

(45) On laissera de côté l'hypothèse où, après deux années, les « aptitudes d'un auditeur de deuxième classe ne paraîtraient pas correspondre aux nécessités de ses fonctions au Conseil » (art. 11, ord. n° 45-1708 du 31 juill. 1945). Dans ce cas, il ne s'agit pas d'une faute disciplinaire à proprement parler. Pour cette raison, le vice-président du Conseil d'Etat, délibérant avec les présidents de section, peut simplement signaler le cas au chef du gouvernement en vue de la nomination de cet auditeur à une autre fonction publique.

disciplinaire. Ils étaient traités, de ce point de vue, comme des fonctionnaires ordinaires soumis au statut général de la fonction publique et ne bénéficiaient à ce titre d'autres garanties que celles accordées à tous les fonctionnaires. Cette situation précaire avait suscité maintes protestations. Elle était effectivement critiquable si l'on considère que les décisions que ces juges sont appelés à prendre, le sont parfois dans un climat qui n'est pas exempt d'une certaine effervescence politique locale (on pense notamment au contentieux des élections municipales).

Cette lacune est aujourd'hui comblée : la *loi n° 86-14 du 6 janvier 1986* fixant les règles garantissant l'indépendance des membres des tribunaux administratifs (rendue applicable aux juges appelés à siéger dans les cours administratives d'appel par la loi n° 87-1127 du 31 décembre 1987) a mis en place un régime disciplinaire particulier. Désormais, la discipline des membres appartenant à ces deux juridictions est placée sous le contrôle du *Conseil supérieur des tribunaux administratifs et cours administratives d'appel*, appelé à jouer le rôle d'un conseil de discipline et dont la composition a été précédemment exposée (*supra*, n° 48).

Aux termes de l'art. 17 de la loi de 1986, le Conseil ne peut être saisi que par le président du tribunal administratif ou de la cour administrative d'appel dont fait partie le membre du corps concerné ou par le chef de la mission d'inspection des tribunaux administratifs et cours administratives d'appel (dont on rappellera qu'il est un conseiller d'Etat, *supra*, n° 48) : le droit de saisine est donc limité à des personnalités qui sont elles-mêmes des juges.

La procédure suivie devant le Conseil a été organisée à la manière d'une procédure juridictionnelle dans le respect du contradictoire : notamment, l'intéressé a droit à la communication intégrale de son dossier et il peut en outre se faire assister par un ou plusieurs défenseurs de son choix (par un avocat ou un autre juge par exemple).

Toutefois, à la différence du Conseil supérieur de la magistrature statuant en matière disciplinaire dans sa formation compétente à l'égard des magistrats du siège (*supra*, n° 394), cet organe n'a aucun pouvoir souverain de décision : il n'a qu'un *pouvoir de proposition*, la décision étant prise par l'autorité chargée de la gestion du corps. Mais cette nuance, importante du point de vue technique ne compromet pas la protection du juge poursuivi. En réalité, la « proposition » est plus qu'un simple « avis » ; dès lors en effet que la mesure disciplinaire ne peut être décidée que sur « proposition » du Conseil, on doit en déduire, semble-t-il, que l'autorité chargée de la gestion du corps (à moins de s'abstenir de toute sanction) ne pourrait pas retenir une autre mesure que celle qui a été « proposée ».

La gamme des mesures disciplinaires qui peuvent être prises n'est pas précisée par la loi. Il convient de se référer aux sanctions prévues par le statut de la fonction publique.

## *SECTION III*

## DROITS ET DEVOIRS PROFESSIONNELS

**400. Idée générale.** – L'éminence des fonctions et la gravité des décisions qui peuvent être prises par les juges impliquent de leur part, des devoirs très particuliers qui vont au-delà des obligations incombant normalement à des fonctionnaires.

Sans doute, comme tous les fonctionnaires, sont-ils tenus de résider au lieu où ils exercent leurs fonctions (art. 13, ord. n° 58-1270 du 22 déc. 1958 et art. 11 de la loi n° 86-14 du 6 janv. 1986) et leur est-il fait interdiction de s'absenter sans une autorisation régulière et provisoire ; de même aussi, sont-ils protégés contre les menaces et attaques de quelque nature que ce soit dont ils pourraient être l'objet dans l'exercice de leurs fonctions (art. 11, ord. n° 58-1270 du 22 déc. 1958). Mais dépassant les droits et obligations qui découlent du statut de la fonction publique, les juges sont tenus à des devoirs particuliers qui se rattachent à la nécessité de sauvegarder leur indépendance, leur objectivité et un esprit de détachement absolu qui caractérise l'exercice de la fonction judiciaire.

De là, certaines règles particulières concernant les *interdictions* (§ 1), les *incompatibilités* (§ 2) et les *incapacités* de juger dans certains cas (§ 3).

### § 1. – INTERDICTIONS

**401.** La loi interdit aux juges et aux magistrats, sous peine de sanctions disciplinaires, de se livrer à certaines activités qui seraient de nature à troubler le bon fonctionnement du service public de la justice.

**402. Grève.** – Aux termes de l'art. 10, al. 3, de l'ordonnance n° 58-1270 du 22 décembre 1958 (qui est spécifique à l'ordre judiciaire) : « est interdite toute action concertée de nature à arrêter ou à entraver le fonctionnement des juridictions ». Les magistrats appartiennent donc à cette catégorie de fonctionnaires auxquels, par dérogation à la règle de principe, la grève est strictement défendue. En fait, certaines « actions concertées » se produisent parfois ; mais toujours sous une forme symbolique (défilé dans les couloirs du Palais, heure d'audience différée).

On ne trouve aucun texte semblable en ce qui concerne les juges de l'ordre administratif. Sans doute a-t-il paru superflu et indécent de prescrire une telle interdiction aux membres du Conseil d'Etat et de la Cour des comptes. En revanche, on comprend mal pourquoi la magistrature judiciaire est spécifiquement visée, alors que les membres des tribunaux administratifs et des cours administratives d'appel ne le sont pas.

**403. Manifestations politiques.** — Cette interdiction doit être bien comprise.

Comme tous les citoyens, les magistrats conservent intégralement leurs droits de nature politique. Cela va de soi : les magistrats ne sont pas des citoyens diminués. Notamment, ils peuvent participer aux élections politiques, en exerçant leur droit de vote.

Mais cela dit, la loi ne veut pas que le magistrat, *en cette qualité*, prenne des positions publiques de partisan dans le cadre d'une activité politique militante. En un mot ; ce qui lui est interdit, c'est la « manifestation », la « démonstration » qui serait incompatible avec la réserve qu'impose sa fonction ; et cela, afin de conserver la neutralité politique qui sied à l'administration de la justice. Ce principe est formellement rappelé par l'art. 10 de l'ordonnance n° 58-1270 du 22 décembre 1958 (en ce qui concerne les magistrats de l'ordre judiciaire) et par l'art. 4 du décret n° 63-767 du 30 juillet 1963 (en ce qui concerne les membres du Conseil d'Etat).

Dans cet ordre d'idées, l'art. 10 de l'ordonnance n° 58-1270 du 22 décembre 1958 va plus loin : il interdit au corps judiciaire « toute délibération politique », ainsi que « toute manifestation d'hostilité au principe ou à la forme du Gouvernement de la République ». Il est curieux d'observer que cette interdiction est spécifique à la magistrature judiciaire et que l'on ne trouve nul texte similaire en ce qui concerne les juges de l'ordre administratif. Peut-être faut-il y voir la survivance d'un temps où le corps judiciaire inspirait la méfiance des pouvoirs publics.

Est-ce à dire que la neutralité politique exigée par les textes soit toujours parfaitement respectée ? Ce n'est un mystère pour personne que certains juges (spécialement dans l'ordre judiciaire) affichent parfois leurs opinions politiques de façon ostensible. Les pouvoirs publics feignent de l'ignorer. Il est vrai que l'immixtion de la politique dans les Palais de justice utilise le plus souvent le vecteur indirect de l'activité syndicale.

**404. Le problème des activités syndicales.** — Aucune disposition légale n'interdit aux magistrats d'adhérer à un syndicat. Et de fait, il existe plusieurs syndicats de magistrats.

Le souci de se grouper pour la défense des intérêts professionnels ne date pas d'aujourd'hui. Mais, pendant longtemps, les magistrats, soucieux d'éviter tout ce qui pouvait s'apparenter à une quelconque activité syndicale militante, préférèrent adopter la forme de l'association (Association de la magistrature ; Union fédérale des magistrats). Cette réserve a disparu sous la pression des circonstances. En 1968, certains magistrats constituèrent un syndicat politiquement engagé (*Syndicat national de la magistrature* : S.N.M.) qui recruta principalement ses adhérents parmi les jeunes. Tout naturellement, les associations de jadis fusionnèrent pour former à leur tour un autre syndicat (*Union syndicale de la magistrature*: U.S.M.). Il n'en fallait pas plus pour qu'à travers ces deux syndicats apparaissent des clivages politiques, au point d'ailleurs qu'un nouveau groupement a cru devoir se former en 1981 (*Association professionnelle des magistrats*: A.P.M.) dont l'objet, a-t-il été dit, serait de veiller au respect du principe de la neutralité politique de la justice mais qui, lui aussi, est politiquement marqué (46).

De leur côté, les juges administratifs ont formé le *Syndicat de la juridiction administrative* (S.J.A.).

Le fait syndical est aujourd'hui indiscutable : la magistrature judiciaire aligne ses comportements sur ceux des salariés, révélant ainsi une évolution certaine dans les mentalités. L'opinion publique s'en émeut parfois dans la mesure où cette effervescence syndicale sert de véhicule à des orientations partisanes souvent ponctuées par des déclarations fracassantes. Et finalement, à travers ces affrontements, il est à craindre que ne se forment des « clientèles » à l'intérieur du corps judiciaire (47).

## § 2. — INCOMPATIBILITÉS

**405. Vue d'ensemble.** — Il existe certaines activités qui, sans être interdites aux magistrats, paraissent incompatibles avec l'exercice simultané d'une fonction judiciaire. Lorsque le magistrat se trouve placé dans l'une de ces situations, il ne commet aucune faute, mais il doit choisir : ou renoncer à cette activité, ou cesser d'exercer ses fonctions selon les moyens prévus par le statut de la fonction publique (détachement, délégation, mise en disponibilité) et spécialement réglementés dans les textes relatifs aux juges et aux magistrats.

Une telle situation peut se produire en raison soit d'activités professionnelles extérieures (A), soit de l'exercice d'un mandat politique (B).

---

(46) Sur ce point, cf. le compte rendu de la première assemblée générale de l'A.P.M. à Paris, en 1983 (*Le Monde* du 7 déc. 1983).

(47) Sur les problèmes soulevés par les activités syndicales dans la magistrature, cf. J. Davia « Magistrature et liberté syndicale », *Dr. Soc.* 1977.327 ; G. Masson, *L'indépendance des magistrats vis-à-vis du pouvoir politique de 1870 à nos jours*, thèse Paris 1975 ; Cons. Etat, 31 janv. 1975, 2 arrêts, J.C.P. 1975.II.18099, note Albertini, spécialement § II ; Com. discipline du Parquet, 10 févr. 1978, D.S. 1978.288. — *Adde*, la réponse ministérielle à la question n° 10364 du 12 juin 1974.

### A. — Activités professionnelles extérieures

**406. Le principe et sa portée.** — En règle générale, les magistrats et les membres des juridictions administratives ne peuvent exercer aucune activité professionnelle extérieure à leur fonction : ni une autre fonction publique, ni une activité professionnelle de nature privée (commerçant, industriel, salarié d'une entreprise).

Ce principe, qui va de soi, vaut pour tous les fonctionnaires en général (art. 8 du statut de la fonction publique). Mais il est rappelé de façon plus énergique en ce qui concerne les magistrats et les juges. Le but, en effet, n'est pas seulement de les obliger à être entièrement disponibles à leurs fonctions. S'agissant des juges et des magistrats, une autre préoccupation plus impérieuse encore justifie cette règle : *on veut éviter toute subordination extérieure qui risquerait d'entraver leur indépendance d'esprit et de compromettre leur liberté de jugement.*

Ainsi s'expliquent les dispositions de l'art. 8 de l'ordonnance n° 58-1270 du 22 décembre 1958 qui, en ce qui concerne les *magistrats de l'ordre judiciaire*, pose en principe que « l'exercice des fonctions de magistrat est incompatible avec l'exercice de toutes fonctions publiques et de toute activité professionnelle ou salariée ».

De même, en ce qui concerne les *membres du Conseil d'Etat*, l'art. 2 du décret n° 67-767 du 30 juillet 1963 prend soin de faire renvoi à l'article 8 du statut de la fonction publique.

Enfin plus spécialement au sujet des *membres du corps des tribunaux administratifs et cours administratives d'appel*, l'art. 5 de la loi n° 86-14 du 6 janvier 1986 (modifiée par la loi n° 87-1127 du 31 décembre 1987) précise de façon très stricte que nul ne peut être nommé membre de l'une de ces juridictions s'il exerce, — ou même « a exercé depuis moins de trois ans » —, une fonction de représentant de l'Etat dans une région ou dans un département ou de délégué de celui-ci dans un arrondissement (on vise ici les préfets et sous-préfets) relevant du ressort du tribunal (ou de la cour). La même incompatibilité s'applique également à ceux qui exercent ou ont exercé depuis moins de trois ans dans le ressort du tribunal (ou de la cour), une fonction de directeur régional ou départemental d'une administration publique de l'Etat ou de direction dans l'administration d'une collectivité territoriale. A travers ces formules un peu compliquées se dégage une idée très simple : s'agissant de juridictions qui sont appelées à juger des administrations, ou ne veut pas que le juge exerce ou ait exercé au sein de celles-ci des fonctions importantes qui pourraient faire douter de son objectivité. On concevrait mal, par exemple, qu'un ancien préfet de la Côte d'or depuis moins de trois ans puisse devenir président du tribunal administratif de Dijon et juger des affaires concernant une administration dont il a été le chef. De là, une incompatibilité locale temporaire limitée aux juridictions dans le ressort desquelles se trouvent ces administrations.

Cela dit il ne faut pas se méprendre sur la portée de ces principes qui ne concernent cela va de soi, que les magistrats et les juges de carrière, à l'exclusion des juges des tribunaux de commerce et des conseillers prud'homaux qui conservent leurs activités professionnelles.

a) D'une part, ces incompatibilités n'interdisent pas les *travaux scientifiques, littéraires et artistiques* (art. 8, ord. n° 58-1270 du 22 décembre 1958 ; art. 2, décr. n° 63-767 du 30 juill. 1963). Un magistrat peut toujours prendre la plume ou le pinceau, même pour en tirer un profit, sans enfreindre la règle de l'incompatibilité.

b) D'autre part, rien ne s'oppose à ce que les juges et les magistrats exercent des *activités d'enseignement* dans la mesure, ajoutent toutefois les textes, où elles ne sont « pas de nature à porter atteinte à leur dignité ou à leur indépendance » (art. 8, al. 2, ord. n° 58-1270 du 22 décembre 1958 ; art. 2, al. 2, décr. n° 63-767 du 30 juill. 1963) (48). Cette dernière réserve est importante : elle signifie que les magistrats ne peuvent pas enseigner n'importe quoi dans n'importe quelles conditions.

c) Enfin, spécialement en ce qui concerne les membres des tribunaux administratifs et cours administratives d'appel, ceux-ci peuvent être appelés, avec l'accord du président du tribunal ou de la cour, « à exercer certaines fonctions administratives dans les conditions définies par les lois et décrets » (art. 10 de la loi n° 86-14 du 6 janv. 1986). En revanche, ils ne pourraient pas en être requis contre leur gré, car cette réquisition serait attentatoire à leur indépendance (art. 3 de la même loi).

**407. Détachement, délégation et mise en disponibilité.** — Il arrive parfois que des juges et des magistrats se voient proposer des emplois ou des activités qui n'entrent pas dans leurs fonctions habituelles. Disons tout de suite que les magistrats et les membres des juridictions administratives peuvent participer à des travaux de commission ou de conseils institués auprès des administrations et des établissements publics, leur avis étant souvent précieux. Tout au plus doivent-ils obtenir l'agrément du vice-président du Conseil d'Etat (pour les membres de cette juridiction ; art. 60, décr. n° 63-766 du 30 juill. 1963) ou le contreseing du garde des sceaux (pour les magistrats de l'ordre judiciaire ; art. 12, art. 58-1270 du 22 déc. 1958).

Mais cela dit, le problème devient plus complexe lorsque la mission envisagée est de longue durée et place le juge dans l'obligation de choisir entre l'exercice de sa fonction judiciaire et la fonction qui s'offre à lui (directeur d'un établissement public, ambassadeur, préfet, chargé de mission, etc.).

*a*) Dans la magistrature de l'ordre judiciaire, la situation et relativement rare (49). Mais elle pourrait devenir plus fréquente dans l'avenir depuis que la loi n° 92-189 du 25 février 1992 a expressément prévu la possibilité d'un détachement dans un

---

(48) C'est ainsi que beaucoup de magistrats sont chargés de travaux dirigés et même parfois chargés d'enseignement dans les facultés de droit.

(49) Il existe un cas traditionnel : le directeur des services juridiques de la S.N.C.F. est généralement un magistrat de l'ordre judiciaire hors hiérarchie (par exemple : un conseiller à la Cour de cassation). Ce poste est assez convoité.

autre corps (ord. 22 déc. 1958, art. 76-2, ajouté par la loi du 25 févr. 1992). Ainsi un magistrat de l'ordre judiciaire pourra désormais être détaché pour être intégré dans un corps recruté par la voie de l'E.N.A. (directeur d'un ministère par exemple) ou dans le corps des professeurs et maîtres de conférence de l'université (50).

*b*) Cette situation est en revanche très fréquente dans l'ordre administratif et spécialement au Conseil d'Etat : certains de ses membres profitent parfois de la première occasion qui se présente pour obtenir des emplois, disons plus attractifs ! Cette fuite est assez préoccupante, au point qu'il a fallu poser des conditions pour éviter que le Conseil d'Etat ne devienne un « lieu de passage », en vue de l'accès à des fonctions plus prestigieuses encore ou mieux rémunérées (notamment une condition d'ancienneté dans la fonction : art. 15, décr. nº 63-767 du 30 juill. 1963) (51).

Dans toute la mesure où un départ est possible, les textes offrent plusieurs « positions » pour permettre à l'intéressé d'exercer une activité incompatible avec sa fonction, sans l'obliger à démissionner.

La position la plus simple est la « *délégation* » qui consiste, tout en restant dans son corps d'origine, à occuper une autre fonction publique dans laquelle l'intéressé a été délégué par une « mise à disposition » (art. 15 décr. nº 63-767 du 30 juill. 1963). Autre position : le « *détachement* ». Le juge détaché pour exercer une autre activité est placé hors de son corps d'origine, tout en continuant à bénéficier dans ce corps de ses droits à l'avancement et à la retraite ; et à l'expiration de son détachement, il est obligatoirement réintégré dans son corps d'origine (art. 38 du statut de la fonction publique). La « *mise en disponibilité* » (généralement pour convenances personnelles) marque une sorte de rupture temporaire : durant cette période, le fonctionnaire cesse de bénéficier de ses droits à l'avancement et les années ainsi passées ne sont pas décomptées pour ses droits à la retraite ; mais ensuite il peut être réintégré.

### B. — Exercice d'un mandat politique

**408. Problème.** — En tant que juristes appelés à constater chaque jour les imperfections éventuelles de nos lois, les magistrats et les juges seraient mieux placés que quiconque pour exercer un mandat politique, sur le plan national (député, sénateur) ou simplement local (conseiller général ou conseiller municipal). Il reste que la crainte des compromissions, des abus d'influence, d'une certaine politisation

---

(50) Un décret nº 93-549 du 26 mars 1993 énumère la liste des corps recrutés par la voie de l'Ecole nationale d'administration auprès desquels les magistrats de l'ordre judiciaire peuvent être détachés.

(51) Ainsi en 1993, on compte 67 membres du Conseil d'Etat hors service au Conseil, affectés à d'autres fonctions (25 conseillers d'Etat et 42 maîtres des requêtes).

de la justice ou tout simplement la crainte que les servitudes de la vie politique ne fassent perdre au magistrat la sérénité indispensable au bon exercice de la fonction judiciaire, ont obligé le législateur a édicté un réseau d'incompatibilités, variable selon qu'il s'agit d'un mandat national ou d'un mandat local.

**409. Mandat national (ou européen).** — L'exercice d'un *mandat parlementaire* de député ou de sénateur est rigoureusement incompatible avec l'exercice des fonctions de magistrat de l'ordre judiciaire (art. 9, ord. n° 58-1270 du 22 déc. 1958), de membre du Conseil d'Etat (art. 3, décr. n° 63-767 du 30 juill. 1963) ou de membre des tribunaux administratifs et cours administratives d'appel (art. 4, loi n° 86-14 du 6 janv. 1986, modifié par la loi n° 87-1127 du 31 déc. 1987).

Cette incompatibilité a été étendue à l'exercice d'un mandat au Parlement européen (art. 9, ord. n° 58-1270 du 22 déc. 1958, mod. par loi n° 92-189 du 25 févr. 1992 ; art. 4, loi n° 86-14 du 6 janv. 1986), et même, s'agissant des magistrats de l'ordre judiciaire, au Conseil économique et social (art. 9, ord. n° 58-1270 du 22 déc. 1958, mod. par loi n° 80-844 du 29 oct. 1980).

Cette incompatibilité ne veut pas dire qu'il est interdit à un juge de briguer l'un de ces mandats (on a vu des juges devenir député ou sénateur). Mais s'il est élu, il doit alors choisir et s'il préfère exercer sa fonction élective, il devra cesser d'exercer ses fonctions judiciaires pendant le temps que durera son mandat. Et même, afin d'éviter toute confusion, il est précisé, pour les membres du Conseil d'Etat, que ceux-ci ne doivent en aucun cas, dans leur activité politique, se prévaloir, de leur qualité de membre du Conseil d'Etat (art. 3, al. 3, du décret n° 63-767 du 30 juill. 1963).

Pour les magistrats de l'ordre judiciaire, une incompatibilité partielle s'étend également au magistrat dont le *conjoint* a été élu député ou sénateur : aux termes de l'art. 9 de l'ordonnance n° 58-1270 du 22 décembre 1958, « nul ne peut être nommé magistrat ou le demeurer dans une juridiction dans le ressort de laquelle se trouve tout ou partie du département dont son conjoint est député ou sénateur ». Si par exemple, le mari d'une femme qui exerce ses fonctions de magistrat au tribunal de Nevers a été élu député ou sénateur de la Nièvre, elle ne pourra pas continuer à exercer ses fonctions au sein de ce tribunal : elle sera nommée ailleurs. On veut éviter tout abus d'influence par personne interposée : il ne faut jamais suspecter la femme de César !

**410. Mandat régional, départemental ou municipal.** — En ce qui concerne les *magistrats de l'ordre judiciaire*, l'exercice d'un mandat de conseiller général, de conseiller municipal ou de maire entraîne également une incompatibilité ; mais celle-ci est localisée à la circonscription dont le magistrat est l'élu (art. 9, al. 3, ord. n° 58-1270 du 22 déc. 1958). Cela ne veut pas dire qu'un magistrat ne peut pas devenir conseiller municipal ou maire de sa commune ; beaucoup le sont et c'est souvent une très bonne chose. Mais pour éviter toute interférence entre les préoccupations électorales et l'exercice des fonctions judiciaires, on ne veut pas que le magistrat puisse exercer ses fonctions de juge dans la circonscription dont il est l'élu. En revanche et du fait même du caractère local du mandat électif, cette incompatibilité ne concerne pas les conseillers à la Cour de cassation (art. 9, al. 5, ord. n° 58-1270 du 22 déc. 1958).

Les juges appartenant au corps des *tribunaux administratif* et des *cours administratives d'appel* sont soumis à une incompatibilité de même nature : aux termes de l'art. 5 de la loi n° 86-14 du 6 janvier 1986 (modifié par la loi n° 87-1127 du 31 déc. 1987), nul ne peut être nommé membre d'un tribunal administratif (ou d'une cour administrative d'appel), s'il exerce dans le ressort de ce tribunal (ou de cette cour) « une fonction publique élective ».

Mais il y a plus : la loi n° 86-14 du 6 janvier 1986 a visé spécialement les fonctions de *président d'un conseil régional* ou d'un *conseil général* pour les déclarer incompatibles avec l'exercice des fonctions de membre du corps des tribunaux administratifs et cours administratives d'appel (art. 4-2°). Bien qu'il s'agisse d'un mandat local (régional ou départemental), l'incompatibilité est générale, en ce sens que le juge qui est élu à ces fonctions présidentielles ne peut plus exercer ses fonctions de juge administratif en quelque lieu que ce soit (même en dehors de la région ou du département dont il est l'élu). Le législateur a pensé à juste raison que l'autorité attachée aux fonctions de président d'un conseil régional ou d'un conseil général prenait inévitablement une dimension nationale et qu'il serait malsain qu'un président qui est appelé à jouer un rôle important dans l'administration active puisse exercer dans le même temps des fonctions juridictionnelles concernant celle-ci.

**411. Extension des incompatibilités dans le temps.** — Même après l'expiration d'un mandat électif (national ou régional), une incompatibilité subsiste : le juge qui a été l'élu d'une circonscription y a peut être conservé des amitiés ou des inimitiés qui pourraient nuire à son objectivité de juge.

Pour cette raison, il ne peut être nommé juge ou le demeurer au sein d'une juridiction dans le ressort de laquelle il a exercé une fonction publique élective depuis moins de 5 ans s'il s'agit d'un magistrat de l'ordre judiciaire (art. 9, al. 4, ord. n° 58-1270 du 22 déc. 1958) ou depuis moins de 3 ans s'il s'agit d'un membre du corps des tribunaux administratifs et cours administratives d'appel (art. 5, loi n° 86-14 du 6 janv. 1986).

Dans l'ordre judiciaire, il en est de même s'il a fait simplement acte de candidature. Toute campagne électorale malheureuse peut laisser des traces. A cause de cela, dans les 3 années qui suivent, il ne peut être nommé magistrat ou le demeurer au sein de la juridiction dans le ressort de laquelle il a fait acte de candidature à une fonction publique élective (art. 9, al. 4, ord. n° 58-1270 du 22 déc. 1958).

## § 3. — INCAPACITÉS DE JUGER

**412. Devoir d'impartialité.** — Dans certains cas, les juges appelés à composer la juridiction ne peuvent pas exercer leurs fonctions parce qu'un doute risque de planer sur leur parfaite indépendance d'esprit et donc, indirectement, sur leur impartialité : ils sont alors frappés d'une véritable incapacité de juger.

Certaines de ces incapacités sont applicables de plein droit dans les cas spécifiés par la loi (I) ; d'autres, en revanche, peuvent résulter soit d'une récusation (II), soit d'un renvoi à une autre juridiction (III).

**413. I. Incapacités légales.** — Quel que soit le procès à juger, un magistrat est incapable d'exercer ses fonctions lorsqu'il existe un *lien de parenté ou d'alliance entre magistrats d'une même juridiction.* Cette règle est formellement inscrite dans l'article R. 721-1 c. org. jud. aux termes duquel : « Les conjoints, les parents et alliés jusqu'au degré d'oncle et de neveu inclusivement ne peuvent être simultanément membres d'un même tribunal ou d'une même cour en quelque qualité que ce soit », sauf dispense accordée par décret si du moins le tribunal comporte plusieurs chambres et qu'il ne s'agit pas du président de la juridiction. Le principe est facile à justifier. Si par exemple deux frères faisaient partie d'une même juridiction, on pourrait craindre que l'un d'eux ne prenne un certain ascendant sur l'autre et que, du même coup, au moment du délibéré, la liberté du vote ne soit faussée (52).

Relativement à un procès déterminé, il y a également incapacité de juger lorsqu'il existe un *lien de parenté entre l'un des magistrats et l'avocat ou l'avoué de l'une des parties en cause*, jusqu'au degré de neveu ou d'oncle inclusivement (art. R. 721-3 c. org. jud.). Si par exemple, la femme ou le fils d'un magistrat plaidait pour l'une des parties devant son mari ou son père, il y aurait lieu de craindre que le magistrat n'ait plus la même indépendance d'esprit. L'inobservation de cette règle entraînerait la nullité du jugement.

Il est remarquable de constater que ces dispositions sont spécifiques aux juridictions de l'ordre judiciaire et qu'il n'existe aucun texte analogue pour les juridictions de l'ordre administratif. Mais on doit admettre que les mêmes règles sont applicables au titre des principes généraux du droit (53).

---

(52) La fréquence des *« couples de magistrats »* (surtout dans l'ordre judiciaire) a posé un problème. Il ne saurait être question de les affecter à des tribunaux différents. Dans ce cas une dispense est accordée. Mais, en aucun cas, les conjoints ne peuvent siéger ensemble dans une même cause (art. R. 721-1, al. 3, c. org. jud.).

(53) Cons. Etat, 13 mars 1925, *Rec. Lebon*, p. 262 ; Auby et Drago, 3e éd., t. I, n[o] 239.

**414. II. Récusation.** — En dehors des cas précédemment cités, il peut arriver que l'un des plaideurs ait des raisons sérieuses de suspecter la parfaite indépendance d'esprit de l'un des juges. Si ce dernier en a lui-même conscience, il a le devoir de se retirer spontanément : on dit alors qu'il *« s'abstient »* ou qu'il *« se déporte »*. Mais s'il ne prend pas cette initiative, le plaideur qui a des raisons de suspecter l'impartialité d'un juge déterminé dispose d'un moyen que l'on appelle la récusation et que l'on peut définir comme étant la procédure par laquelle un plaideur entend faire écarter du tribunal, pour le jugement de sa cause, un juge qui pourrait manquer d'impartialité.

L'idée directrice est qu'il s'agit là d'un moyen grave parce qu'il met en cause l'objectivité d'un juge et la conscience qu'il peut avoir de ses devoirs professionnels. Aussi la loi a-t-elle réglementé strictement la récusation.

Ces principes ont une portée générale, en ce sens qu'ils sont applicables devant toutes les juridictions, y compris devant les juridictions administratives.

a) Les *causes de récusation* sont limitativement énumérées par l'art. 341 nouv. c. pr. civ. Il convient de se reporter au texte. On citera simplement, à titre d'exemples, le cas où il existe un lien de parenté entre l'un des plaideurs et le juge ou la femme de ce dernier, celui où le juge aurait un intérêt personnel dans l'affaire, le cas où il existerait une inimitié notoire entre le juge et l'un des plaideurs, enfin l'hypothèse où l'un des juges aurait précédemment connu de l'affaire comme juge, arbitre ou conseil (54). En matière pénale, les causes de récusation sont énoncées à l'art. 668 c. pr. pén.

Devant les tribunaux administratifs, le cas où le juge aurait un intérêt personnel dans l'affaire a pour conséquence de faire écarter du jugement de la cause l'auteur de l'acte administratif dont la nullité est demandée (55).

b) La juridiction compétente pour statuer sur la récusation est la juridiction hiérarchiquement supérieure (art. 349 nouv. c. pr. civ.), c'est-à-dire, la cour d'appel (devant les juridictions civiles de l'ordre judiciaire) ou le Conseil d'Etat (si l'incident a surgi devant un tribunal administratif). En matière pénale, la demande de récusation doit être présentée au premier président de la cour d'appel (art. 669 c. pr. pén.).

Si la demande de récusation est reconnue fondée, le juge doit *s'abstenir de participer au jugement* de la cause et, en outre, il peut être condamné aux dépens s'il a résisté à la demande.

Si, au contraire, la demande de récusation est rejetée, soit parce qu'elle n'est pas recevable, soit parce qu'elle n'est pas fondée, *le juge demeure sur le siège*. Mais le plaideur qui a pris cette initiative peut être condamné à une peine d'amende de 100 à 10 000 francs (art. 353 nouv. c. pr. civ.), ou de 500 à 5 000 francs en matière pénale (art. 673 c. pr. pén.), sans préjudice d'une éventuelle condamnation à des dommages-intérêts au profit du magistrat auquel la demande de récusation a pu causer un préjudice moral.

---

(54) Le droit moderne a supprimé un cas assez curieux qui était celui où le juge avait « bu ou mangé avec l'une ou l'autre des parties dans leur maison ».

(55) Cons. Etat, 2 mars 1973, Delle Arbousset, *Rev. dr. publ.* 1973.1066, concl. Braibant.

**415. III. Renvoi.** — Le renvoi présente un trait commun avec la récusation en ce sens que, dans les deux hypothèses, l'un des plaideurs redoute un manque d'indépendance de la part des juges qui seront appelés à statuer dans la cause. Mais, tandis que la récusion concerne un juge déterminé, en raison de circonstances purement individuelles, la procédure de renvoi est utilisable lorsque la suspicion plane sur la *juridiction toute entière.* Pour cette raison, le plaideur demande à la juridiction hiérarchiquement supérieure d'ordonner le renvoi devant une autre juridiction.

On soulignera tout de suite que le renvoi est plus grave de conséquences que la simple récusation dans la mesure où il est fait échec aux règles de la compétence territoriale. Pour cette raison, il ne peut être ordonné que dans des cas très étroitement spécifiés par la loi.

*a*) Une cause de renvoi est commune à toutes les juridictions : il s'agit du *renvoi pour suspicion légitime.* Tel est le cas lorsqu'un plaideur a des raisons graves de suspecter la parfaite indépendance de la juridiction saisie (par exemple, en matière pénale, lorsqu'une affaire a causé un certain émoi dans la région).

Devant les juridictions du contentieux privé, la demande est présentée au président qui, s'il estime la demande fondée, transmet le dossier à la juridiction hiérarchiquement supérieure pour qu'elle désigne la juridiction de renvoi (art. 358 nouv. c. pr. civ.). En matière pénale, la juridiction compétente pour se prononcer est la chambre criminelle de la Cour de cassation (art. 662 c. p. pén.). Devant les juridictions administratives, rien n'est prévu ; mais il est admis qu'une demande de renvoi pour suspicion légitime peut être présentée dans les mêmes conditions que devant les juridictions du contentieux privé (56).

*b*) D'autres causes de renvoi sont spéciales à certaines juridictions. Ainsi, en matière pénale : le renvoi dans l'*intérêt d'une bonne administration de la justice*, le renvoi parce que le *cours de la justice a été interrompu* (par exemple : impossibilité de constituer la juridiction). Devant les juridictions du contentieux privé, on trouve d'autres causes particulières : le renvoi pour cause de *sûreté publique* (on craint des troubles dans la région) ou pour *récusation collective* (tous les juges du tribunal sont récusés individuellement).

---

(56) Cons. Etat, 3 mai 1957, *Nemegyei*, Rec. Lebon, p. 279 ; Cons. Etat, 12 mai 1958, *Demaret*, Rec. Lebon, p. 271.

*CHAPITRE II*

# AUXILIAIRES DE JUSTICE

**416. Définition et rôle.** — Les auxiliaires de justice sont des personnes qui, sans être investies par l'Etat de la fonction de juger, sont appelées à participer à l'administration de la justice en apportant leur concours aux juges et aux parties : tels les avocats, les avoués à la cour, les huissiers de justice, etc...

Cette définition fait apparaître deux traits caractéristiques qu'il importe de souligner.

*a*) En règle générale, les auxiliaires de justice ne sont pas des fonctionnaires : seuls les greffiers échappent à la règle depuis qu'une loi de 1965 a fonctionnarisé les greffes (*infra*, n° 482). Mais, ce cas mis à part, les auxiliaires de justice sont de simples particuliers qui n'ont aucun lien de dépendance avec l'Etat. Il est bon qu'il en soit ainsi dans la mesure où leur rôle est d'apporter leur concours à la sauvegarde des intérêts privés.

*b*) Il n'en demeure pas moins qu'ils participent à l'administration de la justice. Et souvent de façon fort efficace.

On se prend à rêver parfois d'une justice sans intermédiaire où le justiciable se présenterait seul devant son juge. C'est là une illusion. La science du droit en général et le fonctionnement de la justice en particulier sont choses complexes. Il est indispensable que les plaideurs soient conseillés, assistés et parfois même représentés. Au reste, l'intérêt bien compris des plaideurs rejoint ici une saine administration de la justice. On imagine mal le temps que peut faire gagner au juge un dossier bien préparé par un mandataire de justice qui aura su discerner l'essentiel à travers un amas de faits inconsistants. Et par ailleurs, la présence d'un intermédiaire a souvent l'inestimable mérite d'apaiser les passions et de conserver au débat judiciaire la sérénité qui lui est indispensable. On peut certes discuter sur la dissémination des auxiliaires de la justice et sur le statut de certains d'entre eux, mais on peut difficilement contester le caractère irremplaçable de leurs fonctions.

Un garde des sceaux, soucieux de mettre en relief le rôle joué par les auxiliaires de justice, avait proposé de les appeler des « *partenaires de justice* ». L'intention était louable. Mais, outre que l'on ne change pas un vocabulaire traditionnel à travers un discours, ce qui importe aux auxiliaires de justice, c'est moins d'être appelés des « partenaires », que d'être effectivement considérés comme tels et dans les textes et dans la pratique quotidienne.

**417. Diversité des fonctions et des professions : le « juridique » et le « judiciaire ».** — Quand on jette un regard d'ensemble sur la pléiade des auxiliaires de justice, on est tout de suite frappé par leur nombre et par la diversité de leurs fonctions : les uns assistent le juge (les greffiers), les autres conseillent et représentent les plaideurs (les avocats, les avoués à la cour) et certains mêmes sont tout à la fois les auxiliaires du juge et les mandataires des parties (les huissiers de justice, les administrateurs judiciaires). En réalité, la multiplicité des professions qui gravitent dans le sillage de la justice sont à l'image de la diversité des fonctions que les juristes sont appelés à exercer.

La vie du droit ne se limite pas en effet, comme d'aucuns le pensent, à deux brillantes plaidoiries suivies d'un jugement. Le procès n'est très souvent que l'aboutissement d'une situation juridique qui a mal évolué parce que les précautions nécessaires n'ont pas été prises en temps voulu ; parce qu'un contrat a été mal rédigé, parce que l'on en a mésestimé les implications, parce que des imprudences ont été commises, parce que la loi n'a pas été respectée comme elle aurait dû l'être, etc... Et l'on a souvent l'impression que bien des mécomptes eussent été évités si un juriste était intervenu plus tôt. En d'autres termes, il y a dans l'application du droit toute une phase extra-contentieuse, bien antérieure au procès, qui relève elle aussi de la science du juriste et que l'on a coutume d'appeler aujourd'hui le «*juridique*», par opposition au «*judiciaire*» qui s'ouvre lorsque le juge est saisi.

Est-ce à dire qu'il faille opposer de façon systématique le «juridique» au «judiciaire», comme s'ils appartenaient à des mondes différents, sous prétexte que l'esprit n'est pas le même : le premier étant tourné vers l'action, tandis que le second serait orienté vers la méditation tardive ? Et, partant de là, doit-on considérer que le seul rôle des auxiliaires de justice consiste à « soutenir le procès » et à faire exécuter le jugement ? Ce serait une erreur de le penser. En réalité, le «juridique» et le «judiciaire» sont intimement liés l'un à l'autre dans la mesure où le «juridique» tend à éviter le procès et où, pour en conjurer le risque, il faut avoir constamment à la pensée les moyens que pourrait invoquer en justice un adversaire potentiel. Voilà pourquoi, lorsque l'on parle des auxiliaires de justice, il ne faut certes pas négliger l'aspect extra-contentieux qui entre dans leurs fonctions ; mais il faut bien se persuader aussi qu'il y a une constante osmose entre le «juridique» et le «judiciaire».

**418. Plan.** — La diversité des auxiliaires de justice et des fonctions qu'ils exercent rend malaisée la description de toutes les professions judiciaires.

Le plus simple est de constater que, parmi les auxiliaires de justice, il y a deux grandes catégories qui apparaissent d'emblée : d'une part, les *avocats* qui exercent une profession libérale et indépendante (Section I), et d'autre part, les *officiers ministériels* (Section II).

Mais cette opposition n'épuise pas la liste de tous les auxiliaires de justice. Certains d'entre eux échappent à toute catégorisation : ils seront présentés pour terminer dans le groupe des *professions et activités judiciaires diverses* (Section III).

## *SECTION I*

## AVOCATS

**419. Généralités** (1). — L'imagerie populaire a toujours représenté l'avocat comme étant « l'homme de la parole » qui plaide à la barre pour la défense des intérêts de son client. Il faut dire d'ailleurs que la publicité donnée aux affaires pénales a largement contribué à fixer ce stéréotype en prenant pour modèle ce que l'on appelle parfois « l'avocat d'assises ». Cette image n'est certes pas totalement inexacte ; mais elle est très incomplète. L'avocat est aussi un homme de cabinet qui reçoit ses clients, leur donne des consultations, négocie des contrats, étudie les dossiers dont il a la charge et prépare la procédure au nom et pour le compte de son client (2).

L'évolution moderne a très sensiblement accentué cet aspect souvent ignoré de la mission de l'avocat. En cette fin du XX^e^ siècle, l'avocat joue un rôle très différent de celui qui était le sien dans les temps passés. Les importantes réformes intervenues en 1971 et 1990 ont d'ailleurs eu pour ambition de créer une nouvelle profession d'avocat, différente par son style et par son rôle. Pour mesurer l'ampleur de ces transformations, il faut commencer par prendre conscience de l'*évolution historique* de la profession (§ 1). Ensuite, à la lumière des textes du droit positif moderne, on étudiera successivement les *fonctions* (§ 2) et le *statut* de la profession d'avocat (§ 3).

---

(1) En 1990, on comptait en France, 19 083 avocats (dont 3 963 stagiaires). Mais depuis 1992, ce chiffre doit être augmenté de celui des conseils juridiques (intégrés aujourd'hui à la profession d'avocat, *infra*, n° 430) qui, en 1990, étaient au nombre de 5 876.

(2) Pour avoir une vue d'ensemble, concrète et vivante, de ce qu'a été et de ce qu'est aujourd'hui la profession d'avocat, on consultera les excellents ouvrages de M. André Damien (qui pendant longtemps fut avocat et bâtonnier du barreau de Versailles) : « *Les avocats du temps passé* », « *Etre avocat aujourd'hui* » et « *Le barreau quotidien* ».

## § 1. — ÉVOLUTION HISTORIQUE DE LA PROFESSION D'AVOCAT

**420. Origine de la profession.** — La profession d'avocat est sans nul doute la profession judiciaire la plus ancienne : elle remonte à l'époque romaine. Selon toute vraisemblance, elle a pour origine l'usage qui voulait que les patriciens protègent et défendent leur clientèle : le patricien était celui que l'on « appelait au secours » en cas de difficulté (*advocatus* ; d'où le nom d'avocat).

A mesure que le droit se compliqua, il devint nécessaire de faire appel à des spécialistes de la science du droit qui avaient l'habitude de la parole en matière juridique (les « *oratores* »), lesquels se constituèrent en corporations (en « *ordo* ») ; de là, l'expression « ordre d'avocats » utilisée pour désigner les groupements au sein desquels les avocats exercent leur profession.

Il serait hors de propos d'exposer dans tous ses détails l'évolution de la profession au moyen âge. Mais, il importe de souligner ce fait essentiel que constitua la *dispersion des fonctions* (A). Elle permet de comprendre la genèse des réformes modernes qui tendent à une *restructuration de la profession* (B).

### A. — Dispersion des fonctions

**421.** Au cours des siècles, les fonctions initiales de l'avocat s'éparpillèrent à la suite d'une spécialisation progressive, l'avocat se bornant le plus souvent à plaider, laissant ainsi à d'autres personnes le soin d'assumer des tâches plus spécialisées.

**422. Avocats et procureurs.** — Une première scission s'opéra, à la fin du XV^e^ siècle, entre d'une part, les avocats qui se limitèrent à assurer la défense orale de leurs clients et, d'autre part, les procureurs (du latin : « *procuratio* » = commission) qui avaient spécialement pour fonction de diligenter la procédure écrite devant les tribunaux, en tant que représentants des parties au procès, au nom et pour le compte de celles-ci. Par l'effet de cette première spécialisation, était née une dualité qui subsistera longtemps entre l'avocat qui assiste son client par la parole et le procureur (on dira plus tard l'avoué) qui le représente dans l'accomplissement des actes de la procédure. Et c'est ainsi que, dans l'ancien droit, chacune de ces professions a fini par constituer une corporation distincte.

L'une et l'autre furent supprimées à la Révolution dont on sait quelle était l'hostilité à l'égard, tout à la fois, des corporations en général et des structures judiciaires de l'ancienne France, en particulier (loi des 2-11 septembre 1790, art. 10 ;

décret du 29 janvier 1791 ; loi du 3 brumaire an II). Mais cela entraîna de tels désordres dans l'administration de la justice que Napoléon prit le parti de rétablir d'abord les procureurs qui, à partir de cette époque, prirent le nom d'avoués (loi du 27 ventôse an VIII) et les avocats ensuite (loi du 22 ventôse an XII). Ce ne fut certes pas sans une certaine réticence. L'indépendance des avocats a toujours été redoutée des pouvoirs politiques qui se veulent forts. On attribue à Napoléon cette formule célèbre : « tant que j'aurai l'épée au côté, je veux pouvoir couper la langue aux avocats qui s'en servent contre le gouvernement ». Mais il faut croire que la langue d'un avocat est plus solide que l'épée d'un général, car la profession d'avocat reconquit son autonomie, tandis que les avoués devenaient des officiers ministériels (loi du 28 avril 1816 ; *infra*, n° 458).

Ainsi se perpétua une scission profonde entre deux auxiliaires de justice, très proches par leurs origines et cependant très différents à un double titre : 1°) par leurs *fonctions* : les avocats assistant leurs clients par la parole, tandis que les avoués les représentent dans l'accomplissement des actes de la procédure ; et 2°) par leur *statut* : tandis que la profession d'avocat reste une profession libérale, les avoués sont devenus des officiers ministériels titulaires de charges.

**423. Agréés près des tribunaux de commerce.** — La profession d'agréé est née de ce fait que, devant les tribunaux de commerce, les parties sont libres de se faire assister et représenter par n'importe quel mandataire de leur choix : la règle est traditionnelle et elle subsiste encore de nos jours (art. 853 nouv. c. pr. civ.). Cette liberté n'est pas sans danger. Sans doute, dans bien des cas, les plaideurs choisissent-ils un avocat. Mais rien ne les y oblige. Et le risque est alors de voir se présenter devant les juridictions consulaires des agents d'affaires aux connaissances limitées, n'offrant pas toujours les garanties requises pour exercer correctement et honnêtement cette fonction. Pour conjurer ce risque, les tribunaux de commerce, spontanément et en marge de la loi, prirent l'habitude de recommander à la confiance des plaideurs certains mandataires dont ils garantissaient la compétence et la loyauté. Ils leur donnaient un « agrément » qui constituait en quelque sorte un « label » de qualité.

Ainsi est apparue dès le XVII^e siècle, une catégorie particulière d'auxiliaires de justice que l'on a pris l'habitude d'appeler les « agréés » (parce qu'ils avaient reçu un agrément), dont la fonction spéciale était d'assister et de représenter les parties devant les tribunaux de commerce. Ils se groupèrent ensuite pour former une corporation et une véritable profession, distincte de la profession d'avocat.

Il fallut attendre longtemps avant que le législateur ne consacre dans les textes cette situation de fait. Ce fut l'œuvre d'une loi du 8 novembre 1941 qui, à la Libération, fut annulée et remplacée par une ordonnance du 2 novembre 1945, laquelle dota les agréés près les tribnunaux de commerce d'un véritable statut légal.

**424. Conseils juridiques.** — On doit constater avec regret que les avocats du XIX$^{e}$ siècle ont souvent abandonné d'eux-mêmes certains secteurs importants de la vie des affaires (par exemple : le droit des sociétés et le droit fiscal). Trop étroitement liée à la conception traditionnelle qui voyait dans l'avocat l'homme du procès, la profession a laissé échapper certains des aspects modernes de la vie juridique, en ne réalisant pas que l'avocat peut avoir également une fonction extra-contentieuse consistant à donner des conseils en marge de tout litige (rédaction de contrats, élaboration des statuts de sociétés, etc...). La rigidité du statut de la profession d'avocat n'était pas seule en cause : cette désaffection avait aussi pour origine un certain état d'esprit trop exclusivement orienté vers les matières classiques donnant lieu à procès.

La consultation juridique étant parfaitement libre, — à l'époque, tout au moins (*infra*, n° 492) —, la place laissée inoccupée par les avocats devait tout naturellement être prise par des personnes qui, spontanément, s'attribuèrent le titre de « *conseil juridique* » et donnèrent des consultations dans les domaines les plus variés. Beaucoup, il faut bien le dire, rendaient d'incontestables services : certains cabinets notamment avaient acquis une juste notoriété, en offrant à leur clientèle des informations précieuses dans des domaines très spécialisés, abandonnés par l'avocat traditionnel du XIX$^{e}$ siècle (on pense notamment au droit fiscal).

Mais cette situation n'allait pas non plus sans risque. En l'absence de toute réglementation et de toute discipline, on pouvait redouter que la clientèle, trompée par le titre de conseil juridique, n'accorde sa confiance à des personnes n'offrant aucune garantie. On vit même parfois des avocats radiés pour faits graves s'installer comme conseils juridiques. Et ce n'est pas trop dire qu'il n'a jamais régné une très bonne entente entre les avocats et les conseils juridiques, considérés par les premiers comme des sortes de « braconniers ». Mais il est juste d'ajouter que cette situation n'aurait pas pris l'ampleur qui fut la sienne si les avocats de jadis n'avaient pas conçu leur rôle de façon trop étroite, comme devant se limiter à celui d'un « homme de la parole à la barre ».

### B. — Vers une restructuration de la profession

**425. Idée directrice.** — La dispersion des fonctions dont il vient d'être question trouve sans doute son explication dans l'histoire, mais elle est souvent déconcertante pour le plaideur et plus encore pour celui qui, en marge de tout procès, cherche à obtenir une consultation juridique : à qui s'adresser ? L'opinion publique comprend mal le rôle exact de l'avocat au milieu de la constellation de tous les auxiliaires de justice. Au moment où, dans le cadre de la Communauté européenne, les juristes français doivent faire face à une concurrence étrangère très sérieuse, il a paru nécessaire de procéder à une restructuration et, si possible, à une simplification des professions judiciaires en résorbant les dispersions héritées de l'histoire.

Mais comme toujours en pareil cas, si les projets affluent, ils se heurtent aussi à de très vives résistances aggravées souvent par des monopoles professionnels. Et voilà pourquoi les réformes se réalisèrent en deux temps : une première fois en 1971, et une seconde fois en 1990.

### 1° La réforme de 1971

**426. Sa génèse.** — L'idée d'une restructuration de la profession est apparue en 1968. A cette époque, deux grandes orientations se sont dégagées.

I. Un premier projet de dimension modeste fut présenté qui tendait à réaliser la *fusion des professions d'avocat et d'avoué.*

L'idée était loin d'être nouvelle : dès 1902, une proposition en ce sens avait été présentée par Clémenceau. En faveur de cette réforme, bien des arguments avaient été avancés qui, il faut bien le dire, n'étaient pas tous également décisifs.

On a dit parfois que cette dualité des fonctions était irrationnelle, qu'elle constituait une gêne pour les plaideurs et qu'elle compromettait une saine coordination de la défense. A vrai dire, ce n'était que partiellement exact : il n'est pas toujours mauvais que deux esprits confrontent leur point de vue et que l'avocat se trouve déchargé de toutes les servitudes matérielles inhérentes à la procédure qui étaient précisément le lot de l'avoué.

On a ajouté également que cette dualité était un facteur de chèreté de la justice. L'argument n'était guère convaincant si l'on considère que les fonctions de l'avocat et celles de l'avoué correspondaient à des activités distinctes qu'il était normal de rémunérer, séparément (avec la dualité) ou globalement (en cas de fusion) (3).

En réalité, l'argument le plus sérieux a été celui tiré d'une souhaitable uniformisation des législations européennes. C'est un fait que beaucoup de pays européens ignorent cette dualité (par ex. : l'Allemagne) et que d'autres l'ont supprimée à une époque récente (par ex. : la Belgique) ; encore qu'il ne faille rien exagérer sur ce point, car la dualité subsiste toujours en Italie et en Angleterre (distinction entre le « barrister » et le « solicitor »).

En réalité, les véritables raisons sont peut-être celles qui ne se disent pas. Par le fait des circonstances, il s'est trouvé que le nombre des avocats avait considérablement augmenté, tandis que celui des avoués titulaires de charges était resté pratiquement le même. Il en est résulté un déséquilibre qui a tenté bien des avocats dont le nombre de dossiers ne semblait pas être à la dimension de leur talent. De toute

(3) La plupart de ces arguments avaient déjà été évoqués dans le « *Rapport Rueff-Armand* » en 1960. La conclusion avait été que « l'intervention d'un seul auxiliaire de la justice pour l'assistance et la représentation des parties offrirait l'avantage d'un gain de temps et d'une économie pour le justiciable ».

manière, dans la vie des institutions, il y a des pesanteurs irréversibles en présence desquelles les arguments, rationnels ou non, ne pèsent pas lourd. Et il faut dire d'ailleurs que les avoués eux-mêmes, constamment exposés à la menace d'une suppression, avaient fini par souhaiter qu'une réforme intervienne pour sortir d'une situation incertaine. Il est clair que vers les années 1965-1970, les esprits étaient mûrs pour la réalisation d'une réforme, longtemps différée en raison du prix de rachat des charges.

II. Cette controverse traditionnelle fut relayée et largement dépassée lorsque, en juin 1968, René Capitant étant alors garde des sceaux, la suggestion fut émise par un groupement d'avocats (l'Association nationale des avocats, dite A.N.A.) de créer un nouveau type de juriste que, faute de mieux, l'on appela provisoirement l'*homme nouveau.*

L'objectif n'était plus seulement de fusionner les professions d'avocat et d'avoué, mais de créer une profession nouvelle et autonome qui correspondrait au juriste de l'an 2000. Constatant que les professions judiciaires ou juridiques classiques étaient disséminées, l'ambition était alors de les rassembler toutes au sein d'une profession unique qui ne serait ni l'ancienne profession d'avocat, ni l'ancienne profession d'avoué, ni même celle d'agréé : dans la pensée du garde des sceaux, la nouvelle profession ne serait l'héritière d'aucune des précédentes ; et c'est ainsi que, pour ne froisser personne, on appela provisoirement ce juriste attendu, « l'homme nouveau ».

Allant plus loin, il avait même été envisagé d'y inclure les conseils juridiques, afin d'intégrer les « bons » dans la nouvelle profession et d'en rejeter les « mauvais » ; et cela, en assortissant le tout d'une interdiction de donner des consultations à qui ne serait pas « homme nouveau » (ce qui impliquait la création d'un nouveau délit : le délit « d'exercice illégal du droit » comparable au délit d'exercice illégal de la médecine). L'homme nouveau devenait une sorte d'homme-orchestre, réalisant en sa personne l'unification des professions judiciaires et juridiques.

C'est ainsi que, vers les années 1969-1970, on se trouva en présence de deux projets, de dimensions très différentes : la simple fusion des professions d'avocat et d'avoué (que l'on appela la « petite réforme ») ou la création d'un « homme nouveau » (que l'on baptisa, par opposition, la « grande réforme »).

**427. Sa réalisation.** — La réalisation concrète de tous ces projets n'alla pas sans vicissitudes.

Lorsque, en 1969, le Président Pleven devint à son tour garde des sceaux, il affirma son intention de persévérer dans la même voie que son prédécesseur et, à l'occasion d'un « tour de France » des différents barreaux, il fit savoir (dans un discours prononcé au XIX$^{e}$ Congrès des avoués à Dinard, en mai 1970) que son intention était de réaliser la « grande réforme ». L'ambition était généreuse, mais la réalisation malaisée. Certains groupements d'avocats manifestèrent alors de vives réticences à l'égard d'un projet qui avait été élaboré sans qu'ils aient été consultés. C'est dans ces conditions que, dans le courant du printemps 1971, le gouvernement présenta un projet entièrement remanié, très en retrait par rapport au précédent, qui se rapprochait dans une certaine mesure de la « petite réforme ». Après avoir recueilli les observations des professions intéressées (avocats, avoués et agréés), le gouvernement déposa ce projet sur le bureau de l'Assemblée nationale. Il donna lieu à de très larges débats devant les deux assemblées et fut définitivement voté à la fin du mois de décembre 1971.

Ce texte devait devenir la *loi n° 71-1130* du *31 décembre 1971* portant réforme des professions judiciaires et juridiques.

**428. Sa portée.** — La loi du 31 décembre 1971 fut un texte de compromis entre les deux thèses qui s'affrontèrent au cours des années précédentes (*supra*, n° 426).

*a*) Comme il fallait s'y attendre, la loi de 1971 réalisa *la fusion entre les avocats et les avoués de première instance* : par l'effet de cette réforme, les avoués de première instance ont disparu et sont devenus des avocats (4). De ce fait, le rôle de l'avocat a été profondément modifié. Auparavant, il assistait simplement ses clients par ses conseils et par la plaidoirie, l'avoué quant à lui se chargeant d'accomplir les actes de la procédure au nom et pour le compte du plaideur. Désormais, l'avocat moderne ayant hérité des attributions des anciens avoués, il est devenu à son tour un mandataire, comme les avoués autrefois ; et c'est donc à lui qu'incombe désormais la charge de « faire la procédure ».

*b*) Dans cette fusion, la loi de 1971 inclua également les *agréés près les tribunaux de commerce.* Cette inclusion se fit d'ailleurs sans difficulté, pour une double raison : d'abord, parce que leur nombre était limité (environ 140) et, ensuite, parce que les agréés n'étant pas des officiers ministériels, aucun problème d'indemnisation ne se posait à leur sujet. Désormais, par conséquent, il n'y a plus d'agréés auprès des tribunaux de commerce : ils sont devenus des avocats qui, souvent d'ailleurs par habitude, ont conservé une certaine spécialisation commerciale.

*c*) En revanche, la réforme de 1971 est restée très en retrait par rapport aux projets grandioses sur la « grande réforme » ; et à cet égard, il est intéressant de relever que certains auxiliaires de justice ont échappé à la loi de 1971.

---

(4) Pour y parvenir, il fallut résoudre un problème fort délicat : celui du *rachat des charges d'avoué.* Ceux-ci en effet étaient des officiers ministériels qui avaient acheté leur charge à un prédecesseur moyennant finance : cette charge constituait leur propriété (*infra*, n° 458). Il ne pouvait donc être question de les évincer sans les indemniser. Et si d'ailleurs, la fusion n'avait pas été réalisée plus tôt, c'était précisément parce que tous les gouvernements antérieurs avaient reculé devant cette charge financière. La question fut résolue par la création d'un fonds d'indemnisation alimenté par une taxe parafiscale payée par les plaideurs eux-mêmes sur les actes de procédure accomplis.

Ce sont d'abord, les *avoués d'appel.* Il faut savoir, en effet, qu'il y avait auparavant deux catégories d'avoués qui appartenaient à deux compagnies distinctes : les « avoués de première instance » dont la mission était de représenter les parties devant les tribunaux de première instance (au premier degré), et les « avoués d'appel » dont la fonction se limitait exclusivement à la représentation des parties devant les cours d'appel (au second degré). Cela dit, la réforme de 1971 n'a touché que les avoués de première instance : les avoués d'appel y ont échappé. On sera amené à se demander pourquoi (*infra*, n° 465). Constatons simplement pour l'instant que devant les cours d'appel, la dualité subsiste : l'avocat, qui peut assister son client devant la cour dans les mêmes conditions qu'en première instance, ne peut pas en revanche le représenter ; pour les besoins de la représentation, le plaideur doit nécessairement solliciter le ministère d'un avoué à la cour.

Enfin, le législateur de 1971 a renoncé à intégrer les *conseils juridiques* dans la nouvelle profession d'avocat. Outre le peu d'enthousiasme des conseils juridiques, il semble que l'on se soit heurté à l'époque à une difficulté majeure tenant au fait que certains conseils juridiques sont en réalité des organismes (connus sous le nom de « fiduciaires ») aménagés d'une manière commerciale sous la forme de sociétés anonymes ; il était dès lors malaisé de les intégrer dans une profession d'avocat qui, à l'époque, était rebelle à toute forme d'activité commerciale. A défaut d'intégration, le législateur de 1971 s'est borné à édicter une réglementation destinée à moraliser la profession de conseil juridique, en contrôlant l'usage du titre qui fut officialisé (art. 54 à 66).

Comme on peut le constater, la réforme de 1971 est restée à mi-chemin des ambitions initiales. Il était donc inévitable que cette première étape en appelle une seconde.

### 2° La réforme de 1990

**429. Origine de cette seconde réforme.** — Si le législateur de 1971 avait renoncé à intégrer les conseils juridiques dans la nouvelle profession d'avocat, il n'avait pas renoncé pour autant à toute idée d'intégration. Un article 78 de la loi du 31 décembre 1971 avait même créé une commission dont l'objet était précisément de suggérer « les mesures propres à réaliser l'unification des professions d'avocat et de conseil juridique ». En réalité, cette commission n'eût qu'une activité très restreinte. Mais l'idée demeurait en germe.

Elle a été reprise vers 1986, sous la pression des nécessités. C'est un fait que les conseils juridiques ne sont plus aujourd'hui les « petits artisans » de jadis à l'égard desquels pesait une certaine suspicion. Après avoir obtenu en 1971 la reconnaissance de leur titre, ils se sont dotés progressivement d'une véritable organisation professionnelle et beaucoup de cabinets de conseils juridiques ont étendu leurs activités dans les domaines les plus variés, notamment sur le plan international, en se consacrant à la consultation et à l'élaboration des actes dans le domaine économique. Il devenait donc illogique de laisser subsister deux professions parallèles, sans courir le risque d'enfermer davantage encore la profession d'avocat dans un domaine spécifiquement judiciaire. La perspective du marché unique européen, qui est entré en vigueur en 1993, n'a pas été étranger à cette prise de conscience. De plus en plus, s'installent sur le marché français des cabinets étrangers dotés de puissants moyens financiers qui risquent d'absorber une bonne part de l'activité juridique internationale. Il était donc nécessaire de structurer plus fortement la profession d'avocat, en y associant la profession de conseil juridique.

C'est dans ces conditions que, sous l'impulsion d'un ancien bâtonnier du barreau de Paris (5), furent entreprises des négociations avec les conseils juridiques pour tenter de réaliser une fusion entre les deux professions. Ces négociations devaient aboutir à l'élaboration de deux projets qui, après de sérieux débats au Parlement, sont devenus les *lois n$^{os}$ 90-1258* et *90-1259 du 31 décembre 1990.*

**430. Lois n° 90-1258 et n° 90-1259 du 31 décembre 1990.** — Parachevant la réforme réalisée en 1971, l'essentiel de la loi n° 90-1259 du 31 décembre 1990 a été de réaliser la fusion entre la profession d'avocat et celle de conseil juridique : désormais, elles ne forment plus qu'une seule profession qui porte le titre d'avocat (6).

En réalité, malgré son importance, la loi n° 90-1259 du 31 décembre 1990 s'est bornée simplement à modifier et à compléter, très profondément d'ailleurs, les textes de la loi du 31 décembre 1971. De sorte que *les références qui seront données ultérieurement, le seront à la loi n° 71-1130 du 31 décembre 1971* qui subsiste toujours, sous réserve des compléments et des modifications qui lui ont été apportées par la loi n° 90-1259 du 31 décembre 1990. En outre la nouvelle législation ainsi réformée a été complétée par d'assez nombreux décrets d'application dont le plus important est le *décret n° 91-1197 du 27 novembre 1991.*

Pour mieux tenir compte de cette fusion, des habitudes de travail de chacune des professions fusionnées et aussi de la nécessité de donner une impulsion nouvelle à la profession d'avocat dans le domaine spécifiquement juridique, cette fusion a été accompagnée de nombreuses modifications qui seront présentées ultérieurement : les conditions d'accès à la profession se sont internationalisées (*infra*, n° 445), la formation professionnelle a été plus fortement structurée (*infra*, n° 447), un conseil national du barreau a été institué (*infra*, n° 442) et certaines conditions de nature déontologique ont été assouplies.

---

(5) M. le Bâtonnier Bigault du Grandrut qui avait été nommé délégué interministériel aux professions libérales.

(6) Il avait été initialement question de prendre le titre d'avocat-conseil, pour mieux marquer l'idée d'une fusion, sans prééminence de l'une des professions sur l'autre. Mais les avocats ont insisté pour conserver, sans autre précision, le nom traditionnel d'avocat.

Mais le plus novateur réside dans la mise en place, par une loi spéciale (la loi n° 90-1258 du 31 décembre 1990), d'un statut légal permettant l'exercice, sous forme de sociétés, des professions libérales soumises à un statut législatif ou réglementaire ou dont le titre est protégé. Il est désormais possible aux avocats de constituer des sociétés qui s'apparentent à des sociétés anonymes et que l'on appelle des « *sociétés d'exercice libéral* » (*infra* ; n° 452). Rien même ne s'opposerait à ce que, dans l'avenir, des sociétés de cette nature soient constituées pour l'exercice en commun de plusieurs professions libérales : entre un avocat et un expert-comptable par exemple (art. 1er de la loi n° 90-1258). En un mot, le législateur a eu pour souci de permettre aux avocats de former de puissantes entreprises dotées de moyens financiers importants, de nature à pouvoir concurrencer les cabinets étrangers.

## § 2. — FONCTIONS DE L'AVOCAT

**431.** L'avocat exerce aujourd'hui une double fonction : une fonction d'assistance (A) et une fonction de représentation (B).

### A. — Fonction d'assistance

**432. Consultation.** — Pour l'avocat, la manière la plus simple d'assister son client est de lui donner des conseils sur les problèmes de droit, au moyen de consultations orales ou écrites.

La consultation sollicitée peut avoir des objets très variés. Ce peut être en vue d'un procès. Mais il est important de souligner que la consultation n'est pas liée nécessairement à l'existence d'un litige. Très souvent, les avocats donnent des consultations en dehors de tout contentieux ; ils peuvent rédiger des contrats, élaborer des statuts de société, donner leur avis sur des négociations en cours, etc... C'est là une fonction qui tend à se développer et qui, dans les années à venir, prendra vraisemblablement une importance accrue.

Dans l'exercice de cette fonction, l'avocat ne jouit d'aucun monopole spécifique. Sans doute, depuis la loi n° 90-1259 du 31 décembre 1990, la consultation n'est-elle plus entièrement libre : seules peuvent donner des consultations ou élaborer des actes juridiques, les personnes qui remplissent certaines conditions prévues par la loi (nous y reviendrons plus tard, *infra*, nos 492 et 493). L'avocat, bien évidemment, figure parmi ces personnes. Mais il partage cette prérogative avec d'autres auxiliaires de justice qui eux, aussi, peuvent donner des consultations.

**433. Assistance aux mesures d'instruction et plaidoirie.** — Si un procès survient, l'avocat est appelé à assister son client de différentes manières. On pense tout de suite à la plaidoirie, le jour de l'audience. Mais il faut se garder de croire que c'est la seule forme d'assistance. Avant que l'affaire ne vienne à l'audience pour être jugée, elle doit être instruite ; des témoins sont entendus, l'inculpé est interrogé par le juge d'instruction, un expert réunit les parties pour un rendez-vous d'expertise, etc ... Dans tous ces cas, l'avocat peut assister son client et même, en matière pénale, celui-ci peut refuser de répondre hors la présence de son avocat (art. 114 c. pr. pén.). En réalité, le mot « plaider » couramment utilisé est une expression très large qui désigne aussi bien la plaidoirie proprement dite au jour de l'audience que la participation aux mesures d'instruction.

*a*) Cela dit, les avocats ont le droit de plaider « devant toutes les juridictions et organismes juridictionnels ou disciplinaires de quelque nature que ce soit » (L. 31 déc. 1971, art. 4) ; et il faut ajouter, en quelque lieu que ce soit, sans la moindre limitation territoriale (L. 31 déc. 1971, art. 5). Ces mêmes textes ajoutent toutefois « sous réserve des dispositions régissant les avocats au Conseil d'Etat et à la Cour de cassation » ; ces derniers, en effet, ont le monopole de la plaidoirie devant ces deux juridictions suprêmes, de telle sorte qu'un avocat (que, par opposition et sans y mettre aucun sens péjoratif, nous appellerons un « avocat ordinaire ») n'a le droit de plaider ni devant le Conseil d'Etat, ni devant la Cour de cassation.

*b*) Dans cette mesure, les avocats ont le *monopole de la plaidoirie*, en ce sens que nulle autre personne n'est admise à plaider devant les juridictions de droit commun. Ce monopole, il est vrai, n'est pas sans limite. D'une part, en matière civile, les parties à un procès peuvent toujours se présenter elles-mêmes pour défendre leur propre cause. D'autre part, devant les juridictions d'exception et afin de faciliter l'accès à la justice, les parties peuvent se faire assister par certaines personnes qui n'ont pas nécessairement la qualité d'avocat : par exemple, devant un conseil de prud'hommes, les parties peuvent demander à un conjoint ou à un délégué syndical de plaider leur cause.

*c*) Il est important d'ajouter enfin que la plaidoirie proprement dite a considérablement évolué et qu'elle évoluera sans doute encore. L'art oratoire n'est plus aujourd'hui ce qu'il était au début du siècle : le style pompeux et théâtral n'a plus guère de résonance, tout au moins devant les juridictions civiles, commerciales et administratives : à la belle envolée lyrique de jadis, nos esprits modernes préfèrent la construction logique et rigoureuse. Par ailleurs, le procès aujourd'hui ne se réduit plus à de brillants monologues au jour unique de l'audience : une affaire se plaide un peu chaque jour, à des rendez-vous d'expertise, aux audiences du juge rapporteur, au moment de l'audition des témoins lors d'une enquête, etc ... Certes, il ne saurait être question de minimiser l'importance du débat oral dont la place est et doit rester essentielle. Mais en notre temps épris d'efficacité, il est nécessaire de comprendre que la plaidoirie ne peut plus être aujourd'hui ce qu'elle était jadis (7).

### B. — Fonction de représentation

**434. « Mandat ad litem ».** — Toute procédure implique une succession d'actes qui obéissent à des règles précises. Les parties, à raison même de la technicité de ces actes, sont souvent incapables de les accomplir elles-mêmes. Il appartient à l'avocat de les accomplir au nom et pour le compte de son client, en sa qualité de mandataire. On dit que l'avocat est *« mandataire ad litem »* (c'est-à-dire en vue du procès). C'est à lui que revient la charge de prendre les initiatives nécessaires, de formaliser les actes requis pour la bonne marche du procès et de déposer les conclusions qui s'imposent. Pour exprimer cette fonction, on dit aussi parfois que l'avocat à la charge de « postuler ».

A ce titre, le plaideur se trouve engagé par tous les actes écrits de son avocat. Et inversement, l'avocat a toutes les responsabilités d'un mandataire : il doit rendre compte de son mandat ; notamment, si un acte a été mal fait ou fait hors délai et si, pour cette raison, le procès est perdu, l'avocat engage sa propre responsabilité. C'est pourquoi, d'ailleurs, la loi exige que la responsabilité civile des avocats soit garantie par une assurance professionnelle (L. 31 déc. 1971, art. 27).

Dans certains cas, le mandat ad litem est *obligatoire*, en ce sens que le plaideur ne peut accomplir personnellement aucun des actes de la procédure et qu'il doit nécessairement se faire représenter. Ainsi en est-il devant les *tribunaux de grande instance*: sauf cas exceptionnels, la loi exige que les parties fassent choix d'un mandataire ad litem qui ne peut être qu'un avocat. En principe, la représentation par un mandataire ad litem est également obligatoire devant les juridictions administratives (art. R. 108 code trib. admin.) ; mais les dérogations sont en revanche extrêmement nombreuses et notamment le recours pour excès de pouvoir échappe à toute représentation obligatoire.

**435. Caractères spécifiques.** — Le mandat *ad litem* présente des particularités tout à fait remarquables qui le distinguent d'un simple mandat ordinaire : il est tout à la fois présumé et général.

a) *Mandat présumé.* — Tandis que, normalement, tout mandataire doit présenter la procuration qui l'investit des pouvoirs d'agir au nom d'autrui, l'avocat n'a pas

(7) Sur ce point, on lira les pages savoureuses de M. André Damien, dans son ouvrage sur *Les avocats du temps passé*, p. 432 et s. ; *adde*, du même auteur, *Etre avocat aujourd'hui*, p. 107 et s.

de procuration à produire (8) : dès que les pièces du procès lui ont été remises, il est présumé avoir reçu mandat de conduire la procédure à son terme. Cette situation facilite grandement la procédure, car ainsi l'adversaire est sûr que l'acte accompli par l'avocat engage son client, sans avoir à vérifier dans chaque cas l'existence de ce mandat.

b) *Mandat général.* — Alors que, selon les règles du droit commun, le mandat est spécial, en ce sens qu'il est donné par le mandant pour un acte déterminé, le mandat ad litem de l'avocat est un mandat général qui permet à ce dernier d'accomplir tous les actes que requiert la procédure, depuis la demande jusqu'à la signification du jugement. Il est, comme son nom l'indique, un mandat « ad litem », c'est-à-dire conféré à l'avocat en vue de conduire le litige à son terme.

Par sa généralité, un tel mandat est grave de conséquences, si l'on considère que tous les actes accomplis par l'avocat, bons ou mauvais, engagent son client. Un tel mandat implique donc des rapports de confiance et cela explique pourquoi il peut être révoqué à tout instant, aussi bien par le client que par son avocat.

**436. Domaine du mandat ad litem.** — Cette question fait l'objet de règles extrêmement complexes sur lesquelles il serait superflu d'insister. Mais elles peuvent se rattacher à deux idées directrices qu'il est bon de souligner.

I. En principe, l'avocat peut exercer sa fonction de représentation *« devant toutes les juridictions et organismes juridictionnels ou disciplinaires »* (L. 31 déc. 1971, art. 5, al. 1), ainsi que *« devant les administrations publiques »* (L. 31 déc. 1971, art. 6). Cette formule extrêmement compréhensive confère au mandat ad litem de l'avocat un domaine très étendu. Toutefois, il n'en est ainsi que « sous réserve des dispositions législatives et réglementaires » ; ce qui laisse entendre que ce principe comporte des dérogations assez nombreuses.

*a*) On réservera d'abord les cas où la loi exige que les parties comparaissent en personne (par ex., en matière pénale lorsque le prévenu encourt une peine d'emprisonnement supérieure à deux ans, art. 411 c. pr. pén. ; ou encore en matière prud'homale, sauf empêchement légitime, art. R. 516-4 c. trav.). Dans toutes ces hypothèses, l'avocat peut assister son client ; mais il ne peut pas se substituer à lui en qualité de représentant, si ce n'est en cas d'empêchement dûment justifié.

*b*) Dans cette mesure, il faut encore tenir compte des *monopoles concurrents* qui appartiennent à d'autres auxiliaires de justice. Ainsi, devant le Conseil d'Etat et la Cour de cassation, les parties ne peuvent être représentées que par un avocat aux conseils (*infra*, n° 468) ; et de même, devant la cour d'appel, la représentation des parties est réservée en principe aux avoués à la cour (*infra*, n°s 465 s.).

---

(8) Sauf dans certains cas très exceptionnels où la gravité de l'acte est telle que la loi exige une procuration spéciale : par exemple, pour s'inscrire en faux contre un acte authentique.

*c*) Enfin, plus spécialement devant les tribunaux de grande instance, un avocat ne peut représenter son client que devant le tribunal dont dépend le barreau auquel il est inscrit. Par exemple, un avocat inscrit au barreau de Toulouse peut sans doute plaider pour son client devant toutes les juridictions de France, sans la moindre limitation territoriale, mais il ne peut se présenter comme mandataire ad litem que devant le tribunal de grande instance de Toulouse, et nulle part ailleurs. C'est ce que l'on appelle le principe de la *« territorialité de la postulation »* (L. 31 déc. 1971, art. 5) (9).

Ce principe peut paraître rigoureux. En réalité, il se comprend mieux si l'on se souvient que le mandat *ad litem* est un mandat présumé et général, pour lequel l'avocat est dispensé de toute justification (*supra*, n° précédent) ; si l'on veut éviter les abus, il est nécessaire que le juge connaisse celui qui se présente en qualité d'avocat. Par ailleurs, devant les tribunaux de grande instance, les règles de procédure exigent de l'avocat une constante disponibilité ; ce qui ne serait pas le cas si, par exemple, un avocat de Lille pouvait être mandataire *ad litem* à Perpignan.

Mais ce principe a pour conséquence pratique de réduire assez sensiblement l'avantage que l'on croyait tirer de la fusion des professions d'avocat et d'avoué. Si en effet, pour plaider à Marseille par exemple, une partie choisit, comme elle en a le droit, un avocat du barreau de Paris, celui-ci pourra certes plaider à Marseille, mais pour les besoins de la postulation il lui faudra en outre faire choix d'un avocat local que l'on appellera un « avocat postulant ». Pour cette raison, la territorialité de la postulation est périodiquement contestée par les avocats. Et elle risque de l'être davantage encore à la suite d'un arrêt de la Cour de Justice des communautés européennes du 10 juillet 1991 qui a décidé qu'il était contraire au droit européen d'exiger la territorialité de la postulation lorsqu'il s'agit d'un avocat étranger qui est admis à plaider en France.

II. Dans les limites qui viennent d'être indiquées, l'avocat bénéficie d'un *monopole*, en ce sens que nulle autre personne ne peut se présenter pour autrui devant les organismes juridictionnels et disciplinaires en qualité de mandataire *ad litem* (L. 31 déc. 1971, art. 4, al. 1). On le comprend assez bien : il est grave de faire des actes au nom d'autrui devant les tribunaux et, pour cette raison, la loi veut que cette prérogative soit réservée à des auxiliaires de justice qui offrent toute garantie.

Toutefois, ici encore, cette règle comporte des assouplissements dictés par le souci de faciliter l'accès à la justice. Notamment, devant les juridictions d'exception, il est admis que d'autres personnes, limitativement énumérées par les textes, peuvent

---

(9) Sous réserve de certains aménagements dans la région parisienne (L. n° 84-1211 du 29 déc. 1984 qui a modifié l'art. 1er-III de la loi du 31 déc. 1971).

se présenter comme mandataire *ad litem* (10). De même devant les tribunaux administratifs, les avocats inscrits au barreau partagent leur monopole avec les avocats au Conseil d'Etat et à la Cour de cassation (art. R. 108 code trib. admin.).

## § 3. — STATUT DE LA PROFESSION D'AVOCAT

**437. Profession libérale et indépendante.** — La profession d'avocat, décide l'art. 1er de la loi nº 71-1130 du 31 décembre 1971 (modifié par la loi nº 90-1259 du 31 déc. 1990), est une « profession libérale et indépendante ».

Ce principe est fondamental. L'avocat exerce librement sa profession, comme il l'entend, sans être soumis à aucune autorité supérieure, sinon à celle de son ordre. Il faut qu'il en soit ainsi. L'avocat, pour assurer correctement la défense dont il est chargé, doit être en mesure de s'exprimer librement, sans avoir la hantise de ce qui pourrait plaire ou déplaire à quiconque.

Mais cette liberté indispensable n'exclut pas certaines règles non moins nécessaires. Il y va du renom et de la crédibilité de la profession qui ne peut pas admettre n'importe qui parmi les siens et qui doit pouvoir exclure ceux de ses membres qui la déshonoreraient. Aucune liberté ne peut exister sans un minimum de règles. Toute la difficulté consiste à édicter une réglementation compatible avec l'indépendance de l'avocat.

Cette réglementation figure aujourd'hui dans les dispositions de la loi nº 71-1130 du 31 décembre 1971 (modifiées par la loi nº 90-1259 du 31 déc. 1990), et dans le décret nº 91-1197 du 27 novembre 1991, qui ont posé certains principes essentiels.

Après avoir présenté les cadres juridiques de la profession (A), on exposera les conditions requises pour être avocat (B), les modalités d'exercice de la profession (C) et, enfin, les principes relatifs à la discipline (D).

### A. — Cadres juridiques de la profession d'avocat

**438. « Ordres » ou « barreaux ».** — Pour concilier l'indépendance qui caractérise la profession d'avocat et la nécessité d'une réglementation, l'idée directrice a été de

---

(10) Exemples : — devant les tribunaux d'instance : conjoint, parents ou alliés en ligne directe, parents ou alliés en ligne collatérale jusqu'au troisième degré (art. 828, nouv. c. pr. civ.) — devant les conseils de prud'hommes : conjoint, délégué syndical, salarié ou employeur appartenant à la même branche d'activité professionnelle (art. R. 516-5 c. trav.) —. Et même devant les tribunaux de commerce, on peut faire choix de n'importe qui (art. 853 nouv. c. pr. civ.).

permettre à la profession de s'organiser elle-même, au sein de groupements que l'on appelle des *« ordres »* (du latin : *ordo*) ou encore des *« barreaux »* (pour évoquer la barre devant laquelle l'avocat plaide).

Chaque barreau constitue une *personne morale* qui a son patrimoine, qui peut recevoir des dons et des legs et percevoir des cotisations annuelles (art. 21 de la loi du 31 décembre 1971).

Mais il ne faudrait pas croire qu'il n'existe qu'un seul barreau pour l'ensemble de la France. En réalité, *il existe un barreau auprès de chaque tribunal de grande instance.* Chacun de ces barreaux constitue une personne morale distincte et autonome qui a son propre budget, son règlement intérieur et sa propre organisation. Ainsi le barreau des avocats de Versailles est distinct de celui des avocats de Paris, de Lyon ou de Bordeaux. En d'autres termes, à la différence de beaucoup d'autres professions judiciaires, il existe une diversité de barreaux ayant chacun leur propre autonomie et leur propre organisation, avec une assemblée générale (1°), un conseil de l'ordre (2°) et un bâtonnier (3°).

Cette autonomie traditionnelle ne va pas sans problème. On a souvent constaté que, dans bien des cas, il y a des questions communes qui intéressent l'ensemble des avocats français et qui gagneraient à être traitées à l'échelon régional ou national, plutôt que de l'être en ordre dispersé au sein de chaque barreau. En fait, depuis un certain temps et de façon officieuse, s'étaient créés spontanément des lieux de concertation : ainsi périodiquement, se réunissaient la conférence des bâtonniers et une association des centres de formation professionnelle. Mais ce n'était pas encore suffisant. La loi n° 90-1259 du 31 décembre 1990 a remédié à cette lacune en instituant un organe fédérateur que l'on appelle le Conseil national des barreaux (4°).

**439. 1°) Assemblée générale.** — L'assemblée générale est formée par la réunion de tous les avocats inscrits au barreau, y compris les avocats stagiaires et les avocats honoraires (L. 31 déc. 1971, art. 15, al. 2).

Les attributions de l'assemblée générale sont doubles : d'une part, elle procède à l'élection du bâtonnier et du conseil de l'ordre ; d'autre part, elle délibère à titre consultatif sur les questions intéressant la profession.

**440. 2°) Conseil de l'Ordre.** — Chaque barreau est administré par un conseil de l'ordre, à condition qu'il comporte au moins huit avocats (L. 31 déc. 1971, art. 15 et 16).

*a*) Le conseil de l'Ordre, dont le nombre des membres varie selon l'importance de chaque barreau, est élu par l'assemblée générale (décret du 27 nov. 1991, art. 4

et suiv.). A cette élection, participent tous les avocats inscrits au barreau, y compris les avocats stagiaires et les avocats honoraires. La durée du mandat est de trois ans. Le conseil de l'ordre se renouvelle par tiers chaque année (art. 15 de la loi du 31 décembre 1971).

*b*) Le conseil de l'ordre est investi d'attributions extrêmement importantes qui font de lui un organe essentiel du barreau (L. 31 déc. 1971, art. 17). On retiendra notamment qu'il lui appartient de statuer sur les *demandes d'admission* et, le cas échéant, sur les *poursuites disciplinaires* (dans les conditions qui seront indiquées ultérieurement, *infra*, nos 454 et s.).

Le conseil de l'ordre a également d'autres attributions qui sont loin d'être négligeables. Notamment :

— il arrête les dispositions du *règlement intérieur* ; il faut entendre par là un ensemble de règles propres à chaque barreau, destinées à compléter la loi et les décrets ;

— il est chargé de « maintenir les principes de probité, de désintéressement, de modération et de confraternité » ;

— il vérifie la *comptabilité* des avocats ;

— il traite de toute question intéressant les droits des avocats ; ce qui signifie qu'il peut émettre des vœux au sujet de certaines dispositions qui pourraient paraître attentatoires aux droits des avocats ou à la bonne marche de la justice. C'est ce que l'on appelle parfois, d'un terme quelque peu archaïque, le *« droit de remontrance »* ;

— il est chargé, de la *gestion du patrimoine* de l'Ordre ;

— enfin, il a pour mission d'assurer dans son ressort l'éxécution des décisions prises par le Conseil national des barreaux.

A travers cette énumération, on discerne tous les traits d'une organisation à caractère corporatif, dans la mesure notamment où le conseil de l'ordre contrôle le recrutement de l'ordre. Il faut dire tout de suite que les délibérations du conseil de l'ordre peuvent faire l'objet d'un recours devant la cour d'appel qui est ainsi appelée à exercer une sorte de tutelle judiciaire sur les décisions prises (*infra*, no 451).

**441. 3o) Bâtonnier.** — Le bâtonnier est le chef de l'ordre. Ce nom curieux est la survivance du temps où les avocats constituaient des confréries et où, dans les processions, le chef de l'ordre marchait en tête en portant la bannière, ou « bâton du saint » patron de la confrérie.

Le bâtonnier est élu par l'assemblée générale parmi les avocats en exercice inscrits au tableau ayant déjà une certaine ancienneté. La durée du mandat est de deux ans (art. 15 de la loi du 31 décembre 1971 ; et art. 6 du décret du 27 nov. 1991).

Les attributions du bâtonnier sont nombreuses et variées. Il a d'abord des *fonctions représentatives* : il représente l'Ordre dans tous les actes de la vie civile (art. 18). En outre, il a des *fonctions administratives* : c'est lui qui convoque l'assemblée générale et la préside, ainsi que le conseil de l'ordre. A cela s'ajoutent des fonctions *disciplinaires et conciliatrices* : notamment si une faute a été commise par un avocat, il peut donner à son confrère un « avertissement paternel » ; et si un conflit surgit entre deux avocats, il aura la redoutable mission de l'arbitrer. Enfin, il a des fonctions *consultatives* : il arrive que dans certains grands barreaux, le bâtonnier soit sollicité de donner une consultation sur les problèmes qui intéressent la profession.

Mais on ajoutera, pour conclure, que le bâtonnier est « primus inter pares » : il est l'égal de ses confrères et il demeure soumis aux mêmes règles qu'eux.

**442. 4°) Conseil national des barreaux.** — L'une des innovations de la loi n° 90-1259 du 31 décembre 1990 a été d'instituer un Conseil national des barreaux chargé de représenter la profession d'avocat auprès des pouvoirs publics et de veiller à l'harmonisation des règles et usages de la profession d'avocat ; il est chargé en outre d'harmoniser les programmes de formation, de coordonner les actions de formation des centres régionaux de formation professionnelle et de répartir leur financement (art. 21-1 de la loi du 31 déc. 1971, ajouté par la loi du 31 déc. 1990 ; et art. 19 à 41 du décret du 27 nov. 1991).

Cette création comble une fâcheuse lacune. On s'était souvent plaint de la dispersion des barreaux qui ne permettait pas à la profession d'avocat dans son ensemble de faire entendre une seule voix. Désormais, il existe un organe qui sera l'interlocuteur naturel des pouvoirs publics pour tout ce qui concerne la profession d'avocat et qui de plus s'efforcera d'unifier les usages et les pratiques de la profession. Enfin, il sera appelé à jouer un rôle important sur le plan de la formation professionnelle, dans la mesure où il assurera une fonction de coordination entre les différents centre régionaux. Ce Conseil national ne fait pas disparaître l'autonomie de chaque barreau et il ne se supplante pas à eux : il apparaît plus exactement comme un organe fédérateur au sein de la profession d'avocat.

Le Conseil national des barreaux est un établissement d'utilité publique doté de la personnalité morale. Il est composé d'avocats élus dans des conditions assez complexes, afin d'être le représentant tout à la fois des autorités de chaque barreau et des avocats français dans leur ensemble.

L'élection a lieu à deux degrés. On commence d'abord par dégager deux collèges distincts composés d'un nombre égal de délégués : un premier collège est composé de délégués élus au scrutin majoritaire à deux tours par les bâtonniers et les membres des différents conseils de l'ordre des barreaux du ressort de chaque cour d'appel ; un second collège est composé de délégués élus, au scrutin de liste avec représentation proportionnelle, par les avocats des barreaux du ressort de chaque cour d'appel. Ensuite tous les délégués élus au sein des ressorts des différentes cours d'appel réunissent leurs voix pour élire les membres du Conseil national, au scrutin de liste à la représentation proportionnelle (cf. art. 19 à 38 du décret du 27 nov. 1991).

On ajoutera pour terminer que lorsque le Conseil national des barreaux siège en matière de formation professionnelle, il s'adjoint des magistrats et des membres de l'enseignement supérieur (art. 39 du décret du 27 nov. 1991).

### B. — Conditions requises pour exercer la profession d'avocat

**443.** Pour être admis à exercer la profession d'avocat, il faut d'abord réunir certaines conditions légales d'accès (1°). Mais ce n'est pas suffisant : il faut en outre appartenir à un barreau (2°).

#### 1° Conditions légales d'accès

**444. Vue d'ensemble.** — L'article 11 de la loi du 31 décembre 1971 (modifié par la loi n° 90-1259 du 31 déc. 1990) subordonne l'accès au barreau à un certain nombre de conditions légales qui s'inspirent de l'idée que l'avocat est un auxiliaire de la justice qui sera appelé à participer indirectement au fonctionnement du service public et qui, à ce titre, doit offrir certaines garanties.

Ces conditions se rattachent à trois ordres de considérations : des conditions relatives à la nationalité (I), à la moralité du postulant (II), enfin à ses connaissances et à ses aptitudes professionnelles (III).

**445. I. Condition de nationalité.** — Traditionnellement, pour devenir avocat, il fallait avoir la nationalité française. Ce n'était pas là un réflexe de xénophobie : on voulait simplement sauvegarder l'indépendance de la profession en évitant qu'elle ne soit exercée par des personnes de nationalité étrangère exposées le cas échéant à un arrêté d'expulsion qui aurait pu compromettre leur liberté. Mais le développement des relations internationales, spécialement dans le cadre de la Communauté européenne, devait inévitablement conduire à un assouplissement de cette condition de principe.

Désormais, depuis la loi n° 90-1259 du 31 décembre 1990, peuvent accéder à la profession d'avocat, non seulement les personnes de nationalité française, mais aussi tout « ressortissant d'un Etat membre des Communautés européennes ou d'un Etat ou d'une unité territoriale n'appartenant pas à ces communautés qui accorde aux français la faculté d'exercer sous les mêmes conditions l'activité professionnelle que l'intéressé se propose lui-même d'exercer en France... » (art. 11 de la loi du 31 déc. 1971, mod. par la loi du 31 déc. 1990). De même, peut s'inscrire à un barreau celui qui a la qualité de réfugié ou d'apatride, dès lors que sa qualité est « reconnue par l'office français de protection des réfugiés et apatrides » (art. 11).

On constatera donc une très nette orientation internationaliste. Un belge, un italien ou un allemand peut s'inscrire à un barreau français. Et même s'agissant d'un ressortissant appartenant à un Etat qui n'est pas membre de la Communauté européenne, son inscription est encore possible sous réserve de réciprocité (11). Cette évolution ne va toutefois sans problème, car l'exercice de la profession suppose des connaissances de droit français que des étrangers ne possèdent pas nécessairement ; de là, en ce qui les concerne, des règles particulières au sujet du contrôle des connaissances (*infra*, n° 447).

**446. II. Conditions de moralité.** — La profession d'avocat exige, pour la dignité de la profession et la garantie des justiciables, des conditions de moralité assez strictes. Il faut n'avoir été l'objet d'aucune condamnation pénale pour des « agissements contraires à l'honneur, à la probité ou aux bonnes mœurs ». Et dans le même ordre d'idées, ne peuvent accéder au barreau ceux qui auraient été frappés d'une sanction disciplinaire ou administrative (radiation, révocation, destitution, retrait d'agrément ou d'autorisation), ou qui auraient fait l'objet d'une sanction en application des dispositions de la loi de 1985 sur le redressement et la liquidation judiciaires des entreprises (ceux qui, par exemple, auraient été condamnés pour faillite personnelle).

**447. III. Conditions de connaissances : diplômes universitaires et formation professionnelle.** — Il est normal d'exiger de tout avocat certaines connaissances juridiques de nature universitaire : aux termes de l'art. 11 de la loi du 31 décembre 1971 (modifié par la loi n° 90-1259 du 31 déc. 1990), il faut être titulaire « ... d'au moins une *maîtrise en droit* ou de titres ou diplômes reconnus comme équivalents pour l'exercice de la profession par arrêté conjoint du garde des sceaux, ministre de la justice, et du ministre chargé des universités ». On perçoit à travers cette disposition, la possibilité d'ouvrir la profession d'avocat à des personnes qui auraient acquis des connaissances juridiques par d'autres filières que les voies universitaires normales.

Mais cette exigence n'est pas la seule : il faut en outre être titulaire du *Certificat d'aptitude à la profession d'avocat* (dénommé couramment : le « C.A.P.A. ») qui est

---

(11) A cet égard, il faut tenir compte d'assez nombreuses conventions internationales.

destiné à sanctionner une formation professionnelle de nature pratique dispensée durant une année par un centre régional de formation professionnelle (12).

Il existe un centre régional de formation professionnelle auprès de chaque cour d'appel (plusieurs centres pouvant d'ailleurs se regrouper). Chaque centre constitue un établissement d'utilité publique doté de la personnalité morale. Son rôle essentiel est d'assurer la formation pratique des futurs avocats en vue de la préparation du C.A.P.A. Mais il a également d'autres missions de formation, et notamment, il est chargé de contrôler les conditions de déroulement du stage et d'assurer la formation permanente des avocats (L. du 31 déc. 1971, art. 14-5°, mod. par la loi n° 90-1259 du 31 déc. 1990). En un mot, sa vocation fondamentale est d'être une institution d'enseignement à tous les niveaux de la profession.

En l'état actuel des textes, le candidat se présente, à l'issue de la maîtrise (ou la même année), à l'*examen d'entrée à un centre régional de formation professionnelle.* Cet examen a essentiellement pour but de vérifier si le candidat présente un minimum d'aptitude pour exercer la profession d'avocat. Le candidat admis est alors inscrit au centre de formation pour une scolarité d'une année. Il n'est pas encore avocat, pas même stagiaire : il est simplement « élève-avocat », Durant cette année, il reçoit une formation théorique et pratique sous la forme d'exercices en séminaire et surtout au moyen de pré-stages effectués chez un avocat ou auprès d'un organisme proposé par le centre (auprès d'une banque, par exemple). L'élève-avocat peut même effectuer un stage en juridiction et assister aux délibérés pour se familiariser avec le travail des juges. Pour cette raison, tout candidat admis à un centre doit, dès son admission, prêter un serment devant la cour d'appel, dans les termes suivants : « Je jure de conserver le secret de tous les faits et actes dont j'aurais eu connaissance au cours de mes stages » (L. 31 déc. 1971, art. 12, mod. par la loi du 31 déc. 1990).

Ensuite, à l'issue de sa scolarité, le candidat subit les épreuves du Certificat d'aptitude à la profession d'avocat.

---

(12) Le C.A.P.A. n'est pas une création récente : il a été institué pour la première fois par une loi de 1941. Mais à cette époque, il s'agissait d'un diplôme destiné simplement à écarter ceux qui, de toute évidence, ne présentaient aucune aptitude pour exercer la profession d'avocat. L'expérience démontra que, conçu de cette manière, le C.A.P.A. ne constituait pas une garantie suffisante : il manquait essentiellement une formation pratique.

A cette fin, la loi du 31 décembre 1971 institua des centres de formation professionnelle destinés, après le C.A.P.A., à prendre en charge la formation des avocats stagiaires. Les premiers résultats se révélèrent fort décevants : l'erreur avait été de penser que l'on pouvait organiser une formation pratique pour des avocats stagiaires déjà engagés dans la profession. De toute évidence, une formation professionnelle de nature pratique devait se situer avant l'entrée dans la profession, et non après.

Le tournant a été pris en 1980. A cette époque la formation professionnelle a été aménagée comme une année préparatoire à l'entrée au barreau, organisée sous les auspices des centres de formation professionnelle qui, à l'issue de cette année de préparation, délivraient le C.A.P.A. La loi n° 90-1259 du 31 décembre 1990 a repris la même idée, mais en organisant de façon plus rationnelle la formation professionnelle et en définissant de manière plus précise les missions et le fonctionnement des centres de formation professionnelle.

A partir du moment où le barreau français s'ouvrait à des personnes de nationalité étrangère, il fallait nécessairement prévoir des dispositions spéciales pour le cas (le plus fréquent) où l'intéressé ne serait pas titulaire des diplômes français requis. D'abord, s'agissant des ressortissants d'un Etat de la Communauté, des dispositions réglementaires ont été prises pour l'application de la directive n° 89-48 du Conseil des communautés du 21 décembre 1989 relative à l'équivalence des diplômes. Ensuite, l'avocat ressortissant d'un Etat n'appartenant pas aux communautés européennes qui ne serait pas titulaire du C.A.P.A., doit subir les épreuves d'un examen de contrôle des connaissances en droit français, selon des modalités qui sont fixées par décret (art. 99 du décret du 27 nov. 1991).

### 2° Appartenance à un barreau

**448. Sa nécessité.** — L'appartenance à un barreau est une condition nécessaire : nul, en effet, ne peut porter le titre d'avocat, ni exercer la profession, s'il n'a pas été admis à un barreau. On ne veut pas que la profession puisse être galvaudée par des personnes sur lesquelles aucun barreau n'exercerait une discipline.

L'inscription au tableau de l'ordre ne se fait pas d'emblée. Il faut d'abord commencer par accomplir un stage, après quoi seulement on devient « avocat inscrit ».

**449. Stage.** — Le postulant qui sort du centre de formation professionnelle doit demander son *inscription sur la liste des stagiaires* (art. 72 à 76 du décret du 27 nov. 1991). La décision d'admission est prise par le conseil de l'ordre. Dès son inscription, le postulant doit prêter un *nouveau serment* devant la cour d'appel, dans les termes suivants : « Je jure, comme avocat, d'exercer mes fonctions avec dignité, conscience, indépendance, probité et humanité » (L. 31 déc. 1971, art. 3, mod. par la loi n° 90-1259 du 31 déc. 1990) (13).

La durée au stage est de deux ans (L. 31 déc. 1971, art. 3, mod. par la loi n° 90-1259 du 31 déc. 1990).

A ce stade, l'avocat stagiaire n'a pas encore achevé sa formation pratique. Sans doute, est-il déjà investi de très larges prérogatives qui l'apparentent à un avocat inscrit : il peut plaider, il peut accomplir tous les actes de la procédure et participer

---

(13) La formule de prestation de serment avait été modifiée par une loi n° 82-415 du 18 mai 1982, pour faire disparaître toute référence au respect dû aux autorités publiques, cette référence ayant parfois servi de fondement à des poursuites disciplinaires contestables. La formule du serment devint alors la suivante : *« Je jure, comme avocat, d'exercer la défense et le conseil avec dignité, conscience, indépendance et humanité »* (art. 3, loi du 31 déc. 1971, mod. par la loi du 18 mai 1982). Elle a été modifiée une nouvelle fois par la loi n° 90-1259 du 31 déc. 1990 pour y inclure la « *probité* ».

à toutes les activités de l'ordre (notamment, il a le droit de vote aux assemblées générales). En revanche, sa condition d'avocat stagiaire l'astreint à certains exercices de formation complémentaire organisés tant par l'ordre que par le centre de formation professionnelle (art. 77 à 84 du décret du 27 nov. 1991).

**450. Inscription au tableau.** — A l'issue du stage, l'avocat stagiaire, muni d'un certificat de fin de stage délivré par le bâtonnier, peut demander son inscription au tableau de l'ordre. On dit parfois au « grand tableau », par opposition à la liste des stagiaires.

La décision d'inscription est prise par le conseil de l'ordre (art. 93 à 96 du décret du 27 nov. 1991).

**451. Décision du conseil de l'ordre : étendue de ses pouvoirs et recours.** — On a pu constater que le conseil de l'ordre est appelé à se prononcer à deux reprises différentes : au moment de l'inscription (ou du refus d'inscription) sur la liste des stagiaires, et au moment de l'inscription (ou du refus d'inscription) au tableau de l'ordre. Ce genre de décision soulève plusieurs problèmes : quelle est exactement l'étendue des pouvoirs du conseil de l'ordre ? et de quel recours sa décision est-elle susceptible ?

*a) Pouvoirs du conseil de l'ordre*

Le conseil de l'ordre a pour premier devoir de vérifier si le candidat remplit effectivement toutes les conditions exigées par la loi.

Mais ce serait une erreur de penser que le pouvoir du conseil de l'ordre se limite à une simple vérification de la légalité. Sa mission va plus loin : il doit recueillir « tous renseignements sur la moralité du postulant ». Le conseil de l'ordre est donc conduit à porter son attention sur des éléments extra-légaux comme par exemple, la probité, l'honorabilité, la dignité et les qualités morales du candidat. A la limite, rien n'interdirait au conseil de l'ordre de rejeter la demande d'un candidat qui, tout en remplissant les conditions exigées par la loi, ne présenterait pas les garanties morales suffisantes pour accéder à la profession d'avocat ; par exemple : un postulant connu pour ses habitudes d'intempérance ou dont la dignité aurait été compromise dans des affaires douteuses.

On comprend, certes, le pouvoir ainsi reconnu au conseil de l'ordre. Mais il est juste de reconnaître que la notion de « moralité » peut ouvrir la voie à des appréciations très diverses (14). De là, l'intérêt d'un éventuel recours.

*b) Recours*

Durant toute la première moitié du XIXe siècle, il fut admis comme une évidence que la décision du conseil de l'ordre était souveraine et, donc, insusceptible de recours : « les avocats, disait-on, sont maîtres de leur tableau ». Ce principe procédait de l'idée que nul ne peut être admis dans une corporation sans le consentement de ses chefs élus, lesquels sont seuls à même d'apprécier si le postulant offre des garanties suffisantes.

Cette conception risquait d'engendrer les plus graves abus : on pouvait craindre en effet que, sous couvert de moralité, certains refus ne trouvent leur origine dans des préjugés d'ordre politique, social ou confessionnel. Pour cette raison, la jurisprudence finit par admettre, dès le milieu du siècle dernier, la possibilité d'un recours porté devant la cour d'appel (15). Cette jurisprudence fut ensuite consacrée par tous les textes ultérieurs.

De nos jours, toute décision portant admission ou refus d'admission peut être déférée à la cour d'appel par l'intéressé lui-même ou par le procureur général (art. 20, loi du 31 déc. 1971). La cour a exactement les mêmes pouvoirs que le conseil de l'ordre : il lui appartient donc de vérifier le cas échéant les conditions de moralité invoquées par le conseil de l'ordre.

### C. — Modalités d'exercice de la profession

**452. Le cabinet, entreprise moderne d'une nature particulière.** — Pendant longtemps, — plus longtemps que dans les pays anglo-saxons et notamment aux U.S.A. —, l'avocat français a exercé sa profession de façon individuelle et artisanale. L'avocat avait son cabinet dans sa propre demeure, et il y travaillait entouré simplement d'une secrétaire ou, le cas échéant, d'un collaborateur. Cette conception procédait de l'idée que le cabinet d'avocat (comme celui du médecin) est un « lieu

---

(14) A titre d'exemple : Civ. 20 juin 1972, D.S. 1973.221 (cassation d'un arrêt de cour d'appel qui avait rejeté la demande d'admission au barreau d'un retraité de l'Université, au motif qu'il n'offrait pas des « garanties suffisantes de pondération et de maîtrise de soi... ; qu'il faisait montre d'une exaltation et d'un manque de contrôle » et que l'on pouvait redouter des incidents dans le prétoire « en suite de pulsions passionnelles incompatibles avec l'œuvre de justice »). — *Adde*, Paris, 29 juin 1988, *Gaz. Pal.* 1988.2.702.

(15) Civ. 29 juill. 1867, S. 67.1.281.

de confidences » qui exigeait entre l'avocat et son client des rapports de nature personnelle incompatibles avec une exploitation en forme d'entreprise.

Cette conception a aujourd'hui vécu. Quelque regret qu'on en puisse avoir, l'avocat isolé n'est plus en mesure de faire face à la complexité du droit moderne, à la nécessité d'une abondante documentation, à la rapidité des rapports d'affaires et surtout à la concurrence étrangère dans le domaine international. Le cabinet d'avocat tend à devenir une véritable entreprise. Sans doute, cette entreprise présente-t-elle des particularités notables pour tenir compte des rapports de confiance rebelles à toute forme d'exploitation anonyme. Mais elle emprunte aujourd'hui certains des caractères de l'entreprise moderne, tant par ses *formes* (*I*) que par son *organisation interne* (*II*). L'un des apports essentiels de la réforme de 1990 a été précisément de favoriser cette évolution.

I. Par ses **formes**.

La profession d'avocat peut toujours être exercée sous une forme individuelle. Mais elle peut l'être également (et elle l'est le plus souvent) d'une autre manière :

*a*) La forme la plus simple est l'*association* (appelée parfois une « association de moyens ») : plusieurs avocats se groupent pour mettre en commun certains moyens, comme par exemple, un local, un secrétariat et une bibliothèque. Mais chaque avocat conserve sa propre clientèle et seules sont mises en commun les dépenses inhérentes à cette organisation matérielle.

*b*) Le cabinet peut également prendre la forme d'une *société civile professionnelle* qui a pour objet l'exercice en commun de la profession (L. n° 66-879 du 29 nov. 1966). Le client a alors pour avocat, la « société » en tant que personne morale. La société comprend un capital social rémunéré par des parts. Et comme dans toute société, les dépenses et les rémunérations sont mises en commun et réparties en fonction du nombre des parts de chacun des avocats qui en sont membres. Toutefois, pour conserver à cette société un caractère personnel, chacun des avocats répond indéfiniment et solidairement des dettes sociales (art. 15) et, de plus, chacun d'eux répond personnellement sur son patrimoine des actes professionnels qu'il a accomplis (art. 16).

Dans cet ordre d'idées, la loi n° 90-1258 du 31 décembre 1990 a créé un nouveau cadre juridique qui se rapproche ouvertement de la société commerciale : désormais les avocats peuvent se regrouper au sein de différents types de *sociétés pour l'exercice d'une profession libérale* (dites : « S.E.L. ») qui empruntent, selon le cas, la forme d'une société à responsabilité limitée (S.E.L.A.R.L.), d'une société anonyme (S.E.L.A.F.A.) ou d'une société en commandite par actions (S.E.L.C.A.). Ces types de sociétés ont pour trait caractéristique de pouvoir être constituées, sous certaines conditions, avec des capitaux détenus par des personnes étrangères à la profession (art. 5 et 6). Sans entrer dans des détails qui n'auraient pas leur place ici, on retiendra que le souci du législateur moderne a été de permettre aux cabinets d'avocats de se doter de structures financières puissantes pour faire face à la concurrence étrangère et établir au besoin des cabinets secondaires dans les pays étrangers (sur le décret d'application de la loi de 1990, cf. décr. n° 93-492 du 25 mars 1993).

II. Par son **organisation interne.**

A mesure que le cabinet grandit, gravite nécessairement autour de lui un personnel plus ou moins important. Outre le personnel administratif recruté par le cabinet au moyen d'un contrat de travail (les secrétaires notamment), d'autres avocats peuvent, sans être titulaires du cabinet, participer à son fonctionnement ; et cela sous deux formes différentes prévues par la loi n° 90-1259 du 31 déc. 1990 (art. 7) :

*a*) en qualité de *collaborateur non salarié*, lequel peut avoir sa clientèle personnelle dans les conditions prévues au contrat de collaboration.

*b*) en qualité de *salarié*. L'avocat salarié est rémunéré par le cabinet et ne peut avoir aucune clientèle personnelle : il est lié à celui-ci par un contrat de travail. L'avocat salarié est une innovation de la loi de 1990 qui suscita un grand émoi dans la mesure où la notion même de salariat a toujours paru incompatible avec l'indépendance nécessaire de l'avocat. Aussi bien s'agit-il d'un salariat de nature très particulière, en ce sens que l'avocat salarié bénéficie de l'indépendance que comporte son serment, et qu'il n'est soumis à un lien de subordination à l'égard de son employeur que pour la détermination des conditions de travail ; ce qui signifie en clair qu'il est dépendant du cabinet qui l'emploie pour savoir dans quelles conditions il effectuera ses prestations de service, mais qu'il pourrait fort bien refuser de traiter un dossier qui heurterait sa conscience.

**453. Droits et devoirs professionnels.** — Quels que soient la place et le rôle de l'avocat au sein du cabinet, chaque avocat, en cette seule qualité, bénéficie de certaines prérogatives et est tenu de certains devoirs particuliers destinés à sauvegarder l'indépendance et la dignité de la profession.

I. — Tout avocat est tenu au *secret professionnel* : ce qu'il a pu apprendre dans l'exercice de sa fonction ne doit jamais être divulgué. C'est pour tout avocat non seulement une obligation sanctionnée disciplinairement et pénalement (art. 378 c. pén.), mais également un droit, en ce sens que l'avocat peut refuser de témoigner en justice sur des faits dont il aurait eu connaissance dans l'exercice de ses fonctions. C'est là une règle fondamentale : sans cette règle, le client pourrait hésiter à révéler certains faits à son avocat et l'efficacité de la défense risquerait d'en pâtir.

II. — Afin que la défense du client soit assurée librement et sans la moindre contrainte, il est essentiel de protéger l'avocat contre toutes les inquisitions ou menaces de poursuites, par le moyen d'un certain nombre d'*immunités*.

— Immunité de la parole et des écrits, ce qui signifie que les paroles prononcées par lui à la barre et les écrits qui sont en rapport avec la défense de son client ne tombent pas sous le coup de la loi pénale qui réprime l'injure, la diffamation ou les outrages (L. 29 juill. 1881, art. 41). (16).

— Inviolabilité du cabinet : aucune perquisition ne peut avoir lieu dans le cabinet d'un avocat pour découvrir des documents ne nature à établir la culpabilité d'un client (17).

— Inviolabilité de la correspondance : les lettres échangées entre l'avocat et son client doivent demeurer secrètes ; elles ne peuvent faire l'objet d'aucune saisie, même lorsque la lettre dont il s'agit a été écrite par l'avocat à son client.

III. — Pour que l'avocat ne se trouve pas placé dans une situation qui serait de nature à compromettre son indépendance et faire douter de son désintéressement, certaines activités extérieures sont *incompatibles avec l'exercice de la profession.* Le décret du 27 novembre 1991 énumère ces incompatibilités.

Ainsi, l'exercice de la profession d'avocat est incompatible avec l'exercice d'une fonction publique, d'un emploi salarié, d'un négoce ou d'une fonction qui obligerait l'avocat à rendre des comptes. En revanche, l'avocat peut faire partie d'une société commerciale, à condition que sa participation n'entraîne pas pour lui une responsabilité *in infinitum* (art. 111 à 114).

Reste le problème des activités politiques. Beaucoup d'avocats sont militants politiques et nul ne saurait leur en faire reproche. Le problème est plus délicat lorsqu'ils exercent un mandat parlementaire (député ou sénateur). Une histoire, maintenant lointaine, a montré que ce cumul pouvait faire difficulté (18). La règle admise est qu'il n'existe aucune incompatibilité de principe entre l'exercice de la profession d'avocat et un mandat parlementaire, à condition toutefois de ne pas plaider certaines affaires, contre l'Etat par exemple (L.O. 149 et 297 du code électoral. — *Adde*, art. 117 à 122 du décret du 27 nov. 1991).

IV. — L'avocat se doit également de rester *indépendant à l'égard de son client* : la dignité de la profession interdit en effet que l'avocat épouse systématiquement et inconditionnellement les thèses dont il a la charge, comme si la cause qu'il

---

(16) Toutefois, sur les limites de cette immunité : Riom, 20 févr. 1947, S. 1947.2.87 ; Civ. 1er déc. 1952, D. 1953.89 ; Paris, 17 févr. 1965, J.C.P. 1965.II.14161.

(17) Toutefois, s'il apparaissait que l'avocat s'est rendu coupable de certains faits délictueux, une perquisition pourrait être effectuée, mais par le juge d'instruction lui-même et en présence du bâtonnier qui pourrait faire écarter de la perquisition certains dossiers étrangers aux poursuites.

(18) Notamment, en 1934, plusieurs avocats parlementaires furent gravement compromis dans le scandale Stavisky. On admirera le discours prudent du Bâtonnier St-Auban qui, lors de la rentrée de la conférence du stage des avocats à la cour de Paris en 1933, évoqua le cas des avocats parlementaires dans les termes suivants : « Ils courtisent deux grandes dames qui diffèrent un peu de physionomie et d'humeur : ils épousent à la fois la justice et la politique ; cette bigamie n'inquiète pas dès lors qu'ils ont le coeur assez large pour loger deux amours que leur sagesse concilie et deux fidélités sans que l'une nuise à l'autre ». Le scandale Stavisky, qui éclatait quelques jours après ces propos, devait démontrer malheureusement que pour certains, ni le coeur, ni la fidélité n'avaient résisté à cet écartèlement.

défend était la sienne propre (19). En réalité, il n'y a aucun lien de subordination entre l'avocat et son client ; et pour cette raison, l'avocat ne commettrait aucune faute s'il refusait de soutenir certains moyens suggérés par celui qu'il défend. Mais en pareil cas, si un conflit aigu doit surgir sur la manière de conduire l'affaire, l'avocat doit dire clairement à son client quelle est son opinion. Celui-ci peut alors reprendre le dossier à son avocat pour le confier à un autre ; et de son côté, l'avocat peut décider de ne plus assurer la défense de son client.

V. — Enfin, l'avocat peut demander des *honoraires* : l'équité veut en effet que l'avocat qui a fourni son travail reçoive une rémunération.

Le *montant des honoraires* de consultation, d'assistance, de conseil, de rédaction d'actes juridiques et de plaidoirie, est déterminé librement. Sous deux réserves toutefois : d'une part, la loi prohibe formellement que ce que l'on a coutume d'appeler le « *pacte de quota litis* » qui consiste à fixer un pourcentage convenu à l'avance sur le résultat à intervenir (L. 31 déc. 1971, art. 10), et d'autre part, les actes de procédure accomplis en tant que mandataire *ad litem* sont rémunérés en fonction d'un tarif fixé par décret.

Le *recouvrement des honoraires* (si le client ne paie pas) soulève en revanche un délicat problème. Jadis, une règle traditionnelle voulait que l'avocat ne pût jamais réclamer ses honoraires en justice, parce que disait-on, il serait inélégant pour un avocat d'exercer un recours en justice contre le client dont il a assuré la défense. Cet usage, quelle qu'en soit la noblesse, est aujourd'hui révolu. Il a disparu en même temps que la justice des notables. D'aucuns le regretteront peut être. Mais c'est un fait que, de nos jours, beaucoup d'avocats ne sont pas fortunés par naissance et qu'il serait injuste de ne pas les autoriser à recouvrer le prix de leurs efforts. Il reste que ce genre de procès est toujours fort désagréable pour tout le monde, à commencer par l'avocat lui-même qui s'expose à faire apprécier la valeur de son travail par le tribunal lui-même. De là, une réglementation assez particulière qui passe d'abord par l'arbitrage du bâtonnier (art. 174 à 179 du décret du 27 nov. 1991).

### D. — **Discipline**

**454. Juridiction du conseil de l'ordre.** — En matière disciplinaire, tous les avocats (y compris les stagiaires) sont soumis à la juridiction du conseil de l'ordre du barreau auquel ils sont inscrits, siégant comme « conseil de discipline » (art. 22, loi du 31 déc. 1971).

Cette garantie est essentielle. Le conseil de l'ordre, il ne faut pas l'oublier (*supra*, n° 440), est exclusivement composé d'avocats élus par leurs confrères. L'avocat poursuivi sera donc jugé par des pairs qui connaissent les difficultés de la profession

---

(19) C'est pourquoi on doit déplorer cette habitude de langage qui, lorsque l'avocat plaide, consiste à utiliser le « *nous* », comme s'il défendait une cause commune à son client et à lui-même.

et qui eux-mêmes ne dépendent de personne. Cette juridiction, comme toute justice corporative, peut certes avoir ses faiblesses ou ses sévérités. Mais, outre que ce risque est corrigé par la possibilité d'interjeter appel (*infra*, n° 456), on voit mal comment il serait possible de concilier plus heureusement l'indépendance de l'avocat avec la nécessité, que personne ne discute, de sanctionner les fautes graves qui pourraient être commises.

Il en est ainsi en toutes circonstances, même si l'infraction disciplinaire a été commise à l'audience d'une juridiction.

Cette dernière observation doit être soulignée. Jusqu'à une époque récente, les manquements disciplinaires commis à l'audience d'une juridiction, — que l'on avait coutume d'appeler les « *délits d'audience* » —, pouvaient être jugés immédiatement par la juridiction saisie de l'affaire à l'occasion de laquelle l'incident s'était produit. Ce pouvoir exceptionnel appartenait à toutes les juridictions, y compris aux juridictions d'exception, qui pouvaient prononcer les sanctions disciplinaires les plus graves, comme la radiation par exemple. Par le souci de réprimer sur-le-champ une infraction commise publiquement, la répression des délits d'audience n'était pas sans faire penser à celle des flagrants-délits.

Ce pouvoir était redoutable pour l'avocat qui, au lieu d'être jugé par ses pairs, l'était exceptionnellement par des magistrats, souvent mal informés des difficultés de la profession, et qui étaient généralement enclins à la répression. Au demeurant, un tel pouvoir était exorbitant si l'on considère que l'infraction disciplinaire (très souvent un écart de langage à l'égard du tribunal ou des autorités publiques) était jugée par les magistrats concernés qui, de la sorte, étaient juges et parties ! Depuis longtemps, les avocats demandaient la suppression de ce régime disciplinaire exceptionnel.

C'est aujourd'hui chose faite : la loi n° 82-506 du 15 juin 1982 (modifiant l'art. 25 de la loi du 31 déc. 1971) a ôté à la juridiction saisie de l'affaire le pouvoir de réprimer les délits d'audience. Si un tel incident se produit, il appartient à la juridiction de saisir le procureur général qui, à son tour, saisira le conseil de l'ordre. Celui-ci a l'obligation de statuer dans les quinze jours, faute de quoi l'affaire serait portée devant la cour d'appel.

De nos jours, par conséquent, le conseil de l'ordre est, en toutes circonstances, la seule juridiction disciplinaire au premier degré.

**455. Particularités.** — Outre le fait que l'infraction est jugée par le conseil de l'ordre siégeant en conseil de discipline, — « entre soi » pourrait-on dire —, le régime des manquements disciplinaires comporte des particularités importantes (art. 180 à 199 du décret du 27 nov. 1991).

*a*) D'abord quant à la *notion de faute disciplinaire*. On peut ici faire la même remarque qu'à propos des magistrats (*supra*, n° 391) : la faute disciplinaire s'entend non seulement de tout manquement aux obligations et devoirs professionnels qui résultent des lois, des usages et des règlements intérieurs, mais aussi de tous les faits qui, dans la vie privée ou publique de l'avocat, seraient de nature à constituer un manquement à la dignité, à l'honneur ou à la probité (art. 183 du décret du 27 nov. 1991).

*b*) Ensuite, quant à la *procédure disciplinaire* (art. 187 à 199 du décret du 27 nov. 1991). Celle-ci est extrêmement simplifiée : l'avocat poursuivi est convoqué par lettre recommandée ; il comparaît devant le conseil, assisté au besoin par l'un de ses confrères ; il est interrogé et, bien entendu, comme il est de règle en matière disciplinaire, il doit avoir la parole le dernier. La séance du conseil se déroule à huis-clos, sauf si l'avocat poursuivi demande un débat public (art. 192 du décret du 27 nov. 1991).

*c*) Les *sanctions disciplinaires* susceptibles d'être prononcées sont au nombre de quatre (par ordre de gravité) : l'avertissement, le blâme, l'interdiction temporaire qui ne doit pas excéder trois ans et enfin la radiation. L'avocat radié ne peut plus s'inscrire à aucun autre barreau (art. 184 du décret du 27 nov. 1991).

On ne confondra pas les peines disciplinaires qui viennent d'être énumérées avec la *suspension provisoire.* Lorsqu'un fait grave donnant lieu à des poursuites est relevé contre un avocat, il est parfois opportun de lui interdire immédiatement d'exercer sa profession, en attendant que la juridiction disciplinaire se prononce. La même observation avait déjà été faite à propos des magistrats (*supra*, n° 392). L'article 23 de la loi du 31 déc. 1971 réserve la même possibilité au conseil de l'ordre, en ce qui concerne les avocats.

**456. Arrêté disciplinaire : les voies de recours.** — La décision du conseil de l'ordre, — que l'on appelle un « arrêté disciplinaire » —, est un véritable jugement ayant autorité de chose jugée. Pour cette raison, l'arrêté disciplinaire doit être motivé, quelle que soit la décision prise, même si l'avocat poursuivi est relaxé.

En revanche, à la différence des jugements, l'arrêté disciplinaire n'est pas prononcé publiquement : il est simplement notifié à l'avocat et au procureur général dans les huit jours ; le cas échéant, il est également notifié au plaignant dont la plainte a provoqué les poursuites.

L'arrêté disciplinaire peut faire l'objet d'un *recours*, lequel est porté devant la cour d'appel sur l'initiative, soit de l'avocat condamné, soit du procureur général (20). La cour d'appel statue en assemblée des chambres (*supra*, n° 165) et en chambre du conseil, sauf si l'intéressé demande un débat public (art. 16 du décret du 27 nov. 1991). L'opportunité d'un recours est indiscutable. Sans doute, au second degré, l'avocat sera-t-il privé de la juridiction de ses pairs puisque la cour d'appel est composée exclusivement de magistrats de carrière. Mais, la juridiction d'appel doit entendre le bâtonnier. De toute manière, il était impossible d'admettre qu'une décision de cette nature, rendue par une juridiction exclusivement professionnelle, puisse échapper à tout recours, surtout si l'on considère la gravité des conséquences qui peuvent en résulter.

---

(20) Le délai d'appel est d'un mois (art. 196 du décret du 27 nov. 1991 qui renvoie à l'art. 16 de ce même décret).

## *SECTION II*

## OFFICIERS MINISTÉRIELS

**457. Définition.** — Sous ce terme très général, on désigne les personnes qui sont titulaires d'un office acquis avec l'agrément du gouvernement et qui exercent certaines fonctions à titre de monopole. Par exemple : les avoués d'appel, les avocats au Conseil d'Etat et à la Cour de cassation, les huissiers de justice, les notaires, les commissaires priseurs.

Au point de vue de la terminologie, on ne confondra pas l'*officier ministériel* et l'*officier public*, lequel a spécifiquement pour fonction de dresser des actes publics ayant force authentique. Certains officiers ministériels sont en même temps officiers publics : par exemple, les notaires et les huissiers de justice (21). Mais, en sens inverse, certains officiers publics (comme par exemple, le maire qui dresse les actes de l'état-civil ou encore le greffier des tribunaux de grande instance) ne sont pas des officiers ministériels. C'est pourquoi il importe de ne pas confondre les deux expressions.

On se trouve ici en présence d'une situation très particulière qui nous a été léguée par l'histoire. L'originalité de cette situation oblige à présenter d'abord un aperçu général sur les offices ministériels et, par conséquent, sur les règles communes à tous les officiers ministériels (§ 1). On étudiera ensuite la fonction et la condition juridique de chacun d'eux (§ 2).

### § 1. — GÉNÉRALITÉS SUR LES OFFICIERS MINISTÉRIELS

**458. Patrimonialité des offices.** — Les officiers ministériels ne sont pas des fonctionnaires : ce sont de simples particuliers qui ont acquis une « charge » à leur prédécesseur (moyennant finance ou à titre gratuit, selon les cas), laquelle peut être transmise ultérieurement à un successeur dans les mêmes conditions. Le gouvernement ne reste pas indifférent à ce genre d'opération. En raison de la participation de l'officier ministériel à une fonction publique, c'est le gouvernement qui investit l'officier ministériel des pouvoirs nécessaires pour exercer sa fonction. Il reste que

---

(21) Pour cette raison, on les appelle souvent des « officiers publics *et* ministériels ».

si le titre est conféré par le gouvernement, l'office représente une valeur patrimoniale souvent fort importante. Tel est le système dit de la « patrimonialité des offices ».

Seule l'histoire permet de comprendre la survivance d'un système pour le moins curieux en cette fin du XX$^e$ siècle.

Il faut se souvenir que, sous l'ancien régime, les officiers ministériels, comme les juges (*supra*, n° 339), achetaient leur charge au Roi. Ils étaient alors titulaires d'un bien, à l'époque réputé « immeuble » en raison de son importance, lequel était transmissible à leurs héritiers comme tout élément du patrimoine. Ce système était connu sous le nom de « vénalité et hérédité des charges ».

La Révolution française abolit ce système : les nominations furent réservées exclusivement au gouvernement qui désormais devait pourvoir à ces fonctions comme à tout emploi public. Mais tout relent de patrimonialité ne disparut pas pour autant. Le prédécesseur, parce qu'il était en possession des instruments de travail constitués par ses propres efforts (dossiers, registres, répertoires, bibliothèque), ne consentait à s'en dessaisir que moyennant finance : pratiquement, le successeur était donc conduit à payer une certaine somme d'argent à celui qui lui transmettait la charge, et bien entendu une somme d'autant plus importante que les bénéfices espérés étaient plus substantiels.

Ce qui était une situation de pur fait devint malencontreusement une situation de droit, avec une *loi du 28 avril 1816* qui, dans son article 91, officialisa cette pratique. A cette époque, l'Etat, en mal de deniers, imagina de doubler le montant du cautionnement exigé des officiers ministériels (22). Et en contrepartie, comme monnaie d'échange pour faire accepter ce sacrifice, il reconnut aux officiers ministériels le droit de présenter leur successeur à l'agrément du gouvernement lequel s'engageait en quelque sorte à prendre en considération la candidature présentée si, bien entendu, cette candidature remplissait les conditions requises. Ainsi, par l'effet de la loi de 1816, le *droit de présentation* devenait une valeur négociable ; car il va sans dire que le titulaire de la charge présentait à l'agrément du gouvernement celui qui, parmi tous les candidats éventuels, lui offrait le prix le plus élevé. L'office ministériel était redevenu en droit une valeur patrimoniale qui se vend, s'achète, se négocie ou qui se donne, à travers le droit de présentation.

On remarquera que ce système ne correspond plus exactement à ce qu'était autrefois la vénalité des charges. Sans doute, entre la « vénalité » et la « patrimonialité » des charges y a-t-il ce trait commun que l'office est un élément du patrimoine qui représente une valeur pécuniaire. Mais la différence est la suivante : avec le système de la « vénalité », la charge était concédée par le Roi qui encaissait lui-même le prix ; au contraire, avec le système de la « patrimonialité » des temps modernes, l'Etat ne perçoit rien : la valeur patrimoniale réside simplement en un droit de présentation qui se négocie de prédécesseur à successeur et qui suppose toujours, à chaque transmission, l'agrément de l'Etat.

En dernier analyse, ce système original repose sur une *distinction entre le « titre » et la « finance »*. Le « titre », c'est le droit d'exercer la fonction, lequel est subordonné

(22) On appelle « *cautionnement* », la somme d'argent souvent fort importante que l'officier ministériel doit déposer à la Caisse des dépôts et consignations au moment de sa prise en charge pour garantir éventuellement sa responsabilité professionnelle.

à une investiture personnelle délivrée par le gouvernement après un contrôle exercé sur les aptitudes et les qualités du postulant présenté : un contrôle pouvant aller jusqu'au refus d'agrément. Mais, comme le gouvernement s'interdit de nommer une personne de son choix autre que celle présentée par le titulaire de la charge, le droit de présentation constitue une valeur patrimoniale qui se négocie et que l'on appelle précisément la « finance » (23).

**459. Conséquences pratiques.** — La patrimonialité des offices entraîne des conséquences importantes : elle confère aux officiers ministériels un statut très particulier réglementé par l'ordonnance n° 45-1418 du 28 juin 1945, modifiée depuis lors sur de nombreux points par la loi n° 73-546 du 25 juin 1973 (laquelle donna lieu à son tour à un décret d'application n° 73-1202 du 28 déc. 1973).

On insistera plus spécialement sur les particularités concernant : la transmission des offices (I), leur création et leur suppression (II), l'organisation professionnelle des officiers ministériels (III) et, enfin, leur régime disciplinaire (IV).

**460. I. Transmission des offices.** — L'office ministériel peut être transmis, — ou, plus exactement, le droit de présentation peut faire l'objet d'une cession —, soit à titre onéreux (moyennant finance), soit à titre gratuit, par donation, legs ou succession *ab intestat* (24). Mais, ainsi qu'il a été dit précédemment (*supra*, n° 458), l'efficacité de cette transmission est subordonnée à l'agrément accordé par le gouvernement (c'est-à-dire, pratiquement par la Chancellerie), qui seul peut conférer l'investiture au successeur. D'ailleurs, les transmissions sont toujours réalisées sous la condition suspensive d'un agrément de la Chancellerie.

Quel est l'objet du contrôle effectué par la Chancellerie ?

*a*) Il porte en tout premier lieu sur la *personnalité du successeur présenté*, et spécialement sur la réunion de toutes les conditions requises par la loi pour exercer la fonction.

Les conditions peuvent varier selon la fonction. Mais, dans l'ensemble et sous réserve de quelques particularités, les conditions généralement exigées sont les suivantes :

---

(23) Entre les années 1982 et 1984, les officiers ministériels ont craint très sérieusement que le gouvernement ne fît disparaître le droit de présentation (cf. Réponse ministérielle à la question écrite n° 43305, *Journ. off.*, Déb. parl. Ass. Nat. 9 avril 1984, p. 1694, J.C.P. 1984, IV.299, v° Huissiers de justice). Il faut dire que certaines déclarations confuses, et parfois même contradictoires, ne pouvaient qu'alimenter les doutes.

(24) Le cas est assez fréquent : souvent sur le papier à lettre de l'officier ministériel on lit la formule : « M$^{e}$ X..., successeur de son père ».

— être *français*, avoir la jouissance de ses droits civils et politiques et être libéré des obligations du service national. Toutefois, pour certaines professions (avoués d'appel, par exemple), il suffit d'être « *ressortissant d'un Etat membre des communautés européennes* » (décret n° 90-1210 du 12 déc. 1990) ;

— présenter des *garanties de moralité*. Le candidat ne doit avoir subi aucune condamnation pénale pour faits contraires à la probité, à la dignité ou aux bonnes mœurs ; il ne doit pas avoir fait l'objet d'une liquidation des biens ou avoir été mis en faillite, ni avoir fait l'objet d'une sanction disciplinaire comme la radiation (s'il était avocat), la destitution (s'il était officier ministériel antérieurement) ou la révocation (pour les fonctionnaires). Mais, en marge de ces conditions, la Chancellerie exerce un contrôle sur la moralité en général et, à cette fin notamment, elle exige un *certificat de moralité* délivré par la chambre de discipline de la profession à laquelle le candidat postule ;

— justifier de sa *compétence professionnelle* : les diplômes universitaires exigés varient selon les professions (licence ou maîtrise en droit, selon les cas) ; en outre, un stage professionnel préalable est toujours exigé ;

— être admis par le *tribunal de grande instance* ou la *cour* (selon les cas), c'est-à-dire, par la juridiction auprès de laquelle les fonctions seront exercées, laquelle vérifiera la moralité du postulant.

*b*) En principe, la Chancellerie exerce aussi un contrôle sur les *conditions de la cession* et, plus spécialement, lorsque celle-ci a lieu à titre onéreux, sur le *prix de cession*. Il ne faudrait pas en effet que le caractère excessif du prix demandé au successeur incite ce dernier à accroître le rendement de son office au détriment du justiciable. Si le prix paraît excessif, la Chancellerie peut en demander la réduction à un prix inférieur que l'on appelle couramment le « prix de chancellerie ».

Dans le mois de la date où l'arrêté du garde des sceaux l'a investi de ses fonctions, l'officier ministériel doit prêter serment.

**461. II. Création et suppression d'offices.** — Si l'intérêt général du service le justifie, le gouvernement peut toujours créer de nouveaux offices ou, au contraire, supprimer certains offices reconnus superflus : c'est en effet l'Etat qui, seul, dispose de la fonction (25).

Mais cette situation entraîne inévitablement des répercussions sur le plan patrimonial.

*a*) En cas de *création*, aucune négociation n'est concevable : c'est donc le gouvernement qui nomme la personne de son choix (après avis des chambres professionnelles). Mais cette création, du fait de la concurrence accrue, diminue la valeur des offices avoisinants : le nouveau titulaire doit donc verser une somme

(25) Ainsi, sur les pourtours des grandes villes qui s'urbanisent rapidement, il a fallu créer de nouvelles charges d'huissiers de justice et de notaires.

qui sera répartie par la Chancellerie entre les officiers ministériels atteints par cette mesure.

*b*) Inversement, la *suppression* d'un office fait disparaître la valeur que représente le droit de présentation : les officiers ministériels voisins qui vont bénéficier d'un surcroît de clientèle participeront à l'indemnisation de l'officier ministériel dont la charge a disparu (26).

**462. III. Organisation professionnelle.** — Les officiers ministériels sont intégrés dans des organismes à caractère corporatif, propres à chacune des professions, qui sont la survivance du temps où, sous l'ancien régime, ils étaient constitués en corporations ou « compagnies » (27). De nos jours, on les appelle des « *chambres* » (28).

Chacune des professions a sa propre organisation corporative. Mais, dans l'ensemble, elles présentent toutes un trait commun qui différencie très nettement les « chambres » d'officiers ministériels, des « ordres » d'avocats. Alors que les ordres d'avocats sont dispersés, avec simplement un organe fédérateur à l'échelon national (le « Conseil national des barreaux », *supra*, n° 442), les « chambres » d'officiers ministériels sont très fortement structurées et hiérarchisées.

*a*) A la base, on trouve généralement des *chambres départementales* (sauf chez les avoués à la cour) : elles ont essentiellement des attributions disciplinaires, au sens large du terme (vérification des compatibilités, délivrance des certificats de moralité et, bien entendu, poursuites disciplinaires le cas échéant, *infra*, n° 463).

*b*) A l'échelon intermédiaire, il existe des *chambres régionales* (généralement par ressort de cours d'appel) : leur rôle consiste principalement à arbitrer les différends entre officiers ministériels appartenant à des chambres départementales différentes et, surtout, à organiser des services communs au niveau de la région (formation professionnelle, œuvres sociales, etc...).

*c*) Enfin, au sommet, il y a toujours une *chambre nationale* (chambre nationale des avoués, chambre nationale des huissiers de justice, etc...) dont le rôle fondamental est d'être l'interlocuteur naturel des pouvoirs publics. Les chambres nationales n'ont aucun pouvoir en

---

(26) En principe, un office ministériel n'est supprimé qu'en cas de décès ou de démission de son titulaire. — Sur les problèmes qui peuvent en résulter, cf. Cons. Etat, 12 févr. 1965, D.S. 1966.128, concl. com. gouv. Dutheillet de Lamothe, J.C.P. 1965.II.14122, *Rev. trim. dir. civ.* 1965.405, obs. Hébraud.

(27) Le mot subsiste encore de nos jours : on entend parler quelquefois de la « compagnie des avoués » ou de la « compagnie des notaires » etc...

(28) Pour l'instant, on laissera de côté le cas des *avocats au Conseil d'Etat et à la Cour de cassation* qui, tout en étant des officiers ministériels, forment un « ordre », unique d'ailleurs par la force des choses ; à ce sujet, cf. *infra*, n° 470.

matière disciplinaire. Mais elles expriment l'avis de chacune de leur profession ; et, à ce titre, elles jouent un rôle représentatif assez considérable.

**463. IV. Régime disciplinaire.** — Comme dans toute profession ayant de lourdes responsabilités, il est indispensable de sanctionner et, au besoin, d'évincer ceux qui se seraient rendus coupables de fautes professionnelles. Il y va de la dignité de la profession et de la confiance qu'elle doit inspirer.

Mais, s'agissant des officiers ministériels, le problème est nécessairement plus complexe. Pour sauvegarder leur indépendance, il est bon que la discipline soit assurée en principe par les chambres elles-mêmes, c'est-à-dire, par les élus de la profession (comme pour les avocats). Il est toutefois impossible de leur abandonner totalement la charge d'assurer la discipline, pour la raison que certaines sanctions graves qui ne permettent plus d'exercer la fonction (interdiction temporaire ou destitution, par exemple) entraînent inévitablement des incidences de nature patrimoniale, dans la mesure où le droit de présentation se trouve plus ou moins gravement atteint. De là, un système complexe réglementé par l'ordonnance n° 45-1418 du 28 juin 1945, profondément remaniée par la loi n° 73-546 du 25 juin 1973 et complétée par un décret d'application n° 73-1202 du 28 décembre 1973, spécialement consacré à la discipline des officiers ministériels.

*a*) Par ordre de gravité, les *sanctions disciplinaires* qui peuvent être prononcées sont les suivantes : 1°) le rappel à l'ordre ; 2°) la censure simple ; 3°) la censure devant la chambre assemblée ; 4°) la défense de récidiver ; 5°) l'interdiction temporaire et, enfin, 6°) la destitution. Une peine complémentaire peut être prononcée : l'inéligibilité temporaire (10 ans maximum) aux chambres professionnelles.

L'interdiction temporaire ne prive pas définitivement l'officier ministériel de son titre ; elle l'empêche simplement d'exercer ses fonctions pendant un certain temps (art. 24, al. 1, ord. 28 juin 1945) ; ce qui oblige à désigner un administrateur provisoire pour gérer l'étude durant cette période.

En revanche, la destitution a pour conséquence grave d'obliger l'intéressé à se retirer définitivement de la profession (avec en plus, une peine accessoire qui est la perte des droits civiques). De ce fait, la destitution entraîne la *perte du droit de présentation* (art. 24, al. 2, ord. 28 juin 1945) : désormais, l'officier ministériel destitué ne peut plus négocier son droit de présentation, ni le transférer à titre gratuit ; et s'il est vrai qu'une indemnité lui est versée par le nouveau titulaire de la charge, celle-ci est fixée autoritairement par le décret de destitution.

*b*) Compte tenu de ces conséquences de nature patrimoniale, on comprend mieux alors les règles de *compétence* applicables.

En principe, la juridiction compétente est la *chambre départementale* (ou régionale pour les avoués à la cour). Mais la compétence de celle-ci se limite aux peines les moins graves : le rappel à l'ordre, la censure simple et la censure devant la chambre assemblée (art. 9, ord. 28 juin 1945). Si une sanction plus importante paraît devoir être appliquée, la chambre départementale doit transmettre le dossier au procureur de la République pour qu'il saisisse le *tribunal de grande instance* dans le ressort duquel l'officier ministériel exerce ses fonctions :

lui seul est compétent pour prononcer la défense de récidiver, l'interdiction temporaire ou la destitution. On le comprend aisément : ces sanctions graves peuvent avoir une répercussion sur la valeur de l'office et, dès lors que l'on met en cause l'existence ou la valeur d'un droit patrimonial, seul un tribunal est compétent pour statuer.

## § 2. — FONCTIONS ET STATUTS PARTICULIERS DES DIFFÉRENTS OFFICIERS MINISTÉRIELS

**464. Officiers ministériels, auxiliaires de justice.** — Parmi les officiers ministériels, tous ne sont pas des auxiliaires de justice à proprement parler.

Certains sont incontestablement des auxiliaires de justice, dans la mesure où leur fonction essentielle consiste à participer à l'administration de la justice. Ainsi en est-il : des avoués près les cours d'appel, des avocats au Conseil d'Etat et à la Cour de cassation et des huissiers de justice.

En revanche, les notaires et les commissaires priseurs ne participent que très occasionnellement à l'administration de la justice et d'une manière en quelque sorte épisodique : par exemple, les notaires, pour assurer la liquidation d'une succession litigieuse, et les commissaires priseurs, pour procéder à la vente des biens saisis.

Néanmoins, à seule fin de fixer la terminologie et de savoir exactement quelles sont les fonctions exercées par chacun d'eux, on présentera successivement : les avoués près les cours d'appel (A), les avocats au Conseil d'Etat et à la Cour de cassation (B), les huissiers de justice (C), les notaires (D) et les commissaires priseurs (E).

### A. — Avoués près les cours d'appel

**465. Maintien des avoués à la cour.** — On a dit précédemment que la fusion des avocats et des avoués réalisée par la loi n° 71-1130 du 31 décembre 1971 avait été limitée uniquement au premier degré de juridiction (*supra*, n° 428) : les avoués de première instance ont disparu, mais les avoués à la cour ont été maintenus (29).

Devant les cours d'appel, par conséquent, la dualité subsiste : l'avocat peut assister son client par ses conseils et par la plaidoirie, mais en principe il n'est pas admis à accomplir les actes de la procédure au nom de celui-ci. En règle générale, — et sauf les cas exceptionnels où la représentation n'est pas obligatoire (*infra*, n° suivant)

---

(29) En 1990, on comptait 353 avoués à la cour (122 avoués individuels et 231 avoués associés).

—, la représentation est le monopole exclusif de l'avoué à la cour : c'est lui qui accomplira les actes nécessaires à la conduite du procès, au nom et pour le compte de son client.

On peut évidemment se demander pourquoi les avoués à la cour ont survécu.

A vrai dire, au moment de la réforme de 1971, le législateur ne s'est guère embarrassé de considérations dogmatiques. Tout le monde était un peu inquiet sur les incidences d'une réforme de cette envergure dont on pouvait craindre qu'elle ne perturbe sérieusement l'administration de la justice. En fait, les difficultés furent surmontées. Mais, à l'époque, c'était un saut dans l'inconnu. Très sagement, le gouvernement a donc pensé qu'il était préférable de s'en tenir au premier degré de juridiction ... et de voir venir !

Depuis lors, les avoués à la cour sont parvenus à affirmer leur existence grâce, il faut bien le dire, aux fortes personnalités qui, dans les premières années qui suivirent la réforme de 1971, assumèrent la charge de diriger leur compagnie. Et c'est alors que l'on s'est efforcé de justifier rationnellement le maintien des avoués à la cour.

L'idée a été avancée qu'un procès civil au second degré de juridiction ne se conduit pas de la même manière que devant le premier juge : les questions de droit prennent plus d'importance, il faut rassembler soigneusement, dans la perspective d'un éventuel pourvoi en cassation, tous les moyens dont on dispose pour cette seconde épreuve qui est celle de la dernière chance. A quoi s'ajoute d'ailleurs, la multiplicité des incidents de toute nature qui relèvent de la compétence du premier président de la cour d'appel. Bref, l'idée s'est répandue d'une nécessaire spécialisation devant la cour, comparable à celle qui justifie l'existence des avocats au Conseil d'Etat et à la Cour de cassation (*infra*, n° 468).

Il faut tenir compte également d'une autre considération qui, pour être d'ordre pratique, n'en est pas moins importante (spécialement en province) : c'est l'éloignement géographique de la cour. Pour suivre la procédure, il est indispensable que le mandataire soit constamment disponible afin de répondre à toutes les convocations du magistrat instructeur ; si donc les avoués n'existaient pas, l'avocat qui exerce ses fonctions auprès d'un tribunal éloigné, devrait avoir sur place un « correspondant » qui tiendrait lieu d'avoué (30).

Pour toutes ces raisons, il n'a pas semblé utile de remettre en cause l'existence des avoués à la cour. Il est d'ailleurs symptomatique de constater que, lors de la création de la cour d'appel de Versailles en 1978, de nouvelles charges d'avoué à la cour ont été créées. Mais la question de leur maintien est agitée périodiquement, en particulier par les avocats.

**466. « Mandat ad litem » de l'avoué à la cour.** — Le mandat de l'avoué à la cour est un mandat *ad litem* comparable à celui de l'avocat de première instance : il en présente les mêmes caractères et il suffit donc de renvoyer sur ce point aux explications antérieures (*supra*, n° 435). Tout au plus convient-il de relever trois particularités.

---

(30) Prenons l'exemple d'un avocat du barreau de Brest. On concevrait mal qu'il puisse se rendre à tout instant aux convocations de la cour d'appel qui a son siège à Rennes. De là, l'utilité d'un avoué sur place, à Rennes même.

D'abord, quant à son objet. Les avoués à la cour ne sont appelés à intervenir que dans le domaine du contentieux privé : en matière pénale, leur ministère est sans objet sinon sur l'action civile de la victime.

Dans cette mesure, s'il est vrai que la représentation par un avoué à la cour est en principe obligatoire, certaines matières échappent exceptionnellement à cette obligation. Ainsi en est-il des affaires portées devant la chambre sociale de la cour d'appel (loyers, prud'hommes, sécurité sociale). Dans tous ces cas, l'avoué peut certes se charger de la représentation d'une partie, mais il n'en a plus le monopole ; chaque partie peut comparaître en personne ; et le plaideur qui a un avocat peut charger ce dernier de le représenter devant la cour.

Enfin, comme tout mandat *ad litem*, celui de l'avoué a une étendue territoriale limitée ; mais la limite est ici le ressort de la cour auprès de laquelle l'avoué a été institué pour exercer son ministère.

**467. Statut particulier des avoués à la cour.** — Le statut particulier des avoués à la cour est fixé par l'ordonnance n° 45-2591 du 2 novembre 1945, complétée par le décret d'application n° 45-118 du 19 décembre 1945 (qui a été lui-même profondément modifié par le décret n° 78-837 du 26 juillet 1978 et plus récemment par le décret n° 86-997 du 27 août 1986). Parmi toutes les nombreuses règles qui figurent dans ces textes, certaines d'entre elles retiendront l'attention.

a) Les *conditions d'aptitude aux fonctions d'avoué* sont énumérées aux art. 1 à 12-1 du décret n° 45-0118 du 19 décembre 1945 (modifié par le décret n° 90-1210 du 21 déc. 1990) : outre les conditions générales précédemment examinées (*supra*, n° 460), on retiendra que pour accéder aux fonctions d'avoué, il faut être français ou ressortissant d'un Etat membre des communautés européennes (art. 1er), au moins licencié en droit, avoir accompli un stage de formation professionnelle qui est en principe de deux ans et avoir subi avec succès un examen d'aptitude professionnelle (sauf certains aménagements prévus par l'art. 4-1 du décret n° 45-0118 du 19 déc. 1945, ajouté par le décret n° 90-1210 du 21 déc. 1990). Il faut en outre, « être admis par l'assemblée des magistrats du siège de la cour d'appel ou par le premier président de la cour d'appel après consultation des magistrats du siège » (art. 2-8° du décret du 19 déc. 1945, modifié par le décret n° 86-997 du 27 août 1986).

b) Les avoués à la cour peuvent se grouper entre eux de différentes manières. Ils peuvent former des *sociétés civiles professionnelles* : dans ce cas, le mandataire *ad litem* est la société elle-même, appelée « office d'avoué » (décret n° 69-1057 du 20 nov. 1969). Rien ne s'oppose, depuis la loi du 31 déc. 1990 à ce qu'ils constituent des *sociétés d'exercice libéral* dans les mêmes conditions que les avocats (*supra*, n° 452 ; *adde*, décr. n° 93-362 du 16 mars 1993). Enfin, ils peuvent également former entre eux des *sociétés d'avoués*, auquel cas chacun des associés conserve ses propres fonctions (même décret, art. 90 et s.).

c) En ce qui concerne l'*organisation professionnelle*, la compagnie des avoués ne comporte que deux chambres : au niveau de chaque cour, une chambre régionale, appelée *chambre de discipline* qui, comme son nom l'indique, est chargée essentiellement d'assurer la discipline (au sens large du terme) des avoués du ressort de la cour d'appel (décret du 19 déc. 1945, art. 13 à 30) ; et au sommet une *chambre nationale*, composée de délégués des chambres régionales, dont la fonction essentielle est d'être le porte-parole de la profession auprès des pouvoirs publics (décret du 19 déc. 1945, art. 32 à 41).

### B. — Avocats au Conseil d'Etat et à la Cour de cassation

**468. Fonctions.** — Les avocats au Conseil d'Etat et à la Cour de cassation sont des auxiliaires de justice, titulaires d'un office ministériel qui, devant les deux juridictions indifféremment, exercent tout à la fois les fonctions de l'avoué et celles de l'avocat (31).

*a*) Comme les avoués à la cour, ils ont la charge de postuler et de conclure en tant que mandataire *ad litem*. Ce mandat est à la fois présumé et général (*supra*, n° 435). Ils engagent donc leurs clients par les actes accomplis et ils encourent en contrepartie toutes les responsabilités d'un mandataire *ad litem*.

*b*) Ils s'apparentent aux avocats dans la mesure où devant ces deux juridictions, ils sont libres de plaider comme ils l'entendent sans être liés par les instructions de leurs clients. Enfin, toujours comme les avocats, leurs honoraires ne sont soumis à aucun tarif.

Toutes ces fonctions sont exercées à titre de *monopole* : aucun autre auxiliaire de justice ne pourrait les exercer devant ces juridictions, pas même un avocat ou un avoué à la cour. Ce monopole trouve sa justification dans le fait que les procédures devant les deux juridictions suprêmes sont d'une technicité très particulière, hautement spécialisée. En revanche (c'est là, la contrepartie de leur monopole), ils sont tenus de prêter leur ministère lorsqu'ils en sont requis.

On ajoutera, pour être complet, que ce monopole est limité par la tendance du législateur moderne qui, pour faciliter l'accès à ces deux juridictions, multiplie les cas où le ministère d'un avocat au Conseil d'Etat et à la Cour de cassation n'est pas obligatoire. Dans le contentieux privé, les cas sont aujourd'hui fort nombreux (notamment en matière sociale). Et, dans le même ordre d'idées, on retiendra qu'en matière administrative, le recours pour excès de pouvoir peut être formé librement par le requérant, même devant le Conseil d'Etat, sans le ministère d'un avocat aux conseils.

**469. Historique.** — Les avocats au Conseil d'Etat et à la Cour de cassation des temps modernes ont pour ancêtres lointains les avocats qui, dans l'ancienne France,

(31) En fait, il existe entre eux une certaine spécialisation : les uns étant plus portés à soutenir les recours devant le Conseil d'Etat, et les autres devant la Cour de cassation.

avaient pour fonction d'assurer la défense des causes portées devant les conseils du Roi. A cette époque, la fonction était érigée en charge achetée au Roi ; et sans doute, est-ce la raison pour laquelle ils sont encore de nos jours des officiers ministériels.

Supprimés au moment de la Révolution française, ils durent leur résurrection à Napoléon qui, par un décret du 11 juin 1806 relatif au Conseil d'Etat, institua des avocats audit Conseil (art. 33) et qui, après avoir rétabli les avoués auprès du Tribunal de cassation, décida que « les avoués en la Cour de cassation » prendraient le titre d'avocats (décret du 25 juin 1806). La fusion entre les avocats au Conseil d'Etat et ceux de la Cour de cassation était en marche. Elle fut consacrée au moment de la Restauration par une ordonnance du 10 septembre 1817 qui disposa, dans son article 1er, que « l'ordre des avocats en nos conseils et le collège des avocats à la Cour de cassation » seront réunis « sous la dénomination d'ordre des avocats aux conseils du Roi et à la Cour de cassation » ; ainsi d'ailleurs s'explique l'expression « *avocats aux conseils* » dont on use encore aujourd'hui pour désigner cette catégorie particulière d'avocats.

**470. Statut professionnel.** — Les avocats aux conseils forment une compagnie très restreinte, le nombre des charges se limitant à soixante(32). Juridiquement, ce sont des officiers ministériels titulaires d'une charge. Mais en réalité, l'ordonnance du 10 septembre 1817 (toujours en vigueur) et un décret n° 91-1125 du 28 octobre 1991, leur confèrent un statut très particulier qui s'apparente à celui des avocats.

*a*) Les conditions d'accès à la profession sont fixées aujourd'hui par le décret du 28 octobre 1991. Il faut réunir toutes les conditions requises pour accéder à la profession d'avocat (*supra*, nos 444 s.) et avoir accompli un stage d'une année auprès d'un barreau ; mais en plus, il faut avoir subi un examen spécial et suivi deux années de formation organisées par la profession d'avocat au Conseil d'Etat et à la Cour de cassation.

*b*) A la différence des autres officiers ministériels, ils forment un « *ordre* » (l'ordre des avocats au Conseil d'Etat et à la Cour de cassation). A la tête de cet ordre, il y a, non point un bâtonnier, mais un *président*, nommé pour trois ans par le garde des sceaux sur présentation du conseil de l'ordre. Ledit conseil est composé, outre le président, de onze membres élus pour trois ans (art. 7 de l'ord. du 10 sept. 1817, modifié par le décret n° 88-1087 du 30 nov. 1988).

Le conseil de l'ordre a qualité pour élaborer le règlement intérieur et pour se prononcer sur tout ce qui intéresse les intérêts généraux de l'ordre. Il exerce également un pouvoir

---

(32) Compte tenu de ce que certaines charges sont exercées en société civile professionnelle (24 en 1990), les avocats admis à porter le titre sont en fait un peu plus nombreux (89 en 1990).

disciplinaire sur les membres de l'ordre. Mais il ne peut prononcer que les peines d'avertissement et de réprimande : les peines de suspension temporaire et de radiation doivent être homologuées par la Cour de cassation.

c) La profession peut être exercée en *société civile professionnelle*, actuellement régie par le décret n° 78-380 du 15 mars 1978, ou en *société d'exercice libéral* de la loi n° 90-1258 du 31 décembre 1990 (décr. n° 93-362 du 16 mars 1993 ; *supra*, n° 452).

### C. — **Huissiers de justice**

**471. Attributions.** — Les huissiers de justice sont des officiers ministériels investis d'attributions nombreuses et variées, exercées les unes à titre de monopole et les autres hors monopole (33).

a) A titre de *monopole*, les huissiers de justice ont la charge de signifier les actes de procédure (qu'ils ont parfois rédigés eux-mêmes), de procéder à l'exécution forcée des titres exécutoires et, notamment, aux opérations de saisie ; ce qui représente une charge extrêmement lourde exigeant parfois un solide sang-froid. En outre, certains huissiers, que l'on appelle les « *huissiers-audienciers* », sont spécialement chargés d'assurer le service intérieur du tribunal, c'est-à-dire, procéder à l'appel des causes, notifier les actes entre avocats et maintenir la police de l'audience sous le contrôle du président de la juridiction. Dans toutes ces fonctions exercées à titre de monopole, les huissiers sont tenus de prêter leur ministère lorsqu'ils en sont requis.

b) En *dehors de tout monopole*, c'est-à-dire, en concurrence éventuellement avec d'autres personnes, il entre dans les attributions des huissiers de justice de procéder au recouvrement des créances (de façon amiable ou par voie d'injonction de payer), ainsi qu'à la prisée et aux ventes publiques de meubles et effets mobiliers (tout au moins lorsqu'il n'y a pas de commissaire priseur).

En outre, le ministère de l'huissier de justice est fréquemment sollicité pour procéder à des *constats*, soit sur la demande des particuliers, soit sur commission du tribunal : l'huissier procède alors à des constatations purement matérielles, exclusives de tout avis de fait ou de droit, qui peuvent ensuite être invoquées à titre de preuve devant les tribunaux.

Dans l'opinion publique, l'huissier de justice est souvent un mal-aimé : il n'est jamais agréable de recevoir la visite d'un huissier de justice dans l'exercice de ses

(33) En 1993, il y a en France, 3 117 huissiers de justice (1 223 huissiers individuels et 1 834 huissiers associés). On notera que la profession s'ouvre aux femmes qui sont aujourd'hui au nombre de 366.

fonctions. Le caractère coercitif de ses attributions en est la cause. On aurait tort toutefois de s'en tenir à cette appréciation superficielle. Le rôle social de l'huissier de justice, spécialement dans les milieux ruraux, est beaucoup plus important qu'on ne le suppose dans la mesure où il est souvent appelé à donner les premiers conseils et à servir en quelque sorte le « relais personnalisé » entre la justice et le justiciable.

**472. Historique et textes en vigueur.** — Les huissiers de justice ont une longue histoire. Ils existaient déjà sous l'ancien régime. Mais, à cette époque, il y avait en réalité deux professions distinctes : les *sergents* qui signifiaient et faisaient exécuter les actes judiciaires et extra-judiciaires, et les *huissiers* proprement dits qui avaient pour fonction d'assurer le service des tribunaux et des audiences (qui tenaient l'*huis*, la porte ; d'où le nom d'huissier). Chose curieuse : ces deux professions traversèrent la Révolution française sans être supprimées. Ensuite, le législateur intermédiaire réunit ces deux fonctions en une seule pour constituer la profession d'huissier de justice telle que nous la connaissons aujourd'hui.

Elle est réglementée de nos jours par l'ordonnance n° 45-2592 du 2 novembre 1945 (modifiée à plusieurs reprises). Ce texte fondamental a fait l'objet d'un décret d'application n° 56-222 du 29 février 1956 modifié et complété à son tour par plusieurs décrets, dont notamment le décret n° 75-770 du 14 août 1975 (lui-même modifié par le décret n° 86-734 du 2 mai 1986 et le décret n° 90-1210 du 21 déc. 1990).

**473. Droits et devoirs professionnels.** — La fonction d'huissier de justice est une fonction protégée par la loi contre les usurpations, les outrages et les injures, lesquelles constituent un délit pénal.

Mais l'huissier de justice est également astreint à des devoirs professionnels rigoureux et précis qui se justifient par le fait qu'ils sont détenteurs d'une parcelle de l'autorité publique pouvant aller jusqu'à des épreuves de force sur les personnes et les biens. Pour cette raison, il est indispensable d'exercer sur leurs activités un contrôle vigilant et de veiller, plus encore que pour les autres officiers ministériels, à ce que rien ne puisse compromettre leur disponibilité, leur dignité et leur indépendance.

*a*) Ainsi se comprend, d'abord, la *limitation territoriale* de leur ministère : en principe, sauf dérogations exceptionnelles, ils ne peuvent exercer leurs attributions que dans le ressort du tribunal d'instance de leur résidence (art. 5 et s., décret du 29 févr. 1956, mod. par décret du 23 oct. 1959). On veut éviter par là qu'ils ne se dispersent et que leur activité puisse échapper au contrôle d'un juge très proche.

*b*) Les huissiers de justice sont également soumis à des *interdictions* qui leur sont spécifiques.

Notamment :

— Interdiction d'instrumenter pour des proches parents (art. 15, décret du 20 févr. 1956) : on pourrait craindre que la parenté ne leur laisse plus l'indépendance d'esprit nécessaire.

— Interdiction d'assister et de représenter les plaideurs devant les juridictions. La raison qui en est donnée est qu'il faut éviter que l'huissier de justice ne compromette son indépendance en assistant certains plaideurs contre lesquels il pourrait ensuite être tenu de procéder à une mesure d'exécution. Toutefois, à titre exceptionnel, on leur reconnnaît le droit de représenter les parties devant les tribunaux paritaires des baux ruraux, et, depuis la loi n° 87-550 du 16 juillet 1987, devant les tribunaux de commerce.

*c*) Dans le même ordre d'idées, le législateur a pris la précaution de réglementer les *activités accessoires*. La question est importante. Souvent, dans les campagnes notamment, l'huissier de justice peut être tenté d'ajouter à ses fonctions, certaines activités annexes en vue d'accroître la rentabilité de son office. Or il est facile de comprendre que toutes les activités accessoires ne sont pas également compatibles avec les fonctions d'autorité qui sont les siennes si l'on veut sauvegarder la dignité et l'indépendance de la profession (34).

L'article 20 du décret n° 56-222 du 29 février 1956 énumère limitativement les activités accessoires compatibles avec les fonctions d'huissier de justice : administrateur d'immeubles, agent d'assurance, correspondant de caisse d'épargne, correspondant ou secrétaire de caisse de crédit agricole ou de mutuelle agricole, correspondant de sociétés d'auteurs, secrétaire de coopérative agricole. Toutefois, ils ne peuvent exercer ces activités qu'après autorisation du garde des sceaux, laquelle peut toujours être révoquée si cette activité nuit à l'accomplissement par l'huissier de justice de ses obligations professionnelles et donnent lieu à des réclamations justifiées (art. 23). De toute manière, dans l'exercice de ces activités accessoires, l'huissier de justice ne peut pas faire état de son titre professionnel afin de ne pas impressionner abusivement les personnes avec lesquelles il serait en rapport (art. 22).

On déduira de ces dispositions que toutes autres activités accessoires sont incompatibles avec la fonction d'huissier de justice.

*d*) En fait, le plus grave problème vient de ce que, par certains aspects, l'huissier de justice est aussi le *mandataire de son client* : quand il fait un acte de procédure, quand il le signifie ou quand il procède à des poursuites, il le fait au nom et pour le compte de celui qui a requis son ministère. Il en résulte que les actes accomplis par l'huissier de justice engagent son client et que, par ailleurs, il encourt toutes les responsabilités d'un mandataire, si l'acte accompli l'a été dans de mauvaises conditions ; notamment, il peut être condamné à des dommages-intérêts si, par sa faute, un acte vient à être déclaré nul.

Mais ce mandat est très particulier. On ne saurait admettre notamment que le fait pour un huissier de justice d'être le mandataire de son client puisse le placer

---

(34) Un décret de 1813 interdisait aux huissiers « de tenir auberge, cabaret, café, tabagie, billard, même sous le nom de leur femme ».

à l'égard de ce dernier dans une situation de dépendance qui serait attentatoire à la dignité de la fonction, à son indépendance et aux devoirs professionnels qu'impose en toutes circonstances sa qualité d'auxiliaire de justice, laquelle doit prévaloir sur toutes autres considérations (35).

On ajoutera enfin, pour terminer, que l'huissier de justice est tenu au *secret professionnel.*

**474. Organisation de la profession.** — Plusieurs dispositions régissent l'organisation de la profession.

a) Le décret n° 75-770 du 14 août 1975 réglemente avec un luxe de détails les *conditions d'accès à la profession* : on retiendra simplement que, pour accéder aux fonctions d'huissier de justice, il faut (outre les conditions communes à tous les officiers ministériels, *supra*, n° 459) : être titulaire de la licence en droit (depuis le décret n° 86-734 du 2 mai 1986) ou d'un diplôme tenu pour équivalent (36), avoir accompli un stage professionnel qui est en principe de deux ans et avoir subi un examen professionnel (sauf certains aménagements prévus par l'art. 5-2 du décret du 14 août 1975, ajouté par le décret n° 90-1210 du 21 déc. 1990).

b) Pour exercer leur profession, les huissiers de justice peuvent constituer une *société d'exercice libéral* (décr. n° 92-1448 du 31 déc. 1992 ; cf. *supra*, n° 452), une *société civile professionnelle* qui devient titulaire de l'office, ou former simplement une *société d'huissiers de justice*, au sein de laquelle chacun des huissiers reste titulaire de sa charge (décret n° 69-1274 du 31 déc. 1969).

c) La profession d'huissier de justice est organisée de façon corporative sous la forme de chambres hiérarchisées (ord. 2 nov. 1945, art. 4 à 9 ; et décret du 29 févr. 1956, art. 40-1 et s.) : à la base, des *chambres départementales* investies de nombreuses attributions (vérification de la comptabilité des études du département, gestion d'une caisse de garantie que l'on appelle la « bourse commune », et surtout la discipline ; art. 6, ord. 2 nov. 1945) ; au-dessus, des *chambres régionales* dans le ressort de chaque cour d'appel (qui sont appelées à émettre des avis sur certaines questions ; art. 7, ord. 2 nov. 1945) ; et enfin, au sommet, la *chambre nationale* qui n'a aucune fonction disciplinaire, mais qui représente l'ensemble de la profession auprès des pouvoirs publics (art. 8, ord. 2 nov. 1945).

---

(35) A titre d'exemple : Cass. civ. 1er juill. 1992, *Bull. civ.* I, n° 194, p. 97 (l'huissier de justice a le devoir de vérifier lui-même le titre exécutoire que son client lui demande d'exécuter).

(36) Sont également admis les candidats titulaires : d'un diplôme universitaire de technologie des carrières juridiques et judiciaires, d'un diplôme national sanctionnant un premier cycle d'études juridiques, du diplôme de l'école nationale de procédure de la chambre nationale des huissiers de justice ou de tous autres diplômes reconnus par arrêté du garde des sceaux.

## D. — Notaires

**475. Fonctions.** — Le notaire est un officier public titulaire d'un office ministériel. Il exerce une des fonctions les plus anciennes qui a traversé les siècles de façon à peu près permanente (37).

*a*) La fonction essentielle du notaire est de *dresser des actes* qui présentent cette double particularité d'avoir force authentique et force exécutoire : parce que ce sont des actes authentiques, leur contenu ne peut être contesté que par une procédure extrêmement grave que l'on appelle la « procédure d'inscription de faux » ; et parce qu'ils ont force exécutoire (comme les jugements), ils peuvent donner lieu à exécution forcée sans autre formalité.

Ces actes sont conservés par le notaire qui les a dressés : à tout moment, les parties à l'acte peuvent demander que leur soit délivrée, soit une copie exécutoire (qui est une copie revêtue de la formule exécutoire), soit simplement une copie certifiée conforme.

*b*) Mais à cette fonction s'en ajoute une autre qui n'est pas moins importante et qui est une *fonction de conseil*. Le notaire ne se borne pas à tenir la plume. Il participe à l'élaboration intellectuelle de l'acte qu'il lui est demandé de dresser. Et tout naturellement, à cette occasion, il est conduit à suggérer des solutions, à préconiser certaines clauses, à mettre les parties en garde contre certains risques et donc à conseiller les parties dans leurs choix.

A tous ces points de vue, l'activité des notaires est considérable : elle s'étend non seulement à la vie des affaires (constitution et fusion de sociétés, opérations de crédit, achats et ventes d'immeubles, etc...), mais aussi à des actes concernant la vie privée (testaments, contrats de mariage, donations, etc...).

En principe, le ministère du notaire est *facultatif*. Il n'en est autrement que dans certains cas. D'abord lorsque, à titre exceptionnel, la loi exige que l'acte soit dressé par devant notaire : il en est ainsi pour certains actes graves que l'on appelle des « actes solennels » (donation, contrat de mariage, constitution d'hypothèque). Ensuite, il peut arriver que le notaire soit commis par autorité de justice pour procéder à l'élaboration d'actes qui seront ultérieurement homologués par le tribunal : par exemple, à la suite d'un divorce ou d'une succession litigieuse, un notaire est souvent désigné pour procéder aux opérations de liquidation et de partage. C'est d'ailleurs par cet aspect que les notaires peuvent être occasionnellement des auxiliaires de justice.

De toute manière, l'intervention d'un notaire, même lorsqu'elle n'est pas requise par la loi, constitue une très précieuse garantie, pour la double raison que, d'une

---

(37) En 1990, le nombre des notaires était de 7 500.

part, le notaire peut attirer l'attention des intéressés sur les erreurs à ne pas commettre et que, d'autre part, l'acte dressé bénéficie d'une autorité particulièrement importante.

Il va sans dire que dans toutes ces activités, les notaires engagent leur responsabilité personnelle laquelle est couverte par des « caisses de garantie ».

**476. Statut particulier des notaires.** — En tant qu'officiers ministériels, les notaires sont soumis à toutes les règles communes concernant les officiers ministériels en général (*supra*, nos 460 et s.). Mais, en ce qui concerne les notaires, des règles spéciales ont été édictées par une ancienne loi du 25 ventôse an XI (dont certaines dispositions subsistent encore) et surtout par l'ordonnance no 45-2590 du 2 novembre 1945, complétée par de très nombreux décrets et, en particulier, par le décret d'application du 19 décembre 1945 (38).

a) Pour accéder à la profession de notaire, il faut être titulaire d'une maîtrise en droit ou d'un diplôme reconnu équivalent par arrêté conjoint du garde des sceaux et du ministre chargé des universités, avoir reçu un enseignement professionnel dispensé par un centre de formation professionnelle auquel on accède en principe après un examen d'entrée (art. 10 du décret no 73-609 du 5 juill. 1973, modifié par le décret no 89-399 du 20 juin 1989). Ce centre assure, pendant une durée de douze mois, la préparation à un diplôme d'aptitude aux fonctions de notaire. Ensuite, les titulaires du diplôme doivent subir un stage de deux ans, durant lequel ils portent le titre de « notaires-stagiaires » (art. 33 s. du même décret).

b) Comme tous les officiers ministériels aujourd'hui, les notaires peuvent exercer leurs fonctions : en *sociétés d'exercice libéral* de la loi de 1990 (décr. no 93-78 du 13 janv. 1993 ; rapp. *supra*, no 452), en *sociétés civiles professionnelles*, la société étant alors titulaire de la charge, ou simplement en *sociétés de notaires*, auquel cas chacun des associés reste titulaire de son propre office (décret no 67-868 du 2 oct. 1967) (39).

c) L'organisation corporative de la profession est similaire à celle de tous les officiers ministériels en général. A la base, il y a des *chambres départementales* chargées essentiellement de la discipline (au sens large du terme : conciliation des différends d'ordre professionnel, vérification de la comptabilité, poursuites disciplinaires ; ord. 2 nov. 1945, art. 4, et décr. 19 déc. 1945, art. 1 à 29). Dans chaque ressort de cour d'appel, est institué un *conseil régional* dont la fonction primordiale est d'émettre des avis et d'assurer le fonctionnement des écoles de formation (ord. 2 nov. 1945, art. 5, et décr. 19 nov. 1945, art. 30 à 34). Enfin, à l'échelon national, se trouve le *conseil supérieur du notariat* qui représente l'ensemble de la profession auprès des pouvoirs publics (ord. 2 nov. 1945, art. 6, et décr. 19 déc. 1945, art. 35 à 39).

---

(38) Parmi les autres décrets, on citera notamment : le décret no 56-220 du 29 février 1956 (garantie professionnelle), le décret no 67-868 du 2 octobre 1967 (sociétés civiles professionnelles), le décret no 71-942 du 26 novembre 1971 (création, transfert et suppression des offices de notaire), le décret no 73-609 du 5 juillet 1973, modifié par le décret no 89-399 du 20 juin 1989 (conditions d'accès à la profession et formation professionnelle) et le décret no 74-737 du 12 août 1974 (inspection des études de notaire).

(39) En 1990, on comptait 1 900 sociétés civiles professionnelles et 4 697 notaires associés.

## E. — Commissaires-priseurs

**477. Fonctions.** — Le commissaire priseur est un officier ministériel dont la fonction consiste à *estimer la valeur* des biens meubles (on dit, la *« prisée »* ; d'où le nom de commissaire-priseur) et à procéder à la *vente publique aux enchères des meubles et autres effets mobiliers corporels,* à l'exclusion des ventes d'immeubles qui ont lieu à la barre du tribunal. Généralement dans les grandes villes, ces ventes ont lieu dans des locaux spéciaux communément appelés « salle des ventes » (40).

Les ventes ainsi effectuées ne sont pas nécessairement liées à une affaire judiciaire : tout particulier peut demander à ce que l'un de ses biens meubles soit vendu aux enchères dans une salle des ventes sous la présidence d'un commissaire-priseur. Mais celui-ci est parfois appelé à intervenir pour la mise en vente des biens meubles saisis par autorité de justice, à la suite d'une saisie. C'est en cela que, très occasionnellement, le commissaire-priseur peut être considéré comme un auxiliaire de justice épisodique.

Dans l'exercice de leurs fonctions, les commissaires-priseurs bénéficient d'un *monopole,* tout au moins dans la ville où se trouve situé le siège de leur office : dans les autres communes du département où n'est établi aucun commissaire priseur, chacun d'eux peut exercer ses fonctions concurremment avec les autres commissaires-priseurs établis dans le même département ainsi qu'avec tous les autres officiers ministériels habilités à procéder aux mêmes opérations (huissiers de justice, notaires et éventuellement greffiers des tribunaux de commerce ) (ord. 26 juin 1816, modifiée par le décret n° 75-461 du 9 juin 1975, art. 3).

**478. Statut particulier des commissaires-priseurs.** — La profession est organisée par différents textes, dont les plus importants sont l'ordonnance du 28 juin 1816 et celle du 2 novembre 1945 (plusieurs fois modifiée) : ce dernier texte a été complété par un décret du 19 décembre 1945 (lui-même modifié à plusieurs reprises).

Les conditions d'accès à la fonction s'apparentent aux conditions générales exigées pour être officier ministériel (*supra*, n[os] 460 et s.) : il faut être français ou ressortissant d'un Etat membre des communautés européennes (art. 1er du décret n° 73-541 du 19 juin 1973, modifié par le décret n° 90-1210 du 21 déc. 1990). Il faut en outre être titulaire (depuis le décret du 22 juillet 1987) d'un « diplôme juridique ou d'un diplôme d'histoire ou d'histoire de l'art, l'un de ces diplômes étant au moins du niveau de la licence, l'autre au moins du niveau de fin de premier cycle, ou de diplômes reconnus équivalents dont la liste est fixée par arrêté du garde des sceaux ». Il faut enfin, avoir effectué un stage professionnel d'une durée de deux

---

(40) En 1990, on comptait 443 commissaires-priseurs.

ans en principe et subi un examen d'aptitude à la profession de commissaire-priseur (art. 9 et s., décret n° 73-541 du 19 juin 1973, modifié par le décret du 22 juill. 1987).

La profession est organisée corporativement. Mais on ne trouve ici que deux séries d'organes : à la base, des *chambres de discipline* correspondant au ressort de plusieurs cours d'appel (elles sont au nombre de 9) ; et, au sommet, une *chambre nationale* qui représente l'ensemble de la profession auprès des pouvoirs publics (ord. 2 nov. 1945, art. 4 à 9, et décr. 19 déc. 1945, art. 6 à 32).

## *SECTION III*

## PROFESSIONS ET ACTIVITÉS JUDICIAIRES DIVERSES

**479. Vue d'ensemble.** — A côté des avocats et des officiers ministériels dont il vient d'être question, il existe d'autres professions et activités judiciaires qui ne rentrent dans aucune des deux catégories précédemment examinées. Elles échappent en fait à toute classification rationnelle. Certaines d'entre elles apparaissent, en effet, moins comme des « professions » à proprement parler que comme des activités exercées de façon épisodique (par exemple, les experts), tantôt pour assister le juge dans ses fonctions, tantôt pour conseiller les parties et parfois pour aider les uns et les autres.

Mieux vaut dans ces conditions renoncer à tout classification nécessairement arbitraire et se borner à présenter successivement les différentes activités et professions qui s'y rattachent : elles concernent l'*assistance du juge* (§ 1), l'*administration des biens d'autrui* (§ 2), les *activités de consultation* (§ 3), et enfin, les *activités conciliatrices* (§ 4).

### § 1. — ASSISTANCE DU JUGE

**480.** Le juge, seul, pourrait difficilement assumer toutes ses charges qui lui incombent, s'il n'était assisté matériellement par les services du greffe (A) et parfois même intellectuellement, par un expert qui l'aidera à se prononcer sur certaines questions de nature technique échappant à ses connaissances juridiques (B).

## A. — Services du greffe

**481. Attributions.** — Toute juridiction a besoin d'une infrastructure administrative pour faire face à la multitude des tâches de toute nature qu'implique le fonctionnement d'une juridiction. L'ensemble des services administratifs, composé souvent d'un imposant personnel, forme ce que l'on appelle traditionnellement le « greffe », ou pour employer l'expression officielle (devant les juridictions de l'ordre judiciaire tout au moins), le « secrétariat-greffe » (41).

L'abondance du personnel est à l'image de l'importance et de la diversité des attributions du greffe (42).

*a*) On pense tout de suite à la mise en forme matérielle des décisions de justice et à leur conservation dans les archives pour que, le moment venu, puisse être délivrée à qui le demandera une copie des jugements rendus. C'est là, effectivement une des attributions importantes des greffes, pour laquelle un abondant personnel de secrétariat est nécessaire.

*b*) Mais avant d'en venir au jugement, bien d'autres opérations sont indispensables : ouverture et tenue des dossiers, registres et répertoires. En outre, dans certaines procédures que l'on a voulu rendre plus accessibles et moins onéreuses (procédure prud'homale, procédure devant les tribunaux administratifs), les greffes sont appelés à assumer des tâches supplémentaires dont se chargent habituellement les mandataires de justice : par exemple, la convocation des parties, les communications de pièces et, parfois même, la notification des jugements.

*c*) Enfin, le législateur confie aux greffes de nombreuses autres missions extra-judiciaires qui sont loin d'être négligeables : vérification et conservation des registres de l'état-civil, réception de certaines déclarations (renonciation à succession, déclaration de surenchère), tenue du registre du commerce, inscription des nantissements sur les fonds de commerce, etc...

---

(41) L'expression « greffe » vient du vieux mot français « grefe » (du latin : *graphium*) qui désignait autrefois le poinçon à écrire. Si l'on en croit Littré (v° *Greffe*), « de la signification du poinçon à écrire, on est passé à celle du lieu où l'on écrit » et où « l'on conserve ce qui est écrit ». — De toute manière, on peut se demander pourquoi l'ancienne appellation « greffe » a été abandonnée pour y substituer celle de « secrétariat-greffe ». A-t-on voulu moderniser le langage judiciaire ? Mais il aurait fallu alors rayer définitivement le mot « greffe ». A-t-on voulu plus simplement associer dans cette expression le personnel du secrétariat ? La pensée est aimable, mais elle déroute ; et d'autant plus que, dans le vocabulaire journalier, on continue toujours à parler du « greffe » et du « greffier ». Tout cela aboutit finalement à une cacophonie verbale.

(42) En 1990, le nombre des greffiers et secrétaires-greffiers s'élevait à 6 208 auquel il fallait ajouter 11 935 fonctionnaires et employés des services judiciaires.

Dans une très large mesure, la bonne administration de la justice est liée au fonctionnement correct des greffes. On constate malheureusement que dans certains ressorts, il y aurait encore beaucoup à faire pour moderniser les conditions de travail et améliorer leur rendement.

On présentera successivement l'organisation et le statut des greffes auprès des juridictions de l'ordre judiciaire (1°) et auprès des juridictions administratives (2°).

### 1° Greffes auprès des juridictions de l'ordre judiciaire

**482. Généralités : de l'officier ministériel au fonctionnaire.** — Pendant longtemps, le greffier de chaque juridiction (hormis les conseils de prud'hommes) a été titulaire d'un office ministériel : on l'appelait d'ailleurs pour cette raison le « *greffier titulaire de charge* ». Mais la situation du greffier présentait cette particularité qu'il était tout à la fois officier ministériel et fonctionnaire. En tant qu'*officier ministériel*, il était investi de sa charge par la Chancellerie sur la présentation de son prédécesseur et il percevait pour son compte personnel les émoluments dus à l'occasion de chacun des actes du greffe. Mais, du fait de son appartenance au tribunal, il avait également la qualité de *fonctionnaire* ; ce pour quoi il percevait une modeste rémunération de l'Etat.

Le greffier titulaire de la charge avait alors sous ses ordres deux catégories de personnes. D'une part, des *greffiers-fonctionnaires*, nommés et payés par l'Etat, qui étaient les collaborateurs directs du titulaire de la charge, pour assurer notamment le service des audiences : comme lui, ils faisaient partie intégrante du tribunal. Mais, d'autre part, pour subvenir à toutes les besognes matérielles du greffe, le greffier titulaire de la charge recrutait lui-même du personnel de secrétariat, communément appelé les *« employés du greffe »*, qui étaient directement rémunérés par lui. Le greffier titulaire de la charge se comportait, en un mot, comme un chef d'entreprise.

Cette situation originale prit fin avec la réforme de 1965 : à cette époque, une *loi n° 65-1002 du 30 novembre 1965* décida la *« fonctionnarisation des greffes »*. Désormais, « le service des greffes est assuré par des fonctionnaires de l'Etat » (art. 1er). La conséquence la plus immédiate de cette réforme fut l'expropriation des anciens greffiers titulaires de charge qui perdirent leur droit de présentation (moyennant indemnisation) et devinrent des fonctionnaires nommés et payés par l'Etat (43). La situation juridique des anciens greffiers-fonctionnaires ne fut pas

---

(43) Il faut ajouter que la loi du 30 nov. 1965 contenait de nombreuses dispositions transitoires (sur lesquelles il est aujourd'hui inutile d'insister), afin de permettre aux anciens titulaires de charges de continuer à exercer leurs fonctions, comme par le passé, pendant un certain temps.

modifiée. Quant aux employés du greffe, ils furent intégrés dans la fonction publique selon des modalités complexes.

Mais, pour des raisons assez mystérieuses, *les greffiers titulaires des tribunaux de commerce échappèrent à cette réforme.* Parmi tous les greffiers, ce sont les seuls à être encore titulaires d'une charge, pour partie officier ministériel et pour partie fonctionnaire. Cette situation curieuse ne semble pas devoir être remise en cause pour l'instant (44).

A la suite de la réforme de 1965, de très nombreux textes sont intervenus pour fixer l'organisation des greffes et le statut du personnel (45). L'ensemble de ces dispositions est aujourd'hui regroupé dans le code de l'organisation judiciaire aux art. L. 811-1 à L. 831-1 (pour la partie législative) et R. 811-1 à R. 841-2 (pour la partie réglementaire).

**483. Organisation des greffes.** — Toute juridiction civile ou pénale comporte un « secrétariat-greffe » (tel est le nom officiel), placé sous la responsabilité d'un « greffier en chef » (art. L.811-1 et R. 812-1 c. org. jud.) (46).

I. — Le *greffier en chef* est un fonctionnaire de l'Etat qui exerce d'importantes attributions.

D'abord, des attributions spécifiquement judiciaires : il fait partie intégrante du tribunal en ce sens que celui-ci ne serait pas régulièrement constitué si le greffier (ou l'un de ses délégués) n'était pas présent pour attester ce qui se fait, se dit ou se décide à l'audience : comme on le dit parfois, « il tient la plume à l'audience » et, à ce titre, il est officier public.

Le greffier en chef assume en outre des responsabilités administratives très lourdes, si l'on considère qu'il a la charge d'organiser les services du secrétariat-

---

(44) En 1990, on comptait encore 266 greffiers titulaires d'une charge.

(45) On citera notamment : la loi n° 79-44 du 18 janvier 1979 et les décrets n° 73-1071 du 12 décembre 1979 et n° 90-792 du 23 août 1990 en ce qui concerne les secrétariats-greffes des conseils de prud'hommes ; le décret n° 83-847 du 23 septembre 1983 qui a réglementé l'organisation des greffes devant les juridictions civiles, les juridictions des mineurs et les juridictions pénales de droit commun ; enfin la loi n° 87-550 du 16 juillet 1987 et les décrets n° 88-38 du 13 janvier 1988, n° 90-1210 du 21 déc. 1990 et n° 90-1259 du 31 déc. 1990 (art. 61 et 62) relatifs aux greffes des tribunaux de commerce.

(46) Le secrétariat-greffe des tribunaux paritaires des baux ruraux est assuré par celui des tribunaux d'instance.

greffe placés sous sa direction et que, devant certaines juridictions, ceux-ci prennent parfois la dimension d'une grande entreprise (47).

Enfin (et ceci est plus nouveau), sous le contrôle du chef de la juridiction, le greffier en chef est chargé de la gestion financière du tribunal (ou de la cour) : il prépare le budget et gère les crédits de fonctionnement (achat de matériel et de mobilier, entretien courant des locaux, etc...) (art. R. 812-2 c. org. jud., rédaction du décret n° 83-847 du 23 sept. 1983).

Mais il faut ajouter pour terminer que, dans l'exercice de ses fonctions, *le greffier en chef est placé sous l'autorité et le contrôle hiérarchique du chef de la juridiction* (art. R. 812-1 et R. 812-2 c. org. jud.). Sans doute, le président d'un tribunal ne peut-il pas se substituer à son greffier en chef pour exercer les attributions qui sont les siennes. Mais il lui appartient de lui donner des « directives générales » que le greffier en chef est chargé de mettre en œuvre et dont celui-ci est tenu de lui rendre compte (art. R. 812-1, al. 2, c. org. jud.).

II. — Pour être en mesure d'exercer toutes les attributions qui sont les siennes, le greffier en chef est assisté par des collaborateurs directs qui portent le titre de *« secrétaires-greffiers des cours et tribunaux »*. Ils sont recrutés par concours et soumis à une formation professionnelle. Ils font également partie de la juridiction auprès de laquelle ils exercent et, pour cette raison précisément, beaucoup d'entre eux assurent le service des audiences

III. Enfin, les services du secrétariat sont assurés, sous la responsabilité du greffier en chef, par des *commis*, des *sténo-dactylographes* et des *agents de bureau* qui sont également fonctionnaires, mais dont le statut est assez variable (titulaire, agents contractuels ou auxiliaires).

On ajoutera que le secrétariat-greffe des juridictions se charge, en principe, de l'ensemble des services administratifs du siège et du parquet (R. 811-1, al. 2, c. org. jud.). Toutefois, dans les juridictions importantes (à Paris, par exemple), les services administratifs du parquet sont assurés par un corps spécial de fonctionnaires qui forment ce que l'on appelle le *secrétariat du parquet*, dirigé par un ou plusieurs greffiers en chef.

**484. Cas particulier : les greffes des tribunaux de commerce.** — Ainsi qu'il a été dit précédemment (*supra*, n° 482), les greffes des tribunaux de commerce ont échappé à la fonctionnarisation des greffes en 1965. A la tête de chaque greffe, se

---

(47) Ainsi, à *Paris* (en 1993), le secrétariat-greffe du tribunal de grande instance comprend : 26 greffiers en chef, 212 secrétaires-greffiers et 366 employés de greffe ; à cela, il faut ajouter les secrétaires du parquet qui comprennent : 15 greffiers en chef, 102 secrétaires-greffiers et 222 agents techniques — Autre exemple : le secrétariat-greffe du Tribunal de grande instance de *Lille* comprend (en 1993) : 8 greffiers en chef, 49 secrétaires-greffiers et 113 employés de greffe (personnel de bureau, agents de service, ouvriers professionnels).

trouve donc toujours un « greffier » (on ne parle pas ici de « greffier en chef ») qui, ainsi que le précise formellement l'art. L. 821-1 c. org. jud., est un « *officier public et ministériel* » ;

Les articles R. 821-1 et R. 821-2 c. org. jud. définissent ses fonctions dont beaucoup s'apparentent à celles de tous les greffiers : il « assiste les membres du tribunal de commerce à l'audience » (art. R. 821-1 c. org. jud.) ; il dirige, sous l'autorité du président et la surveillance du ministère public, l'ensemble des services du greffe (art. R. 821-2 c. org. jud.) ; il est dépositaire des minutes et des archives dont il assure la conservation ; il délivre les expéditions et les copies et a la garde de toutes sommes déposées au greffe (art. R. 821-2 c. org. jud.) ; enfin, il dresse les actes et procède aux formalités pour lesquelles compétence lui est attribuée (ex. : inscription des nantissements de fonds de commerce, tenue du registre du commerce, etc...).

Pour remplir toutes ces tâches, le greffier est assisté d'un personnel parfois important. Mais du fait même qu'il est officier ministériel titulaire d'une charge, il se comporte comme un « entrepreneur privé » : il recrute lui-même son personnel, il le rémunère et, en contrepartie, il perçoit directement des plaideurs, sur chacun des actes accomplis, des « émoluments » dont le montant est fixé par décret.

Au lendemain de la réforme de 1965, le *statut des greffiers des tribunaux de commerce* est resté longemps indécis. Cette lacune a été comblée, à l'occasion de la réforme des tribunaux de commerce (*supra*, n^os^ 114 s.), par la loi n° 87-550 du 16 juillet 1987, complétée par le décret n° 87-601 du 29 juillet 1987 (sur les conditions d'accès à la profession), par le décret n° 88-38 du 13 janvier 1988, et enfin par les lois n^os^ 90-1258 et 90-1259 du 31 décembre 1990. L'ensemble de ces dispositions figure aujourd'hui dans les art. L.821-1 à L.822-7 (pour la partie législative) et les art. R. 821-1 à R.822-26 (pour la partie réglementaire).

Sans entrer dans les détails de cette réglementation, on retiendra que :

*a*) Les greffiers des tribunaux de commerce peuvent exercer leur profession *à titre individuel*, sous forme de *sociétés civiles professionnelles* ou de *sociétés d'exercice libéral* (art. L. 821-1 c. org. jud., modifié par la loi n° 90-1258 du 31 déc. 1990 ; et décret n° 93-86 du 21 janv. 1993).

*b*) Ils sont soumis, sous l'autorité du garde des sceaux, à des *inspections* au cours desquelles « ils sont tenus de fournir tous renseignements et documents utiles sans pouvoir opposer le secret professionnel » (art. L. 821-2 c. org. jud. et art. R. 821-5 à 821-8 c. org. jud.).

*c*) La profession de greffier des tribunaux de commerce n'est pas organisée en « chambres » comme les autres officiers ministériels. En revanche la loi n° 90-1259 du 31 décembre 1990, a institué un Conseil national des greffiers des tribunaux de commerce qui est doté de la personnalité morale et qui est chargé d'assurer la défense des intérêts collectifs de la profession (art. L. 821-4 ; et R. 821-13 à R. 821-26 c. org. jud., ajouté par le décret n° 91-743 du 31 juill. 1991).

*d*) Le *régime disciplinaire* est sensiblement différent de celui des officiers ministériels en général (*supra*, n° 463) : les greffiers des tribunaux de commerce n'étant pas regroupés dans des chambres, le tribunal de grande instance joue en toutes circonstances le rôle de juridiction disciplinaire quelle que soit la sanction applicable, si légère soit-elle (art. L. 822-1 à 822-7 c.

org. jud. et art. R. 822-1 à 822-19 c. org. jud.). Il ressort de ces textes qu'en cas de faute disciplinaire, — et il faut entendre par là « tout manquement à l'honneur, à la probité, à la dignité et aux devoirs de la charge » (art. L. 822-1 c. org. jud.), — des poursuites peuvent être exercées, à l'initiative du procureur de la République, devant le tribunal de grande instance (art. L. 822-3 c. org. jud.), lequel peut, selon la gravité de la faute, prononcer un avertissement, un blâme ou la destitution de l'intéressé (art. L. 822-2 c. org. jud.).

### 2° Greffes auprès des juridictions administratives

**485. Particularités.** — Le service des greffes auprès des juridictions administratives a toujours été assuré par des *fonctionnaires* : les pesanteurs de l'histoire ont épargné ces juridictions et dès lors il n'y avait aucune raison de ne pas confier le service des greffes à des fonctionnaires. Ceux-ci ont des tâches essentiellement administratives, mais qui sont néanmoins assez lourdes, si l'on considère que beaucoup de procédures n'impliquent par le ministère obligatoire de l'avocat et que, de ce fait, il incombe aux greffes de recevoir les requêtes et de pourvoir aux communications de pièces.

*a*) Au *Conseil d'Etat*, la section du contentieux comporte un secrétaire (appelé « secrétaire du contentieux ») désigné par le vice-président du Conseil d'Etat sur proposition du président de la section ; il est assisté par un secrétaire-adjoint (décret n° 63-766 du 30 juill. 1963, art. 50). En outre, pour chaque sous-section, le secrétaire du contentieux est assisté d'un secrétaire (appelé « secrétaire de sous-section »).

*b*) Auprès de chaque *tribunal administratif*, il existe un greffe placé sous la responsabilité d'un greffier en chef, assisté d'un ou plusieurs greffiers (art. R. 31 et s., c. trib. adm.). Mais, sauf à Paris, le personnel des greffes appartient au cadre national des fonctionnaires des préfectures ; pour cette raison, les greffiers sont désignés par le préfet sur la proposition du président du tribunal administratif (art. R. 31 c. trib. adm.).

*c*) Enfin, il existe également un greffe auprès des *cours administratives d'appel*, comprenant un greffier en chef et plusieurs greffiers (art. R. 31 c. trib. adm.).

## B. — Experts judiciaires

**486. Technicité des litiges.** — Les procès soulèvent fréquemment des questions de nature technique qui, pour être tranchées, exigent des connaissances spécialisées que le juge ne possède pas nécessairement ; par exemple : apprécier la valeur d'un immeuble, déterminer si un accusé est en état de démence, chiffrer le degré d'invalidité d'une victime d'accident, examiner des comptes et des bilans, etc... Pour être éclairé, le juge peut faire appel aux connaissances d'un technicien que l'on appelle parfois un « homme de l'art » : à un médecin, à un expert-comptable, à un architecte, etc...

La procédure la plus fréquemment utilisée consiste à ordonner une *expertise* : le technicien désigné (que l'on appelle alors un *« expert »*) élaborera un rapport dans lequel il fera connaître son avis sur la question technique qui a fait l'objet de la mission. Le tribunal n'est certes pas obligé de suivre les conclusions de l'expert ; mais celles-ci peuvent utilement l'éclairer et lui permettre de mieux comprendre le problème technique pour en tirer ensuite les conséquences juridiques qui s'imposent. A ce titre, l'expert est un auxiliaire du juge.

On soulignera que l'expertise n'est pas le seul moyen. Sauf en matière pénale, il est possible de solliciter les lumières d'un technicien selon des procédures plus simples :

*a*) Pour lui demander de procéder à des *constatations* : on demandera par exemple à un ingénieur de constater l'état d'une machine endommagée à la suite d'un accident. Dans ce cas, le constatant n'émet aucun avis : il constate simplement une situation de fait. Très fréquemment, les huissiers de justice sont commis par le tribunal pour procéder à des constatations et dresser un « constat ».

*b*) Il serait même possible de solliciter une *consultation* : le consultant émet un avis, comme l'expert. Mais il peut le faire verbalement.

Il y a des experts dans les spécialités les plus diverses. Mais il est une catégorie d'experts qui mérite d'être relevée : il s'agit des *experts en diagnostic d'entreprise* institués par la loi n° 85-99 du 25 janvier 1985. Leur mission consiste, lorsqu'une entreprise est en difficulté, à étudier la situation économique et financière de cette entreprise et à faire rapport au juge sur ses possibilités de survie.

**487. La fonction d'expert n'est pas une profession.** — La fonction d'expert est une fonction éphémère et non point une profession : le juge désigne tel technicien réputé pour son savoir dans une matière donnée à l'occasion d'une affaire déterminée. Voilà pourquoi être « expert auprès des tribunaux » n'est pas une profession ; c'est un titre et rien de plus.

La confusion vient en fait de ce que les cours d'appel (au niveau régional) et la Cour de cassation (à l'échelon national) établissent des *listes d'experts.* Les noms des techniciens connus sont répertoriés par spécialités (géomètres, graphologues, médecins, experts-comptables, experts en pharmacologie, en balistique, etc.) et le juge puise dans ces listes le nom qui lui inspire confiance. Ce système a le double avantage de faciliter la tâche du juge qui cherche un nom et surtout d'opérer une sélection parmi les bons techniciens que la cour d'appel (ou la Cour de cassation) recommande au choix des juges. Ces listes sont en effet renouvelées chaque année et si un expert n'a pas donné satisfaction, il est radié l'année suivante. Ces listes, en un mot, offrent une garantie de sérieux et de compétence.

Mais il ne faut pas se méprendre sur la portée de ces listes. Le fait d'être inscrit sur une liste d'experts ne confère *ni monopole, ni droit acquis : le juge désigne qui il veut* et, au besoin, une personne qui ne figurerait sur aucune liste. Il n'en est autrement qu'en matière pénale : en principe, le juge doit choisir le technicien sur la liste des experts (art. 157 c. pr. pén.) ; toutefois, même en cette matière, il a la possibilité de choisir un nom qui ne figure sur aucune des listes, à condition, dans ce cas, de motiver spécialement son choix. C'est assez dire la liberté qui est laissée au juge et le caractère purement indicatif des listes d'experts. A la limite, une personne inscrite sur une liste pourrait n'être jamais désignée, alors qu'une personne dont le nom n'y figure pas pourrait fort bien être choisie parce qu'elle inspire confiance au juge.

En réalité, l'illusion qu'être expert pourrait être une profession vient souvent des habitudes qui se créent au sein des juridictions et de la tendance de certains juges à désigner toujours les mêmes personnes ; ce qui apporte aux experts désignés une certaine « clientèle judiciaire » et leur donne l'impression d'être des professionnels de l'expertise. Mais ces habitudes, qui d'ailleurs pourraient appeler bien des réserves, ne sont génératrices d'aucun droit.

## § 2. — ADMINISTRATION DES BIENS D'AUTRUI

**488. Le problème : à qui peut-on confier la gestion des biens d'autrui ? —** Dans bien des cas, il est nécessaire de confier à un tiers le soin d'assurer temporairement la conservation, la gestion, voire même la liquidation des biens d'autrui. Ainsi, lorsque le règlement d'une succession donne lieu à un litige entre les héritiers, il est nécessaire qu'un tiers soit désigné pour administrer temporairement la masse successorale en attendant le partage. De même, si une entreprise commerciale en difficulté doit être liquidée, il faut qu'un tiers se substitue au commerçant défaillant pour gérer l'actif, payer les créanciers et procéder à la répartition des éléments disponibles. Autre exemple : en matière de société, si un conflit grave survient entre les associés, il est indispensable de confier la gestion de cette société à un administrateur provisoire, afin que celle-ci puisse continuer à fonctionner en attendant le règlement du différend.

A qui peut-on confier une telle charge dont il est à peine besoin de souligner l'importance et aussi les graves responsabilités financières qui peuvent en découler ? Traditionnellement, la mission en revenait à des personnes que l'on appelait, selon les cas, des *administrateurs provisoires* (parce que leur mission était temporaire), ou des *administrateurs judiciaires* (lorsque la mission leur était confiée par un juge), ou bien des *liquidateurs* (en cas de dissolution de société), ou bien encore des *syndics* (dans le cas plus particulier où il s'agissait de pourvoir au règlement judiciaire ou à la liquidation d'une entreprise commerciale).

Chose curieuse : pendant longtemps ces professions ne furent régies par aucun statut légal ; ce qui était fort regrettable si l'on considère les lourdes responsabilités qui sont les leurs et la nécessité de ne confier une telle charge qu'à des personnes de toute confiance. Comme cela arrive souvent, la pratique s'était efforcée de remédier aux lacunes de la loi et, notamment dans les villes importantes, des associations s'étaient formées spontanément en se donnant à elles-mêmes des règles de recrutement et de discipline, souvent d'ailleurs avec l'accord des tribunaux. Cette lacune fut enfin comblée par un décret n° 55-603 du 20 mai 1955 qui donna un statut légal aux syndics, liquidateurs et administrateurs judiciaires.

Mais à partir de 1975, la crise économique, avec son cortège d'entreprises en difficulté, fit apparaître les insuffisances de cette législation. C'est dans ces conditions que le législateur entreprit de réformer ce statut qui est fixé aujourd'hui par la *loi n° 85-99 du 25 janvier 1985* (modifiée par la loi n° 90-1259 du 31 déc. 1990) relative aux administrateurs judiciaires et mandataires-liquidateurs (48).

**489. Loi n° 85-99 du 25 janvier 1985 : administrateurs judiciaires et mandataires judiciaires à la liquidation des entreprises.** — La genèse de cette réforme a été la suivante : on avait constaté que dans bien des cas et spécialement lorsqu'il s'agissait d'entreprises commerciales en difficulté, le syndic désigné par le tribunal était souvent placé dans une position ambiguë. Chargé d'assister l'entreprise en difficulté, son devoir était sans doute d'essayer de la sauver et de la redresser ; mais le syndic était aussi le représentant des créanciers et il avait tout naturellement tendance à penser qu'en ce domaine, plus on attend pour déclencher la liquidation finale et moins les créanciers peuvent espérer être payés. De là une contradiction interne dans sa propre mission qui le poussait à préférer la liquidation de l'entreprise plutôt que de prendre des risques pour son redressement. Il eut été malséant d'en faire grief aux syndics. Mais il était clair que la confusion entretenue dans les textes entre, d'une part, les fonctions d'administrateur chargé de prendre des initiatives pour faire vivre l'entreprise, et d'autre part, les fonctions de syndic, chargé de la liquider, était une source de mécomptes permanents tant les préoccupations étaient antinomiques. La loi n° 85-99 du 25 janvier 1985 a eu pour ambition de mettre fin à cette ambiguïté (49).

---

(48) Le texte vise également les « experts en diagnostic d'entreprise ». Mais ce sont des experts judiciaires et pour cette raison ils ont déjà été présentés (*supra*, n° 486).

(49) Il faut savoir en outre, que dans les petites villes où, compte tenu de l'activité commerciale réduite, les fonctions de syndic, liquidateur et administrateur judiciaire n'auraient pas suffi à occuper à temps plein un spécialiste de ces questions, lesdites fonctions pouvaient être exercées à titre accessoire, par des huissiers de justice, des greffiers, et même par certains avocats (ceux qui, avant la réforme de 1971, exerçaient déjà ces fonctions). Ce cumul offert aux avocats avait été supprimé. Il a été exceptionnellement rétabli par la loi n° 90-1259 du 31 déc. 1990, en faveur des avocats qui désormais peuvent exercer en même temps les fonctions d'administrateur judiciaire (*infra*, n° 490-2).

Pour y parvenir, le législateur de 1985 a pris le parti d'établir une distinction très nette entre deux catégories de fonctions : les fonctions d'administrateur judiciaire et celles de mandataire-liquidateur, que l'on appelle désormais (depuis la loi du 31 déc. 1990) « mandataire judiciaire à la liquidation des entreprises » (50).

a) Les *administrateurs judiciaires* sont définis par l'art. 1er de la loi de 1985 comme des « mandataires chargés par décision de justice d'administrer les biens d'autrui ou d'exercer des fonctions d'assistance ou de surveillance dans la gestion de ces biens ». On remarquera la formule très large de la loi. Compte tenu de la genèse du texte, on pense tout de suite à l'administrateur réputé qui, avec l'aide d'une équipe d'experts en matière économique ou bancaire, parviendra à redresser une entreprise qui risquait de sombrer parce qu'elle était mal gérée. Mais il faut généraliser la nouvelle disposition légale. L'administrateur judiciaire est celui qui est chargé par le juge de gérer les biens d'autrui en quelque circonstance que ce soit (la gestion d'une tutelle ou d'une succession litigieuse, par exemple) ou d'exercer des fonctions de surveillance (comme cela arrive parfois en matière de société lorsque des groupes rivaux s'entre-déchirent).

b) Les *mandataires judiciaires à la liquidation des entreprises* ont, eux, une mission très précise dans un cas bien déterminé : ils sont chargés par décision de justice, précise l'art. 19, de représenter les créanciers et de procéder éventuellement à la liquidation d'une entreprise dans les conditions définies par la loi n° 85-98 du 25 janvier 1985. On retrouve à travers ce texte le « syndic » de jadis, mais cette fois sans équivoque. Voici par exemple une entreprise commerciale qui a fait de mauvaises affaires ; elle a dû déposer son bilan ; un mandataire judiciaire à la liquidation des entreprises sera désigné, non point pour assister l'entreprise, mais uniquement pour représenter les créanciers et assurer entre eux la répartition des actifs disponibles. C'est tout.

Reste à définir le statut légal des uns et des autres.

**490. Statut légal ; comparaison.** — Dans la perspective de ce qui vient d'être dit, on pourrait être tenté de penser que le statut légal de chacune des deux professions est fondamentalement différent : il n'en est rien. En réalité, elles sont régies l'une et l'autre par un bon nombre de règles communes (51), sur lesquelles se greffent quelques dispositions spécifiques à chacune des deux professions.

---

(50) En 1990, on comptait 146 administrateurs judiciaires et 334 mandataires judiciaires à la liquidation des entreprises.

(51) C'est pourquoi, quand on lit la loi n° 85-99 du 25 janv. 1985 (modifiée par la loi n° 90-1259 du 31 déc. 1990), on est frappé par le fait que les textes écrits dans le chapitre Ier consacré aux administrateurs judiciaires, se répètent parfois à l'identique dans le chapitre II réservé aux mandataires judiciaires à la liquidation des entreprises.

I. — *Règles communes.*

1. L'exercice des deux professions est subordonné à une condition fondamentale : l'*inscription sur une liste* établie par une commission dont la composition diffère selon la profession (cf. ci-après). Dans les deux cas, l'idée est la même : le législateur, soucieux de conférer une certaine autorité aux deux professions, en limite l'accès aux seules personnes offrant de sérieuses garanties, tant en ce qui concerne l'aptitude professionnelle que la moralité du postulant (art. 3 à 6 et 20 à 22). En outre, pour des raisons d'indépendance à l'égard du gouvernement, il faut avoir la nationalité française (art. 5 et 21).

On ajoutera que le titre de chacune des professions est protégé contre les usurpations, en ce sens que toute personne qui utiliserait l'un de ces titres sans y avoir droit encourrait les sanctions prévues par l'art. 269 c. pén. (art. 18 et 29).

2. La règle commune la plus importante est sans doute celle qui déclare *incompatible avec l'exercice de toute autre profession*, tant la qualité d'administrateur judiciaire (art. 11) que celle de mandataire judiciaire à la liquidation des entreprises (art. 27). Ce principe comporte toutefois quelques dérogations qui d'ailleurs ne sont pas exactement les mêmes pour les deux professions : on retiendra notamment que, depuis la loi n° 90-1259 du 31 décembre 1990, la profession d'administrateur judiciaire (mais non celle de mandataire judiciaire à la liquidation des entreprises) est compatible avec la profession d'avocat (art. 11 de la loi n° 85-99 du 25 janv. 1985, modifié par la loi de 1990) : il est donc désormais possible d'être à la fois avocat et administrateur judiciaire, à condition de ne pas exercer cumulativement ces deux fonctions pour la même entreprise. En revanche, il n'est pas possible d'exercer tout à la fois les fonctions d'administrateur judiciaire et de mandataire judiciaire à la liquidation des entreprises en se faisant inscrire sur les deux listes : il est clair que la volonté du législateur a été de considérer chacune des deux professions comme des activités professionnelles distinctes et exclusives.

3. Chacune des deux professions peut être exercée sous la forme de *sociétés civiles professionnelles* ou de *sociétés d'exercice libéral* réglementées par la loi n° 90-1258 du 31 décembre 1990 (art. 8 et 23 de la loi de 1985, modifiée en 1990). En outre, pour couvrir la responsabilité professionnelle, une caisse de garantie est prévue (art. 24) et une assurance doit être souscrite individuellement par chacun (art. 35).

4. Les deux professions sont soumises au même régime disciplinaire, lequel est minutieusement réglementé par les art. 12 à 17 qui, spécialement écrits pour les administrateurs judiciaires, sont déclarés applicables par l'art. 28 aux mandataires judiciaires à la liquidation des entreprises.

Sans entrer dans les détails, on précisera que les membres de chacune des deux professions peuvent être soumis à des inspections en raison des lourdes responsabilités financières qui sont les leurs. Les sanctions disciplinaires applicables sont, par ordre de gravité : 1°) l'avertissement, 2°) le blâme, 3°) l'interdiction temporaire pour une durée n'excédant pas un an, et enfin, 4°) la radiation de la liste (art. 13). Finalement, en ce qui concerne la discipline, seul change l'organe qui en est chargé (ainsi qu'il sera dit ultérieurement).

5. On soulignera enfin que les deux professions sont représentées auprès des pouvoirs public par un organe unique que l'on appelle le *Conseil national des administrateurs judiciaires et mandataires judiciaires à la liquidation des entreprises* (art. 33 de la loi n° 85-99 du 25 janv. 1985, rétabli par la loi n° 90-1259 du 31 déc. 1990). Ce Conseil est un établissement d'utilité publique, doté de la personnalité morale, chargé d'assurer la défense des intérêts collectifs de ces deux professions, d'organiser la formation professionnelle et de contrôler les études.

II. — *Dispositions spécifiques.*

En réalité, les différences de statut entre les deux professions se limitent à quelques points précis, mais qui revêtent une particulière importance.

1. D'abord la portée des listes n'est pas la même et, pour cette raison, la *composition de la commission* qui les élabore n'est pas identique. La liste des administrateurs judiciaires est une *liste nationale* (art. 4) (52) : les personnes inscrites sur ces listes ont donc vocation à exercer leur profession sur l'ensemble du territoire (art. 10). Au contraire, s'agissant des mandataires judiciaires à la liquidation des entreprises, la liste est *régionale*, dans le cadre du ressort de chaque cour d'appel (art. 20) (53). Il en résulte alors cette conséquence importante que si une juridiction

---

(52) Selon l'art. 4, la *commission nationale* est composée de la manière suivante : un conseiller à la Cour de cassation (président) ; un magistrat de la Cour des comptes ; un membre de l'inspection générale des finances ; un magistrat du siège d'une cour d'appel ; un membre d'une juridiction commerciale du premier degré ; un professeur de droit, de sciences économiques ou de gestion ; deux personnes qualifiées en matière économique et sociale et enfin, trois administrateurs judiciaires. Un magistrat du parquet assure les fonctions de commissaire du gouvernement et instruit les demandes. Ses membres sont désignés pour trois ans, selon des modalités qui sont fixées par décret.

(53) Selon l'art. 20, la *commission régionale* est ainsi composée : un magistrat du siège de la cour d'appel (président) ; un magistrat d'une chambre régionale des comptes dont le ressort correspond en tout ou en partie à celui de la cour d'appel ; un membre d'une juridiction commerciale du premier degré du ressort de la cour d'appel ; un professeur de droit, de sciences économiques ou de gestion ; deux personnes qualifiées en matière économique et sociale ; deux personnes inscrites sur la liste des mandataires judiciaires à la liquidation des entreprises, une personne inscrite sur la liste des experts en diagnostic d'entreprise (*supra*, n° 486). Un magistrat du parquet assure les fonctions de commissaire du gouvernement et est chargé d'instruire les dossiers. La durée du mandat est de trois ans. Les modalités de leur désignation sont fixées par décret.

veut désigner un mandataire judiciaire à la liquidation des entreprises dans une affaire déterminée dont elle est saisie, elle doit choisir « parmi les personnes inscrites sur la liste établie pour le ressort de la cour d'appel dont le tribunal relève » (art. 26) (54).

2. La composition différente des commissions a une incidence sur le régime disciplinaire, dans la mesure où précisément l'organe chargé de la discipline est la commission qui tient les listes, laquelle statue alors en « *chambre de discipline* » : ce sera donc la commission nationale (pour les administrateurs judiciaires) et la commission régionale (pour les mandataires judiciaires à la liquidation des entreprises).

**491. Conclusion.** — La loi n° 85-99 du 25 janvier 1985 est entrée en vigueur le 1er janvier 1986 (en même temps que la loi fondamentale n° 85-98 du même 25 janvier 1985 relative au redressement et à la liquidation judiciaire des entreprises). Ce large écart entre la date de promulgation et celle de la mise en vigueur s'explique par les bouleversements considérables que ces deux lois ont entraînés.

Il est superflu d'ajouter que cette réforme a remis en cause bien des habitudes acquises et que, de la part des anciens syndics, elle n'a pas été accueillie dans l'enthousiasme. Mais les premiers résultats paraissent assez satisfaisants et les deux professions acquièrent à l'heure actuelle une autorité certaine.

## § 3. — ACTIVITÉS DE CONSULTATION ET DE RÉDACTION D'ACTES SOUS SEING-PRIVÉ

**492. L'ancien régime de liberté : ses dangers.** — Jusqu'à une époque récente, n'importe qui pouvait « exercer le droit », sans la moindre exigence d'un quelconque diplôme : le premier venu pouvait donc donner des consultations ou rédiger des actes sous seing privé à qui le lui demandait. Cette situation, marquée du signe de la liberté la plus extrême, était un facteur d'insécurité redoutable pour ceux qui se confiaient à des personnes n'offrant aucune garantie ni scientifique, ni même morale. Et parfois même, ce régime de liberté frisait le cynisme lorsque d'anciens auxiliaires de justice radiés de leur ordre s'improvisaient tranquillement donneurs de consultations.

---

(54) Par exemple, le tribunal de commerce de Provins ne pourra désigner qu'un mandataire judiciaire à la liquidation des entreprises figurant sur la liste régionale de la cour d'appel de Paris, et non point un mandataire judiciaire à la liquidation des entreprises inscrit sur la liste régionale de Toulouse.

Au moment de la réforme de la profession d'avocat, en 1971, le problème avait été évoqué et l'on avait songé à réglementer l'exercice du droit, comme est réglementé depuis longtemps l'exercice illégal de la médecine (*supra*, n° 426). Mais si l'on édicte une réglementation, il faut prévoir des sanctions contre ceux qui tenteraient d'y échapper. Et à cette époque, on y avait renoncé, provisoirement tout au moins, en raison précisément de la difficulté que l'on éprouve à définir de façon précise le délit d'exercice illégal du droit, car bien rares sont les personnes qui occasionnellement ne sont pas amenées un jour où l'autre à donner un avis sur une question juridique : l'architecte qui par exemple élabore les plans d'une construction n'est-il pas conduit à donner un avis de droit sur l'application des règlements d'urbanisme ?

Malgré sa difficulté, la question a été reprise au moment de l'élaboration de la réforme de 1990 sur les professions judiciaires et juridiques (*supra*, n° 429). Et cela spécialement sous la pression des avocats qui firent de la réglementation de l'exercice du droit une condition de leur adhésion à la fusion des professions d'avocat et de conseil juridique. Ce voeu a été entendu par le législateur de 1990. Désormais, les activités de consultation ne sont plus libres : elles sont étroitement réglementées par la loi.

**493. Réglementation édictée par la loi de 1990.** — Depuis leur modification par la loi n° 90-1259 du 31 décembre 1990, les articles 54 à 66-3 de la loi n° 71-1130 du 31 décembre 1971, sous un titre intitulé « Réglementation de la consultation en matière juridique et de la rédaction d'actes sous seing privé », contiennent une série de dispositions qui ne permettent plus à n'importe qui de s'improviser « donneur de consultations » (55).

I. Seules peuvent exercer des activités de consultation ou de rédaction d'acte sous seing privé, les personnes qui remplissent les conditions suivantes :

*a*) Il faut, d'abord, être titulaire d'une *licence en droit* ou d'un titre reconnu comme équivalent par arrêté conjoint du garde des sceaux, ministre de la justice, et du ministre chargé des universités ;

*b*) Il faut ensuite ne pas avoir été l'objet de certaines *condamnations* limitativement énumérées par l'article 54 : condamnations pénales pour agissements contraires à l'honneur, à la probité ou aux bonnes mœurs ; sanctions administratives ou disciplinaires pour des agissements de même nature (destitution, radiation, révocation, retrait d'agrément ou d'autorisation) ; condamnation pour faillite personnelle ou autre sanction en application de la loi de 1985 sur le redressement et la liquidation judiciaires des entreprises.

---

(55) A. Bénabent, *La réglementation de l'exercice du droit*, J.C.P. 1991.I.3490.

*c*) Enfin, toutes ces conditions ne suffisent pas : il faut en outre figurer sur la *liste des personnes visées aux articles 56 à 66 de la loi n° 71-1130 du 31 déc. 1971*, modifiés par la loi n° 90-1259 du 31 déc. 1990. Cette liste donna lieu à des discussions assez serrées, avec les avocats notamment qui souhaitaient qu'elles fût moins étendue.

Y figurent tout naturellement les auxiliaires de justice qui, dans le cadre défini par leurs statuts respectifs, ont vocation à donner des consultations : les avocats inscrits à un barreau français, les avocats au Conseil d'Etat et à la Cour de cassation, les avoués près les cours d'appel, les notaires, les huissiers de justice, les commissaires priseurs, les administrateurs judiciaires et les mandataires judiciaires à la liquidation des entreprises (art. 56). Il faut également y ajouter les enseignants des disciplines juridiques dans un établissement d'enseignement supérieur (art. 57).

Viennent ensuite d'autres personnes, mais dont la faculté de donner des consultations est limitée à l'exercice de leurs fonctions : tels, les juristes de l'entreprise qui les emploie (art. 58). La loi vise également les personnes qui exercent une activité professionnelle réglementée dans les limites autorisées par la réglementation qui leur est applicable (par exemple : les conseils en brevet d'invention) ; et même celles qui, sans exercer une activité professionnelle réglementée, justifient d'une qualification reconnue par l'Etat ou par un organisme public ou professionnel agréé (par exemple : les syndics de copropriété) (art. 59 et 60).

Enfin, s'ajoutent à cette liste différents organismes qui peuvent également, dans l'exercice de leur mission, donner des consultations juridiques : les associations et fondations reconnues d'utilité publique, les associations agréées de consommateurs, les associations ayant pour objet la protection de la nature ou l'amélioration du cadre de vie et du logement (art. 63), les syndicats et associations professionnels au profit des personnes dont la défense des intérêts est visée par leurs statuts (art. 64), les fédérations et confédérations de sociétés coopératives au profit de leurs membres (art. 65), les organes de presse ou de communication audiovisuelle au profit de leurs lecteurs ou auditeurs (art. 66).

II. La méconnaissance de ces conditions est sanctionnée pénalement : quiconque donne des consultations juridiques ou rédige des actes sous seing privé sans remplir les conditions prévues par la loi s'expose à une peine d'amende de 3 600 à 30 000 francs qui, en cas de récidive, peut être portée de 18 000 à 60 000 francs, sans préjudice d'une peine d'emprisonnement de 6 jours à 6 mois (art. 66-2 qui renvoie aux dispositions de l'art. 72). Mais ces sanctions ne sont applicables que si l'intéressé exerce le droit de « façon habituelle et rémunérée » ; ce qui revient à dire qu'échappe à toute sanction, même s'il ne remplit pas les conditions prévues, celui qui donne un avis sur une question de droit de façon occasionnelle ou à titre gratuit.

Désormais, par conséquent, le délit d'exercice illégal du droit existe dans notre législation. Il est certain que les frontières restent encore assez vagues. Mais il était bon que le principe en soit posé. Reste à savoir dans quel esprit, ces textes seront appliqués. Seul l'avenir le dira.

### § 4. — ACTIVITÉS CONCILIATRICES

**494. Généralités.** — La recherche d'une solution de compromis est une préoccupation légitime et souvent souhaitable. La sagesse populaire enseigne d'ailleurs qu'un « mauvais arrangement vaut mieux qu'un bon procès ». Aussi bien, l'art. 21 nouv. c. pr. civ. pose-t-il en principe qu'il entre dans la mission du juge de concilier les parties. Mais l'expérience prouve que le juge parvient assez rarement à remplir cette mission qui exige de sa part une grande disponibilité ; et par ailleurs le juge n'est pas toujours le mieux placé pour suggérer une solution transactionnelle qui, dans l'esprit des plaideurs, risquerait d'être interprétée comme une sorte de jugement anticipé. Souvent des personnalités extérieures ayant la confiance des parties et qui, si la conciliation échoue ne seront pas appelées à faire acte d'autorité, sont mieux à même de remplir cette mission.

Et précisément, la tendance s'affirme actuellement de confier le soin de concilier les parties à des personnes privées qui ne sont pas des juges et dont la mission exclusive consiste à rechercher un terrain d'entente pour éviter l'épreuve contentieuse, soit avant tout procès (A), soit durant le procès (B).

#### A. — Avant tout procès : le « conciliateur »

**495. Son utilité.** — On appelle « conciliateur », une personne privée qui a reçu la charge d'essayer de trouver, avant tout procès et sur la demande de l'une des parties, une solution amiable au différend qui les oppose.

Cette institution, qui date de 1978, est née d'une constatation très simple : parmi les litiges portés devant les tribunaux, un bon nombre d'entre eux auraient peut être trouvé une solution transactionnelle si les parties s'étaient au moins rencontrées et, surtout, si une personne ayant une autorité suffisante les avait encouragées à découvrir un terrain d'entente. Autrefois, avant la réforme de 1958, cette fonction était remplie par le juge de paix. On sait dans quelles conditions les justices de paix ont été supprimées pour être remplacées par les tribunaux d'instance (*supra*, n^os^ 102 et s.). Or, c'est un fait que les tribunaux d'instance, surchargés de dossiers, ne remplissent plus cette fonction ; et cela d'autant moins qu'ils siègent en un lieu parfois fort éloigné du domicile des intéressés. De là, l'idée de combler cette lacune en offrant sur place le concours d'une personne qui, sans avoir la qualité de magistrat, est officiellement investie d'une mission de conciliation.

Tout le monde, a-t-on pensé, y trouvera son compte : d'abord, le justiciable éventuel qui évitera peut être un procès et qui, en tout cas, trouvera une personne pour lui indiquer les démarches à accomplir si la conciliation échoue ; ensuite, et d'une manière plus générale, la justice elle-même dont on veut espérer qu'elle sera ainsi moins surchargée.

Après une expérience tentée dans quatre départements (56), l'institution fut généralisée à l'ensemble du territoire français par le décret n° 78-381 du 20 mars 1978 (mod. par les décrets n^os^ 81-583 du 18 mai 1981 et n° 93-254 du 25 févr. 1993) qui fixa le statut du conciliateur.

On ne confondra pas le conciliateur dont il est question ici, avec le « conciliateur » qui a été institué dans le domaine très spécialisé des *entreprises en difficulté*, par une loi n° 84-148 du 1^er^ mars 1984. Il est en effet possible à une entreprise qui voit apparaître les premières difficultés économiques, d'essayer d'obtenir tout de suite un règlement amiable avec ses créanciers : le président du tribunal de commerce peut alors désigner un conciliateur qui aura suffisamment d'autorité dans le monde économique pour essayer de jouer les « bons offices » et obtenir l'accord des créanciers sur certains aménagements de la dette. On laissera de côté cette question, au demeurant fort intéressante, mais qui relève spécifiquement du droit commercial (57).

**496. Son statut.** — Le conciliateur exerce une *mission officielle*. Il est désigné par ordonnance du premier-président de la cour d'appel sur proposition du procureur général et après avis du conseil départemental de l'aide juridique (*supra*, n° 71), pour un mandat d'une année, renouvelable ensuite pour une période de deux ans (art. 3). Sa nomination est subordonnée à certaines conditions ; notamment, la personne désignée doit justifier d'une expérience d'au moins cinq années en matière juridique, jouir de ses droits civils, n'être investie d'aucun mandat électif et n'exercer aucune fonction judiciaire.

Mais, cela dit, le conciliateur n'est *pas un magistrat*. Son seul rôle est de tenter de concilier les parties : à cette fin, il les entend, il s'efforce de rapprocher leurs points de vue, il peut même entendre des témoins. S'il parvient à une conciliation, il constate l'accord des parties dans un procès-verbal ; mais comme il n'est pas magistrat, ce procès-verbal est un simple document privé qui, pour acquérir force exécutoire, devra être soumis au juge d'instance. Si, en revanche, il ne parvient pas à concilier les parties, son rôle s'arrête là : il ne lui appartient pas de rendre un jugement, ni même de formuler un avis.

Il est difficile de prédire l'avenir du conciliateur. Le moins qu'on puisse dire est qu'il a suscité un bon nombre de réserves parmi certains magistrats qui ont fait observer qu'il risquait de susciter des conciliations préjudiciables et qui, peut-être aussi, ont vu en lui une sorte de concurrent ayant vocation, à plus ou moins longue échéance, à faire son entrée dans la magistrature en dehors des filières normales. Pour cette raison, le recrutement des

---

(56) Alpes-Maritimes, Gironde, Haute-Marne et Loire-Atlantique.

(57) Ch. Gavalda et J. Menez, *Le règlement amiable des difficultés de l'entreprise*, J.C.P. 1985.I.3196, spéc. n^os^ 13 et s.

conciliateurs avait été arrêté en 1982. Mais, il semble que l'on soit revenu sur cette prévention et que, bien au contraire, l'on cherche actuellement à développer cette institution (58).

Elle mérite qu'on y prête attention en se départissant de toute méfiance corporatiste. Il est certain que, pour beaucoup de personnes, la justice est « psychologiquement » éloignée : dans nos campagnes, la présence d'un conciliateur suffisamment proche des intéressés est une idée intéressante qu'il ne faut pas négliger.

### B. — Au cours du procès : le « médiateur »

**497. Son rôle.** — Au cours d'un procès, il est souvent souhaitable de rechercher une solution de compromis qui évitera d'avoir à trancher autoritairement le litige au moyen d'un jugement qui laisse toujours subsister des traces d'amertume.

Le juge peut toujours tenter cette médiation. Mais, pour les raisons précédemment indiquées (*supra*, n° 494), il n'est pas toujours le mieux placé pour remplir cette mission qui exige beaucoup de temps. C'est dans ces conditions qu'une pratique tend à se répandre qui consiste pour le juge à désigner une personnalité extérieure, reconnue par tous pour son autorité morale, — et que l'on a pris l'habitude d'appeler le « médiateur » —, dont la mission spécifique et exclusive de toute mesure d'instruction se limite à rapprocher les parties pour rechercher avec elles une solution amiable au différend qui les oppose.

Cette pratique n'est consacrée par aucun texte. Mais plusieurs juridictions ont pris des initiatives en ce sens (59), et même un projet de loi avait été déposé qui tend à légaliser cet usage (60).

On ne confondra pas le « médiateur » dont il est question, avec le « conciliateur » qui a été précédemment étudié (*supra*, n^os^ 495 et s.). L'esprit est le même, en ce sens que dans les deux cas, il s'agit d'une personne privée qui a pour mission de tenter une conciliation. Mais le rapprochement s'arrête là. D'une part, en effet, le « conciliateur » de la loi de 1978 est désigné de façon institutionnelle, pour une durée limitée, par le premier président de la cour d'appel, alors que le « médiateur » est choisi par le juge saisi du litige en vue d'une affaire déterminée. D'autre part, tandis que le « conciliateur » exerce sa mission sur la demande d'un éventuel plaideur, en marge de tout procès et pour chercher à l'éviter, le « médiateur » est un auxiliaire du juge qui le désigne pour suggérer aux parties une solution amiable.

---

(58) Cf., la circulaire du ministère de la Justice du 27 févr. 1987, J.C.P. 1987.III.59967.

(59) En désignant pour certaines affaires, une personnalité que, faute de mieux, l'on a baptisée d'un terme ambigu, un « *amicus curiae* » : Paris, 11 déc. 1987, D. 1988, I.R. 27 ; Versailles, 11 janv. 1988, D. 1988, I.R. 35 ; Paris, 6 juill. 1988, *Gaz. Pal.* 1988. 2. 700, note Laurin, *Rev. trim. dr. civ.* 1989.162, obs. R. Perrot.

(60) Ce projet (n° 636) a été soumis au Parlement en mai 1990. Il n'a eu pour l'instant aucune suite.

**492. Avantages et objections.** — L'idée d'une médiation sous les auspices d'une personne désignée par le juge compétent pour statuer sur l'affaire dont il a été saisi a soulevé de nombreuses objections. On a pu redouter qu'à la faveur d'une médiation, le juge ne soit enclin à déléguer à une personne privée, non seulement sa fonction conciliatrice, mais aussi sa fonction de juger en demandant au « médiateur », si la conciliation échoue, de rassembler tous les éléments de preuve qui lui permettront ensuite de rendre un jugement. On a pu craindre également que la médiation ne devienne une source de frais et de lenteurs.

A la vérité, aucune de ces objections n'est réellement décisive. Pour éviter tous ces risques, qui sont loin d'être négligeables, il suffit de prendre les dispositions nécessaires ; et notamment il suffit d'interdire au « médiateur », si la conciliation échoue, d'informer le juge des moyens de preuve qu'il a pu recueillir. Il serait en tout cas infiniment regrettable d'abandonner toute idée de médiation qui peut, en bien des circonstances, favoriser la conciliation et éviter une épreuve de force judiciaire. Et de toute manière, si des dangers sont à craindre, mieux vaut édicter une réglementation qui les évite, plutôt que de fermer les yeux sur une pratique qui peut rendre de grands services.

*QUATRIÈME PARTIE*

# LE PROCÈS

**499. Définition.** — Le procès évoque l'idée d'un combat entre deux (ou plusieurs) parties qui s'affrontent devant les tribunaux avec, d'un côté, un demandeur qui a pris l'initiative de saisir un juge en formulant une prétention et, de l'autre, un défendeur qui y résiste. L'objet de ce combat est d'obtenir du juge qu'il tranche la contestation au moyen d'un acte solennel, que l'on appelle un jugement, lequel définira de façon irrévocable les droits et obligations en litige. Pour parvenir à ce résultat, il faut accomplir une succession d'actes qui achemineront l'instance vers son dénouement. De là d'ailleurs, l'étymologie du mot « procès » qui vient du latin *« procedere »* (avancer, aller de l'avant).

Tout procès comporte trois phases fondamentales qui seront présentées successivement :

Chapitre I : *L'action en justice*

Chapitre II : *L'instance*

Chapitre III : *Le jugement.*

*CHAPITRE I*

# ACTION EN JUSTICE

**500. Faculté de saisir le juge.** — Toute personne qui s'estime lésée dans ses intérêts par le comportement d'une autre personne privée ou publique a la possibilité de saisir la juridiction compétente pour obtenir qu'il soit mis fin à cette situation litigieuse : elle dispose, dit-on, d'une action en justice. Ainsi, le créancier dont le droit de créance est contesté par son débiteur peut agir en justice pour obtenir la reconnaissance de son droit ; l'administré qui s'estime lésé par un acte administratif qu'il considère illégal peut agir en justice pour en demander l'annulation, etc...

Il est à peine besoin de souligner l'importance de cette faculté qui permet à chacun d'obtenir le respect des droits dont il se prétend titulaire ou, d'une manière plus générale, la sanction des illégalités dont il se prétend victime.

Après avoir présenté quelques *généralités* sur cette notion complexe (Section I), on exposera les principes qui régissent l'*exercice de l'action en justice* (Section II).

*SECTION I*

## GÉNÉRALITÉS SUR L'ACTION EN JUSTICE

**501. Vue d'ensemble.** — L'action en justice est une notion qui a suscité maintes controverses doctrinales. Dans le cadre d'un ouvrage destiné simplement à présenter les principes essentiels, le moment n'est pas encore venu de s'aventurer dans les multiples discussions dont l'intérêt intellectuel ne suffit pas toujours à dissiper l'académisme. En revanche, il importe de définir aussi exactement que possible la *notion d'action en justice* (§ 1), pour en présenter ensuite les *différents types* à travers les trois contentieux : privé, répressif et administratif (§ 2).

## § 1. — LA NOTION D'ACTION EN JUSTICE

**502. Pouvoir légal.** — L'action en justice peut se définir comme un pouvoir légal grâce auquel une personne est admise à *saisir un organe juridictionnel pour l'obliger à l'entendre et à dire si sa prétention est bien ou mal fondée en droit.* Ainsi définie, l'action en justice n'est que la contrepartie du principe fondamental qui veut que, dans toute société civilisée, nul ne puisse se faire justice à soi-même. Un tel principe ne peut en effet se concevoir que si la loi met à la disposition de chacun une « voie de droit » permettant de saisir un juge qui sera tenu de dire si la prétention est justifiée ou non : autrement, c'est l'anarchie.

Cela ne veut pas dire bien entendu que l'action en justice est réservée à celui qui a le bon droit en sa faveur. La vieille maxime « pas de droit, pas d'action » n'a aucun sens si on la prend au pied de la lettre (1). Quantité de demandes sont rejetées chaque jour par les tribunaux, révélant ainsi que l'action a été exercée par des personnes qui se croyaient titulaires d'un droit alors qu'elles en étaient dépourvues. En réalité, l'action en justice n'est rien d'autre qu'une « voie de droit » qui permet d'accéder à un juge, indépendamment du point de savoir si celui qui l'exerce est ou non titulaire du droit dont il se prévaut : c'est le juge qui le dira. Mais pour qu'il puisse le dire, il faut d'abord qu'il soit saisi de la contestation. Tel est précisément le rôle de l'action en justice.

La définition ainsi donnée fait apparaître que l'action en justice est une voie de droit qui se caractérise tout à la fois par son objet (*a*), par son but (*b*) et par son fondement (*c*).

**503. a) Son objet.** — Il ne suffit pas de dire que l'action en justice tend à permettre de présenter une demande à un juge ; encore faut-il ajouter qu'elle a pour objet propre d'*obliger le juge* à entendre les parties et à statuer sur le fond de la prétention, sous peine de déni de justice.

Par là se marque toute la différence entre l'action en justice et le *libre accès aux tribunaux.* N'importe qui en effet peut former une demande en justice : si, par exemple, une personne bien intentionnée apprend qu'un de ses amis a fait un contrat nul, qui pourrait lui interdire de former une demande en justice pour en demander la nullité ? De même, si un mari entend désavouer l'enfant de sa femme, né vingt ans plus tôt, qui pourrait lui interdire de présenter une demande pour faire déclarer qu'il n'est pas le père de l'enfant ? Mais le juge a-t-il l'obligation de statuer sur de telles demandes ? Dans toutes ces hypothèses, il est bien évident que

---

(1) Sur l'ambiguïté de cette formule liée à l'évolution du concept d'action, cf. H. Solus et R. Perrot, *Droit judiciaire privé,* t. I, n$^{os}$ 95 et 96.

le tribunal repoussera la demande sans examiner si elle est fondée, pour la simple raison que le juge n'a pas été « saisi » du litige au fond, faute d'action. L'action en justice, ce n'est donc pas seulement la possibilité de s'adresser à un juge pour lui présenter n'importe quelle prétention. Ce qui caractérise l'action en justice, c'est le pouvoir de saisir valablement un juge pour l'*obliger à statuer sur le fond même de la prétention.*

**504. b) Son but.** — L'action en justice a pour but de saisir une juridiction pour obtenir un *jugement*, c'est-à-dire un acte solennel qui fixera le droit de chacune des parties avec *autorité de chose jugée*, et qui, après l'expiration des délais impartis pour l'exercice des voies de recours, deviendra irrévocable.

La remarque prend toute son importance dans le contentieux administratif où l'on distingue deux sortes de recours : les recours administratifs et les recours contentieux.

Les *recours administratifs* sont des recours portés devant une autorité administrative qui prendra une décision n'ayant pas l'autorité de la chose jugée. C'est, par exemple, le recours gracieux qui consiste à former une demande devant l'autorité qui a pris la décision afin d'obtenir d'elle qu'elle la rétracte ou la modifie. C'est aussi le recours hiérarchique qui consiste à saisir une autorité supérieure pour lui demander de corriger la décision qui a été prise par une autorité qui lui est subordonnée. Dans toutes ces hypothèses, le recours dont il s'agit n'est pas une action en justice puisqu'il n'est pas porté devant une juridiction et que la décision prise n'aura pas autorité de chose jugée. En réalité, seule constitue une action en justice ce que l'on appelle le *recours contentieux* comme, par exemple, le recours pour excès de pouvoir ou le recours de pleine juridiction. Il s'agit alors d'un recours qui saisit une juridiction administrative, laquelle rendra un jugement ayant autorité de chose jugée, en se conformant à la règle de droit.

**505. c) Son fondement.** — Quelle est exactement la fonction de l'action en justice ? Sur ce point, deux réponses sont concevables qui sont loin d'être dénuées d'intérêts pratiques.

On peut d'abord penser qu'elle a pour fondement de permettre à tout intéressé de veiller à ce que la règle de droit soit respectée. Cette conception, dite *« objective »* a pour résultat d'ouvrir largement l'accès aux tribunaux sans autre limite que l'intérêt, plus ou moins nuancé d'ailleurs, que peut avoir un citoyen à obtenir que la règle de droit de son pays soit correctement appliquée.

Mais, dans une autre perspective, on peut se montrer plus restrictif et considérer qu'il n'appartient pas à n'importe quel citoyen de voler au secours de la légalité outragée : l'intervention du juge ne se conçoit que pour assurer la sanction des droits subjectifs dont, à tort ou à raison, une personne se prétend titulaire. Par opposition, on dira que l'action en justice a un fondement *subjectif* ; ce qui signifie qu'elle a pour seule fonction d'assurer la protection des situations juridiques concrètes génératrices de droits subjectifs.

Le choix entre les deux systèmes n'est pas indifférent, notamment en ce qui concerne les conditions requises pour être admis à saisir les tribunaux. Dans les contentieux à fondement subjectif, la condition d'intérêt est conçue de façon très stricte et l'action en justice est refusée à tous ceux qui ne justifient pas avoir été lésés directement dans leurs intérêts personnels. Au contraire, dans les contentieux à fondement objectif, l'essentiel étant d'assurer le respect de la règle de droit, la condition d'intérêt est conçue de façon plus relâchée et l'action en justice peut être exercée par des personnes qui n'auraient pas été directement atteintes dans les droits subjectifs dont elles se prétendent titulaires. A la limite extrême, une telle analyse conduit à admettre l'*action populaire* ouverte à tout citoyen, en tant que citoyen, afin qu'il puisse se faire le défenseur de la règle de droit de façon abstraite.

La réponse à la question posée varie selon les contentieux : les uns ont un caractère subjectif très nettement marqué (tel le contentieux privé), tandis que d'autres, au contraire, sont plus orientés vers une conception objective (par exemple : le contentieux du recours pour excès de pouvoir). Mais pour le vérifier, il faut examiner maintenant les différents types d'action en justice.

## § 2. — LES DIFFÉRENTS TYPES D'ACTION EN JUSTICE

**506. Voie de droit général.** — L'action en justice est une voie de droit générale, en ce sens que le pouvoir de saisir les tribunaux n'existe pas seulement dans les cas où la loi a prévu une action spéciale. En réalité, l'action en justice existe au profit de toute personne qui s'estime lésée dans ses intérêts.

A cet égard, la terminologie courante est trompeuse. Certaines actions en justice portent en effet un nom particulier correspondant à un droit déterminé. Ainsi, on parle volontiers de l'action « en revendication » dont l'objet propre est de sanctionner le droit de propriété ; ou de l'action « en responsabilité civile » pour désigner l'action qui appartient à la victime d'un accident en vue d'obtenir des dommages-intérêts ; ou encore, de l'action « en nullité », pour faire constater le défaut de validité d'un acte juridique.

Cette terminologie pourrait faire croire que, comme en droit romain, il existe un catalogue d'actions, le pouvoir de saisir une juridiction n'existant que dans les cas spécifiés par la loi. En réalité, rien ne serait plus inexact. Si certaines actions portent un nom déterminé, c'est uniquement pour des raisons de commodité pratique. De même que le fait de donner un nom à certains contrats (contrat de vente, contrat de donation, contrat de louage de services, etc...) n'exclut pas la possibilité de passer des contrats innomés qui ne rentrent dans aucune catégorie spécialement prévue par la loi, de même, à côté des actions qui ont reçu dans le langage du Palais un nom déterminé, il peut y avoir bien d'autres actions en justice qui ne portent aucun nom.

Tout au plus, dans ces conditions, en est-on réduit à élaborer des *classifications* qui varient selon que l'action est destinée à saisir une juridiction du contentieux privé (I), une juridiction répressive (II) ou une juridiction administrative (III).

**507. I. Juridiction du contentieux privé.** — En règle générale, le contentieux privé étant un contentieux à fondement subjectif, les classifications traditionnelles sont fondées sur la nature ou l'objet du droit subjectif allégué.

*a*) Selon la nature du droit dont le demandeur se prétend titulaire, on oppose les actions réelles aux actions personnelles. L'action est dite *réelle*, lorsqu'elle tend à obtenir la sanction d'un droit réel (exemple : l'action par laquelle le demandeur revendique un droit de propriété). Au contraire, l'action est dite *personnelle*, lorsqu'elle a pour objet d'obtenir la reconnaissance d'un droit personnel, comme par exemple un droit de créance : une action en paiement est une action personnelle.

*b*) Une autre classification est fondée sur l'objet du droit allégué. Si le droit invoqué porte sur un meuble, l'action exercée sera une action *mobilière* (par exemple : l'action en recouvrement d'une créance). Si, en revanche, le droit contesté porte sur un immeuble, l'action en justice sera une action *immobilière* (par exemple : l'action en revendication d'un immeuble).

On ajoutera que ces différentes classifications se combinent entre elles. Ainsi, on parlera d'une action réelle immobilière, pour désigner l'action par laquelle un demandeur revendique un droit de propriété sur un immeuble, ou d'une action personnelle mobilière dont l'exemple type est l'action en paiement d'une créance.

**508. II. Juridictions répressives : action publique et action civile.** — Ces juridictions peuvent être saisies au moyen de deux types d'action de nature très différente.

Pour le comprendre, il faut avoir présent à l'esprit qu'une même infraction pénale peut engendrer deux sortes de trouble. D'abord, un trouble à la société toute entière qui sera sanctionné par l'application d'une peine : à cette fin, le ministère public exercera une action que l'on appelle l'*action publique*, parce que précisément elle est exercée au nom de la collectivité qui demande, par la voix du ministère public, l'application de la loi pénale contre le coupable. Mais l'infraction peut aussi être la cause d'un dommage subi personnellement par la victime (par la victime du vol, par le fils de la personne assassinée, etc...) qui dispose d'une action, appelée par opposition, l'*action civile*, parce que son seul but est de permettre à la victime, sur le plan des intérêts particuliers, d'obtenir la réparation du préjudice qu'elle a subi.

Ces deux actions sont très différentes à plusieurs points de vue :

*a*) D'abord, cela va sans dire, par leur *objet* et leur *fondement*. L'action publique tend à l'application de la loi pénale : elle présente donc tous les caractères d'un contentieux objectif. Au contraire, l'action civile n'a d'autre objet que la réparation d'un dommage subi par une personne déterminée : la victime invoque son droit à réparation et, dès lors, le contentieux qui en résulte est un contentieux de nature subjective.

*b*) Pour cette raison, il est naturel que les *personnes* admises à exercer ces actions ne soient pas les mêmes : tandis que l'action publique est exercée par le ministère public, l'action civile est exercée par la victime ou ses héritiers.

*c*) Différence enfin au point de vue de la *compétence*. L'action publique relève de la seule compétence des juridictions pénales. En revanche, pour l'action civile, la victime dispose d'une option. Elle a en effet le choix entre deux voies : la voie civile en s'adressant aux juridictions civiles compétentes (tribunal de grande instance ou tribunal d'instance) conformément au droit commun ; ou la voie répressive en portant directement sa demande en réparation devant la juridiction pénale qui, de la sorte, sera appelée à statuer tout à la fois sur l'action publique et sur les intérêts civils.

**509. III. Juridictions administratives : les recours contentieux.** — Il est remarquable d'observer que, devant les juridictions administratives, l'expression « action en justice » est fort peu utilisée : on parle plus généralement de *« recours »*. On dira par exemple, d'un administré qui demande l'annulation d'un acte administratif, qu'il exerce, non pas une action, mais un « recours » pour excès de pouvoir. Ce qui peut paraître curieux devant une juridiction du premier degré, car étymologiquement la notion même de recours évoque l'idée d'une décision antérieure que l'on cherche à remettre en cause.

Cette terminologie n'est cependant pas le fait du hasard. Elle s'explique par la structure très particulière du contentieux administratif qui, dans la plupart des cas, s'analyse en une « critique » de l'administré contre un acte antérieur de l'administration. Une autorité administrative ayant pris une décision, l'action de l'administré consiste à remettre en cause cette décision en portant sa contestation devant le juge administratif. Ainsi est apparue la notion de recours qui, dans le contentieux administratif, est beaucoup plus évocatrice que celle d'action en justice.

Cela dit, on prendra garde à la différence de langage entre le contentieux privé et le contentieux administratif.

En effet, le mot « recours » n'est pas inconnu devant les juridictions de l'ordre judiciaire. Mais on utilise cette expression pour désigner l'exercice d'une « voie de recours » comme, par exemple, l'appel ou le pourvoi en cassation formé contre une décision de justice antérieure. Rarement, cette expression est utilisée pour désigner la saisine d'un premier juge (2).

---

(2) Tout au plus parle-t-on parfois d'un « recours en garantie » lorsqu'une personne condamnée (ou qui risque de l'être) cherche à faire retomber le poids de la condamnation sur un garant. Mais on remarquera, dans ce cas, que la notion de recours évoque l'idée d'une condamnation logiquement antérieure.

Au contraire, devant les juridictions administratives et pour la raison qui a été indiquée, c'est la saisine du premier juge qui est présentée comme un « recours ».

En matière administrative, il y a plusieurs types de recours. Si l'on met à part le contentieux de la répression (3) et celui de l'interprétation des actes (4) dont l'importance est relativement restreinte, deux types de contentieux s'opposent nettement : le contentieux de l'annulation et le contentieux dit de « pleine juridiction » (5)

*a*) Le *contentieux de l'annulation* (dont l'espèce la plus courante est le recours pour excès de pouvoir) a pour objet, comme son nom l'indique, l'annulation des actes administratifs jugés illégaux. Le juge administratif se comporte comme pourrait le faire un juge de cassation. Il ne réforme ni ne modifie l'acte qui lui est déféré : il le maintient, ou il l'annule s'il le juge illégal.

Il s'agit là d'un contentieux spécifiquement objectif destiné à faire respecter la règle de droit. Pour cette raison, le recours en annulation est très largement ouvert à tout intéressé. Sans doute, la condition d'intérêt n'est-elle pas exclue, mais elle est très largement entendue précisément pour permettre l'exercice d'un contrôle efficace sur les actes de l'administration active (*infra*, n° 530).

Prenons quelques exemples pour illustrer ce qui vient d'être dit. Un ministre édicte une réglementation applicable à certains commerces qui lèse un commerçant dans ses intérêts ; si ce dernier estime que cette réglementation est contraire à la loi, il peut exercer un recours pour excès de pouvoir ; et si cette réglementation est effectivement illégale, le juge administratif l'annulera. Autre exemple : un maire délivre un permis de construire dans des conditions illégales ; un tiers (un voisin notamment) lésé par la délivrance de ce permis peut en demander la nullité au motif que le maire a excédé ses pouvoirs. Et inversement, si ce même permis est refusé, celui qui l'avait sollicité peut demander la nullité de cette décision de refus s'il apparaît que le maire ne s'est pas conformé aux dispositions de la loi.

*b*) Le *contentieux de pleine juridiction* est très différent. Le domaine de ce contentieux est principalement celui de la responsabilité et des contrats administratifs. Par exemple, une faute de service a été commise et la victime en demande réparation. Autre exemple : un concessionnaire se plaint du comportement de

---

(3) Encore appelé « contentieux des poursuites ». Le juge administratif peut infliger des peines d'amende (exemples : certaines contraventions de grande voirie, enlèvement de sable sur les rivages de la mer, pollution du domaine public, détérioration d'un pylône électrique, etc...). Mais l'essentiel de ce contentieux concerne surtout la répression disciplinaire.

(4) Par exemple : on demande au juge administratif de se prononcer, à titre de question préjudicielle, sur l'interprétation d'un acte administratif.

(5) Sur ces différents contentieux, on consultera avec profit : Auby et Drago, 3e éd., t. II, nos 1021 et s., p. 77 et s., R. Chapus, 3e éd., nos 146 s., p. 125 s.

l'administration qui ne respecte pas les termes du contrat et il saisit le juge administratif pour obtenir ce qu'il prétend lui être dû.

Le juge administratif a tous les pouvoirs d'un juge du fond. Sans doute, peut-il à cette occasion déclarer illégal un acte administratif. Mais il peut faire plus et, notamment, condamner l'administration à des dommages-intérêts ou à l'exécution de certaines obligations. De là, l'expression « contentieux de pleine juridiction », parce que le juge peut user de la plénitude des pouvoirs qui appartiennent habituellement à un juge.

Le contentieux de pleine juridiction présente en outre cette particularité d'être un contentieux subjectif, comparable à celui des juridictions du contentieux privé. Le juge se prononce sur l'existence et l'étendue des droits subjectifs dont le demandeur s'estime titulaire. Et c'est pourquoi le contentieux de « pleine juridiction » est parfois aussi appelé le « contentieux des droits ».

En dernière analyse, on constatera que le contentieux administratif n'est pas un contentieux unitaire, comme celui de l'ordre judiciaire. Chacun des différents types de contentieux est soumis à un régime propre, non seulement en ce qui concerne la recevabilité des recours, mais aussi sur le plan de la procédure qui n'est pas exactement la même selon qu'il s'agit d'un recours en annulation ou d'un recours de pleine juridiction.

## *SECTION II*

## EXERCICE DE L'ACTION EN JUSTICE

**510. Action, demande et défenses.** — L'action en justice, a-t-il été indiqué précédemment (*supra*, n° 502), est une « voie de droit », c'est-à-dire, un simple pouvoir virtuel. Le titulaire d'une action a la faculté de saisir une juridiction pour l'obliger à se prononcer sur le fond de sa prétention. Mais cette faculté demeure à l'état potentiel et ne produit aucun effet aussi longtemps que l'intéressé n'a pas pris l'initiative de l'exercer en formant un acte qui saisira effectivement la juridiction compétente.

Pour saisir une juridiction, la manière habituelle à laquelle on pense d'emblée consiste à former une demande que l'on appelle la *demande en justice*. Mais l'action en justice ne concerne pas que le demandeur. Son adversaire, c'est-à-dire le défendeur, a lui aussi la possibilité de saisir le tribunal de ses prétentions contraires ; et ce faisant, il exerce lui aussi l'action en justice. Comme le précise l'article 30 du nouveau code de procédure civile, « pour l'adversaire, l'action est le droit de discuter le bien-fondé de cette prétention », c'est-à-dire, celle du demandeur. En d'autres termes, l'exercice de l'action en justice se concrétise de deux manières différentes, complémentaires l'une de l'autre ; du côté de celui qui prend l'initiative du procès, en formant une demande en justice ; et du côté de son adversaire, en saisissant le juge de moyens contraires que l'on appelle parfois, d'un terme générique, des *« défenses »*.

Dans les explications qui vont suivre, on insistera d'abord sur certains des *caractères spécifiques* que présente l'exercice de l'action en justice (§ 1). On étudiera ensuite les modalités d'exercice de l'action en justice par le *demandeur*, d'une part (§ 2), et par *défendeur* d'autre part (§ 3).

## § 1. — CARACTÈRES SPÉCIFIQUES

**511. Double caractère.** — L'exercice de l'action en justice présente un double caractère : un caractère libre (A) et un caractère facultatif (B).

### A. — Caractère libre

**512. Principe.** — La liberté qui s'attache à l'exercice des actions en justice signifie que, même en cas d'échec, cet exercice ne constitue pas une faute de nature à engager la responsabilité civile de celui qui en prend l'initiative. Le plaideur qui, même à tort, exerce une action en justice bénéfice d'une sorte d'immunité constamment rappelée par la jurisprudence (6).

Ce principe se justifie aisément. En toute bonne foi, un plaideur peut se méprendre sur l'étendue exacte de ses droits : l'interprétation de la règle juridique est souvent délicate, l'appréciation des circonstances de fait est parfois divinatoire, elle est fonction de toute une série d'impondérables difficiles à apprécier, au point que, dans bien des cas, il est malaisé de prévoir à l'avance quelle sera l'issue du procès. Si la crainte d'une condamnation à des dommages-intérêts devait systématiquement peser sur celui qui risque de perdre son procès, les plus timorés ou les moins argentés hésiteraient à défendre leurs droits en justice.

Dans cet ordre d'idées, on aurait tort de croire que la condamnation du perdant aux frais et dépens de l'instance est un démenti à ce principe. Certes, d'après l'article 696 du nouveau code de procédure civile, les frais du procès sont, en règle générale tout au moins, à la charge du perdant. Mais, en réalité, la charge des

(6) Civ. 7 janv. 1955, *Gaz. Pal.* 1955.1.182 ; Civ. 13 nov. 1961, J.C.P. 1961.II.12446 ; Com. 26 janv. 1990, *Bull. civ.* IV, n° 195, p. 133 ; Com. 4 oct. 1990, *Bull. civ.* IV, n° 228, p. 158.

dépens est une obligation légale, indépendante de toute faute ; c'est tellement vrai que, par décision spéciale et motivée, le tribunal peut faire supporter tout ou partie des dépens au gagnant lui-même. Par conséquent, la charge des frais du procès ne saurait être analysée comme la conséquence d'une faute qui aurait été commise par le perdant.

En réalité, quand on dit que l'action en justice a un caractère libre, on veut dire simplement par là que l'adversaire, même s'il a gagné, ne peut pas prétendre obtenir des dommages-intérêts en raison du trouble que le procès a pu lui causer.

**513. Atténuation au principe : l'abus du droit d'ester en justice.** — Le principe qui vient d'être posé comporte sinon une dérogation du moins une atténuation très remarquable dans la mesure où une condamnation à des dommages-intérêts peut être prononcée contre celui qui exerce une action en justice (ou qui y défend) dans l'*intention de nuire* ou même de façon simplement *téméraire*. On retrouve là, l'application d'une théorie plus générale, bien connue en droit civil, que l'on appelle la théorie de l'abus des droits.

Ainsi, devant les juridictions répressives, aux termes de l'article 91 du code de procédure pénale, l'auteur d'une plainte avec constitution de partie civile peut être condamné à des dommages-intérêts au profit de l'inculpé, si cette plainte se termine par un non-lieu.

Il en est de même devant les juridictions civiles et commerciales. La jurisprudence en offre de nombreux exemples : on citera notamment le cas du plaideur qui exerce inconsidérément une action en justice dans un dessein vexatoire (7), ou qui multiplie les moyens de procédure en vue de retarder l'issue d'un procès qu'il sait perdu d'avance (8).

Mais on constatera (et la remarque est importante) que la faute ne consiste pas à perdre son procès : en soi, le fait d'exercer une action en justice n'est pas fautif. En réalité, ce qui est sanctionné par une condamnation à des dommages-intérêts, c'est l'intention malicieuse ou vexatoire qui a incité le demandeur à saisir les tribunaux de façon téméraire ou à résister sans la moindre raison. D'où il résulte que celui qui prétend obtenir des dommages-intérêts doit établir, à la charge de son adversaire, une faute indépendante du seul exercice de l'action. Au reste, s'il devait en être autrement, le principe de liberté qui caractérise l'exercice des actions en justice perdrait le plus clair de sa signification.

---

(7) Cass. civ., 9 mai 1960, *Gaz. Pal.* 1960.II.156 ; Cass com. 15 juin 1967, *Bull. civ.*, 1967.III p. 238.

(8) Cass. civ. 28 nov. 1957, *Bull. civ.* 1957.II p. 479.

### B. — Caractère facultatif

**514. Principe.** — Dire de l'action en justice qu'elle a un caractère facultatif signifie que nul ne peut être contraint de l'exercer contre son gré : elle est une simple faculté dont le titulaire peut ne pas user s'il estime inopportun de saisir les tribunaux.

Ce principe paraît tellement naturel dans le contentieux administratif qu'il n'a jamais donné lieu à la moindre discussion. Il est également admis sans grande difficulté dans le contentieux privé (I). Il soulève en revanche une très sérieuse controverse en matière pénale (II).

**515. I. Contentieux privé.** — Dans les rapports de droit privé entre particuliers, ce principe est facile à justifier. Chacun d'entre nous apprécie souverainement l'opportunité du procès et s'il préfère subir une violation de son droit plutôt que d'affronter les risques du prétoire, nul ne saurait en faire reproche au titulaire de l'action. Non seulement celui-ci peut avoir des motifs très légitimes d'éviter les aléas et les frais d'un procès, mais il peut aussi conserver l'espoir d'une conciliation. Ce point de vue est particulièrement important dans la vie des affaires où le souci de ménager les relations commerciales ultérieures pèse souvent d'un poids très lourd sur l'opportunité d'un procès. C'est d'ailleurs ce qu'exprime la sagesse populaire en disant qu'un « mauvais arrangement vaut mieux qu'un bon procès ».

Sur le terrain des principes, cette faculté a parfois été contestée. Ihering notamment, dans un ouvrage célèbre intitulé *« La lutte pour le droit »*, a défendu l'idée, au siècle dernier, que lorsqu'un droit a été méconnu, l'exercice de l'action en justice est un devoir envers soi-même et envers la société (9).

— Un devoir envers soi-même : l'homme, écrit-il, doit combattre, par tous les moyens dont il dispose, la mésestime du droit en sa personne ; car s'il la souffre, il laisse pénétrer dans sa vie un élément d'illégalité ; et c'est ce à quoi nul ne doit prêter la main.

— Un devoir envers la société : le respect de la règle de droit, ajoute Ihering, n'est pleinement assuré que si chacun défend les prérogatives qui, personnellement, lui appartiennent ; si par ignorance, par lâcheté ou par négligence, le titulaire d'un droit violé reste inactif, la règle de droit devient un rouage inerte qui ne fait plus son travail dans le « mécanisme du droit » (p. 54-55).

En soi, l'observation est tout à fait exacte. Un auteur français moderne, le doyen Georges Ripert, a lui-même souligné très justement que la règle de droit, à force d'être méconnue, finit par devenir une sorte de « bois-mort » (10).

---

(9) Rudolf von Ihering fut un grand juriste allemand qui vécut de 1818 à 1892. L'ouvrage cité *(« La lutte pour le droit »)* fut publié en 1872.

(10) G. Ripert, *Les forces créatrices du droit* (1955), p. 364.

En réalité, cette controverse doctrinale prend rapidement des dimensions politiques, car tout dépend de la conception que l'on se fait du rôle du juge. Dans un système libéral, où le juge n'intervient que comme un arbitre des intérêts privés, le caractère facultatif de l'action en justice se conçoit parfaitement : le juge n'ayant pas pour rôle de faire respecter la légalité contre le gré des intérêts privés, chacun demeure libre de le saisir s'il l'estime opportun. Mais si l'on pense au contraire que le juge a pour rôle de faire respecter la légalité, en veillant à ce que la règle de droit soit scrupuleusement observée, on en déduira volontiers, comme le faisait Ihering, que l'exercice de l'action en justice est un devoir qui dépasse les intérêts privés de chacun d'entre nous.

Cette dernière analyse trouve son illustration extrême dans une institution qui existe dans la défunte U.R.S.S. et que l'on appelle toujours la *« Prokouratoura »*. Il s'agit d'un organe qui a pour mission d'exercer une surveillance sur le respect de la légalité dans tous les domaines, aussi bien en matière politique que dans le domaine administratif et même en droit privé. La « Prokouratoura » est une vieille institution qui avait été créée par Pierre le Grand en 1722 et que l'on appelait alors d'un nom très évocateur « les yeux du Monarque ». Elle fut reprise par l'Etat soviétique en 1922 et consacrée dans la Constitution de l'U.R.S.S. en 1936. A la tête de cet organe se trouve un Procureur général qui est, non pas comme en France un haut magistrat, mais un personnage politique. Il a pour rôle de saisir les tribunaux toutes les fois que la légalité risque d'être méconnue. Il peut notamment se substituer aux intéressés eux-mêmes pour exercer l'action en justice. C'est très exactement ce que décide l'article 23 du code fédéral soviétique des principes de la procédure civile aux termes duquel, « le Procureur général a le droit de déclencher une affaire même civile et d'y paraître à n'importe quel stade du procès si la sauvegarde des intérêts de l'Etat, des intérêts sociaux ou des intérêts légalement garantis l'exigent ». On peut penser que, depuis la disparition de l'U.R.S.S., cette institution traditionnelle se perpétuera sous une autre forme.

En droit français, cette controverse n'est pas restée sans écho et, de nos jours, certains correctifs atténuent assez sensiblement, sinon la faculté qui appartient à chacun de renoncer à exercer l'action en justice dont il est titulaire, du moins certaines conséquences néfastes qui pourraient en résulter.

*a*) On a vu précédemment que le ministère public peut agir comme partie principale toutes les fois que l'ordre public est intéressé, et non plus seulement, comme c'était le cas avant la réforme du nouveau code de procédure civile en 1976, lorsqu'il est intéressé « directement et principalement » (*supra*, n° 312).

*b*) Par ailleurs et toujours dans la même perspective, il n'est pas sans intérêt d'observer que certains groupements, notamment les syndicats professionnels et certaines associations, ont le pouvoir d'agir en justice pour la défense des intérêts collectifs. Il arrive parfois qu'un syndicat professionnel saisisse les tribunaux pour obtenir le respect des dispositions d'une convention collective ; et de même, certaines associations, comme les associations de consommateurs par exemple, ont reçu de la loi le pouvoir d'agir en justice pour la sauvegarde des intérêts généraux qu'elles sont censées représenter. Partant de cette idée que l'union fait la force, le groupement agira là où les simples particuliers, soucieux d'éviter les tracas et les frais, pourraient hésiter à agir eux-mêmes.

En résumé, le droit moderne met en place des correctifs destinés à prendre le « relais » des particuliers, afin d'éviter que, dans les cas les plus graves, la règle de droit ne dépérisse, faute d'action devant les tribunaux.

**516. II. Contentieux répressif : la règle de l'opportunité des poursuites.** — Il est curieux de constater que cette même faculté existe en matière pénale. En effet, aux termes de l'article 40 du code de procédure pénale, « le procureur de la République reçoit les plaintes et apprécie les suites à leur donner » ; ce qui signifie que le procureur de la République, à qui revient l'exercice de l'action publique, a toujours la possibilité d'opérer un classement sans suite et de ne pas poursuivre devant les tribunaux l'auteur d'une infraction à la loi pénale, même si cette infraction paraît évidente. Tel est le principe dit de l'*opportunité des poursuites.*

On a pu s'en étonner. S'il est un domaine où l'ordre public est directement en cause, c'est bien celui de la répression pénale. Et si la règle de droit a paru tellement importante au législateur qu'il a cru devoir en assortir la violation de sanctions pénales, on comprend mal comment un procureur de la République peut renoncer à saisir les juridictions répressives. C'est d'ailleurs tellement vrai que certains systèmes judiciaires étrangers ignorent le principe de l'opportunité des poursuites : l'Allemagne, par exemple (art. 152 c. pén. allemand) On explique généralement ce principe en insistant sur le rôle de la poursuite pénale et sur son exemplarité. Une poursuite engagée mal à propos peut être la source de sérieux inconvénients : si l'infraction est légère, si son auteur peut bénéficier de larges circonstances atténuantes, mieux vaut éviter le traumatisme que constitue sa comparution devant une juridiction répressive. En outre, il est des cas où certaines poursuites risquent de créer un malaise dans l'opinion et où, compte tenu du caractère de l'infraction, il peut être préférable de faire silence (11). Enfin, on doit reconnaître qu'il y a toujours une part d'incertitude dans l'interprétation des faits et leur qualification ; s'il doit en résulter un doute sérieux sur le bien-fondé des poursuites, mieux vaut ne pas les engager. En un mot, le principe de l'opportunité des poursuites a pour lui le mérite de la souplesse. Telles sont les raisons généralement invoquées pour justifier un principe qui surprend, mais qui existe également dans d'autres pays comme par exemple aux Pays-Bas (art. 167 c. pén. néerlandais).

Il faut dire d'ailleurs que ce principe comporte de très sérieuses atténuations sans lesquelles il risquerait d'aboutir à des solutions arbitraires.

*a*) D'une part, il ne faut pas oublier que le procureur de la République est subordonné hiérarchiquement au procureur général près la cour d'appel et au garde

---

(11) On l'avait constaté notamment à une époque où l'interruption volontaire de grossesse était encore sanctionnée pénalement ; vers les années 1970, les parquets ne poursuivaient pour ainsi dire plus.

des sceaux qui peuvent toujours lui donner des instructions pour que des poursuites soient engagées (*supra*, nº 307).

*b*) D'autre part et surtout, la victime de l'infraction peut, sinon exercer, du moins mettre en mouvement l'action publique en se portant partie civile, c'est-à-dire, en saisissant la juridiction répressive d'une demande en réparation (*infra*, nº 527). Sans doute, n'est-ce possible que si la victime peut se prévaloir d'un préjudice individuel. Mais, s'il en est ainsi, l'action publique peut être déclenchée et les poursuites pénales engagées sur la seule initiative de la victime, au besoin contre le gré du procureur de la République. Cette atténuation constitue une très sérieuse garantie contre tout risque d'arbitraire.

## § 2. — EXERCICE DE L'ACTION EN JUSTICE PAR LE DEMANDEUR

**517. Demande en justice.** — On appelle demande en justice, l'acte de procédure par lequel s'exerce l'action en justice : c'est, par exemple, l'assignation que signifie le demandeur à son adversaire ou encore la requête qui est formée devant un tribunal administratif ou le Conseil d'Etat.

a) Ainsi définie, *la demande en justice ne doit pas être confondue avec l'action en justice.* Tandis que l'action est le pouvoir de saisir un tribunal, la demande en justice est l'acte de procédure par lequel s'exerce effectivement ce pouvoir ; ou encore, pour reprendre l'expression imagée de Morel, « la demande en justice est l'acte d'ouverture des hostilités ».

Cette distinction, il est vrai, n'apparaît pas toujours clairement dans la terminologie courante où l'on confond assez fréquemment l'action et la demande. Ainsi, on entend dire parfois que « l'action » est irrecevable. Ce langage est inexact. L'action existe ou elle n'existe pas ; ce qui est irrecevable, ce n'est pas l'action, c'est la demande.

Sans doute, cette habitude de langage s'explique-t-elle par le fait que, concrètement, l'action se manifeste par la demande elle-même au point de se confondre avec elle. Il est pourtant utile d'éviter cette confusion, car la demande en justice opère une transformation dans la situation juridique du titulaire de l'action, en ce sens qu'elle produit des effets qui lui sont propres : notamment, elle interrompt la prescription, elle vaut mise en demeure et fait courir les intérêts moratoires. Pour toutes ces raisons, la demande en justice apparaît comme une notion distincte de l'action.

b) De même, il importe de ne pas confondre la demande en justice qui est un acte de procédure, avec l'*objet même de cette demande.* Le mot « demande » est en effet un mot ambivalent qui désigne tout à la fois l'acte lui-même et la prétention qui s'y trouve exprimée. Lorsque par exemple un plaideur dit qu'il « demande » la nullité d'un acte ou 50 000 francs de dommages-intérêts, le mot « demande » désigne non pas l'acte par lequel il saisit le tribunal, mais ce sur quoi porte sa prétention. Pour échapper à cette ambiguïté, les textes modernes s'efforcent d'utiliser le mot *« demande en justice »*, pour désigner l'acte lui-même, et celui de *« prétention »* pour désigner l'objet de la demande. Mais cette terminologie nouvelle n'a pas encore pénétré dans le langage judiciaire quotidien.

Sous le bénéfice de ces remarques, on présentera d'abord la forme et le contenu de la demande en justice (A) et, ensuite, les conditions de recevabilité de cette demande (B).

## A. — Forme et contenu de la demande en justice

**518. Importance pratique.** — La question est importante : il s'agit de savoir comment matériellement un tribunal peut être saisi ou, en d'autres termes, quelles sont les démarches procédurales qu'il y a lieu d'accomplir pour commencer un procès.

La réponse n'est pas uniforme. Chacun des contentieux a en effet ses propres règles pour des raisons qu'il conviendra d'expliquer, en commençant par le plus simple qui est l'introduction de la demande devant les juridictions administratives.

### 1° Devant les juridictions administratives

**519. Requête.** — Les juridictions administratives sont saisies au moyen d'une *« requête »*, c'est-à-dire d'un acte émanant du demandeur, — que pour cette raison, l'on appelle généralement le *« requérant »* —, et qui est déposé au greffe de la juridiction compétente. Ensuite, les services du greffe se chargent d'organiser la comparution des parties en notifiant la requête au défendeur et en invitant ce dernier à fournir ses explications dans un délai déterminé.

La requête doit être signée : devant le Conseil d'Etat, par un avocat au Conseil d'Etat et à la Cour de cassation (art. 41, ord. 31 juill. 1945) et, devant les tribunaux administratifs, soit par un avocat aux conseils, soit par un avocat inscrit au barreau (art. R. 108 code trib. admin.). Mais cette règle de principe comporte de très nombreuses dérogations où la requête peut être présentée par le requérant lui-même sous sa seule signature (cf. art. 4, ord. 31 juill. 1945 ; et art. R. 109 code trib. admin.). Parmi ces dérogations, on retiendra spécialement que le recours pour excès de pouvoir est dispensé du ministère d'avocat.

La requête, qui est rédigée sur papier libre, doit contenir certaines indications essentielles. D'abord, cela va sans dire, l'identité du requérant. Ensuite et surtout, il faut que la requête soit motivée et accompagnée de la décision administrative attaquée que l'on appelle la « décision préalable ». — *Voir le document factice, pages 471-472.*

**520. Motivation.** — Il est indispensable que le juge et l'adversaire sachent de façon précise quels sont les faits et les moyens de droit que le requérant invoque pour justifier sa prétention. Sans doute, à ce stade de la procédure, n'exige-t-on qu'une « motivation sommaire » (art. 40, ord. 31 juill. 1945). Ultérieurement les parties développeront leur argumentation de façon plus consistante dans des actes que l'on appelle des « mémoires » : mémoire « ampliatif » ou « complémentaire » lorsqu'il émane du requérant, et mémoire « en défense » lorsqu'il émane de l'adversaire. Mais on veut que d'ores et déjà le requérant fixe l'essentiel de son argumentation.

Cette règle a un double avantage. D'abord, elle oblige le requérant à prendre ses responsabilités. Et ensuite, elle permet à l'adversaire d'apprécier s'il est opportun ou non de résister à la demande de son adversaire.

**521. Règle de la décision préalable.** — Il ne faut pas perdre de vue que le contentieux administratif se présente en règle générale comme un recours contre une décision de l'administration qui fait grief au requérant. Il est donc normal que celui-ci produise à l'appui de sa requête la décision contre laquelle il entend exercer son recours (12).

S'il s'agit d'un recours en annulation (par exemple, un recours pour excès de pouvoir contre un décret ou un arrêté municipal), il est extrêmement facile de produire la décision attaquée puisque celle-ci a été préalablement publiée ou notifiée à l'intéressé (s'il s'agit d'une décision individuelle).

La situation est plus complexe lorsqu'il s'agit d'un recours de pleine juridiction : lorsque, par exemple, un administré demande à l'administration des dommages-intérêts en réparation du préjudice qui lui a été causé par le mauvais fonctionnement d'un service public. En pareil cas, avant de pouvoir former un recours, l'intéressé doit commencer par présenter une réclamation pour provoquer une décision de la part de l'administration. Cela revient à dire qu'il doit inviter celle-ci à prendre position : lui accorder spontanément la réparation qu'il demande, ou refuser de faire droit à cette réclamation. Et c'est alors contre cette décision de refus que le recours sera exercé.

Sans doute, peut-on imaginer l'hypothèse où l'administation garderait le silence. Mais, dans ce cas, il est admis que le silence gardé par l'administration équivaut à

---

(12) Sur cette règle fondamentale du contentieux administratif : G. Vedel et P. Delvolvé, 12e éd., t. 2, p. 151 s. ; Auby et Drago, 3e éd., t. II, nos 1387 et s., p. 500 et s. ; R. Chapus, 3e éd., nos 471 s., p. 327 s.

**TRIBUNAL ADMINISTRATIF DE PARIS**

**RECOURS**

ACTE FACTICE

**1**

**TRIBUNAL ADMINISTRATIF**
**033765-4 - 29 MARS 1983**
**PARIS**

**2**

*POUR :* Monsieur Pierre DUPONT,
demeurant 25, quai de la Tournelle
75004 PARIS,
représenté par Maître DUBOIS, 72, rue Saint-Simon
75007 PARIS
élisant domicile au cabinet de ce dernier jusqu'au prononcé du jugement exclusivement.

**3**

*CONTRE :* Une décision implicite de rejet de Monsieur le Directeur des Musées de France, Administrateur de la Réunion des musées nationaux — PALAIS DU LOUVRE — 75001 PARIS, résultant du silence gardé plus de quatre mois par lui à la suite de la requête qui lui a été adressée par lettre recommandée avec accusé de réception en date du 11 octobre 1982.

**4**

L'exposant défère ladite décision à la censure du Tribunal Administratif en tous les chefs qui lui font grief et, notamment, pour les motifs suivants :

L'exposant démontrera, dans un mémoire ampliatif qui sera ultérieurement produit, qu'il avait chargé Maître Jean René de procéder pour lui à une vente d'un objet d'art ancien, en l'espèce une potiche chinoise de la dynastie Yen.

Que, par une lettre parvenue le matin de la vente, le Directeur des Musées de France faisant savoir au Commissaire-Priseur chargé de procéder aux enchères que l'objet que l'exposant entendait faire vendre était considéré comme appartenant au patrimoine national et qu'elle avait fait l'objet d'une interdiction de sortie de France en vertu de la loi du 23 juin 1941 ; que par cette lettre le Directeur des Musées nationaux enjoignait au Commissaire-Priseur chargé de la vente de donner connaissance aux acheteurs éventuels de la décision ainsi prise ;

Que cette lettre ayant été lue avant la mise aux enchères a provoqué le retrait de tous les acheteurs étrangers ;

**L'exposant démontrera également dans son mémoire ampliatif que la procédure employée était parfaitement irrégulière et contraire à la loi du 23 juin 1941.**

**Il démontrera, tout d'abord, que le Directeur des Musées nationaux était totalement incompétent pour interdire la sortie de France d'une œuvre considérée comme appartenant au patrimoine national, le Ministre de la Culture étant seul compétent en l'espèce.**

**Il démontrera, par ailleurs, que l'interdiction d'exportation ne peut être prononcée qu'après qu'une déclaration ait été fournie à la Douane par l'exportateur éventuel, qu'elle ne peut être prononcée en l'absence de toute demande d'exportation.**

**L'exposant démontrera, également, que la loi du 23 juin 1941 n'est appliquée qu'aux objets présentant un intérêt national d'Histoire ou d'Art, que tel n'était certainement pas le cas d'un objet dont l'ancienneté et la valeur ne sauraient être contestées mais qui est un exemple d'Art étranger et ne présente donc pas d'intérêt national d'Histoire ou d'Art ; que l'interdiction d'exportation n'entrait donc pas dans le champ d'application de la loi.**

**L'exposant démontrera que, par suite de l'atteinte portée de façon totalement irrégulière à la liberté des enchères par le Directeur des Musées nationaux, la potiche mise en vente a été vendue pour une somme de 20 000 F alors que des objets équivalents n'ayant pas fait l'objet d'une telle interdiction auraient été vendus pour des sommes variant de 80 000 à 90 000 F suivant leur décor ; qu'il a donc subi un préjudice qui ne saurait être évalué à moins de 70 000 F.**

**5**

**L'EXPOSANT conclut qu'il plaise au Tribunal Administratif,**

**ANNULER la décision attaquée avec toutes les conséquences de droit,**

**CONDAMNER la Réunion des Musées nationaux à lui verser une somme de 70 000 F.**

## REQUÊTE DEVANT LE TRIBUNAL ADMINISTRATIF

1 La *date du recours* n'est pas portée par le requérant : elle est celle du dépôt de la requête au greffe du tribunal administratif, laquelle est authentifiée par le cachet qui est apposé.

2 *Identification du requérant.*

3 Référence à la *décision préalable* qui, dans le cas présent, est une décision implicite de rejet pour non-réponse dans les 4 mois. On constatera que le recours est dirigé « contre l'acte ».

4 *Motivation sommaire.* Il est souvent fait référence au « mémoire ampliatif » dans lequel le requérant développera ultérieurement son argumentation de façon plus approfondie.

5 *Dispositif.*

*un refus implicite, à l'expiration du quatrième mois à compter de la date de la réclamation (décret 11 janv. 1965). — Voir la requête factice, page 471, n° 3*).

Ainsi donc, quelle que soit la nature du contentieux, et sauf de très rares hypothèses (13), un recours ne peut être exercé que si le requérant se prévaut d'une décision expresse ou tacite de l'administration, laquelle décision doit être produite (si elle est expresse) ou invoquée (si elle est tacite), en même temps que la requête, puisque c'est elle qui fait l'objet du litige (art. 40, ord. 31 juill. 1945 ; et art. R. 94 code trib. admin.).

L'utilité de cette règle est double. Elle permet d'abord de provoquer clairement l'attitude de l'administration et peut-être d'éviter le procès si celle-ci devait accéder à la demande qui lui est présentée. Ensuite, même si elle refuse de faire droit à la demande, l'objet du litige sera très exactement délimité.

### 2° Devant les juridictions du contentieux privé

**522. Assignation.** — L'exercice de l'action en justice devant les juridictions civiles et commerciales est plus complexe. En effet, le procès commence en principe par un acte d'huissier de justice qui est signifié à l'adversaire et que l'on appelle une *« assignation »* (parce que le demandeur assigne, c'est-à-dire « fait signe » à son adversaire d'avoir à comparaître devant le tribunal).

Cet acte doit contenir l'identité du demandeur, celle du défendeur, l'identité et la signature de l'huissier de justice et enfin, ce qui est important, l'objet de la demande, c'est-à-dire, la prétention. Dans les mêmes conditions et pour les mêmes raisons que devant les juridictions administratives, l'assignation doit contenir une motivation sommaire pour que l'adversaire soit exactement informé des moyens de fait ou de droit qui lui seront opposés. Enfin, l'objet même de la demande est formulé dans une partie finale de l'assignation que l'on appelle le « dispositif ». (*Voir l'assignation factice, pages 474-475*).

Mais on remarquera que l'*assignation ne saisit pas le tribunal*. En réalité, *il s'agit uniquement d'un acte signifié par le demandeur au défendeur, sans la moindre intervention de la juridiction compétente*. Pour que le tribunal compétent soit effectivement saisi, il faudra ensuite *« enrôler l'affaire »*, c'est-à-dire l'inscrire au rôle du tribunal en déposant simplement une copie de l'assignation au secrétariat-greffe de la juridiction compétente. En d'autres termes, la demande est formée en deux temps : une assignation à l'adversaire suivie d'un enrôlement.

**523. Justification : comparaison avec le contentieux administratif.** — On peut se demander pourquoi le contentieux privé adopte cette forme compliquée. Pourquoi

(13) Par exemple, dans les litiges en matière de travaux publics.

Acte factice

**- ASSIGNATION -**

L'an mil neuf cent quatre vingt trois
1 ET, le **Trente ═══ AVRIL**

A la requête de la SOCIETE GENERALE, Société Anonyme
au capital de I.I42.8I0.60I FRS dont le Siège Social est à PARIS
2 29, Boulevard Haussmann, inscrite au Registre du Commerce de
PARIS, sous le numéro B 552 I20 222, agissant poursuites et
diligences de ses représentants légaux domiciliés en cette
qualité audit siège

Pour laquelle domicile est élu en l'Etude de la SCPA
3 ROBIN Alain - ROBIN Pierre - ROUMIER Jean-Claude -
MARCHANDON-COLIN Noëlle, Avocats Associés au Barreau de MELUN,
exerçant en Société Civile Professionnelle, dite ville, 28 Rue
du Prieuré, laquelle se constitue et occupera pour elle sur la
présente assignation et ses suites

J'ai, Frédy Henri SAFAR, Huissier de Justice à la rési-
4 dence de MELUN, y demeurant, 20 Bld Gambetta, soussigné

<u>DONNE ASSIGNATION A</u> :

5 Monsieur DUPONT Dominique demeurant à MELUN I4, Rue
Paul Doumer, en son domicile, où étant et parlant à <u>sa personne</u>

ainsi déclaré

A COMPARAITRE, dans les <u>QUINZE JOURS</u> de la présente
6 assignation, à l'audience et pardevant Messieurs les Président
et Juges composant le TRIBUNAL DE GRANDE INSTANCE DE MELUN,
séant au Palais de Justice de ladite ville, 43 Rue du Général de
Gaulle, par Ministère d'Avocat postulant près ledit Tribunal

Lui déclarant que conformément à l'Article 56 du
Nouveau Code de Procédure Civile, il s'expose, faute de consti-
tuer Avocat dans ce délai, à ce qu'un jugement soit rendu
contre lui, sur les seuls éléments fournis par son adversaire

<u>P O U R</u> -
7

ATTENDU que Monsieur DUPONT Dominique possédait un
compte dans les livres de l'Agence ANJOU - SAINT-LAZARE de la
SOCIETE GENERALE

ATTENDU que ce compte présente un solde débiteur
arrêté au I5 MARS I983, en principal et agios de FRS 52.842,20

.../

Voir les commentaires, page 476.

7 ATTENDU qu'une sommation de payer délivrée suivant acte de mon ministère, en date du IO AVRIL I983 est restée infructueuse

ATTENDU que la SOCIETE GENERALE est bien fondée à saisir le Tribunal en vue d'obtenir un titre exécutoire contre son débiteur pour avoir paiement de la somme qui lui est due

ATTENDU que s'il n'est pas établi que le défaut de paiement ait une influence certaine sur la trésorerie de la requérante, il s'est par contre avéré qu'il a occasionné des frais généraux supplémentaires et un trouble commercial ; qu'en réparation de ce préjudice distinct de celui résultant de la seule privation de la somme due, il convient d'allouer à la requérante la somme de FRS 5.000,00 à titre de dommages-intérêts

ATTENDU que, compte tenu de la carence manifeste du débiteur qui a contraint la Société requérante à recourir à la présente instance pour recouvrer sa créance, il serait inéquitable de laisser à la charge de cette dernière, les sommes exposées par elle et non comprises dans les dépens; Que dès lors, la SOCIETE GENERALE est fondée, en application de l'Article 700 du Nouveau Code de Procédure Civile à lui demander paiement de la somme de FRS 2.000,00

- PAR CES MOTIFS -

8

S'entendre condamner Monsieur DUPONT Dominique à payer à la SOCIETE GENERALE :

I°) la somme principale de FRS 52.842,20 représentant le solde débiteur arrêté au I5 MARS I983

2°) les intérêts au taux conventionnel depuis le I5 MARS I983

3°) la somme de FRS 5.000,00 à titre de dommages-intérêts

4°) la somme de FRS 2.000,00 sur le fondement de l'Article 700 du Nouveau Code de Procédure Civile

Voir ordonner l'exécution provisoire du jugement à intervenir nonobstant appel et sans caution

S'entendre condamner Monsieur DUPONT Dominique en tous les dépens dont distraction au profit de la SCPA ROBIN Alain - ROBIN Pierre - ROUMIER Jean-Claude - MARCHANDON-COLIN Noëlle qui pourra les recouvrer directement, conformément aux dispositions de l'Article 699 du Nouveau Code de Procédure Civile

C O U T

| | |
|---|---|
| Acte | 87,60 |
| Dt. Transp | I7,23 |
| Sign Pers | 29,20 |
| Ap.Cause | 3,65 |
| TOTAL HT | I37,68 |
| TVA I8,6% | 25,6I |
| | I63,29 |

SOUS TOUTES RESERVES .-

9 Et, je lui ai, étant et parlant comme dessus, remis copie du présent acte

C O U T - CENT SOIXANTE TROIS FRANCS VINGT NEUF CENTIMES .-

Employé pour la copie I feuille du format du timbre à 22 FRS

Voir les commentaires, page 476.

## EXEMPLE-TYPE D'UNE ASSIGNATION DEVANT LE TRIBUNAL DE GRANDE INSTANCE

On remarquera que cet acte se présente comme une description de ce que fait l'huissier de justice qui, au nom du demandeur, porte à la connaissance du défendeur la demande qui est dirigée contre ce dernier.

**1** *Date de l'assignation* (en toutes lettres).

**2** *Identification du demandeur* : dans le cas présent, il s'agit d'une personne morale ; de là, la nécessité d'indiquer la forme de la société (société anonyme), sa dénomination, le lieu de son siège social, etc.

**3** *Identification de l'avocat du demandeur* : devant le tribunal de grande instance, le demandeur doit obligatoirement se faire représenter par un avocat appartenant au barreau du lieu où l'affaire sera jugée (*supra*, n° 436). Il est donc indispensable d'indiquer le nom et l'adresse de l'avocat qui se « constitue » pour le demandeur. On remarquera que, dans le cas présent, l'avocat constitué est une société civile professionnelle d'avocats (S.C.P.A.).

**4** *Identification de l'huissier de justice* qui parle à la première personne du singulier (j'ai) puisque c'est lui qui décrit ce qu'il a fait.

**5** *Conditions de la remise de l'acte* : l'huissier de justice indique le lieu ou il s'est rendu et à qui il a remis l'assignation. C'est ce que l'on appelle parfois le « *parlant à ...* » (parce que l'huissier de justice indique à qui il a parlé). Dans le cas présent, il s'est rendu au domicile du défendeur et il a parlé « à sa personne », lequel s'est présenté comme étant bien Dupont Dominique. Mais comme l'huissier ne le connaît pas personnellement et qu'il ne peut pas se porter garant du fait que c'est bien à M. Dupont Dominique qu'il a parlé, il a pris la précaution d'ajouter « ainsi déclaré ».

**6** *Modalités de comparution du défendeur* : on indique au défenseur ce qu'il doit faire (comparaître devant le tribunal de grande instance de Melun ; constituer de son côté un avocat qui le représentera ; et cela dans un délai de quinze jours que l'on appelle le « délai de comparution »). On lui indique en outre ce qu'il risque s'il ne comparaît pas. — Sur la procédure par défaut, *infra*, n^os^ 572 s.

**7** *Motivation* : le demandeur résume sommairement les raisons qui justifient la demande. On remarquera la formule traditionnelle dite des « *attendus* » (attendu que ..., attendu que ...).

**8** *Dispositif* : on appelle ainsi la partie de l'assignation dans laquelle le demandeur énumère ses prétentions, c'est-à-dire, ce qu'il demande au tribunal de lui accorder. — Sur l'exécution provisoire, *infra*, n° 642.

**9** *Mentions finales* : l'huissier de justice achève sa description en précisant qu'il a remis une copie de cet acte au défendeur. En outre, l'huissier doit faire mention du coût de l'acte (détaillé en marge).

ne pas saisir directement le tribunal, comme en matière administrative, par un dépôt de la demande au greffe de la juridiction compétente ?

La réponse est simple : elle tient au fait que la structure du contentieux privé est très différente. Avant de saisir effectivement le tribunal, il est indispensable de formaliser la contestation, de connaître les prétentions du demandeur et de savoir en quoi elles s'opposent à celles du défendeur. En un mot, il est indispensable de provoquer une *prise de position de l'adversaire pour déterminer de façon précise quel est l'objet du litige.* C'est précisément ce à quoi tend l'assignation. Le demandeur fait connaître ses prétentions ; et si l'adversaire n'y défère pas spontanément, l'objet du litige est circonscrit. Après quoi, il est alors possible de saisir effectivement le tribunal en enrôlant l'affaire.

On se plaît parfois à comparer le contentieux administratif dont on vante la simplicité de la requête, au contentieux privé dont on critique la complexité de l'assignation. Il est facile de constater que l'opposition est factice. En réalité, les schémas sont identiques. On oublie trop vite que, dans le contentieux privé, il n'y a jamais de décision préalable et que, de ce fait, il faut nécessairement provoquer l'adversaire. Dans cette perspective, l'assignation est destinée à délimiter le contentieux, comme la réclamation adressée à l'administration a pour objectif de provoquer la décision préalable à partir de laquelle le tribunal administratif pourra être saisi. La seule différence réside en ceci que l'assignation fait partie intégrante du procès, alors que dans le contentieux administratif la réclamation de l'administré lui est antérieure. Et c'est cela qui, finalement, donne l'illusion d'une plus grande simplicité en matière administrative.

On remarquera à ce sujet que le système de l'assignation, qui fait de celle-ci le premier acte du procès, se retrouve dans de nombreux pays étrangers : notamment en Belgique (art. 700 et suiv. code judiciaire) et en Italie (art. 163 et 168 du code de procédure civile), avec parfois cette nuance que l'assignation doit préalablement être soumise au tribunal, ou tout au moins au service du greffe, pour obtenir soit la fixation d'une date d'audience (en Allemagne par exemple), soit l'autorisation formelle du Souverain (en Angleterre et au Canada notamment) (14).

**524. Cas exceptionnels de saisine directe.** — Il est juste de reconnaître que le système de l'assignation signifiée préalablement au défendeur est souvent mal compris du plaideur pour qui le recours à la justice consiste d'abord et surtout à saisir un tribunal.

---

(14) En droit judiciaire anglais, l'assignation (writ of summons) est délivrée au nom du Souverain. Pour cette raison, le *writ of summons*, après avoir été rédigé par le solicitor du demandeur, est déposé au greffe (*Central Office*) pour obtenir la délivrance d'un sceau qui fera de l'assignation un ordre du Souverain d'avoir à comparaître en justice. Ensuite, le *writ of summons* est signifié au défendeur, soit par un commis du solicitor, soit par un officier public remplissant les fonctions d'huissier.

Pour cette raison, le législateur a organisé quelques cas de saisine directe qui consiste à introduire la demande par une simple déclaration au greffe de la juridiction compétente, dans des conditions un peu similaires à la requête du contentieux administratif. Il en est ainsi devant les juridictions appelées à statuer en *matière sociale* où, souvent pour des raisons d'économie, l'assignation a été abandonnée. Ainsi, en matière prud'homale, la demande est formée sans assignation, par simple déclaration au secrétariat de la juridiction ou par lettre recommandée adressée à ce secrétariat (art. R. 516-9 c. trav.). De même, le tribunal paritaire des baux ruraux est directement saisi par le demandeur au moyen d'une lettre recommandée adressée au secrétariat de ce tribunal (art. 885 nouv. c. pr. civ.).

Il reste que ce mode d'introduction de l'instance, séduisant par sa simplicité, ne peut guère convenir qu'à des contentieux très spécialisés où, à raison de cette spécialisation, les litiges obéissent à quelques archétypes bien déterminés. Devant les tribunaux de grande instance et les tribunaux de commerce, la situation n'est pas la même : les litiges sont très différents les uns des autres et, dès lors, la détermination rigoureuse des éléments de la contestation revêt une importance primordiale. Pour cette raison, les cas de saisine directe sans assignation préalable restent nécessairement exceptionnels dans le contentieux privé.

### 3° Devant les juridictions pénales

**525. Accusation privée et accusation publique.** — On a dit précédemment que, dans la plupart des cas, l'infraction pénale cause un double trouble, à la société toute entière et à la victime (*supra*, n° 508). Partant de là, il y a deux manières de concevoir l'exercice de l'action publique.

*a*) On peut d'abord penser à la victime et décider qu'il lui appartient de déclencher elle-même le procès pénal : tel est le système dit de l'*accusation privée* qui était admis dans le monde antique et qui survécut au début du moyen-âge. Le procès pénal était alors conçu à la manière d'un procès civil, avec d'un côté, la victime qui demandait vengeance et, de l'autre, un défendeur qui s'y opposait, le juge étant chargé d'arbitrer les deux prétentions contraires.

*b*) Mais on peut également estimer que le châtiment est l'affaire de la collectivité toute entière et non point celle de la victime en particulier : l'accusation lui échappe et devient alors une *accusation publique* dont l'Etat se réserve le monopole. Dans cette perspective, apparaît une dissociation très nette entre la réparation du dommage sanctionnée par une action civile abandonnée à la victime et la répression mise en œuvre par une action publique dont l'Etat se réserve l'exercice.

L'évolution a été celle d'un déclin de l'accusation privée au profit de l'accusation publique. De nos jours, l'exercice des poursuites pénales appartient à l'Etat ou, plus exactement, à son représentant devant les tribunaux, que l'on appelle le ministère public : c'est lui qui, en principe, met en mouvement l'action publique et c'est lui qui en toutes circonstances, conduit le procès et soutient l'accusation. On peut cependant relever certains vestiges de l'accusation privée dans la mesure où la victime lésée par l'infraction peut, sinon conduire le procès pénal, du moins mettre en mouvement l'action publique.

De là une distinction nécessaire selon que l'action publique est mise en mouvement par le ministère public (1°) ou par la victime (2°).

**526. 1°) Mise en mouvement de l'action publique par le ministère public.** — Informé soit spontanément, soit par une plainte, soit par la police, le ministère public dispose de plusieurs moyens pour mettre en mouvement l'action publique. Mais, ces moyens varient selon que l'affaire peut être jugée sans instruction préalable ou seulement à la suite d'une instruction.

I. — Si l'affaire peut être jugée *sans instruction préalable*, les moyens mis à la disposition du parquet pour saisir la juridiction pénale sont au nombre de deux.

Le plus simple est l'*avertissement*. On appelle ainsi une convocation adressée par le parquet à l'inculpé d'avoir à se présenter devant la juridiction pénale compétente à un jour déterminé (art. 389 et 532 c. pr. pén.). Ce procédé est à la fois simple et économique. Mais pour être efficace, il suppose une sorte d'assentiment de la personne poursuivie qui doit accepter d'être jugée sur cette seule convocation. A défaut de comparution volontaire de sa part ou, s'il s'agit d'un détenu, de son acceptation formelle à l'audience, le système de l'avertissement ne peut pas être utilisé.

De là, un second moyen plus complexe qui est celui de la *citation directe*. A la requête du parquet, l'auteur de l'infraction est cité à comparaître devant la juridiction compétente au moyen d'un acte délivré par un huissier de justice. La citation directe est quelque peu comparable à l'assignation devant les juridictions civiles et commerciales. Elle doit contenir toutes les indications habituelles qui figurent dans un acte d'huissier (date, indication du requérant, indication du destinataire), et surtout une énonciation précise des faits sur lesquels la poursuite est fondée et des textes qui les répriment. Il est en effet indispensable que l'auteur de l'infraction, pour être en mesure de se défendre, sache exactement ce qui lui est reproché.

II. — Si une instruction est nécessaire (en matière criminelle ou même éventuellement en matière de délit correctionnel), aucun des moyens précédents ne peut être utilisé : les poursuites sont alors déclenchées par un acte que l'on appelle un « *réquisitoire introductif* » ou encore un « *réquisitoire à fin d'informer* ».

Par cet acte, qui émane du procureur de la République, le chef du parquet requiert le juge d'instruction d'ouvrir une information (d'où le nom donné à cet acte). Ce réquisitoire doit être daté et signé du procureur de la République (ou de son substitut) et surtout, il doit contenir une relation précise des faits sur lesquels l'instruction devra porter. Si l'auteur de l'infraction est connu, le nom de celui-ci est indiqué et l'on dit alors que le réquisitoire est nominatif. Si, au contraire, on ignore encore pour l'instant qui a commis l'infraction, le réquisitoire est délivré « contre X... ».

De toute manière, la délivrance du réquisitoire a pour effet de déclencher les poursuites (de là, l'expression : « réquisitoire introductif »).

*(Voir un modèle-type de réquisitoire introductif, page suivante)*

**527. 2°) Mise en mouvement de l'action publique par la victime.** — On a dit précédemment que la victime d'une infraction peut demander réparation du préjudice qu'elle a subi, soit aux juridictions civiles compétentes, soit à la juridiction répressive (*supra*, n° 508). Dans ce dernier cas, si la victime choisit la voie pénale, le fait pour elle de demander réparation du dommage à la juridiction répressive a pour effet de mettre en mouvement l'action publique.

I. Comment procédera-t-elle ? Ici encore, une distinction doit être faite selon qu'une instruction est ou non nécessaire.

*a*) Si une instruction est nécessaire, la victime met en mouvement l'action publique au moyen d'une *plainte avec constitution de partie civile.* Il s'agit là d'un acte écrit, adressé au juge d'instruction, et qui doit être accompagné de toutes les pièces justificatives. Si le tribunal comprend plusieurs juges d'instruction, la plainte est adressée au doyen des juges d'instruction.

En toute hypothèse, le juge d'instruction transmet la plainte au procureur de la République au moyen d'une ordonnance de « soit communiqué ». Et, à la suite des réquisitions du parquet, le juge d'instruction décidera s'il est ou non saisi.

*b*) Si une instruction n'est pas nécessaire, la victime peut utiliser le moyen plus simple de la *citation directe.* A la requête de la victime, un acte d'huissier faisant mention de l'identité du requérant, de l'identité du prévenu et de l'indication des faits reprochés ainsi que du préjudice subi, est signifié directement à l'auteur de l'infraction pour l'inviter à comparaître, à une date déterminée, devant le tribunal de police ou devant le tribunal correctionnel.

II. De toute manière, il ne faut pas se méprendre sur la *portée* de ces actes. Ils ont certes pour effet de saisir la juridiction pénale d'une action en réparation que la victime exercera elle-même. En revanche, s'agissant de l'action publique, ces actes ont pour seule conséquence de mettre cette action en mouvement. Les prérogatives de la victime ne vont pas au-delà et, notamment, l'exercice des poursuites lui échappe. Il faut se souvenir, en effet, que le monopole des poursuites pénales appartient au ministère public qui seul soutiendra l'accusation (*supra*, n° 308), dans la mesure bien entendu où il estimera que celle-ci est fondée.

COUR D'APPEL
DE PARIS

TRIBUNAL
DE GRANDE INSTANCE
DE PARIS

PARQUET
DU
PROCUREUR DE LA RÉPUBLIQUE

N° du Parquet : ____________

N° de l'Instruction : ____________

**Acte factice**

# RÉQUISITOIRE INTRODUCTIF

*Le Procureur de la République près le Tribunal de grande instance de Paris.*

*Vu les pièces jointes* enquête n° 7321 de la 1ère Brigade Territoriale de Police Judiciaire

*Attendu qu'il en résulte contre*

Monsieur Félix LEGRAND

né le 18 Mars 1947 à PARIS 9ème

Contremaître

demeurant 75, Boulevard d'Ornano à PARIS 18ème

*Des présomptions graves de* VOL

*Vu les articles* 379 et 381 du Code Pénal

*Requiert qu'il plaise à M. le Juge d'instruction informer par toutes voies de droit ~~et décerner~~* XXXXXXXXX

Fait au Parquet, le 9 Mai 1983

LE PROCUREUR DE LA RÉPUBLIQUE,

n° 1 Paris

*Remarque :* la relation des faits résulte des énonciations de l'enquête de police qui a été visée dans le Réquisitoire introductif, et qui a été jointe à celui-ci.

### B. — Recevabilité de la demande en justice

**528. Notion de recevabilité : distinction avec le bien fondé.** — Lorsqu'un juge est saisi d'une demande, devant quelque juridiction que ce soit, la première question qui se pose, avant même d'examiner le fond, est celle de savoir si la demande est recevable : le juge recherchera s'il a été valablement saisi et si, en conséquence, il a le pouvoir de se prononcer sur le fond même de la prétention qui lui est soumise.

Un exemple concret, emprunté au recours pour excès de pouvoir, illustrera cette nécessité. En principe, le délai pour exercer un tel recours est de deux mois à compter de la décision attaquée : imaginons qu'un recours soit exercé un an après cette décision ; le juge administratif saisi devra déclarer la demande irrecevable, même s'il a le sentiment que cette demande est bien fondée et que la décision attaquée est effectivement illégale. Pourquoi ? Tout simplement parce qu'il n'a pas été valablement saisi de cette demande et qu'il n'a dès lors aucun pouvoir pour se prononcer sur la question de fond qui lui est posée. En d'autres termes, *la recevabilité d'une demande conditionne la vocation juridictionnelle du juge à en examiner le fond.*

De telle sorte que, de deux choses l'une :

— ou bien la demande est irrecevable (exemples : elle a été formée hors délai, le demandeur ne justifie d'aucun intérêt, la même demande a déjà fait l'objet d'un jugement antérieur, etc...) ; le juge, constatant qu'il n'a pas été valablement saisi, doit alors rejeter la demande d'emblée, sans examiner le fond. On dit qu'il rend un jugement d'irrecevabilité.

— ou bien, la demande est recevable et, dans ce cas, mais dans ce cas seulement, il a tout à la fois le pouvoir et le devoir de se prononcer sur le fond. Ainsi d'ailleurs s'expliquent les formules que l'on rencontre très souvent dans les jugements et les arrêts : « le tribunal ... déclare la demande recevable et bien fondée », ou encore : « déclare la demande recevable mais mal fondée ». Ces formules traditionnelles mettent bien en évidence les deux questions que tout juge doit nécessairement se poser : d'abord, la demande est-elle recevable ? et ensuite, à supposer qu'elle soit recevable, est-elle bien ou mal fondée ?

Dans la pratique, on a facilement tendance à ne prêter attention qu'aux seules questions de fond ; ce qui, d'ailleurs, est assez naturel du fait que, dans bien des cas, la recevabilité de la demande n'est contestée par personne. Mais l'expérience prouve que parfois l'issue du procès se joue sur une question de recevabilité ; de là, l'importance de cette condition préalable.

**529. Conditions de recevabilité.** — Sans entrer dans les détails de cette question de nature très technique qui trouvera tout naturellement sa place dans les ouvrages spécialisés (droit judiciaire privé, contentieux administratif, procédure pénale), il y a lieu de présenter les conditions fondamentales qui subordonnent nécessairement la recevabilité d'une demande en justice. Ces conditions se rattachent à trois ordres de considération : l'intérêt (1°), la qualité (2°) et l'exercice régulier de l'action (3°).

**530. 1°) Intérêt.** — Pour être admis à saisir une juridiction, il faut nécessairement y avoir intérêt : « *pas d'intérêt, pas d'action* » dit un vieux brocard sans cesse répété. En soi, cette condition ne surprend pas : les tribunaux ne sont pas institués pour donner des consultations purement théoriques ou pour délibérer sur des problèmes académiques ; et si, de toute évidence, la question soumise au juge ne présente aucun intérêt pour le demandeur, la demande doit être déclarée irrecevable faute d'intérêt (15).

Mais à vrai dire, présentée de la sorte, on discerne mal l'utilité pratique d'une telle condition : quel est le plaideur assez fou pour perdre du temps et de l'argent à discuter devant les tribunaux de questions juridiques dépourvues pour lui de tout intérêt ? En réalité, le véritable problème est ailleurs : il est de savoir quel est l'intérêt qui mérite d'être pris en considération. Car l'intérêt est partout : à la limite une discussion académique sur un beau problème de droit peut présenter un intérêt pour qui passe sa vie dans les codes ! et le citoyen animé d'un zèle civique aigu peut lui aussi trouver un intérêt à ce que la loi soit respectée, même si elle ne le concerne pas directement (16). Il va sans dire que n'importe quel intérêt ne peut pas être retenu, autrement cette condition ne servirait plus à rien, sinon à décourager les « amants du droit » (17). En réalité, l'intérêt requis doit présenter certains caractères : il doit être légitime, né et actuel, direct et personnel.

La *personnalisation de l'intérêt* est sans doute la question la plus importante, celle qui en tout cas mérite de plus amples commentaires dans la mesure où elle fait apparaître une opposition assez caractéristique entre le contentieux privé et le contentieux administratif, en liaison d'ailleurs avec le fondement de l'action en justice (*supra*, n° 505).

*a*) Les juridictions du *contentieux privé* se montrent généralement très strictes sur la nécessité d'un intérêt direct et personnel. Dans un contentieux à fondement

---

(15) Un exemple emprunté au contentieux privé, illustrera cette condition : un héritier non réservataire ne peut pas demander la nullité d'un testament si un testament antérieur non contesté l'a déjà écarté de la succession puisque, de toute manière, à supposer même que le testament litigieux soit déclaré nul, il a perdu toute vocation successorale (Req. 10 juillet 1883, S. 1884.I.377).

(16) A titre d'exemple : Trib. grande inst. Toulouse, 21 déc. 1964, D. 1965.401, note Ch. Debbasch (action d'un téléspectateur au sujet d'une émission qui lui paraissait outrager l'épopée napoléonienne).

(17) L'expression est empruntée à M. Henri Mazeaud, dans une chronique au *Recueil Dalloz*, 1954, p. 41, col. 2.

subjectif, on ne saurait admettre qu'un simple particulier puisse se prévaloir d'un intérêt autre que celui qui s'attache au respect des droits subjectifs dont, à tort ou à raison, il se prétend titulaire. On ne saurait admettre par exemple, une demande en justice qui serait fondée sur l'intérêt que pourrait avoir un simple particulier à la défense de certains intérêts collectifs, si défendables soient-ils (le respect des droits du piéton, par exemple).

Mais, sur ce point, une évolution se dessine qui tend à reconnaître aux syndicats professionnels et à certaines associations spécialement habilitées par la loi à cet effet, la possibilité d'agir en justice pour la défense des intérêts collectifs dont ces groupements ont la charge. L'exemple le plus caractéristique est celui des associations de consommateurs qui ont reçu de la loi du 27 décembre 1973 le pouvoir d'agir en justice pour la défense des consommateurs. L'intérêt prend ici une dimension collective. Mais cette extension n'est admise que dans les cas prévus par la loi et uniquement au bénéfice des groupements qui en ont reçu le pouvoir.

*b*) Avec le *contentieux administratif*, la perspective change ou, tout au moins, une distinction s'impose.

Dans le *contentieux de pleine juridiction,* — qui est un contentieux des droits à fondement subjectif (*supra*, n° 509) —, les solutions adoptées sont similaires à celles du contentieux privé.

En revanche, le *contentieux de l'annulation* se singularise par le fait que la notion d'intérêt est très largement entendue ; ce qui est normal dans un contentieux objectif essentiellement destiné à censurer les illégalités commises par l'administration. Sans doute, ne va-t-on pas jusqu'à reconnaître à tout citoyen, en cette seule qualité, la possibilité d'exercer un recours : admettre une telle solution aboutirait à consacrer l'action populaire (18). Mais dans cette limite, le seul fait d'appartenir à un groupe visé par l'acte administratif litigieux suffit à conférer un intérêt suffisamment personnel pour exercer un recours en annulation.

Quelques exemples paraissent nécessaires pour illustrer concrètement cet élargissement de la notion d'intérêt.

Le premier exemple est emprunté à un arrêt du Conseil d'Etat, rendu dans une hypothèse quelque peu folklorique (19). Au cours de la première guerre mondiale, le préfet maritime de Toulon avait pris des mesures assez sévères contre les prostituées de la ville. Deux d'entre elles exercèrent un recours pour excès de pouvoir. Le pouvaient-elles alors qu'elles n'avaient fait l'objet personnellement d'aucune sanction particulière ? Le Conseil d'Etat leur a reconnu un intérêt pour agir au motif qu'elles appartenaient à la catégorie des « filles galantes » visée par le texte du préfet maritime. En revanche, pour continuer sur le même exemple, les « filles galantes » de Lyon ou de Paris, du fait même qu'elles n'appartenaient pas au groupe visé par

(18) Cons. Etat, 11 févr. 1949, *Rec. Lebon*, p. 74 : le citoyen qui demande la nullité d'un acte administratif avec pour seul souci celui de faire respecter la légalité n'est pas recevable dans son recours.

(19) Cons. Etat, 28 févr. 1919, dames Dol et Laurent, *Rec. Lebon*, p. 208.

l'arrêté, n'auraient certainement pas pu exercer un recours : celui-ci eut été déclaré irrecevable pour défaut d'intérêt.

Autre exemple : un arrêté municipal réglemente le stationnement dans une rue ; chacun des habitants de cette rue peut exercer un recours en annulation, mais non point les habitants d'une autre rue (20).

Dernier exemple : un agent public est nommé dans des conditions illégales à un poste déterminé ; chacun des collègues de cet agent qui auraient pu prétendre à ce poste a un intérêt suffisant pour exercer un recours en annulation (21).

A travers ces exemples, on aperçoit l'originalité de la notion d'intérêt dans le contentieux de l'annulation. On n'exige pas, comme dans le contentieux privé, que le demandeur ait été effectivement lésé dans ses droits : il suffit que la décision administrative fasse potentiellement grief à certains de ses intérêts. Mais la notion d'intérêt devient alors assez diffuse et il n'est pas surprenant que cette question ait donné lieu à une très abondante jurisprudence (22).

**531. 2°) Qualité.** — Le moment n'est pas venu d'examiner cette notion difficile à définir. A cette place, on se bornera à constater que, dans certains cas, l'action est réservée par la loi à des personnes ou à des organes déterminés. Ainsi, en matière pénale, l'action publique ne peut être mise en mouvement que par le ministère public ou la victime ; si une autre personne prétendait engager des poursuites pénales, il va sans dire que son initiative serait irrecevable pour défaut de qualité.

De même, dans le contentieux privé, l'exercice de certaines actions est expressément réservé à des personnes déterminées : par exemple, en matière de divorce, aux époux seulement ; en matière de recherche de paternité, à la mère et à l'enfant devenu majeur, etc... Si une autre personne que celles visées par la loi prétendait exercer de telles actions (par exemple, un créancier de l'enfant qui pourrait avoir intérêt à ce que la filiation de celui-ci soit établie pour être en mesure d'exercer des poursuites sur les biens de la succession), une semblable demande serait irrecevable pour « défaut de qualité ».

**532. 3°) Exercice régulier de l'action.** — Pour qu'une demande en justice soit recevable, il ne suffit pas que l'action existe, encore faut-il qu'elle ait été exercée dans des conditions régulières.

---

(20) Cons. Etat, 14 mai 1954, Geuger, *Rec. Lebon*,, p. 274.

(21) Cons. Etat, 18 nov. 1964, Caisse des marchés de l'Etat, *Rec. Lebon*, p. 554.

(22) Sur cette jurisprudence : Auby et Drago, 3e éd., t. II, nos 1124 et s., p. 200 et s. ; R. Chapus, 3e éd., nos 427 et s., p. 294 et s.; G. Vedel et P. Delvolvé, 12e éd., t. 2, p. 268 et s.

a) D'abord, au point des *formes* et du *contenu de la demande*. On a dit précédemment comment une demande doit être formée et quelles sont les indications qui doivent y figurer (*supra*, n^os 518 s.) ; il n'y a pas lieu de revenir sur ce point, mais on ajoutera que si les formes prescrites ou les mentions imposées par la loi n'ont pas été observées, la demande risque d'être annulée ; et si la demande est nulle, il est évident que le juge devra considérer qu'il n'a pas été saisi du fond.

b) Ensuite, les *délais* impartis par la loi doivent avoir été respectés. Si, par exemple, la loi exige qu'une demande soit formée dans le délai de six mois à compter d'un fait déterminé, toute demande présentée au-delà de ce délai sera irrecevable ; et, sans examiner le fond, le juge devra alors rendre une décision d'irrecevabilité.

Devant les juridictions de l'*ordre judiciaire*, l'exigence d'un délai est assez rare. Certes, on en trouve des exemples. Ainsi en matière de désaveu de paternité (six mois), de transport (un an), de rescision pour cause de lésion (deux ans). Mais d'une manière générale, ces cas restent exceptionnels.

En revanche, dans le *contentieux administratif*, le délai pour exercer un recours est en principe de *deux mois* à compter de la décision attaquée (art. R. 102 c. trib. adm.) : à l'expiration de ce délai, le recours est irrecevable (23). La différence avec le contentieux privé s'explique très bien. Par hypothèse, le recours est dirigé contre une décision de l'administration et si le recours est fondé cette décision sera annulée (contentieux de l'annulation) ou modifiée (contentieux de pleine juridiction). Or, il est clair que l'on ne peut pas laisser planer une perpétuelle menace sur des actes de l'administration qui en principe, et sous réserve d'annulation, font autorité. L'idée même de recours, qui caractérise la structure du contentieux administratif (*supra*, n° 509), implique nécessairement une limite dans le temps.

On soulignera simplement pour être complet que si un recours ne peut plus être formé après l'expiration du délai, il est en revanche toujours possible d'invoquer la nullité de l'acte administratif dans un autre procès, « par voie d'exception », c'est-à-dire, à titre de moyen de défense (*infra*, n° 538). Mais, dans ce cas, la nullité n'atteint pas l'acte lui-même dans son principe : elle le rend simplement inopposable à celui qui en a invoqué l'illégalité.

## § 3. — EXERCICE DE L'ACTION EN JUSTICE PAR LE DÉFENDEUR

**533. Double attitude.** — Jusqu'à présent, l'exercice de l'action en justice n'a été envisagé que du côté du demandeur qui a saisi le tribunal d'une prétention. Mais,

---

(23) Si la décision administrative est une décision implicite de refus par suite du silence gardé par l'administration durant quatre mois (*supra*, n° 521), le délai de deux mois ne court qu'à compter de l'expiration du délai de quatre mois. — Sur tous ces points extrêmement complexes, cf. G. Vedel et P. Delvolvé, 12^e éd., t. 2, p. 155 et s. ; Auby et Drago, 3^e éd., t. I, n^os 776 et s., p. 898 et s. et t. II, n° 1298, p. 509 ; R. Chapus, 3^e éd., n^os 522 et s., p. 373.

comme le précise l'article 30 du nouveau code de procédure civile, « pour l'adversaire, l'action est le droit de discuter le bien-fondé de cette prétention ». Or, il est très vraisemblable que celui-ci ne restera pas inactif et qu'il s'efforcera de tenir en échec la prétention du demandeur, peut-être même de soumettre à son tour au tribunal les prétentions qui sont les siennes.

De la part du défendeur, deux attitudes très différentes sont en effet concevables :

— ou bien, il se borne simplement à vouloir faire échec à la prétention de son adversaire : on dit alors qu'il invoque des « *moyens de défense* » (A) ;

— ou bien, il adopte une attitude résolument offensive et demande à son tour au tribunal qu'il reconnaisse certaines de ses prétentions : la demande ainsi formée par le défendeur s'appelle une « *demande reconventionnelle* » (B).

### A. — Moyens de défense

**534. Enumération.** — Les moyens de défense dont dispose le défendeur pour faire échec à la demande de son adversaire sont au nombre de trois : la *défense du fond*, l'*exception de procédure* et la *fin de non-recevoir*.

A chacun de ces moyens de défense correspond une définition bien précise. Il est essentiel de ne pas les confondre, car le régime juridique applicable à chacun d'eux est loin d'être identique ; de là, la nécessité d'une terminologie précise. On constatera cependant que tel n'est pas toujours le cas dans le langage courant.

**535. 1°) Défense au fond.** — On appelle « défense au fond », un moyen de défense par lequel le défendeur s'efforce d'établir que la demande de son adversaire est mal fondée, soit parce que le droit allégué par le demandeur n'existe pas ou n'existe plus, soit parce qu'il n'a pas l'étendue que celui-ci lui attribue. En un mot, *le défendeur conteste le bien-fondé de la prétention de son adversaire.*

Si, par exemple, à un créancier qui demande en justice le paiement d'une dette, le défendeur riposte en soutenant que l'obligation a été exécutée par paiement ou par compensation, le moyen invoqué par le défendeur s'appelle une défense au fond. De même, si le prétendu responsable d'un accident réplique à la demande de la victime en soutenant que les conditions de la responsabilité civile ne sont pas remplies, le moyen de défense allégué est une défense au fond puisque le défendeur conteste l'existence du droit à réparation invoqué par le demandeur.

Ainsi définie, la défense au fond apparaît comme l'antithèse de la demande en justice elle-même. En d'autres termes, la demande en justice et la défense au fond se présentent comme les deux aspects, l'un positif et l'autre négatif, de la même question ligitieuse. Il s'ensuit que les défenses au fond peuvent être invoquées *en tout état de cause*, jusqu'à la clôture des débats. Il est d'ailleurs normal qu'il en soit ainsi : aussi longtemps que le demandeur peut faire valoir ses droits, le défendeur doit être en mesure de démontrer que les droits qu'on lui oppose n'existent pas. En cela, la défense au fond se distingue des exceptions.

**536. 2°) Exception de procédure.** — Dans son sens technique précis, l'exception de procédure désigne un moyen de défense d'un type particulier par lequel le défendeur, *sans s'attaquer au fond du droit*, demande l'ajournement de la discussion sur le fond de la demande.

Ainsi, lorsque le demandeur invoque une exception d'incompétence, parce qu'il estime que le tribunal saisi n'est pas compétent pour statuer sur le litige, le défendeur ne conteste pas le fond du droit, pour l'instant tout au moins ; il demande simplement que l'examen au fond soit suspendu afin qu'il soit statué préalablement sur la compétence. De même, si le défendeur invoque une exception de nullité, parce qu'il prétend que l'assignation est entachée d'un vice de forme, ce moyen n'a d'autre objet que d'entraîner un ajournement de l'instance. Dans toutes ces hypothèses, le fond du droit n'est pas en cause ; le défendeur ne discute pas encore le bien-fondé de la demande ; cet examen est laissé provisoirement en suspens jusqu'au moment où le juge se sera prononcé sur l'exception.

A la différence des défenses au fond qui peuvent être présentées en tout état de cause, les exceptions, au sens précis et technique du terme, sont soumises à un régime plus strict. On le comprend facilement : l'exception étant un simple moyen de procédure dont l'objet est d'ajourner le débat sur le fond, il est à craindre que l'exception ne soit invoquée dans un dessein dilatoire, à seule fin de retarder le véritable débat. Il convient donc d'obliger les parties au procès à ne pas attendre le dernier moment pour s'en prévaloir. Ainsi s'explique le régime rigoureux édicté par le législateur et qui se ramène essentiellement à cette idée que les exceptions doivent être invoquées *avant toute défense au fond* ; on dit qu'elles doivent être soulevées « *in limine litis* », c'est-à-dire au seuil même du procès. Dès que les parties ont engagé le débat sur le fond, les exceptions antérieures sont irrecevables.

**537. 3°) Fin de non-recevoir.** — La fin de non-recevoir est un moyen de défense par lequel le défendeur, sans faire porter la contestation sur le droit allégué par son adversaire, soutient que le juge n'a pas le pouvoir d'examiner le fond de la demande parce que celle-ci est *irrecevable*. On citera par exemple : le défaut d'intérêt ou le moyen tiré de ce que la demande n'a pas été présentée dans le délai prescrit.

De cette définition, il résulte que les fins de non-recevoir se distinguent tout à fois des défenses au fond et des exceptions de procédure.

*a*) Les fins de non-recevoir se distinguent des *défenses au fond* par leur objet. Lorsque le défendeur invoque une fin de non-recevoir, il conteste simplement la recevabilité de la demande et nullement son bien-fondé. En réalité, il oppose à la demande de son adversaire un obstacle anticipé qui, s'il est établi, rendra sans objet toute discussion sur le fond. Si, par exemple, une action en justice a été formée hors délai, point n'est besoin de rechercher si la prétention du demandeur est fondée ou non, puisque, de toute manière, la demande est irrecevable.

*b*) Mais, d'un autre côté, les fins de non-recevoir se distinguent des *exceptions de procédure*, qui suspendent simplement l'examen de la demande en attendant que le juge statue sur l'exception. Ici au contraire, si la fin de non-recevoir est admise, la demande est irrémédiablement rejetée. Et parfois même, il est impossible de la renouveler : par exemple, en matière de désaveu de paternité, si la demande du mari est déclarée irrecevable pour avoir été formée après l'expiration du délai imparti, toute demande en désaveu de paternité est désormais impossible. De ce point de vue, la fin de non-recevoir produit des effets analogues à ceux d'une défense au fond, en ce sens que le procès est définitivement perdu.

Comme les défenses au fond, les fins de non-recevoir peuvent être invoquées *en tout état de cause* ; et au besoin d'office par le juge si elles présentent un caractère d'ordre public.

**538. Incertitudes et divergences de vocabulaire.** — Malgré les intérêts pratiques qui s'attachent à ces définitions, on doit malheureusement constater que le vocabulaire courant n'a pas toujours la rigueur souhaitable. Deux notions, en particulier, sont utilisées à tort et à travers avec parfois des significations très différentes : la notion de « défense » et surtout la notion « d'exception ».

I. *La notion de « défense ».*

Très souvent le mot « défense » est utilisé, non pas seulement pour désigner le moyen par lequel le défendeur conteste le bien-fondé de la demande de son adversaire, mais d'une manière beaucoup plus large pour désigner indistinctement tous les moyens dont un défendeur peut se servir pour résister à la demande dirigée contre lui, aussi bien les défenses au fond, stricto sensu, que les exceptions et les fins de non-recevoir. En ce sens, on dira par exemple d'un défendeur qu'il produit « ses défenses ».

Cette ambiguïté, révélatrice de la pauvreté du langage juridique, n'est pas très grave. D'abord, on remarquera que le mot « défense », lorsqu'il est pris dans son sens large, est généralement utilisé au pluriel. Ensuite et surtout, lorsqu'il est spécifiquement question du moyen par lequel le défendeur conteste le bien-fondé de la demande, on prend généralement la précaution d'ajouter qu'il s'agit d'une défense « *au fond* ». Ainsi parvient-on à éviter les confusions.

II. *La notion « d'exception ».*

Dans le langage courant, il arrive assez souvent que le mot « exception » serve à désigner, non pas seulement une exception, au sens strict du terme, mais une véritable défense au fond. Ces déficiences de terminologie sont ici plus sérieuses ; et elles concernent tout à la fois le droit privé et le contentieux administratif.

*a*) *En droit privé* : lorsque, par exemple, la loi fait référence aux « exceptions » que le plaideur peut invoquer en matière de solidarité (art. 1208 c. civ.), de serment (art. 1360, 1361 et 1362 c. civ.) ou de cautionnement (art. 2012 c. civ.), elle désigne sous ce terme impropre non pas des exceptions au sens strict, mais des défenses au fond qui tendent à contester le bien-fondé de la demande de l'adversaire. De même, lorsque, dans le langage courant, on parle des « exceptions » de jeu, de prescription ou de compensation, on vise en réalité par là de véritables défenses au fond.

*b*) Le *contentieux administratif* n'échappe pas davantage à cette confusion. Ainsi, dans l'hypothèse où, à l'occasion d'un procès, le demandeur se prévaut d'un acte administratif, on dit volontiers du défendeur qui invoque l'illégalité de cet acte pour échapper à son application, qu'il soulève une « *exception d'illégalité* ». S'agit-il vraiment d'une « exception » au sens strict du terme ? On peut très sérieusement en douter. En réalité, le défendeur invoque ce moyen pour contester la prétention de son adversaire et la tenir en échec. Dès lors, il s'agit d'une véritable « défense au fond » et non point d'une « exception ». Au reste, on en trouve la preuve dans le fait que la prétendue « exception d'illégalité » dirigée contre l'acte administratif peut être invoquée en tout état de cause, sans être soumise à aucune condition de délai, au même titre qu'une défense au fond (24).

Comment expliquer une telle imprécision de langage tant dans le contentieux administratif que dans le contentieux privé ?

L'histoire fournit sans doute l'explication. Le mot « exception » a son origine dans la procédure formulaire romaine, à une époque où le défendeur disposait de deux moyens de défense différents : ou bien, il s'opposait directement à la prétention de son adversaire, en prétendant que le droit invoqué n'existait pas, et l'on disait alors qu'il faisait valoir une défense ; ou bien, par application du droit prétorien, il faisait valoir un fait distinct de nature à paralyser la demande, mais ce moyen devait alors être soumis au prêteur sous la forme d'une « *exceptio* » insérée dans l'*intentio* de la formule.

Normalement, cette terminologie aurait dû disparaître avec la procédure formulaire. Mais, comme cela arrive souvent, le mot « exception » survécut en prenant un autre sens. Dès le Bas-Empire, on prit l'habitude d'englober dans la catégorie des exceptions tous les moyens de défense à l'aide desquels un plaideur s'employait à écarter la demande dirigée contre lui. Et c'est ainsi que, dans le langage courant, a subsisté cette idée que l'exception s'entend de tout moyen de défense destiné à tenir en échec la demande d'un adversaire, sans attacher à ce mot une signification technique précise.

Quelle que soit leur explication, ces errements de vocabulaire n'en sont pas moins regrettables si l'on considère que les exceptions, au sens strict du terme, doivent

---

(24) Sur l'exception d'illégalité, cf. R. Chapus, 3e éd., nos 586 et s., p. 417 et s. ; Auby et Drago, 3e éd., t. I, nos 798 et s., p. 945 et s. (on remarquera que, dans leurs développements, les deux auteurs utilisent peu l'expression « exception d'illégalité » et parlent plus volontiers du « moyen relatif à l'illégalité de l'acte ».

être invoquées *in limine litis*, dès le début du procès, alors que les véritables défenses au fond peuvent être soulevées en tout état de cause. Pour éviter cette confusion, il serait sage, quand il est question d'une véritable exception, *stricto sensu*, de préciser soigneusement qu'il s'agit d'une « exception de procédure ».

### B. — Demande reconventionnelle

**539. Définition.** — La demande reconventionnelle est une demande incidente par laquelle le défendeur formule de son côté une prétention nouvelle. Si, par exemple, un débiteur assigné par son créancier en exécution d'une obligation contractuelle demande au juge de déclarer que ce contrat est nul et que, par conséquent, il ne doit rien, on dira que le défendeur forme une « demande reconventionnelle » : du latin « *reus-conventio* », c'est-à-dire la demande (*conventio*) du défendeur (*reus*).

La demande reconventionnelle est d'un usage extrêmement fréquent, non point devant les juridictions répressives où elle est ignorée, mais devant les juridictions du contentieux privé et du contentieux administratif de pleine juridiction. Exemple : un mari demande le divorce contre sa femme pour rupture de la vie commune et la femme, défenderesse, forme une demande reconventionnelle en invoquant la faute de son mari pour obtenir que le divorce soit prononcé aux torts de ce dernier. Autre exemple : à la suite d'une collision entre deux automobilistes, l'un des conducteurs demande des dommages-intérêts en réparation du préjudice qu'il a subi, et l'autre conducteur, défendeur à l'instance, demande à son tour des dommages-intérêts pour la réparation de ses propres dommages. Troisième exemple : le défendeur qui estime que son adversaire a abusé de son droit en l'assignant devant les tribunaux, forme une demande reconventionnelle pour demander qu'il soit condamné à des dommages-intérêts. Enfin, dernier exemple, emprunté au contentieux administratif de pleine juridiction : un entrepreneur de travaux publics demande la condamnation du maître de l'ouvrage à la réparation du préjudice causé par la faute de ce dernier et le maître de l'ouvrage demande reconventionnellement la condamnation de l'entrepreneur à des pénalités de retard (25).

A travers la définition et les exemples qui viennent d'être donnés, il apparaît clairement que le défendeur ne se borne plus seulement à tenter d'obtenir le rejet des prétentions de son adversaire. Il fait plus. Il adopte une *attitude offensive*. Il attaque à son tour et se fait demandeur en formulant une prétention qu'il demande au tribunal de juger en même temps.

En d'autres termes, la demande reconventionnelle se greffe, comme un incident de l'instance, sur le procès initial pour en élargir l'objet. Et pour cette raison, elle

---

(25) Cons. Etat, 4 juin 1976, Soc. toulousaine immobilière, *Rec. Lebon*, p. 303. — Sur les demandes reconventionnelles en droit administratif, cf. R. Chapus, 3e éd., n[os] 685 et s., p. 488 et s. ; Auby et Drago, 3e éd., t. I, n[os] 836 et s., p. 964 et s.

se forme en principe très simplement, sans assignation ni requête, par un dépôt de conclusions que l'on appelle des « conclusions reconventionnelles ».

**540. Avantages des demandes reconventionnelles.** — Ce type de demande présente des avantages incontestables qui tiennent à ce que les deux demandes (celle du demandeur, que l'on appelle par opposition la « demande principale », et celle du défendeur) seront instruites et jugées en même temps par la même juridiction.

De la sorte, *la justice sera mieux rendue.* Le juge saisi en même temps des demandes réciproques aura une vision plus complète et, par conséquent, plus exacte de la situation juridique respective des deux plaideurs. Et de surcroît, les deux demandes étant jugées simultanément, se trouvera éliminé le risque toujours possible de décisions contradictoires ou difficilement compatibles.

De plus, le système des demandes reconventionnelles permet de réaliser un *gain de temps* et *d'argent* puisqu'il suffit au défendeur de déposer de simples conclusions devant le tribunal déjà saisi de la demande principale. En un mot, les deux demandes étant instruites et jugées en même temps, on fera l'économie d'un procès.

Enfin, dans l'hypothèse plus particulière où le défendeur est lui-même créancier d'un adversaire qui l'assigne en paiement, le défendeur *échappera au risque d'une insolvabilité éventuelle du demandeur*, car, par le moyen de la demande reconventionnelle, le défendeur pourra solliciter la compensation judiciaire de sa propre créance avec celle de son adversaire.

**541. Inconvénients des demandes reconventionnelles.** — Il ne faut pas se dissimuler que les demandes reconventionnelles peuvent être la source de sérieux inconvénients.

D'une part, elles *compliquent la procédure* dans la mesure où elles entraînent un élargissement de la saisine initiale du juge. Il s'ensuit que les demandes reconventionnelles peuvent être un moyen dilatoire lorsqu'elles sont présentées au dernier moment. Parfois aussi, elles suscitent de sérieuses difficultés de compétence (tout au moins devant les juridictions du contentieux privé) toutes les fois notamment qu'elles ont pour objet une question litigieuse qui ne relève pas normalement de la compétence du juge saisi de la demande principale.

D'autre part, les demandes reconventionnelles peuvent aussi constituer un *moyen d'intimidation.* Le cas est fréquent lorsqu'il s'agit d'une demande reconventionnelle en dommages-intérêts fondée exclusivement sur la demande principale : on a vu précédemment que le défendeur, prétextant que son adversaire a abusé du droit d'agir en justice, peut être tenté de réclamer des dommages-intérêts à ce dernier par le moyen d'une demande reconventionnelle (*supra*, n° 513). Or, très souvent, ce n'est là qu'une tentative d'intimidation pour faire peur à l'adversaire et l'inciter à retirer sa demande.

**542. Evolution historique et droit moderne.** — Les demandes reconventionnelles firent leur apparition dans le droit romain de Justinien, sous le nom de *mutuae petitiones*. Peu à peu, les juridictions canoniques recueillirent la tradition romaine et firent un très large emploi des demandes reconventionnelles, en vertu de cette idée qu'un plaideur assigné devant les tribunaux doit être admis à soumettre en même temps que son adversaire l'intégralité de ses droits.

En revanche, l'ancien droit coutumier se montra résolument hostile aux demandes reconventionnelles : « Reconvention n'a lieu en cours laye » affirmait la coutume de Paris. S'il en était ainsi, c'était principalement en raison du système de la vénalité des charges de judicature (*supra*, nº 339), lequel ne pouvait guère s'accomoder d'une technique de procédure qui, en permettant au plaideur de faire juger deux demandes en un seul procès, diminuait d'autant les profits de la charge. Toutefois, la prohibition perdit peu à peu de sa rigueur initiale et, à la fin de l'ancien droit, le principe même de la recevabilité des demandes reconventionnelles n'était plus guère discuté, tout au moins lorsqu'elles pouvaient servir de défense à la demande principale ou qu'elles avaient la même cause que cette dernière.

De nos jours, les demandes reconventionnelles sont d'un usage courant. Leur existence est formellement consacrée dans les articles 63 et suivants du nouveau code de procédure civile et, implicitement, dans l'article R. 186 du code des tribunaux administratifs qui vise les demandes incidentes en général.

Quel que soit cependant le très large usage des demandes reconventionnelles, leur recevabilité n'échappe pas à toute condition. Dans la mesure où elles se greffent sur un procès déjà engagé, il est en effet normal d'exiger qu'il existe un *lien suffisant* entre la demande initiale du demandeur et la demande reconventionnelle du défendeur : on ne concevrait pas, par exemple, que par voie de conclusions reconventionnelles un défendeur introduise un procès entièrement nouveau et totalement étranger à la demande initiale. C'est là un point qui relève de l'appréciation souveraine des tribunaux.

*CHAPITRE II*

# L'INSTANCE

**543. L'instance et ses éléments constitutifs.** — Le mot « instance » est une expression couramment utilisée dans le vocabulaire juridique. Etymologiquement, ce mot évoque l'idée d'une attente : et, en la circonstance, l'attente d'un jugement. On dira, par exemple, de deux époux qu'ils sont « en instance » de divorce. D'une manière plus précise, l'instance désigne la situation juridique particulière qui existe entre les plaideurs depuis le moment où la demande en justice a été formée jusqu'au jour où le jugement sera rendu.

Ainsi définie, l'instance fait apparaître deux éléments constitutifs fondamentaux : les parties à l'instance et la question litigieuse.

a) D'abord, les *parties à l'instance*. On ne conçoit pas une instance de nature contentieuse sans au moins deux parties : le *demandeur* (ou le requérant) qui a pris l'initiative de saisir le tribunal et son adversaire que l'on appelle le *défendeur*. Cette situation n'est d'ailleurs pas immuable : il peut arriver que, durant l'instance, un tiers devienne à son tour partie à l'instance, au moyen d'un acte que l'on appelle une *intervention*.

b) Ensuite, la *matière litigieuse* qui constitue l'objet même de l'instance. Il n'y aurait pas de procès s'il n'y avait pas une contestation entre les parties. L'existence d'une contestation est inhérente à toute instance que, pour cette raison, on qualifie parfois de « contentieuse » : c'est le demandeur qui formule une prétention à laquelle son adversaire refuse de faire droit ; c'est le ministère public qui demande le châtiment d'un coupable lequel prétend ne pas l'être ; ou encore c'est l'administré qui demande l'annulation d'un acte que l'administration estime régulier.

L'étendue de la matière litigieuse est souverainement déterminée par les parties en cause : en aucun cas, il n'appartient au juge saisi de se prononcer sur d'autres questions que celles qui lui sont soumises. Ce principe, que l'on appelle parfois le « *principe dispositif* » (1), est un principe de portée générale qui se retrouve dans tous les contentieux. Dans le contentieux privé : le juge ne peut statuer que sur les

---

(1) Cette expression qui tend à se répandre en France depuis quelques années est empruntée à la terminologie allemande (*« Dispositionsmaxime »*).

prétentions respectives les parties telles qu'elles « sont fixées par l'acte introductif d'instance et par les conclusions en défense » (art. 4 et 5 nouv. c. pr. civ.). Dans le contentieux répressif : le juge ne peut faire porter l'instruction que sur les faits dont il a été saisi (art. 80 c. pr. pén.). Dans le contentieux administratif : le juge ne peut statuer que dans les limites des conclusions qui lui ont été régulièrement soumises (2). La raison est simple : si le juge devait se saisir d'office d'une question qui ne lui a pas été soumise, il sortirait de son rôle de juge dans la mesure où, en prenant cette initiative, il prendrait déjà parti sur la question qu'il estime être litigieuse.

**544. Instruction.** — Durant tout le temps que dure l'instance, — un temps qui peut être de l'ordre de plusieurs mois et, parfois même, de plusieurs années —, l'affaire sera instruite. Avant d'être appelée à l'audience pour être jugée, il est en effet nécessaire de rassembler les preuves, de construire l'argumentation, d'élaborer les moyens de fait et de droit qui seront invoqués de part et d'autre. En un mot, avant que l'affaire ne soit jugée, il faut qu'elle soit « mise en état » (en état d'être jugée) ; et pour cela, il faut procéder à une instruction.

Cette instruction peut être conduite selon des procédures très différentes. Sans entrer dans des détails qui déborderaient le cadre de cet ouvrage, on se bornera simplement à exposer les différents types de procédure concevables.

Section I : *Procédure accusatoire et procédure inquisitoire.*
Section II : *Procédure écrite et procédure orale.*
Section III : *Procédure contradictoire et procédure par défaut.*
Section IV : *Procédure publique et procédure secrète.*

## *SECTION I*

## PROCÉDURE ACCUSATOIRE ET PROCÉDURE INQUISITOIRE

**545. Rôle du juge.** — La fonction essentielle du juge est évidemment de juger. Mais, avant d'en arriver là, il est essentiel de savoir quel est exactement son rôle durant l'instance. Or, sur ce point, on peut imaginer en législation deux types de procédure très différents selon les pouvoirs dont le juge se trouve investi : une procédure de type accusatoire ou une procédure de type inquisitoire.

(2) R. Chapus, 3e éd, nos 777 et s., p. 565 et s.

*a*) La procédure est dite *accusatoire* lorsque la loi abandonne l'instruction de l'affaire à la diligence des parties ou à celle des hommes de loi qui sont chargés de les représenter. Dans ce système, le juge joue le rôle effacé d'un arbitre qui ne recherche pas lui-même la vérité. Ce sont les plaideurs qui, chacun de leur côté, procèdent à l'instruction de leur propre cause, qui rassemblent tous les éléments de preuve de nature à justifier leurs prétentions respectives et qui, le moment venu, demanderont au juge de les départager (3). Dans cette perspective, le juge n'a pas à prendre d'initiatives ; il reste sur une prudente réserve en attendant que les parties lui apportent les éléments nécessaires pour se forger une conviction. En un mot, il reste neutre : il est, selon l'excellente expression de Tissier, « une sorte d'automate auquel on apporte les matériaux en vue d'en tirer un jugement » (4).

Cette conception peut paraître curieuse. Elle procède de l'idée que « le procès est la chose des parties » et que le juge est simplement à leur disposition pour les entendre et désigner celui qui a raison.

*b*) On dit au contraire que la procédure est *inquisitoire* (ou encore *inquisitoriale*) lorsqu'il appartient au juge de diriger lui-même l'instruction en vue de découvrir la vérité (5). C'est à lui que revient le soin d'ordonner toutes les mesures d'instruction nécessaires (enquête, audition des parties, expertise, etc...), de prendre toutes les initiatives qui s'imposent et d'apprécier le moment venu si l'affaire est suffisamment instruite pour être en état d'être jugée. En un mot, il est un véritable maître d'œuvre doté des pouvoirs les plus étendus pour faire éclater la vérité, au besoin contre le gré des parties en cause. Ce type de procédure s'inspire de l'idée que la justice est un service public et que le juge, dès lors qu'il est saisi, n'a plus à se soucier de ce que veulent ou souhaitent les parties.

*c*) Chacun des deux systèmes qui viennent d'être présentés a ses avantages et ses inconvénients et il ne saurait être question d'adopter l'un ou l'autre de façon exclusive et absolue. Tout au plus peut-on déceler, selon les époques et à travers les enseignements du droit comparé, tantôt une dominante accusatoire et tantôt une dominante inquisitoire. Et cela, en fonction d'éléments faciles à déceler. Si l'on place au premier plan le caractère privé des intérêts en cause, la tendance accusatoire l'emporte parce que les plaideurs, qui sont maîtres de leurs droits, doivent l'être également du procès qui a pour objet d'en assurer la sanction. Si l'on estime au contraire que les intérêts de la société doivent l'emporter sur les intérêts privés, si légitimes soient-ils, le juge est alors doté de pouvoirs étendus pour que la vérité triomphe, au besoin contre le gré des intéressés ; et tout naturellement, dans une

---

(3) De là vient le mot « accusatoire » : les parties s'accusent mutuellement et le juge choisit entre les thèses respectives qui lui sont présentées.

(4) Tissier fut un éminent spécialiste de la procédure civile du début du XX^e siècle.

(5) Le mot « inquisitoire » (du latin : *inquisitio* = enquête) vient de ce que, dans ce type de procédure, la vérité est découverte à travers l'enquête du juge.

telle perspective, la procédure tend à devenir inquisitoire. A l'arrière-plan de ce choix, il y a nécessairement une option de nature politique.

De toute manière, il est facile de deviner que les solutions ne peuvent pas être les mêmes selon les contentieux. Il est en effet normal, compte tenu de leurs objectifs propres, que les solutions du contentieux privé (§ 1) ne soient pas identiques à celles du contentieux répressif (§ 2) et du contentieux administratif (§ 3).

## § 1. — CONTENTIEUX PRIVÉ

**546. Le système du code de procédure civile au XIX^e^ siècle : procédure accusatoire.** — Les rédacteurs du code de procédure civile de 1806 avaient nettement pris parti en faveur du système accusatoire : le juge devait jouer dans le déroulement de l'instance le rôle d'un arbitre ; la direction de l'instruction appartenait aux plaideurs, ou tout au moins à leurs mandataires. Cette conception qui, sur le plan judiciaire, était la manifestation du libéralisme qui caractérisa le XIX^e^ siècle, répondait au souci de ne pas tolérer les immixtions d'un agent de l'autorité, si indépendant soit-il, dans les rapports de droit privé. Certes la justice est un service public, mais elle doit rester exclusivement à la disposition des plaideurs, lesquels doivent conserver la liberté de conduire leur procès comme ils l'entendent, au mieux de leurs intérêts respectifs.

En droit privé, cette conception n'est pas extravagante. Les parties peuvent avoir des raisons légitimes de ne pas tout révéler à leur juge et si, par une sorte d'assentiment réciproque, elles estiment préférable de ne pas lui soumettre certaines questions litigieuses qu'elles ont peut-être l'espoir de régler à l'amiable, au nom de quoi, si l'ordre public n'est pas en cause, le juge imposerait-il sa vérité contre leur gré ? Sans même aller si loin, les parties peuvent simplement vouloir différer le jugement de la cause et instaurer une sorte de trêve qu'elles estiment plus favorable à leurs intérêts ou à leurs rapports d'affaires : nul ne saurait leur en faire reproche et le juge serait mal venu, sous prétexte de juger rapidement, ne de ne pas respecter leurs desseins.

Ce système, il est vrai, ne va pas sans inconvénient et, dès la fin du XIX^e^ siècle, il fut assez vivement critiqué. On fit observer, non sans raison, que cette sorte d'indifférence du juge (on disait plus exactement, sa « neutralité ») favorisait les manœuvres dilatoires, ralentissait abusivement le cours de la justice et, ce qui est plus grave, risquait de livrer l'un des plaideurs à la discrétion d'un adversaire moins scrupuleux, ayant uniquement pour souci de retarder l'issue du procès. Sensibles à cette considération parfaitement exacte, beaucoup d'auteurs préconisèrent alors l'adoption d'un système où l'instruction ne serait plus abandonnée à la seule discrétion des parties et où le juge serait doté de pouvoirs plus étendus afin de mieux surveiller l'instruction du procès.

Ce mouvement doctrinal, qui reposait sur l'idée que la justice est un service public, fut encouragé par certaines expériences étrangères. A la fin du XX^e^ siècle et au début du XX^e^, plusieurs codes étrangers furent en effet promulgués qui se rallièrent à une conception plus directement inspirée du système inquisitoire : tels les codes de procédure allemand (1877) et autrichien (1895) auxquels il faut ajouter les codes dont la France dota la Tunisie (1910) et le Maroc (1913).

De toute évidence, un large mouvement d'idées se dessinait en vue de remédier à certains des excès qu'avait entraînés la procédure accusatoire au siècle dernier.

**547. Evolution moderne : déclin de la procédure accusatoire.** — L'évolution commença de façon timide avec le décret-loi du 30 octobre 1935 qui institua devant les tribunaux civils le *« juge chargé de suivre la procédure »* dont le rôle était d'exercer une sorte de tutelle sur l'instruction des affaires. Ce fut un échec. Trente ans plus tard, le décret du 13 octobre 1965 fit disparaître le juge chargé de suivre la procédure pour le remplacer par un juge doté de pouvoirs plus étendus que l'on appelle aujourd'hui le *« juge de la mise en état »*, parce que sa fonction essentielle est de faire en sorte que l'affaire soit rapidement « mise en état » d'être jugée.

On entend dire parfois que la procédure civile aurait cessé d'être accusatoire et qu'elle serait devenue inquisitoriale, à l'image de la procédure administrative qui, dans une certaine mesure, aurait servi de modèle. La vérité est plus nuancée.

*a*) Aujourd'hui comme hier, ce sont les parties elles-mêmes qui déclenchent le procès (art. 1^er^ nouv. c. pr. civ.), sous réserve des prérogatives reconnues au ministère public (*supra*, n° 312). Ce sont elles qui délimitent discrétionnairement l'étendue de leur litige (art. 4 et 5 nouv. c. pr. civ.) : le juge ne peut jamais accorder plus qu'il n'a été demandé, ni s'immiscer dans des questions que les parties ne lui auraient pas soumises, ni même fonder sa décision sur des faits qu'elles n'auraient pas versés aux débats (art. 7 nouv. c. pr. civ.). De même, les parties ont l'entière liberté de mettre fin à l'instance par une conciliation, une transaction, un désistement ou un acquiescement sans que le juge puisse s'y opposer. A tous ces points de vue, le contentieux privé est resté accusatoire ; et l'on ne peut que s'en féliciter.

*b*) En revanche, *la conduite de la procédure n'est plus abandonnée comme jadis à la discrétion des parties* (ou de leurs mandataires). Ainsi, le juge peut impartir des délais pour conclure, délivrer des injonctions aux parties d'avoir à communiquer ou à produire certaines pièces. En un mot, le « calendrier » de l'affaire appartient, non plus aux parties, mais au juge lui-même. Dans cette perspective, le juge peut ordonner toutes les mesures d'instruction qui lui paraissent utiles. A tous ces points de vue, on peut effectivement constater un déclin certain de la procédure accusatoire qui tend à rapprocher le contentieux privé du contentieux administratif.

Disons d'un mot, pour se résumer, que dans cet équilibre subtil entre l'accusatoire et l'inquisitoire, la part de liberté laissée aux parties tend à se restreindre en faveur d'une orientation plus inquisitoriale.

**548. Causes et limites de ce déclin.** — Faut-il être surpris de cette évolution ? En réalité, les structures judiciaires évoluent à l'image des structures économiques et sociales. La procédure accusatoire a été au XIXe siècle le reflet judiciaire d'une société libérale, au même titre que le principe de l'autonomie de la volonté en matière contractuelle. Dans une telle perspective, il n'appartient pas au juge de s'immiscer dans les rapports de droit privé, sinon lorsqu'on le lui demande et uniquement dans cette mesure. Or, il est trop vrai qu'en cette fin du XXe siècle, le libéralisme s'estompe : il eût été surprenant que les structures judiciaires ne subissent pas à leur tour une évolution similaire. Et cela d'autant plus que dans bien des cas, notamment devant les juridictions sociales, le procès oppose des parties qui ne sont pas toujours également armées pour se défendre ; ce qui incite parfois le juge à sortir de sa réserve pour rétablir cette égalité (6).

Il reste que cette orientation moderne ne saurait être admise sans une importante limite. Il ne faut jamais perdre de vue que devant les juridictions civiles, sociales et commerciales, *la matière du litige porte sur des intérêts privés dont les parties ont la maîtrise* ; cette même maîtrise doit se retrouver au niveau du débat judiciaire. Autant il est normal d'investir le juge de pouvoirs importants pour vaincre l'obstination d'un plaideur qui multiplie les moyens de chicane, autant il importe de veiller à ce que le juge ne s'improvise pas « donneur de conseils » et qu'il ne devienne pas le pourvoyeur d'une vérité abstraite contre le gré des parties, comme si le procès était une institution d'Etat. Dans tout contentieux privé, il y a une part irréductible qui relève de la seule volonté des parties et qui interdit au juge de se considérer autrement que comme un arbitre des intérêts litigieux qui lui sont soumis (7).

## § 2. — CONTENTIEUX RÉPRESSIF

**549. Procédure de type inquisitoire.** — La procédure pénale est depuis longtemps une procédure de type inquisitoire. Sans doute, le schéma des débats à l'audience pourrait-il donner à penser que le juge se comporte comme un arbitre chargé de statuer sur des prétentions antagonistes : celles du ministère public d'un côté, et celles de l'accusé de l'autre. Mais, pour caractériser la procédure pénale, ce qui compte ce sont moins les débats à l'audience que l'instruction préparatoire. Or,

---

(6) On fera la même observation à propos du contentieux administratif, *infra*, n° 553.

(7) Un simple exemple : si deux époux en instance de divorce préfèrent ne pas révéler quelques adultères réciproques et s'en tenir à de vagues injures pour justifier leur demande, il n'appartient pas au juge de s'ériger en censeur de la vie privée des époux, même au nom de la vérité.

celle-ci est conduite par un juge d'instruction aux pouvoirs étendus dont la mission est de rechercher toute la vérité, en procédant à des interrogatoires, à des auditions de témoins et au besoin à des perquisitions (*supra*, nº 173). Le désistement de la victime ou une éventuelle transaction entre cette dernière et l'auteur de l'infraction ne peut en aucune manière entraver l'action publique. La vérité doit être découverte pour que soit établie la culpabilité ou l'innocence.

On le comprend assez facilement. A la différence du procès civil qui met en cause les intérêts privés, le *procès pénal est une affaire d'Etat* qui intéresse au premier chef l'ordre public. Toute infraction constitue une offense à la collectivité : il ne peut pas dépendre de la victime ou de la personne poursuivie que la vérité soit ou non découverte, et que l'infraction soit ou non punie.

Cela étant dit, il est en revanche important de se demander comment est apparu ce type de procédure et surtout quelles en sont les limites nécessaires.

**550. Evolution : origine et justification de ce type de procédure.** — La question des origines de ce type de procédure mérite d'autant plus d'être posée qu'il n'en fut pas toujours ainsi. Dans le monde antique (dans la Grèce classique notamment) et même en France jusqu'au début du moyen-âge, la procédure pénale présentait tous les traits d'une procédure accusatoire qui se déroulait à la manière d'un procès civil entre la victime et l'auteur de l'infraction. Il appartenait à la victime de rassembler ses preuves pour établir la culpabilité de la personne poursuivie ; et, après avoir entendu cette dernière, le juge tranchait. Cette manière de procéder, assez surprenante pour nos esprits du XX^e^ siècle, correspondait à une conception vindicative de la justice pénale : la victime demandait au juge de lui accorder le droit de se venger et d'arbitrer l'étendue de cette vengeance. Le procès pénal, à cette époque, n'était pas autre chose qu'un substitut apparemment civilisé de la loi du talion.

La situation changea au XIII^e^ siècle avec l'apparition des tribunaux de l'Inquisition institués pour lutter contre les hérétiques. Il n'était plus question pour le juge d'arbitrer une vengeance. Le dessein était plus ambitieux : il s'agissait d'extirper l'hérésie au nom d'une vérité supérieure, afin de maintenir les droits de l'Eglise et l'intégrité de la foi. Pour y parvenir, les juristes de l'Eglise, en savants connaisseurs du droit romain, avaient redécouvert, dans la procédure *extraordinem* du Bas-Empire, tous les éléments essentiels de la procédure inquisitoire. On sait l'exploitation dramatique qui en fut faite (8). Progressivement, cette nouvelle conception de la procédure pénale gagna les juridictions laïques. Et c'est ainsi que la procédure inquisitoire s'institutionnalisa à partir du XV^e^ siècle, par l'effet de différentes ordonnances royales qui en consacrèrent l'existence.

---

(8) On trouvera une excellente description de ce que fut l'Inquisition, dans le livre de Zoé Oldenbourg, *Le bûcher de Montségur*, spéc. p. 293 et s., avec en outre une analyse des procédures utilisées, p. 305 et s.

Plusieurs raisons peuvent expliquer la généralisation de ce type de procédure (9).

*a*) D'abord, une raison de nature technique. La notion de vengeance qui pouvait justifier le système de l'accusation privée, à la manière d'un procès civil, fit place à la notion de châtiment, c'est-à-dire à l'idée d'une peine infligée par la collectivité publique à raison du trouble social. Il était alors fatal que la direction du procès appartînt, non plus à la victime, mais au juge qui avait la charge de découvrir la vérité, et à travers cette vérité l'étendue équitable du châtiment.

*b*) A cela s'ajoute une raison de nature politique. Comme l'ont très justement souligné MM. Stéfani, Levasseur et Bouloc, « la procédure inquisitoire tente les dirigeants d'un Etat centralisé surtout si le régime est à tendance autoritaire » (10). La naissance des Etats modernes, soucieux d'établir fermement leur autorité, devait inévitablement favoriser l'extension d'une procédure de type inquisitoire, les intérêts de la société devant l'emporter sur ceux de l'individu pour permettre le châtiment des coupables.

*c*) Enfin, une dernière raison, tenant à la nature propre du procès pénal va dans le même sens. Aux considérations d'ordre strictement juridique s'ajoutent actuellement, pour apprécier la culpabilité d'un individu, des préoccupations qui relèvent de la psychologie et de la prophylaxie criminelles. A mesure que la criminologie gagne en importance, la justice pénale tend à devenir une justice de techniciens. Et de ce fait, il devient à peu près inévitable de confier la direction du procès pénal au juge lui-même, voire éventuellement comme certains le préconisent, à des juges spécialisés (*supra*, n° 206).

Tout, finalement, devait contribuer à l'extension de cette procédure qui, débarrassée de ses excès les plus graves, a survécu jusqu'aux temps modernes.

**551. Correctif nécessaire : les droits de la défense.** — L'histoire a démontré qu'une procédure de type inquisitoire en matière pénale peut ouvrir la voie aux pires excès ; et cela d'autant plus que toute procédure inquisitoire s'enrichit souvent d'autres caractères qui, sans lui être inhérents, l'accompagnent très généralement pour fortifier le pouvoir du juge : le caractère secret de la procédure, la prédominance de l'élément écrit sur l'élément oral, l'absence de toute contradiction véritable, etc... Faut-il rappeler qu'il fut un temps où, dans l'ancienne France, l'information pénale était conduite à l'insu de l'inculpé, où les aveux étaient obtenus par la torture (contre laquelle des auteurs, comme Beccaria et Voltaire, s'élevèrent avec une grande vigueur) et où, de surcroît, les témoins étaient entendus sans que la personne poursuivie soit en mesure de les contredire, avec pour conséquence des erreurs judiciaires dont l'histoire a gardé le triste souvenir ? Il est clair que les intérêts de

---

(9) Sur ce point, cf. Stéfani, Levasseur et Bouloc, *Procédure pénale*, 14e éd., nos 67 et s.

(10) Stéfani, Levasseur et Bouloc, *op.* et *loc. cit.*

la société ont pour limite nécessaire l'indispensable respect de la personne humaine et plus spécifiquement la sauvegarde de ce que l'on appelle aujourd'hui, les *droits de la défense*, c'est-à-dire, un certain nombre de prérogatives irréductibles qui relèvent autant du droit positif que du droit naturel. Reste à en fixer le contenu.

Toute l'histoire du droit pénal moderne est celle d'une constante évolution pour renforcer et mieux préciser les droits de la défense. De nombreuses réformes sont intervenues en ce sens dont les plus importantes furent réalisées par la loi du 8 décembre 1897, l'ordonnance du 23 décembre 1958, la loi du 17 juillet 1970, et enfin plus récemment par la loi n° 93-2 du 4 janvier 1993 qui a très substantiellement modifié le code de procédure pénale. Parmi les droits de la défense aujourd'hui tenus pour fondamentaux, on retiendra à titre d'exemples : la réglementation de la garde à vue et de la mise en détention provisoire, celle de l'audition des témoins et des perquisitions, les règles strictes concernant l'interrogatoire de la personne poursuivie, laquelle peut toujours communiquer librement avec son conseil, la mise à disposition du dossier avant tout interrogatoire, etc...

Il résulte de ces développements que la procédure inquisitoire est sans doute la mieux adaptée au procès pénal, mais qu'elle ne peut être tolérée qu'au prix d'une surveillance constante des droits de la défense.

## § 3. — CONTENTIEUX ADMINISTRATIF

**552. Procédure de type inquisitoire.** — Le contentieux administratif a toujours présenté un caractère inquisitorial qui se manifeste à plusieurs points de vue (11).

D'une part, la *direction du procès* appartient au juge. Dès le dépôt de la requête, c'est à lui que revient le soin de la communiquer au défendeur et d'inviter chacune des parties à produire leurs mémoires respectifs dans un délai déterminé. La conduite de l'instruction relève de la seule initiative du juge qui appréciera le moment venu si l'affaire est suffisamment instruite pour être jugée.

D'autre part et surtout, le juge dispose de très larges pouvoirs en ce qui concerne l'*administration des preuves*. Non seulement il peut ordonner toutes les mesures d'instruction qui lui paraissent utiles, mais il peut en outre contraindre les parties (et généralement l'administration) à produire les pièces et documents dont la production aux débats lui semble nécessaire, avec la menace d'en tirer une présomption défavorable en cas de refus. Cette intervention du juge dans l'administration de la preuve aboutit d'ailleurs à émousser sensiblement la règle selon laquelle la charge de la preuve incombe au demandeur.

---

(11) Auby et Drago, 3e éd., t. I, n° 702-2°, p. 865 ; R. Chapus, 3e éd., n° 718, p. 520.

Il serait certes inexact d'en déduire que le juge administratif est libéré de toute contrainte ; notamment, il est tenu en principe de statuer uniquement sur ce qui lui a été demandé, dans les limites fixées par les conclusions des parties (12). Mais il reste que le juge administratif est le maître d'œuvre de la procédure.

**553. Justification.** — Le caractère inquisitorial de la procédure administrative a toujours été tenu pour une évidence que personne n'a jamais cherché à contester. De solides raisons peuvent l'expliquer.

*a*) Il y a d'abord un certain *état d'esprit* qui tient à ce que le juge administratif est très proche de l'administration active dont souvent il est issu (*supra*, nº 365) ; à cause de cela, la mentalité de l'administrateur tourné vers l'action n'a jamais déserté les juridictions administratives.

*b*) Il faut dire, en second lieu, que le juge administratif y est d'autant plus enclin que par définition la *matière litigieuse concerne l'administration* : pour cette raison, le juge administratif est libéré de toutes les réticences que peuvent éprouver les juges de l'ordre judiciaire appelés à statuer sur des intérêts privés (*supra*, nº 548).

*c*) Enfin, une dernière considération ne doit pas être oubliée : c'est le *caractère inégalitaire* du contentieux administratif. Devant les juridictions de l'ordre judiciaire, les parties en cause se présentent en principe à égalité d'armes ; chacune d'elles produit ses preuves et le juge tranche. Devant les juridictions administratives, la situation est différente : très souvent, le demandeur se trouve aux prises avec une administration toute-puissante qui détient les dossiers, les pièces et les documents ; le demandeur, en un mot, est souvent un plaideur démuni. Tout naturellement, le juge administratif est alors porté à sortir de sa stricte neutralité pour compenser cette inégalité inhérente à ce contentieux ; ainsi d'ailleurs s'expliquent les pouvoirs importants dont il dispose en ce qui concerne l'administration des preuves (*supra*, nº précédent). En dernière analyse, le caractère inquisitorial de la procédure administrative, loin d'être une sorte de privilège réservé à l'administration, apparaît au contraire comme une *meilleure protection de l'administré* dont les intérêts risqueraient d'être injustement compromis si le juge administratif n'était qu'un simple arbitre.

---

(12) Sur ce point, cf. R. Chapus, 3e éd., nos 777 et s., p. 565 et s.

## *SECTION II*

## PROCÉDURE ÉCRITE ET PROCÉDURE ORALE

**554. Les deux systèmes concevables** (13). — Dans l'absolu, la procédure peut être conçue de deux manières différentes. Elle peut être exclusivement *écrite* : le tribunal juge sur pièces, c'est-à-dire sur les conclusions et mémoires qui lui ont été soumis ou sur les pièces établies par le juge chargé de l'instruction ; l'audition des parties présente un caractère exceptionnel et se limite uniquement à un exposé sommaire des moyens qui figurent dans les pièces du dossier. Mais, à l'inverse, on peut imaginer une procédure exclusivement *orale* : les parties s'expliquent verbalement, peuvent saisir le tribunal des moyens dont elles disposent par simple déclaration ; le juge statue en fonction des éléments que les parties lui ont fournis oralement et, dans cette perspective, la plaidoirie occupe une place prépondérante.

Chacun des deux systèmes à ses mérites et ses inconvénients.

a) La *procédure écrite* a souvent été critiquée en raison de son caractère bureaucratique et impersonnel ; on lui a reproché aussi le formalisme qu'elle engendre et le fait qu'elle se trouve fréquemment associée à des procédures de type inquisitoire. Elle est, pourrait-on dire, une « justice froide » qui risque de se déshumaniser (14).

La procédure écrite présente pourtant des avantages qui sont loin d'être négligeables. D'abord, elle constitue un gain de temps pour le tribunal qui échappera aux longues explications verbales souvent répétitives. Elle a en outre le mérite de la précision : grâce à l'écrit, on sait exactement ce dont le tribunal a été saisi. Enfin, la procédure écrite évite les effets de surprise du dernier moment et, dans une certaine mesure, permet une contradiction plus sereine.

---

(13) Le XIVe colloque des Instituts d'Etudes Judiciaires qui s'est tenu à Reims, en 1982, avait pour thème « *La parole et l'écrit en droit judiciaire* » (les travaux de ce colloque ont été publiés, en 1985, par les « Presses Universitaires de Reims »).

(14) Cet aspect critique a été particulièrement développé dans un Rapport présenté par M. Mauro Cappelletti au VIIIe congrès international de droit comparé (« *Procédure orale et procédure écrite* », in Studi di diritto comparato) où, en réalité, l'auteur semble reporter sur la procédure écrite les méfaits de la procédure inquisitoire.

b) La *procédure orale* est certes beaucoup plus imprécise, au point d'ailleurs qu'il devient parfois extrêmement difficile de savoir ce sur quoi ont porté les débats et, indirectement, quelle est l'étendue de la chose jugée. Mais elle a également ses mérites. D'abord, elle établit un lien plus direct entre le juge et le justiciable : la parole a une vertu persuasive que ne possède pas l'écrit. Ensuite et surtout, elle a le mérite de la simplicité : lorsque la procédure doit s'exprimer dans des écrits, selon des formes rigoureusement imposées, la présence d'un intermédiaire (d'un avocat notamment) devient à peu près inévitable ; avec la procédure orale, on échappe à cette obligation et c'est pourquoi elle est généralement présentée comme étant de nature à favoriser l'accès à la justice dans des conditions plus simples et moins onéreuses.

**555. Combinaison nécessaire des deux systèmes.** — Il serait vain de vouloir fixer son choix dans l'abstrait, de façon dogmatique. En réalité, aucun système de procédure n'est exclusivement oral ou exclusivement écrit. Dans tous les contentieux, l'écrit et la parole se combinent mutuellement à des degrés divers. Dans ces conditions, le véritable problème consiste à déterminer, en fonction de considérations propres à chacun des contentieux, voire même parfois à chaque juridiction, quelle doit être la part de l'écriture par rapport à celle de l'oralité : dans certaines procédures, il semble opportun de réserver à l'écrit un rôle prépondérant, tandis que pour d'autres procédures, il semble préférable de privilégier la parole.

Dans ce dosage entre l'écrit et la parole, plusieurs facteurs interviennent.

a) D'abord, le *rôle du juge*. Dans les procédures de type inquisitoire où le soin de conduire l'instruction est délégué à un juge (juge rapporteur ou juge d'instruction), l'élément écrit l'emporte inévitablement, en raison de l'obligation qui lui est faite de constituer un dossier qui sera présenté à la formation de jugement (15). Au contraire, dans les procédures de type accusatoire, l'élément oral est généralement prépondérant.

b) Ensuite, la *nature de la juridiction*. Devant les tribunaux où la présence personnelle des parties est souhaitée ou imposée (par exemple : devant les tribunaux d'instance ou les conseils de prud'hommes), l'oralité tend à l'emporter sur l'élément écrit, pour la raison très simple que certains plaideurs seraient peut-être bien en peine de rédiger certaines écritures.

c) Enfin, *l'objet du litige* a également un rôle déterminant. L'oralité s'adapte mal aux procès de nature technique, comme par exemple l'examen de comptes ou

---

(15) C'est pourquoi certains auteurs (par exemple : Mauro Cappelletti, *op. cit.*) n'hésitent pas à englober dans une même réprobation la procédure inquisitoire et la procédure écrite, alors que, en réalité, la seconde n'est finalement que la conséquence de la première et n'ôte à la procédure écrite aucun de ses mérites propres.

l'évaluation d'une indemnité d'expropriation. Plus le litige prend un caractère technique et plus l'élément écrit s'impose comme une nécessité.

Ces explications laissent pressentir que ce problème ne peut pas comporter de solution uniforme. En réalité, chacun des contentieux a ses propres solutions imposées par ses caractéristiques propres. On le vérifiera en examinant chacun d'eux.

## § 1. — CONTENTIEUX PRIVÉ

**556. Oralité limitée.** — On présente généralement la procédure devant les juridictions civiles, commerciales et sociales comme étant une procédure orale, par contraste avec la procédure administrative qui est essentiellement écrite (*infra*, n^os^ 563 s.). Il est exact que l'élément oral joue un rôle important surtout si l'on considère la place qui est traditionnellement réservée à l'audience des plaidoiries.

Il ne faut pas cependant exagérer cette opposition. En réalité, le contentieux privé n'échappe pas à tout élément écrit : celui-ci y occupe même une place importante, très variable d'ailleurs selon les juridictions (16).

**557. Procédure devant les tribunaux de grande instance (et les cours d'appel).** — On oublie trop souvent que, devant ces juridictions, la procédure implique une succession d'actes écrits. Il a été dit précédemment que l'instance est introduite par un assignation (*supra*, n° 522). Ensuite, l'instruction se fait au moyen d'écritures que l'on appelle des « conclusions » dans lesquelles chacune des parties, sous la signature de leurs avocats (ou de leurs avoués) respectifs, expose ses moyens et développe ses arguments. Le tribunal (ou la cour) ne pourrait être saisi d'aucun moyen de fait ou de droit autrement que par voie de conclusions.

En définitive, l'oralité se manifeste uniquement au moment des audiences et, spécialement, au jour de l'audience des plaidoiries qui constitue le point culminant et sans doute le plus spectaculaire du procès civil ; de là, l'impression que tout se joue à l'occasion du débat oral. Cette impression correspond d'ailleurs à la psychologie des justiciables qui ne s'intéressent guère aux écritures préparatoires et pour qui le jour de l'audience où leur avocat prend la parole est le jour solennel.

On peut se demander toutefois si cette conception n'est pas appelée à se transformer. Par l'effet de réformes successives intervenues en 1965 et en 1971, le législateur s'est efforcé d'accroître l'importance de l'instruction préparatoire, afin

---

(16) P. Hébraud, *L'élément écrit et l'élément oral dans la procédure civile*, in Etudes de droit contemporain, p. 341 et s.

que l'audience des plaidoiries se limite à une brève synthèse. Et, de fait, l'évolution de la plaidoirie est significative (*supra*, n° 433) : elle consiste moins aujourd'hui en un long monologue au cours des débats oraux qu'en une suite d'interventions successives durant l'instruction, à l'occasion d'une audition de témoins ou d'une réunion d'expertise. Il serait donc excessif de présenter la procédure devant les tribunaux de grande instance (et les cours d'appel) comme une procédure orale : la part de l'écrit y est au contraire importante.

**558. Procédure devant les juridictions d'exception.** — La situation est en revanche très différente devant les tribunaux d'instance, les tribunaux de commerce, les conseils de prud'hommes et les tribunaux paritaires des baux ruraux. Devant toutes ces juridictions, la procédure est spécifiquement *orale* (art. 843, 871, nouv. c. pr. civ., art. R. 516-6 c. trav.). Il en résulte que les conclusions ne sont pas obligatoires et que le tribunal peut toujours être saisi d'un moyen de fait ou de droit sous la forme d'une simple déclaration verbale.

Sans doute les écritures ne sont-elles pas exclues. Notamment, la demande introductive d'instance doit être consignée par écrit, sinon par les parties, du moins par le greffe. Et de même, il est souvent dans les habitudes (surtout devant les tribunaux de commerce) d'accompagner les explications orales d'une note écrite. Mais les parties n'y sont pas contraintes et elles peuvent conduire tout leur procès sans rédiger le moindre écrit.

La raison est facile à deviner. Le vœu du législateur étant de permettre l'accès à la justice à tout intéressé, au besoin sans le concours d'un mandataire, la nécessité de rédiger des écrits (ce qui implique déjà un minimum de connaissances juridiques) irait à l'encontre de ce vœu.

Seule fait exception à la règle, la matière des *baux commerciaux* : le juge statue sur des mémoires déposés par chacune des parties (décr. n° 53-960 du 30 sept. 1953, art. 29 et s.). La raison tient au fait qu'il s'agit de questions essentiellement techniques.

**559. Procédure devant la Cour de cassation.** — Devant cette haute juridiction, la procédure est essentiellement *écrite*.

La Cour de cassation statue en effet sur les *mémoires* déposés par chacune des parties : un « mémoire ampliatif » émanant de l'auteur du pourvoi, et un « mémoire en défense » remis ensuite par son adversaire. Aucun moyen ne peut être pris en considération s'il n'a pas été invoqué dans un mémoire. En fait, la Cour de cassation ne voit jamais les parties et rarement leurs avocats (17). Sans doute, ceux-ci pourraient-ils présenter à l'audience de brèves « observations orales ». Mais très

(17) En fait, les avocats rencontrent le « rapporteur » qui a étudié le dossier et l'avocat général.

souvent il s'en abstiennent et, d'ailleurs, s'ils voulaient intervenir oralement, ce ne pourrait être que pour développer rapidement certains des moyens invoqués dans leurs mémoires, sans aller au-delà. La notion même de plaidoirie est pratiquement ignorée devant la Cour de cassation.

Il faut en chercher la raison dans le rôle très particulier de la juridiction suprême qui est juge du droit et non point juge du fait (*supra*, nos 211 et s.). Les discussions revêtent de ce fait un caractère de haute technicité juridique difficilement compatible avec de simples explications verbales.

## § 2. — CONTENTIEUX RÉPRESSIF

**560. Distinction.** — La procédure pénale comporte une distinction très nettement marquée entre, d'une part, l'instruction préparatoire, essentiellement écrite, et d'autre part, la procédure devant la formation de jugement qui, au contraire, est strictement orale.

**561. Instruction préparatoire : procédure écrite.** — Dans tous les cas où il y a lieu de procéder à une instruction préparatoire, l'écrit occupe une place prépondérante, pour la raison très simple que la fonction du juge d'instruction est de réunir tous les éléments d'un dossier qui ensuite seront utilisés par la formation de jugement au moment où elle devra prendre sa décision. Les témoignages recueillis, les déclarations de la personne mise en examen, éventuellement celles de la partie civile et, d'une manière plus générale, tous les actes de l'instruction sont donc nécessairement consignés dans des actes écrits, que l'on appelle des procès-verbaux, des rapports ou des ordonnances.

En revanche, devant la chambre d'accusation, la solution est plus nuancée. Pendant longtemps, cette juridiction d'instruction du second degré ne put statuer que sur les pièces du dossier réunies par le juge d'instruction. Le code de procédure pénale, en 1958, s'est efforcé d'atténuer quelque peu le caractère écrit de l'instruction préparatoire en y introduisant quelques éléments d'oralité. Ainsi, la chambre d'accusation peut ordonner la comparution personnelle des parties intéressées. En outre, les avocats des parties peuvent présenter des observations orales sommaires (art. 199 c. pr. pén.). Sans doute, ne s'agit-il pas de plaidories ; mais du moins peuvent-ils être entendus afin de souligner éventuellement les contestations auxquelles l'instruction préparatoire aurait pu donner lieu. Ce qui constitue un indéniable progrès.

**562. Juridiction de jugement : procédure orale.** — Devant la juridiction de jugement, le principe de l'oralité reprend toute sa suprématie : le prévenu (ou l'accusé) est interrogé à l'audience, les témoins sont entendus oralement sans qu'ils puissent s'aider d'aucune note (18), les experts exposent oralement les conclusions de leur rapport (sauf exceptionnellement l'utilisation de certains documents techniques ; art. 168 c. pr. pén.). Enfin et surtout, les plaidoiries ont une importance essentielle : dans certaines affaires graves, elles peuvent durer plusieurs heures. Il n'y a pas lieu d'en être surpris : la plaidoirie corrige dans une très large mesure le caractère essentiellement écrit de l'instruction préparatoire.

Plus spécialement devant la cour d'assises, le principe de l'oralité atteint son plus haut degré. Ainsi, le président ne peut pas donner lecture de la déposition d'un témoin, sauf lorsque celui-ci est absent. De plus, il est interdit à la cour d'emporter dans la salle des délibérations le dossier de l'affaire (art. 347 c. pr. pén.) ; tout au plus, s'il apparaît nécessaire de consulter une pièce, le président peut-il demander que le dossier soit communiqué à la cour, mais c'est alors en présence du ministère public ainsi que des avocats de l'accusé et de la partie civile.

A ce stade de la procédure, l'importance de l'oralité ne doit pas surprendre. Dans une affaire où se jouent l'honneur et la liberté d'un homme, on ne veut pas que la juridiction répressive statue simplement sur les pièces d'un dossier. Les réactions humaines et les réalités du drame ont une trop grande importance pour négliger délibérément tous les éléments qui peuvent résulter d'une confrontation orale.

## § 3. — CONTENTIEUX ADMINISTRATIF

**563. Procédure essentiellement écrite.** — Devant les juridictions administratives, la procédure est essentiellement écrite.

Le juge statue sur pièces ou, plus exactement, sur des actes écrits, appelés des « *mémoires* », déposés par chacune des parties intéressées. Le requérant, après avoir présenté sa requête, expose ses moyens de façon plus complète dans un mémoire que l'on appelle un « mémoire ampliatif », déposé au greffe et communiqué à l'adversaire, lequel peut y répliquer en faisant valoir ses propres moyens dans un autre mémoire que l'on appelle un « mémoire en défense » (ou s'il s'agit d'un recours pour excès de pouvoir, des « observations »). Ce premier échange n'exclut pas le dépôt de nouveaux mémoires appelés « mémoires en réplique » (s'il s'agit du requérant) et « mémoire en duplique » (s'il s'agit du défendeur au recours). Mais, de toute manière, aucun moyen ne peut être présenté oralement : *la juridiction*

(18) Sauf toutefois devant le tribunal de police et le tribunal correctionnel où le président peut exceptionnellement autoriser le témoin à s'aider de certains documents.

*administrative ne peut être saisie d'un moyen que sous la forme d'un mémoire écrit* (19).

Sans doute, peut-on déceler quelques timides éléments d'oralité. Notamment, les parties (ou leurs avocats) peuvent prendre la parole à l'audience. Mais, à la différence de la règle admise devant les juridictions du contentieux privé, aucun principe n'impose d'entendre les parties dans leurs explications orales : sauf texte contraire, elles ne sont entendues à l'audience que si la juridiction les y autorise (20). Et de plus, il ne peut être question d'une véritable plaidoirie : lorsque les parties (ou leurs avocats) sont entendues, ce ne peut être que pour de brèves observations orales destinées simplement à commenter les mémoires déposés, sans rien y ajouter.

En fait, devant le Conseil d'Etat, où l'assistance des parties est réservée au monopole des avocats aux conseils, ce principe est généralement observé de façon très scrupuleuse ; sauf dans les affaires extrêmement importantes, il arrive souvent que l'avocat aux conseils renonce purement et simplement à présenter des observations orales. En revanche, devant les tribunaux administratifs, les parties étant assistées d'avocats qui ont l'habitude de plaider devant les juridictions de l'ordre judiciaire, les observations orales sont plus fréquentes et parfois même elles tendent à se transformer en de véritables plaidoiries. Tant il est vrai que, par-delà les textes, les habitudes professionnelles finissent par imprégner la procédure elle-même.

**564. Justification.** — On a parfois présenté le caractère écrit de la procédure administrative comme une garantie de bonne justice. Ainsi, Laferrière n'a pas hésité à écrire que « ... cette règle est une précieuse garantie de bonne justice parce qu'elle rend toute surprise impossible » (21). L'explication n'est pas suffisante. L'oralité peut, elle aussi, constituer une garantie de bonne justice : l'exemple des juridictions pénales en est la meilleure preuve. En réalité, la justification doit être recherchée dans la nature propre du contentieux administratif et peut être aussi dans son histoire.

*a*) D'abord, il y a ce fait (qui revient constamment) que les juridictions administratives sont issues de l'administration et qu'elles sont composées de juges qui ont une vocation d'administrateur. Or, par définition, l'administration prend ses décisions au vu des pièces d'un dossier et rarement après avoir entendu les explications orales des intéressés (22).

---

(19) Cons. Etat, 5 janv. 1962, *Rietsch*, Rec. Lebon, p. 11 ; Cons. Etat, 3 avril 1981, *Bourgade*, Rec. Lebon, p. 181.

(20) Cons. Etat, 11 févr. 1953, *Soc. Bozel Malétra*, Rec. Lebon, p. 62.

(21) *Traité de la juridiction administrative et des recours contentieux*, t. I, p. 331. — Laferrière a été (avec Hauriou) l'un des grands théoriciens de la juridiction administrative au début de ce siècle.

(22) Cette idée transparaît à travers plusieurs arrêts du Conseil d'Etat : Cons. Etat, 27 avril 1966, *Dionnet*, Rec. Lebon, p. 290 ; Cons. Etat, 6 févr. 1981, *cons. Zmiro*, Rec. Lebon, p. 72.

*b*) En second lieu, la technicité même de ce contentieux incline à préférer l'écrit, à la fois plus sûr et plus précis. Les considérations humaines et personnelles (qui atteignent leur apogée dans le contentieux répressif) ne sont certes pas négligeables devant les juridictions administratives, mais elles sont loin d'avoir la même ampleur.

Cette dernière observation est spécialement vraie dans le contentieux de l'excès de pouvoir où le recours est dirigé, moins contre un adversaire, que contre l'acte lui-même dont on demande l'annulation pour cause d'illégalité. Le « procès », dans la mesure où il est fait à l'acte beaucoup plus qu'à une personne, prend de ce fait un caractère impersonnel plus facilement compatible avec une procédure écrite.

## *SECTION III*

## PROCÉDURE CONTRADICTOIRE ET PROCÉDURE PAR DÉFAUT

**565. La contradiction, principe général du droit.** — En principe, tout jugement est le résultat d'une confrontation entre chacune des parties en cause, lesquelles doivent être en mesure de discuter et de contredire les prétentions, les moyens et les arguments qui leur sont opposés. Ainsi le veut une administration de la justice saine et loyale. Si le juge était admis à se prononcer sur les seuls moyens invoqués par l'une des parties, sans que la possibilité ait été offerte à son adversaire de les contredire, il serait à craindre que la décision du juge ne soit faussée et, pour tout dire, orientée dans un sens favorable à celui qui a été entendu. Par définition, l'œuvre de justice est une œuvre de confrontation.

Ce principe est peut-être l'un des plus fondamentaux de tous. Il est une garantie élémentaire de loyauté sans laquelle la justice ne serait qu'un simulacre. A ce titre, la contradiction a toujours été considérée comme une règle de droit naturel : déjà d'ailleurs Sénèque et Aristophane y faisaient référence.

Pour cette raison, le principe de la contradiction est un principe de *portée générale.*

*a*) Il est applicable *devant toutes les juridictions.* Plusieurs textes y font référence : les articles 14 à 17 nouv. c. pr. civ. devant les juridictions du contentieux privé ; et depuis le décret n° 92-77 du 22 janvier 1992, les articles 54-1 et 153-1 c. trib. adm. devant les juridictions administratives. Mais il ne fait aucun doute que le principe de la contradiction est une exigence fondamentale devant toutes les juridictions, au titre des principes généraux du droit, sans qu'il soit besoin d'un texte spécial pour en imposer l'obligation (23).

*b*) Ce principe est destiné à sauvegarder les intérêts de toutes les parties en cause : non seulement les intérêts du *défendeur*, mais également ceux du *demandeur*.

On a parfois tendance à l'oublier du fait que, pour exprimer ce principe, on parle souvent du « *respect des droits de la défense* » dont la formulation a été visiblement empruntée au contentieux répressif. Il est exact que dans le contexte inquisitoire qui caractérise ce contentieux (*supra*, n° 549), avec un demandeur qui est omniprésent en la personne du ministère public, le principe de la contradiction a essentiellement pour objectif de sauvegarder les intérêts du prévenu (ou de l'accusé) qui joue le rôle de défendeur à l'action publique ; de là, une identification assez naturelle du principe de la contradiction au respect des droits de la défense. Mais, devant les juridictions du contentieux privé et du contentieux administratif, le schéma est différent et il faut alors se garder d'une assimilation qui pourrait devenir trompeuse dans la mesure où elle donnerait à penser que seul le défendeur doit être protégé. En réalité, le principe de la contradiction protège indifféremment toutes les parties au procès, quelle que soit leur position à l'instance. Et si, par exemple, un défendeur se prévaut d'un moyen pour faire échec à la prétention du demandeur, le principe de la contradiction veut que ce dernier soit lui aussi à même d'y répondre. Alors, parlons si l'on veut du « respect des droits de la défense », mais à condition de bien préciser que, par « défense », il faut entendre toute partie à l'instance qui se voit opposer un moyen de nature à faire obstacle à sa prétention. Voilà pourquoi il paraît plus simple et moins trompeur de parler, comme les textes eux-mêmes, du principe de la contradiction, dont le respect des droits de la défense est l'un des aspects.

*c*) Le principe de la contradiction s'impose enfin au *juge* lui-même qui non seulement a le devoir de veiller à ce que chacune des parties soit en mesure de répondre à son adversaire, mais qui, en outre, doit soumettre à la contradiction des parties tout moyen nouveau qu'il viendrait à découvrir (*infra*, n° 571).

**566. Procédure contradictoire et procédure par défaut.** — Le principe de la contradiction est d'une application relativement aisée lorsque les parties à l'instance comparaissent l'une et l'autre devant leur juge et accomplissent les actes de procédure nécessaires. On dit alors que la procédure est *contradictoire* ; ce qui, d'ailleurs, n'exclut pas certaines difficultés d'application (§ 1).

Mais il n'en est pas toujours ainsi. Il peut arriver que l'une des parties, et notamment le défendeur, néglige de se présenter devant le juge ou n'accomplisse pas les diligences procédurales requises. On dit alors qu'il y a *défaut*. Cette situation soulève un très sérieux problème au regard du principe de la contradiction (§ 2).

---

(23) Avant que n'intervienne le décret de 1992, le Conseil d'Etat avait rappelé cette exigence à plusieurs reprises : Cons. Etat, 12 mai 1962, *Soc. La Huta*, Rec. Lebon, p. 313 ; Cons. Etat, 16 janv. 1976, *Gate Peyrimont, Dreyfus*, Rec. Lebon, p. 39 et s.

## § 1. — LE PRINCIPE DE LA CONTRADICTION ET SES APPLICATIONS CONCRÈTES

**567.** Comme tout principe général qui prend l'allure d'une évidence, la difficulté majeure réside dans sa mise en œuvre. L'essentiel est en effet de savoir ce qui doit être fait pour qu'un tel principe soit respecté dans sa lettre et dans son esprit. A cette fin, il est nécessaire d'analyser l'application du principe de la contradiction aux quatres phases essentielles de la procédure : au moment de l'introduction de l'instance (I), au cours de l'instruction (II), lors des débats oraux (III) et, enfin, au moment de l'élaboration de la décision (IV).

**568. I. Introduction de l'instance.** — Le défendeur doit être régulièrement informé du procès dirigé contre lui pour être en mesure de se défendre. Devant quelque juridiction que ce soit, on ne saurait admettre qu'une instance puisse être engagée à l'insu du défendeur.

*a*) Il en résulte que le défendeur doit avoir été régulièrement « appelé » (rapp. art. 14 nouv. c. pr. civ.) : toute assignation ou convocation délivrée dans des conditions irrégulières de nature à laisser planer un doute sur la connaissance que son destinataire a pu avoir du procès dirigé contre lui est entachée de nullité.

*b*) Mais cette première condition ne suffit pas : encore faut-il que le défendeur ait été prévenu suffisamment à temps pour être à même d'organiser sa défense ; de là, l'exigence d'un délai minimum que l'on a coutume d'appeler un *« délai de comparution »* dont la durée est variable selon les contentieux. Ainsi, devant les juridictions civiles, commerciales et sociales, toute assignation ou convocation doit être délivrée en principe quinze jours au moins avant la date de l'audience : si ce délai n'était pas respecté (si par exemple, l'assignation était délivrée moins de quinze jours avant l'audience), les droits de la défense risqueraient d'être compromis.

**569. II. Instruction.** — Durant cette phase de la procédure au cours de laquelle les preuves sont rassemblées en vue du jour où l'affaire sera appelée à l'audience pour être jugée, le principe de la contradiction est strictement appliqué.

*a*) Du moins en est-il ainsi devant les *juridictions du contentieux privé* et devant les *juridictions administratives.*

En application de ce principe, les mesures d'instruction (enquête, expertise, etc...) doivent se dérouler en présence des parties et, en outre, les procès-verbaux, avis ou rapports doivent leur être communiqués (art. 173 nouv. c. pr. civ. ; art. R. 178 c. trib. admin.). De même, les pièces, conclusions ou mémoires produits par chaque partie doivent être communiqués à l'adversaire afin que celui-ci puisse les examiner et les critiquer ; et, bien entendu, toutes ces communications doivent avoir lieu en temps utile, pour que l'adversaire ne soit pas surpris au dernier moment.

A quelques nuances près, ces règles sont communes au contentieux privé et au contentieux administratif.

Toutefois, les modalités pratiques diffèrent quelque peu. Devant les juridictions administratives, le greffe se charge de procéder lui-même aux communications nécessaires (24). Au contraire, devant les juridictions civiles, commerciales et sociales, les parties procèdent directement entre elles aux transmissions de pièces et de conclusions : en règle générale, le juge n'intervient pas, sinon pour statuer sur les incidents qui pourraient se produire. Cette façon de procéder, directement inspirée de la procédure accusatoire (*supra*, n° 546), a le mérite d'alléger la tâche des greffes.

b) En revanche, *l'instruction pénale échappe, en principe tout au moins, à la contradiction.* La solution peut paraître surprenante. On explique généralement cette singularité en soulignant que l'instruction du procès pénal est une phase extérieure au procès lui-même : à ce stade de la procédure, le seul objectif étant la recherche des preuves, il n'a pas semblé utile d'organiser un débat contradictoire qui pourrait compromettre cette recherche, alors que de toute manière un tel débat aura lieu devant la formation de jugement.

Cette conception traditionnelle, généralement associée au caractère inquisitoire de la procédure pénale, a été vivement critiquée. Et de fait, il est hasardeux de prétendre que l'accusé (ou le prévenu) sera suffisamment protégé par la faculté qu'il aura de discuter plus tard, au moment où l'affaire viendra à l'audience, toutes les preuves qui auront été rassemblées contre lui. Dans bien des cas, les pièces de l'instruction pèsent d'un poids très lourd devant la formation de jugement et il est parfois bien tard pour en discuter la portée à l'audience.

Ces critiques ont été partiellement entendues par le législateur moderne qui s'est efforcé d'organiser une amorce de contradiction (25). D'abord au niveau de la garde à vue durant laquelle la personne appréhendée peut demander l'assistance d'un avocat (art. 63-4 c. pr. pén.). Ensuite, devant le juge d'instruction, si une expertise a été ordonnée, la personne poursuivie peut prendre connaissance des conclusions de l'expert et formuler toutes observations à leur sujet (art. 167 c. pr. pén.). Mais c'est surtout devant la chambre d'accusation que l'évolution a été la plus marquante. Depuis la réforme de la procédure pénale en 1958, les parties, avisées de la date de l'audience, sont admises à prendre communication du dossier, à déposer un mémoire et à présenter des observations sommaires.

---

(24) Sur les modalités pratiques, cf. Auby et Drago, 3e éd., t. I, nos 816 et s., p. 963 et s. ; R. Chapus, 3e éd., n° 728, p. 528.

(25) Levasseur, *Vers une procédure d'instruction contradictoire*, Rev. sc. crim. 1959, p. 297 et s.

Comme on peut le constater, la contradiction n'est plus totalement évincée de cette phase préparatoire.

**570. III. Débats oraux.** — Par définition, les débats oraux sont le lieu privilégié de la contradiction. Il en est ainsi dans tous les contentieux ; seule leur importance varie selon les juridictions (*supra*, n° 554 s.).

Le président, auquel appartient la police de l'audience, peut susciter et animer la contradiction en invitant les parties (ou leurs avocats) à s'expliquer contradictoirement sur certains points particuliers. De toute manière, il doit veiller à ce que chacune des parties ait pu s'expliquer également, sans privilégier l'une au détriment de l'autre.

Il entre dans les pouvoirs du président de clore les débats : si le jugement n'est pas rendu immédiatement, on dit que l'affaire est « mise en délibéré ».

Il peut arriver toutefois qu'après la clôture des débats l'une des parties éprouve le besoin de fournir de nouvelles explications au moyen d'une note écrite que l'on appelle une *« note en délibéré »* (parce qu'elle est remise au président du tribunal, après la clôture des débats, à un moment où l'affaire est en délibéré). Mais, dans ce cas, pour que le principe de la contradiction soit respecté, il est indispensable que la note soit communiquée à la partie adverse, afin que celle-ci puisse y répondre le cas échéant.

L'usage des notes en délibéré présente le très grave inconvénient de prolonger la discussion et, parfois même, de relancer un nouveau débat. On peut le comprendre dans certains cas, notamment lorsque le ministère public a pris la parole à l'audience. Mais il faut éviter qu'il en soit fait un usage systématique. Pour cette raison, le législateur moderne s'efforce d'en réglementer l'utilisation. Ainsi, en matière civile, commerciale et sociale, elles sont prohibées en principe, sauf lorsqu'il s'agit de répondre à des conclusions du ministère public ou lorsque le juge (ce qui peut arriver) a lui-même demandé des éclaircissements aux parties. En revanche, elles sont librement admises en matière correctionnelle.

**571. IV. Elaboration de la décision.** — A ce stade ultime de la procédure, le principe de la contradiction impose de nouvelles contraintes, spécialement au juge qui doit prendre garde aux éléments dont il peut faire état pour justifier sa décision.

D'abord, le tribunal ne peut pas fonder sa décision sur des pièces, documents, conclusions ou mémoires qui n'auraient pas été préalablement communiqués à toutes les parties en cause (26).

---

(26) Cons. Etat, 13 déc. 1968, *Ass. des propriétaires de Champigny-sur-Marne*, Act. jur. dr. adm. 1969.180, note Homont, Rev. dr. publ. 1969.512, note Waline (contentieux administratif) ; Crim. 9 févr 1982, *Bull. crim.* n° 47 (contentieux pénal) ; Cons. Etat, 23 févr. 1979, *Arquin*, Rev. prat. dr. adm. 1979, n°139 (en matière disciplinaire : décision fondée sur un grief non communiqué à l'intéressé).

Ensuite, dans le même ordre d'idées, le juge ne peut pas davantage faire état d'éléments qui seraient parvenus à sa connaissance au moyen d'*investigations personnelles*, en marge des procédures légalement organisées. Ainsi, un arrêt de la Cour de cassation du 22 juin 1951, rendu à propos d'un litige sur l'évaluation du prix d'un fermage, a censuré le jugement d'un tribunal paritaire des baux ruraux qui, pour justifier sa décision, avait fait état de ce que certains assesseurs connaissaient les prix des baux agricoles dans la région (27). On pourrait relever des exemples identiques dans le contentieux répressif (28) et dans le contentieux administratif (29). Dans toutes ces hypothèses, ce qui est reproché au juge, c'est d'avoir fondé sa décision sur certains éléments qui n'avaient pas été soumis à la contradiction des parties.

Enfin, si le juge se propose de *relever d'office un moyen de droit*, — si par exemple, il entend faire état d'un texte que les parties n'ont pas pensé à invoquer —, il doit d'abord soumettre ce moyen à la contradiction des parties en les invitant à faire connaître leurs observations. On ne veut pas que le juge puisse rendre une décision fondée sur des moyens de droit dont les parties n'auraient pas eu connaissance et n'auraient pas été à même de contredire. Cette ultime conséquence du principe de la contradiction n'a pas été admise sans une certaine réticence de la part des juges : mais elle est aujourd'hui formellement consacrée devant les juridictions du contentieux privé, dans l'article 16 du nouveau code de procédure civile (30), et devant les juridictions administratives, depuis le décret n° 92-77 du 22 janvier 1992, par les articles 54-1 et 153-1 du code des tribunaux administratifs (31).

---

(27) *Bull. civ.* 1951.IV, n° 515, p. 366.

(28) Crim. 15 déc. 1970, *Gaz. Pal.* 1971.1.82 (information communiquée au tribunal par un commissaire de police).

(29) Cons. Etat, 13 déc. 1968, précité.

(30) Sur les tergiversations auxquelles ce principe donna lieu, cf. H. Solus et R. Perrot, *Droit judiciaire privé*, t. 3, n° 118 s ; Cass. ch. mixte, 10 juill. 1981, D. 1981.637, *Rev. trim. dr. civ.* 1981.905, obs. R. Perrot.

(31) Les nouveaux textes ont condamné la jurisprudence antérieure du Conseil d'Etat, cf. Cons. Etat, 29 janv. 1958, *Vincent*, *Rec. Lebon*, p. 47 ; Chapus, 3e éd., n° 720, p. 523, spéc. p. 524-2° — Sur les hésitations que les nouveaux textes laissent encore subsister, cf. D. Chabanol, « Carte blanche : la juridiction administrative et le contradictoire », *Gaz. Pal.* 1993.1. doctr. 26/27 févr.

### § 2. — DIFFICULTÉ PARTICULIÈRE : LE DÉFAUT DE L'UNE DES PARTIES

**572. Difficulté du problème.** — Lorsque l'une des parties fait défaut, c'est-à-dire lorsque, après avoir été régulièrement « appelée », elle ne comparaît pas ou néglige d'accomplir les actes de procédure nécessaires, un très sérieux problème se pose.

D'un côté, il est clair que la mauvaise volonté d'une partie ne peut pas interrompre le cours de la justice : il serait trop facile de se dérober à un jugement que l'on redoute, simplement en faisant défaut. De toute manière, un jugement sera rendu.

Mais d'un autre côté, il faut se souvenir que toute bonne justice implique la contradiction : si le juge n'entend qu'un seul plaideur, il n'a de l'affaire qu'une vue tronquée et orientée dans un certain sens. Sans doute serait-on tenté de répondre que c'est aux risques et périls du défaillant. Mais la réponse serait trop simpliste, car certains défauts n'ont pas toujours pour origine la mauvaise volonté de celui qui ne comparaît pas (par exemple : la maladie ou l'ignorance du procès).

Tout le problème est alors de savoir comment il est possible de concilier ces deux impératifs. L'histoire et aussi l'analyse des trois contentieux révèlent que plusieurs moyens sont concevables : la *contrainte* (A), la *perte du procès par le défaillant* (B), ou enfin, l'organisation d'une *voie de recours spéciale* (C).

#### A. — La contrainte

**573. Evolution historique.** — A une époque où le formalisme de la procédure rendait indispensable la présence des parties pour lier l'instance, le législateur n'hésitait pas à recourir à des moyens de contrainte. Ainsi en était-il dans l'ancien droit romain : le demandeur pouvait obliger son adversaire, *« obtorto collo »* (en le traînant par le col), à se présenter devant le prêteur.

Assez vite toutefois, ce procédé rudimentaire fit place à des moyens indirects de contrainte, telles l'autorisation donnée au demandeur d'entrer en possession des biens de son adversaire réputé *indefensus* ou encore la prise de gage. De son côté, le droit canonique imagina tout un système de sanctions pouvant aller jusqu'à l'excommunication dans les cas les plus graves, en raison de l'offense faite au juge ecclésiastique par celui qui refusait de déférer à l'ordre de comparution.

On remarquera toutefois que ces moyens de contrainte avaient moins pour fondement le souci de veiller à ce que les intérêts de chacun des plaideurs soient respectés, que la nécessité d'obéir à l'autorité de qui émanait l'ordre de comparution (devant les juridictions canoniques, notamment), ou encore la nécessité d'accomplir certaines formalités rituelles pour que le procès puisse être engagé (en droit romain, par exemple). En d'autres termes, les procédés de contrainte étaient liés à une certaine conception de la justice qui, de nos jours, est révolue. En tout cas, ils n'étaient pas directement commandés par le principe de la contradiction.

**574. Survivance des procédés de contrainte.** — A notre époque, les procédés de contrainte n'ont pas entièrement disparu, mais leur domaine se limite exclusivement à la *matière pénale.* La notion de prise de corps est inhérente à la justice répressive et l'on sait que le juge d'instruction a la possibilité de délivrer soit un mandat d'amener, soit un mandat d'arrêt pour contraindre le défaillant à se présenter (*supra,* n° 174). Dans le même ordre d'idées, la procédure de la contumace en matière criminelle rappelle, dans une certaine mesure, la prise de gage du droit romain : en effet, sur ordonnance du président de la cour d'assises, l'accusé qui ne comparaît pas est déclaré « rebelle à la loi » avec cette conséquence qu'il perd ses droits civiques et que ses biens sont séquestrés.

En revanche, devant les juridictions civiles et commerciales, ainsi que devant les juridictions administratives, les procédés de contrainte sont aujourd'hui exclus (32).

## B. — Perte du procès par le défaillant

**575. Idée générale.** — En l'absence de tout moyen de contrainte, on pourrait imaginer que le défaut soit assimilé à un aveu : décider, par exemple, que si le demandeur ne se présente pas, sa demande sera rejetée de plein droit ; et que, en sens inverse, si le défendeur fait défaut, la demande de son adversaire sera automatiquement adjugée. Si une partie ne comparaît pas ou ne présente pas ses moyens, n'est-ce pas la meilleure preuve qu'elle n'a rien à dire ?

Sur cette question, les différents contentieux adoptent des solutions divergentes. Pour cette raison, il y a lieu d'examiner, d'une part, les solutions du contentieux administratif (I) et, d'autre part, les solutions retenues devant les juridictions de l'ordre judiciaire (II).

**576. I. Juridictions administratives.** — Une observation préalable est nécessaire : devant les juridictions administratives, du fait que la procédure est écrite et que les parties ne sont pas tenues de comparaître devant leur juge, le défaut de comparution, au sens où on l'entend devant les juridictions de l'ordre judiciaire,

---

(32) On notera simplement, à titre de curiosité, que le témoin qui ne défèrerait pas à la convocation du juge civil pourrait être frappé d'une peine d'amende de 100 à 10 000 francs (art. 207 nouv. c. pr. civ.).

ne se conçoit pas en matière administrative (33) : la seule négligence concevable consiste pour les parties à ne pas déférer aux mises en demeure du juge dans les délais impartis et, notamment, à ne déposer aucun mémoire. Dans ce cas, quelle est alors la sanction ?

Reprenant une solution traditionnelle (34), les textes relatifs à la procédure devant le *Conseil d'Etat* (art. 53-3 du décret n° 63-766 du 30 juill. 1963) et devant les *tribunaux administraifs et cours administratives d'appel* (art. R. 152 et 153 c. trib. adm.) ont adopté des solutions particulièrement énergiques qui s'apparentent à l'idée générale précédemment exposée (*supra*, n° précédent). Si le requérant n'a pas produit son mémoire dans le délai imparti et au plus tard avant la clôture de l'instruction, il est réputé s'être *désisté* de son recours ; ce qui veut dire concrètement que l'acte attaqué échappe désormais à toute critique. Et inversement, si la partie défenderesse n'a pas produit son mémoire en défense, elle est réputée avoir *acquiescé* à l'exactitude des faits allégués par le requérant ; avec cette conséquence pratique que la négligence d'une administration défenderesse suffit pour que les critiques dirigées par le requérant contre l'acte attaqué soient tenues pour exactes.

Législativement, ces différentes solutions sont d'une opportunité discutable : leur automatisme peut dans certains cas aboutir à des solutions fâcheuses. Si par exemple, un acte est entaché d'une illégalité grave, il est peu satisfaisant de le tenir pour valable simplement parce que le requérant qui l'avait attaqué n'a pas déposé son mémoire en temps voulu. Et inversement, il est non moins regrettable d'annuler un acte sur le seul fondement des allégations du requérant, au seul motif que l'auteur de cet acte n'a pas présenté ses observations. Aussi bien, la jurisprudence du Conseil d'Etat, parfaitement consciente de ces risques, s'est-elle efforcée d'en corriger l'automatisme. Il est admis aujourd'hui que la carence du requérant n'est assimilable à un désistement que si, du fait de l'absence de mémoire, le juge administratif se trouve dans l'impossibilité de statuer (35). Et inversement, il a été décidé que l'acquiescement présumé de la partie défenderesse ne concernait que la réalité des faits allégués par le requérant et qu'il n'entravait en aucune manière la liberté d'appréciation du juge quant aux conséquences de droit à en tirer (36) ; allant plus loin, il a même été admis que le juge administratif conservait en pareil cas le droit de vérifier si l'exactitude des faits n'était pas démentie par les pièces du dossier (37).

Ces différentes solutions jurisprudentielles sont heureuses. Mais elles invitent à se demander si finalement l'automatisme voulu par les textes ne devrait pas être reconsidéré.

**577. II. Juridictions de l'ordre judiciaire.** — En principe, *le défaut n'équivaut jamais à un aveu.* La carence d'une partie ne dispense pas le juge d'instruire l'affaire

(33) Cons. Etat, 17 mai 1968, *Andrei*, Rec. Lebon, p. 321.

(34) Cons. Etat, 22 juill. 1936, *Farges*, Rec. Lebon, p. 833.

(35) Cons. Etat, 6 janv. 1967, J.C.P. 1967.II.15013.

(36) Cons. Etat, 24 févr. 1954, *Mellon*, Act. jur. dr. adm. 1955.II.322, note Copper-Royer.

(37) Cons. Etat, 2 nov. 1960, *Legros*, Rec. Lebon, tabl. p. 1092.

avec le même scrupule que si le débat était contradictoire et de rechercher si la prétention dont il est saisi est tout à la fois recevable et bien fondée (art. 472 nouv. c. pr. civ.). A la limite, rien n'interdirait au juge de donner gain de cause à une partie défaillante ou, en matière pénale, de relaxer un prévenu qui n'a pas comparu.

La jurisprudence de la Cour de cassation se montre très stricte sur ce point : elle censure impitoyablement toute décision qui donnerait systématiquement tort à la partie défaillante au seul motif que le défaut laisse présumer qu'elle n'avait aucun argument sérieux à faire valoir (38). En d'autres termes, le défaut est dépouillé de toute idée de sanction. Cette conception libérale qui peut surprendre procède de l'idée qu'un défaut n'est pas nécessairement répréhensible et que, en tout cas, il serait injuste de faire porter la sanction sur le fond du droit (39).

Est-ce à dire que, dans les faits, ce principe soit toujours parfaitement respecté ? Il est bien certain que le défaut risque d'indisposer le juge et de l'inciter à se montrer plus sévère à l'égard de la partie défaillante : l'essentiel pour le juge est d'être suffisamment habile pour ne pas le laisser transparaître dans les motifs de la décision. Cette observation se vérifie principalement en matière pénale où le juge, tirant parti de la latitude que lui offre la loi dans l'échelle des peines, condamne très souvent le défaillant « au maximum », ne serait-ce que pour l'inciter à former opposition et à venir s'expliquer contradictoirement.

### C. — Organisation d'une voie de recours spéciale

**578. « Opposition » : ses avantages et ses risques.** — Si l'on tient la contradiction pour une garantie essentielle de bonne justice, ne conviendrait-il pas d'offrir au défaillant précédemment condamné la possibilité de revenir devant son juge pour lui demander d'examiner l'affaire à nouveau, et cette fois contradictoirement ? Tel est l'objet de cette voie de recours très particulière que l'on appelle l'opposition. Son nom est évocateur : le défaillant s'oppose, c'est-à-dire conteste le jugement par défaut, en laissant entendre que la décision eût été différente si le juge avait été informé des moyens dont il dispose. On peut donc définir l'opposition comme étant la voie de recours par laquelle un défaillant saisit le tribunal qui lui a donné tort pour lui demander de *rétracter* sa décision initiale et de *juger l'affaire une seconde fois* à la lumière des moyens qu'il lui présente.

---

(38) Cass. civ. 2 mars 1977, *Bull. civ.*, II, n° 59, p. 42 ; Cass. civ. 17 déc. 1979, *Bull. civ.*, II, n° 295, p. 203 ; Cass. soc. 19 juin 1991, *Bull. civ.* V, n° 314, p. 193.

(39) Peut-être d'ailleurs faut-il attribuer à ce même sentiment d'injustice, la jurisprudence du Conseil d'Etat analysée précédemment (n° 576) qui s'efforce d'atténuer la rigueur de la sanction édictée par les textes.

Cette sollicitude peut paraître curieuse : n'est-ce pas là offrir une prime injustifiée au défaillant ? En réalité, l'opposition se comprend mieux si l'on considère que le jugement est un acte grave et irrévocable, que la contradiction est une garantie essentielle et que, de surcroît, tous les défauts ne sont pas nécessairement répréhensibles. C'est dans cette perspective que le législateur du XIXe siècle avait réservé une très large place à l'opposition, ouverte à tout défaillant auquel faisait grief un jugement par défaut. Et cela, devant toutes les juridictions : le Conseil d'Etat lui-même a toujours admis que l'opposition est une règle générale de procédure applicable dans toute la mesure où un texte contraire n'en a pas disposé autrement (40).

Un tel libéralisme n'est cependant pas sans risque : il est de nature, en effet, à encourager toutes les *manœuvres dilatoires* et notamment celle qui consiste à faire délibérément défaut, avec la tranquille assurance de pouvoir former ultérieurement opposition. Avec un tel système, le plaideur de mauvaise foi qui se sait condamné peut différer de quelques années l'issue d'un procès qu'il redoute. Une telle solution n'est pas satisfaisante. Autant il est normal de réserver la voie de l'opposition au défaillant de bonne foi qui a peut-être ignoré le procès ou qui n'a pas pu comparaître pour une raison de force majeure, autant il est excessif d'offrir le luxe d'un second procès à celui qui, de toute évidence, n'a d'autre objectif que de différer le jour où il sera condamné (41).

On aboutit alors à cette conclusion que la voie de l'opposition ne pourrait pas sans injustice être rigoureusement bannie, mais qu'il est en revanche indispensable d'en restreindre très sévèrement le domaine. Telle est l'orientation du droit moderne, à travers toutefois des manifestations assez différentes selon que le jugement par défaut a été rendu par une juridiction du contentieux privé (I), par une juridiction répressive (II) ou par une juridiction administrative (III).

**579. I. Contentieux privé.** — Sans entrer dans des détails qui n'auraient pas leur place dans cet ouvrage, on doit constater que, devant les juridictions civiles, commerciales et sociales, l'opposition est une voie de recours qui tend, sinon à disparaître totalement, du moins à devenir extrêmement rare, tant son domaine a été restreint. L'idée générale est que cette voie de recours ne doit pas protéger n'importe quel défaillant, mais uniquement celui qui risquerait d'être définitivement condamné, alors que de bonne foi il a pu ignorer le procès ; au contraire, celui dont il est évident que le défaut a été délibéré ne mérite pas une telle protection,

---

(40) Cons. Etat, 12 oct. 1956, *Desseaux*, D. 1956.736, note Drago, *Rev. dr. publ.* 1957.115, concl. com. gouv. Lasry.

(41) H. Solus, *Les préoccupations d'ordre psychologique du code de procédure civile*, in Etudes juridiques offertes au doyen Julliot de la Morandière, p. 517.

et tant pis pour lui s'il n'a pas contredit les prétentions de son adversaire en temps voulu.

De ce fait, l'opposition n'est ouverte que si deux conditions sont cumulativement réunies (art. 473 nouv. c. pr. civ.) :

*a*) D'une part, il faut que le jugement ne soit *pas susceptible d'appel* : dans le cas contraire, le principe de la contradiction est suffisamment sauvegardé par la possibilité qui appartient au défaillant d'interjeter appel devant la cour. Déjà, par conséquent, le domaine de l'opposition se restreint aux petites affaires jugées en dernier ressort.

*b*) D'autre part et dans cette mesure, il faut en outre que la *citation en justice n'ait pas été délivrée à la personne même du défaillant* (que, par exemple, elle ait été remise à un voisin ou déposée en mairie) ; dans ce cas, en effet, on peut redouter que le défendeur ne se soit pas présenté parce qu'il a ignoré le procès qui lui était fait. Mais si, au contraire, la citation a été délivrée à sa personne même, toute suspicion d'ignorance disparaît et la voie de l'opposition lui est interdite.

Lorsque ces conditions sont réunies et que la voie de l'opposition est ouverte, on dit que le jugement est rendu « par défaut » (art. 465 nouv. c. pr. civ.).

**580. II. Contentieux répressif.** — Le problème est ici un peu plus complexe, car le régime est fondamentalement différent selon qu'il s'agit d'un arrêt de cour d'assises en matière criminelle ou d'un jugement rendu par un tribunal correctionnel ou un tribunal de police.

*a*) En *matière criminelle*, si l'accusé n'est pas présent, — on dit alors qu'il est « *contumax* » —, l'arrêt est rendu sans oralité. Mais s'il se présente ou s'il est arrêté ultérieurement, l'arrêt de condamnation tombe de plein droit : il y a « purge de la contumace », avec cette conséquence que la condamnation devient caduque et que l'accusé sera jugé à nouveau. Le principe de la contradiction est ici tellement essentiel qu'un arrêt rendu par contumace n'est jamais définitif.

On remarquera d'ailleurs que la « purge de la contumace » n'est pas à proprement parler une voie de recours, puisqu'elle résulte non pas d'une procédure mais du seul fait matériel de la présentation volontaire du condamné ou de son arrestation. Pour cette raison, tout rapprochement avec la procédure d'opposition serait inexacte.

*b*) Lorsqu'il s'agit d'un jugement par défaut rendu par un *tribunal correctionnel* ou un *tribunal de police*, le défaillant a la faculté de former opposition. Mais cette voie de recours connaît elle aussi un déclin très caractéristique qui s'inspire de la même idée générale que devant les juridictions civiles et commerciales.

Observons d'abord qu'une opposition n'est possible que si la personne poursuivie n'a pas comparu à l'audience : si, étant présente à l'audience, elle a négligé de se défendre, une opposition de sa part n'est pas concevable (art. 413 c. pr. pén.). Dans cette mesure, encore faut-il faire une distinction.

Si la citation a été délivrée à sa personne, il est bien évident que l'intéressé n'ignorait pas qu'il devait comparaître à un jour déterminé ; dès lors, une opposition n'est pas possible, à moins qu'il ne justifie d'une excuse légitime l'ayant empêché de se présenter (par exemple, une maladie).

En revanche, si la citation n'a pas été délivrée à sa personne, on peut craindre que l'auteur de l'infraction n'en ait pas été informé ; dans ce cas, une opposition est alors recevable, à moins qu'il ne soit établi que l'intéressé a eu effectivement connaissance de la citation (art. 412 c. pr. pén.).

**581. III. Contentieux administratif.** — En principe, l'opposition est ouverte à toute partie défaillante qui, par exemple, se serait abstenue de produire un mémoire ou qui aurait présenté un mémoire jugé irrecevable. Sur ce point, un arrêt du Conseil d'Etat du 12 octobre 1956 a nettement posé le principe que l'existence de cette voie de recours fait partie des *« règles générales de la procédure »* (42).

Il en résulte qu'une opposition peut être formée contre toute décision rendue par défaut, non seulement lorsqu'un texte le prévoit —, comme c'est le cas devant le Conseil d'Etat (art. 72 à 74 de l'ordonnance du 31 juill. 1945) et les cours administratives d'appel (art. R. 224 c. trib. adm.) —, mais également, d'une manière plus générale, lorsque la décision a été rendue par une juridiction administrative dont le statut ne prévoit pas la faculté de former opposition : point n'est besoin d'un texte puisque cette voie de recours résulte des principes généraux (43). On ne saurait souligner avec plus de force l'importance que la jurisprudence administrative attache au principe de la contradiction.

En revanche, cette voie de recours peut toujours être écartée par une disposition contraire. Parmi les dérogations les plus remarquables, on relèvera la *suppression de l'opposition contre les jugements par défaut rendus par les tribunaux administratifs.* En effet, l'art. R. 223 du code des tribunaux administratifs écarte formellement cette voie de recours (44). Le législateur a pensé que la faculté d'interjeter appel

---

(42) Arrêt *Desseaux*, D. 1956.736, note Drago, *Rev. dr. publ.* 1957.115, concl. com. gouv. Lasry.

(43) Tel était le cas dans l'affaire jugée par l'arrêt du Conseil d'Etat du 12 octobre 1956 où la décision avait été rendue par la Commission de contrôle des banques : le texte instituant cette juridiction ne prévoit pas la faculté de former opposition et cependant il a été admis que cette voie de recours pouvait être exercée.

(44) Cette dérogation avait été introduite par un décret du 10 avril 1959. On a pu d'ailleurs se demander dans quelle mesure un simple décret pouvait tenir en échec une règle générale de procédure.

devant une cour administrative d'appel ou le Conseil d'Etat (selon le cas) constituait une garantie suffisante.

A ce point des explications, une comparaison avec les solutions admises devant les juridictions de l'ordre judiciaire est significative. Le contentieux administratif ne s'embarrasse pas de nuances : l'opposition est toujours ouverte, sauf disposition contraire.

## *SECTION IV*

## PROCÉDURE PUBLIQUE ET PROCÉDURE SECRÈTE

**582. Principe de la publicité de la justice** (45). — Ce principe signifie que l'accès au prétoire doit être largement ouvert à toute personne, afin que « Monsieur le Public » (selon la formule de Balzac) soit en mesure d'exercer un contrôle virtuel sur la manière dont la justice est rendue. En principe, toute personne peut pénétrer dans une salle d'audience. Sans doute, y a-t-il des cas exceptionnels où le public est écarté. Mais, en affirmant ce principe, on veut simplement souligner par là que la clandestinité en matière judiciaire est un cas de figure hérétique.

Ce principe, il est vrai, a parfois été critiqué. On a fait observer que le public est souvent un fantôme, notamment en matière civile. Si l'on en croit les confidences d'un magistrat, « au niveau de l'exécutant, devant le désert permanent qu'est la partie de la salle d'audience réservée au public, l'optique se modifie sensiblement ... » (46). Il a également été dit que l'on voit mal en quoi la présence de quelques personnes, peu expertes en droit, est de nature à garantir la qualité de la justice.

Toutes ces observations ne sont pas dénuées de pertinence. Mais elles ne pèsent pas lourd au regard des graves principes que ce problème met en cause. En réalité, ce qui compte, c'est moins la présence hypothétique d'un public fantôme, que le refus de tout secret, de tout mystère, de toute clandestinité qui jetterait un doute sur l'œuvre de justice et sur l'impartialité du juge. Comme l'écrivait jadis un an-

---

(45) Sur ce sujet, on pourra consulter les travaux du VIe Colloque des Instituts d'Etudes judiciaires (Toulouse, mai 1968) avec les rapports de MM. Auby (sur la procédure administrative), Perrot (sur la procédure civile), Vitu (sur la procédure pénale) et Dagot (rapport général de synthèse).

(46) Jean-Charles Laurent, *Litiges familiaux et chambre du conseil*, J.C.P. 1955.I.1236.

cien auteur : « la justice doit être une œuvre de lumière et non de ténèbres » (47). A cela, d'ailleurs, s'ajoute une autre considération qui est loin d'être négligeable. Nul n'ignore que la presse, quotidienne ou spécialisée, prend le relais d'un public inexistant pour relater les péripéties judiciaires de certaines affaires, parfois même en matière civile. Il y aurait sans doute beaucoup à dire sur le goût du scandale qui inspire certaines plumes. Mais c'est là une question de déontologie et, de toute manière, il est bon que le public sache comment sa justice est rendue. Si la justice n'était pas publique, pareille divulgation prendrait l'allure d'une indiscrétion coupable et le droit de critique en pâtirait.

L'histoire est là pour en témoigner. A travers les âges, la publicité de la justice est toujours apparue comme un dogme essentiel. A Rome, la justice était rendue sur le forum. Et s'il est vrai qu'à certaines époques ce principe a parfois été écarté, la justice n'y a pas gagné en prestige. Dans cet ordre d'idées, on se souviendra que le procès de Jeanne d'Arc se déroula à huis-clos ; ce qui autorisa un canoniste normand (Jean Lohier) à récuser l'autorité du jugement « parce qu'il avait été traité en un lieu clos et fermé, où les assistants n'étaient pas en pleine et pure liberté de dire leur pleine et pure volonté ».

De nos jours, en tout cas, la publicité de la justice est considérée comme une règle fondamentale inscrite, d'ailleurs, dans la Déclaration universelle des droits de l'homme : « toute personne, est-il dit, a droit à ce que sa cause soit entendue équitablement et *publiquement* par un juge indépendant et impartial ». Ce même principe a été repris à une époque plus récente dans la Convention européenne de sauvegarde des droits de l'homme (art. 6). C'est assez dire l'importance internationale qui s'attache à un tel principe.

**583. Portée du principe.** — Il est juste de reconnaître que le principe de la publicité ne s'impose pas de façon évidente à toutes les phases du procès. Lorsque, par exemple, les parties rédigent leur demande ou préparent leur argumentation, ou encore lorsque les juges délibèrent, on ne voit pas la garantie que pourrait offrir une large publicité. On en arrive même à penser qu'à certains moments du procès, le secret est de loin préférable si l'on veut que la justice y gagne en sérénité. Sur ce point, tout le monde est bien d'accord pour admettre que, dans ses différentes phases, la justice peut s'accomoder d'une certaine absence de publicité et comporter même une part de secret.

La difficulté commence lorsqu'il s'agit de tracer la ligne de partage entre ce qui relève du secret, ce qui revient obligatoirement à la publicité et ce qui est indifférent à l'un et à l'autre. Pour mesurer cette difficulté, il convient alors d'examiner cette alternance nécessaire entre le secret et la publicité à travers les principales phases du procès : l'instruction (§ 1), les débats (§ 2) et, enfin la décision (§ 3).

---

(47) Frain de Tremblaye, *Essai sur l'idée du parfait magistrat.*

## § 1. — INSTRUCTION DU PROCÈS

**584. Principe : absence de publicité.** — Au cours de cette phase préparatoire où les preuves sont rassemblées et où chacune des parties recherche ses moyens et construit son argumentation, la publicité ne s'impose en aucune manière. C'est là un travail de cabinet où souvent la réflexion se nourrit du silence. Parfois même une indiscrétion serait préjudiciable à la cause d'un plaideur qui entend réserver ses atouts sans donner l'éveil. En soi, un tel comportement n'est aucunement critiquable.

Devant les juridictions civiles, commerciales, sociales et administratives, ce principe n'a jamais suscité le moindre doute, tellement il est évident. En revanche, devant les juridictions pénales où l'instruction préparatoire constitue une phase nettement distincte ayant ses règles propres, la question du secret est très vivement controversée et a provoqué des remous assez sérieux. Il convient d'y insister.

**585. Le secret de l'instruction en matière pénale.** — En cette matière, la loi ne reste pas indifférente au problème : elle impose le secret. Ce principe est formellement inscrit dans l'article 11 du code de procédure pénale aux termes duquel : « sauf dans les cas où la loi en dispose autrement, et sans préjudice des droits de la défense, la procédure au cours de l'enquête et de l'instruction est secrète » ; et ce même texte ajoute : « toute personne qui concourt à cette procédure est tenue au secret professionnel dans les conditions et sous les peines des articles 226-13 et 226-14 du code pénal ». On mesure toute l'importance que la loi attache à un tel principe sanctionné pénalement.

La portée de cette règle doit être bien comprise : elle ne concerne que les personnes qui « concourent » à l'instruction. Ainsi se trouvent exclus, la partie civile et l'inculpé lui-même dans la mesure où l'art. 11 c. pr. pén. réserve expressément « les droits de la défense ». En ce qui concerne les journalistes, l'art. 38 de la loi du 29 juillet 1881 sur la presse, leur interdit de publier les actes de la procédure criminelle ou correctionnelle avant qu'ils aient été lus en audience publique.

I. Comment expliquer un tel secret ? Trois raisons sont généralement invoquées :

*a*) D'abord, l'*intérêt de la poursuite* : si le public était constamment informé des recherches, il serait à craindre que le coupable ne parvienne à rendre vains les efforts du juge d'instruction pour découvrir la vérité.

*b*) Il faut également tenir compte de *l'intérêt du suspect*. L'accusation peut frapper à tort ; il convient donc de mettre le suspect à l'abri de toute calomnie dont un non-lieu ultérieur ne parviendrait pas à effacer l'effet psychologique. La présomption d'innocence risquerait d'être gravement compromise si d'ores et déjà l'opinion publique devait être informée de tout ce qui se dit dans un cabinet d'instruction, à un moment où l'on n'en est encore qu'au stade de la recherche des preuves.

*c*) Enfin, ajoute-t-on, le *public* lui-même doit être protégé contre les abus d'une certaine presse qui cultive aisément le scandale et les affaires à sensation (48).

II. Le principe du secret est cependant très vivement critiqué et a même donné lieu à de sérieux incidents (49).

*a*) On se plaît d'abord à faire observer que le secret de l'instruction est *constamment méconnu*. Ce n'est que trop vrai : bien des confidences sont colportées, souvent par ceux auxquels le secret n'est pas opposable, et il faut dire d'ailleurs que la mobilisation des moyens audiovisuels dès qu'une affaire prend une certaine importance ne facilite guère le respect du secret de l'instruction. Alors, dit-on, mieux vaudrait l'abolir plutôt que d'accepter hypocritement cette situation. A dire vrai, l'argument ne persuade pas. Ou le secret est bon ou il est mauvais ; et s'il est bon, ce n'est pas sa méconnaissance répétée qui doit en entraîner la disparition.

*b*) Le véritable problème est ailleurs : le secret de l'instruction est attaqué dans son principe même par certains avocats et même par certains juges qui le considèrent comme *attentatoire aux droits de la défense* et qui souhaiteraient que l'instruction se fît au grand jour.

La suggestion est très discutable. Sans doute, y a-t-il peut-être un certain artifice à dissocier aussi nettement qu'on ne le fait actuellement l'instruction préparatoire (qui est secrète) et les débats devant la formation de jugement (qui sont publics). En réalité, le procès pénal commence dès l'instruction préparatoire et, souvent même, elle en constitue la phase la plus importante, dans la mesure où les éléments recueillis au cours de l'instruction présentent une importance décisive. Mais on doit reconnaître aussi que *l'abandon du secret pourrait entraîner de sérieux abus si l'opinion publique devait devenir le spectateur privilégié des recherches du juge d'instruction*. Le véritable problème, c'est moins l'information du public que son exploitation habile en vue de provoquer un mouvement d'opinion et d'exercer une pression sur le juge. Et qui ne voit alors à quelles surenchères serait livrée la justice si l'avocat d'une personne mise en examen devait commencer sa plaidoirie dès l'instruction, à travers des conférences de presse improvisées destinées à mobiliser l'opinion publique ou si une campagne polémique devait se déclencher à partir des

(48) Rapport de M. Vitu au colloque de Toulouse, *op. cit.*, p. 49.

(49) Exemples : un juge d'instruction invite un journaliste à assister à l'interrogatoire d'un inculpé ; des avocats répondent devant les caméras de la télévision pour laisser entendre de façon discrète dans quel sens s'oriente l'enquête ; un procureur de la République relate chaque jour à la télévision l'état de l'instruction, etc...

informations recueillies dans les cabinets d'instruction. Le véritable danger est là ; et il n'est malheureusement pas théorique (50).

III. En droit positif, la tendance actuelle est favorable au maintien du secret de l'instruction. Et c'est fort heureux. Mais conscient du fait qu'il est aujourd'hui pratiquement impossible d'empêcher les indiscrétions, le législateur moderne, à l'occasion de la réforme du code de procédure pénale par la loi n° 93-2 du 4 janvier 1993, a préféré mettre en place un dispositif de procédure pour en corriger les méfaits. Après avoir posé en principe que « chacun a droit au respect de la présomption d'innocence », l'article 9-1 du code civil (ajouté par la loi de 1993), permet à toute personne lésée par une indiscrétion de cette nature de saisir le juge des référés pour obtenir immédiatement l'insertion d'une rectification dans la presse ou la diffusion d'un communiqué (art. 13 et 65 s., de la loi du 29 juill. 1981 sur la liberté de la presse).

Cette parade est loin d'être négligeable. Mais les textes ne peuvent pas tout. Et ce que l'on souhaiterait, c'est une plus grande discrétion de la part des médias et aussi de tous ceux qui participent à l'instruction des affaires (51).

## § 2. — DÉBATS ORAUX

**586. Publicité de l'audience.** — Après de longs mois d'instruction, lorsque l'affaire paraît en état d'être jugée, elle est appelée à une audience pour donner lieu à un débat contradictoire. En règle générale les débats sont publics. L'opinion devient en quelque sorte le témoin virtuel du respect des formes, de l'impartialité des juges et de la conduite régulière des débats. Chacun pourra ainsi se rendre compte de la manière dont la justice est rendue et dénoncer éventuellement les défaillances constatées. A ce titre, la publicité de l'audience est un « principe général du droit », ainsi que l'a rappelé un arrêt du Conseil d'Etat du 4 octobre 1974, à propos d'un

---

(50) La dramatique *affaire Villemin* (au cours du printemps et de l'été 1985) a bien montré les méfaits d'une information débridée qui n'a plus d'autre préoccupation que de « faire du tirage » : l'expérience a révélé que les droits de la défense risquent d'en pâtir sérieusement, tout autant que l'institution judiciaire. — Faut-il rappeler enfin la « vague d'affaires » à connotation politique qui a déferlé au cours des dernières années, chacune d'elles ayant été complaisamment livrée en pâture à l'opinion publique, à des fins dont on ne peut pas dire que la recherche objective de la vérité était toujours le mobile essentiel.

(51) Sur le secret devant la chambre d'accusation et la compatibilité de cette règle avec l'article 6 de la Convention européenne de sauvegarde des droits de l'homme, cf. Crim. 14 juin 1984, D. 1985.I.R.66.

décret dont la légalité avait été justement contestée pour avoir voulu restreindre la publicité de l'audience (52).

Ce principe paraît d'ailleurs si naturel que la notion d'audience a fini par être associée à l'idée de publicité, au point que pour constater que les débats ont eu lieu publiquement, il suffit de dire qu'ils ont eu lieu à l'audience, sans qu'il soit nécessaire de préciser que l'audience a été publique, tant cela va de soi (53).

Ce principe étant posé, on en précisera successivement le domaine, les dérogations et la portée.

**587. Domaine.** — Devant les juridictions de l'ordre judiciaire, la publicité des débats est une règle de portée générale, aussi bien devant les juridictions civiles, commerciales et sociales (art. 11-1 de la loi n° 72-626 du 5 juill. 1972 et art. 433 nouv. c. pr. civ.), que devant les juridictions répressives où le principe est répété à plusieurs reprises, dans les articles 306 (cour d'assises), 400 (tribunal correctionnel), 512 (chambre des appels correctionnels) et 535 (tribunal de police) du code de procédure pénale.

Il est en revanche surprenant de constater que la même règle n'est pas générale devant les juridictions administratives : « *la publicité des audiences*, décide le Conseil d'Etat, *n'est exigée devant les juridictions administratives qu'à la condition qu'un texte législatif ou réglementaire impose l'observation de cette règle de procédure* » (54). On précisera tout de suite que différents textes spéciaux imposent la publicité de l'audience devant plusieurs juridictions administratives et, notamment, devant les trois plus importantes d'entre elles : le *Conseil d'Etat* (art. 66 de l'ordonnance du 31 juill. 1945), les *tribunaux administratifs* et les *cours administratives d'appel* (art. R. 195 c. trib. adm.). Mais quelle que soit l'importance pratique de ces dérogations, il n'en est pas moins surprenant que la publicité des audiences ne figure pas, à titre de principe, parmi les règles générales de procédure, alors que cette garantie fondamentale se trouve inscrite dans la Déclaration universelle et la Convention européenne des droits de l'homme (55).

---

(52) Cons. Etat, 4 oct. 1974, *Dme David*, Rec. Lebon, p. 464, concl. Gentot, D. 1975.379, note Auby, J.C.P. 1974.II.17967, note Drago.

(53) Civ. 30 mars 1960, *Bull. civ.* II, p. 148.

(54) Cons. Etat, 25 juin 1948, *Brillaud*, Rec. Lebon, p. 292, D. 1949, somm. 21 ; Cons. Etat, 4 oct. 1967, *Wattebled*, Rec. Lebon, p. 351.

(55) Il a été fait observer que, prise à la lettre, la Convention européenne des droits de l'homme ne concerne effectivement que les litiges relatifs aux « droits et obligations de caractère civil » et les poursuites pénales (cf. R. Chapus, 3e éd., n° 847). L'argument est habile. Mais il ne convainc pas.

Comment expliquer un tel anachronisme ? Pour trouver la réponse à cette question, peut-être faut-il solliciter l'histoire. Les juridictions administratives, on l'a souvent dit, sont issues de l'administration, laquelle n'a pas pour habitude de prendre ses décisions après un débat public. L'empreinte est restée et, sans un texte formel, la jurisprudence du Conseil d'Etat s'en dégage malaisément. A ce sujet, il est d'ailleurs notable de constater que la terminologie du contentieux administratif a longtemps ignoré le mot « audience » pour lui préférer celui de « *séance* » qui évoque plus le secret que la publicité (56). Mais cette terminologie tend aujourd'hui à disparaître.

En fait, c'est essentiellement sur le *contentieux disciplinaire* que le Conseil d'Etat raidit sa position et qu'il ne veut pas entendre parler de la publicité des débats (57). La solution est très discutable au regard de l'obligation qui est imposée par l'art. 6 de la Convention européenne de sauvegarde des droits de l'homme (58). De toute manière, il est assez piquant d'observer que le Conseil d'Etat, qui n'hésite pas à considérer que la publicité des audiences est un principe général du droit lorsqu'il s'agit des juridictions de l'ordre judiciaire (arrêt Dme David du 4 oct. 1974, précité), se montre beaucoup moins rigoureux lorsqu'il s'agit des juridictions administratives placées sous son contrôle.

**588. Dérogations.** — Dans certains cas, l'admission du public à l'audience pourrait se révéler plus nuisible qu'utile. Des exigences supérieures de bienséance, de moralité, parfois même la nécessité d'éviter le scandale ou de protéger certains secrets relatifs aux intérêts fondamentaux de l'Etat, doivent permettre d'écarter exceptionnellement le principe de la publicité de l'audience.

*a*) Devant les *juridictions répressives*, une dérogation fut admise de tout temps : il s'agit de la faculté qui appartient au tribunal d'ordonner le *huis-clos*. Mais cette mesure, exceptionnelle en tant qu'elle déroge au principe de la publicité des audiences, ne peut être admise que dans des cas très limités et notamment lorsqu'il y a risque de scandale.

---

(56) A titre d'exemples : l'art. 66 de l'ordonnance du 31 juillet 1945, relative au Conseil d'Etat, est placé sous une section intitulée « Tenue des *séances* » ; de même jusqu'en 1989, l'art. R. 165 du code des tribunaux administratifs etait placé lui aussi sous un paragraphe intitulé « La tenue de la *séance* ». Mais on doit ajouter que, dans le langage courant, le mot « *audience* » est de plus en plus fréquemment utilisé. Et de son côté, le code des tribunaux administratifs et cours administrative d'appel, dans sa rédaction de 1989, fait expressément référence à l'*audience*.

(57) Cons. Etat, 27 oct. 1978, *Debout*, Rec. Lebon, p. 395, concl. Labetoulle, D. 1979, I.R.96, obs. P. Delvolvé, J.C.P. 1979.II.19259, note P. Schultz ; Cons. Etat, 14 janv. 1981, *Putot*, Rec. Lebon, p. 17 ; Cons. Etat, 8 févr. 1985, *Castet*, J.C.P. 1985.II.20524, note Auby.

(58) On comparera utilement sur ce point, la jurisprudence du Conseil d'Etat à celle de la Cour de cassation, cf. R. Perrot, obs. *Rev. trim. dr. civ.* 1984, 771.

*b*) Devant les *juridictions civiles, commerciales et sociales*, il peut arriver également que le principe de la publicité de l'audience soit exceptionnellement écarté. On dit alors que les débats se déroulent « *en chambre du conseil* », c'est-à-dire dans une pièce spécialement réservée aux magistrats où ceux-ci se retirent habituellement pour délibérer (pour « tenir conseil » ; d'où le nom donné à cette formation). Mais le mot « chambre » ne doit pas être pris à la lettre. Ce qu'il est convenu d'appeler la « chambre du conseil » n'est pas une chambre particulière du tribunal : elle est simplement le lieu où toute chambre du tribunal peut se retirer à l'abri du public.

Une affaire ne peut être débattue en chambre du conseil que dans les seuls cas où la loi le permet. Ces cas sont assez nombreux : on citera, par exemple, les affaires en matière de divorce et de séparation de corps (art. 248 c. civ.), de déchéance, retrait ou délégation de l'autorité parentale (art. 1208 nouv. c. pr. civ.), ainsi que les actions relatives à la filiation (art. 1149 nouv. c. pr. civ.), etc. Mais, par-delà ces cas particuliers, la loi reconnaît au juge la faculté de décider que les débats auront lieu en chambre du conseil toutes les fois qu'il doit en résulter une atteinte à la vie privée ou encore si toutes les parties au procès le demandent (art. 435 nouv. c. pr. civ.). Comme on peut le constater le juge dispose, à travers ces formules extrêmement fluides, d'un pouvoir d'appréciation assez étendu.

**589. Portée : le problème de l'enregistrement des débats.** — De nos jours, par l'effet des procédés modernes de reproduction et de diffusion (presse, radio, etc.), la publicité de l'audience dépasse très largement l'enceinte du prétoire : le public est informé à domicile de ce qui se passe dans les tribunaux sans avoir besoin de se déplacer. Cette évolution, qui substitue à la publicité de l'audience une information largement diffusée, a fait surgir de nouveaux problèmes liés au fait qu'il devient alors indispensable de sauvegarder la dignité de la justice et le respect dû aux justiciables, sans pour autant compromettre le principe de la liberté de la presse.

Déjà, il y a plus d'un siècle, la loi du 29 juillet 1881 sur la presse a conféré aux tribunaux le pouvoir d'interdire le compte rendu de certains débats.

Mais le problème a pris une dimension nouvelle avec le développement (et surtout la miniaturisation) des moyens de reproduction audiovisuels : magnétophone, télévision, appareils photographiques, caméras. La règle de principe est l'*interdiction de tout enregistrement sonore ou visuel dans les salles d'audience* (59). Toutefois, par dérogation à ce principe, une loi n° 85-699 du 11 juillet 1985 a décidé que, dans le cas particulier où un enregistrement peut présenter un intérêt pour la constitution d'archives historiques de la justice, « les audiences publiques devant

(59) On tolère parfois la télévision, mais avant l'entrée des magistrats, c'est-à-dire avant que l'audience ne soit ouverte.

les juridictions de l'ordre administratif ou judiciaire peuvent faire l'objet d'un enregistrement audiovisuel ou sonore ... » (60).

La loi du 11 juillet 1985 pose des conditions. L'enregistrement est subordonné essentiellement à l'autorisation d'une autorité compétente qui, selon les cas, est : le vice-président du Conseil d'Etat (pour les juridictions administratives), le premier président de la Cour de cassation (pour la Cour suprême) et le premier président de la cour d'appel (pour les juridictions du ressort de la cour d'appel et la cour elle-même). Avant de prendre sa décision, l'autorité compétente doit recueillir l'avis des parties en cause, du président de l'audience dont l'enregistrement est envisagé, du ministère public et aussi l'avis d'une commission consultative composée d'un parlementaire, de magistrats de l'ordre judiciaire, de juges administratifs, d'avocats, de journalistes et d'historiens (art. 4 ; sur les modalités de désignation des membres de la commission, cf. le décret nº 87-197 du 25 mars 1987).

Les enregistrements doivent être réalisés dans des conditions qui ne troublent pas l'audience et être effectués à partir de « points fixes » (art. 6) : que le cinéaste se fasse oublier et qu'il ne choisisse pas des angles de prise de vue qui pourraient farder la réalité ! Les documents enregistrés sont conservés par les Archives de France (art. 7). Dans les 20 ans qui suivent la clôture des débats, leur consultation ne peut avoir lieu qu'à des fins historiques ou scientifiques, après autorisation du garde des sceaux et du ministre de la culture ; entre 20 et 50 ans, la consultation est libre, mais la reproduction ou la diffusion est encore subordonnée à l'avis des parties au procès qui pourraient avoir intérêt à s'y opposer ; enfin, après 50 ans, la reproduction et la diffusion sont entièrement libres (art. 8).

Cette loi part d'un bon sentiment. On a pu faire observer, non sans raison, qu'il est regrettable de laisser échapper des sons et des images qui, plus tard, pourraient éclairer les historiens ; et, de fait, il serait bien intéressant aujourd'hui de posséder en film toute l'affaire Dreyfus ! On peut craindre, en revanche, que la présence d'une caméra qui sera l'impitoyable témoin pour l'historien de demain ne dénature totalement les débats et que les intéressés soient plus préoccupés de se composer un personnage pour la postérité que de collaborer objectivement à la recherche de la vérité. C'est le risque. Peut-être méritait-il d'être pris. Seule l'expérience permettra d'en juger. Pour l'instant, cette faculté a été relativement peu utilisée.

## § 3. — LA DÉCISION

**590. Vue d'ensemble.** — Après la clôture des débats, vient le moment de la décision. A cette fin, l'affaire est « mise en délibéré » : les juges composant la formation de jugement délibèrent entre eux sur les mérites respectifs des prétentions qui leur sont soumises et, après un vote, élaborent la décision (A). Mais, pour que

(60) R. Lindon, *La télévision à l'audience*, D. 1985, chron. 81 ; Pradel, *Les techniques audiovisuelles. La justice et l'histoire*, D. 1986, chron. 113.

cette décision soit définitivement acquise, elle doit encore être « prononcée » à l'audience (B). Ici encore, on constatera une alternance entre le secret et la publicité.

### A. — Délibéré

**591. Secret du délibéré.** — Le délibéré entre les juges est couvert par le secret le plus absolu. Il en est ainsi devant toutes les juridictions : aussi bien devant les juridictions de l'ordre judiciaire (art. 448 nouv. c. pr. civ.), que devant les juridictions de l'ordre administratif où le secret du délibéré est considéré comme un « principe général du droit public français » (61).

Il en résulte plusieurs conséquences.

*a*) D'abord, cela va sans dire, les juges doivent exprimer leur opinion en dehors de toute présence extérieure à la formation de jugement : ni les parties, ni les avocats, ni le ministère public, ni une personne quelconque ne peuvent assister au délibéré.

*b*) Ensuite, rien ne doit être divulgué de ce qui s'est dit au cours du délibéré. Le législateur attache une telle importance à ce principe qu'il a cru devoir faire figurer dans la formule du serment, que tout magistrat de l'ordre judiciaire doit prêter avant son installation, l'obligation de « garder religieusement le secret des délibérations » (ord. n° 58-1270 du 22 déc. 1958, art. 6).

*c*) Enfin, rien dans le jugement ne doit laisser transparaître l'opinion individuelle de chacun des juges. La jurisprudence se montre très stricte sur ce point et notamment elle n'hésite pas à déclarer nul un jugement qui ferait mention du fait qu'il a été rendu à l'unanimité (62).

Cette règle du secret est parfois curieusement oubliée par certains annotateurs d'arrêts dont la signature fait apparaître qu'ils ont participé à l'élaboration du jugement. On entend dire parfois qu'ils sont les mieux placés pour révéler ce que le tribunal a voulu décider. Il n'est pas toujours sûr que l'objectivité scientifique y trouve son compte et, en tout cas, le secret du délibéré est incontestablement méconnu.

**592. Justification du secret.** — L'histoire révèle la nécessité d'un tel principe. Le secret du délibéré fut supprimé au moment de la Révolution française à une époque

---

(61) Cons. Etat, 15 oct. 1965, *Mazel*, J.C.P. 1966.II.14487.

(62) Cons. Etat, 17 nov. 1922, *Légillon*, Rec. Lebon, p. 848 ; Cons. Etat, 15 oct. 1965, *Mazel*, précité ; *adde*, Cass. soc. 15 janv. 1964, J.C.P. 1964, éd. avoués, IV.4444 (mention du fait que le jugement a été rendu à la majorité de trois voix contre deux).

où, les juges étant élus, on considérait que le justiciable devait être en mesure de vérifier si son juge était digne de la confiance dont il l'avait investi. Cette pratique entraîna de tels désordres que, très vite, il fallut rétablir la règle du secret.

La justification la plus évidente est la nécessité de *soustraire le juge à toute pression extérieure* qui pourrait altérer sa sérénité au moment de la décision : il ne doit redouter ni la rancune vindicative du plaideur condamné, ni les abus d'influence de nature politique ou amicale. Comme l'écrivait Merlin, « le juge n'a pas toujours le courage de déclarer hautement que tel homme qui a quelque influence, par la place qu'il occupe, par les richesses qu'il possède, par les créatures qu'il se fait, est un fripon ».

A cette première raison, s'en ajoute une seconde : on n'a peut-être pas suffisamment remarqué que le secret du délibéré est *inhérent à la notion de collégialité.* Dès lors que le jugement est l'œuvre du collège que constitue le tribunal, il est normal que l'opinion de chacun des juges qui le composent ne transparaisse pas. Si chaque juge pouvait exprimer son opinion, comme il est d'usage dans les procédures d'inspiration anglaise, le jugement serait l'œuvre d'une « pluralité de juges uniques » et non pas celle d'un véritable collège formant une entité autonome (63). De ce point de vue, il n'est pas excessif de dire que la notion de collégialité implique nécessairement le secret du délibéré (*supra*, nº 293).

### B. — Prononcé de la décision

**593. Lecture en audience publique.** — Pour acquérir une existence juridique, toute décision contentieuse doit être prononcée oralement en audience publique. Il en est ainsi alors même que les débats auraient eu lieu à huis-clos ou en chambre du conseil. Devant les juridictions de l'ordre judiciaire, cette règle fondamentale est rappelée par différents textes (art. 451 nouv. c. pr. civ. ; art. 366 et 400 c. pr. pén.).

Il en est de même en ce qui concerne les décisions rendues par le Conseil d'Etat (ord. 31 juill. 1945, art. 68), les jugements des tribunaux administratifs et les arrêts des cours administratives d'appel (art. R. 199 c. trib. adm.), sauf toutefois en matière fiscale, en raison d'un autre principe qui est celui du secret de l'imposition. Devant les juridictions administratives à compétence spéciale, on ne trouve aucun texte semblable. Il semble que, dans la plupart des cas, la décision soit simplement notifiée aux parties ou à l'administration intéressée.

---

(63) Ainsi, en Angleterre et au Canada, tout juge minoritaire au sein de la formation de jugement constituant la cour d'appel (au Québec : « la cour du banc de la Reine ») peut exprimer son opinion personnelle dans une note que l'on appelle une « dissidence ».

En fait, le prononcé du jugement ne consiste pas à le lire intégralement dans son entier : la lecture se limite simplement à son « dispositif », c'est-à-dire à ce qui fait l'objet de la décision elle-même, à l'exclusion des motifs.

**594. Justification et controverse.** — L'opportunité d'une lecture en audience publique a parfois été contestée (64). Les juges, il faut bien le reconnaître, ont parfois l'impression que cette formalité constitue une perte de temps, surtout lorsque la lecture du jugement a lieu devant un public clairsemé. Ne serait-il pas plus simple de dispenser les tribunaux de cette formalité puisque les jugements peuvent toujours être consultés au greffe où ils sont déposés ?

Quelle que soit cependant la pertinence de cette observation, le prononcé du jugement en audience publique paraît devoir être conservé. Et cela pour plusieurs raisons :

*a*) D'abord il est bon que les plaideurs aient le sentiment que la décision du juge est un acte grave qui ne se réduit pas à un simple document furtivement déposé au greffe. Plus spécialement en matière pénale, il a été fait observer que la condamnation prononcée solennellement et publiquement assure en quelque sorte une fonction réparatrice à l'égard de la société qui a été lésée par l'infraction (65).

*b*) Ensuite, d'un point de vue plus général, le prononcé en audience publique manifeste par là que le jugement appartient désormais au « domaine public ». Le jugement une fois rendu n'est plus seulement une affaire entre particuliers ; il fait partie de l'ordonnancement général du droit, il est doté de la force exécutoire et, de ce fait, il est devenu un titre public. La lecture en audience publique concrétise matériellement cette idée essentielle et justifie par là même l'immunité dont bénéficient les commentaires doctrinaux.

*c*) Enfin, la lecture en audience publique marque l'instant précis à partir duquel le juge est dessaisi. Désormais, le droit est dit ; l'œuvre du juge est achevée et aucune modification n'est plus concevable. Ce moment, solennel entre tous, doit être connu sans la moindre ambiguïté.

---

(64) Jean-Charles Laurent, *Litiges familiaux et chambre du conseil*, J.C.P. 1955.I.1236.

(65) A. Vitu, *La publicité de la justice* (colloque des I.E.J. à Toulouse, en 1968), p. 60.

*CHAPITRE III*

# LE JUGEMENT

**595. Définition, présentation formelle et importance.** — Par définition, toute action en justice a pour objet d'obtenir du juge compétent qu'il se prononce sur une situation litigieuse au moyen d'un acte d'une nature très particulière qui, techniquement, s'appelle un *« acte juridictionnel »* et que, dans le langage courant, on appelle plus volontiers un *« jugement »*. Par cet acte, le juge dit le droit et ordonne en conséquence les mesures nécessaires pour en assurer le respect.

En règle générale, tout jugement se présente formellement de la manière suivante :

1) On trouve d'abord une série de *mentions destinées à l'identifier* : indication de la juridiction dont il émane, date de son prononcé, noms des juges, noms des parties et de leurs avocats éventuellement, nom du greffier présent à l'audience, etc...

2) Vient ensuite la *motivation.* Tout jugement doit en effet être motivé : on veut que le juge explique sa décision et dise pourquoi il s'est prononcé comme il l'a fait. C'est là une garantie contre tout risque d'arbitraire. Les motifs sont exposés dans une longue suite de développements que l'on appelle les *« attendus »* ou encore les *« considérants »* parce que chacun des paragraphes commence par la formule : attendu que ..., attendu que ... (ou encore, notamment devant les juridictions administratives : considérant que ..., considérant que ...).

3) Après une transition rituelle (« Par ces motifs ») se trouve exposée la décision proprement dite dans une partie du jugement qui porte le nom de *« dispositif ».* Il arrive très souvent que le dispositif comporte une succession de décisions par lesquelles le juge tranche les différentes questions litigieuses qui lui ont été soumises : pour désigner chacune de ces décisions fragmentaires, on parle des « chefs de la décision ».

Devant les juridictions de l'ordre judiciaire, les chefs de la décision sont énumérés à la suite les uns des autres de façon très variée (« dit et juge que ... » ; « condamne ... » ; « déboute ... »). En revanche, il est dans les usages des juridictions administratives de présenter les différents chefs de la décision sous forme d'articles (article 1..., article 2..., article 3..., etc...). Sans doute, faut-il voir dans cet usage un reflet des habitudes administratives.

4) Enfin, le jugement s'achève par la traditionnelle *formule exécutoire* (« La République française, mande et ordonne ... ») qui sera étudiée *infra*, n[os] 614 s.

Le jugement revêt une extrême importance. Non seulement il met fin à un litige, mais il y met fin de façon particulièrement énergique à un double titre : d'une part, il bénéficie d'une autorité spéciale que l'on appelle l'autorité de chose jugée, laquelle (sous réserve des voies de recours) interdit de revenir sur ce qui a fait l'objet du jugement ; et d'autre part, il constitue un titre exécutoire qui permet à son bénéficiaire de recourir au besoin à la force publique pour obtenir l'exécution effective de ce qui a été décidé par le juge.

**596. Terminologie.** — Dans un sens extrêmement large, le mot « jugement » désigne tout acte par lequel un juge exerce son pouvoir de juger, c'est-à-dire finalement toute décision de justice. Etymologiquement, l'expression n'est pas inexacte ; c'est d'ailleurs en ce sens qu'elle est généralement utilisée dans les codes. Mais, sur cette acception générique, le vocabulaire judiciaire a greffé une terminologie plus spécifique qu'il importe de connaître.

a) Le mot *« jugement »* est utilisé dans un sens plus précis pour désigner les décisions de justice qui émanent d'une juridiction de première instance : on dira par exemple, un jugement du tribunal administratif ou un jugement du tribunal correctionnel.

b) Et cela, par opposition au mot *« arrêt »* qui s'applique plus spécialement aux décisions de justice rendues par une cour. Ainsi la Cour de cassation et les cours d'appel ne rendent pas des « jugements » : elles prononcent des « arrêts ».

c) Le mot *« ordonnance »* est d'un usage assez fréquent, pour désigner les décisions rendues par un juge unique : par exemple, on dira une ordonnance de référé ou une ordonnance du juge d'instruction.

d) Parfois, le mot *« décision »* est aussi utilisé : assez rarement devant les juridictions de l'ordre judiciaire (sinon, pour désigner toute décision de justice, en général), mais beaucoup plus fréquemment dans le contentieux administratif où cette expression est assez répandue. Ainsi, dans le langage officiel, le Conseil d'Etat rend des « décisions » (1).

e) Enfin, certaines décisions sont appelées des *« sentences »*. L'expression est courante en matière pénale : ce qui ne doit pas surprendre si l'on considère que le mot sentence évoque l'idée d'une répression. Il est en revanche plus surprenant que ce même mot soit également utilisé devant les conseils de prud'hommes (on dit parfois : une « sentence prud'homale ») et aussi en matière d'arbitrage où la décision rendue prend le nom de « sentence arbitrale » (*supra*, n° 57-IV).

---

(1) Peut-être faut-il voir dans cette expression la survivance d'une époque où la distinction entre l'autorité administrative (qui prend des décisions) et la juridiction administrative était encore mal dégagée. Le vocabulaire se nourrit d'histoire et parfois s'en dégage mal. En fait, dans le langage moderne, on parle volontiers d'un « arrêt » du Conseil d'Etat (mais jamais il n'est question de « jugement »).

**597. Plan.** — Conformément à l'esprit général de cet ouvrage, on se bornera à dégager les principes fondamentaux qui régissent les jugements (au sens large du terme), en comparant leur mise en œuvre à travers les différents contentieux.

Il conviendra d'abord de présenter quelques *généralités sur l'acte juridictionnel*, en s'attachant plus spécialement à définir cette notion (Section I).

On insistera ensuite sur les *effets généraux des jugements* (Section II) et sur les *voies de recours* dont ils peuvent être l'objet (Section III).

## *SECTION I*

## GÉNÉRALITÉS SUR L'ACTE JURIDICTIONNEL

**598. Notion d'acte juridictionnel : complexité du problème.** — Etymologiquement, l'acte juridictionnel est celui par lequel un juge « dit le droit » (du latin : *jurisdictio*). Par exemple, le tribunal administratif qui annule un arrêté municipal, le tribunal correctionnel qui condamne ou relaxe un prévenu, le tribunal de grande instance qui condamne l'auteur d'un accident à des dommages-intérêts, disent le droit et, par conséquent, les décisions qu'ils rendent sont des actes juridictionnels.

Sous l'apparente simplicité de cette définition, se dissimule en réalité un problème infiniment plus complexe car, dans bien des cas, en présence d'un acte déterminé, on peut très sérieusement s'interroger sur le point de savoir s'il s'agit ou non d'un acte juridictionnel. La difficulté vient d'abord de ce que l'on peut hésiter sur le pouvoir de juger de son auteur (*infra*, n^os^ 286 s.). Mais cette difficulté n'est pas la seule. Même s'il n'y a aucun doute sur ce point, *toutes les décisions rendues par un juge ne sont pas nécessairement des actes juridictionnels* : lorsque, par exemple, un juge d'instruction donne commission rogatoire à un officier de police judiciaire pour entendre un témoin ou procéder à une perquisition, il ne « dit » pas le droit, et par conséquent sa décision est dépourvue de tout caractère juridictionnel.

Cela dit, il est indispensable de définir exactement la notion d'acte juridictionnel, en raison du régime très particulier auquel il est soumis et des effets propres qui lui sont attachés. Ainsi, l'acte juridictionnel doit être motivé (*supra*, n° 595), il ne se conçoit pas sans une contradiction préalable, sinon effective du moins virtuelle (*supra*, n^os^ 565 s.), une fois rendu, il ne peut plus être modifié autrement que dans le cadre très strict des voies de recours (*infra*, n^os^ 623 s.) et surtout il a autorité de chose jugée (*infra*, n^os^ 605 s.) et force exécutoire (*infra*, n^os^ 614). De là, la nécessité de savoir à quoi se reconnaît un acte juridictionnel au sens précis du terme.

**599. Controverses doctrinales** (2). — Sur ce problème, les controverses n'ont jamais cessé et ne cesseront sans doute jamais, chaque auteur apportant une touche personnelle qui souvent affine le débat, mais qui souvent aussi fait rebondir le problème sans vraiment le résoudre.

Il faut dire que cette controverse classique a largement pâti de ce que les spécialistes du droit public et ceux du droit privé ont prétendu découvrir la « clé universelle » de ce problème, à partir des solutions propres à chacun de leur contentieux, alors que les perspectives sont très différentes. En droit public, la question primordiale est celle de savoir quelles sont, parmi toutes les autorités publiques, celles qui ont reçu le pouvoir de juger (*supra*, nos 286 s.). Cette question n'a jamais véritablement retenu l'attention des spécialistes du droit privé qui se sont surtout attachés à déterminer, parmi les actes du juge, quels sont ceux qui méritent d'être considérés comme de véritables jugements. Ce dialogue de sourds, agrémenté souvent par des considérations philosophiques, devait fatalement engendrer une controverse inépuisable.

Dans le cadre d'un ouvrage destiné simplement à faciliter la compréhension des notions fondamentales de la vie judiciaire, il ne saurait être question d'ajouter une théorie de plus à toutes celles qui depuis plus d'un siècle ont été brillamment développées. Mais, avec tout l'arbitraire que comporte nécessairement une schématisation rapide, on peut poser en principe que l'acte juridictionnel est celui qui, d'une part, émane d'une juridiction (I) et qui, d'autre part, tranche un litige entre deux adversaires (II), sauf à préciser au passage les divergences doctrinales sur chacune de ces deux conditions.

**600. 1re condition : l'acte juridictionnel émane d'une juridiction.** — Il est évident que seul peut être considéré comme un acte juridictionnel, celui qui émane d'un organe investi du pouvoir de juger, c'est-à-dire du pouvoir de révéler le droit dans un cas concret. L'acte signé par un ministre, un préfet ou un maire n'est pas un acte juridictionnel, parce qu'il est l'œuvre d'une autorité qui n'a pas reçu de la loi le pouvoir de juger. Un tel principe n'est guère discutable. On ne saurait en effet attribuer une valeur juridictionnelle, avec autorité de chose jugée et force exécutoire de droit, à un acte qui n'émanerait pas d'une juridiction régulièrement instituée par la loi et chargée de statuer conformément au droit, à la suite d'une procédure protectrice des intérêts en cause.

---

(2) A cette place, il est impossible de citer toutes les études consacrées à cette question. On se bornera à mentionner les études synthétiques qui permettent d'avoir une vue d'ensemble sur le problème : Lampué, *La notion d'acte juridictionnel*, Rev. dr. publ. 1946, p. 38 ; Jean De Soto, *La notion d'acte de juridiction*, D. 1956, chron. 45 ; P. Hébraud, *L'acte juridictionnel et la classification des contentieux*, Recueil de l'Académie de législation de Toulouse, t. XIX, p. 131 ; R. Chapus, *Qu'est-ce qu'une juridiction ? La réponse de la juridiction administrative*, Mélanges Eisenmann, p. 263.

Encore faut-il savoir si la décision émane bien d'une véritable juridiction.

*a*) Dans l'*ordre judiciaire*, la question n'a jamais soulevé de problème. Du fait que, par le poids de l'histoire, les juridictions de cet ordre forment un ensemble très structuré, il est relativement aisé de cataloguer quelles sont les juridictions ; et en tout cas, il n'y a aucun risque de confusion avec une autorité administrative (3).

*b*) Dans l'*ordre administratif*, la situation est très différente. Entre l'administration active et la juridiction administrative, les rapports sont extrêmement étroits. Et s'il est vrai que certaines juridictions ont acquis aujourd'hui une autonomie qui ne laisse aucun doute sur leur caractère véritablement juridictionnel (tels, le Conseil d'Etat, les tribunaux administratifs et les cours administratives d'appel), dans beaucoup d'autres cas on peut sérieusement hésiter sur le point de savoir si certains organes de l'administration ne sont que des autorités administratives ou si, au contraire, ce sont de véritables juridictions administratives à compétence spéciale. Cette question ayant été précédemment étudiée, il suffit de renvoyer sur ce point aux explications antérieures (*supra*, n$^{os}$ 286 s.).

Mais, dans cette perspective, on est alors conduit à définir l'*acte juridictionnel* par opposition à l'*acte administratif*, selon la nature de l'organe dont il émane.

Si l'acte émane d'un organe qui n'est pas autre chose qu'une simple autorité administrative, on en déduira que cet acte ne peut en aucun cas être considéré comme un acte juridictionnel : tout au plus s'agit-il d'une simple décision administrative (qui n'a pas autorité de chose jugée et qui peut être rétractée), même si cette autorité s'est comportée apparemment comme aurait pu le faire un juge (4).

Un exemple, emprunté à un arrêt du Conseil d'Etat du 4 février 1955 (arrêt *Lods*, D. 1955.616, note Auby), est particulièrement révélateur. Un préfet avait été saisi par un administré d'une demande tendant à faire annuler la délibération d'un conseil municipal ; ce qu'il fit. Sa décision avait-elle la valeur d'un acte juridictionnel ? Apparemment, on aurait pu le croire : le préfet n'avait-il pas tranché un litige comme aurait pu le faire un tribunal administratif ? Le Conseil d'Etat n'a pas admis ce raisonnement et a considéré que l'acte du préfet était une simple décision administrative. Pourquoi ? Simplement parce que le préfet n'est pas un juge et qu'il n'est donc pas investi du pouvoir de juger, même si en fait sa démarche intellectuelle a été identique à celle d'un juge.

---

(3) Il n'est pas certain que cette sérénité se perpétuera. Depuis un certain nombre d'années, le législateur prend l'habitude de confier aux cours d'appel la charge de statuer au second degré sur des organes dont la nature juridique exacte peut faire problème : par exemple, le *conseil de la concurrence* institué par une ordonnance du 1$^{er}$ décembre 1986.

(4) Seul fait exception à la règle un organe que l'on appelle le « Conseil des prises » (en matière maritime) qui présente cette particularité de rendre de véritables arrêts ... signés par le Président de la République. Mais cet exemple est toujours présenté comme une curiosité juridique.

Si, en revanche, la décision a été élaborée par un organe que l'on peut considérer comme une véritable juridiction administrative, il sera possible de reconnaître à sa décision la valeur d'un acte juridictionnel, avec toutes les conséquences qui en résultent (autorité de chose jugée, force exécutoire de plein droit, absence de réformation en dehors des voies de recours), dès lors du moins que cette décision satisfait par ailleurs à la seconde condition qui doit maintenant être étudiée.

**601. 2e condition : l'acte juridictionnel tranche un litige entre deux adversaires. —** Il a déjà été fait observer que toutes les décisions prises par un juge ne sont pas nécessairement des actes juridictionnels. Lorsque, par exemple, un tribunal fixe la date d'une audience, sa décision se présente peut-être formellement comme un jugement, mais ce n'est pas un acte juridictionnel au sens strict du terme, dans la mesure où le juge ne s'est pas prononcé sur une contestation entre les parties. Le problème est alors de faire une distinction, parmi tous les actes du juge, entre ceux qui ont une valeur juridictionnelle (avec autorité de chose jugée) et ceux qui ne l'ont pas.

Devant les juridictions administratives, cette question ne présente qu'un intérêt limité, parce que les décisions non-juridictionnelles sont relativement rares (5). En revanche, devant les juridictions de l'ordre judiciaire, le problème présente un intérêt pratique considérable du fait que le juge est fréquemment appelé à intervenir pour statuer sur des demandes d'autorisation (exemples : une autorisation de saisie, une autorisation accordée à un administrateur légal ou à un tuteur de vendre certains immeubles appartenant à un enfant mineur), pour constater certaines déclarations de volonté (exemple : l'émancipation d'un mineur), pour homologuer certains actes graves (exemples : divorce par consentement mutuel, adoption, changement de régime matrimonial) ou pour donner acte aux parties d'un désistement. Tous ces actes ne peuvent pas être considérés comme des actes juridictionnels sous prétexte qu'ils émanent d'un juge. Entre un véritable jugement par lequel un tribunal condamne une partie et fait droit à la prétention de son adversaire et la décision du juge qui accorde une autorisation ou homologue un acte, il y a une différence de nature évidente.

Mais où est la différence ? et quel est le critère ? On répond généralement à cette question en disant que l'acte juridictionnel est celui par lequel le juge est appelé à trancher une *contestation* formalisée par deux prétentions concurrentes : par exemple, le demandeur prétend qu'il est propriétaire d'une parcelle de terrain et son adversaire prétend le contraire ; le ministère public poursuit une personne estimée coupable

(5) On cite généralement comme exemple le cas où le contribuable d'une commune veut plaider au nom de cette dernière et où, pour être investi de ce pouvoir, il doit obtenir préalablement l'autorisation du tribunal administratif (art. L. 316-5 du code des communes) : la décision par laquelle le tribunal administratif accorde ou refuse cette autorisation n'est certainement pas un acte juridictionnel.

et celle-ci conteste toute participation aux faits délictueux, etc... Dans tous ces cas, le jugement rendu est un véritable acte juridictionnel que l'on appelle traditionnellement un « jugement contentieux » (parce qu'il tranche une contestation). Au contraire, la décision du juge qui homologue la convention par laquelle deux époux sont d'accord pour divorcer, ne rend pas un jugement contentieux puisque, par définition, il n'y a aucune contestation entre les parties. La contestation apparaîtrait donc comme le trait caractéristique de l'acte juridictionnel.

La notion de contestation n'est pas, il est vrai, exempte de toute ambiguïté. Cette notion pourrait en effet donner à penser qu'il n'y a d'acte juridictionnel que dans la mesure où la prétention d'une partie est effectivement contestée devant le juge par une dénégation formelle et contradictoire des éléments de fait ou de droit susceptibles de la justifier. Ce serait une erreur. Dans certains cas, la contestation est simplement latente ou implicite. Tel est le cas lorsque les intérêts d'une personne ont été lésés par l'attitude d'une autre qui, de façon négative, par simple inertie, résiste à la prétention qui lui est opposée : lorsque, par exemple, l'administration ne répond pas dans les quatre mois à la demande qui lui a été présentée, lorsqu'un défendeur fait défaut ou encore, en matière pénale, lorsque le prévenu ne conteste pas la réalité des faits qui lui sont reprochés. Dans toutes ces hypothèses, il n'y a pas contestation au sens réel du terme, et cependant nul ne peut nier que l'acte du juge est un véritable jugement ayant une nature juridictionnelle.

Pour cette raison, à la notion de « contestation » qui peut prêter à équivoque, la doctrine moderne préfère substituer celle, plus compréhensive, de *« litige »*. Et l'on dira alors que l'acte juridictionnel est celui qui statue sur une *situation litigieuse entre deux adversaires.*

De toute manière, quelle que soit la terminologie utilisée, on aboutit à cette conclusion qu'à côté du jugement contentieux qui constitue l'acte juridictionnel par excellence, il y a d'autres décisions qui ne semblent pas devoir entrer dans cette catégorie : ce sont notamment les actes d'administration judiciaire (*a*) et, sous le bénéfice d'une controverse, les décisions gracieuses (*b*).

**602. a) Acte d'administration judiciaire.** — On appelle ainsi la décision par laquelle un juge prend une mesure destinée à assurer le bon fonctionnement du service de la justice. Par exemple : un tribunal décide que l'affaire sera appelée à l'audience un jour déterminé, que tel expert sera désigné, qu'un plaideur devra déposer ses conclusions avant telle date, etc ... Dans tous ces cas, la décision du juge n'est certainement pas un acte juridictionnel et il faut s'abstenir de présenter cet acte comme un jugement. En réalité, la décision du juge a pour objet, non point de trancher le litige qui lui est soumis, mais beaucoup plus simplement de pourvoir à l'administration de la justice (de là, son nom) en prenant les mesures nécessaires pour être à même de statuer sur le fond de la demande. Il en résulte que les actes d'administration judiciaire n'ont pas autorité de chose jugée et ne peuvent faire l'objet d'aucun recours (art. 537 nouv. c. pr. civ.).

**603. b) Décision gracieuse.** — Sous ce terme générique, on englobe les décisions au moyen desquelles le juge autorise certaines mesures (une saisie, par exemple), homologue des accords importants (adoption, divorce par consentement mutuel, changement de régime matrimonial) ou recueille certaines déclarations. Toutes ces décisions ont pour trait caractéristique de ne pas trancher un litige entre deux adversaires : le juge intervient simplement pour assurer un contrôle sur certaines opérations juridiques qui, pour l'instant tout au moins, ne soulèvent aucune contestation. A ce titre, la décision gracieuse se distingue très nettement du jugement contentieux et, pour cette raison, ne semble pas devoir être considérée comme un acte juridictionnel ayant autorité de chose jugée. La question est toutefois controversée.

On prétend parfois que la décision gracieuse serait un acte juridictionnel sous prétexte que le juge, s'il ne tranche pas un litige entre deux adversaires, procède néanmoins à certaines *vérifications* qui le conduisent à « juger » une situation ; à « juger », par exemple, si l'adoption qui est soumise à son homologation est régulière ou non, si le changement de régime matrimonial sollicité par les époux ne lèse pas les intérêts de la famille, etc... (6).

La déduction nous paraît contestable.

*a*) D'abord, il faut bien s'entendre sur l'enjeu pratique d'un tel débat : nul n'a jamais mis en doute l'autorité qui peut s'attacher à des décisions de cette nature ; tout le problème est de savoir si cette autorité procède de la « chose jugée » comme s'il s'agissait d'un véritable jugement contentieux.

*b*) Pour l'admettre, il faut se résigner à considérer que le fait, pour l'auteur d'un acte, de procéder à une simple « vérification » suffit à conférer à cet acte une nature juridictionnelle. On peut très sérieusement en douter. A ce compte-là, tous les actes du juge seraient des actes juridictionnels ; car bien rares sont ceux pour lesquels sa compétence est liée au point de ne laisser place à aucune appréciation de sa part. Et, par ailleurs, on ne voit plus très bien où serait la différence avec l'acte d'un administrateur (d'un maire, par exemple, qui accorde ou refuse un permis de construire) et qui, lui aussi, procède à des vérifications.

Finalement, toutes ces raisons nous conduisent à penser que la notion de « vérification » n'est pas un critère suffisant et que seuls méritent d'être considérées comme des actes juridictionnels, les décisions par lesquelles le juge tranche une contestation (ou disons plus exactement : un « litige ») entre deux prétentions concurrentes ; ce qui n'est pas le cas de la décision gracieuse, tout au moins au moment où il statue.

---

(6) P. Hébraud, D. 1946. L. 343, col. 1 § I-A ; et du même auteur, ses observations à la *Rev. trim. dr. civ.* 1957.559.

## *SECTION II*

## EFFETS GÉNÉRAUX DES JUGEMENTS

**604. Vue d'ensemble.** — Chaque jugement produit des effets particuliers qui varient selon l'objet même du litige : condamnation à des dommages-intérêts, annulation d'un acte administratif, condamnation à l'exécution d'un contrat, condamnation à telle peine, etc... Il est inutile d'insister sur la gamme infinie des décisions qui peuvent être prises. En revanche, tous les jugements, quel que soit l'objet de la décision, produisent certains effets généraux qui sont propres à l'acte juridictionnel et qui le différencient de l'acte administratif. Ces effets sont au nombre de trois :

*a*) D'abord, un effet de *dessaisissement* : en prononçant son jugement, le juge épuise son pouvoir de juridiction ; l'instance est éteinte, le litige lui échappe, il en est dessaisi. On exprime parfois cette règle au moyen d'une formule latine : *« Lata sententia judex desinit esse judex »* (lorsque la sentence est rendue, le juge cesse d'être juge). Il en résulte alors cette conséquence pratique que le juge ne peut plus revenir sur sa décision : il ne peut plus ni la modifier, ni la rétracter, même s'il s'apercevait qu'elle a été mal rendue. Tout au plus tolère-t-on les rectifications d'ordre purement matériel et, en matière civile et commerciale, la réparation des omissions qui auraient pu se glisser (art. 462 et 463 nouv. c. pr. civ.).

*b*) Ensuite, le jugement est couvert par une autorité particulière que l'on appelle l'*autorité de la chose jugée.*

*c*) Enfin, le jugement a de plein droit *force exécutoire.*

Ces deux derniers effets particulièrement importants seront étudiés successivement.

### § 1. — AUTORITÉ DE LA CHOSE JUGÉE

**605. Principe.** — Dès son prononcé, le jugement a autorité de chose jugée, ce qui signifie que la décision du juge est indiscutable. Sans doute, aussi longtemps qu'une voie de recours peut être exercée, cette autorité est-elle encore précaire. Mais à l'expiration des délais impartis pour exercer un recours (délais généralement très brefs d'ailleurs, *infra*, n° 623), la décision « passe en force de chose jugée » :

elle a désormais force de vérité légale; *ce qui a été jugé ne peut plus être remis en cause de quelque manière que ce soit* (7).

Il en résulte alors cette double conséquence importante que, d'une part, le jugement constitue un véritable titre dont on peut toujours se prévaloir comme moyen de preuve et que, d'autre part, toute nouvelle demande qui tendrait à remettre en cause ce qui a déjà été jugé se heurterait à une fin de non-recevoir tirée de l'autorité de la chose jugée (art. 1351 c. civ.) (8).

Cette règle de portée générale vaut pour tous les contentieux. Ainsi, en matière pénale, une personne poursuivie et jugée pour certains faits délictueux ne peut pas être poursuivie une seconde fois à raison des mêmes faits matériels (art. 368 c. pr. pén.) : tel est le sens de la maxime *« non bis in idem »*.

Comment expliquer une telle autorité, caractéristique de l'acte juridictionnel ?

L'explication traditionnelle consiste à présenter la chose jugée comme valant *« présomption de vérité »* : ce qui a été jugé est présumé de façon irréfragable être la vérité légale (*« res judicata pro veritate habetur »*, disaient les anciens auteurs). Cette analyse peut effectivement se recommander du fait que l'article 1350 du code civil range l'autorité de la chose jugée parmi les présomptions établies par la loi. Mais cette explication n'est guère convaincante, surtout si l'on considère que même les jugements rendus au mépris d'une règle d'ordre public sont couverts par l'autorité de la chose jugée, alors que, de toute évidence, ils n'expriment pas la « vérité » (9). En définitive, cette présomption de vérité est plus la constatation d'un résultat qu'une véritable justification.

On a parfois cherché à trouver une explication en se référant à l'idée qu'il existerait entre les plaideurs un *« contrat judiciaire »* : les parties à l'instance, en acceptant de comparaître devant leur juge, auraient en quelque sorte adhéré par avance à sa décision et elles se trouveraient ainsi liées par le jugement dans les mêmes conditions que des contractants sont tenus par la force obligatoire d'un contrat. A vrai dire, cette explication est très artificielle :

---

(7) On ajoutera, pour être complet, que certains jugements échappent à cette règle : il s'agit des jugements dits *provisoires*. L'exemple le plus caractéristique est celui des ordonnances du juge d'instruction en matière pénale. Lorsque, par exemple, une ordonnance de non-lieu est rendue, elle l'est toujours en fonction des faits connus : si donc des charges nouvelles devaient apparaître ultérieurement, l'ordonnance de non-lieu ne s'opposerait pas à ce que les poursuites soient reprises, précisément parce que cette ordonnance a un caractère provisoire. Il n'en serait autrement que si l'ordonnance était motivée en droit. On peut trouver d'autres exemples en matière civile et commerciale : notamment, l'ordonnance de référé et les jugements qui statuent sur une pension alimentaire ou sur une garde d'enfant. Mais, sous ces réserves, tout jugement définitif de nature contentieuse a autorité de chose jugée.

(8) On dit parfois : *« exception de chose jugée »*. Mais ce langage n'est pas exact. Il s'agit en réalité d'une véritable fin de non-recevoir. Cette terminologie fait partie des incertitudes de vocabulaire dont il a été question précédemment (*supra*, n° 538).

(9) Cass. civ. 24 juill. 1941, S. 1942.1.141 ; Com. 11 oct. 1977, *Bull. civ.* IV, n° 224, p. 190.

comment peut-on dire d'un défendeur qu'il accepte le procès, surtout lorsqu'il est défaillant ? Il le subit et rien de plus (10).

Il faut semble-t-il se montrer plus modeste dans la recherche et constater simplement qu'il est *indispensable de mettre un terme aux contestations.* Si l'autorité de la chose jugée n'existait pas, tout perdant serait tenté de recommencer un nouveau procès ... avec l'espoir de trouver un juge plus compréhensif. A ce compte-là, les procès se perpétueraient à travers les générations. Aucune société ne pourrait admettre que les litiges n'aient jamais de fin : ce serait la négation de la fonction juridictionnelle.

**606. La « vérité judiciaire » : son particularisme.** — Contrairement à ce que l'on pourrait penser, la vérité judiciaire n'est pas une vérité abstraite et objective : elle est une vérité contingente qui est fonction de ce qui a été débattu devant le juge relativement à la question litigieuse qui lui a été soumise : on dit que la chose jugée est relative (A). Toutefois, il en est autrement dans certains cas exceptionnels où la chose jugée a une autorité absolue (B).

### A. — **Relativité de la chose jugée**

**607. Triple identité.** — En principe, la chose jugée n'a force de vérité légale que relativement à l'affaire qui a été jugée. Elle ne fait donc obstacle au renouvellement que des seules demandes qui, par rapport à la précédente, auraient même *objet*, même *cause* et mêmes *parties*. C'est très exactement ce que décide l'article 1351 du code civil dont tout le monde s'accorde à reconnaître la portée générale dans tous les contentieux : « L'autorité de la chose jugée, dit ce texte, n'a lieu qu'à l'égard de ce qui a fait l'objet du jugement. Il faut que la chose demandée soit la même ; que la demande soit fondée sur la même cause ; que la demande soit entre les mêmes parties, et formée par elles et contre elles en la même qualité ».

*a*) *Identité d'objet.* — Rien ne s'oppose à ce que, entre le même demandeur et le même défendeur, soit formée une nouvelle demande dont l'objet serait différent.

Premier exemple : Jacques a exercé contre Pierre une action en revendication pour faire reconnaître son droit de propriété sur un terrain déterminé ; il a été débouté ; il est possible à Jacques de former, toujours contre Pierre, une nouvelle demande portant sur un autre terrain. L'objet de la nouvelle demande est différent et, dès lors, l'autorité du premier jugement ne peut pas lui être opposée.

---

(10) En réalité, cette prétendue justification fait partie de l'arsenal des présomptions de volonté que la philosophie du XVIIIe siècle prétendait découvrir pour expliquer toutes les obligations légales (rapp. le « contrat social » de J.J. Rousseau).

Second exemple : si Philippe, poursuivi pénalement à raison de certains faits, a été acquitté, rien ne s'opposerait à ce que, à raison des mêmes faits, il fasse l'objet de poursuites disciplinaires et qu'il soit éventuellement révoqué de la fonction qu'il exerce. Les poursuites pénales et les poursuites disciplinaires ont en effet des objets différents

*b) Identité de cause.* — Si entre les mêmes parties et sur le même objet, une nouvelle demande est formée en s'appuyant sur une cause différente, l'autorité de la chose jugée ne fait pas obstacle à cette nouvelle demande.

Un exemple, emprunté au contentieux administratif, est très caractéristique : une demande de sursis d'incorporation est présentée à un conseil de révision (qui est une juridiction administrative) en vue de poursuivre des études secondaires : la demande est rejetée ; une nouvelle demande de sursis d'incorporation peut être formée sans se heurter à l'autorité de la chose jugée si elle a pour cause la volonté de l'intéressé de suivre les cours d'une école des Beaux-arts dont le régime des études a été récemment modifié (11).

Autre exemple, en matière civile : un contractant demande la nullité d'un contrat en invoquant un vice du consentement (erreur ou dol) ; il est débouté ; l'autorité de la chose jugée ne fait pas obstacle à ce qu'il renouvelle sa demande en nullité en la fondant cette fois sur le fait que le contrat serait contraire à une règle d'ordre public. Les parties sont les mêmes, l'objet de la demande également ; mais la cause est différente.

*c) Identité des parties.* — La chose jugée est relative aux parties en cause. Cette dernière identité, la plus importante de toutes au point de vue pratique, exige de plus amples commentaires.

**608. L'autorité de la chose jugée est relative aux parties.** — Cette règle fondamentale signifie qu'un jugement n'a force de vérité légale que *dans les rapports entre les parties à l'instance* : les tiers ne peuvent pas se voir opposer l'autorité qui s'attache au jugement comme une vérité légale incontestable à leur égard.

Un exemple illustrera ce principe. Imaginons un procès entre Jacques et Paul ayant pour objet la propriété d'un terrain déterminé. Un jugement décide que Paul en est le propriétaire. Il y a autorité de chose jugée sur ce point et Jacques ne pourrait certainement pas former une nouvelle demande fondée sur la même cause pour se faire reconnaître propriétaire. Mais cette autorité n'existe que dans les rapports entre Jacques et Paul. Si un tiers, François par exemple, se prétend propriétaire du même terrain, il peut très certainement exercer une action en revendication contre Paul ; et ce dernier ne peut pas se prévaloir à l'encontre de François du titre que lui confère le jugement précédent pour faire échec à cette demande, car, à l'égard de celui-ci, il n'y a pas autorité de chose jugée.

---

(11) Cons. Etat, 24 févr. 1961, *Eyraud*, Rec. Lebon, p. 146, D. 1961.758, note J.P. Gilli, Act. jur. adm. 1961.193, chron. J.M. Galabert et Gentot.

*Autorité de la chose jugée*

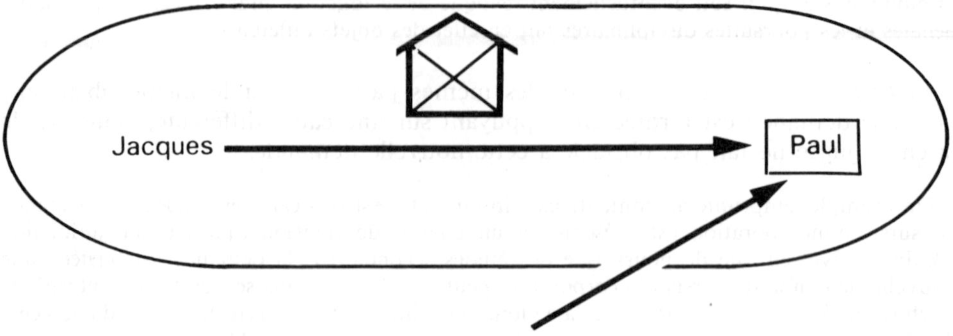


La solution peut paraître curieuse. A la limite, elle risque d'aboutir à une contradiction apparente si, notamment dans l'exemple choisi, François vient à être déclaré propriétaire. Mais, en réalité, la règle s'explique très bien : la vérité judiciaire est une vérité contingente qui est fonction des éléments de preuve et des arguments soumis au juge par chacune des parties en cause. Toujours dans l'exemple choisi, pour reconnaître la propriété de Paul, le tribunal a estimé que les moyens de preuve de ce dernier étaient plus forts que ceux de Jacques ; mais si François était intervenu en faisant valoir ses propres moyens, la décision du tribunal aurait peut-être été différente. Au reste, le principe de la contradiction (*supra*, n[os] 565 s.) interdit que l'on puisse opposer à un tiers, avec force de vérité légale, une décision qui a été rendue sans qu'il ait été appelé et sans que, par conséquent, il ait été en mesure de discuter et de contredire les éléments débattus.

Tel est le principe dit de la « relativité de la chose jugée quant aux parties » qui se retrouve dans tous les contentieux, y compris en matière pénale et administrative.

Ainsi, en matière pénale, si après qu'une personne a été condamnée pour avoir commis certains faits délictueux, un de ses coauteurs est découvert, l'autorité du jugement ne s'oppose pas à ce que ce dernier soit poursuivi et condamné à son tour.

On ajoutera simplement que la notion de partie doit être bien comprise : sauf en matière pénale (où le principe de la personnalisation des peines supprime toute difficulté), la notion de partie s'entend de toutes les personnes qui ont effectivement participé à l'instance, mais aussi des personnes qui y ont été représentées ainsi que de leurs héritiers (c'est-à-dire, des ayants-cause qui sont censés continuer la personnalité juridique du défunt).

**609. Quelle est la situation des tiers ?** — Pour traduire le principe qui vient d'être exposé, on entend souvent dire que « la chose jugée est inopposable aux tiers » ; ce qui pourrait incliner à penser que le jugement est, à l'égard des tiers, une « feuille de papier blanc » qu'ils sont en droit d'ignorer et qui, pour cette raison, ne peut jamais porter atteinte à leurs intérêts.

Ce n'est pas toujours exact. Au même titre que le contrat, le jugement est un fait ; et en tant que fait, l'existence de la situation juridique reconnue par le jugement est opposable à tous (*« erga omnes »*, dit-on), y compris aux tiers. Si par exemple, à la suite d'une action en revendication, un jugement déclare que le bailleur d'un immeuble n'en était pas le propriétaire, tous ceux qui tiennent leurs droits de ce dernier (les locataires, par exemple) risquent d'être expulsés : la situation juridique consacrée par le jugement (à savoir, l'absence de droit de propriété en la personne du bailleur) leur est opposable en tant que fait. Dès lors, *le jugement rendu est susceptible d'avoir des répercussions indirectes graves sur les intérêts des tiers* ; et ceux-ci, pour y échapper, ne peuvent pas se borner à invoquer la relativité de la chose jugée (12).

En quoi alors, se demandera-t-on, la situation des tiers diffère-t-elle de la situation des parties à l'instance ? En ceci que :

— les parties ne sont plus admises à discuter ce qui a été jugé ; à leur égard, la chose jugée est irrévocable ;

— tandis que les tiers conservent la faculté de faire juger le contraire en ce qui les concerne ; et cela en exerçant une voie de recours spéciale, que l'on appelle la *tierce opposition.* L'expression est très évocatrice. Au moyen de cette voie de recours, les « tiers » c'est-à-dire ceux qui n'ont pas été parties au jugement, font « opposition » à ce jugement pour être en mesure de défendre leurs propres intérêts (*infra*, n^os 632 s.).

### B. — Dérogation au principe : autorité absolue de la chose jugée

**610. Définition.** — Dire d'une décision de justice qu'elle a une autorité absolue, signifie que personne, *pas même un tiers*, n'est admis à critiquer ce qui a été jugé. La force de vérité légale qui résulte du jugement est considérée comme une vérité légale objective qui s'impose à tous : *erga omnes.*

Cette solution peut paraître aberrante : comment en effet un tiers peut-il se trouver engagé par l'autorité d'un jugement alors qu'il n'a pas été admis à discuter les preuves soumises au juge, ni même à faire valoir ses moyens et ses arguments ?

---

(12) L. Boyer, « Les effets des jugements à l'égard des tiers », *Rev. trim. dr. civ.* 1951, p. 163 s.

N'est-ce pas faire fi du principe de la contradiction considéré, on l'a vu, comme un principe élémentaire de bonne justice (*supra*, n° 565) ? En réalité, l'autorité absolue de la chose jugée ne se rencontre que dans des hypothèses très exceptionnelles, souvent en raison de la nature particulière du litige ou du fondement objectif de l'action exercée.

**611. Contentieux privé.** — Devant les juridictions civiles, commerciales et sociales, les cas où un jugement a autorité absolue sont extrêmement rares. S'agissant en effet d'un contentieux à fondement subjectif où l'action en justice est exercée pour obtenir la reconnaissance de certains intérêts privés (*supra*, n° 530) et où, dans le cadre d'une procédure accusatoire, le juge statue sur les éléments de preuve qui lui ont été fournis par les parties elles-mêmes (*supra*, n<sup>os</sup> 546 s.), il est normal que le jugement soit simplement l'expression d'une vérité relative.

On peut néanmoins citer, comme exemple de jugement ayant une autorité absolue, celui du jugement de divorce ou de séparation de corps. Ce jugement est en effet constitutif d'une situation de droit nouvelle que personne ne peut contester : les époux divorcés ne le sont pas que pour eux-mêmes ; ils le sont à l'égard de tout le monde et personne ne peut prétendre le contraire.

**612. Contentieux répressif.** — La chose jugée par une juridiction pénale a une autorité absolue dans un cas bien précis qui est celui où la victime d'une infraction, ayant préféré ne pas joindre son action civile à l'action publique devant la juridiction répressive, a formé sa demande en réparation devant la juridiction civile compétente : dans ce cas, le jugement rendu sur l'action publique par la juridiction répressive s'impose à la juridiction civile ; et cela, *erga omnes*, c'est-à-dire, même à l'égard de la victime et éventuellement du tiers civilement responsable qui cependant n'ont pas été parties au procès pénal.

Un exemple concret éclairera ce cas. Imaginons la victime d'une infraction pénale (d'un vol, par exemple) dont l'auteur est poursuivi devant le tribunal correctionnel. Cette victime aurait pu joindre son action civile à l'action publique pour demander réparation au tribunal correctionnel ; elle ne l'a pas fait et a préféré porter sa demande en réparation devant le tribunal de grande instance. Dans ce cas, le jugement du tribunal correctionnel s'impose à la juridiction civile, même à l'égard de la victime qui n'a pas été partie au procès pénal. Si par exemple, l'auteur du vol a été condamné, la victime pourra tirer profit de ce jugement comme preuve de la faute commise. Mais, dans le cas contraire, si l'auteur prétendu de ce vol a été relaxé des poursuites au motif que sa participation à l'infraction n'a pas été démontrée, la victime ne pourra pas prétendre le contraire devant le tribunal de grande instance et sa demande en dommages-intérêts sera rejetée. La chose jugée au pénal s'impose à elle avec une autorité absolue.

La solution peut paraître curieuse. Voilà en effet une personne (la victime) qui n'a pas débattu de ce problème devant la juridiction pénale, qui n'a pas discuté les preuves, ni fait valoir ses propres moyens et qui cependant sera liée par la décision de la juridiction répressive. Pour justifier une telle dérogation au principe de la relativité de la chose jugée, on invoque généralement la *prééminence de la justice répressive sur la justice civile.* Il serait scandaleux, dit-on, que les deux juridictions puissent se contredire et qu'un juge civil puisse déclarer par exemple que l'auteur d'une infraction, condamné par le juge pénal et obligé de subir sa peine, n'a en réalité commis aucune faute. La dignité de la justice pénale est en cause et c'est pour éviter une telle contradiction que la décision de la justice répressive s'impose avec une autorité absolue.

**613. Contentieux administratif.** — Le principe de la relativité de la chose jugée est également écarté lorsque le juge administratif, saisi d'un *recours pour excès de pouvoir*, a déclaré la nullité de l'acte attaqué : dans ce cas, l'acte n'est pas seulement annulé à l'égard du requérant qui a exercé le recours ; il est réputé nul à l'égard de tout le monde ; personne ne peut plus en tirer profit et personne ne peut plus s'en prévaloir.

La solution s'explique par la structure même du contentieux de l'excès de pouvoir dont on a dit précédemment qu'il est un contentieux à fondement objectif (*supra*, n° 509). Un tel recours est exercé, moins dans l'intérêt personnel du requérant, que pour assurer le respect de la légalité en général ; le requérant a été en quelque sorte le défenseur de la légalité dans l'intérêt de tous. Dès lors, si l'acte contre lequel a été dirigé le recours vient à être déclaré nul, il est normal qu'il disparaisse à l'égard de tous, même à l'égard de ceux qui n'ont pas saisi la juridiction administrative.

Au reste, dans le cas particulier où l'acte litigieux est un acte de nature réglementaire, une raison supplémentaire justifie cette solution. Si, par exemple, la délibération d'un conseil municipal édictant de nouvelles impositions fiscales est déclarée nulle sur la requête d'un habitant de la commune, on concevrait mal que seul cet habitant soit dispensé de payer les nouveaux impôts, tandis que les autres y seraient tenus. L'acte réglementaire ayant par définition une portée générale, il est normal que le jugement qui l'annule ait la même portée.

La raison d'être d'une telle dérogation en trace les limites ; et de ce point de vue, deux réserves doivent être faites :

D'autre part, l'autorité n'est absolue que dans le cas où la juridiction administrative a été saisie d'un *recours en annulation.* On a dit précédemment que l'illégalité d'un acte administratif peut être invoquée d'une autre manière : par « voie d'exception », à l'occasion d'un procès pendant entre deux parties (*supra*, n° 538-II). Dans ce dernier cas, la décision rendue sur l'exception ne vaut que dans les rapports entre les parties au procès ; et, dès lors, rien n'interdirait à l'administration de se prévaloir du même acte à l'égard d'une autre personne (13).

---

(13) Cass. ass. plén. 25 févr. 1966, *Gaz. Pal.* 1966.1.365 ; Cons. Etat, 6 févr. 1981, *Delle Baudet*, Rec. Lebon, p. 53 ; *adde*, R. Chapus, p. 436.

D'autre part et dans cette mesure, l'autorité n'est absolue que s'il s'agit d'une décision ayant prononcé l'*annulation de l'acte* : la décision qui, au contraire, rejette au fond le recours pour excès de pouvoir a une autorité strictement relative conformément au droit commun. Pour cette raison notamment, la légalité du même acte pourrait être à nouveau contestée par un autre administré, à l'occasion d'un procès, au moyen d'une « exception d'illégalité » (14).

## § 2. — FORCE EXÉCUTOIRE DES JUGEMENTS (ET ARRÊTS)

**614. Imperium du juge.** — Toute décision de justice a force exécutoire ; ce qui signifie que, de plein droit, sans autre autorisation de qui que ce soit, le jugement peut donner lieu à une exécution forcée, au besoin sous la forme d'une contrainte matérielle, pour faire en sorte que la décision du juge soit effectivement respectée. Il ne servirait à rien de « dire le droit », si la déclaration du juge devait rester à l'état de satisfaction académique. La fonction judiciaire est aussi une fonction d'autorité : le pouvoir de « dire le droit » (*jurisdictio*) s'accompagne nécessairement d'un pouvoir de commandement (*imperium*) qui se traduit matériellement par l'apposition à la fin de chaque jugement d'une formule que l'on appelle la *formule exécutoire.*

Sans doute, dans un bon nombre de cas, la contrainte est-elle superflue, soit parce que la partie condamnée exécute spontanément ce à quoi elle est tenue, soit encore parce que la déclaration de droit se suffit à elle-même, auquel cas l'exécution se confond avec le respect de la chose jugée : ainsi en est-il, par exemple, lorsque le juge civil annule un contrat qui n'a pas encore été exécuté ou lorsque le juge administratif déclare la nullité d'une réglementation que l'autorité administrative n'était pas obligée d'édicter (15). Mais, de toute manière, il est indispensable de prévoir les cas limites, encore trop nombreux, où des mesures d'exécution forcée seraient indispensables pour faire respecter la décision du juge. Ainsi se justifie la force exécutoire des jugements et des arrêts.

Il est à peine besoin de souligner l'importance d'un tel problème :

— pour le plaideur qui a peut-être attendu longtemps avant d'obtenir le jugement qui lui donne gain de cause et dont on peut comprendre la légitime irritation si, se heurtant au mauvais vouloir de son adversaire, il doit encore attendre de longs mois avant de recevoir ce qui lui revient ;

---

(14) Cons. Etat, 27 oct. 1965, *Blagny*, Rec. Lebon, p. 559 ; Cass. crim. 24 févr. 1976, D. 1976, I.R. 123.

(15) Pour des exemples de cette nature dans le contentieux administratif, cf. R. Chapus, 3e éd., no 882, p. 640.

— pour le prestige de la justice en général dont l'autorité s'émousse vite si la décision du juge n'est pas respectée.

Toutes ces raisons conduisent à porter la plus grande attention à l'exécution forcée des décisions de justice qui soulève des problèmes assez différents selon les différents types de contentieux.

### A. — Exécution des jugements (et arrêts) dans le contentieux privé

**615. Titre exécutoire.** — Tout jugement rendu par une juridiction civile, commerciale ou sociale est accompagné d'une formule exécutoire dont le libellé est le suivant :

« La République française mande et ordonne à tous huissiers de justice, sur ce requis, de mettre ledit jugement (ou arrêt) à exécution, aux procureurs généraux et aux procureurs de la République près les tribunaux de grande instance d'y tenir la main, à tous commandants et officiers de la force publique de prêter main-forte lorsqu'ils en seront légalement requis ».

Le jugement revêtu de cette formule constitue un *titre exécutoire*, c'est-à-dire, un titre permettant de procéder à une exécution forcée. Il est toutefois indispensable d'accomplir une formalité préalable que l'on appelle la « *notification* » du jugement et qui consiste à le porter officiellement à la connaissance de la partie condamnée : la loi ne veut pas, en effet, que des mesures de contrainte puissent être exercées avant que l'intéressé n'ait été dûment informé de l'étendue de ses obligations.

Mais cette formalité ayant été accomplie, celui qui a obtenu en sa faveur un jugement de condamnation qui reste inexécuté peut, sur simple présentation de ce titre, s'adresser à un huissier de justice pour que celui-ci procède à l'une des voies d'exécution prévues par la loi et que l'on appelle des « saisies » : à une saisie-vente sur les biens mobiliers de la partie condamnée, à une saisie-attribution sur les créances dont le débiteur dispose entre les mains d'un tiers ; il est même possible de faire vendre les immeubles du débiteur au moyen d'une saisie immobilière. Et si l'huissier de justice se heurte à une difficulté matérielle quelconque dans l'exécution de sa mission, il peut, toujours en application de la formule exécutoire, requérir la force publique pour que celle-ci lui « prête main-forte ». Le dernier mot doit rester à l'ordre du juge.

**616. Problème : carence de la force publique.** — S'il est vrai que la force publique doit se mettre à la disposition de l'huissier de justice, il arrive parfois que l'autorité publique s'y refuse. Et cela, pour des raisons qui ne sont pas nécessairement répréhensibles. L'exécution d'un jugement par la force publique (on dit « *manu* *militari*») risque parfois de compromettre la paix publique dont l'autorité administrative a la responsabilité : il suffit d'imaginer les troubles que peut entraîner une expulsion de locataire ou une expulsion de grévistes installés dans une usine. Il existe en jurisprudence un exemple célèbre, — l'arrêt Couitéas —, rendu dans une hypothèse où un colon installé en Tunisie avait obtenu une décision judiciaire décidant l'expulsion de certaines tribus indigènes et où l'autorité publique refusa d'apporter son concours au motif que l'utilisation de la force aurait provoqué de sérieux désordres (16).

Cette carence de l'administration, même si elle peut s'expliquer par des motifs compréhensibles, n'en est pas moins très grave (17). Elle est grave, d'abord sur le plan général, dans la mesure où elle jette un discrédit sur l'autorité du juge. Elle est grave ensuite pour le plaideur qui a obtenu en sa faveur un jugement qui restera pour lui une simple satisfaction de principe.

La partie qui se heurte à une telle difficulté n'est pas toutefois démunie de tout recours : elle peut, en effet, demander à l'autorité administrative la *réparation du préjudice* que lui cause la non-exécution du jugement par le fait de l'administration (art. 16 de la loi n° 91-650 du 9 juill. 1991). Sur ce point, il faut reconnaître que la jurisprudence du Conseil d'Etat accueille assez favorablement les requêtes de cette nature, non seulement lorsque le refus de l'administration est fautif (lorsque, par exemple, il ne repose sur aucune justification), mais aussi lorsque le refus de l'administration s'appuie sur des motifs légitimes tirés du souci d'éviter de graves désordres, c'est-à-dire dans des hypothèses où il n'y a finalement aucune faute de sa part : on exige simplement, dans ce dernier cas, la justification d'un « préjudice manifestement anormal » (18). Cette solution est d'autant plus remarquable qu'elle déroge à la règle selon laquelle il n'y a pas de responsabilité sans faute. Mais elle s'explique par le principe de l'égalité de tous les citoyens devant les charges publiques : il serait en effet injuste que la partie ayant obtenu un jugement en sa faveur supporte seule les conséquences d'une impossibilité d'exécution, pour des raisons qui tiennent au fait que l'administration n'a pas été en mesure de remplir sa mission (19).

---

(16) Cons. Etat, 30 nov. 1923, *Couitéas*, S. 1923.3.57, note Hauriou. — *Adde*, au sujet du refus opposé par l'administration d'expulser par la force des grévistes qui occupaient une usine : Cons. Etat, 3 juin 1938, *Société des cartonneries Saint-Charles*, D. 1938.3.55, note Appleton.

(17) Fréjaville, *Le déclin de la formule exécutoire et les réactions des tribunaux*, in Mélanges Ripert, tome I, p. 214.

(18) Cette solution est connue sous le nom de « *Jurisprudence Couitéas* », du fait que, précisément, elle a été consacrée pour la première fois par l'arrêt Couitéas du 30 novembre 1923 (précité).

(19) G. Vedel et P. Delvolvé, 12e éd., t. 1, p. 607.

## B. — Exécution des jugements (et arrêts) en matière pénale

**617. Principes.** — L'art. 707 c. pr. pén. pose en principe que « le ministère public et les parties poursuivent l'exécution de la sentence chacun en ce qui le concerne », marquant ainsi une dissociation très nette entre l'exécution du jugement relativement aux intérêts civils de la victime de l'infraction et l'exécution de la sentence pénale proprement dite.

I. En ce qui concerne les *condamnations civiles* prononcées au profit de la victime de l'infraction (dommages-intérêts), il appartient à celle-ci d'en assurer l'exécution par ses propres moyens, par toutes les voies de droit dont dispose un créancier (*supra*, n° 615). Le jugement constitue à son égard un titre exécutoire dans les conditions précédemment indiquées.

Sur ce point, on soulignera toutefois la tendance du législateur moderne à mieux garantir l'exécution des condamnations civiles en utilisant la peine comme un moyen de pression. Ainsi, dans certains cas, le juge peut assortir la peine, d'un sursis avec mise à l'épreuve pour inciter le délinquant condamné à exécuter rapidement les condamnations civiles : si les dommages-intérêts sont payés dans un certain délai, il sera dispensé de l'exécution de la peine, alors que, dans le cas contraire, il devra la subir (art. R. 58-5 c. pr. pén. et 742 c. pr. pén.).

II. En revanche, l'exécution des *dispositions spécifiquement pénales* du jugement répressif relève de la compétence exclusive du *parquet* : il lui appartient de faire exécuter le jugement, sans qu'il y ait lieu de distinguer selon que la décision a été rendue ou non conformément à ses réquisitions.

En cas de relaxe ou d'acquittement, si la personne poursuivie est détenue, le parquet doit assurer sa libération (on dit parfois, son « élargissement »).

En cas de condamnation, le parquet a pour mission d'assurer l'exécution de la peine qui a été prononcée, dès que le jugement est devenu exécutoire, c'est-à-dire à l'expiration des délais impartis pour l'exercice des voies de recours. S'il s'agit d'une peine de prison, il doit faire procéder à l'incarcération du condamné ; et s'il s'agit d'une peine d'amende, il se chargera d'en opérer le recouvrement au besoin par toutes les voies d'exécution mises à la disposition d'un créancier (*supra*, n° 615), avec éventuellement la menace d'une contrainte par corps.

*La contrainte par corps* n'est pas une peine à proprement parler : c'est une mesure de coercition qui consiste à incarcérer le débiteur d'une amende pendant une certaine durée, proportionnelle au montant de la condamnation, pour l'inciter à payer effectivement ce qu'il doit. Autrefois, cette mesure était utilisée en matière civile. De nos jours, son domaine se limite uniquement à l'exécution des amendes pénales, des amendes fiscales et des mesures de confiscation (art. 749 c. pr. pén.).

**618. Juge de l'application des peines (J.A.P.).** — Lorsqu'il s'agit d'une peine d'incarcération, surtout si elle doit être de longue durée, l'exécution de la peine soulève de nombreux problèmes, de nature juridique sans doute, mais aussi et surtout d'ordre psychologique et social qui relèvent d'une science particulière que l'on appelle la « science pénitentiaire ».

Leur importance est aujourd'hui considérable. A une époque où la peine consistait uniquement en un châtiment, les seuls problèmes se limitaient à la garde du prisonnier et à l'organisation de cette communauté de vie que constitue la prison. De nos jours, la perspective est différente. L'ambition est de mettre à profit l'accomplissement de la peine pour « amender » le coupable et préparer sa réinsertion dans la société. Le rôle du juge pénal ne s'arrête donc plus, comme autrefois, au moment du prononcé de la condamnation : il se prolonge tout au long de l'incarcération.

C'est dans ces conditions que le code de procédure pénale de 1958 a institué un juge spécialisé que l'on appelle le « *Juge de l'application des peines* » (communément : le « J.A.P. ») qui est un magistrat du siège du tribunal de grande instance affecté à ces fonctions (art. 709-1 et D. 115 et s., c. pr. pén.). Il est assisté de nombreux auxiliaires : agents de probation, assistantes sociales, délégués bénévoles, etc...

Son rôle est extrêmement étendu. Il entre dans ses fonctions d'intervenir sur tout ce qui concerne les modalités du traitement pénitentiaire (permission de sortie, régime de semi-liberté, placement à l'extérieur, etc.) ; il peut même se prononcer, mais sous certaines réserves, sur les libérations conditionnelles. En outre, il lui appartient d'exercer une sorte de tutelle sur tous ceux qui exécutent leur peine en milieu libre : par exemple, sur ceux qui ont été condamnés avec sursis et mise à l'épreuve, ou qui ont bénéficié d'une libération conditionnelle.

On peut évidemment penser que ce sont là des responsabilités bien lourdes pour un juge unique. C'est pourquoi il est parfois envisagé sinon de faire disparaître le J.A.P., du moins de créer un véritable tribunal de l'application des peines appelé à se prononcer sur les décisions les plus graves.

### C. — Exécution des jugements (et arrêts) en matière administrative

**619. Formule exécutoire alternative.** — Les décisions rendues par les juridictions administratives sont assorties elles aussi d'une formule exécutoire. Mais son libellé est très différent de celui qui est en usage devant les juridictions de l'ordre judiciaire. Les décisions du Conseil d'Etat (art. 70, ord. n° 45-1708 du 31 juill. 1945), les jugements des tribunaux administratifs et les arrêts des cours administratives d'appel (art. R. 209 c. trib. adm.), comportent la formule exécutoire suivante :

« La République mande et ordonne au (ministre, préfet, département ministériel, etc...) en ce qui le concerne et à tous huissiers de justice à ce requis en ce qui concerne les voies du droit commun contre les parties privées, de pourvoir à l'exécution de la présente décision » (20).

Comme on peut l'observer, la formule exécutoire fait une distinction selon que la décision doit être exécutée contre une « partie privée » ou contre l'administration.

a) Dans le premier cas, si la décision doit être exécutée contre une « partie privée », c'est-à-dire contre un simple particulier, tous les moyens de contrainte du droit commun peuvent être utilisés : un huissier de justice peut être requis dans les conditions habituelles pour procéder à toutes les mesures d'exécution nécessaires. Sur ce point, il n'y a aucune différence par rapport aux jugements rendus par les juridictions de l'ordre judiciaire (*supra*, n° 615).

b) La situation est très différente, lorsque la décision doit être exécutée contre une autorité administrative. Dans ce cas, il est simplement dit que « la République mande et ordonne au ... (ministre, préfet, maire, etc...) de pourvoir à l'exécution de la présente décision ». C'est tout. La différence est révélatrice des obstacles auxquels se heurte l'exécution forcée contre une autorité administrative, obstacles auxquels la jurisprudence et surtout le législateur moderne se sont efforcés de remédier.

**620. Obstacles à l'exécution forcée contre une autorité administrative.** — Ces obstacles sont au nombre de deux :

*a*) Premier obstacle : *l'interdiction de procéder par voie de saisie.* Une règle traditionnelle du droit public français veut en effet qu'aucune voie d'exécution privée ne puisse être pratiquée à l'encontre d'une autorité administrative (Etat, département, commune, établissement public) qui ne paie pas ses dettes ; et si, par exemple, le requérant qui s'est vu attribuer une indemnité par un jugement du tribunal administratif ne parvient pas à en obtenir le paiement, il ne peut pas procéder à une saisie sur les biens qui appartiennent à l'administration condamnée. Celle-ci bénéficie d'une « *immunité d'exécution* ».

Comment expliquer un tel principe ? La première raison consiste à faire observer que les biens qui appartiennent à une collectivité publique ont une affectation bien précise : ils sont destinés à permettre le bon fonctionnement du service public. Il ne saurait donc être question de les détourner de cette affectation au profit d'un simple particulier. Une seconde explication est tirée de ce que l'administration s'identifie au pouvoir exécutif, dont une des attributions est de prêter le concours de la force publique à l'exécution des décisions de justice (21). L'organe détenteur

---

(20) Le mot « *décision* » est utilisé pour désigner, de façon générique, les jugements aussi bien que les arrêts ou le cas échéant les ordonnances.

(21) G. Vedel et P. Delvolvé, 12e éd., t. 2, p. 366.

de la force publique ne peut pas se contraindre lui-même ou alors, s'il y consent, il s'exécute volontairement : il n'y a pas de moyen terme, seule est concevable une exécution spontanée.

*b*) Second obstacle : *le juge ne peut adresser aucune injonction à l'administration* (*supra*, n° 38). Une telle injonction pourrait cependant se révéler utile dans les hypothèses où le respect effectif de la chose jugée implique de la part de l'administration l'accomplissement d'un acte déterminé. Par exemple : si la révocation d'un fonctionnaire est annulée par le Conseil d'Etat, il ne suffit pas de dire que la révocation est nulle : encore faut-il, pour que soit respectée la décision du juge, que l'administration reconstitue la carrière de ce fonctionnaire, dans les mêmes conditions que s'il n'avait jamais été révoqué. Or, parfois, les administrations intéressées répugnent à accomplir ces actes. Comment les y contraindre ? Dans des hypothèses de cette nature, il pourrait être utile que le juge administratif intervienne pour donner injonction à l'administration d'accomplir les actes nécessaires. Cela est en principe impossible : aucun juge, pas même le juge administratif, ne peut s'immiscer dans l'administration active pour lui donner l'ordre de faire ou de ne pas faire un acte déterminé ; à plus forte raison, le juge administratif ne peut-il pas se substituer à l'administration elle-même (22).

Si l'on s'en tient aux deux principes qui viennent d'être énoncés, leur conjonction aboutit à ce résultat qu'une décision de justice rendue contre l'administration ne peut être exécutée que si celle-ci consent à s'y soumettre spontanément. C'est d'ailleurs là un des arguments fréquemment invoqué pour justifier l'existence des juridictions administratives dont les décisions sont mieux acceptées que si elles devaient émaner des juridictions de l'ordre judiciaire (*supra*, n° 36).

Il reste que cette solution n'est pas satisfaisante : il n'est pas normal en effet qu'une décision de justice ne soit respectée que si la partie condamnée veut bien l'exécuter. Telle fut cependant la solution à laquelle il fallut bien se résigner pendant longtemps. Souvent, certes, l'administration s'inclinait. Mais parfois aussi elle faisait preuve d'une inertie qu'il était extrêmement difficile de désarmer, soit en ne répondant pas aux mises en demeure, soit en alléguant des prétextes variés dont le plus fréquent était l'absence de crédit disponible pour payer le montant de la condamnation. Une telle situation souleva de nombreuses protestations qui finirent par être entendues et qui expliquent les correctifs importants dont il va être question (23).

---

(22) Cons. Etat, 25 oct. 1978, *Dme Madré*, D. 1979.576, note P. Delvolvé.

(23) Sur la situation antérieure, on lira avec profit la chronique de M. Jean Rivéro, *Le Huron au Palais-Royal ou Réflexions naïves sur le recours pour excès de pouvoir*, D. 1962, chron. 37.

**621. Correctifs : moyens indirects permettant de contraindre l'administration. —** Sans remettre en cause les principes traditionnels, différents moyens ont été mis en place pour suppléer l'absence d'exécution forcée et parvenir à ce que l'administration exécute effectivement les condamnations prononcées contre elles. Dans cet ordre d'idées, une loi du 16 juillet 1980 a introduit des innovations considérables : ce texte a été complété par un décret d'application n° 81-501 du 12 mai 1981 (lui-même modifié par le décret n° 88-336 du 11 avril 1988).

L'arsenal des moyens qui peuvent être utilisés est extrêmement varié :

I. *Moyens incitatifs.*

Le Conseil d'Etat est appelé à jouer un rôle important en ce qui concerne l'exécution des décisions émanant d'une juridiction administrative. Aux termes de l'art. 58 du décret n° 63-766 du 30 juill. 1963 (modifié par le décret n° 88-906 du 2 sept. 1988), le ministre chargé d'appliquer la décision a la faculté de demander au Conseil d'Etat d'éclairer l'administration sur les modalités d'exécution de cette décision. Et de son côté, le requérant qui a obtenu gain de cause peut, après l'expiration d'un délai de trois mois à compter de la date à laquelle cette décision a été notifiée, signaler à la section du rapport et des études du Conseil d'Etat les difficultés qu'il rencontre pour en obtenir l'exécution (art. 59 du décret n° 63-766 du 30 juill. 1963, modifié par le décret n° 88-906 du 2 sept. 1988) (24). Le Conseil d'Etat est donc appelé à exercer une sorte de « vigilance tutélaire » sur la bonne exécution des décisions émanant d'une juridiction administrative, quelle que soit cette juridiction.

En outre, la partie qui n'obtient pas l'exécution de la décision peut également provoquer l'intervention du « *Médiateur* », lequel a le pouvoir d'enjoindre à l'autorité administrative de se conformer à la chose jugée dans le délai qu'il fixe, faute de quoi l'inexécution du jugement fera l'objet d'un rapport publié au Journal officiel (loi du 3 janv. 1973, art. 11).

II. *Moyens réparateurs.*

De tout temps, il a été admis que le fait par l'administration de ne pas respecter l'autorité de la chose jugée (en accomplissant par exemple un acte contraire à ce qui a été décidé) pouvait entraîner deux conséquences. D'une part, la nullité de l'acte ainsi accompli, la violation de la chose jugée étant assimilée à une violation de la loi (25). Et d'autre part, la mise en cause de la responsabilité de l'administration

---

(24) On rappelera que la *Section du rapport et des études*, créée en tant que « commission » par le décret du 30 juill. 1963, a été érigée en « section » par le décret n° 85-90 du 24 janv. 1985.

(25) Cons. Etat, 13 juill. 1962, *Bréart de Boisanger*, D. 1962.664, concl. J. F. Henry.

qui peut être condamnée à des dommages-intérêts pour n'avoir pas respecté l'autorité de la chose jugée (26).

III. *Moyen sanctionnateur.*

L'innovation la plus remarquable a été le pouvoir reconnu au Conseil d'Etat, par la loi du 16 juillet 1980, de sanctionner le refus d'exécuter toute décision rendue par une juridiction administrative, au moyen d'une *astreinte*, c'est-à-dire d'une condamnation de l'administration récalcitrante au paiement d'une somme d'argent déterminée par jour de retard et dont, par conséquent, le montant global va en augmentant à mesure que le temps passe. C'est là un moyen de pression extrêmement efficace pour faire comprendre à l'autorité administrative qu'un défaut d'exécution de sa part risque de lui coûter cher si elle s'obstine à ne pas respecter la chose jugée.

Cette sanction ne peut être appliquée que par le Conseil d'Etat, quelle que soit la juridiction administrative dont émane la décision inexécutée. Mais il dispose sur ce point d'une très grande latitude. L'astreinte peut être prononcée d'office ou sur la demande de la partie qui n'a pas obtenu l'exécution de la décision. En revanche, pour éviter que cette dernière ne s'enrichisse injustement, le Conseil d'Etat peut décider qu'une partie de l'astreinte sera versée au Fonds d'équipement des collectivités locales.

IV. *Moyens coercitifs.*

Tous les moyens précédemment indiqués tendant à la condamnation de l'administration à des dommages-intérêts, à une astreinte ou, d'une manière plus générale, au paiement d'une condamnation pécuniaire, ne serviraient à rien si l'exécution de cette condamnation devait, à son tour, se heurter au mauvais vouloir de l'administration en cause. De là des moyens coercitifs de nature administrative qui, sans être des saisies, doivent normalement aboutir à l'exécution de la condamnation.

La loi du 16 juillet 1980 pose en principe que toute décision de justice (qu'elle émane d'une juridiction de l'ordre administratif ou d'une juridiction de l'ordre judiciaire) doit être exécutée par l'administration dans les *quatre mois* qui suivent sa notification à l'autorité chargée de l'exécution. A l'expiration de ce délai, que peut faire l'intéressé ?

Si la condamnation doit être exécutée par une collectivité publique (département, commune, établissement public), la loi du 16 juillet 1980 reprend la solution classique qui consiste, pour la partie n'ayant pas obtenu l'exécution de ce qui lui est dû, à saisir directement l'autorité de tutelle (c'est-à-dire l'autorité supérieure : par exemple le préfet, commissaire de la République, si la condamnation doit être

(26) Cons. Etat, 4 janv. 1952, *Lhomme*, S. 1952.3.43 ; Cons. Etat, 2 mai 1962, *Caucheteux et Desmonts*, Rev. dr. publ. 1963.279, note Waline.

exécutée par une commune), pour que cette autorité procède à un « mandatement d'office » (27).

Si la condamnation doit être exécutée par l'Etat, la loi du 16 juillet 1980 a innové en décidant qu'à défaut de paiement dans les quatre mois de la notification du jugement, le comptable de l'organisme administratif condamné doit « mandater » obligatoirement la somme due au bénéficiaire du jugement, sur simple présentation de la décision.

Tout refus par le fonctionnaire responsable pourrait entraîner des sanctions à sa charge : notamment une peine d'amende (pouvant atteindre le montant de son traitement annuel brut) infligée par la Cour de discipline budgétaire et financière.

**622. Conclusion : vers un système d'exécution spécifique.** — De nos jours, il n'est plus exact de dire que les condamnations prononcées contre une administration ne peuvent être exécutées que si cette administration y consent. La mise en place des différents moyens qui ont été analysés démontre qu'il est possible de contraindre une administration à respecter les décisions de justice.

On assiste en réalité à l'éclosion d'un système d'exécution spécifique au contentieux administratif. Aujourd'hui comme hier, les voies d'exécution forcée du droit commun, c'est-à-dire les saisies, n'ont pas leur place en matière administrative. Mais, grâce aux efforts du Conseil d'Etat et aux initiatives du législateur, suggérées souvent par la doctrine (28), le droit moderne est parvenu à organiser un système de substitution à l'intérieur même de l'administration. Sans doute, la diversité des moyens imaginés donne-t-elle l'impression d'une relative dispersion, certains d'entre eux faisant parfois double emploi. Cela provient du fait que tout ce dispositif a été construit par touches successives. Mais cette débauche n'inquiète pas lorsqu'il s'agit de vaincre les résistances et les inerties administratives.

En tout cas, cette évolution est capitale. Elle comble une lacune qui pouvait faire douter de la crédibilité du contentieux administratif et, à ce titre, elle s'inscrit dans un long cheminement historique qui aura permis aux « conseils » de jadis d'être considérés aujourd'hui comme de véritables juridictions.

---

(27) La loi n° 83-213 du 2 mars 1983 sur la décentralisation a organisé une autre procédure qui fait intervenir la Cour régionale des comptes (art. 11). Mais cette procédure n'est *pas applicable à l'exécution des décisions juridictionnelles* (art. 98), c'est-à-dire, lorsque la dette que la collectivité publique doit exécuter résulte d'un jugement.

(28) A cet égard, il convient de souligner la part importante qui revient à M. Jean Rivéro, Professeur émérite de l'Université de droit, d'économie et de sciences sociales de Paris.

## *SECTION III*

## VOIES DE RECOURS

**623. Définition, caractères et fondement.** — Les voies de recours sont des voies de droit qui ont pour objet propre de remettre en cause une décision de justice. On dira, par exemple, que l'appel est une voie de recours parce que l'appelant conteste la décision de première instance et demande à la juridiction hiérarchiquement supérieure de juger la même affaire une seconde fois.

De cette définition, il résulte que toute voie de recours présente deux traits caractéristiques.

*a*) D'une part, les voies de recours sont des *voies de droit* quelque peu comparables à ce qu'est l'action en justice devant le premier juge. Au même titre que l'action en justice :

— une voie de recours ne peut être exercée que par celle des parties qui y trouve *intérêt*, à cette nuance près que l'intérêt en cette matière réside dans le fait d'avoir perdu son procès (ou, pour employer le langage habituel, d'avoir *« succombé »*). Le plaideur qui a obtenu gain de cause ne peut pas exercer une voie de recours ;

— l'exercice d'une voie de recours est *facultatif* : un plaideur qui a succombé peut toujours renoncer à exercer une voie de recours, tacitement en laissant s'écouler le délai imparti, ou expressément en acquiesçant au jugement, auquel cas celui-ci devient irrévocable.

*b*) D'autre part, les voies de recours sont des voies de droit qui ont pour objet particulier de *remettre en cause une décision de justice.* La notion même de recours implique, en effet, l'idée d'une critique contre un acte précédemment rendu : celui des plaideurs auquel la décision fait grief demande, selon les cas, soit à la juridiction qui a précédemment statué, soit à une juridiction hiérarchiquement supérieure, de rétracter, d'infirmer ou de casser la décision attaquée (29). En d'autres termes, toute voie de recours *remet en cause l'autorité de la chose jugée.*

De là, la gravité d'une telle voie de droit. Ainsi s'explique la nécessité d'en réglementer l'exercice de façon très stricte, spécialement en ce qui concerne les

---

(29) On rappellera que, dans le vocabulaire du contentieux administratif, le mot « recours » désigne l'action exercée devant un premier juge (*supra*, n° 509). De telle sorte qu'il ne faut pas confondre le « recours » et les « voies de recours ».

délais. On ne saurait admettre, en effet, que la chose jugée puisse rester perpétuellement en suspens : tout en laissant à la partie perdante le temps matériel nécessaire pour apprécier si l'exercice d'un recours est opportun, le plus tôt est le mieux.

Ainsi définies, les voies de recours apparaissent comme une garantie de bonne justice. Les juges sont faillibles. Ils peuvent se tromper tant en ce qui concerne l'appréciation des faits que l'interprétation de la règle de droit. Il est donc indispensable que la chose jugée une première fois puisse faire l'objet d'un nouvel examen.

**624. Classification des voies de recours.** — Les voies de recours se répartissent en différentes catégories d'après la fonction de la juridiction appelée à en connaître ou selon leurs conditions de recevabilité.

I. *Classification selon la fonction de la juridiction compétente.*

Certaines voies de recours sont portées devant le même juge que celui qui a rendu la décision attaquée : on dit alors qu'il s'agit d'une *« voie de rétractation »*, parce qu'il est demandé à ce juge de revenir sur sa décision antérieure et de statuer à nouveau. Tel est le cas de l'opposition exercée par une partie défaillante (*supra*, n^os^ 578 s.), de la tierce-opposition formée par un tiers auquel la chose jugée fait grief (*supra*, n° 609) et, tout au moins dans le contentieux privé et dans le contentieux administratif, du recours en révision qui tend à obtenir la réparation d'une erreur judiciaire (*infra*, n^os^ 634 s.).

Mais d'autres voies de recours, — les plus importantes du point de vue pratique —, sont portées devant une juridiction hiérarchiquement supérieure.

a) S'il est demandé à cette juridiction de juger l'affaire à nouveau, tant en fait qu'en droit, la voie de recours est une *« voie de réformation »*. Ainsi en est-il de l'appel qui tend à saisir la juridiction hiérarchiquement supérieure pour que la chose jugée soit réformée au second degré.

b) On dit, au contraire, que la voie de recours est une *« voie de cassation »* si la juridiction hiérarchiquement supérieure n'a d'autre rôle que de vérifier si la règle de droit a été correctement appliquée et de casser éventuellement la décision. Dans ce cas (et c'est toute la différence avec une voie de réformation), la juridiction saisie ne juge pas l'affaire ; en principe (et sous d'importantes réserves au sujet du Conseil d'Etat, *supra*, n° 280), l'affaire est renvoyée devant une juridiction de même nature que celle dont la décision a été cassée pour qu'elle soit jugée une nouvelle fois.

II. *Classification selon les conditions de recevabilité.*

Devant les juridictions de l'ordre judiciaire, il est traditionnel de faire une distinction entre les *« voies de recours ordinaires »* et les *« voies de recours extraordinaires »*.

Une voie de recours est dite « ordinaire », lorsqu'elle est ouverte en principe à toute personne justifiant d'un intérêt, sauf lorsqu'une disposition spéciale en exclut l'exercice. Ainsi, l'appel et l'opposition sont des voies de recours ordinaires.

Au contraire, une voie de recours est dite « extraordinaire » lorsqu'elle ne peut être exercée que dans les cas limitativement prévus par la loi, que l'on appelle généralement des « cas d'ouverture ». Ainsi, le recours en cassation est une voie de recours extraordinaire, parce qu'il ne peut être exercé qu'à l'encontre des décisions en dernier ressort, dans les cas et conditions édictées par les art. 604 et s. nouv. c. pr. civ. (en matière civile, commerciale et sociale) et par les art. 591 et s. c. pr. pén. (en matière répressive). Il en est de même de la tierce-opposition qui est spécifiquement réservée aux tiers et du recours en révision dont l'exercice est strictement limité à certains cas (la découverte d'une nouvelle pièce ou d'un faux témoignage, par exemple).

Cette distinction présente un double intérêt pratique :

*a*) D'abord, les voies de recours extraordinaires ne peuvent être exercées qu'en l'absence de toute voie de recours ordinaire. Il y a en quelque sorte une hiérarchie entre elles. Par exemple, un recours en cassation (voie de recours extraordinaire) ne peut pas être exercé contre une décision susceptible d'appel (voie de recours ordinaire) ou, ce qui revient au même, contre laquelle un appel aurait pu être exercé. Il en est de même si la décision est susceptible d'opposition.

*b*) Ensuite, dans le contentieux privé tout au moins, tandis que les voies de recours ordinaires sont suspensives d'exécution, les voies de recours extraordinaires ne le sont pas (*infra*, n° 642).

On ajoutera pour terminer que cette distinction entre les voies de recours ordinaires et les voies de recours extraordinaires n'est pas en usage devant les juridictions de l'ordre administratif (30).

**625. Plan.** — Les conditions d'exercice et les effets qui s'attachent aux différentes voies de recours varient très sensiblement selon les contentieux. Dans la perspective d'une comparaison entre les divers contentieux et sans entrer dans des détails qui excéderaient les limites de cet ouvrage, on se bornera à présenter les traits caractéristiques des *différentes voies de recours* (§ 1) et surtout le problème de leur *effet suspensif* (§ 2).

---

(30) R. Chapus, 3e éd. n° 958, p. 702.

### § 1. — LES DIFFÉRENTES VOIES DE RECOURS

**626. Enumération.** — Les voies de recours sont au nombre de cinq : l'appel, l'opposition, la tierce-oppostion, le recours en révision et le recours en cassation.

#### A. — Appel

**627. Généralités.** — L'appel est une voie de recours par laquelle une partie qui a succombé en première instance demande à la juridiction hiérarchiquement supérieure de juger l'affaire une seconde fois, tant en fait qu'en droit, et de réformer la décision entreprise. Celui qui prend l'initiative d'attaquer le jugement (qu'il ait été demandeur ou défendeur en première instance) prend le nom d'*appelant* ; son adversaire, celui d'*intimé*.

Si le jugement attaqué est effectivement réformé, on dira que la juridiction d'appel rend un *arrêt infirmatif* (parce qu'elle a « infirmé » le jugement) ; si en revanche, le jugement attaqué est maintenu, on dira que la juridiction d'appel rend un *arrêt confirmatif* (parce qu'elle a « confirmé » la décision des premiers juges).

Cette terminologie ne doit pas faire oublier que l'appel a une double fonction. Sa fonction habituelle est d'obtenir la réformation d'un « mal-jugé » : l'appelant prétend que le premier juge s'est trompé dans son appréciation du fait ou du droit. Mais, plus exceptionnellement, l'appel peut avoir une autre fonction qui est d'obtenir la nullité d'un jugement qui serait entaché d'un vice (par exemple : la citation n'aurait pas été délivrée régulièrement au défendeur, la contradiction n'aurait pas été respectée, le nom de chaque juge ne figurerait pas dans le jugement, etc...). On dit alors que l'appel est une « voie de nullité ».

Cette voie de recours, qui existe dans tous les contentieux, est de loin la plus importante et la plus utilisée. Elle trouve sa justification dans la règle du double degré de juridiction (*supra*, n° 75) : le premier juge a pu se tromper et l'on peut raisonnablement penser que la cause sera mieux jugée en appel devant une juridiction hiérarchiquement supérieure, saisie d'un dossier dont les éléments essentiels auront été dégagés en première instance.

On comparera les conditions de recevabilité de cette voie de recours à travers les différents contentieux (I) et l'on insistera ensuite sur son effet dévolutif qui est caractéristique de l'appel (II).

**628. I. Recevabilité de l'appel.** — On sait que, devant les juridictions civiles, commerciales et sociales, seuls sont susceptibles d'appel les jugements rendus en premier ressort, à l'exclusion de ceux qui statuent sur une demande dont le montant est inférieur au taux du ressort et qui, pour cette raison, sont rendus en premier et dernier ressort (*supra*, n[os] 158 s.). Cette distinction, qui est spécifique au contentieux privé, ne se retrouve pas dans les autres contentieux où tous les jugements sont susceptibles d'appel quelle que soit l'importance de l'affaire, sous réserve des arrêts rendus par les cours d'assises dont on a dit qu'ils ne sont jamais susceptibles d'appel (*supra*, n[o] 193) et des jugements rendus en matière de contravention (31).

*a*) Par définition, l'appel est réservé aux seules *parties à l'instance*: les tiers disposent d'une autre voie de recours qui est la tierce-opposition (*infra*, n[os] 632 s.). Mais, dans cette mesure, toute partie à l'instance peut interjeter appel dès lors qu'elle a succombé totalement ou partiellement en première instance. Plus spécialement en matière pénale, un appel peut être formé aussi bien par le prévenu condamné que par le ministère public, et même éventuellement par la partie civile (en ce qui concerne tout au moins les intérêts civils).

*b*) *Formes.* — En matière civile et commerciale, l'appel prend la forme d'une déclaration au greffe de la juridiction d'appel et, en matière sociale (la représentation par un avoué n'étant pas obligatoire), au greffe de la juridiction qui a rendu la décision attaquée.

La même forme est utilisée en matière pénale, à cette nuance près que la déclaration doit toujours être faite au greffe du tribunal qui a rendu le jugement attaqué (art. 502 du code de procédure pénale).

Enfin, en matière administrative, l'appel prend la forme d'une requête motivée présentée selon le cas, au greffe de la cour administrative d'appel ou au secrétariat du Conseil d'Etat.

*c*) *Délais.* — En règle générale, les délais impartis pour interjeter appel sont très brefs : il importe, en effet, d'être rapidement fixé sur le caractère irrévocable ou non de la décision. Cela dit, la durée des délais varie selon les contentieux. En matière administrative, le délai est de *deux mois* à compter de la notification du jugement (art. R. 229 c. trib. adm.). En matière civile, commerciale et sociale, sa durée est en principe d'*un mois* à compter de la notification du jugement (art. 528 et 538 nouv. c. pr. civ.), mais parfois il est réduit à quinze jours (en matière de référé, notamment). Enfin, en matière pénale, le délai d'appel n'est en principe que de *dix jours*, à compter du prononcé du jugement s'il a été rendu contradictoirement en présence des parties, ou seulement à compter de sa signification dans le cas contraire (art. 498 c. pr. pén.).

---

(31) On rappellera que la recevabilité de l'appel des jugements rendus en matière de contravention est limitée par les dispositions de l'art. 546 c. pr. pén. (*supra*, n[o] 186).

**629. II. Effet dévolutif de l'appel.** — L'un des effets caractéristiques de l'appel est de produire un effet dévolutif ; ce qui signifie que la juridiction du second degré est saisie de l'affaire pour la juger à nouveau, aussi bien en fait qu'en droit, dans les mêmes conditions que le premier juge. L'affaire, en un mot, est « dévolue » à la juridiction d'appel (d'où l'expression « effet dévolutif »). En cela, l'appel se distingue du recours en cassation qui ne produit pas d'effet dévolutif puisque la juridiction suprême est saisie uniquement des moyens de droit et que, en principe tout au moins, elle ne peut pas juger l'affaire elle-même (*infra*, n° 638).

La plus grave difficulté consiste à délimiter exactement l'étendue de l'effet dévolutif, c'est-à-dire les questions sur lesquelles la juridiction d'appel devra statuer. On retiendra simplement, de cette difficile question, que l'étendue de l'effet dévolutif est gouvernée par deux principes (eux-mêmes susceptibles de très larges assouplissements).

1) D'une part, l'*effet dévolutif est limité par l'acte d'appel lui-même.* L'appelant n'est pas contraint d'interjeter appel sur tous les chefs du jugement : si par exemple, il a gagné, sur les points A et B, mais perdu sur le point C, il ne formera appel que sur le point C et l'effet dévolutif se limitera à ce seul point. On exprime cette règle au moyen d'une formule latine : *« tantum devolutum quantum appellatum ».* Plus spécialement, en matière pénale, on en tire cette conséquence logique que sur le seul appel formé par la personne condamnée, la chambre des appels correctionnels peut sans doute réduire la peine, mais ne peut pas l'aggraver : c'est ce que l'on appelle la *prohibition de la « reformatio in pejus ».*

Mais c'est compter sans la réaction de l'intimé qui, en présence de cette situation, peut souhaiter de son côté étendre la dévolution à tous les chefs du jugement sur lesquels il n'a peut-être pas obtenu tout ce qu'il avait demandé : il lui est alors possible de former un *appel incident*, précisément pour étendre l'effet dévolutif. Et c'est ainsi que très souvent, le litige se trouve reconstitué dans son intégralité.

2) D'autre part, l'*effet dévolutif ne peut pas en principe aller au-delà des questions litigieuses soumises au premier juge.* On le comprend facilement : l'appel consiste à faire juger une seconde fois ce qui a déjà été jugé en première instance ; dès lors, toute demande nouvelle constituerait en réalité une demande soumise pour la première fois au second juge. Mais cette règle est aujourd'hui très sensiblement atténuée, spécialement en matière civile, commerciale et sociale. Dans des cas assez nombreux, il est en effet possible de soumettre à la juridiction d'appel des questions qui n'avaient pas été soumises au tribunal. Cela afin de gagner du temps et d'éviter de laisser subsister un contentieux susceptible de renaître entre les parties.

## B. — Opposition

**630. Voie de rétractation réservée à la partie défaillante.** — On a dit précédemment que la loi réserve à la partie défaillante la possibilité de former opposition au jugement qui l'a condamnée ; on a souligné également les raisons qui ont conduit le législateur moderne à en restreindre très sévèrement le domaine (*supra*, n^os 578 s.). Il n'y a pas lieu de revenir sur tous ces points.

On constatera simplement que l'opposition est une *voie de rétractation* : l'opposition est portée devant le même juge pour qu'il rétracte sa décision initiale et statue à nouveau.

**631. Formes et délais.** — Chacun des contentieux a ses règles propres.

*a*) Dans le *contentieux privé*, l'opposition est formée en principe selon les règles prévues pour la saisine de la juridiction qui a rendu le jugement par défaut (art. 573 nouv. c. pr. civ.). Le délai est d'un mois à compter de la signification du jugement (art. 538 nouv. c. pr. civ.), avec éventuellement la possibilité d'un relevé de forclusion (art. 540 nouv. c. pr. civ.).

*b*) En *matière pénale*, l'opposition prend la forme d'un acte signifié au ministère public (art. 490 et 545 c. pr. pén.). Le délai est en principe de dix jours à compter de la signification du jugement si le défaillant réside en France métropolitaine, et d'un mois s'il réside hors de ce territoire (art. 491, 492 et 493 c. pr. pén.), mais avec possibilité d'échapper à la forclusion s'il est établi que le défaillant condamné n'a pas eu connaissance de la signification du jugement.

*c*) Enfin, en *matière administrative*, l'opposition contre les décisions du Conseil d'Etat doit être formée par requête déposée au secrétariat du Conseil dans le délai de deux mois à compter du jour où la décision a été notifiée (ord. n° 45-1708 du 31 juill. 1945, art. 72) et contre les arrêts des cours administratives d'appel, elle doit l'être dans un délai de deux mois également à compter du jour de la notification (art. R. 224 c. trib. adm.).

### C. — Tierce-opposition

**632. Définition et traits spécifiques.** — La tierce-opposition est une voie de recours extraordinaire par laquelle un tiers demande que la décision de justice qui lui fait grief soit déclarée inopposable à son égard.

Cette voie de recours est originale à un triple point de vue :

*a*) D'abord, par le fait qu'elle émane d'un *tiers*, c'est-à-dire d'une personne qui n'a été ni partie, ni représentée au jugement attaqué. De là, d'ailleurs, vient son nom. Pour en comprendre l'utilité, il faut se souvenir que la relativité de la chose jugée ne protège pas nécessairement les tiers contre les incidences indirectes des jugements (*supra*, n° 609). Mais la qualité de tiers offre la possibilité de contester ce qui a été jugé. Et c'est précisément ce à quoi tend la tierce-opposition.

*b*) Elle se caractérise, en second lieu, par ses effets. Sauf cas exceptionnels où il y aurait indivisibilité, la tierce-opposition a simplement pour objectif de rendre la décision attaquée *inopposable au tiers* qui l'exerce. Le jugement n'est donc pas remis en cause dans son principe : il subsiste dans les rapports entre les parties (toutefois, en matière administrative, *infra*, n° 633). Mais le tiers qui triomphe dans sa tierce-opposition peut ignorer la situation juridique consacrée par le jugement, comme si, à ses yeux, ce jugement n'existait pas.

*c*) Enfin, de toutes les voies de recours, la tierce-opposition est la seule qui, en principe, peut être exercée pendant *trente ans* à compter de la date du jugement (art. 586 nouv. c. pr. civ.). La raison est très simple : les tiers peuvent légitimement ignorer l'existence du jugement puisque, par hypothèse, il ne leur a pas été signifié ; en fait, ils risquent de n'en avoir connaissance qu'à partir du jour où la partie gagnante en poursuivra l'exécution ; et comme cette exécution peut être poursuivie pendant trente ans, les tiers doivent conserver la possibilité de former tierce-opposition aussi longtemps que le jugement risque de leur être nocif. D'où, le délai de trente ans.

Ce très long délai peut être abrégé dans certains cas et, notamment, lorsque le jugement a été exceptionnellement signifié au tiers. Cela peut arriver. Le juge qui se rend compte que le jugement rendu est susceptible de causer préjudice à des tiers peut décider que ce jugement devra leur être signifié. Et dans ce cas, le délai est alors réduit à deux mois du jour de la signification (art. 586 nouv. c. pr. civ.). — Rapp. dans le contentieux administratif, l'art. R. 226 c. trib. adm. qui consacre la même solution.

**633. Domaine de la tierce-opposition.** — Le domaine de prédilection de la tierce-opposition est la matière civile, sociale et commerciale.

*a*) Elle trouve également sa place dans le *contentieux administratif*. La solution est incontestable lorsque le jugement a statué sur un recours de pleine juridiction. En revanche, on en a parfois douté à propos du contentieux de l'excès de pouvoir : s'agissant d'un recours à fondement objectif qui aboutit à une décision ayant une autorité absolue, comment un tiers pourrait-il être admis à former tierce-opposition ? La jurisprudence a néanmoins fini par l'admettre (32). La solution est aujourd'hui consacrée par l'art. 79 de l'ordonnance n° 45-1708 du 31 juillet 1945 (devant le Conseil d'Etat) et par les art. R. 225 à 227 c. trib. adm. (devant les tribunaux administratifs et les cours administratives d'appel).

Il n'est pas certain toutefois que les effets de la tierce-opposition soient les mêmes que dans le contentieux privé. Il semble, en effet que, devant les juridictions administratives, la

---

(32) Cons. Etat 29 nov. 1912, *Boussuge*, Rec. Lebon, p. 1128, concl. Léon Blum, D. 1916.3.49, S. 1914.3.33, note Hauriou. — Sur cette question, cf. Auby et Drago, 3e éd., t. II, nos 167 et s. ; R. Chapus, 3e éd. n° 1071, p. 794.

tierce-opposition ait pour conséquence de mettre à néant la décision attaquée dans son principe, même à l'égard des parties (33).

*b*) En revanche, cette voie de recours est ignorée en *matière répressive*. On voit mal en effet comment un tiers pourrait former tierce-opposition contre une sentence pénale puisque le ministère public a le monopole des poursuites.

### D. — Recours en révision

**634. Définition et gravité.** — Le recours en révision est une voie de recours par laquelle une partie, s'estimant avoir été victime d'une erreur de fait involontairement commise par le juge, demande que l'affaire soit jugée à nouveau. Par exemple, le tribunal a été induit en erreur par un faux témoignage ; une pièce décisive a été découverte qui, si elle avait été connue en temps utile, aurait modifié l'opinion du juge ou encore un fait nouveau a été révélé qui donne à l'affaire un éclairage différent, etc. Bref, malgré toutes les précautions prises, il y a eu une *erreur judiciaire*.

Tout de suite on pense à l'erreur judiciaire en matière pénale et à l'accusé injustement châtié. C'est évidemment là où les conséquences sont les plus dramatiques. Mais cela peut se produire en toute matière : c'est un prétendu débiteur condamné à payer une somme d'argent sur la foi d'une pièce qui se révèle être fausse, ou un administré dont le recours a été rejeté parce que l'administration a retenu sciemment un document qu'elle savait être décisif.

De toute manière, on mesure facilement la gravité d'un tel recours qui ne tend à rien moins qu'à remettre en cause la chose jugée. S'il est établi qu'une erreur a été effectivement commise, il est évident qu'on ne peut pas la laisser subsister : la justice des hommes doit admettre qu'elle peut se tromper. Mais il faut prendre garde aux abus. La première réaction du plaideur qui a perdu son procès est d'estimer que son juge a commis une erreur ; si, longtemps après, alors que toutes les voies de recours habituelles sont expirées, la moindre circonstance devait servir de prétexte au plaideur mécontent pour remettre en cause ce qui a été jugé, les procès n'auraient plus de fin et l'autorité de la chose jugée ne serait plus qu'une vaine parade. De là, la nécessité de se montrer vigilant et de n'admettre cette voie de recours que dans des circonstances très exceptionnelles, comme un ultime remède contre les décisions « passées en force de chose jugée » qui ne peuvent plus faire l'objet d'aucun autre recours.

---

(33) Cons. Etat, 7 déc. 1983, D. 1984.583, note Hostiou (la décision attaquée a été déclarée « non avenue ») ; Auby et Drago, t. II, n° 1456.

Mais, sur cette préoccupation commune à tous les contentieux, se greffent en réalité des variantes assez sensibles selon chacun d'eux dont il convient de présenter un rapide schéma.

**635. Contentieux privé.** — En matière civile, commerciale et sociale, le recours en révision est une voie de rétractation portée devant la même juridiction que celle dont la décision est attaquée. Il est réglementé par les articles 593 à 603 du nouveau code de procédure civile (34).

Les causes d'ouverture de ce recours sont très étroitement délimitées par l'art. 595 nouv. c. pr. civ. Elles se rattachent en principe à l'idée de *fraude* : décision surprise par la fraude de l'une des parties ; pièce décisive retenue par le fait d'une partie ; jugement rendu sur une pièce reconnue ou déclarée judiciairement fausse ; attestations, témoignages ou serments judiciairement déclarés faux.

Le délai imparti pour exercer ce recours est lui-même extrêmement strict : deux mois à compter du jour où la partie a eu connaissance de la cause de révision qu'elle invoque (art. 596 nouv. c. pr. civ.).

**636. Contentieux administratif.** — En matière administrative, le recours en révision est également une voie de rétractation portée devant la juridiction qui a rendu la décision attaquée, mais il présente cette particularité de n'être admis que si, devant la juridiction dont il s'agit, un texte spécial réserve ce recours et s'il a été formé selon les règles qu'il prévoit. Ce qui a pu faire dire que, dans le contentieux administratif, il n'y a pas « un » mais « plusieurs » recours en révision ayant chacun ses règles propres (35).

Il est admis notamment devant le *Conseil d'Etat* (ord. n° 45-1708 du 31 juill. 1945, art. 75 à 77), où il n'est ouvert que dans trois cas : si la décision a été rendue sur pièces fausses, si une partie a été condamnée faute de représenter une pièce décisive qui était retenue par son adversaire ou si la décision a été rendue sans qu'aient été observées les prescriptions relatives à la composition de la juridiction, à la tenue des séances ou à la forme de la décision rendue. Le recours doit être exercé dans les deux mois à compter du jour où la décision a été notifiée (art. 76).

On s'étonne de ne trouver aucune disposition semblable devant les *tribunaux administratifs*. Sans doute faut-il l'attribuer au fait que les jugements de ces juridictions sont toujours susceptibles d'appel. Il reste que si une pièce décisive venait à être recouvrée après l'expiration du délai d'appel, on ne voit pas comment une telle erreur pourrait être réparée.

---

(34) Jusqu'en 1976, on ne parlait pas de recours en révision, mais de *« requête civile »*. Cette curieuse expression s'expliquait par le fait que, demandant au juge de bien vouloir réparer son erreur, il fallait le faire « civilement », c'est-à-dire « poliment », « respectueusement ».

(35) R. Chapus, 3e éd. n° 1079, p. 801.

**637. Contentieux répressif.** — En matière pénale, le recours en révision (appelé officiellement, « pourvoi en révision » ; art. 622 à 626 c. pr. pén., modifiés par la loi n° 89-431 du 23 juin 1989) présente une originalité très marquée qu'il faut sans doute attribuer à sa particulière gravité.

*a*) D'abord, seules peuvent faire l'objet d'un pourvoi en révision, les décisions pénales ayant reconnu la *culpabilité* de la personne poursuivie : les jugements de relaxe et les arrêts d'acquittement ne peuvent jamais être remis en cause ; ils sont irrémédiablement couverts par l'autorité de la chose jugée. Si un individu a été acquitté à tort, tant mieux pour lui ; ce que l'on veut protéger ce sont les personnes injustement condamnées.

*b*) Ensuite et surtout, le pourvoi en révision n'est pas à proprement parler une voie de rétractation portée directement devant la juridiction qui a rendu la décision attaquée : il se présente en réalité comme une *variante du pourvoi en cassation* exceptionnellement recevable hors délai dans certains cas limitativement énoncés par l'art. 622 c. pr. pén. : découverte de nouvelles pièces, contrariété de jugements (36), condamnation d'un témoin pour faux témoignage et fait nouveau.

*c*) La demande en révision est portée devant une Commission spéciale composée de cinq magistrats appartenant à la Cour de cassation qui se prononcera uniquement sur l'admissibilité du recours (c'est-à-dire sur le caractère sérieux de la demande). Si la demande est admise, elle est alors portée devant la chambre criminelle de la Cour de cassation qui statuera au fond, sur la demande elle-même, en tant que *Cour de révision*, après avoir recueilli les observations orales ou écrites du requérant et celles du ministère public (art. 625 c. pr. pén.). Si la demande est fondée, la condamnation est annulée et les accusés et prévenus renvoyés devant une juridiction du même ordre et du même degré (par exemple, devant une autre cour d'assises), si du moins il est encore possible de procéder à de nouveaux débats ; sinon, la Cour de révision vide elle-même les séquelles civiles de cette affaire.

Sur la responsabilité de l'Etat en cas d'erreur judiciaire, *supra*, n° 80.

## E. — Recours en cassation

**638. Caractères spécifiques.** — Le recours en cassation est une voie de droit très particulière qui présente des caractères spécifiques nettement distincts.

---

(36) Exemple : le véritable coupable est découvert et condamné pour les mêmes faits que ceux ayant donné lieu à la condamnation précédente contre le prétendu coupable. Il y a contrariété de jugements entre les deux décisions qui attribuent la responsabilité des mêmes faits à des personnes différentes.

*a*) D'une part, cette voie de recours est portée devant la *juridiction suprême* : la Cour de cassation, dans l'ordre judiciaire, et le Conseil d'Etat, dans l'ordre administratif.

*b*) D'autre part, le juge de cassation est *juge du droit* : seuls peuvent être invoqués les moyens de droit tirés d'une prétendue violation de la règle de droit, à exclusion des moyens de fait qui, en principe, échappent à sa compétence (*supra*, n° 211). Par là, d'ailleurs, on discerne le rôle du recours en cassation qui est d'assurer, au sommet de la hiérarchie judiciaire, une *interprétation uniforme* de la règle de droit.

*c*) Enfin, le juge de cassation ne juge pas les affaires : il juge les jugements et la rectitude juridique de la décision qui lui est déférée. Il en résulte cette conséquence importante que son rôle consiste essentiellement à rejeter le pourvoi ou à « casser » la décision attaquée :

— s'il rejette le pourvoi, la décision attaquée conserve toute son autorité et c'est elle qui désormais fixe de façon irrévocable l'état du droit entre les parties.

— si au contraire, il casse la décision attaquée, celle-ci perd toute son autorité et, de ce fait, il est nécessaire de juger à nouveau l'affaire. Qui la rejugera ? En principe, ce pouvoir n'appartient pas au juge de cassation qui doit renvoyer l'affaire à une autre juridiction de même nature que celle dont la décision a été cassée. Telle est la règle strictement suivie par la Cour de cassation pour les juridictions de l'ordre judiciaire (*supra*, n$^{os}$ 213 s.). En revanche, cette règle de principe est considérablement assouplie en matière administrative et l'on a vu que le Conseil d'Etat peut directement « régler l'affaire au fond si l'intérêt d'une bonne administration de la justice le justifie » (art. 11, al. 3, loi n° 87-1127 du 31 déc. 1987 ; *supra*, n° 280).

Les différences entre les deux ordres de juridiction ne s'arrêtent pas là : les conditions d'exercice du recours en cassation, sur lesquelles il convient désormais d'insister, ne sont pas non plus exactement les mêmes.

**639. I. Conditions d'exercice du recours en cassation dans l'ordre judiciaire. —** Le recours en cassation est une voie de recours extraordinaire qui ne peut être exercée qu'à l'encontre des décisions rendues en dernier ressort (arrêts d'appel et jugements rendus en premier et dernier ressort).

*a*) Les *cas d'ouverture* sont strictement limités. En matière pénale, ils sont limitativement spécifiés par les art. 591 et 592 c. pr. pén. (constitution irrégulière du tribunal, incompétence ou excès de pouvoir de la juridiction qui a statué, inobservation des formes prévues par la loi, violation de la loi pénale au fond), mais ils se ramènent tous, en fait, à une violation de la loi. En matière civile, commerciale et sociale, le nouveau code de procédure civile a renoncé à une telle énumération et il s'est borné à viser la « non-conformité du jugement aux règles de droit » (art. 604 nouv. c. pr. civ.). Mais, dans les deux cas, l'idée est la même :

seule une violation de la règle de droit, au sens large du terme (loi, décret, arrêté, coutume, etc...), peut donner lieu à un pourvoi en cassation.

*b*) Le recours en cassation est exercé au moyen d'un acte que l'on appelle un *« pourvoi »*.

En *matière pénale*, les formes sont très simples : le pourvoi est formé par une déclaration au greffe de la juridiction dont la décision est attaquée (art. 576 c. pr. pén.), laquelle doit ensuite être notifiée aux autres parties et notamment au ministère public (art. 578 c. pr. pén.).

Dans le *contentieux privé*, les formes sont plus complexes. En principe, le pourvoi est formé par une déclaration au greffe de la Cour de cassation (art. 974 nouv. c. pr. civ.), avec constitution d'un avocat aux conseils (art. 975 nouv. c. pr. civ.). Toutefois, dans les procédures où le ministère de l'avocat aux conseils n'est pas obligatoire (notamment en matière sociale), le pourvoi est directement formé par déclaration orale ou écrite au secrétariat de la juridiction qui a rendu la décision attaquée (art. 984 nouv. c. pr. civ.). Le législateur n'a pas voulu que, dans les affaires simples, le plaideur soit obligé de se déplacer à Paris pour former un pourvoi.

*c*) Les *délais* impartis sont relativement brefs. En matière pénale, le délai est en principe de cinq jours à compter du prononcé de la décision (si elle a été rendue contradictoirement) (37). En matière civile, commerciale et sociale, le délai est en principe de deux mois, et seulement à compter du jour où la décision a été notifiée (art. 612, nouv. c. pr. civ.).

**640. II. Conditions d'exercice du recours en cassation dans l'ordre administratif.** — Selon la règle commune, le recours en cassation n'est admis que s'il est dirigé contre une décision rendue en dernier ressort par une juridiction administrative (c'est-à-dire sans appel possible). En revanche toutes les décisions de cette nature, peuvent être déférées au Conseil d'Etat par la voie de la cassation (*supra*, n° 280).

Le pourvoi en cassation est formé en principe dans les mêmes conditions qu'un recours ordinaire, c'est-à-dire par le dépôt d'une requête motivée au secrétariat du Conseil d'Etat. Le ministère d'un avocat aux conseils est obligatoire.

Le délai est de deux mois à compter du jour de la notification de la décision attaquée.

## § 2. — LE PROBLÈME DE L'EFFET SUSPENSIF DES VOIES DE RECOURS

**641. Problème.** — La question se pose de savoir si l'exercice d'une voie de recours (ou même la possibilité de l'exercer) est de nature à suspendre l'autorité de

(37) Sur les règles concernant le point de départ du délai, cf. Stéfani, Levasseur et Bouloc, *Procédure pénale*, 14e éd., n° 774.

la chose jugée et la force exécutoire de la décision attaquée. La question est importante car les intérêts en jeu sont loin d'être négligeables.

En faveur de l'effet suspensif, on peut faire observer qu'il est dangereux d'exécuter un jugement qui risque d'être infirmé, rétracté ou cassé ultérieurement. Sans doute, la partie condamnée par un premier juge, qui se verrait contrainte d'exécuter le jugement et qui ensuite obtiendrait gain de cause sur l'exercice d'un recours, aurait-elle toujours le droit d'exiger la restitution de ce qu'elle aurait indûment payé. Mais, outre que cette solution peut être la source d'une grande gêne pour la partie condamnée, il ne faut pas se dissimuler que la restitution peut se heurter à des obstacles insurmontables (biens saisis et vendus, insolvabilité de celui qui doit restituer). Et il va sans dire qu'en matière pénale, les difficultés sont plus grandes encore : les journées passées en prison ne se restituent pas !

Mais d'un autre côté, l'effet suspensif n'est pas non plus sans danger dans la mesure où il peut inciter la partie perdante à exercer systématiquement une voie de recours pour bénéficier de l'effet suspensif et différer le jour où la condamnation deviendra définitive. Un tel système risque de favoriser toutes les manœuvres dilatoires et peut-être aussi d'encombrer inutilement les juridictions d'appel avec des recours fantaisistes.

La difficulté en cette matière consiste à découvrir un moyen terme qui, tout en sauvegardant les intérêts du perdant, évite d'encourager l'exercice systématique des voies de recours. Tout dépend finalement des intérêts en cause et de la priorité que l'on accorde à l'une ou à l'autre de ces considérations. Il n'y a donc pas lieu d'être surpris si chacun des contentieux adopte sur ce point des solutions très différentes.

**642. 1°) Contentieux privé : distinction selon la nature de la voie de recours. —** Devant les juridictions civiles, commerciales et sociales, la solution du problème repose sur une distinction fondamentale entre les voies de recours ordinaires et les voies de recours extraordinaires (*supra*, n° 624-II).

I. Les *voies de recours ordinaires* (appel et opposition) sont *suspensives d'exécution.* Il en résulte que l'exécution du jugement ne peut pas être poursuivie aussi longtemps que le délai pour former un appel ou une opposition reste encore ouvert ; et à plus forte raison, aucune exécution n'est-elle possible à partir du moment où un tel recours a été effectivement exercé (art. 539 nouv. c. pr. civ.). On dit que l'exécution ne peut avoir lieu que si le jugement est « passé en force de chose jugée », c'est-à-dire s'il n'est plus susceptible d'appel ou d'opposition.

Cette solution, il est vrai, risque de favoriser la partie perdante au détriment du plaideur de bonne foi qui devra encore attendre de longs mois avant que la juridiction d'appel ne rende son arrêt.

Ainsi s'explique une importante dérogation connue sous le nom d'*exécution provisoire.* On appelle ainsi la faculté accordée à la partie gagnante d'exécuter le jugement tout de suite malgré l'appel ou l'opposition, mais bien entendu « à titre provisoire », c'est-à-dire en attendant la solution qui sera donnée au litige par la juridiction saisie du recours : si le jugement de première instance est confirmé, le gagnant conservera ce qu'il a reçu, mais dans le cas contraire, il devra le restituer. L'exécution provisoire est donc une véritable dérogation au principe de l'effet suspensif. Elle est ordonnée en principe par le juge de première instance, « s'il l'estime nécessaire » (art. 515 nouv. c. pr. civ.), et donc, en fonction du cas d'espèce. Mais parfois, l'exécution provisoire est « de droit » (par exemple, en matière de référé).

La loi a prévu en outre un correctif de nature à faire réfléchir l'appelant : si l'appel est jugé dilatoire ou abusif l'appelant encourt une peine d'amende de 100 à 10 000 francs (art. 559 nouv. c. pr. civ.).

II. En revanche, les *voies de recours extraordinaires* (tierce-opposition, recours en révision, recours en cassation) ne sont *pas suspensives d'exécution*. La décision peut donc être exécutée immédiatement, alors même qu'un tel recours pourrait encore être exercé ou le serait effectivement. S'agissant d'une voie de recours à caractère exceptionnel, le législateur a pensé à juste titre qu'il n'y avait pas lieu de différer l'exécution de la décision attaquée ou susceptible de l'être.

Mais cette règle de principe est elle-même atténuée par divers correctifs :

a) Ainsi, en matière de *tierce opposition* : si le jugement pouvait être exécuté immédiatement contre le tiers-opposant, il serait à craindre que, dans certains cas, celui-ci ne subisse un dommage irréparable (il suffit de penser au cas où un locataire viendrait à être expulsé en conséquence d'un arrêt ayant décidé que le bailleur n'était pas propriétaire). Pour cette raison, décide l'art. 590 nouv. c. pr. civ., « le juge saisi de la tierce opposition ... peut suspendre l'exécution du jugement attaqué ». Le tribunal saisi appréciera l'opportunité de l'effet suspensif. Et il va sans dire qu'il n'ordonnera la suspension des poursuites que si, d'une part, le préjudice risque d'être irréparable et si, d'autre part, la tierce opposition est fondée sur des moyens serieux, exclusifs de toute connivence avec la partie condamnée.

b) Le *recours en cassation* lui-même peut avoir un effet suspensif dans certains cas très exceptionnels prévus par la loi. On citera notamment la matière du divorce : si l'arrêt qui prononce le divorce pouvait être exécuté alors qu'un recours en cassation peut encore être formé ou l'a été effectivement, il serait à craindre que le conjoint divorcé ne se remarie dans l'intervalle ; ce qui, si l'arrêt venait à être cassé, aurait pour résultat de créer une véritable bigamie légale, entraînant du même coup la nullité du second mariage. Mieux vaut éviter de semblables situations (art. 1121 nouv. c. pr. civ.).

**643. 2°) Contentieux pénal : effet suspensif.** — Toutes les voies de recours en matière pénale ont un effet suspensif, sans qu'il y ait lieu de distinguer entre les voies de recours ordinaires et les voies de recours extraordinaires : le pourvoi en cassation est suspensif au même titre que l'appel ou l'opposition. Il est facile d'en comprendre la raison. Les décisions en cette matière peuvent avoir des conséquences trop redoutables pour en permettre l'exécution à un moment où elles ne sont pas encore irrévocables. De ce fait, la force exécutoire du jugement (ou de l'arrêt) est suspendue pendant tout le délai imparti pour exercer un recours et, à plus forte raison, lorsque celui-ci a été formé. C'est pourquoi d'ailleurs, en matière pénale, les délais de recours sont généralement très brefs.

Le pourvoi en révision est soumis toutefois à un régime spécial. Il est trop évident que l'éventualité d'un hypothétique pourvoi en révision ne saurait avoir pour effet de suspendre la force exécutoire d'un jugement pénal, si grave soit-il. Mais, lorsque celui-ci est formé, la commission d'admission qui se prononce sur la recevabilité du recours peut décider (sans que ce soit là une obligation) de suspendre l'exécution de la peine (art. 624 c. pr. pén.).

Le principe de l'effet suspensif des voies de recours pourrait présenter, il est vrai, de sérieux inconvénients s'il n'était pas écarté dans certains cas exceptionnels.

*a*) Le premier cas est celui où un prévenu incarcéré a été acquitté, ou même condamné soit à une peine d'emprisonnement avec sursis, soit à une simple peine d'amende : en un mot, le jugement prononcé le rend libre. Même si un appel est interjeté, il doit être libéré immédiatement (art. 471 c. pr. pén.). La liberté individuelle l'emporte ici sur le principe de l'effet suspensif.

*b*) Un autre cas est celui où, au contraire, le tribunal correctionnel aurait prononcé une peine d'emprisonnement égale ou supérieure à une année. Il a semblé nécessaire d'offrir au tribunal la possibilité de s'assurer immédiatement de la personne du coupable en décernant contre lui un mandat de dépôt ou un mandat d'arrêt sans attendre l'expiration des délais impartis pour l'exercice d'un recours (art. 465 c. pr. pén.). La condition posée est que le recours soit jugé dans les plus brefs délais et, s'il s'agit d'une opposition, à la première audience ou au plus tard dans un délai de huit jours à compter de l'opposition.

*c*) On ajoutera enfin que, dans le cas où le premier juge aurait statué sur les intérêts civils de la victime, le tribunal peut accorder à celle-ci une indemnité provisionnelle exécutoire immédiatement nonobstant appel ou opposition (art. 464 c. pr. pén.).

**644. 3°) Contentieux administratif : absence d'effet suspensif.** — En matière administrative, la solution adoptée est diamétralement opposée à celle du contentieux pénal : en règle générale, les voies de recours n'ont aucun effet suspensif (ord. n° 45-1708 du 31 juill. 1945, art. 48 ; art. R. 125 c. trib. adm.). La décision rendue par une juridiction administrative peut donc être exécutée immédiatement, dès qu'elle a été notifiée, même si elle peut encore faire l'objet d'une voie de recours et même si celle-ci a été effectivement exercée.

Ce principe est fidèle à la tradition administrative. De même qu'un recours contentieux exercé contre un acte administratif ne suspend pas l'exécution de celui-ci, les voies de recours formées contre les jugements administratifs ne suspendent pas davantage la force exécutoire de ces derniers. Il y a une parenté évidente entre les deux principes, à cette nuance près que, s'agissant d'une décision juridictionnelle, la règle de l'exécution immédiate peut se retourner contre l'administration si c'est elle qui a été condamnée en première instance.

Il reste que ce principe peut entraîner des conséquences fâcheuses. Il suffit d'imaginer le cas où un tribunal administratif annule un permis de construire : obliger le propriétaire à démolir tout de suite les constructions édifiées, alors qu'il a fait appel de la décision, et que peut-être la juridiction du second degré validera le permis, est une solution expéditive qui risque d'entraîner des frais considérables en pure perte. Ainsi s'expliquent les nombreuses dérogations légales (*a*) ou judiciaires (*b*) apportées à ce principe.

**645. a) Dérogations légales.** — On peut relever d'assez nombreuses dispositions légales qui, dans certains cas limités, attribuent exceptionnellement un effet suspensif à l'exercice des voies de recours, et de l'appel en particulier.

Le contentieux électoral et le contentieux disciplinaire offrent de nombreux exemples : ainsi, l'appel formé contre les décisions des sections disciplinaires des conseils d'université est suspensif d'exécution (décret du 24 mars 1971, art. 44) ; il en est de même de l'appel exercé contre les jugements des conseils régionaux de l'ordre des médecins (art. L. 411 code de la santé publique). Dans le même ordre d'idées, l'appel formé contre les jugements des tribunaux administratifs qui annulent l'élection de conseillers généraux ou municipaux est en principe suspensif d'exécution (art. L. 223 et L. 250 du code électoral).

Autre exemple : l'appel exercé contre la décision d'une commission départementale d'aide sociale est lui aussi suspensif d'exécution (art. 132 du code de la famille et de l'aide sociale).

**646. b) Dérogations judiciaires : le « sursis à exécution ».** — A titre exceptionnel, le législateur confère parfois au juge le pouvoir d'apprécier dans chaque cas d'espèce si, compte tenu des circonstances, il n'y aurait pas lieu d'accorder un « sursis à exécution ».

*a*) Ce pouvoir appartient d'abord au *Conseil d'Etat* qui, aux termes de l'art. 54 du décret n° 63-766 du 30 juillet 1963, « peut, par décision motivée ... ordonner qu'il soit sursis à l'exécution de la décision administrative ou juridictionnelle attaquée ».

En règle générale, le sursis à exécution suppose deux conditions. Il faut d'abord que l'exécution du jugement soit de nature à entraîner des conséquences difficilement réparables. Mais cette condition ne suffit pas. Il faut ensuite que le recours présente un caractère sérieux : si, de toute évidence, l'appelant n'a aucune chance d'obtenir l'infirmation du jugement attaqué, il est inutile de surseoir à son exécution.

Dans certains cas, l'administration peut obtenir un sursis à exécution dans des conditions plus souples. En particulier, lorsque, sur un recours de pleine juridiction, l'administration a été condamnée à payer une certaine somme d'argent, celle-ci peut demander un sursis à exécution s'il est démontré que l'exécution immédiate de ce jugement « risque d'exposer l'appelant (et donc l'administration) à la perte définitive d'une somme d'argent » (décret n° 63-766 du 30 juill. 1963, art. 54, al. 1). Ce sera le cas, par exemple, si l'on peut avoir un doute sérieux sur la parfaite solvabilité de celui qui a obtenu le jugement en sa faveur.

*b*) Le même pouvoir a été reconnu aux *cours administratives d'appel* par l'art. R. 125 c. trib. adm. : lorsqu'il est fait appel devant la cour, celle-ci peut ordonner qu'il soit sursis à l'exécution du jugement attaqué, si cette exécution risque d'entraîner la « perte définitive d'une somme d'argent » ou des « conséquences difficilement réparables » et si, en outre, les moyens énoncés par le requérant « paraissent, en l'état de l'instruction, sérieux et de nature à justifier l'annulation de la décision attaquée ».

*CONCLUSION*

# CRISE DE LA JUSTICE ?

Depuis quelques années, on parle volontiers d'une crise de la justice. La grande presse ne cesse d'attirer l'attention, comme il est de son devoir de le faire, sur certaines déficiences heureusement exceptionnelles du service public de la justice. Le discours politique n'est pas en reste qui ne cesse de répéter comme une litanie que des réformes sont nécessaires. Et le grand public découvre soudain avec un certain étonnement, aiguisé souvent par un arrière-goût de scandale, que la justice n'échappe pas à un certain malaise.

Il est certes normal que la justice soit affectée par la crise qui atteint notre société en général du fait de l'évolution rapide des idées et des mœurs. Il est bien vrai que la loi accuse un retard parfois tragique sur ce qui, à un moment donné, paraît juste et conforme à une éthique dominante. La loi n'est plus aujourd'hui « le fruit mûr d'une lente conspiration des âges », comme se plaisait à l'imaginer Chateaubriand. Notre époque moderne ne laisse plus aux années le temps de conspirer et, trop souvent, la règle de droit apparaît comme le soubresaut brutal d'une société qui enfante ses lois dans la douleur. Mais ce genre de crise n'est pas spécifique à la justice : c'est la crise de notre société en général et il serait malséant d'en faire peser la responsabilité sur le monde judiciaire au seul motif qu'il est le témoin privilégié de l'inadaptation des règles qui nous régissent. La véritable crise de la justice est ailleurs.

L'aspect le plus visible, et le plus spectaculaire aussi, réside dans l'augmentation croissante de la masse contentieuse et l'envahissement de nos Palais par un volume d'affaires qui a doublé en l'espace de dix ans. Il est malheureusement trop évident que la multiplicité des textes, élaborés dans des conditions souvent expéditives, suscite le contentieux. Et par ailleurs l'homme moderne, mieux informé de ses droits, n'hésite plus à les défendre en justice ; et s'il le faut, en parcourant tous les échelons de la hiérarchie judiciaire. Peut-on décemment lui en faire reproche ? Mais il n'y a pas de miracle. Avec un personnel judiciaire qui n'a guère augmenté, il est impossible de faire face à la marée qui déferle dangereusement à tous les degrés de juridiction. Comme beaucoup d'autres corps de l'Etat, la justice se trouve confrontée à un phénomène de masse qu'elle parvient difficilement à maîtriser. Tout cela n'est que trop vrai et le répéter ne sert plus à grand-chose.

Mais n'y a-t-il pas une crise plus profonde et plus insidieuse qui réside moins dans les statistiques que dans les mentalités ? L'homme moderne croit-il vraiment à sa justice ? Et le juge lui-même n'est-il pas à la recherche de sa propre légitimité ? Car enfin, d'où procède ce pouvoir exorbitant qui lui appartient de juger son semblable ? de le déclarer coupable ou innocent ? de disposer de ses deniers, de son honneur et parfois de sa liberté ? Sans une justification, ce pouvoir est une véritable imposture.

A l'origine de nos Etats modernes, le fondement d'un tel pouvoir reposait sur une sacralisation de la fonction juridictionnelle qui faisait du juge l'incarnation du verbe divin ; ce qui, après tout, était conforme à cette idée très répandue dans les siècles passés que tout pouvoir procède de Dieu. Les juges de la terre étaient alors, comme le croyait le Chancelier d'Aguesseau, « les enfants du Très-Haut ».

Or, chose curieuse, cette conception sacrale de la justice s'est perpétuée plus longtemps que dans d'autres domaines. Elle a survécu à la Révolution française qui cependant avait eu pour dessein d'exorciser les pouvoirs de toute essence divine. S'il en fut ainsi, c'est parce que, tout au long du XIX^e siècle et le début du XX^e, la justice des notables prit le relais des anciens Parlements ; ce qui évita d'avoir à s'interroger sur le fondement du pouvoir de juger. Le juge tirait de son origine sociale, de sa culture, de sa fortune, la justification de son pouvoir. Il était un homme hors du commun éclairé dans ses jugements par des lumières que d'autres ne possédaient pas. Cette conception, il faut bien le dire, trouva un appui supplémentaire dans cette débauche de signes extérieurs dont l'allure ecclésiale est frappante. La toge richement drapée d'hermine magnifie la fonction à travers l'homme. L'audience est un office qui a ses rites. Et ne dit-on pas que, dans certaines villes de province, il était encore dans les usages, à la fin du XIX^e siècle, de faire tinter la cloche toutes les fois que se tenait une audience ? Enfin qui oserait prétendre que le jury criminel n'a pas un fondement mystique ?

A notre époque, que reste-t-il de tout cela ? Le juge n'est plus nécessairement un notable qui tire de son hérédité le respect de ses concitoyens : il est un fonctionnaire reçu à un concours difficile, qui perçoit un traitement, qui se syndique parfois et qui trouve difficilement à se loger quand il change de poste. Le symbolisme judiciaire ne suffit plus à masquer cette réalité ; et d'autant moins d'ailleurs que les symboles ont perdu à leur tour la force de persuasion qu'ils avaient jadis. La puissance mystique du juge a été remplacée par le culte de la loi dont il est le serviteur et au dogme de l'infaillibilité inspirée s'est substituée l'autorité de la chose jugée. Mais il en faut plus à l'opinion publique pour justifier le pouvoir considérable dont dispose le juge. Il doit, par sa personnalité, par son caractère, par son rôle dans la société donner la preuve de sa propre autorité. On croit à l'oracle du juge parce que sa fonction le place à l'abri des influences et des pressions et parce que sa conscience lui dicte une rigoureuse indépendance dont on sait que rien ne le détournera. Cet acte de foi est l'ultime rempart de son autorité et, de ce point de vue, il ne faut pas se lasser de répéter que le juge français est un exemple, mais c'est au prix d'une ascèse journalière qui seule lui permet de retrouver dans l'exercice de sa fonction, un prestige et une autorité qui ne lui sont plus donnés naturellement par une cérémonie d'installation. En un mot, il doit reconstituer lui-même sa propre notabilité jour après jour.

La véritable crise de la justice est peut-être une crise morale qui atteint l'opinion publique autant que le juge lui-même.

# TABLES

# INDEX ALPHABÉTIQUE

Les chiffres renvoient aux numéros de l'ouvrage.

Les chiffres en caractère gras
indiquent le siège principal de la matière.

## B



## C

E



F

## L



## M

## U



## V

# TABLE DES MATIÈRES

*DEUXIÈME PARTIE*

## LES JURIDICTIONS

ÉDITIONS MONTCHRESTIEN — E.J.A.
26, rue Vercingétorix, 75014 PARIS
N° Édit : 1105

Imprimé en France

Photocomposition et impression
réalisées par

PARA
GRAPHIC

31240 L'UNION (Toulouse)
Tél. (16) 61.74.27.67
Dépôt légal : Septembre 1993